KB220700

MN
TC

일러두기

1 따로 표시하지 않은 경우 한글 성경은 개역개정 4판이다.

2. 성경에 나오는 지명과 인명은 개역개정의 표기를 따랐고, 성경에 나오지 않는 인명과 지명은 일반적인 표기를 따르되, 라틴어 인명과 지명의 경우 라틴어 본래 표기를 따랐다.

3. 개역개정성경을 인용할 때, 필요한 부분에 문장 부호(쉼표, 마침표, 물음표, 느낌표)를 넣었다. 문장이 끝나는 부분에서 어미나 조사를 문장에 맞게 수정했다.

4. 저자가 사용하며 여기서 병기되는 영어 번역은 NASB(New American Standard Bible, 1977)이다.

5. 성경 구절을 표시할 때(1a, 1b), 저자가 사용하는 NASB와 개역개정 4판이 다를 경우 후자에 맞춰 수정했다.

6. 헬라어 영문 표기를 한글로 옮길 때, d(δ)는 'ㄷ'으로, th(θ)는 'ㄸ'으로 표기했다

7. 굵은 글씨로 표시된 단어, 어구, 문장은 개역개정판 본문과 NASB 본문이다.

8. 모든 각주는 옮긴이가 붙인 것이다.

The MacArthur New Testament Commentary: Ephesians

Copyright © 1986 by John Macarthur

This translation is published by arrangement
with Moody Publishers.
This Korean Edition Copyright © 2021 by Abba Book House,
Seoul, Republic of Korea.

맥아더 신약주석

에베소서

The Macarthur

New Testament

Commentary

아바서원

목차

신약성경을 강해하면서 늘 보람되고 거룩한 교제를 누린다. 내 목적은 한결 같다. 하나님의 말씀을 깨달으며 그분과 깊이 교제하고, 이 경험을 바탕으로 한 단락의 의미를 그분의 백성에게 풀어주는 것이다. 느헤미야 8장 8절 말씀처럼, 나는 힘써 각 단락의 "뜻을 해석한다." 청중이 하나님의 말씀을 정확히 듣고, 그러는 중에 그분께 반응하게 하기 위해서다.

단언컨대, 하나님의 백성은 하나님을 알아야 한다. 그러려면 하나님의 말씀, 곧 진리의 말씀을 알아야 하고(딤후 2:15), 그 말씀이 우리 안에 풍성히 거해야 한다(골 2:16). 그러므로 내 목회의 핵심은 살아 있는 하나님의 말씀이 그분의 백성에게 살아 있도록 돕는 것이다. 이것은 즐겁고 보람된 모험이다.

이 신약성경 주석 시리즈는 이처럼 성경을 풀어내고 적용하는 데 목적이 있다. 어떤 주석은 무엇보다도 언어학적이다. 어떤 주석은 매우 신학적이다. 어떤 주석은 주로 설교 형식이다. 이 주석은 전문적으로 언어학적이지 않지만, 정확한 해석에 도움이 될 경우에 언어학적 면을 다룬다. 이 주석은 신학 논의를 폭넓게 다루지 않지만, 각 본문의 핵심 교리들(doctrines, 가르침)이 성경 전체와 어떻게 연결되는지에 초점을 맞춘다. 이 주석은 설교 형식을 띠지 않지만, 일반적으로 하나의 주제를 하나의 장(章)에서 다루면서 개요를 분명하게 제시하고 사고의 논리적 흐름을 따른다. 대다수 진리는 다른 성경 본문과 연결해 설명하고 적용했다. 한 단락의 문맥을 제시한 후, 저자의 전개와 추론을 세밀하게 따라가려 노력했다.

성령께서 하나님 말씀의 각 부분을 통해 하시는 말씀을 독자들이 온전히 이해하고, 이로써 하나님의 계시가 신자들의 마음에 뿌리 내려 더 큰 순종과 믿음의 열매가 맺히길, 그래서 우리의 크신 하나님이 영광을 받으시길 기도한다.

서론

여러 해 전, 「로스앤젤레스 타임즈」에 이런 기사가 실렸다. 어느 노부부가 아파트 자택에서 시신으로 발견되었다. 부검해보니, 둘 다 사인은 심각한 영양실조였다. 그런데 놀랍게도, 서랍을 열었더니 종이봉투 여럿에 모두 합쳐 4만 달러(약 4,400만 원)가 들어 있었다.

오래전, 헤티 그린(Hetty Green, 1834-1916)은 미국에서 가장 지독한 구두쇠라는 소리를 들었다. 1916년에 사망한 그녀가 남긴 재산이 무려 1억 달러(약 1,100억 원)였다. 당시에는 그야말로 어마어마한 재산이었다. 그러나 헤티 그린은 말도 못 할 구두쇠였다. 물 끓이는 비용을 아끼려고 차가운 오트밀을 먹었다. 아들이 다리를 다쳤을 때, 그녀는 무료 진료소를 찾느라 오랜 시간을 허비했고, 결국 아들은 감염이 심해져 다리를 잘라야 했다. 그런가 하면, 일반 우유보다 싸다는 이유로 저지방 우유의 장점을 내세우다가 뇌졸중이 와서 죽음을 재촉했다고도 한다.

에베소서는 구두쇠 부부와 헤티 그린이 자신들의 물질 자원을 사용했던 방식과 흡사하게 자신들의 영적 자원을 사용할 위험이 있는 그리스도인들에게 쓴 편지다. 이 신자들은 영적 영양실조에 걸릴 위험이 있다. 자신들이 마음껏 이용할 수 있는 영적 양식과 자원이 가득한 큰 창고가 있는데도 이것을 이용하지 못하기 때문이다.

에베소서는 신자들의 은행, 그리스도인들의 수표책, 성경의 보물 창고라는 이름이 붙었다. 이 아름다운 편지는 그리스도인들에게 이들이 예수 그리스도와 그분의 교회 안에서 갖는 큰 부(富)와 기업(유산)과 충만을 들려준다. 에베소서는 그리스도인들에게 이들이 무엇을 가졌으며, 자신들의 소유를 어떻게 주장하고 누릴 수 있는지 들려준다.

1930년대 대공황 때, 많은 은행이 예금 인출을 제한했다. 고객은 정해진 기간에 예금액의 10퍼센트까지만 인출할 수 있었다. 고객이 예금을 모두 인출할 경우, 은행은 이를 감당할 수 있을 만큼 지급 준비금이 충분치 않았기 때문이다.

그러나 하나님의 하늘 은행은 이런 제한이나 제약이 없다. 그러므로 어느 그리스도인이라도 영적으로 궁핍하거나 영양실조에 걸리거나 가난해질 이유가 없다. 사실, 그리스도인은 하나님의 것들과 관련해 완전히 건강하고 한없이 부유하지 않을 이유가 없다. 하나님의 하늘 자원은 우리가 과거에 진 모든 빚, 현재에 진 모든 부채, 미래에 마주할 모든 필요를 넉넉히 청산하며 채우고도 남는다. 이것이 하나님이 그분의 자녀들에게 넘치게 공급하시는 경이로움이다.

에베소서에서 바울은 "그의[하나님의] 은혜의 풍성함"을 말하고(1:7), "측량할 수 없는 그리스도의 풍성함"을 말하며(3:8), "그의 영광의 풍성함"을 말한다(3:16). 바울은 신자들에게 이렇게 말한다. "하나님의 아들을 믿는 것과 아는 일에 하나가 되어 온전한 사람을 이루어 그리스도의 장성한 분량이 충만한 데까지 이르라"(4:13). "오직 성령으로 충만함을 받으라"(5:18). "하나님의 모든 충만하신 것으로 너희에게 충만하게" 하라(3:19).

에베소서에서, '풍성함'(riches)이라는 단어가 5회, '은혜'(grace)라는 단어가 12회, '영광'(glory)이라는 단어가 9회, '충만함'(fullness), '충만한/충만하신'(filled up), 또는 '충만하게 하다'(fills)라는 단어가 7회 사용된다. 그리고 '그리스도 안에서'(또는 '그 안에서')라는 핵심 어구가 13회 사용된다.[1] 그리스도가

---

1 모두 개역개정 4판 기준이다. 저자가 사용하는 NASB를 기준으로 하면, riches 5회, grace 14회, glory 8회, fullness, filled up, 또는 fills가 모두 합쳐 6회, in Christ (또는 in Him)라는 표현이 14회 사용된다.

1 모두 개역개정 4판 기준이다. 저자가 사용하는 NASB를 기준으로 하면, riches 5회, grace 14회, glory 8회, fullness, filled up, 또는 fills가 모두 합쳐 6회, in Christ (또는 in Him)라는 표현이 14회 사용된다.

모든 영적 복과 영적 풍성함의 근원이고 영역이며 보증이다. 그렇기에 그리스도 안에 있는 자들은 그분 전부와 그분이 가진 전부를 이용할 수 있다.

우리가 예수 그리스도와 연합할 때, 하나님은 우리를 "그리스도와 함께한 상속자"(fellow heirs with Christ) 삼으시고(롬 8:17), 그분과 "한 영"이 되게 하신다(고전 6:17). 우리가 "그리스도 안에" 있을 때, 그분은 우리를 형제라 부르길 부끄러워하지 않으시고(히 2:11), 자신의 모든 소유를, "썩지 않고 더럽지 않고 쇠하지 아니하는 유업…곧 너희[우리]를 위하여 하늘에 간직하신 것"을 우리와 공유하려 하신다(벧전 1:4).

우리가 누리는 풍성함(riches)의 근거는 그리스도의 은혜(1:2, 6~7; 2:7), 그분의 평강(1:2), 그분의 뜻(1:5), 그분의 기뻐하심(1:9), 그분의 목적(1:9, 11), 그분의 영광(1:12, 14), 그분의 부르심(1:18), 그분의 기업(1:18), 그분의 능력(1:19), 그분의 사랑(2:4), 그분의 작품("만드신 바," 2:10), 그분의 성령(3:16), 그분의 은사(선물, 4:11), 그분의 희생("제물," 5:2), 그분의 힘(6:10), 그분의 전신 갑주다 (6:11, 13).

교회의 비밀

또한 우리는 그리스도 안에 있기 때문에 그분의 몸, 곧 교회 안에 있다. 에베소서는 기본적인 교회론에 초점을 맞춘다. 다시 말해, 교회란 무엇이며, 교회 안에서 신자들이 어떻게 기능하는지에 초점을 맞춘다. 교회에 관한 진리는 하나님이 바울에게 비밀(mystery, 신비)로 계시하셨다(3:3). 바울은 이렇게 설명한다. "그것을 읽으면 내가 그리스도의 비밀(mystery)을 깨달은 것을 너희가 알 수 있으리라. 이제 그의 거룩한 사도들과 선지자들에게 성령으로 나타내신 것 같이 다른 세대에서는 사람의 아들들에게 알리지 아니하셨으니"(3:4~5).

하나님의 선민(選民) 이스라엘에게조차 숨겨졌던 이 비밀이란 "이방인들이 복음으로 말미암아 그리스도 예수 안에서 함께 상속자가 되고 함께 지체가 되고 함께 약속에 참여하는 자가 됨"이다(6절). 이제부터 그리스도 안에서 유대인과 이방인이 똑같이 그분의 몸 된 교회 안에서 하나가 된다.

하나님이 계시하시는 그분의 진리를 세 범주로 나눌 수 있다. 첫째는 하나님이 그 누구에게도 계시하지 않는 진리, "감추어진 일"(secret things) 곧 "우리 하나님 여호와께 속한 일이다(신 29:29). 하나님의 무한한 진리는 인간의 유한한 지성을 훨씬 초월하기에 인간이 깨닫거나 이해할 수 없다. 하나님은 자신의 지혜와 주권으로 특정 진리를 그 어느 인간에게도, 그 어느 때도 계시하지 않기로 선택하셨다.

둘째는 하나님이 역사에서 특별한 사람들에게 계시하기로 선택하신 진리다. 모든 인간은 하나님의 본성을 어느 정도 알 수 있다. 바울은 그 이유를 이렇게 설명한다. "이는 하나님을 알 만한 것이 그들 속에 보임이라. 하나님께서 이를 그들에게 보이셨느니라. 창세로부터 그의 보이지 아니하는 것들, 곧 그의 영원하신 능력과 신성이 그가 만드신 만물에 분명히 보여 알려졌나니"(롬 1:19~20). 그러나 하나님의 본성과 뜻에 관한 더 깊고 더 완전한 진리는 불신자들에게 알려지지 않으며, 따라서 이들이 알 수 없다.

하나님이 자신의 뜻과 계획을 계시하시는 특별한 사람들은 선견자들이나 선지자들로 구성된 엘리트 그룹이 아니라 신자들이다. 하나님이 자신의 선지자들과 사도들을 통해 주신 계시는 그분의 백성 모두를, 믿음으로 그분께 속한 모두를 위한 것이다. "여호와의 친밀하심(secret)이 그를 경외하는 자들에게 있음이여, 그의 언약을 그들에게 보이시리로다"(시 25:14). "정직한 자에게는 그의 교통하심(intimate, 친밀하심)이 있으며"(잠 3:32). "주 여호와께서는 자기의 비밀(secret)을 그 종 선지자들에게 보이지 아니하시고는 결코 행하심이 없으시리라"(암 3:7). 하나님께 직접 계시를 받은 자들이 그 계시를 사람들에게 알렸다.

셋째는 하나님이 일정 기간 비밀로 하셨으나 마침내 신약성경에서 자신의 백성에게 계시하신 진리다. 여기서 하나님은 새로운 세대를 위한 새로운 진리를 주시며, 이것은 구약성경의 가장 경건한 자들조차 알지 못했던 진리다. 새로운 진리는 비밀(mustēria)로 한때 숨겨졌으나 이제 계시가 된 진리이며, 하나님은 자신의 새 언약에서 이 진리를 드러내신다.

이 셋째 진리가 바울이 에베소서에서 아주 광범위하게 계시하는 진리다. 바울은 특히 예수 그리스도의 교회에 관한 진리를 계시한다. 하나님은 예수 그리스도의 교회가 유대인과 이방인 양쪽 모두를 포함하도록 영원 전에 계획하셨다. 이 비밀을 아는 지식은 현세의 신자들만 누리는 큰 풍성함 가운데 하나다.

마태는 이렇게 말했다. 예수님이 무리에게 "비유로 말씀하시고 비유가 아니면 아무것도 말씀하지 아니하셨으니, 이는 선지자를 통하여 말씀하신바 내가 입을 열어 비유로 말하고 창세부터 감추인 것들을 드러내리라 함을 이루려 하심이라"(마 13:34~35). 제자들이 왜 비유로 말씀하시느냐고 물었을 때, 예수님은 "천국의 비밀을 아는 것이 너희에게는 허락되었으나 그들에게는 아니 되었나니"라고 설명하셨다(마 13:11; 참조 11:25). 바울은 고린도전서에서 동일한 진리를 되울린다. "육에 속한 사람은 하나님의 성령의 일들을 받지 아니하나니, 이는 그것들이 그에게는 어리석게 보임이요, 또 그는 그것들을 알 수도 없나니, 그러한 일은 영적으로 분별되기 때문이라"(고전 2:14). 신자들과 불신자들이 하나님의 말씀에 담긴 동일한 진리를 듣거나 읽지만 받는 영향은 전혀 다를 수 있다. 신자들에게 분명하고 의미 있는 것이 불신자들에게는 이해할 수 없는 난센스다. "천국의 비밀(mystery)"은 하나님 나라에 관해 현재 형태로 계시된 진리를 가리킨다. 구약성경은 하나님 나라와 그 나라를 다스리는 하나님의 통치에 관해 많은 것을 말한다. 오실 메시아를 통치하는 메시아, 기름부음 받은 위대한 자(the great Anointed One)로 제시하며, 그의 영원한 통치는 이미 창세기에서 예언된다. 야곱은 자신의 아들들을 축복하는 중에 유다에 관해 이렇게 말했다. "규가 유다를 떠나지 아니하며 통치자의 지팡이가 그 발 사이에서 떠나지 아니하기를 실로가 오시기까지 이르리니 그에게 모든 백성(peoples)이 복종하리로다"(창 49:10).

세례 요한과 예수님 둘 다 사역을 시작하면서 이렇게 선포하셨다. "회개하라. 천국이 가까이 왔느니라"(마 3:2; 4:17). 예수님은 왕으로 태어나셨다. 동방박사들이 그분을 왕으로 인정했으며, 헤롯은 그분을 라이벌 왕으로 두려워했고, 빌라도는 그분의 왕권에 관해 묻기까지 했다. 예수님은 자신의 나라를 이스라엘에게 제시하면서 자신을 그들의 왕으로 받아들이라고 하셨다. 그러나 이스라엘은 그분을 받아들이길 거부했고, 그 나라를 포기했다. 그래서 이스라엘에게는 그 나라가 미뤄졌다. 유대인들은 "우리는 이 사람이 우리의 왕 됨을 원하지 아니하나이다"라고 외쳤고(눅 19:14), 그래서 그분은 이들을 다스리지 않으실 터였다. 결과적으로, 그분은 자신의 지상 나라를 세우는 일을 미루셨다. 이스라엘이 구원받고, 자신이 다시 와서 이 땅을 천년 동안 다스릴 때까지 (계 20:4).

그때까지 이 왕은 이 땅에 없다. 그러나 지금 하늘로부터 그리스도께서 자신의 지상 나라를 다스리신다. 그분은 천년왕국(Millennium) 때 온 세상을 외적으로 다스리실 테지만, 지금 자신에게 속한 자들의 삶에서 내적으로 다스리신다. 그 나라의 현재 형태는 믿음을 통해 은혜로 구원을 얻는 영역이다. 그분은 그분을 주권적 주님으로 고백한 자들을 다스리는 왕이다. 천년왕국에서 외적으로 임할 복이 지금 내적으로 신자들에게 임한다. 그리스도께서 천년왕국 때 예루살렘에서 외적으로 보좌에 앉으실 텐데, 이와 마찬가지로 지금 자기 성도들의 마음에 내적으로 보좌에 앉아 계신다. 그분은 미래의 그 나라에서 은혜를 베푸실 텐데, 이와 마찬가지로 지금도 자신을 신뢰하는 자들에게 은혜를 베푸신다. 그때 그분은 온 세상에 영원한 평화를 가져다주실 텐데, 이와 마찬가지로 지금 신자들의 삶에 내적 평화를 가져다주신다. 그때 그분은 기쁨과 행복을 영원히 주실 텐데, 이와 마찬가지로 지금 이러한 복을 자신의 백성에게 내적으로 주신다.

이러한 중간의 나라, 내적 나라에 관해, 구약성경의 성도들은 전혀 알지 못했다. 이것은 하나님이 행하시는 구속(救贖)에서 괄호 안에 있었으며 신약성경 때까지 비밀이었다. 구약성경이 말하는 나라, 천년왕국에서 완전히 드러날 나라가 이제 이를테면 예고편으로 일부 성취되었다. 베드로가 오순절 설교에서 설명했듯이, 예루살렘에서 조금 전에 일어난 주목할 만한 사건들은(행 2:1~13) 요엘 선지자가 했던 천년왕국에 관한 예언의 예고편이었다. "하나님이 말씀하시기를 말세에 내가 내 영을 모든 육체에 부어 주리니"(행 2:17; 참조. 욜 2:28).

그 나라의 핵심 비밀 속에 계시된 다른 비밀들이 있다(마 13:11을 보라). 그 중 하나는 그리스도께서 내주(內住)하신다는 비밀이다. "이 비밀은 만세와 만 대로부터 감추어졌던 것인데 이제는 그의 성도들에게 나타났고 하나님이 그 들로 하여금 이 비밀의 영광이 이방인 가운데 얼마나 풍성한지를 알게 하려 하심이라. 이 비밀은 너희 안에 계신 그리스도시니 곧 영광의 소망이니라"(골 1:26~27). 다른 비밀들은 다음과 같다. 육체로 오신 하나님, 하나님 아들의 성 육신, 구약성경에서는 완전하게 계시되지 않은 진리(골 2:2~3). 이스라엘이 메 시아를 믿지 않고 거부한다는 비밀(mystery, 롬 11:25). 불법의 비밀(살후 2:7). 바벨론—마지막 때의 무섭고 악한 경제 체계와 종교 체계—의 비밀(계 17 장). 신자들이 하나 되는 비밀(엡 3:3~6). 교회가 그리스도의 신부라는 비밀(엡 5:24~32). 황홀한 변화의 비밀(고전 15:51~52). 비밀은 그리스도께서 영광 중에 다시 오실 때 완전히 풀릴 것이다(계 10:7).

교회, 그리스도의 몸

교회가 그리스도의 몸이라는 풍성한 교리는 은유다. 이 은유는 교회를 하나 의 조직이 아니라 서로 연결되고 서로 의존하는 많은 지체로 구성된 살아 있 는 유기체로 그려낸다. 그리스도는 이 몸의 머리이며, 성령은 이를테면 이 몸 의 생혈(生血, lifeblood)이다.

신약성경은 구약성경이 이스라엘에게 사용한 많은 은유를 교회에 사용한 다. 둘 다 신부 또는 아내(호 1:2; 참조. 렘 3:20; 계 21:2), 가족(시 107:41; 렘 31:1 "종족"; 엡 2장), 양 떼(시 40:11; 참조. 시 23편; 눅 12:32; 행 20:28~29), 포도원 또는 포도나무 가지라 불린다(사 5:1~7; 요 15:5). 그러나 구약성경은 절대로 이스라 엘을 하나님의 몸이라 부르지 않는다. 이것은 신약성경의 하나님 백성을 가 리키는 특별한 비유이며, 이전에는 계시되지 않았다. 그리스도의 교회는 지금 이 땅에 다시 성육신한 그분의 몸이다.

세상이 볼 수 있는 것은 이러한 그리스도의 외적 성육신뿐이다. 결과적으 로, 교회는 예수님이 이 땅에서 사역하셨을 때 모습을 그대로 온전히 보여주어야 한다. 그리스도의 몸을 이루는 구성원들은 자신들의 주님 안에서 서로 분리될 수 없게 하나로 이어져 있다. 따라서 한 구성원이 제 기능을 못하면, 몸 전체가 약해진다. 몸의 구성원들이 머리에게 복종하지 않으면, 몸은 절뚝이고 비틀거린다. 그러나 몸의 구성원들이 충실하게 머리에게 반응할 때, 교회는 주님의 아름다움과 능력과 영광을 드러낸다.

몸은 영적 은사를 사용함으로써, 그리고 교제와 서로 섬김(mutual ministry)의 책임을 수행함으로써 제 기능을 한다. 교회가 충실할 때, 그리스도께서 지금 지상의 몸으로 온전히 드러나신다. 교회가 충실하지 못할 때, 세상이 뒤틀린 눈으로 그리스도를 보게 되고, 교회는 약해지며 주님이 욕을 먹는다.

저자

바울의 본명은 사울이었다. 그는 베냐민 지파였으며, 그의 이름은 이스라엘 초대 왕이요 베냐민 사람으로 가장 뛰어났던 사울에게서 연유했을 것이다. 사울은 요즘으로 말하면 인문학 교육을 잘 받았다. 그러나 그는 유명한 가말리엘 밑에서 랍비 훈련을 아주 폭넓게 받았다(행 22:3). 그는 자신의 힘으로 뛰어난 랍비가 되었고, 예루살렘에 자리한 유대인 통치 기구 산헤드린의 구성원이 되었다. 그는 또한 유대교에서 기독교를 가장 극렬하게 반대하는 지도자였을 것이다(행 22:4~5). 그는 예수 그리스도의 추종자들을 격렬하게 증오했으며, 이들을 잡으러 다메섹 원정에 나서기도 했다. 그런데 다메섹으로 가는 길에, 주님이 기적처럼 극적으로 그의 앞을 가로막았으며 그를 자신에게로 되돌리셨다(행 9:1~8).

바울은 나바테 왕국의 아라비아 사막에서 3년을 보낸 후, 수리아(시리아)의 안디옥교회에서 바나바, 시므온, 루기오, 마나엔과 함께 공동 목회를 했다(행 13:1). 이 초기 사역 때, 사울은 바울로 알려지게 되었다(행 13:9). 새 사람이 새 이름을 취했다. 성령께서 바울을 바나바와 함께 안디옥에서 내보내어 교회사에서 가장 위대한 선교사역을 시작하게 하셨다. 이 시점에, 바울은 하나님이 이방인에게 파견하신 특별한 사도로서 자신의 일을 시작했다(행 9:15; 롬 11:13).

저작 연대와 수신지

60년과 62년 사이 어느 시점에 로마에서(3:1을 보라), 바울은 자신이 목양했던 신자들에게 이 편지를 썼다. 많은 초기 사본에는 **에베소에 있는 성도들**이란 어구가 없으며, 에베소서에는 지역이나 개별 신자에 관한 언급도 없다. 그래서 많은 학자는 에베소서가 회람 서신이었다고 생각한다. 에베소서가 소아시아 (에베소 뿐 아니라 서머나, 버가모, 두아디라, 사대에 사는 신자들을 포함해) 모든 교회가 돌려 읽게 할 목적으로 기록되었다는 것이다. 에베소서가 먼저 에베소에 전해졌고, 그래서 특히 에베소교회와 밀접하게 연결되었을 것이다.

에베소서 1~3장은 교리를 강조하고, 4~6장은 행위를 강조한다. 전반부는 신학적이며, 후반부는 실천적이다.

1

━━

인사말
(1:1~2)

하나님의 뜻으로 말미암아 그리스도 예수의 사도된 바울은 에베소에 있는 성도들과 그리스도 예수 안에 있는 신실한 자들에게 편지하노니 하나님 우리 아버지와 주 예수 그리스도로부터 은혜와 평강이 너희에게 있을지어다. (1:1~2)

인사말에서 바울은 자신이 사도로서 갖는 권위의 두 근원을 제시하고, 신자들을 둘로 묘사하며, 신자들이 받는 두 가지 복을 제시하고, 이러한 복의 두 근원을 제시한다.

권위의 두 근원

하나님의 뜻으로 말미암아 그리스도 예수의 사도 된 바울은 (1:1a)

바울은 사도의 권위로 편지를 썼다. '사도'(*apostolos*)란 "보냄을 받은 자"(sent one)란 뜻이며, 신약성경에서 하나님이 교회의 기초이자 그분의 최종 계시, 곧 신약성경을 받는 자요 가르치는 자요 기록하는 자가 되도록 특별히 선택하신 자들의 공식 직함으로 사용된다. 사도의 의무는 복음을 전하고(고전 1:17), 가르치고 기도하며(행 6:4), 기사(miracles)를 행하고(고후 12:12), 교회 지도자들을 세우며(행 14:23), 하나님의 말씀을 기록하는 것이었다(엡 1:1 등).

첫 열두 명과 유다를 대신한 맛디아 외에(행 1:26), 바울이 유일한 **사도**였는데 그는 이를테면 "만삭되지 못하여(untimely) 난 자 같았다"(고전 15:8). 그러나 바울은 나머지 사도들보다 열등하지 않았으며, 사도의 직무에 필요한 모든 조건을 충족했다(고전 9:1).

바울의 신임장은 그가 받은 학문적 훈련이나 그가 랍비로서 가진 지도력이 아니라 그가 **하나님의 뜻으로 말미암아 그리스도 예수의 사도 된** 자라는 것이었다. 바울은 자신의 권위가 아니라 아들(**그리스도 예수**)과 아버지(**하나님**)의 둘이지만 완전히 하나인 권위로 가르치고 썼다. 이 진실을 말하면서, 바울은 개인적 장점을 자랑하거나 자신을 높여 다른 신자들 위에 두지 않았다. 그는 자신이 신성모독자였으며, 교회를 극렬하게 핍박하는 자였고, 무가치하고 무지한 불신자였다는 사실을 생생하게 기억했다. 그리고 여전히 자신을 죄인들의 괴수로 여겼다(딤전 1:13, 15). 모든 그리스도인처럼 바울은 무엇보다도 자신의 주님 "예수 그리스도의 종(bond-servant)"이었다(롬 1:1). 자신의 사도권을 언급함으로써, 바울은 자신이 자격이 없는데도 하나님을 대신해 말할 권위를 하나님에게 받았다는 것을 분명히 했을 뿐이었다. 바울은 이것을 자신의 서신마다 첫머리에 언급하는데, 빌립보서와 데살로니가전 · 후서만 예외다.

신자들에 대한 두 가지 묘사

에베소에 있는 성도들과 그리스도 예수 안에 있는 신실한 자들에게 편지하노니

(1:1b)

하나님 편에서 볼 때 신자들은 그분이 거룩하게 하신 자들이며, **성도들**(**saints**)이란 바로 이런 뜻이다. 인간 편에서 볼 때, 신자들은 **신실한**(**faithful**) 자들이며, **그리스도 예수 안에** 있으며 그분을 자신의 주님과 구주로 믿는 자들이다.

모든 그리스도인은 성도(saint, 성인)이다. 모든 그리스도인은 그에게 전가된 그리스도의 완전한 의를 통해 구별되어 거룩해졌기 때문이다(롬 3:21~22;

고전 1:30; 빌 3:9 등). 한 사람이 믿음으로 그리스도를 영접할 때, 하나님은 그리스도의 의를 은혜로 그에게 주신다. 구원하는 믿음(saving faith)을 통해 '모든'(every) 신자를 하나님의 **성도들** 중 하나로 세우는 것은 그리스도의 완전한 의다. 그것이 사람들의 눈에 아무리 커 보이더라도 개인의 성품이나 성취로 이루어지는 것이 아니다.

복의 두 근원

하나님 우리 아버지와 주 예수 그리스도로부터 (1:2a)[2]

복의 두 근원은 권위의 두 근원과 같은 **하나님 우리 아버지와 주 예수 그리스도**이다. 이 둘은 분리된 별개의 근원이 아니라 동일한 근원의 두 현시(manifestations)이다. 이것은 접속사 '카이'(*kai*, and, 개역개정에서는 접속 조사 "와")가 잘 보여주는데, 이 접속사는 동등함을 나타내며 여기서는 **주 예수 그리스도**가 **하나님 우리 아버지**와 똑같이 하나님이라는 것을 나타낸다.

바울이 에베소서 전체에서 전하려는 메시지는 신자들이 하늘에 계신 자신들의 아버지와 그분의 아들이며 자신들의 구주이신 예수 그리스도께서 주시는 모든 복을 더 온전히 깨닫고 누려야 한다는 것이다.

신자들이 받는 두 가지 복

은혜와 평강이 너희에게 있을지어다 (1:2b)[3]

이것은 초기 교회에서 그리스도인들끼리 흔히 나누는 인사였다. '카리스'(*charis*, **은혜**)는 하나님의 총애(favor, 호의)를 받을 자격이 없지만 그분의 아

---

2 원문에는 1:2b로 되어있지만, 한글에는 2절 맨 앞에 오기 때문에 1:2a로 옮겼다.
3 원문에는 1:2a로 되어있지만, 한글에는 2절 맨 뒤에 오기 때문에 1:2b로 옮겼다.

들 예수 그리스도를 믿는 자들을 향한 하나님의 큰 인애(kindness)다. 그리스도인 형제나 자매에게 건네는 이런 인사는 그들의 일반적 안녕을 비는 바람에 불과하지 않다. 이것은 하나님의 은혜를 인정하는 말이기도 하다. 우리는 그 은혜 안에 서 있으며, 그 은혜 덕분에 함께 그리스도의 몸을 이루고 거룩한 하나님의 가족을 이룬다.

은혜는 샘이며, 이 샘에서 **평강**(*eirēnē*, 평화)이 솟아난다. 우리는 하나님께 은혜를 입었기 때문에 하나님과(with God) 평강을 누리며, "모든 지각에 뛰어난" 하나님의 평강이 우리에게 있다(빌 4:7). 평강(평화)은 히브리어 '샬롬'(*shālôm*)의 동의어인데, 샬롬은 가장 고상한 의미의 영적 번영과 완전을 뜻한다.

2

영원 전에 빚어진 몸
(1:3~5,6b)

찬송하리로다. 하나님 곧 우리 주 예수 그리스도의 아버지께서 그리스도 안에서 하늘에 속한 모든 신령한 복을 우리에게 주시되, 곧 창세 전에 그리스도 안에서 우리를 택하사 우리로 사랑 안에서 그 앞에 거룩하고 흠이 없게 하시려고, 그 기쁘신 뜻대로 우리를 예정하사 예수 그리스도로 말미암아 자기의 아들들이 되게 하셨으니, (이는 그가 사랑하시는 자 안에서 우리에게 거저 주시는 바) 그의 은혜의 영광을 찬송하게 하려는 것이라 (1:3~5,6b)[4]

헬라어 성경에서 3~14절은 한 문장이며, 하나님이 교회를 향해 세우신 영원한 목적의 과거와 현재와 미래를 포함한다. 여기서 바울은 하나님이 구원을 위해 세우신 마스터플랜의 윤곽을 제시한다. 바울은 3~5절과 6b절에서 과거적 측면인 택하심(election, 선택)을, 6a절과 7~11절에서 현재적 측면인 구속(redemption, 속량)을, 12~14절에서 미래적 측면인 기업(inheritance, 유업)을 보여준다. 하나님을 믿어 구원받았거나 그럴 예정인 모든 신자가 하나님이 세우신 구원의 마스터플랜 안에 있다. 때때로 표현되듯이 역사(history)는 "그분의

---

4 저자가 사용하는 NASB의 경우, 한글 개역개정에서 6절 맨 처음에 나오는 "이는 그가 사랑하시는 자 안에서 우리에게 거저 주시는 바"로 번역된 부분(which He Freely bestowed on us in the Beloved)이 6절 맨 뒤에 온다. 이 부분이 저자가 인용하는 NASB에는 6b절이지만 여기서는 한글 개역개정에 따라 6a절로 표기했다.

이야기"(His story)가 펼쳐지는 것일 뿐이며, 그분의 이야기는 이미 영원 전에 계획되고 기록되었다.

또한 이 단락을 세 부분으로 나눌 수 있다. 각 부분은 삼위일체의 각 위(位, Person)에 초점을 맞춘다. 3~5절과 6b절은 아버지에게, 6a절과 7~12절은 아들에게, 13~14절은 성령에게 초점을 맞춘다. 바울은 우리를 하나님의 보좌로 데려가 예수 그리스도 안에 있는 자들이 받는 엄청나게 큰 복과 보화를 보여준다.

현대인들은 정체성, 삶의 목적, 자기 가치, 자기수용(self-acceptance)에 관심이 많다. 그래서 이러한 갈망들을 채워주려는 책, 글, 세미나, 훈련이 넘쳐난다. 그러나 이런 대다수 시도는 하나님과 그분의 말씀을 고려하지 않으며, 그래서 진리의 유일한 근원이 배제되고 사람들은 자신에게서 해답을 찾을 수밖에 없다. 이런 시도들은 매우 다양하고 때로 그 공식이 복잡하지만, 결국 사람들에게 이렇게 말한다. "어쨌든 너희들은 아무 문제가 없으며, 너희 삶에서 그 어떤 정체성과 가치와 의미를 찾든 간에, 너희 안에서 너희 스스로 찾아야 한다."

세상은 우리에게 자신을 먼저 생각하라고 말하며, 다른 사람들을 이용하고 조종하며 위협받기 전에 위협함으로 정상에 오르는 방법을 보여준다. 세상은 우리에게 어떻게 하면 성공하고, 어떻게 하면 최고가 되는지 들려준다. 세상은 우리에게 가문의 유산과 인종적 뿌리에서 의미를 찾으라고 말하며, 우리가 어디서 왔는지 알아내면 우리가 어디에 있는지, 어쩌면 우리가 어디로 향하는지 설명하는 데 도움이 되리라고 조언한다. 그러나 이러한 접근 방식들은 심리적 광택제를 줄 뿐이며, 이 광택제는 삶의 의미라는 깊은 문제를 덮는 데는 도움이 되지만 제거하는 데는 도움이 되지 않는다.

어떤 사람들은 의로운 행위로 자신의 가치를 세우려 하고, 어떤 사람들은 교회 일을 비롯한 기독교 활동에 깊이 참여함으로써 자신의 가치를 세우려 한다. 이들은 찬사와 칭찬을 구하며, 얼마 지나지 않아 예수님 당시의 서기관들과 바리새인들이 했던 바로 그 위선적인 종교 게임에 빠진다. 이들의 자기만족이 커질수록 이들의 영적 삶이 쪼그라든다. 이런 노력은 육체를 살찌울

뿐 영혼을 절뚝이게 하기 때문이다.

그러나 인간이 자신을 개선하고 만족시키려는 모든 노력은 어떠한 종교적 겉모습으로 치장하더라도 수확체감의 법칙이 적용된다. 지속하는 참 만족을 절대 얻지 못하며, 성취할수록 바람이 커질 뿐이다. 더 중요한 것은 불만족을 초래하는 죄책감과 두려움이 억눌리지만 줄어들지는 않는다는 것이다. 이런 피상적 게임을 할수록 우울과 불안과 죄책감이 깊어진다.

진정한 자신의 가치와 의미와 중요성을 얻는 방법은 단 하나, 자신의 창조자와 바르게 연결되는 것이다. 그리스도가 없는 사람은 영적 가치가 없으며, 하나님 앞에 서지 못하고, 세상에서 아무 목적이나 의미도 없다. 그 사람은 "바람에 나는 겨"와 같다(시 1:4).

그러나 그리스도인은 하나님의 자녀이며, 예수 그리스도와 함께한 상속자(joint heir, 공동 상속자)이다. 그리스도인이 이 복을 알지 못한다면, 자신이 자신의 구주 안에서 이미 확보한 위치를 깨달아야 한다. 이런 그리스도인들이 자신의 위치와 소유를 제대로 깨닫게 하는 것이 에베소서의 핵심이다.

바울은 말한다. 우리가 그리스도께 속했다면, 세상이 시작되기도 전에 하나님이 우리의 이름을 그분의 교회의 한 부분으로 기록하셨다는 것을 확신할 수 있다. 하나님은 그분의 은혜와 주권으로 우리들 각자를 택하여 그분께 속하게 하셨다. 이것은 우리가 다른 누군가보다 더 가치 있거나 자격이나 공로가 더 많기 때문이 아니었다. 단지 하나님이 우리를 택하기로 뜻하셨기 때문이다.

이것은 유한한 사고가 이해할 수 없지만, 성경에서 가장 빈번하게 되풀이되는 진리다. 하나님의 구속사는 그분이 구원하기로 택하신 자들에게 손을 내밀어 그들을 자신에게 이끄신다는 기록이다. 바울은 에베소서를 여는 이 구절들에서, 영원한 과거를 얼핏 보여준다. 그는 우리가 하나님의 구원 계획, 곧 우리를 구원하려는 하나님의 계획을 엿듣게 해준다. 그 계획은 우리가 태어나기 오래전에 세워졌을 뿐 아니라 세상이 태어나기 오래전에 세워졌다.

복의 여러 측면

찬송하리로다(Blessed). 하나님 곧 우리 주 예수 그리스도의 아버지께서 그리스도 안에서 하늘에 속한 모든 신령한 복을 우리에게 주시되 (1:3)

바울은 여기서 이제 설명하려는 복, 곧 하나님이 주시는 복의 여섯 측면을 제시한다. 첫째는 복되신 분(the blessed One)[5], 곧 하나님이다. 둘째는 복을 주시는 분(the Blesser)이며, 이분도 하나님이다. 셋째는 복 받은 자들(the blessed ones), 곧 신자들이다. 넷째는 복(blessings), 곧 모든 영적인 것이다. 다섯째는 복된 자리(blessing location), 곧 하늘 처소들이다. 여섯째는 복을 주는 대리자(the blessing Agent), 곧 예수 그리스도다.

복되신 분(THE BLESSED ONE)─하나님

바울은 이처럼 아름다운 진리를 이런 준비를 하신 분을 찬양하는 것으로 적절하게 소개한다. **찬송하리로다(Blessed). 하나님 곧 우리 주 예수 그리스도의 아버지.** 헬라어 '유로게오'(eulogeō blessed, 찬송하리로다)에서 찬사(eulogy)라는 단어가 파생했으며, 찬사란 찬양과 칭송의 메시지, 한 사람의 선(goodness)에 대한 선언을 의미한다. **하나님** 외에 그 누구도 진정으로 선하지 않다(마 19:17). 그러므로 우리의 최고 찬사, 우리의 최고 찬양은 오직 하나님을 향해야 한다.

선은 하나님의 본성이다. **아버지 하나님**은 선한 일을 행하실 뿐 아니라 그분 자신의 성육한 아들, 곧 **우리 주 예수 그리스도** 외에 어느 인간 존재도 불가능한 방식과 수준으로 선하다. 그래서 창세기부터 요한계시록까지, 경건한 자들은 지극히 뛰어나고 인간이 도저히 이를 수 없는 하나님의 선을 인정하며, 그분을 송축했다(proclaimed blessing upon Him). 멜기세덱은 이렇게 선언했다.

---

5 The blessed One은 "찬송 받으실 분"으로 옮길 수도 있다. 저자는 여기서 bless를 복과 찬송이라는 두 의미로 사용한다.

"지극히 높으신 하나님을 찬송할지로다"(Blessed be God Most High, 창 14:20). 마지막 날, "하늘 위에와 땅 위에와 땅 아래와 바다 위에와 또 그 가운데 모든 피조물이" "보좌에 앉으신 이와 어린 양에게 찬송(blessing)과 존귀와 영광과 권능을 세세토록 돌릴지어다"라고 외칠 것이다(계 5:13).

하나님의 백성에게 그분의 큰 선을 찬송하는(bless) 것보다 적절한 일은 없다. 모든 상황 속에서—아플 때나, 힘겨울 때나, 시련을 겪을 때나, 좌절할 때나, 반대에 부딪힐 때나, 역경을 만날 때나—우리는 하나님을 찬양해야 한다. 하나님은 모든 상황에서 선하기 때문이다. 그래서 우리는 하나님을 찬양하고 그분을 찬송한다(bless).

복 주시는 분(THE BLESSER)—하나님

하나님은 완전하고 찬양을 받기에 합당하신 분이다. 이와 일치하게도, 자신의 선 때문에 최고의 찬송을 받으셔야 하는 분은 선을 베푸시는 분, 곧 복을 주시는 더없는 분(the supreme Blesser)이다. 그분은 **모든 신령한 복을 우리에게 주시는(has blessed**, 주신) 분이다. 야고보는 우리에게 일깨운다. "온갖 좋은 은사와 온전한 선물이 다 위로부터 빛들의 아버지께로부터 내려오나니"(약 1:17). 바울은 우리에게 확신시킨다. "우리가 알거니와 하나님을 사랑하는 자 곧 그의 뜻대로 부르심을 입은 자들에게는 모든 것이 합력하여 선을 이루느니라"(롬 8:28). 하나님이 복을 주시는 이유는 그분 자신이 모든 복의 근원이며, 모든 좋은 것의 근원이기 때문이다. 선(goodness, 좋은 것)은 오직 하나님에게서 비롯된다. 하나님 외에는 선의 근원이 없기 때문이다.

복 받은 자들(THE BLESSED ONES)—신자들

여기서 하나님이 **복을 주시**는 **우리**는 바울이 1절에서 말하는 "성도들," 곧 "그리스도 예수 안에 있는" 자들을 가리킨다. 자신의 놀라운 은혜와 더없이 선한 섭리와 주권적 계획 가운데, 하나님은 **우리에게** 복을 주기로 선택하셨다. 하나님은 "믿음으로 말미암은 자는…복을 받느니라"라고 영원히 정해 놓으셨다(갈 3:9).

우리는 하나님을 찬송할(bless) 때 그분을 좋게 말한다. 하나님은 우리에게 복을 주실(blesses) 때 좋은 것을 우리에게 전하신다. 우리는 말로 그분을 찬송한다(bless). 그분은 행동으로 우리에게 복을 주신다. 우리가 할 수 있는 일은 그분을 좋게 말하는 것뿐이다. 우리는 그분께 드릴 좋은 것이 없고, 그분은 좋은 것(goodness, 선, 선한 것)이 조금도 부족하지 않기 때문이다. 그러나 하나님이 우리에게 복을 주실 때는 상황이 거꾸로다. 하나님이 우리의 선(goodness) 때문에 우리에게 복을 주실 수는 없다. 우리에게는 선한 것(goodness)이 전혀 없기 때문이다. 오히려, 하나님은 선한 것 '으로'('with' goodness, 선, 좋은 것으로) 우리에게 복을 주신다. 우리의 하늘 아버지는 모든 좋은(선한) 것, 모든 좋은 선물, 모든 복을 우리에게 넘치게 주신다. 이것이 하나님의 본성이며, 이것이 우리의 필요다.

복(THE BLESSINGS)—모든 신령한 것

우리의 하늘 아버지께서 **모든 신령한 복을 우리에게 주신다.** 신약성경에서 '프뉴마티코스'(*pneumatikos*, **spiritual**, **신령한**)는 언제나 성령께서 하시는 일과 연결되어 사용된다. 그러므로 이것은 여기서 물질적 복과 반대되는 비물질적 복을 가리키는 게 아니라 모든 복이 하나님에게서 비롯된다는 것을 말한다. 그 복이 우리의 영혼, 우리의 지성이나 우리의 몸이나 우리의 일상생활이나 그 외에 어디에 도움이 되든 간에 그렇다. **신령한(spiritual)**은 복의 성격이 아니라 근원을 가리킨다.

많은 그리스도인이 하나님이 이미 주신 것을 계속해서 구한다. 이들은 "우리에게 주신 성령으로 말미암아 하나님의 사랑이 우리 마음에 부은 바" 되었다는 것을 알아야 한다(롬 5:5). 그런데도 이들은 하나님께 더 많은 사랑을 구한다. 예수님은 "평안을 너희에게 끼치노니, 곧 나의 평안을 너희에게 주노라"라고 하셨다(요 14:27). 그런데도 이들은 평안을 구한다. 예수님은 "내가 이것을 너희에게 이름은(I have spoken) 내 기쁨이 너희 안에 있어 너희 기쁨을 충만하게 하려 함이라"라고 하셨다(요 15:11). 그런데도 이들은 행복과 기쁨을 구한다. 하나님의 말씀은 이들이 "능력 주시는 자 안에서 내가 모든 것을 할 수 있느니라"라고 말한다(빌 4:13). 그런데도 이들은 하나님께 능력을 구한다.

하나님은 자신의 "신기한 능력(divine power)으로 생명과 경건에 속한 모든 것을 우리에게 주셨으니, 이는 자기의 영광과 덕으로써 우리를 부르신 이를 앎으로 말미암음이라"(벧후 1:3). 하나님이 "생명과 경건에 속한 모든 것"을 우리에게 '미래에' 주시는('will' give) 것이 아니라 '이미'(already) 주셨다. 하나님은 **모든 신령한 복을 우리에게** 이미 **주셨다(has blessed)**. 우리는 "그 안에"서(in Him) 완전하다(골 2:10).

하나님 안에 있는 우리의 자원은 단지 약속된 게 아니다. 우리는 그 자원을 소유한다. 모든 그리스도인은 바울이 말하는 "예수 그리스도의 성령의 도우심"을 받는다(빌 1:19). 하나님은 자신의 아들 안에서 이미 주신 것보다 많은 것을 우리에게 주실 수 없다. 더 받을 게 없다. 그러므로 신자는 더 받아야 하는 게 아니라 이미 받은 것으로 더 행해야 한다.

우리가 하늘에서 갖는 위치와 소유는 너무나 확실하고 안전하다. 그래서 바울은 하나님이 이미 우리를 그리스도와 "함께 일으키사 그리스도 예수 안에서 함께 하늘에 앉히"셨다고 말한다(엡 2:6).

복된 자리(THE LOCATION OF BLESSING)—하늘

하나님에게서 비롯되는 풍성하고 무한한 복은 **하늘에(in heavenly places)** 있다. 하늘 자체보다 많은 것이 포함된다. **하늘(heavenly places**, 참조. 1:20; 2:6; 3:10)은 하나님의 초자연적 영역 전체와 그분의 완전한 영토와 그분의 신적 활동(divine operation) 전체를 포함한다.

그리스도인들은 역설적인 2단계 실존, 곧 이중시민권을 갖는다. 땅에 사는 동안 우리는 땅의 시민이다. 그러나 그리스도 안에서, 무한히 더 중요하고 주된 우리의 시민권이 하늘에 있다(빌 3:20). 그리스도는 우리의 주님이요 왕이며, 우리는 그분의 영역에 속한 시민, 곧 하늘 시민이다. 이런 까닭에, 우리는 "위의 것을" 추구해야 하는데, "거기는 그리스도께서 하나님 우편에 앉아 계신다"(골 3:1).

우리는 하나님의 다스림을 받는다. 그러므로 우리는 "이 세대의 아들들"과 달리(눅 16:8) 하나님의 초자연적인 것, 즉 "영적으로 분별되기 때문에" "육에 속한 사람(natural man)은…받지 아니"하며 "알 수도 없는" 것을 알 수 있다(고전 2:14).

미국 시민은 다른 나라를 여행할 때라도, 미국에 있을 때와 조금도 다름없이 미국 시민이다. 아프리카에 있든, 극동에 있든, 유럽에 있든, 남극에 있든, 고국을 떠나 그 어디에 있든 간에, 여전히 100퍼센트 미국 시민이며, 따라서 미국 시민의 모든 권리와 특권을 갖는다.

하나님이 다스리는 하늘나라의 시민으로서, 그리스도인들은 "낯설고"(foreign) 때로 적대적이기까지 한 이 땅에 사는 동안에라도 그 시민권이 수반하는 모든 권리와 특권을 갖는다. 우리의 진정한 삶은 초자연적인 하늘에 있다. 우리의 아버지가 거기 계시고, 우리의 구주가 거기 계시며, 우리의 가족과 사랑하는 사람들이 거기 있고, 우리의 이름이 거기 있으며, 우리의 영원한 거처와 보좌가 거기 있다.

그러나 우리는 지금 땅과 하늘 사이에서 긴장 상황에 갇혀 있다. 바울은 이 긴장을 이렇게 표현했다. "우리가 사방으로 우겨쌈을 당하여도 싸이지 아니하며, 답답한 일을 당하여도 낙심하지 아니하며, 박해를 받아도 버린 바 되지 아니하며, 거꾸러뜨림을 당하여도 망하지 아니하고…근심하는 자 같으나 항상 기뻐하고, 가난한 자 같으나 많은 사람을 부요하게 하고, 아무것도 없는 자 같으나 모든 것을 가진 자로다"(고후 4:8~9; 6:10).

하늘과는 멀어 보이는 상황에 살면서도 하늘 시민으로 사는 비결은 성령으로 행하는 것(walking by Spirit)이다. 바울은 이렇게 말한다. "너희는 성령을 따라 행하라. 그리하면 육체의 욕심을 이루지 아니하리라"(갈 5:16). 우리가 성령의 능력으로 행할 때, 성령께서 우리 안에서 자신의 열매가 맺히게 하신다: "오직 성령의 열매는 사랑과 희락과 화평과 오래 참음과 자비와 양선과 충성과 온유와 절제니"(22~23절). 우리는 하나님의 성령의 능력으로 살 때 하늘의 복을 받는다.

복을 주는 대리자(THE BLESSING AGENT)—예수 그리스도

그리스도인들은 하늘의 모든 영적인 복(하늘에 속한 모든 신령한 복)을 소유한 다. 그리스도인들은 **그리스도 안에** 있기 때문이다. 예수 그리스도를 주님과 구 주로 믿을 때, 우리는 그분과 놀랍게 연합한다. "주와 합하는 자는 한 영이니 라"(고전 6:17). 그리스도인으로서 우리의 하나됨(unity)은 단지 일반적 계약 (common agreement)의 하나됨이 아니다. 이것은 삶이 하나 되는 하나됨이며, 하나님이 주시는 영원한 생명, 곧 모든 신자의 영혼에 고동치는 생명을 함께 누리는 하나됨이다(참조. 롬 15:5~7).

주님이 가지신 모든 것을 **그리스도 안에** 있는 자들이 갖는다. "성령이 친 히 우리의 영과 더불어 우리가 하나님의 자녀인 것을 증언하시나니, 자녀 이면 또한 상속자 곧 하나님의 상속자요 그리스도와 함께 한 상속자니"(롬 8:16~17). 그리스도의 풍성함(riches)이 우리의 풍성함이며, 그분의 자원이 우 리의 자원이고, 그분의 의가 우리의 의며, 그분의 능력이 우리의 능력이다. 그 분의 위치가 우리의 위치다. 그분이 계신 곳에 우리가 있다. 그분의 특권이 우 리의 특권이다: 그분이 어떠하면 우리가 그러하다(what He is we are). 그분의 소유가 우리의 소유다: 그분이 가지신 것을 우리가 갖는다. 그분의 행위가 우 리의 행위다: 그분이 하시는 것을 우리가 한다.

우리는 하나님의 은혜로 이런 존재들이고, 이런 것들을 소유하며, 이런 것 들을 행한다. 하나님의 은혜는 그분을 신뢰하는 자들에게 그분의 뜻을 한 치 도 어김없이 성취한다(고전 15:10).

몸을 영원히 빚는 요소들

곧 창세 전에 그리스도 안에서 우리를 택하사 우리로 사랑 안에서 그 앞에 거룩 하고 흠이 없게 하시려고, 그 기쁘신 뜻대로 우리를 예정하사 예수 그리스도로 말미암아 자기의 아들들이 되게 하셨으니, (이는 그가 사랑하시는 자 안에서 우리에게 거저 주시는 바)그의 은혜의 영광을 찬송하게 하려는 것이라. (1:4~5, 6b)

이 구절은 교회, 곧 예수 그리스도의 몸을 빚는 하나님의 영원한 계획에서 과 거에 해당하는 부분을 보여준다. 하나님의 계획은 일곱 요소로 나타난다. (1) 방법－선택(election), (2) 대상－택자(擇者, the elect), (3) 시간－영원한 과거, (4) 목적－거룩, (5) 동기－사랑, (6) 결과－자녀 됨(sonship), (7) 목표－영광.

방법 — 선택(ELECTION)

성경은 세 종류의 선택(election)을 말한다. 첫째는 하나님의 신정적 선택 (theocratic election), 곧 하나님이 이스라엘을 선택하신 것이다. "너는 여호와 네 하나님의 성민이라. 네 하나님 여호와께서 지상 만민 중에서 너를 자기 기 업의 백성으로 택하셨나니"(신 7:6).

이 선택은 개인의 구원과 무관하다. 바울은 이렇게 설명한다. "이스라엘에 게서 난 그들이 다 이스라엘이 아니요 또한 아브라함의 씨가 다 그의 자녀가 아니라"(롬 9:6~7). 히브리 민족의 조상 아브라함의 인종적 후손이라는 사실이 믿는 자들의 조상 아브라함의 후손이란 뜻은 아니었다(롬 4:11).

둘째는 부르심과 관련된 선택이다. 하나님은 레위지파를 불러내 자신의 제 사장을 삼으셨다. 그렇다고 이로써 레위지파가 구원을 보장받은 것은 아니다. 예수님은 열둘을 불러 자신의 사도가 되게 하셨다. 그러나 이들 중 열하나만 구원에 이르는 부르심을 받았다. 하나님이 바울을 구원에 이르도록 선택하셨 기 때문에, 바울이 그리스도께 나왔다. 그 후, 하나님은 다른 방식으로 바울을 선택해 이방인을 향한 자신의 특별한 사도가 되게 하셨다(행 9:15; 롬 1:5).

셋째는 구원과 관련된 선택이다. 바울은 현재 본문에서 이 선택을 말한다. 예수님은 "나를 보내신 아버지께서 이끌지 아니하시면 아무도 내게 올 수 없 으니"라고 하셨다(요 6:44). '헬쿠오'(helkuō, 이끌다)는 저항할 수 없는 힘이라는 개념을 내포하며, 고대 헬라 문학에서 사람이 너무너무 배가 고파 음식에 끌 리는 상황이나 귀신이 사람을 사로잡을 수 없어 짐승에게로 끌려 들어가는 상황을 묘사할 때 사용되었다.

고철 처리장에서는 거대한 전자석을 사용해 금속을 들어 올리고 때로 해체 한다. 전원을 켜면 거대한 자력이 주변의 철 금속을 끌어당기지만, 알루미늄과 놋쇠 같은 비철 금속에는 전혀 영향을 미치지 않는다.

이와 비슷하게, 하나님의 선택하는 의지(God's elective will, 뜻)가 그분이 사랑하고 용서하기로 미리 결정하신(predetermined) 자들을 불가항력적으로 자신에게 이끌지만, 그분이 선택하지 않으신 자들에게는 전혀 영향을 미치지 않는다.

영원 전부터, **창세 전에**, 그러므로 그 누구든 가질 수 있을 그 어떤 공로(merit)나 자격과는 전혀 무관하게, 하나님이 **그리스도 안에서** 우리를 선택하셨다. 하나님의 주권적 선택으로 구원받은 자들은 창조가 시작되기도 전에 그리스도와 영원히 연합되었다.

인간의 의지가 많은 사람이 생각하는 그런 의미에서 자유롭지는 않다. 그렇더라도 인간은 의지가 있으며, 성경은 인간의 의지를 분명하게 인정한다. 하나님이 빠지면 인간의 의지는 죄에 사로잡힌다. 그럼에도 불구하고, 인간은 하나님을 선택할 수 있다. 하나님이 이 선택을 가능하게 하셨기 때문이다. 예수님은 누구든지 자신을 믿는 자는 멸망하지 않고 영생을 얻으며(요 3:16), "무릇 살아서 나를 믿는 자는 영원히 죽지 아니하리니"라고 말씀하셨다(11:26). 성경은 구원받지 못한 자들에게 하나님/주님께 반응하라고 자주 명한다(예를 들면, 수 24:15; 사 55:1; 마 3:1~2; 4:17; 11:28~30; 요 5:40; 6:37; 7:37~39; 계 22:17). 이것은 인간이 자신의 의지를 사용해야 할 책임이 있음을 분명하게 보여준다.

그러나 성경은 하나님이 선택하신 사람이 아니면 그 누구도 예수 그리스도를 구주로 영접하지 못한다고도 아주 분명하게 말한다(참조. 롬 8:29; 9:11; 살전 1:3~4; 벧전 1:2). 예수님은 요한복음 한 구절에서 두 진리를 다 제시하신다. "아버지께서 내게 주시는 자는 다 내게로 올 것이요 내게 오는 자는 내가 결코 내쫓지 아니하리라"(요 6:37).

하나님의 주권적 선택과 예수 그리스도를 선택해야 하는 인간의 책임은 상반되고 양립할 수 없는 진리처럼 보인다. 그리고 유한한 인간의 시각에서 볼 때, 둘은 상반되고 양립할 수 없다. 이런 까닭에, 교회 역사 내내 진실하고 선의에 찬 숱한 그리스도인들이 둘을 조화시키려 애썼다. 우리의 유한한 지성은 이 문제를 풀 수 없다. 따라서 결과는 언제나 한 진리를 훼손하고 다른 한 진리를 강화하거나 둘 사이 어디쯤 서면서 양쪽 모두를 약화시키는 것이다.

우리는 이 이율배반을 그대로 두고, 두 진리 모두 전적으로 믿으며, 둘의 조화를 하나님께 맡겨야 한다.

'에클레고'(*eklegō*, **택하다**)는 여기서 부정과거 중간태이며, 전적으로 독립된 하나님의 선택을 가리킨다. 이것은 재귀동사이기 때문에, 하나님이 혼자서(by Himself) 뿐 아니라 자신을 위해(for Himself) 선택하셨다는 뜻이다. 하나님이 교회를 선택하신 주된 목적은 자신의 영광을 찬송하게 하는 것이었다(6, 12, 14절). 신자들은 자신의 유익을 위해 선택되기 전에 하나님의 영광을 위해 선택되었다. 신자들을 불러내어 교회를 이루게 하신 목적은 "교회로 말미암아 하늘에 있는 통치자들과 권세들에게 하나님의 각종 지혜를 알게 하려 하심"이었다(3:10).

이스라엘은 하나님의 택자(God's elect), 그분의 "택한 자"(chosen one, 선택받은 자)였다(사 45:4; 참조. 65:9, 22). 그러나 이스라엘은 이런 말을 들었다. "여호와께서 너희를 기뻐하시고 너희를 택하심은 너희가 다른 민족보다 수효가 많기 때문이 아니니라. 너희는 오히려 모든 민족 중에 가장 적으니라. 여호와께서 다만 너희를 사랑하심으로 말미암아…"(신 7:7~8). 하나님은 오로지 자신의 주권적 사랑으로 유대인들을 선택하셨다.

하늘의 천사들도 하나님의 선택을 받은 자들(elect, 딤전 5:21), 하나님이 자신의 이름을 영화롭게 하고 자신의 메신저가 되도록 선택하신 자들이다. 그리스도 자신이 택자(擇者, elect)였으며(벧전 2:6), 사도들도 선택받은 자(elect)였다(요 15:16). 동일한 주권적 계획과 뜻으로, 교회도 택자다. "하나님이 우리를 구원하사 거룩하신 소명으로 부르심은 우리의 행위대로 하심이 아니요 오직 자기의 뜻과 영원 전부터 그리스도 예수 안에서 우리에게 주신 은혜대로 하심이라"(딤후 1:9). 사도행전은 이렇게 말한다. "영생을 주시기로 작정된 자는 다 믿더라"(13:48). 바울은 이렇게 말했다. "그러므로 내가 택함 받은 자들을 위하여 모든 것을 참음은 그들도 그리스도 예수 안에 있는 구원을 영원한 영광과 함께 받게 하려 함이라"(딤후 2:10). 바울의 바람은 택자들(the elect), 곧 이미 선택받은 자들에게 다가가 이들이 하나님의 주권적 결정으로 이미 자신들에게 주어진 믿음을 굳게 잡게 하는 것이었다.

바울이 교회에 대해 감사했던 것은 교회가 하나님의 택자였기 때문이다. "주께서 사랑하시는 형제들아, 우리가 항상 너희에 관하여 마땅히 하나님께 감사할 것은 하나님이 처음부터 너희를 택하사 성령의 거룩하게 하심과 진리를 믿음으로 구원을 받게 하심이니"(살후 2:13).

『제임스 패커의 복음전도란 무엇인가』(*Evangelism and the Sovereignty of God*) (생명의 말씀사)에서, J. I. 패커는 이렇게 말한다.

> 모든 그리스도인은 하나님의 주권을 믿는다. 그러나 어떤 그리스도인들은 자신이 하나님의 주권을 믿는다는 사실을 알지 못하며, 자신은 하나님의 주권을 거부한다고 잘못 생각하고 또한 그렇게 주장한다. 왜 이런 이상한 사태가 벌어지는가? 근본 원인은 교회에서 발생하는 대다수 오류의 원인과 같다. 합리주의적 사색, 체계적 일관성을 향한 열정, 비밀(mystery, 신비)의 존재를 인정하고 하나님이 사람보다 지혜로우시게 하길 꺼리는 태도가 밀려들고, 그 결과 성경을 이른바 인간 논리의 요구에 종속시키기 때문이다. 사람들은 성경이 인간에게 자신의 행동에 대한 책임을 가르친다고 본다. 사람들은 이것이 이러한 행동에 대한 하나님의 절대 주권(sovereign Lordship of God)과 어떻게 부합하는지 보지 않는다(실제로, 인간은 볼 수 없다). 사람들은 성경에서 그러듯이 두 진리가 나란히 존재하도록 두지 않고, 서둘러 이렇게 결론 내린다: 인간의 책임에 관한 성경의 진리를 견지하려면 똑같이 성경적이고 똑같이 참된 하나님의 주권 교리를 거부해야 하며, 이것을 가르치는 무수한 본문을 대충 얼버무려야 한다. 비밀(mysteries)을 도려냄으로써 성경을 지나치게 단순화하려는 바람은 뒤틀린 우리의 지성에 자연스러우며, 경건한 자들까지도 이런 바람에 빠지는 게 놀랍지 않다. 이것이 끈질기고 골치 아픈 이 논쟁이 발생하는 이유다. 그러나 아이러니하게도, 우리가 양쪽이 어떻게 기도하는지 물을 때, 하나님의 주권을 부정한다고 공언하는 자들이 이것을 단언하는 자들만큼 강하게 이것을 실제로 믿는다는 게 분명해진다. ([Chicago: Inter-Varsity, 1961], 16~17쪽)

우리는 비밀(mystery)이나 역설이나 이율배반의 긴장을 견디지 못한다. 그래서 성경의 가르침을 수정해 우리 자신의 질서나 일관성의 체계에 끼워 맞추려는 경향이 있다. 그러나 이러한 주제넘은 접근은 하나님의 말씀에 충실하지 못하며, 교리를 혼란스럽게 하고 삶을 약화시킨다. 여기서 짚고 넘어가야 할 게 있다. 성경의 다른 본질적 교리들도 우리의 제한된 능력에 분명히 역설적이라는 것이다. 성경 자체가 인간 저자들의 작품이지만 하나님의 말씀이라는 것은 모순(antinomous, 어원적으로 보면, 반 anti 율법적 nomous이란 의미로, 이치에 맞지 않는다는 뜻이다)이다. 예수 그리스도가 완전히 하나님이요 완전히 사람이라는 것은 모순이다. 구원은 영원하지만 성도들이 끝까지 순종하고 인내해야 한다는 것은 모순이다. 그리스도인의 삶이 전적 헌신과 자기 수련(discipline of self)의 삶이지만 전적으로 그리스도의 삶이라는 것은 모순이다. 이런 이해할 수 없는 진리들은 하나님의 지성이 인간의 지성을 무한히 능가한다는 격려의 메시지이며, 하나님이 성경의 저자라는 큰 증거다. 인간이 자신의 힘으로 성경을 썼다면, 이런 문제들을 해결하려 했을 것이다.

하나님의 주권적 선택이나 예정(predestination)이 믿음에서 인간의 선택을 제거하지는 않는다. 하나님의 주권과 인간의 반응은 구원에서 필수이며 떼려야 뗄 수 없는 부분이다. 이 둘이 정확히 어떻게 함께 작용하는지는 하나님의 무한한 지성만 알 수 있다.

많은 사람이 믿고 가르치는 것과 달리, 하나님이 그저 미래를 들여다보고 누가 믿을지 알아낸 후 구원에 이르도록 이들을 선택하시는 것도 아니다. 로마서 8장 29절은 본문과 분리되어 이 견해를 뒷받침하는 데 자주 사용된다. 그러나 28절을 보면, 하나님이 미리 알고 구원에 이르도록 예정하시는 자들은 이미 "그의 뜻대로(to His purpose) 부르심을 입은 자들"이 분명하다. 인간에게 더 많은 역할(credit)을 부여함으로써 주권적으로 선택하시는 하나님의 사랑을 축소하는 모든 가르침은 하나님의 영광도 축소하며, 따라서 구원 목적 자체에 타격을 준다.

우리는 존 채드윅(John Chadwick, 1920-1998, 영국 고고학자)과 함께 선언하는 데 만족해야 한다.

나 주님을 찾았었네.

나중에야 나 알았네,

그분이 내 영혼을 움직여 그분을 찾게 하셨음을.

그분이 나를 찾으셨네!

내가 그분을 찾아낸 게 아니었네.

오, 참되신 구주여,

그게 아니라, 당신께서 나를 찾아내셨습니다.

대상—택자(擇者, THE ELECT)

선택의 대상은 **우리**다. 그러나 모든 사람이 아니라 하나님이 **택하신** 사람들, 곧 성도들과 "그리스도 안에 있는 신신할 자들"만이다(1절). 하나님이 선택하시는 자들은 창세 전에 하나님이 거룩하다고 선언하셨고 믿음으로 그분의 아들 예수 그리스도와 연합한 자들이다. 그리스도인이란 말은 하나님이 자신의 자녀가 되고 예수 그리스도를 통해 그분과 함께 모든 것을 상속하도록 그를 선택하셨다는 뜻이다.

시간—영원한 과거

하나님은 우리를 **창세 전에** 선택하셨다. 창조나 타락이나 언약이나 율법이 있기 전에, 하나님이 자신의 자녀가 되도록 우리를 주권적으로 예정하셨다. 하나님이 세상이 시작되기 전에 자신의 교회, 곧 자기 아들의 몸을 디자인하셨다.

하나님의 계획에서, 그리스도는 우리를 위해 "창세 전"에 십자가에 못 박히셨다(벧전 1:20). 따라서 우리는 동시에 동일한 계획에 의해 구원받기로 정해졌다. 우리가 하나님 나라에서 받을 기업이 결정된 것은 바로 그때였다(마 25:34). 우리는 시간이 시작되기 전에 하나님께 속했고, 시간이 길고 긴 자신의 길을 다 달린 후에 그분의 것이 될 것이다. 신자로서 우리의 이름이 "죽임을 당한 어린 양의 생명책에 창세 이후로(from the foundation of the world, 창세부터) 기록되었다"(계 13:8; 참조. 17:8).

목적—거룩

하나님이 우리를 선택하신 것은 우리가 **거룩하고 흠이 없게** 하기 위해서다. '아모모스'(*amōmos*, **흠이 없는**)는 문자적으로 흠이나 점이 없다는 뜻이다. 우리는 **그리스도 안에서** 선택되었기 때문에 **그 앞에서 거룩하고 흠이 없다.** 예수 그리스도께서 우리를 위해 자신을 "흠 없고 점 없는 어린 양"으로 내어주셨기 때문에(벧전 1:19), 우리는 그분 자신의 흠도 없고 점도 없는 본성을 받았다. 자격 없는 자가 자격 있다고 선언되었고, 불의한 자가 거룩하다고 선언되었다. 이것이 영원하고 미리 정해진 그리스도의 계획, 곧 "자기 앞에 영광스러운 교회로 세우사 티나 주름 잡힌 것이나 이런 것들이 없이 거룩하고 흠이 없게 하려 하심"이다(엡 5:27).

분명히 바울은 우리의 행위(practice)가 아니라 위치(position)를 말하고 있다. 우리는 우리의 삶이 거룩한 기준이나 흠 없음과 거리가 멀다는 것을 안다. 그러나 바울은 다른 곳에서 우리가 "그 안에서 충만하여(complete, 완전해)졌으니"라고 했다(골 2:10). 우리는 예수 그리스도 안에서 하나님의 모든 어떠하심(all that God is)이 된다. 이런 까닭에 우리의 구원은 안전하다. 우리는 완전한 그리스도의 의를 갖는다. 우리의 행위는 모자랄 수 있고 모자라지만, 우리의 위치는 절대 모자랄 수 없다. 우리의 위치는 그리스도께서 하나님 앞에서 갖는 **거룩하고 흠이 없는** 위치와 정확히 똑같기 때문이다. 우리는 우리의 구주만큼 안전하다. 우리는 그분 안에 있으며, 그분의 임재 안에서 우리를 기다리는 완전한 구속과 영광스러운 거룩을 기다리기 때문이다.

하나님은 우리를 **거룩하고 흠이 없다**고 선언하고 이렇게 되도록 인도하신다. 그래서 우리는 우리의 운명인 거룩과 흠 없음을 지금 보여주며 살려고 노력해야 한다.

동기—사랑

하나님이 구원받는 자들을 선택하시는 것은 그분의 **사랑** 때문이다. **사랑 안에서 … 우리를 예정하사 … 자기의 아들들이 되게 하셨으니.** 하나님이 이스라엘을 선택해 자신의 특별한 백성이 되게 하신 것은 오로지 그분의 사랑 때문이었다(신 7:8). 똑같은 이유로 하나님은 교회, 곧 구속받은 자들로 이뤄진 가족을 선택하셨다.

성경이 말하는 '아가페'(*agapē*) **사랑**은 감정이 아니라 타인들의 행복을 구하고 타인들의 필요를 채워주려는 마음의 기질이다. "사람이 친구를 위하여 자기 목숨을 버리면 이보다 더 큰 사랑이 없나니"(요 15:13). 하나님이 구원받도록 선택하신 자들을 위해 예수님이 친히 하신 일이 바로 이것이다. 궁극적인 신적 **사랑**의 행위로, 하나님은 자신의 외아들을 보내 우리를 구원하기로 창세 전에 결정하셨다. "긍휼이 풍성하신 하나님이 우리를 사랑하신 그 큰 사랑을 인하여 허물로 죽은 우리를 그리스도와 함께 살리셨고"(엡 2:4~5). **그 기쁘신 뜻대로**(according to the kind intention of His will), 하나님은 우리를 사랑하셨으며 영원히 사랑하실 것이다.

결과—자녀 됨(SONSHIP)

하나님의 선택이 낳은 결과는 우리가 **아들들이 된**(adoption as sons) 것이다. 그리스도 **안에서** 우리는 그분의 나라 백성이 되며, 그분이 우리의 주님이기 때문에 우리는 그분의 종이다. 그분은 우리를 심지어 친구라고 부르신다. "내가 내 아버지께 들은 것을 다 너희에게 알게 하였음이라"라고 말씀하시기 때문이다(요 15:15). 그러나 그분은 자신의 큰 사랑으로 우리를 시민과 종 그 이상으로 삼으시고, 심지어 친구 그 이상으로 삼으신다. 그분은 우리를 자녀 삼으신다. 하나님은 구속받은 죄인들을 사랑으로 이끌어 친밀한 자신의 가족이 되게 하신다.

우리는 그리스도인이 될 때 하나님의 자녀가 된다. 바울은 이렇게 말한다. "너희는 다시 무서워하는 종의 영을 받지 아니하고 양자의 영을 받았으므로 우리가 아빠 아버지라고 부르짖느니라"(롬 8:15). '아빠'(*abba*)는 영어의 Daddy나 Papa에 어느 정도 상응하며 애정이 담긴 아람어 단어다.

구원받는다는 말은 우리의 영혼에 하나님의 생명이 있으며 하나님의 영이 우리의 영에 생기를 불어넣는다는 뜻이다. 인간 부모는 자녀를 입양해 모든 면에서 친자녀만큼 사랑하게 될 수 있다. 이들은 입양한 자녀를 가족의 삶, 자원, 유산에서 완전히 동등하게 대할 수 있다. 그러나 그 어느 인간 부모도 자신의 본성을 입양한 자녀에게 심어줄 수는 없다. 그러나 하나님은 기적처럼 정확히 이렇게 하신다. 자신이 그리스도 안에서 선택했으며 그리스도 안에서 자신을 신뢰한 모든 인간에게 정확히 이렇게 하신다. 하나님은 자신의 신적 아들과 똑같이 이들을 자신의 자녀 삼으신다. 그리스도인들은 그 아들의 풍성함과 복을 함께 누릴 뿐 아니라 그 아들의 본성도 함께 갖는다.

목표―영광

왜 하나님은 우리를 위해 이 모든 것을 하셨는가? 왜 하나님은 우리가 그분의 자녀 되길 원하셨는가? 우리가 구원받고 자녀가 된 목적은 **그의 은혜의 영광을 찬송하게 하려는 것**이다. 예수님은 "적은 무리여 무서워 말라. 너희 아버지께서 그 나라를 너희에게 주시기를 기뻐하시느니라"라고 하셨다(눅 12:32). 이때 예수님은 자신의 영광을 드러내시는 하나님의 기쁨을 단언하고 계셨다. 바울이 더 자세히 설명했듯이, "너희[우리] 안에서 행하시는 이는 하나님이시니 자기의 기쁘신 뜻을 위하여" 일하신다(빌 2:13).

사도 바울은 데살로니가 신자들을 위해 중보하며 기도했다. "우리 하나님이 너희를 그 부르심에 합당한 자로 여기시고…우리 주 예수의 이름이 너희 가운데서 영광을 받으시고 너희도 그 안에서 영광을 받게 하려 함이라"(살후 1:11~12).

이사야는 들짐승들까지도 하나님을 영화롭게 하리라고 했고(43:20), 시편 기자는 하늘이 하나님의 영광을 선포한다고 했다(시 19:1). 우주의 유일한 반역자들은 타락한 천사들과 타락한 인간이다. 나머지 모두는 자신의 창조자를 영화롭게 한다. 타락한 천사들은 이미 하나님의 존전에서 영원히 제거되었고, 예수 그리스도에 의해 구원받지 못할 타락한 인간들은 이 천사들과 함께 영원히 분리될 것이다.

하나님이 창세 전에 몸(the Body, 교회)을 선택하고 예정하신 것은 그 어느 인간도 자랑하거나 스스로 영광을 취하지 못하게 하고, 모든 **영광**이 그분께 돌아가게 하기 위해서였다. 구원은 부분적으로 하나님에게서 비롯되는 게 아니라 전적으로 하나님에게서 비롯된다. 이를 보증하기 위해, 구원의 모든 준비와 모든 부분이 그 어느 인간도 태어나기 전에, 그가 태어날 수 있는 그 어느 행성도 형성되기 전에 성취되었다.

존재하는 모든 것의 궁극적 이유는 **그의 은혜의 영광**이다. 이런 까닭에, 하나님의 자녀로서 그리스도인들은 무엇을 하든지, 먹고 마시는 것 같은 지극히 일상적인 일이라도, 하나님의 영광을 위해 해야 한다(고전 10:31).

3

그리스도의 피를 통한 구속
(1:6a, 7~10)

이는 그가 사랑하시는 자 안에서 우리에게 거저 주시는 바 (그의 은혜의 영광을 찬송하게 하려는 것이라.) 우리는 그리스도 안에서 그의 은혜의 풍성함을 따라 그의 피로 말미암아 속량 곧 죄 사함을 받았느니라. 이는 그가 모든 지혜와 총명을 우리에게 넘치게 하사 그 뜻의 비밀을 우리에게 알리신 것이요 그의 기뻐하심을 따라 그리스도 안에서 때가 찬 경륜을 위하여 예정하신 것이니, 하늘에 있는 것이나 땅에 있는 것이 다 그리스도 안에서 통일되게 하려 하심이라. (1:6a, 7~10)[6]

몇 년 전에는 쿠폰이 유행했다. 구매 금액 1달러마다 정해진 매수만큼 쿠폰을 보너스로 주었다. 쿠폰이 충분히 모이면, 쿠폰 교환소(redemption center)에 가져가 상품으로 교환할 수 있었다.

구속(**redemption**, 속량)은 성경과 에베소서의 중심 주제 중 하나다. 그러나 구속은 단순히 하나를 가치가 동등한 다른 하나와 교환한다는 개념보다 훨씬 심오하다.

---

6 저자가 사용하는 NASB의 경우, 한글 개역개정에서 6절 맨 처음에 나오는 "이는 그가 사랑하시는 자 안에서 우리에게 거저 주시는 바"로 번역된 부분이(which He Freely bestowed on us in the Beloved) 6절 맨 뒤에 온다. 이 부분이 저자가 인용하는 NASB에는 6b절이지만 여기서는 한글 개역개정에 따라 이 부분을 6a절로 표기했다.

구속의 의미

신약성경이 법률 분야에서 취해 구원과 연결해 사용하는 여섯 용어가 있다. 구속(贖良)의 출처는 이 중 하나다. '디카이오오'(*dikaioō*)를 비롯해 이와 관련된 용어들은 고발에 대한 법적 무죄 판결을 가리켰으며, 신학적으로 죄인이 하나님 앞에서 옳다고 인정받고(vindicated), 의롭다함을 얻으며(justified), 의롭다고 선언되는(declared righteous) 것을 말하는 데 사용된다(예. 롬 3:4; 4:23; 5:18; 딤전 3:16). '아피에미'(*aphiēmi*)는 기본적으로 보내버리다(send away)라는 뜻이며, 법적 채무 상환이나 채무 면제나 사면(pardon)을 가리키는 데 사용되었다. 이것은 성경에서 하나님이 죄를 용서하심을 가리키는 데 사용된다(마 9:2, 롬 4:7, 엡 1:7, 4:32 등을 보라). '휘오떼시아'(*huiothesia*)는 자녀를 입양하는 법적 과정을 가리켰으며, 바울은 이 단어를 신자가 하나님의 가정에 입양됨을 가리키는 데 사용한다(롬 8:15, 갈 4:5, 엡 1:5을 보라). '카탈라쏘'(*katallassō*)는 분쟁하는 양쪽이 법정에서 법적으로 화해한다는 뜻이었으며, 신약성경에서 예수 그리스도를 통해 신자와 하나님 간에 일어나는 화해를 가리키는 데 사용된다(롬 5:10; 고후 5:18~20).

헬라어 법률 용어 둘이 구속과 연결된다. 첫째는 '아고라조'(*agorazō*) 및 이와 연결된 '엑사고라조'(*exagorazō*)이다. 이 둘은 사기(buying) 또는 구매하기를 가리킨다. 두 용어의 어원인 '아고라'(*agora*)는 시장을 뜻한다. 파생된 동사들과 명사들의 기본 개념은 시장에서 구매하기와 거래하기를 가리켰다. 신약성경에서, 이것들은 영적 구매 또는 구속(贖良)을 가리키는 데 사용된다(갈 3:13, 계 5:9, 14:3~4 등을 보라).

둘째는 '루트로오'(*lutroō*)인데, (이것의 다른 형태들과 함께) 사로잡힘에서 풀어준다(to release from captivity)는 뜻이었다. 이것은 '아고라조'보다 훨씬 강한 의미를 수반했으며, 여기서 구속(贖良)으로 번역된 명사 뒤에 자리한다. 이 단어는 한 사람을 속박에서, 특히 노예 신분의 속박에서 풀어주기 위해 속전(ransom)을 지불하는 것을 가리키는 데 사용되었다.

신약 시대에 로마 제국에는 노예가 2천만에 달했으며, 노예 매매가 큰 사업이었다. 사랑하는 사람이나 친구가 노예인데 해방하고(free) 싶다면, 그 노예를 사서 해방하고 이것을 문서로 증명했다. '루트로오'는 이런 식으로 노예를 해방하는 행위를 가리키는 데 사용되었다.

신약성경이 이 용어를 사용해 그리스도께서 십자가에서 드리신 대속 제사(atoning sacrifice)를 표현할 때 전달하는 개념이 바로 이것이다. 그리스도께서 친히 구속의 값(redemption price)을 지불하고 타락한 인류를 사서 이들의 죄에서 해방하셨다.

아담의 타락 이후에 태어난 모든 인간은 죄의 노예 상태로 세상에 들어오며, 부패하고 악하며 그 창조자로부터 분리된 본성에 완전히 속박되어 있다. 어느 인간도 영적으로 자유롭지 못하다. 어느 인간도 죄로부터 자유롭지 못하거나, 죄의 결과들로부터 자유롭지 못하다. 다시 말해, 어느 인간도 죄의 궁극적 결과 또는 형벌, 곧 죽음으로부터 자유롭지 못하다(롬 6:23). "범죄하는 그 영혼은 죽으리라"(겔 18:4).

예수님은 이렇게 말씀하셨다. "진실로 진실로 너희에게 이르노니, 죄를 범하는 자마다 죄의 종이라"(요 8:34). 바울은 모든 사람이 죄를 범했다고 지적했다. "의인은 없나니 하나도 없으며"(롬 3:10; 참조, 시 14:1). 같은 서신에서, 사도 바울은 우리 모두 "죄 아래 팔렸도다"라고 말하며(7:14), 사실상 피조물 전체가 죄로 인한 썩어짐의 종이 되었다고 말한다(8:21).

죄는 인간의 포획자이며 인간이란 노예의 주인이다. 그래서 죄는 인간을 해방하려면 값을 지불하라고 요구한다. 인간이 죄에서 구속받기 위해 치러야 하는 값은 죽음이다. 그러므로 성경이 말하는 구속은 하나님이 인간의 죗값을 속전으로 친히 치르신 행위를 가리킨다.

로마서에서 바울은 구속을 우리가 "죄로부터 해방되어 의에게 종이 되는" 것이라고 말한다(6:18). 갈라디아서에서 바울은 구속을 이렇게 설명한다. "그리스도께서 하나님 곧 우리 아버지의 뜻을 따라 이 악한 세대에서 우리를 건지시려고 우리 죄를 대속하기 위하여 자기 몸을 주셨으니"(1:3~4). "그리스도께서 우리를 위하여 저주를 받은 바 되사 율법의 저주에서 우리를 속량하셨으니(redeemed)"(3:13). "그리스도께서 우리를 자유롭게 하려고 자유를 주셨으니, 그러므로 굳건하게 서서 다시는 종의 멍에를 메지 말라"(5:1). 골로새서에서 바울은 이렇게 말한다. "그가 우리를 흑암의 권세에서 건져내사 그의 사랑의 아들의 나라로 옮기셨으니, 그 아들 안에서 우리가 속량(redemption) 곧 죄사함을 얻었도다"(1:13~14).

히브리서 저자는 구속(속량)을 이렇게 설명한다. "자녀들은 혈과 육에 속하였으매 그도 또한 같은 모양으로 혈과 육을 함께 지니심은 죽음을 통하여 죽음의 세력을 잡은 자 곧 마귀를 멸하시며 또 죽기를 무서워하므로 한평생 매여 종노릇 하는 모든 자들을 놓아주려 하심이니"(2:14~15).

구속의 요소들

이는 그가 사랑하시는 자 안에서 우리에게 거저 주시는 바 (그의 은혜의 영광을 찬송하게 하려는 것이라.) **우리는 그리스도 안에서 그의 은혜의 풍성함을 따라 그의 피로 말미암아 속량 곧 죄 사함을 받았느니라. 이는 그가 모든 지혜와 총명을 우리에게 넘치게 하사 그 뜻의 비밀을 우리에게 알리신 것이요 그의 기뻐하심을 따라 그리스도 안에서 때가 찬 경륜을 위하여 예정하신 것이니, 하늘에 있는 것이나 땅에 있는 것이 다 그리스도 안에서 통일되게 하려 하심이라.** (1:6a, 7~10)

이 단락에서, 바울은 하나님이 타락한 인간에게 자신의 아들 예수 그리스도를 통해 주시는 구속(**redemption**, 속량)의 다섯 요소를 제시한다: 구속하는 자, 구속받는 자, 구속하는 값, 구속하는 결과, 구속하는 이유.

구속하는 자(THE REDEEMER)

거저 주시는 바는 은혜를 말한다(6b절). 이것은 하나님이 **사랑하시는 자 안에서 우리에게 거저주시는** 하나님의 은혜(받을 자격이 없는 사랑과 선하심)이며, 우리가 이 은혜를 받는 것은 **우리는 예수 그리스도 안에서…속량**(구속)**을 받았기** 때문이다. 예수 그리스도는 우리를 죄에서 구속하는 자, 곧 **사랑하시는 자**(the Beloved, 사랑받으시는 자, 이 단어는 하나님께 사랑받는 자를 가리킨다)인데, 그분이 우리를 죄와 죽음에서 해방하기 위한 값을 친히 치르셨다. 우리는 이제 그리스도께 속했고 믿음으로 그분과 하나 되었으며 그분의 몸 안에 있기 때문에, 하나님께 받아들여질 수 있다.

예수님이 사역을 시작하실 때, 아버지께서 그분을 가리켜 "이는 내 사랑하는 이들이요(My beloved Son)"라고 선언하셨다(마 3:17). 우리가 그분을 믿었기 때문에 "그가 우리를 흑암의 권세에서 건져내사 그의 사랑의 아들(His beloved Son)의 나라로 옮기셨다"(골 1:13). 우리는 이제 **사랑하시는 자 안에** 있기 때문에, 또한 "하나님의 사랑하심을 받는다(beloved of God)"(롬 1:7).

오직 예수 그리스도만이 하나님의 모든 선을 상속할 권리가 있다. 그러나 우리가 믿음으로 그리스도와 하나 되었기 때문에, 이 선이 이제 우리의 선이기도 하다. 우리의 구주와 주님은 아버지께서 사랑하시는 자이며 아버지의 모든 선을 소유하시기 때문에, 우리도 아버지께서 사랑하시는 자이며 그분의 모든 선을 소유한다. 예수님은 이렇게 말씀하셨다. "나의 계명을 지키는 자라야 나를 사랑하는 자니, 나를 사랑하는 자는 내 아버지께 사랑을 받을 것이요"(요 14:21).

아버지께서 이제 그리스도를 사랑하시듯이 우리를 사랑하시며, 그리스도께서 가지신 모든 것을 우리가 갖길 원하신다. 이런 까닭에, 바울은 "아버지께서 그리스도 안에서 하늘에 속한 모든 신령한 복을 우리에게 주시되"라고 말할 수 있었다(엡 1:3). 모든 그리스도인은 하나님이 사랑하시는 자다. 주 예수 그리스도께서 우리를 구속하는 자가 되셨기 때문이다.

구약성경은 기업 무를 자(kinsman-redeemer)가 갖춰야 할 세 가지 자격을 제시했다. 그는 구속이 필요한 자와 관련이 있어야 했고, 그 값을 지불할 수 있어야 했으며, 그럴 뜻이 있어야 했다. 주 예수 그리스도는 이 세 조건을 완벽하게 충족하셨다.

어느 시인이 구속의 놀라운 진리를 이렇게 표현했다.

나 하나님과 가까우며, 아주 가깝다네,
더는 가까울 수 없을 만큼 가깝다네.

나 그분의 아들 안에 있기에

그분의 아들만큼 그분과 가깝다네.

나 하나님께 너무나 소중하며,

더는 소중할 수 없을 만큼 소중하다네.

나 그분의 아들 안에 있기에

그분의 아들만큼 그분께 소중하다네.

'카리토오'(charitoō, **freely bestowed**, **거저 주다**)는 '카리스'(charis, 은혜, 6b절)
에서 왔으며, 따라서 바울은 하나님이 자신의 은혜를 우리에게 은혜로 주셨
다고 말하고 있다. 그리스도인들은 하나님에게 은혜를 받은 자들이다.

구속받는 자(THE REDEEMED)

우리에게, 곧 "그리스도 예수 안에 있는 신실한 자들에게"(1절), 구속하는 자
께서 자신의 은혜를 거저 주셨다. 우리는 그분의 피를 통해 구속받은 자들이
다(**우리는…그의 피로 말미암아 속량…을 받았느니라**).

2장에서, 바울은 하나님이 더없는 은혜로 우리를 구속하실 때 우리가 어떠
했는지 일깨운다. 우리는 우리의 "죄와 허물로 죽었던" 존재였고, "세상 풍조
를 따르고 공중의 권세 잡을 자를 따랐으며," "우리 육체의 욕심을 따라 지내
며 육체와 마음의 원하는 것을 하여 다른 이들과 같이 본질상 진노의 자녀였
으며," "세상에서 소망이 없고 하나님도 없는 자"였다(1~3, 12절). 4장에서, 바
울은 우리가 전에 마음의 허망한 것으로 행했으며, 무지하고 마음이 굳어져
"[우리의] 총명이 어두워지고…하나님의 생명에서 떠나 있었다"는 것을 일깨
운다(17~18절). 하나님이 구속하기로 선택하신 자들이 바로 이와 같았다(이런
자들밖에 없었다).

물론, 인간은 이와 같기 때문에 구속이 필요하다. 죄 없는 자들은 구속하는
자가 필요 없다. 그러므로, 그리스도께서 "우리를 대신하여 자신을 주심은 모
든 불법에서 우리를 속량하시고(redeem) 우리를 깨끗하게 하사 선한 일을 열
심히 하는 자기 백성이 되게 하려 하심이라"(딛 2:14).

그러나 자신에게 구속이 필요함을 깨달을 때까지, 인간은 자신에게 구속하는 자가 필요 없다고 본다. 자신이 속절없이 죄의 노예라는 사실을 인정할 때까지, 인간은 죄로부터 해방되길 구하지 않는다. 그러나 이것을 깨달을 때, 인간은 죄의 저주로부터 해방되고 그리스도의 몸에 속하며 그분의 모든 신령한 복을 함께 받는다.

구속하는 값(THE REDEMPTION PRICE)

우리는 그리스도 안에서 (그의 은혜의 풍성함을 따라) 그의 피로 말미암아 속량 (곧 죄 사함을) 받았느니라. (1:7)

구속(속량)하는 값은 **그의 피**다. 인간을 죄의 노예시장에서 되사려면 하나님의 아들의 **피**를 지불해야 한다(참조. 레 17:11; 히 9:22).

피흘림은 죽음을 의미하는 환유(換喩)이고, 죄에 대한 형벌이며 값이다. 그리스도 자신의 죽음이, **그의 피**를 흘림으로써, 우리의 죽음을 대신했다. 우리는 죽어 마땅했고 우리 힘으로 그 죽음에서 벗어날 수 없었다. 그런데 사랑하시는 구주(the beloved Savor)께서, 죽어 마땅하지 않았는데도, 그 죽음을 친히 담당하셨다. 그분이 값을 지불하셨으며, 그러지 않으셨다면 우리는 죽음과 지옥이라는 판결을 받았을 것이다.

동물의 피를 성막의 제단에, 후에는 성전의 제단에 계속 드렸다. 그러나 이 피는 절대로 제물을 드리는 자의 죄를 씻을 수 없었고, 절대로 그렇게 계획되지도 않았다. 이 동물들은 상징이었고 전형적인 대체물일 뿐이었다. 히브리서 저자가 설명하듯이, "황소와 염소의 피가 능히 죄를 없이 하지 못한다"(히 10:4). 그러나 예수 그리스도께서 **그의 피**를 흘림으로써 자신의 "몸을 단번에 드리심으로 말미암아 우리가 거룩함을 얻었다"(10:10). 그리스도께서 "우리를 위하여 자신을 버리사 향기로운 제물과 희생제물로 하나님께 드리셨다"(엡 5:2). 구주께서 친히 말씀하시길, 자신의 피를 "죄사함을 얻게 하려고 많은 사람을 위하여 흘렸다"고 하셨다(마 26:28). 히브리서 저자는 이것을 이렇게 설명한다. 그리스도께서는 자신을 제물로 드릴 때 "염소와 송아지의 피로 하지 아니하고 오직 자기의 피로 영원한 속죄(eternal redemption)를 이루사 단번에 성소에 들어가셨느니라. 염소와 황소의 피와 및 암송아지의 재를 부정한 자에게 뿌려 그 육체를 정결하게 하여 거룩하게 하거든, 하물며 영원하신 성령으로 말미암아 흠 없는 자기를 하나님께 드린 그리스도의 피가 어찌 너희 양심을 죽은 행실에서 깨끗하게 하고 살아 계신 하나님을 섬기게 하지 못하겠느냐?"(히 9:12~14).

우리가 "대속함을 받은(redeemed) 것은 은이나 금 같이 없어질 것으로 된 것이 아니요 오직 흠 없고 점 없는 어린 양 같은 그리스도의 보배로운 피로 된 것이다"(벧전 1:18~19). 요한이 네 생물과 이십사 장로들이 이렇게 찬양하는 모습을 본 것은 놀랍지 않다. "두루마리를 가지시고 그 인봉을 떼기에 합당하시도다. 일찍이 죽임을 당하사 각 족속과 방언과 백성과 나라 가운데에서 사람들을 피로 사서 하나님께 드리시고, 그들로 우리 하나님 앞에서 나라와 제사장들을 삼으셨으니 그들이 땅에서 왕 노릇 하리로다"(계 5:8~10).

"그리스도 예수 안에 있는 속량(redemption)…그의 피로써 믿음으로 말미암는" 속량이(롬 3:24~25) 죄의 노예들을 위해 값을 지불하고 이들을 노예시장에서 사들여 해방된 하나님의 자녀로서 자유하게 했다. 이들은 자신들의 자유 안에서 예수 그리스도와 연합하고, 모든 좋은 것, 즉 그분과 그분이 가진 모든 것을 받는다. 그분의 죽음이 신자들을 죄로 인한 책임과 정죄와 속박과 권세와 형벌로부터 자유하게 하며, 어느 영광스러운 날에 심지어 죄의 존재로부터도 자유하게 한다.

구속하는 결과

우리는 (그리스도 안에서) 그의 은혜의 풍성함을 따라 (그의 피로 말미암아 속량) 곧 죄사함을 받았느니라. 이는 그가 모든 지혜와 총명을 우리에게 넘치게 하사 그 뜻의 비밀을 우리에게 알리신 것이요. (1:7~9a)

구속(속량)은 생각할 수 있는 모든 좋은 것, 즉 "그리스도 안에서 하늘에 속한 모든 신령한 복"을 포함한다(3절). 그러나 여기서 바울은 특히 중요한 두 가지 측면에 초점을 맞춘다. 하나는 부정적인 것으로 우리가 **죄 사함**을 받는 것이고, 다른 하나는 긍정적인 것으로 **지혜와 총명**이다.

'죄 사함'(Forgiveness). 신자에게 속량의 주된 결과는 죄 사함이며, 이것은 구약성경과 신약성경 둘 모두에서 구원과 관련된 핵심 진리 가운데 하나다. 이것은 이 복을 경험한 자들에게 가장 소중한 진리이기도 하다. 최후의 만찬에서 예수님은 제자들에게 자신이 그들과 나누는 잔은 "죄 사함을 얻게 하려고 많은 사람을 위하여 흘리는 바, 나의 피 곧 언약의 피니라"라고 설명하셨다 (마 26:28). 구속은 **죄 사함**을 수반한다.

행동주의자들을 비롯해 여러 심리학파에 속한 자들은 우리의 죄를 우리 탓으로 돌릴 수 없으며, 우리의 죄는 우리의 유전자나 환경이나 부모나 그 외에 어떤 외부 요인 탓이라고 주장한다. 그러나 인간의 죄는 자신의 잘못이며, 죄에 대한 책임도 자신이 져야 한다. 자신의 마음을 조금이라도 이해하는 정직한 인간이라면 이것을 안다.

어떤 거짓 주장과 달리, 복음은 인간에게 죄가 없거나 죄에 대한 책임이 없다고 가르치지 않는다. 오히려 복음은 그리스도께서 그분을 신뢰하는 자들의 죄와 그 죄에 대한 책임을 제거하신다고 가르친다. 바울이 비시디아 안디옥의 유대인들에게 말한 것과 같다. "이 사람[그리스도]을 힘입어 죄사함을 너희에게 전하는 이것이며…이 사람을 힘입어 믿는 자마다 의롭다 하심을 얻는 이것이라"(행 13:38~39).

이스라엘의 가장 거룩한 날은 욤 키푸르(Yom Kippur), 즉 속죄일이었다. 이날 대제사장은 흠 없는 희생 염소 두 마리를 골랐다. 한 마리를 죽여 그 피를 제단에 제물로 뿌렸다. 대제사장은 두 손을 다른 한 마리에 얹었으며, 이것은 백성의 죄를 그 짐승에 지운다는 상징적 행위였다. 그런 후, 염소를 광야 깊은 곳, 절대로 돌아올 수 없는 곳으로 내몰았다. 상징적으로 백성의 죄가 염소와 함께 나가 절대로 백성에게 다시 돌아올 수 없었다(레 16:7~10).

그러나 이 규정은 그 자체로 아름답고 의미가 깊었지만, 실제로 백성의 죄를 없애지 못했고, 백성도 이것을 잘 알았다. 이것은 오직 하나님이 그리스도 안에서 하실 수 있는 일을 보여주는 그림일 뿐이었다. 앞서 말했듯이, '아피에미'(aphiēmi, 용서/**죄사함**이 여기서 나왔다)는 기본적으로 보내버리다(send away)라는 뜻이다. 법률 용어로 사용될 때, 이것은 빚을 갚거나 채무를 면제하거나 사면한다(pardon)는 뜻이었다. 예수 그리스도께서 자신의 피를 흘리심으로 실제로 세상 죄를 자신의 머리에 이고 절대로 돌아올 수 없는 더없이 먼 곳으로 옮기셨다. 이것이 우리가 받는 **죄사함**의 범위다.

안타깝게도, 숱한 그리스도인들이 자신들의 결점과 악행에 낙담하며, 마치 하나님이 여전히 자신들의 죄를 자신들과 맞세우시는 것처럼 생각하고 행동한다. 다시 말해, 이들은 하나님이 자신들의 죄를 친히 지셨기 때문에 "동이 서에서 먼 것 같이"(시 103:12) 자신들이 그 죄로부터 분리되었다는 것을 잊어버린다. 이들은 하나님이 이사야를 통해 주신 약속, 어느 날 하나님이 신자들의 모든 허물을 "빽빽한 구름"을 거두듯이 없애 버리고, 이들의 죄가 "안개같이" 사라지게 하시리라는 약속을 잊어버린다. 하나님은 "너는 내게로 돌아오라. 내가 너를 구속하였음이니라"고 말씀하셨다(사 44:22). 메시아께서 와서 구속하는 값을 지불하시기도 전에, 하나님은 이 일이 이미 일어났다고 말씀하셨다. 낙담하는 그리스도인들은 잊고 있다. 하나님은 자신이 땅을 창조하기도 전에 시간의 회랑들을 내려다보셨고, 자신이 선택한 자들(His elect)의 죄를 자신의 아들에게 지우셨으며, 그 아들이 이들의 죄를 영원히 먼 곳으로 치우셨다는 사실을 말이다. 하나님이 우리가 태어나기도 전에 우리의 죄를 멀리 내다버리셨기에, 우리의 죄는 절대 돌아올 수 없다.

갈보리 십자가 사건이 일어나기 수백 년 전, 미가 선지자는 이렇게 선포했다. "주와 같은 신이 어디 있으리이까? 주께서는 죄악과 그 기업에 남은 자의 허물을 사유하시며(pardons) 인애(unchanging love)를 기뻐하시므로 진노를 오래 품지 아니하시나이다. 다시 우리를 불쌍히 여기셔서 우리의 죄악을 발로 밟으시고 우리의 모든 죄를 깊은 바다에 던지시리이다"(미 7:18~19).

고대 이스라엘에게 동에서 서까지의 거리와 "깊은 바다"(바다의 깊이)는 무한을 상징했다. 하나님의 용서(**죄사함**)는 무한하다. 하나님의 용서는 우리의 죄악을 영원한 무한의 가장 먼 곳에 내던져버린다.

셰익스피어의 희곡 「리처드 3세」에서 왕은 이렇게 탄식한다.

내 양심은 혀가 수천 개이고,

혀마다 다른 이야기를 하며,

그 모든 이야기가 날 악인으로 몰아세운다.

이 말이 그리스도인들에게는 적용되지 않는다. 예수님은 구주와 주님으로 우리의 삶에 들어오실 때, 간음하다 현장에서 붙잡힌 여인에게 하셨던 말씀을 우리에게 하신다. "나도 너를 정죄하지 아니하노니, 가라"(요 8:11). "그러므로 이제 그리스도 예수 안에 있는 자에게는 결코 정죄함이 없나니, 이는 그리스도 예수 안에 있는 생명의 성령의 법이 죄와 사망의 법에서 너를 해방하였음이라"(롬 8:1~2).

예수 그리스도 안에서 받는 용서(forgiveness, 죄사함)는 자격 없는 자에게 주어지지만, 값없고 완전하다. 예수 그리스도를 가진 자는 지금 그리고 영원히 죄에서 자유롭다. 그리스도 안에서, 우리의 죄—과거와 현재와 미래의 죄—가 "그의 이름으로 말미암아 사함을 받았다"(요일 2:12; 참조. 엡 4:32, 골 2:13). 우리의 죄는 우리가 그 죄를 짓기 아주 오랜 세대 전에 이미 용서되었으며, 그 용서는 영원히 유효하다.

우리는 계속 죄를 짓기 때문에, 반복되는 씻음이라는 용서가 필요하다. 그러나 반복되는 구속이라는 용서가 필요하지는 않다. 예수님이 베드로에게 말씀하셨다. "이미 목욕한 자는 발밖에 씻을 필요가 없느니라. 온 몸이 깨끗하니라"(요 13:10). 비록 우리가 계속 죄를 짓더라도, 예수님은 "미쁘시고 의로우사 우리 죄를 사하시며 우리를 모든 불의에서 깨끗하게 하실 것이다"(요일 1:9). 예수님은 빈틈없는 구원의 은혜로 우리의 모든 죄를 용서하신다. 이것은 우리가 더는 죄를 짓지 않으리라는 뜻이 아니며, 우리가 죄를 짓더라도 전혀 해를 미치지 않으리라는 뜻도 아니다. 우리의 죄는 우리의 성장과 기쁨과 평안과 유용성에, 그리고 아버지와 친밀하고 풍성하게 교제하는 능력에 깊은 영향을 미친다. 이런 까닭에, 신자는 날마다 용서를 구해야 한다. 그래야 구속(救贖)이 수반하는 전체적 용서뿐 아니라 날마다 씻음을 받는 구체적 용서도 누릴 수 있으며, 후자는 교제와 유용성을 최대치로 끌어올린다. 이것이 우리 주님이 마태복음 6장 12, 14~15절에서 기도를 가르치며 다루시는 사안이다.

이류 그리스도인이란 없으며, 하나님 나라나 그분의 가정에 자격을 박탈당한 시민이나 자녀도 없다. 모든 신자의 모든 죄가 영원히 용서된다. 하나님은 우리가 과거에 어떠했고, 지금 어떻게 살며, 여생을 어떻게 살지 아신다. 하나님은 우리의 전부를 속속들이 보신다. 그러나 하나님은 이렇게 말씀하신다. "나는 네게 만족한다. 내가 나의 아들에게 만족하며, 네가 그에게 속하기 때문이다. 나는 너를 볼 때 그를 보며 기뻐한다."

하나님은 모든 신자를 자신의 아들(His own Son)을 받아들이듯이 받아들이신다. 그러므로 모든 신자는 그분을 똑같이 받아들여야 한다. 우리는 스스로 어떠하기 때문에(for what we are in ourselves) 우리 자신을 받아들이는 게 아니다. 이것은 하나님이 이런 이유로 우리를 받아들이시는 게 아닌 것과 같다. 우리는 자신을 용서받고 의로운 존재로 받아들인다. 하나님이 친히 우리가 이러하다고 선언하시기 때문이다. 달리 생각하는 것은 겸손이 아니라 오만이다. 달리 생각한다는 것은 우리 자신이 하나님의 말씀을 판단하고 그분 자신의 사랑하는 아들(beloved Son)이 지불하신 구속하는 값을 하찮게 여긴다는 뜻이기 때문이다. 그리스도인이 자신을 깎아내리고 완전한 용서를 의심한다면, 하나님의 일을 인정하지 않고 하나님의 자녀를 깎아내리는 것이다.

어떤 사람에게 높은 자리에 있는 친구들이 많을 수도 있다. 그는 대통령들과 왕들과 총독들과 상원의원들과 온갖 세계 지도자를 알고 있을지 모른다. 그러나 이런 친분도 더없이 보잘것없는 그리스도인의 친분에 비하면 아무것도 아니다. 그리스도인은 우주를 창조하신 분의 친구이자 자녀이기 때문이다.

필립 블리스(Philip Bliss, 1838-1876, 미국 작곡가, 가스펠 가수)는 이렇게 노래했다.

하나님 아버지 주신 책은

귀하고 중하신 말씀일세

기쁘고 반가운 말씀 중에

날 사랑하신단 말 참 좋도다

구주의 영광을 보라 보며

예수의 이름을 찬양하네

영원히 찬양할 나의 노래

예수의 이름이 귀하도다

우리가 받은 용서는 엄청나게 크고 넓다. 이 용서가 **그의 은혜의 풍성함을 따라** 이뤄졌다는 바울의 설명이 이것을 확인시켜 준다. 하나님의 은혜—그분의 사랑, 거룩, 능력을 비롯한 그분의 모든 속성처럼—는 무한하다. 우리가 이해하거나 묘사할 수 있는 능력을 훨씬 초월한다. 그러나 우리는 하나님이 이 무한한 은혜의 **풍성함을 따라** 용서하신다는 것을 안다.

당신이 억만장자를 찾아가 가치 있는 사역에 기부해달라고 요청했더니 그가 25달러짜리 수표를 써준다면, 그는 자신의 풍성함'에서'('out of' his riches) 기부하는 것일 뿐이다. 가난한 자 중에도 이 정도 기부하는 사람이 많다. 그러나 대신에 5만 달러(5,500만원)짜리 수표를 써준다면, 그는 자신의 풍성함을 '따라'('according to' his riches, 자신의 풍성함에 걸맞게) 기부하는 것이다.

이것은 하나님의 후하심을 보여주는 작은 그림이다. 하나님은 용서 (**forgiveness**, 죄사함)를 **그의 은혜의 풍성함을 따라** 베푸실 뿐 아니라 **우리에게⋯ 넘치게 주신다.** 우리의 죄가 하나님의 은혜로운 용서를 추월하지 않을까 걱정할 필요가 전혀 없다. 바울은 우리에게 단언한다. "죄가 더한 곳에 은혜가 더욱 넘쳤나니"(롬 5:20). 우리가 과하지 않으려 조심하면 하늘에 계신 우리 아버지께서 우리의 죄를 간신히 덮을 만큼 최소한의 용서를 베푸시는 게 아니다. 우리는 하나님의 은혜를 초월하는 죄를 '지을 수 없다'. 우리의 죄가 더없이 악하고 크더라도, 하나님이 베푸시는 은혜의 크기에는 절대 미치지 못하기 때문이다. 하나님의 용서(**forgiveness**, 죄사함)는 무한하며, 하나님은 자신의 아들을 신뢰하는 자들에게 이 용서를 측량할 수 없을 만큼 **넘치게 주신다**(베푸신다). 그러므로 우리는 하나님과 함께하는 미래의 영광을 누릴 수 있을 뿐 아니라 그분과 나누는 현재의 사귐도 누릴 수 있다.

'지혜와 총명'(Wisdom and Insight). 구속의 둘째 결과는 신자들이 **지혜와 총명**을 얻는다는 것이다. '소피아'(*sophia*, **지혜**)는 삶과 죽음, 하나님과 사람, 의와 죄, 천국과 지옥, 영원과 시간 같은 궁극적인 것들에 대한 이해를 강조한다. 바울은 하나님의 것들에 관한 이해를 말하고 있다. 다른 한편으로, '프로네시스'(*phronēsis*, **insight**, **총명**)는 실제적 이해, 곧 일상생활의 필요와 문제와 원리에 대한 이해력을 강조한다. 이것은 일상의 일들을 처리하는 영적 분별력이다.

하나님은 우리를 용서하신다. 우리의 삶을 부패시키고 왜곡하는 죄를 제거하신다. 그뿐 아니라, 하나님은 그분을 이해하고 날마다 세상을 그분의 뜻에 맞고 그분을 기쁘게 하는 방식으로 살아가기 위해 필요한 모든 것을 우리에게 주신다. 하나님은 그분의 말씀을 이해하고 그 말씀에 순종하기 위해 필요한 것을 우리에게 후하게 주신다.

예수 그리스도 안에서, 하나님은 자신의 비밀을 우리에게 털어놓으신다. 바울은 이렇게 말했다. "그러나 우리가 온전한 자들 중에서는 지혜를 말하노니, 이는 이 세상의 지혜가 아니요 또 이 세상에서 없어질 통치자들의 지혜도 아니요, 오직 은밀한 가운데 있는 하나님의 지혜를 말하는 것으로서, 곧 감추어졌던 것인데 하나님이 우리의 영광을 위하여 만세 전에 미리 정하신 것이라 … 우리가 세상의 영을 받지 아니하고 오직 하나님으로부터 온 영을 받았으니, 이는 우리로 하여금 하나님께서 우리에게 은혜로(freely) 주신 것들을 알게 하려 하심이라"(고전 2:6~7, 12). 바울은 이 놀라운 단락을 마무리하며 이렇게 선언했다. "우리가 그리스도의 마음을 가졌느니라"(16절).

프랑스 철학자 앙드레 모루아(André Maurois, 1885-1967)는 이렇게 말했다. "우주는 무심하다. 누가 우주를 창조했는가? 왜 우리는 무한 공간에서 돌고 있는 자그마한 흙덩이 위에 있는가? 나는 눈곱만큼도 모르며, 그 누구라도 전혀 모른다고 확신한다."

하나님을 신뢰하고 섬기기는커녕 그분의 존재를 인정조차 않는 자들이 생명과 우주와 영원이 도대체 무엇인지 눈곱만큼도 모른다는 것은 놀랍지 않다. 예수님은 이렇게 말씀하셨다. "천지의 주재이신 아버지여, 이것을 지혜롭고 슬기 있는 자들에게는 숨기시고 어린아이들에게는 나타내심을 감사하나이다"(마 11:25). 야고보는 이렇게 말했다. "너희 중에 누구든지 지혜가 부족하거든 모든 사람에게 후히 주시고 꾸짖지 아니하시는 하나님께 구하라. 그리하면 주시리라"(약 1:5). 하나님은 죄를 제거하실 때, 우리를 영적 도덕적 정신적 진공 상태, 곧 우리의 힘으로 문제를 해결해야 하는 상황에 남겨두지 않으신다. 하나님은 자신의 은혜의 풍성함을 따라 우리에게 **지혜와 총명**을 넘치게 주신다. 그 풍성함을 따라 우리를 넘치게 용서하시듯이 말이다.

구속하는 이유

> **그의 기뻐하심을 따라 그리스도 안에서 때가 찬 경륜을 위하여 예정하신 것이니, 하늘에 있는 것이나 땅에 있는 것이 다 그리스도 안에서 통일되게 하려 하심이라.** (1:9b~10)

왜 하나님이 우리를 위해 이렇게 많은 일을 하셨는가? 왜 하나님이 우리에게 모든 신령한 복을 주셨고, 창세 전에 그리스도 안에서 우리를 선택하셨으며, 우리를 거룩하고 흠 없게 하셨고, 우리가 그분의 자녀로 입양되도록 미리 정하셨으며, 그리스도의 피로 우리를 구속하셨고, 자신의 은혜의 무한한 풍성함을 따라 우리를 넘치게 용서하고 우리에게 지혜와 총명을 넘치게 주셨는가?

하나님이 인간을 구속하시는 것은 만물을 자신에게 모으기 위해서다. 이렇게 모으는 때는 천년왕국일 것이며, 이것은 **때가 찬 경륜(an administration suitable to the fullness of the times**, 충만한 때에 적합한 경영)일 것이다. 역사가 완성되고, 그 나라가 오며, 영원이 다시 시작되고, 새 하늘과 새 땅이 세워질 때, **하늘에 있는 것이나 땅에 있는 것이 다 그리스도 안에서 통일될** 것이다. 예수 그리스도가 역사의 목적이며, 역사는 그분 안에 완성된다. 아담의 실낙원이 그리스도 안에서 회복된다.

그때, "하늘에 있는 자들과 땅에 있는 자들과 땅 아래에 있는 자들로 모든 무릎을 예수의 이름에 꿇게 하시고 모든 입으로 예수 그리스도를 주라 시인하여 하나님 아버지께 영광을 돌리게 하실" 것이다(빌 2:10~11). 그리스도께서 온 우주를 통일하실 것이다(시 2:2, 히 1:8~13을 보라). 지금 우주는 전혀 통일되지(unified) 않았다. 우주는 부패했고 분열되었으며 조각나 있다. 사탄은 지금 "이 세상의 임금"이지만, 그날 "쫓겨날" 것이다(요 12:31). 사탄과 그의 졸개들(demon angels)이 천년왕국 기간 구덩이에 던져질 것이며, 잠시 놓여났다가 영원히 불 못에 던져질 것이다(계 20:3, 10). 모든 악이 흔적도 없이 제거될 때, 하나님이 남아 있는 만물을 자신 안에서 더할 나위 없이 통일하실 것이다. 이 것이 우주의 필연적 목적이다.

맥베스는 역사란 "백치나 지껄이는 이야기이며, 요란한 소리와 노여움이 가득하나 아무 의미도 없는 것"이라고 외쳤다(셰익스피어, 「맥베스」 5.5.19).

하나님이 자신의 자녀들에게 주시는 지혜와 총명이 없다면, 이러한 절망적 결론을 피할 수 없다. 그러나 역사는 인간의 하찮은 계획이나 사탄의 뒤틀린 힘이 아니라 하나님께 속한 것이다. 역사는 역사의 창조자가 기록하고 이끌어 가시며, 그분은 역사가 자신의 궁극적 목적을 이루게 하실 것이다. **다 그리스도 안에서 통일되게 하실** 것이다. 하나님은 머나먼 과거에 자신의 큰 계획을 세우셨으며, 지금 그 계획을 자신의 신적인 뜻에 따라 주권적으로 실현하고 계시며, **때가 차면** 자신의 아들 안에서 그 계획을 완벽하게 마무리하실 것이다. 그러면 하나님의 큰 계획이 그 아들 안에서 **하늘에 있는 것이나 땅에 있는 것 다**(모두)와 의롭게 조화를 이루고 영광스럽고도 새롭게 영원히 작동할 것이다.

4

보증된 하나님의 기업
(1:11~14)

모든 일을 그의 뜻의 결정대로 일하시는 이의 계획을 따라 우리가 예정을 입어 그 안에서 기업이 되었으니, 이는 우리가 그리스도 안에서 전부터 바라던 그의 영광의 찬송이 되게 하려 하심이라. 그 안에서 너희도 진리의 말씀, 곧 너희의 구원의 복음을 듣고 그 안에서 또한 믿어 약속의 성령으로 인치심을 받았으니, 이는 우리 기업의 보증이 되사 그 얻으신 것을 속량하시고 그의 영광을 찬송하게 하려 하심이라. (1:11~14)

오랜 세월 동안 내가 대화를 나눈 사람 중에는 과연 자신이 삶에서 뭐라도 성취할 수 있을지 궁금해하며, 불길한 예감을 품고 삶을 마주하는 사람들이 적지 않다. 그들 중엔 젊은이와 늙은이, 배운 사람과 배우지 못한 사람, 특권을 누리는 사람과 그러지 못하는 사람이 있었다. 이들은 모든 게 잘된다면 자신이 잠재력을 한껏 발휘할 수 있을지 궁금하다. 이들은 삶이 실제로 그럴 잠재력이 있어 놀랍고 의미 깊으며 성취로 가득할 수 있을지 궁금하다. 그리고 만약 그렇다면, 자신이 그 잠재력을 찾아내고 발휘할 수 있을지 궁금하다.

몇 년 전, 산에서 열린 기독교 캠프에서 팔과 다리가 심하게 야윈 청년을 만났다. 그는 늘 그룹의 뒤쪽이나 구석에 혼자 있었고, 절대로 다른 참석자들과 어울리지 않았다. 둘째 날, 나는 그에게 다가가 나를 소개하고 그의 이름을 물었다. 그는 잔뜩 찌푸렸고, 뒤틀린 팔을 덮은 소매를 끌어올리며 쏘아붙였다. "하나님이 내게 어떻게 했는지 보세요." 나는 가만히 하나님의 지혜를 구한 뒤 조심스럽게 입을 열었다. "알고 싶지 않나? 그건 자네가 아닐세." 그러자 그가 되받아쳤다. "이게 내가 아니라는 게 무슨 뜻이죠?" 나는 이렇게 대답했다. "그건 자네가 사는 집일뿐이라네. 그뿐일세. 그건 매우 일시적인 집일세. 하지만 자네는 영원한 사람이지. 하나님은 자네를 위한 영원한 계획이 있으며, 자네의 미래를 위한 새롭고 영원한 몸도 준비해 두셨네." 그가 물었다. "지금 농담하세요?" 내가 대답했다. "아닐세. 농담이 아닐세." 잠시 후, 나는 그에게 복음을 전했다.

청년은 자신의 마음을 예수 그리스도께 드렸고, 태도와 표정이 즉시 달라졌다. 그는 무엇보다도 먼저 내게 탁구를 하자고 했다. 그 순간, 청년은 자신의 신체장애를 창피해하거나 비통해하지 않았다. 예수 그리스도께서 그의 삶을 주관하시자마자, 청년은 하나님이 자신을 위해 이것저것을, 즉 인간의 눈에 엄청나게 중요하며 가치 있어 보였던 것을 훨씬 뛰어넘는 것들을 준비해 두셨음을 깨달았다. 청년은 자신이 하나님의 영원한 계획의 일부라는 것을 깨닫고 하나님의 영원한 약속을 받아들였다. 그러자 그의 시각이 극적으로 바뀌었다.

이 단락에서 바울은 그리스도인들의 엄청나고 놀라운 잠재력을 보여준다. 모든 사람이 이런저런 방식으로 갈망하는 것을 그리스도인은 이미 가졌거나 어느 날 틀림없이 갖는다. 사도 바울은 하나님이 자신의 아들 예수 그리스도를 통해 자신에게 오는 자들을 위해 계획하셨고 이들에게 주신 영광스러운 복을 설핏 보여준다.

약속을 깨는 것이 인간의 본성이다. 정부는 약속을 하고 그 약속을 깬다. 광고주들과 정치인들도 약속을 하고 그 약속을 깬다. 고용주와 고용인, 목회자와 교인, 부모와 자녀, 남편과 아내, 친구와 친지가 너나없이 서로 약속하지만 그 약속을 깨기 일쑤다. 더없이 좋은 의도로 약속할 때도 있고, 속이거나 이용해 먹으려고 약속할 때도 있다. 그러나 우리는 모두 약속을 하고 약속을 받지만, 이유야 어떻든, 그 약속이 실현되지 못하는 것을 본다.

하나님의 약속은 우리의 약속과 다르다. 우리는 이 사실에 영원히 감사해야 한다. 하나님은 모든 약속을 지키신다. 바울이 여기서 우리의 하늘 아버지께서 그분의 자녀들에게 하신다고 말하는 약속은 놀랍고 가슴 뛰게 할 뿐 아니라 절대적이며 확실하다. 히브리서 저자가 말하듯이, "약속하신 이는 미쁘시다(faithful)"(히 10:23). 아브라함처럼 모든 신자는 하나님이 자신의 약속을 지키실 수 있고 틀림없이 지키시리라는 것을 완전히 확신해야 한다(롬 4:21). 우리의 하나님은 거짓말을 하지 않으시며 하실 수도 없는 분이다(딛 1:2).

성경의 가장 긴 문장에서(엡 1:3~14), 바울은 마음을 쏟아놓으며 측량할 수 없는 은혜의 하나님을 찬양한다. 이 문장을 마무리하면서, 아버지께서 자신의 자녀들에게 약속을 주시면서 그 약속을 보증하신다는 것을 보여준다. 하나님의 자녀들은 충만하며 줄지 않는 예수 그리스도의 기업을 틀림없이 받는다. 우리는 "모든 신령한 복"을 받았고, "창세 전에 그리스도 안에서" 선택되었으며, 하나님의 "아들들이 되게" "예정"되었고, "그 뜻의 비밀"을 보았다(3~5, 7, 9절). 마찬가지로, 우리는 또한 **기업이 되었다**(have obtained an inheritance, 기업을 얻었다).

우리의 기업은 일차적으로 구원의 방면에서 미래와 관련된다. 우리는 세상이나 시간이 존재하기도 전에 선택되거나 예정되었다. 우리는 현세에 구속받았다(have been redeemed). 우리는 내세에 완전한 기업을 받을 것이며, 그때 아버지의 영원한 하늘나라에 완전히 들어갈 것이다.

우리는 예수 그리스도 안에서 비할 데 없는 기업을 가지며, 여기서 그 기업의 근거와 보증과 목적을 본다.

우리가 받은 기업의 근거

모든 일을 그의 뜻의 결정대로 일하시는 이의 계획을 따라 우리가 예정을 입어 그 안에서 기업이 되었으니, 이는 우리가 그리스도 안에서 전부터 바라던 그의 영광의 찬송이 되게 하려 하심이라. 그 안에서 너희도 진리의 말씀 곧 너희의 구원의 복음을 듣고 그 안에서 또한 믿어(1:11~13a)

그 안에서(**in Him**)는 10절 끝보다 11절 첫머리에 더 잘 어울린다.[7] 어디에 자리하든, 이 어구는 분명히 예수 그리스도를 가리키며(10절), 그분은 하나님이 주시는 **기업**(divine **inheritance**)의 근거 또는 근원이다. 예수 그리스도가 빠지면, 인간이 하나님에게 받을 수 있는 궁극적이며 영원한 것은 단 하나, 정죄(condemnation, 유죄 판결)뿐이다. 하나님은 햇빛과 비를 비롯해 숱한 좋은 것을 모든 사람에게, 의로운 자와 불의한 자에게 똑같이 주신다(마 5:45). 그러나 하나님의 신령한 복(영적인 복)은 **그 안에** 있는 자들만 받는다(참조. 1, 3~4, 6~7, 10절). "다른 이로써는 구원을 받을 수 없나니, 천하 사람 중에 구원을 받을 만한 다른 이름을 우리에게 주신 일이 없음이라"(행 4:12).

로마서 6장에서 바울은 모든 신자의 영적 전기(傳記)를 제시한다. 그는 이렇게 시작한다. "무릇 그리스도 예수와 합하여 세례를 받은 우리는 그의 죽으심과 합하여 세례를 받은 줄을 알지 못하느냐?"(3절). 바울은 뒤이어 이렇게 말한다. "그러므로 우리가 그의 죽으심과 합하여 세례를 받음으로 그와 함께 장사되었나니, 이는 아버지의 영광으로 말미암아 그리스도를 죽은 자 가운데서 살리심과 같이 우리로 또한 새 생명 가운데서 행하게 하려 함이라. 만일 우리가 그의 죽으심과 같은 모양으로 연합한 자가 되었으면 또한 그의 부활과 같은 모양으로 연합한 자도 되리라"(4~5절). 하나님만 이해하실 수 있는 놀라운 기적을 통해, 모든 신자가 갈보리 십자가로 옮겨졌고, 그 십자가에 구주와 함께 영적으로 못 박혔으며, 그분과 함께 장사되고 다시 살아났다. 예수 그리스도께서 모든 신자를 '위해서'뿐 아니라 모든 신자와 '함께' 십자가에 못 박혔고, 장사 되었으며, 다시 살아나셨다. 그뿐만이 아니다. "그가 나타나시면 우리가 그와 같을 줄을 아는 것은 그의 참모습 그대로(just as He is) 볼 것이기 때문이다"(요일 3:2). 그 영광의 날, 우리는 마침내, 완전히 "그 아들의 형상을 본받게" 된다(롬 8:29).

우리가…기업이 되었으니(**we have obtained an inheritance**, 우리가 기업을

받았다)는 헬라어 합성 단어 하나(eklērōthēmen)를 번역한 것이다. 미래의 어떤 일이 너무나 확실해서 일어나지 않을 수 없을 때, 헬라인들은 마치 그 일이 이미 일어난 것처럼 말하기 일쑤였다(바울이 부정과거 수동태 직설법을 사용하는 이곳처럼).

2장에서 바울은 비슷한 헬라어 시제를 사용해 하나님이 우리를 그리스도와 "함께 하늘에 앉히셨다"고 말한다(6절). 사도 바울 자신과 그의 편지를 받는 자들이 아직 이런 영광스런 경험을 하지 못했는데도 말이다. 이들이 주님과 함께 영원히 살리라는 것은 이들이 이미 하늘에 있는 것만큼이나 확실했다.

1장 11b절에 나오는 동사의 수동태는 두 번역이 가능하며, 둘 다 나머지 성경과 일치한다. 이것은 **기업이 되었다**(were made an inheritance, 개역개정처럼)로 번역할 수 있고, 기업을 받았다(**have obtained an inheritance**, 저자가 사용하는 NASB처럼)로 번역할 수도 있다. 첫째 번역은 신자들이 '그리스도의' 기업이라는 것을 말한다. 예수님은 신자들이 아버지께서 자신에게 주신 선물이라고 거듭 말씀하셨다(요 6:37, 39; 10:29; 17:2, 24 등). 예수님은 갈보리에서 우리를 획득하셨으며(won)―자신이 사탄과 죄와 죽음에게 거둔 승리의 전리품으로―이제 우리는 그분의 것이다. "만군의 여호와가 이르노라. 나는 내가 정한 날에 그들을 나의 특별한 소유로 삼을 것이요"(말 3:17). 영원 전에 아버지께서는 구원을 얻기 위해 자신의 아들을 믿을 모든 사람을 아들에게 소유로, 영광스러운 기업으로 주기로 계획하고 결정하셨다.

그러나 둘째처럼 옮길 경우, 이 단어는 정반대의 것을 의미한다. '신자들이' 기업을 받는다. 베드로는 이렇게 말했다. "예수 그리스도를 죽은 자 가운데서 부활하게 하심으로 말미암아 우리를 거듭나게 하사 산 소망이 있게 하시며, 썩지 않고 더럽지 않고 쇠하지 아니하는 유업을 잇게(obtain an inheritance) 하시나니, 곧 너희를 위하여 하늘에 간직하신 것이라"(벧전 1:3~4).

그러므로 두 번역 모두 문법적으로, 신학적으로 적절하다. 성경 전체가 신자들은 하나님께 속하고 하나님은 신자들에게 속한다고 말한다. 신약성경은 우리가 그리스도 안에 있고 그리스도께서 우리 안에 계시며, 우리가 성령 안에 거하고 성령께서 우리 안에 거하신다고 말한다. "주와 합하는 자는 [그와]

한 영이니라"(고전 6:17). 그러므로 바울은 "내게 사는 것이 그리스도니"라고 말할 수 있었다(빌 1:21).

이 진리의 실제적인 면은 우리가 그리스도와 하나이기 때문에 우리의 삶도 그분의 삶과 하나여야 한다는 것이다(참조. 요일 2:6). 우리는 그분이 사랑하셨듯이 그렇게 사랑해야 하고, 그분이 도우셨듯이 그렇게 도와야 하며, 그분이 돌보셨듯이 그렇게 돌봐야 하고, 그분이 나누셨듯이 그렇게 나누어야 하며, 그분이 그렇게 하셨듯이 우리 자신의 이익과 안녕을 타인들을 위해 희생해야 한다. 우리의 주님처럼, 우리가 세상에 사는 것은 타인들을 위해 우리의 목숨을 버리기 위해서다.

'에클레로떼멘'(eklērōthēmen)은 둘 중 어느 쪽으로도 번역될 수 있다. 그렇더라도 바울이 에베소서 1장 3~14절에 강조하는 부분을 볼 때, 여기서는 둘째 번역이 더 적절하다: 우리는 기업을 받았다(we have obtained an inheritance). 우리가 그리스도와 함께 얻은 기업은 아버지께서 그 아들 안에서 우리에게 주신 놀랍고 아름다운 복의 또 다른 버전이다. 바울이 3절에서 분명히 밝히듯이, 우리의 기업은 "그리스도 안에서 하늘에 속한 모든 신령한 복"을 포함한다. 예수 그리스도 안에서 신자들은 하나님이 하신 모든 약속을 상속한다. 베드로는 하나님이 자신의 "신기한 능력(divine power)으로 생명과 경건에 속한 모든 것을 우리에게 주셨으며," "그 보배롭고 지극히 큰 약속을 우리에게 주셨다"고 말한다(벧후 1:3~4). 바울은 더없이 포괄적으로 말한다. "하나님의 약속은 얼마든지 그리스도 안에서 예가 되니"(고후 1:20).

하나님은 그분의 신적 약속(divine promises)에 맞게 은혜롭게 공급하시며, 이로써 생각할 수 있는 우리의 모든 필요가 채워진다. 우리는 평화, 사랑, 은혜, 지혜, 영생, 기쁨, 승리, 힘, 인도, 능력, 자비, 용서, 의, 진리, 하나님과 나누는 교제, 영적 분별력, 천국, 영원한 부, 영광을 비롯해 하나님에게서 오는 모든 좋은 것을 약속받는다. 바울은 이렇게 말한다. "세계나 생명이나 사망이나 지금 것이나 장래 것이나 다 너희의 것이요, 너희는 그리스도의 것이요, 그리스도는 하나님의 것이니라"(고전 3:22~23). 우리는 그리스도와 공동상속자이며, 따라서 그분의 모든 소유가 우리의 소유로 보증된다. 우리는 "하나님의 상속자요 그리스도와 함께한 상속자다"(참조. 롬 8:17).

그러므로 예수 그리스도가 우리가 받은 **기업**의 근거다. 바울은 먼저 이 **기업**을 하나님의 관점에서 보여주고, 그런 후에 인간의 관점에서 보여준다.

하나님의 관점

> 모든 일을 그의 뜻의 결정대로 일하시는 이의 계획을 따라 우리가 예정을 입어
> 그 안에서 기업이 되었으니, 이는 우리가 … 그의 영광의 찬송이 되게 하려 하심
> 이라. (1:11, 12b)

헬라어 본문 12절의 순서를 따라 논의를 전개하겠다. (KJV에 반영되었듯이) 헬라어 본문 12절에서, **그의 영광의 찬송이 되게 하려 하심이라**가 "그리스도 안에서 전부터 바라던"(이 부분은 뒤에서 인간의 관점과 연결해 논의하겠다) 앞에 온다.

우리가 그리스도 안에서 갖는 기업에 대한 하나님의 관점은 여기서 그분의 예정, 그분의 능력, 그분의 뛰어남에서 나타난다.

'하나님의 예정'(God's predestination): **그의 뜻의 결정대로 … 우리가 예정을 입어**(having been predestined according to His purpose). 그리스도인으로서 우리가 지금의 우리(what we are)인 것은 하나님이 우리를 그렇게 하기로, 그 어느 인간도 창조되기 전에, 선택하셨기 때문이다. 영원 전에 하나님은 자신의 아들을 믿는 모든 택한 죄인(every elect sinner)을—비록 악하고, 거역하며, 쓸모없고, 오로지 죽음만이 그에게 마땅하더라도—그들이 믿는 자(아들)만큼 의롭게 하겠다고 선언하셨다. 바울이 이미 확실히 했듯이, 하나님은 "창세 전에 그리스도 안에서 우리를 택하사 우리로 사랑 안에서 그 앞에 거룩하고 흠이 없게 하시려" 했다(4절).

윌리엄 헨드릭슨(William Hendriksen, 1900-1982)은 이 구절을 간결하게 주석했으며, 그의 주석이 도움이 된다.

> 운명이나 인간의 공로가 우리의 마지막(destiny)을 결정하는 게 아니다. 우리

를 거룩하고 흠이 없게 하고(4절), 하나님의 자녀들이 되게 하며(5절), 그분을 영원히 영화롭게 하게 하시려는(6절, 참조. 12, 14절) 자애로운 목적은 고정되어 있고 우주를 포괄하는 더 큰 목적의 일부다. 하나님은 과거와 현재와 '심지어 미래에' 신자와 불신자, 천사와 마귀, 영적 활력과 육체적 활력 및 크고 작은 존재 집단과 관련해 하늘과 땅과 지옥에 일어나는 모든 일을 다 포함하는 이 계획을 '세우셨다'. 그뿐 아니라 하나님은 '이 계획을 완전히 실행하신다'. 시간 속에 나타나는 하나님의 섭리는 그분이 영원 전에 하신 선언만큼 포괄적이다. (*New Testament Commentary: Exposition of Ephesians* [Grand Rapids: Baker, 1967], p.88)

'하나님의 능력'(God's power): **일하시는 이의 계획을 따라(who works all things after the counsel of His will)**. **일하시는(works**, 정확히는 이렇게 번역된 분사 '에네르군토스')은 '에네르게오'(*energeō*)에서 왔으며, 여기서 'energy', 'energetic', 'energize' 같은 영어 단어가 파생했다. 하나님의 창조하기 (creating)와 활력 불어넣기(energizing)는 그분의 신적 지성(divine mind)에서 하나다. 하나님이 세상 각 부분을 말씀으로 생겨나게 하셨을 때, 그 부분은 하나님이 그렇게 되도록 계획하셨던 바로 그대로 즉시 작동하기 시작했다. 우리가 만드는 것들과 달리, 하나님의 창조 세계는 다시 설계하거나, 모형을 만들거나, 테스트하거나, 연료를 보충하거나, 충전하거나 할 필요가 없다. 하나님의 창조 세계는 작동하도록 창조될 뿐 아니라 작동하는 상태로 창조된다.

활력 불어넣기(energizing)는 하나님의 창조 계획과 사역에서 없어서는 안 될 부분이다. 하나님은 놀라운 은혜로 우리를 그분의 자녀로, 그분의 나라 시민으로, 그분의 아들과 함께한 상속자가 되도록 선택하셨다. 그래서 하나님은 이 모든 일을 이루실 것이다. 바울은 이렇게 선언했다. "너희 안에서 착한 일을 시작하신 이가 그리스도 예수의 날까지 이루실 줄을 우리는 확신하노라"(빌 1:6). 하나님은 자신이 계획하는 일을 이루신다. 하나님은 모든 신자에게 모든 영적 능력, 즉 그 신자가 영적으로 완성되는 데 필요한 모든 영적 능력을 불어넣으신다. 하나님은 단지 계획하실 뿐이라고 생각해서는 안 된다. 하나님은 계획을 실행하신다.

'하나님의 뛰어남'(God's preeminence): **그의 영광의 찬송이 되게 하려 하심이
라(should be to the praise of His glory)**. 앞서 말했듯이, 헬라어 본문에서
12절은 이 어구로 시작하며, 이 순서가 바울이 우리의 기업을 보는 하나님의
관점에 관해 이제껏 말한 것과 논리적으로 맞는다. 바울은 하나님의 관점과
일을 그분의 예정, 그분의 능력, 그리고 우리가 여기서 보듯이 그분의 뛰어남
이라는 견지에서 본다. 인간이 구속받는 목적은 죄 때문에 파괴된 하나님의
형상을 회복하는 것이다. 하나님은 자신의 형상을 지니도록 인간을 창조하셨
다. 따라서 구원의 목적은 창조의 목적이다. 하나님은 피조물이 자신의 영광
을 선포하고 드러냄으로써 자신에게 영광을 돌리길 바라신다. 이런 이유로
하나님은 인간을 구속하신다.

성경은 늘 구원을 하나님 편에서 제시한다. 모든 공로를 하나님께 돌리기
위해서다. 우리가 살아가는 인간 지향적 사회에서, 하나님이 공로를 독점하길
원하신다는 게 부적절해 보인다. 그러나 이것은 단지 인간에게 하나님의 위
대함과 거룩함과 영광이란 개념이 없기 때문이다. 인간이 하나님에 관해 어
떤 시각을 갖더라도, 그것은 자신을 투영한 것일 뿐이다. 인간이 너무도 간절
히 바라는 칭송과 영광은 전혀 인간에게 돌아갈 만한 게 아니며, 인간이 칭송
과 영광을 원하는 동기는 죄로 가득할 뿐이다. 그러나 하나님은 올바른 이유
에서 영광을 구하시며, 오직 자신만 영광을 받기에 합당하기 때문에 영광을
구하신다. 하나님이 영광을 구하시는 것은 그분에게 더없이 합당하고 오직
그분에게만 합당한 거룩한 바람이다.

그러므로 우리가 받는 무한하고 영원한 복을 포함해 우리의 예정된 구원은
그의 영광의 찬송이 되게 계획된다.

인간의 관점

> **이는 우리가 그리스도 안에서 전부터 바라던…그 안에서 너희도 진리의 말씀
> 곧 너희의 구원의 복음을 듣고 그 안에서 또한 믿어** (12a, 13a)

헬라어 본문에서, 이 부분은 계속되는 문장이며, 12절 끝부분이 13절로 직접 연결된다. 여기서 바울은 신자가 예수 그리스도 안에서 하나님에게 받는 기업을 우리 인간의 관점에서 본다. 성경 전체에서 하나님의 주권과 인간의 의지가 긴장을 이루며, 인간은 지식이 제한되고 불완전하기 때문에 이 긴장을 완전히 해소할 능력이 없다. 하나님의 말씀에서 발견되는 다른 모든 이율배반과 역설을 대할 때처럼, 우리의 책임은 이 긴장의 양면 모두를 계시된 그대로 주저 없이 믿는 것이다. 우리는 진리가 하나님의 마음과 완벽하게 일치한다는 것을 알며, 이것을 아는 데 만족해야 한다.

누군가 구원의 신적인 면과 인간적인 면을 이렇게 설명했다. 천국 문에 "누구든지 들어오시오"라고 쓰여 있다. 그런데 들어가서 뒤돌아보니 뒷면에 이렇게 씌어 있다. "창세 전에 그분 안에서 선택된 자는."

인간이 보기에 도저히 양립할 수 없는 이 두 진리를 하나님이 무슨 이유로 세우셨든 간에, 우리는 이 두 진리를 세우신 하나님께 감사하고 그분을 찬양해야 한다. 이 둘이 모순처럼 보이지만 완전히 참이라는 바로 그 이유로, 우리는 도무지 이해되지 않는 것에 경외감을 느끼며 그분 앞에서 낮아진다. 신뢰하는 신자에게 이런 진리는 성경이 인간의 작품이 아니라 하나님의 작품이라는 더 강력한 증거일 뿐이다.

우리가 그리스도 안에서 전에 바라던…[8] 이 어구로, 바울은 우리가 그리스도 안에서 하나님에게 받은 기업의 인간적 측면을 여기서 처음 언급한다. 헬라어 본문에는 **그리스도** 앞에 정관사가 있으며, 따라서 좀 더 문자적으로 옮기면 '**그' 그리스도 안에서 … 바라던**(hope in 'the' Christ, '그' 그리스도 안에서 소망을 품은)이 된다. 의미는 바뀌지 않지만, 정관사가 우리의 소망이 특별함을 강조한다. 다시 말해, 이것은 단 하나뿐인 **그** 구주, 곧 예수 **그리스도** 안에서 갖는 소망이다. 이것은 또한 사도들을 비롯한 1세대 유대인 신자들이 메시아를 가장 먼저 받아들였다는 생각을 강조한다.

---

8 저자가 사용하는 NASB의 이 부분을(we who were first to hope in Christ) 우리말로 옮기면 이렇다. "그리스도 안에서 소망을 품은 첫 사람들인 우리가."

사람이 복음을 믿을 때 작동하는 중요한 요소 하나는 그가 자신의 구주요 주님 안에서 받는 소망(hope, 바라던)이다. 바울은 이 구절에서 소망(바라던)을 믿음보다 앞서 언급한다. 그렇더라도 신학적 순서뿐 아니라 시간적 순서로도 믿음이 먼저이고 소망은 그다음이다. 그러나 이 문맥에서, 소망(바라던)은 무엇보다도 믿음의 동의어로 사용된다. **그리스도 안에서 전에 바라던(first to hope in Christ**, 그리스도 안에서 소망을 품은 첫 사람들)은 그분을 믿은 첫 사람들이라는 뜻이다.

그러므로 바울은 뒤이어 말한다. **그 안에서 너희도 진리의 말씀 곧 너희의 구원의 복음을 듣고 그 안에서 또한 믿어.** 사도 바울이 로마서에서 설명하듯이, "믿음은 들음에서 나며 들음은 그리스도의 말씀으로 말미암았다"(10:17). 믿음은 **진리의 말씀 곧 … 복음**에 대한 긍정적 반응에서 온다(참조. 갈 1:6~9). 복음이란, 하나님이 자신의 아들 예수 그리스도의 대속 사역을 통해 구원의 길을 내셨다는 좋은 소식이다. "영접하는 자 곧 그 이름을 믿는 자들에게는 하나님의 자녀가 되는 권세를 주셨으니"(요 1:12). 인간이 만든 종교 체계는 의식이나 행위 또는 둘 다에 의존하며, 우리를 하나님께 인도하지 못할 뿐 아니라 그분을 찾는 데 큰 방해물이 될 수 있다. 하나님께 나아가는 길은 오직 하나, 그분의 아들을 통하는 것이다. "사람이 마음으로 믿어 의에 이르고 입으로 시인하여 구원에 이르느니라. 성경에 이르되, 누구든지 그를 믿는 자는 부끄러움을 당하지 아니하리라"(롬 10:10~11). **또한 믿어**는 구원을 얻는 적절한 수단을 강조할 뿐 아니라 **또한**을 사용함으로써 이런 수단의 불변성(uniformity)도 강조한다.

믿음이란 인간이 자신을 택하신 하나님의 목적(God's elective purpose)에 보이는 반응이다. 하나님이 인간을 선택하시는 것이 택하심(election, 선택)이다. 사람이 하나님을 선택하는 것이 믿음이다. 인간을 택하실 때 하나님은 자신의 약속을 주신다. 그러면 인간은 믿음으로 그 약속을 받아들인다.

우리가 받은 기업의 보증

그 안에서 (또한 믿어) 약속의 성령으로 인치심을 받았으니, 이는 우리 기업의 보증이 되사. (13b~14a)

인간은 늘 확실한 것을 원했고 지금도 다르지 않다. 타인들의 약속은 믿을만하지 못하기 일쑤다. 그래서 우리는 서약, 선서, 담보, 보증을 비롯해 약속 이행을 보장하는 여러 수단을 요구한다.

단순한 하나님의 말씀만으로 우리에게 충분해야 한다. 그러나 하나님은 인자하셔서 우리에게 자신의 보증을 줌으로써 자신의 약속이 훨씬 확실해지게—이것이 가능하다면—하신다. 여기서 하나님은 자신의 **인치심**과 **보증**으로 자신의 약속을 보장하신다. 이것은 히브리서 6장 13~18절을 연상시키는데, 거기서 하나님은 복을 주겠다고 약속하신 후, 그리스도 안에서 소망을 품는 모두에게 성령께서 "큰 안위"(strong encouragement, 18절)라고 부르시는 것을 주겠다는 맹세로 그 약속을 굳히신다.

하나님의 인치심

우리가 믿는 그 순간 하나님의 모든 약속이 직접, 즉시, 완전하게 성취되는 게 아니다(완전한 성취는 "너희를 위하여 하늘에 간직하신 것"이기 때문이다, 벧전 1:3~4). 그래서 우리는 때로 우리의 구원을 의심하고 그 구원이 수반해야 하는 궁극적 복을 믿지 않고 싶은 유혹을 받는지 모른다. 우리가 여전히 이생을 사는 동안, 우리의 구속은 완성되지 않는다. 우리는 여전히 "우리 몸의 속량(구속)"을 기다리기 때문이다(롬 8:23). 우리는 아직 우리의 기업을 완전히 다 받지 못했다. 그래서 우리는 그 기업이 실재하는지 묻거나 최소한 그 기업이 크기는 한지 물을는지 모른다.

하나님은 예수 그리스도를 영접한 자들에게 약속을 주시며, 이 약속을 보증하는 한 방법으로 **약속의 성령으로** [자신의 약속을] **인치셨다**. 모든 신자는 그리스도를 믿는 순간 하나님의 **성령**을 받는다. 바울은 이렇게 선언한다. "만일 너희 속에 하나님의 영이 거하시면 너희가 육신에 있지 아니하고 영에 있나니"(롬 8:9a). 바울은 뒤이어 뒤집어 말한다. "누구든지 그리스도의 영이 없으면 그리스도의 사람이 아니라"(9b절). 너무나 놀랍게도, 모든 참 그리스도인의 몸은 실제로 "[그 안에] 계신 성령의 전"이다(고전 6:19).

한 사람이 그리스도인이 될 때, 성령께서 그의 삶에 입주하신다. 예수 그리스도 안에서 사는 삶은 다르다. 이제 하나님의 성령이 그 안에 계시기 때문이다. 성령께서 우리 안에 계셔 우리에게 능력을 주고, 사역을 위해 우리를 준비시키며, 이미 우리에게 주신 은사를 통해 일하신다. 성령은 우리의 도우미(Helper, 보혜사)이자 변호자(Advocate, 대언자)이다. 성령께서 우리를 보호하고 격려하신다. 성령께서 또한 우리가 예수 그리스도 안에서 받은 기업을 보증하신다. "성령이 친히 우리의 영과 더불어 우리가 하나님의 자녀인 것을 증언하시나니, 자녀이면 또한 상속자 곧 하나님의 상속자요 그리스도와 함께 한 상속자니"(롬 8:16~17). 하나님의 성령은 우리를 안전하게 하는 힘이요 우리의 보증이다.

바울이 여기서 말하는 **인치심(sealing)**은 편지나 계약서나 그 외에 중요한 문서에 찍는 식별 표식이다. 인(印)은 대개 뜨거운 밀랍에 찍었다. 뜨거운 밀랍을 문서에 붓고 그 위에 인장 반지를 눌러 찍었다. 그러면 문서는 그 인장 반지의 주인과 공식적으로 하나가 되고, 그 주인의 권위를 갖는다.

이런 개념이 우리가 **그 안에서…약속의 성령으로 인치심을 받았으니**라는 말의 배후에 있다. 신자들이 하나님의 성령으로 인치심을 받았다는 것은 크게 넷을 의미한다. 안전, 진짜, 소유권, 권위가 그것이다.

'안전'(Security). 고대 세계에서 왕이나 왕자나 귀족의 인장(印章)은 안전과 불가침(inviolability)을 상징했다. 다니엘이 사자굴에 던져졌을 때, 다리오 왕과 그의 귀족들이 함께 자신들의 인장을 찍어 굴의 입구를 봉했다. "다니엘에 대한 조치를 고치지 못하게 하기" 위해서였다(단 6:17). 왕 외에 누구라도 인장을 훼손하면 죽음을 면치 못할 터였다. 이와 비슷하게, 예수님이 안치된 무덤도 봉인되었다. 제자들이 예수의 시신을 훔치고 그가 부활했다고 거짓된 주장을 할까 봐, 유대 지도자들은 빌라도의 허락을 받아 돌을 봉인하고 경비병을 배치해 무덤을 지켰다(마 27:62~66).

무한히 더 큰 방식으로, 성령께서 침범할 수 없는 자신의 인장을 각 신자에게 찍어 그를 안전하게 지키신다.

'진짜'(Authenticity). 아합 왕은 나봇의 포도원이 탐났다. 그래서 나봇에게 그 포도원을 자신에게 팔거나 다른 포도원과 맞바꾸자고 했다. 그러나 나봇은 아합 왕의 제의를 단칼에 거절했다. 그러자 이세벨 왕후가 나봇의 포도원을 자신의 방식대로 손에 넣으려고 나섰다. 이세벨은 "아합의 이름으로 편지들을 쓰고 그 인을 치고 봉하여" 나봇의 동네에 사는 여러 귀족에게 보냈다. 편지 내용은 나봇에게 신성모독과 반역죄를 뒤집어씌워 거짓 고발을 하라는 것이었다. 귀족들은 지시대로 했고, 나봇은 누명을 쓴 채 돌에 맞아 죽었다. 그러자 아합 왕은 자신이 그렇게도 탐내던 포도원을 간단하게 몰수했다(왕상 21:6~16). 이세벨이 보낸 편지가 속임수로 가득했는데도 불구하고, 그 편지 자체는 왕이 보낸 진짜였다. 왕의 승인을 받았고 왕의 인장이 찍혀 있는 편지였기 때문이다. 인장은 그의 서명이었다.

하나님은 자신의 성령을 우리에게 주실 때, 마치 우리에게 이런 내용의 인장을 찍으시는 것 같다: "이 사람은 내게 속하며 내 거룩한 나라(divine kingdom)의 진짜 시민이자 내 거룩한 가정의 구성원이다."

'소유권'(Ownership). 예루살렘이 느부갓네살에게 포위되고 예레미야가 왕과 민족에게 좋지 않은 예언을 했다는 이유로 시드기야 왕에게 잡혀 있을 때, 하나님은 자신의 선지자에게 특별한 지시를 내리셨다. 하나님은 예레미야에게 아나돗에서 무를 권리(redemption right, 우선 구매권)가 그에게 있는 땅을 사라고 하셨다. 근위대 뜰에서 필요한 수만큼 증인이 보는 앞에서 계약이 체결되고 약정 금액이 지불되었다. 양쪽은 증인들 앞에서 매매증서에 서명하고 그 증서를 봉인했다. 이로써 예레미야는 그 땅의 합법적인 새로운 소유권자로 확정되었다(렘 32:10).

성령께서 신자들에게 인치실 때, 이들이 하나님의 거룩한 소유라고 표시하시는 것이다. 이 순간부터 이들은 완전히 영원히 하나님의 소유다. 성령의 인(印)은 하나님의 구원을 공식적으로, 최종적으로 선언한다.

'권위'(Authority). 하만은 모르드개를 모함해 죽이려는 악한 계략을 꾸몄으나 이 때문에 그 자신이 목이 달려 죽었다. 그런데 이후에도, 왕후 에스더는 하만이 아하수에로 왕을 설득해 내린 칙령 때문에 불안했다. 칙령은 왕의 영토에서 누구라도 유대인들을 공격하고 죽여도 좋다는 것이었다. 왕이라도 자신의 인장이 찍힌 이 칙령을 철회할 수 없었다. 그래서 왕은 또 다른 칙령을 작성해 인장을 찍었다. 이번에는 유대인들이 무장하고 스스로를 방어하도록 허용하고 심지어 독려하는 내용이었다(에 8:8~12). 두 경우 모두, 왕의 인장은 칙령의 절대 권위를 상징했다. 인장이 찍힌 왕의 칙령을 가진 자들은 그 칙령이 내포하며 왕이 위임한 권위를 가졌다.

성령의 인치심을 받을 때, 그리스도인들은 하나님의 말씀과 그분의 복음을 그분의 권위로 선포하고, 가르치며, 실천하고, 변호하도록 위임받는다.

하나님의 보증

이는 우리 기업의 보증(pledge)이 되사 (1:14a)[9]

성령께서는 우리가 예수 그리스도 안에서 얻은 기업을 자신의 인치심뿐 아니라 자신의 담보(**pledge**, 보증)로 보증하신다. '아라본'(*arrabōn*, 담보, **보증**)은 본래 구매 물건을 확보하려고 지불하는 계약금이나 선금을 가리켰다. 후에, 이것은 모든 종류의 담보나 선금을 가리키게 되었다. 이 단어의 한 형태는 약혼반지를 가리키게 되기까지 했다.

신자인 우리 안에 계신 성령은 우리의 기업을 보증하는 하나님의 담보(divine pledge), 곧 "그리스도 안에서 하늘에 속한" 모든 신령한 복을 주시리라는 약속이(3절) 어느 날 완전히 성취되리라는 하나님의 보증의 첫 번째 부분(first installment)이다. 모든 신령한 복이 절대적으로 확실하게 보장되고 보증

---

9 저자가 사용하는 NASB의 이 부분은 이렇다. who is given as pledge of our inheritance(그는 우리 기업의 담보로 주어졌다).

되며, 오직 하나님만 이렇게 절대적으로 확실하게 보장하고 보증하실 수 있다. 성령은 교회가 받은 불가역적 담보, 곧 교회가 그리스도의 신부로서 절대로 홀대당하거나 버림받지 않으리라는 담보이며, 교회가 받은 하나님의 약혼반지다(참조. 고후 1:22; 5:5).

우리가 받은 기업의 목적

그 얻으신 것을 속량하시고 그의 영광을 찬송하게 하려 하심이라. (1:14b)

하나님이 그리스도 안에서 우리에게 주시는 기업은 우리가 그분에게 받는 놀랍고 굉장하며 보증된 약속이지만, 그렇다고 이것이 우리가 받는 구원의 주된 목적은 아니다. 우리가 구원받고 그 구원을 통해 모든 약속과 복과 특권을 얻는 것은 하나님 자신의 소유(**그 얻으신 것**)를 구속(**속량**)하고 그의 **영광을 찬송하려는** 데 목적이 있다.

하나님이 인간을 구속(**속량**)하시는 크고 가장 중요한 목적은 그분 자신의 소유(**그 얻으신 것**)를 구해내는 것이다. 모든 세계가 하나님의 것이다. 하나님은 자신의 형상대로 지었으나 타락한 피조물을 무한한 지혜와 사랑과 은혜로 구속하기로 선택하셨다. 이것은 피조물을 위해서이기도 하지만 그보다 훨씬 더 그분 자신을 위해서인데, 피조물이 그들 자신의 것이 아니라 하나님의 것이기 때문이다.

바울이 이미 두 차례 선언했듯이(6, 12절), 하나님이 인간을 구속하시는 궁극적 목적은 **그의 영광을 찬송하게** 하는 것이다. 우리가 구원받고 복을 받는 것은 우리 자신의 영광을 위해서가 아니라 하나님의 영광을 위해서다(참조. 사 43:20~21). 그러므로 우리가 자신을 영화롭게 한다면 전적인 하나님의 소유를 도둑질하는 것이다. 하나님이 우리를 구원하신 것은 그분을 섬기고 **찬송하게** 하기 위해서다. 우리가 구원받는 것은 하나님이 뜻하신 창조의 목적에 맞게 회복되기 위해서다. 즉 우리 안에 하나님의 형상을 담고 그분께 더 큰 영광을 돌리기 위해서다.

이것은 신자가 영화롭게 될 때, 우리가 온전히 영광과 구속을 받고 하나님의 완전한 소유가 될 때 완전히 성취된다.

5

우리가 그리스도 안에서 갖는 자원

(1:15~23)

이로 말미암아 주 예수 안에서 너희 믿음과 모든 성도를 향한 사랑을 나도 듣고, 내가 기도할 때에 기억하며, 너희로 말미암아 감사하기를 그치지 아니하고, 우리 주 예수 그리스도의 하나님, 영광의 아버지께서 지혜와 계시의 영을 너희에게 주사 하나님을 알게 하시고, 너희 마음의 눈을 밝히사 그의 부르심의 소망이 무엇이며, 성도 안에서 그 기업의 영광의 풍성함이 무엇이며, 그의 힘의 위력으로 역사하심을 따라 믿는 우리에게 베푸신 능력의 지극히 크심이 어떠한 것을 너희로 알게 하시기를 구하노라. 그의 능력이 그리스도 안에서 역사하사 죽은 자들 가운데서 다시 살리시고 하늘에서 자기의 오른편에 앉히사, 모든 통치와 권세와 능력과 주권과 이 세상뿐 아니라 오는 세상에 일컫는 모든 이름 위에 뛰어나게 하시고, 또 만물을 그의 발아래에 복종하게 하시고, 그를 만물 위에 교회의 머리로 삼으셨느니라. 교회는 그의 몸이니, 만물 안에서 만물을 충만하게 하시는 이의 충만함이니라. (1:15~23)

3~14절에서 바울은 신자들이 예수 그리스도 안에서 받은 놀랍고 궁극적인 복을 제시했으며, 그 복이란 우리의 개인적 기업, 곧 우리가 받을 수 있는 그리스도께 속한 모든 것이다. 1장 나머지 부분에서(15~23절) 바울은 자신의 편지를 받는 신자들이 이러한 복을 온전히 이해하고 누리길 기도한다. 이 기도에서 바울은 신자들이 자신들의 주님이요 구주이신 예수 그리스도 안에서 갖는 자원

이 무엇인지 아는 것에 초점을 맞춘다. 바울은 15~16절에서 이들을 칭찬하며, 17~23절에서 이들을 위해 하나님께 간구한다.

신자들을 칭찬하다

> 이로 말미암아 주 예수 안에서 너희 믿음과 모든 성도를 향한 사랑을 나도 듣
> 고, 내가 기도할 때에 기억하며, 너희로 말미암아 감사하기를 그치지 아니하고,
> (1:15~16)

신자들이 예수 그리스도 안에서 얻은 놀라운 기업을 생각하며(이로 말미암아, for this reason), 바울은 이제 이 보화를 가진 자들을 위해 기도한다. 서문에서 언급했듯이, 애초에 여기에 에베소 신자들은 물론이고 소아시아 모든 교회의 신자들도 포함되었을 것이다. 바울은 에베소교회에서 4년을 목회했으며, 지금 감옥에 있다. 그러나 받은 편지 덕분에, 또한 감옥으로 자신을 찾아온 친구들이 전해준 소식 덕분에, 교회들로부터, 그리고 교회들에 관해 이미 상당한 정보를 얻었다. 바울은 신자들이 진정으로 구원받았음을 보여주는 두 가지를 **들었고**, 참 그리스도인의 기본적인 두 표식—그리스도를 믿는 믿음과 다른 그리스도인들을 향한 사랑—을 가진 이 신자들을 따뜻한 마음으로 칭찬한다. 영적인 삶의 이 두 부분은 서로 분리될 수 없다(참조. 요일 2:9~11).

신자들을 믿음을 칭찬하다

> 주 예수 안에서 너희 믿음과 모든 성도를 향한 사랑,(1:15b)

바울은 여기서 구원하는 참 믿음과 그 믿음의 대상인 예수의 주되심(lordship, 주재권)을 강조한다. 어떤 그리스도인들은, 아마도 복음을 행위에 근거한 의(works righteousness)에 오염되지 않게 하려고, 그리스도의 주되심을 소홀히 여겨 거의 부정하는 지경에 이른다. 어떤 그리스도인들은 **주(Lord)**라

는 용어를 주권(sovereignty)이 아니라 단지 신성(deity)의 의미로 받아들이려 한다. 그러나 이런 분리는 인위적이다. 신성은 주권을 암시하기 때문이다. 홀로 하나님이신 분이 홀로 통치하신다. 그러나 구원을 받으려면 그리스도를 주권적 주님(sovereign Lord)으로 믿어야 한다고 가르치는 자들은 때로 조롱조로 "주재권 구원론자들"(lordship Salvationists)이라 불린다. 그러나 신약성경은 구주 예수와 주 예수를 분리하지 않는다. 예수님은 둘 다거나 둘 다 아니다. 바울은 이렇게 말한다. "네가 만일 네 입으로 예수를 주로 시인하며 또 하나님께서 그를 죽은 자 가운데서 살리신 것을 네 마음에 믿으면 구원을 받으리라"(롬 10:9; 참조. 행 16:31). 예수님은 주님으로 받아들여질 때 구주가 되신다. 바울은 나중에 로마서에서 이렇게 설명한다. "이를 위하여 그리스도께서 죽었다가 다시 살아나셨으니 곧 죽은 자와 산 자의 주가 되려 하심이라"(14:9). 신자들은 그 안에 성령이 계시기 때문에 "예수를 주시라" 말한다. 신자들만 이렇게 말할 수 있다. 그리고 신자들은 구원받을 때 성령을 받았다(롬 8:9). 예수님을 구주로 받아들이지만 주님으로 받아들이지 않는다면, 그분의 본성을 둘로 나누는 것이다. 우리는 예수님을 받아들일 때, 그분을 온전히 그분 그대로(wholly as He is) 받아들인다.

그렇더라도, 그 누구도 예수 그리스도를 받아들일 때, 그분의 전부(all He is)를 또는 자신이 구원하는 자들의 주님으로서 그분이 요구하시는 전부를 알고서 그분을 받아들이지는 않는다. 많은 그리스도인이 그분의 주권적 신성 개념이나 그분에게 속하고 그분께 복종한다는 말의 의미를 거의 모른 채 그리스도께 나온다. 그러나 이들은 기꺼이 복종하고(참조. 마 8:19~22; 9:9; 10:37~39; 눅 9:57~62), 기꺼이 자신의 모든 존재(all they are)와 모든 소유를 내려놓으며(참조. 마 13:44~46; 18:3~4; 19:16~26), 기꺼이 모든 것을 버리고 그분을 따른다(마 19:27). 그리스도께 나온 뒤 어떤 그리스도인들은 구주 예수를 향한 첫사랑을 잃고 주 예수께 순종하길 거부한다. 그러나 이들이 사랑하지 않더라도 그분은 여전히 구주이며, 이들이 순종하길 거부하더라도 그분은 여전히 주님이다. 그리스도는 부분적으로, 처음에 구주로 나중에 주님으로 받아들여지는 게 아니다. 구주 예수(Jesus the Savior)는 주 예수(Jesus the Lord)이고,

주 예수는 구주 예수다. 그분은 나뉜 채 존재하지 않으며, 나뉜 채 신자들과 연결되지 않는다. 구주요 주님이신 그분에 대한 인식과 이해와 순종은 달라진다. 우리가 그분께 충실할 때 이것들이 커지고, 우리가 충실하지 못할 때 이것들이 작아진다. 예수의 주되심이란 '사실'은 그분이 구주가 되시는 바로 그 순간 시작된다. 신자들에게 그분의 주되심이나 그분의 구주되심(saviorhood) 중 어느 한쪽도 그때부터 영원까지 변하지 않는다. 그리스도의 모든 명령, 곧 모든 신자에게 가르쳐야 하는 명령은(마 28:19~20) 명령하고 순종 받는 그분의 주권적 권리를 상정한다. 바로 이런 이유로, 바울은 구원을 "믿음의 순종"(the obedience of faith, 개역개정은 "믿어 순종하게")이라 부른다(롬 1:5).

바울은 에베소 신자들이 얼마간 나중에 믿음의 행위를 보충했다며 이들을 칭찬하는 게 아니라, 이들이 가진 본래의 믿음(original faith)이 이들을 주권적 주님을 향한 구원하는 복종(saving submission)으로 이끌었다며 이들을 칭찬한다. 당신 속에 있으며 주 예수를 믿는 믿음은 이들 속에 있었던 구원하는 믿음과 동일하며, 이들은 이 믿음을 가지고 그리스도인의 삶을 시작했으며 이 믿음 안에서 삶을 지속했다.

신자들의 사랑을 칭찬하다

모든 성도를 향한 사랑을 나도 듣고,(1:15c)

참 구원의 둘째 표식은 **모든 성도를 향한 사랑**이며, 이 사랑 때문에 바울은 에베소 신자들에게 감사한다.

그리스도인의 사랑은 차별하지 않는다. 그리스도인의 사랑은 사랑할 신자들을 가리거나 선택하지 않는다. 그리스도는 모든 신자를 사랑하시며, 모든 신자가 그분에게 소중하다. 그러므로 정의하자면, 그리스도인의 사랑은 모든 그리스도인에게 확대된다. 이에 미치지 못하는 만큼 그 사랑은 그리스도인의 사랑이 아니다. 바울은 신자들에게 "같은 사랑을 가지라"고 요구한다(빌 2:2). 모든 신자를 똑같이 사랑하라는 말이다.

그리스도인들은 때로 "나는 그 사람을 주님 안에서 사랑해요"라고 말한다. 이 말은 그리스도인들이 개인의 필요에 관심을 두지 않기에 개인적 애정이 없다는 말처럼 들린다. 그리스도인들은 그 어떤 영적 사랑을 한다. 이유는 단 하나, 상대도 신자이기 때문이다. 그러나 이것은 참사랑이 아니다. 주님 안에서 누군가를 진정 사랑한다는 말은 주님이 그 사람을 사랑하시듯이 내가 그 사람을 사랑한다는 뜻이다. 참되게, 희생적으로 사랑한다는 뜻이다.

요한은 이렇게 말한다. "우리는 형제를 사랑함으로 사망에서 옮겨 생명으로 들어간 줄을 알거니와 사랑하지 아니하는 자는 사망에 머물러 있느니라"(요일 3:14). 견고한 신학은 중요하다. 그러나 견고한 신학이 사랑을 대신하지는 못한다. 사랑이 없으면, 최고의 교리라도 "소리 나는 구리와 울리는 꽹과리" 같다(고전 13:1). 참 구원은 신자의 머리에서 가슴으로 내려와 다른 신자들과 세상으로 흘러가 그리스도의 이름으로 불신자들에게 닿는다. 참 구원은 참사랑을 낳으며, 참사랑은 "말과 혀로만 사랑하지 말고 행함과 진실함으로" 사랑한다(요일 3:18). 신약성경에서 늘 그렇듯이, 참된 영적 사랑은 타인들에게 넉넉히 친절을 베푸는 이타적 희생으로 정의된다. 이것은 느낌이나 끌림이나 감정을 훨씬 넘어선다. 주님은 교만하고 이기적인 제자들의 발을 씻길 때, 그들이 어떻게 서로 사랑해야 하는지 자신이 본을 보인 것이라고 하셨다 (요 13:34). 요한은 같은 진리를 강조한다. "그가 우리를 위하여 목숨을 버리셨으니, 우리가 이로써 사랑을 알고 우리도 형제들을 위하여 목숨을 버리는 것이 마땅하니라. 누가 이 세상의 재물을 가지고 형제의 궁핍함을 보고도 도와줄 마음을 닫으면 하나님의 사랑이 어찌 그 속에 거하겠느냐? 자녀들아, 우리가 말과 혀로만 사랑하지 말고 행함과 진실함으로 하자"(요일 3:16~18).

모든 성도를 향한 에베소 그리스도인들의 사랑이 바로 이런 사랑이었다. 그러나 안타깝게도 이들의 사랑은 지속하지 못했다. 이들은 믿음을 더럽히지 않고 순수하게 유지했다. 그러나 소아시아 일곱 교회에 보낸 편지에서, 주님은 에베소교회에게 이렇게 말씀하신다. "너를 책망할 것이 있나니, 너의 처음 사랑을 버렸느니라"(계 2:2~4). 이들은 그리스도와 동료 신자들을 향한 큰 사랑을, 바울이 겨우 몇십 년 전 그렇게도 열렬히 칭찬했던 바로 그 사랑을 잃었다.

믿음과 사랑은 반드시 균형을 이뤄야 한다. 교회사 내내, 많은 수도사와 은자를 비롯해 무수한 사람들이 자신의 믿음을 순수하게 유지하려 노력했지만, 정작 주님이 모든 신자에게 명하시는 사랑으로 사람들에게 다가가지 못했다. 이들은 흔히 이단 사냥꾼이 되었고, 잘못된 것을 열심히 허물었으나 선한 것을 세우기 위해 한 일은 거의 없었으며, 넘치게 비판했으나 사랑은 부족했다.

안타깝게도 어떤 그리스도인들의 믿음은 사랑이 없다. 이것은 사랑 없는 믿음이다. 따라서 이 믿음이 진짜인지 의심할만한 이유가 있다. 참 믿음은 참 사랑과 따로 존재할 수 없다. 주 예수께서 사랑하시는 자들을 사랑하지 않으면서 그분을 사랑할 수는 없다. "예수께서 그리스도이심을 믿는 자마다 하나님께로부터 난 자니, 또한 낳으신 이를 사랑하는 자마다 그에게서 난 자를 사랑하느니라"(요일 5:1).

바울이 쓴 에베소서를 받는 그리스도인들은 균형을 잘 유지했다. 그리고 이들의 큰 믿음과 큰 사랑 때문에 바울은 이들에게 확언한다. **내가 기도할 때에 기억하며, 너희로 말미암아 감사하기를 그치지 아니하고.**

신자들을 위해 간구하다

우리 주 예수 그리스도의 하나님, 영광의 아버지께서 지혜와 계시의 영을 너희에게 주사 하나님을 알게 하시고, 너희 마음의 눈을 밝히사, 그의 부르심의 소망이 무엇이며, 성도 안에서 그 기업의 영광의 풍성함이 무엇이며, 그의 힘의 위력으로 역사하심을 따라 믿는 우리에게 베푸신 능력의 지극히 크심이 어떠한 것을 너희로 알게 하시기를 구하노라. 그의 능력이 그리스도 안에서 역사하사 죽은 자들 가운데서 다시 살리시고 하늘에서 자기의 오른편에 앉히사, 모든 통치와 권세와 능력과 주권과 이 세상뿐 아니라 오는 세상에 일컫는 모든 이름 위에 뛰어나게 하시고, 또 만물을 그의 발아래에 복종하게 하시고, 그를 만물 위에 교회의 머리로 삼으셨느니라. 교회는 그의 몸이니, 만물 안에서 만물을 충만하게 하시는 이의 충만함이니라. (1:17~23)

1장 나머지는 간구다. 이 간구에서 바울은 하나님께 기도한다. 자신들이 예수 그리스도 안에서 누구인지 신자들이 진정으로 깨닫게 해주시고, 이들의 주님이요 구주 안에서 이미 이들에게 속한 복이 얼마나 엄청나고 무한한지 얼마간 깨닫게 해달라는 것이다. 바울의 간구는 **우리 주 예수 그리스도의 하나님, 영광의 아버지**를 향한다. 이것은 아버지 하나님과 아들 그리스도를 본성(essential nature)의 견지에서 연결하는 하나님의 이름이다(다음을 보라. 롬 15:6; 엡 1:3a, 17a; 고후 1:3; 빌 2:9~11; 벧전 1:3; 요일 3). 모든 **영광**이 속한 분은 본질상 **주 예수 그리스도**와 같다. 세 구절에서 두 번째로 그리스도께서 주(Lord)라 불리신다(15절을 보라).

사실, 바울은 에베소 신자들이 이미 가진 것을 미친 듯이 찾아 헤매지 않고, 그들의 크신 하나님이 그들에게 필요한 전부의 공급원이며 받으려고 마음을 열면 주려고 준비하고 계신다는 것을 깨닫길 기도했다. 이런 수용적 태도를 위해 하나님이 친히 **지혜와 계시의 영을 너희에게 주사 하나님을 알게 하시길** 구한다.

워렌 위어스비(Warren Wiersbe, 1929-2019)는 이런 이야기를 들려준다. 윌리엄 랜돌포 허스트(William Randolph Hearst, 1863-1951, 미국의 언론 출판인)가 엄청나게 귀중한 예술품에 관해 읽었다. 그는 이미 예술품을 엄청나게 소장하고 있었지만, 이 작품을 자신의 소장목록에 추가하기로 했다. 그는 자신의 에이전트에게 전 세계 갤러리를 샅샅이 뒤져 값이 얼마든 자신이 소장하기로 한 작품을 찾아내라고 지시했다. 에이전트는 여러 달 힘들게 찾아 헤맨 끝에 그 작품이 이미 허스트의 소유이며 여러 해 그의 창고 중 하나에 보관되어 있다고 알려왔다.

비극적이게도 많은 신자가 "평범한" 그리스도인의 삶에는 없는 더 많은 것, 특별한 것, 추가적인 것을 찾는 데 몰두한다. 이들은 예수 그리스도의 더 많은 것, 성령의 더 많은 것을 얻는 것을 말하고, 더 많은 능력, 더 많은 복, 더 높은 삶, 더 깊은 삶을 누림을 말한다. 마치 하나님의 자원이 무수한 처방전처럼 한 번에 하나씩 공급되거나 소수의 전수자만 알 수 있는 그 어떤 영적 결합이 그 자원의 물꼬를 트기라도 하듯이 말이다.

"저는 예수님의 전부를 갖길 원합니다"라는 말에 담긴 암시가 있다. 우리가 구원받을 때 그리스도께서 우리에게 자신의 전부를 주지 않으셨으며, 어떤 추가 조건을 충족하는 자들에게 주려고 어떤 복을 보류해 두셨다는 것이다.

베드로는 분명하게 설명한다. "그의 신기한 능력(divine power)으로 생명과 경건에 속한 모든 것을 우리에게 주셨으니, 이는 자기의 영광과 덕으로써 우리를 부르신 이를 앎으로 말미암음이라"(벧후 1:3). 신약성경은 구원에 대해, 거듭난 신자는 누구든지 그리스도 안에서 모든 것을 갖고 있다고 가르친다. 그러므로 더 많은 것을 찾는 일은 필요하지 않을뿐더러 정당화될 수도 없다. 의도적이지 않더라도, 더 많은 것을 찾으려는 행위는 하나님이 구원에 관해 계시하신 진리의 본질을 훼손하는 것이다. 이 큰 진리의 싹을 전도자의 말에서 찾을 수 있다. "하나님께서 행하시는 모든 것은 영원히 있을 것이라. 그 위에 더 할 수도 없고 그것에서 덜 할 수도 없나니, 하나님이 이같이 행하심은 사람들이 그의 앞에서 경외하게 하려 하심인 줄을 내가 알았도다"(전 3:14).

골로새 교회는 이런 철학 때문에 어려움을 겪었던 게 분명하다. 자신들이 어떤 행동이나 의식을 비롯해 구원 외에 추가되는 조건을 충족해 하나님에게서 받아야 하지만 놓치고 있는 게 있다고 생각했기 때문이다. 어떤 신자들은 이런 생각을 하다가 실제로 이단, 곧 사도의 가르침 대신 널리 퍼지는 가르침에 빠졌다.

이들은 그리스도와 더불어 인간 철학이 필요하다는 가르침을 받고 있었다. 이것은 현대의 자유주의, 신정통주의, 실존주의를 비롯해 기독교로 변장하고 나타나는 신학-철학 체계들이(theological-philosophical systems) 복음에 접근한 방식과 똑같다. 이런 이단에 대해 바울은 이렇게 말한다. "누가 철학과 헛된 속임수로 너희를 사로잡을까 주의하라. 이것은 사람의 전통과 세상의 초등학문을 따름이요 그리스도를 따름이 아니니라"(골 2:8).

골로새 교회의 거짓 선생들은 그리스도와 더불어 율법주의도 가르쳤다. 이들은 영적으로 더 높은 수준에 오르고 하나님의 총애(favor)를 얻으려면 특별한 날과 절기와 다양한 의식을 지켜야 한다고 주장했다. 이런 이단에 대해 바울은 이렇게 말했다. "그러므로 먹고 마시는 것과 절기나 초하루나 안식일을 이유로 누구든지 너희를 비판하지 못하게 하라. 이것들은 장래 일의 그림자이나 몸은 그리스도의 것이니라"(2:16~17).

골로새 이단들이 가르친 셋째 오류는 두 가지와 관련이 있었다. 하나는 교만의 죄이며, 다른 하나는 그리스도께서 십자가에서 완결하신 대속 사역을 보충하려고 신비 체험과 환상을 추구하는 것이었다. 바울은 이들이 더 많은 것(something more)이라 가르치는 것이 다른 것(something else)을 초래한다고 경고했다. 이들의 가르침이 그리스도의 완전한 사역을 깎아내리기 때문이다. "아무도 꾸며낸 겸손과 천사 숭배를 이유로 너희를 정죄하지 못하게 하라. 그가 그 본 것에 의지하여 그 육신의 생각을 따라 헛되이 과장하고 머리를 붙들지 아니하는지라. 온몸이 머리로 말미암아 마디와 힘줄로 공급함을 받고 연합하여 하나님이 자라게 하시므로 자라느니라"(2:18~19).

골로새 교회에서 조장된 넷째 오류는 금욕주의였다. 다시 말해, 극도로 자신을 부정하고, 육체적 즐거움과 위로를 포기하며, 고립되고 궁핍한 환경에서 살아감으로써 하나님에게서 특별한 총애와 보상을 받을 수 있다는 신념이었다. 이 오류는 다른 오류들보다 훨씬 더 인간의 교만을 부추긴다. 육체를 억누른다는 명분으로, 이런 생각과 행위는 실제로 교만을 자극한다. 바울이 지적하듯이, "붙잡지도 말고 맛보지도 말고 만지지도 말라"는 가르침은 "자의적 숭배와 겸손과 몸을 괴롭게 하는 데는 지혜 있는 모양이나 오직 육체 따르는 것을 금하는 데는 조금도 유익이 없다"(2:21, 23).

바울이 믿음을 심각하게 위협하는 이런 가르침에 관해 골로새 신자들에게 주는 조언이 1장 12절에서 시작된다. 아버지께서 "우리로 하여금 빛 가운데서 성도의 기업의 부분을 얻기에 합당하게 하셨다"는 것이다. 그의 조언은 2장 9~10절에서 요약된다. "그[그리스도] 안에는 신성의 모든 충만이 육체로 거하시고, 너희도 그 안에서 충만하여졌으니." 하나님의 모든 충만이 예수 그리스도 안에 있으며, 하나님은 이러한 충만을 신자들에게 조금도 보류하지 않으신다. "너희도 그 안에서 충만하여졌다." 왜냐하면 우리는 충분하고 공인된 성도이기 때문이다(1:12에서 *hikanoō*[자격을 주다, 충분하게 하다, 개역개정은 "합당하게 하신"]가 사용되어 이것을 증명하듯이). 요한은 자신의 첫 서신에서 동일한 문제를 경고한다. "너희를 미혹하는 자들에 관하여 내가 이것을 너희에게 썼노라. 너희는 주께 받은바 기름부음이 너희 안에 거하나니, 아무도 너희를 가르칠 필요가 없고 오직 그의 기름부음이 모든 것을 너희에게 가르치며, 또 참되고 거짓이 없으니, 너희를 가르치신 그대로 주 안에 거하라"(요일 2:26~27).

그러나 오늘날 많은 그리스도인이 이미 수중에 있는 복을 찾느라 많은 시간과 노력을 허비한다. 이들은 하나님의 빛을 달라고 기도한다. 하나님은 이미 자신의 말씀을 통해 빛을 넘치게 주셨는데 말이다. 이들에게 필요한 일은 이미 가진 빛을 따르는 것이다. 이들은 능력을 달라고 기도한다. 하나님의 말씀은 이들이 능력 주시는 자, 곧 그리스도 안에서 모든 것을 할 수 있다고 말하는데 말이다(빌 4:13). 이들은 더 많은 사랑을 구한다. 바울은 하나님의 사랑이 성령을 통해 이들의 마음에 이미 부어졌다고 말하는데 말이다(롬 5:5). 이들은 평안을 달라고 기도한다. 하나님은 이들에게 자신의 평안, 곧 "모든 지각에 뛰어난 하나님의 평강"을 주셨는데 말이다(빌 4:7). 우리는 우리의 수중에 거의 없거나 하나님이 주길 꺼리신다고 생각되는 무엇을 구하는 기도를 하기보다 이미 받은 것을 활용하도록 은혜를 구하는 기도를 해야 한다.

그리스도인들에게 우선적으로 필요한 것은 하나님이 이미 주신 풍성한 복을 활용하기 위한 지혜와 순종이다. 우리의 문제는 복을 받지 못했다는 게 아니라 받은 복을 깨닫고 적절하고 성실하게 활용하는 통찰력과 지혜가 없다는 것이다. 우리가 받은 복은 너무나 엄청나 인간의 지성이 이해할 수 없다. 우리의 지성은 우리가 예수 그리스도 안에서 갖는 위치가 얼마나 풍성한지 헤아리지 못한다. 이런 것들은 인간의 지성을 완전히 초월한다. 오직 성령만이 하나님의 마음에 있는 깊은 것들을 찾을 수 있으며, 오직 성령만이 우리에게 이것들을 이해시키실 수 있다. 바울은 이렇게 말한다. "기록된 바, 하나님이 자기를 사랑하는 자들을 위하여 예비하신 모든 것은 눈으로 보지 못하고, 귀로 듣지 못하고, 사람의 마음으로 생각지도 못하였다 함과 같으니라. 오직 하나님이 성령으로 이것을 우리에게 보이셨으니, 성령은 모든 것 곧 하나님의 깊은 것까지도 통달하시느니라. 사람의 일을 사람의 속에 있는 영 외에 누가 알리요? 이와 같이 하나님의 일도 하나님의 영 외에는 아무도 알지 못하느니

라. 우리가 세상의 영을 받지 아니하고 오직 하나님으로부터 온 영을 받았으니, 이는 우리로 하여금 하나님께서 우리에게 은혜로 주신 것들을 알게 하려 하심이라"(고전 2:9~12).

깊고 깊은 하나님의 진리는 우리의 눈에 보이지 않고, 우리의 귀에 들리지 않으며, 우리의 이성이나 직관으로 이해할 수 없다. 이 진리는 오직 하나님을 사랑하는 자들에게만 계시된다.

모든 그리스도인은 구체적 필요—육체적, 도덕적, 영적 필요—가 많으며, 이 부분에서 주님의 도움을 구해야 한다. 그러나 그 어느 그리스도인도 주님이나 그분의 복이나 기업을 자신이 이미 가진 것보다 많이 필요하지 않으며, 그렇게 가질 수도 없다. 이런 까닭에, 바울은 에베소 신자들에게 말했듯이 우리에게 말한다. 더 많은 영적 자원을 구하지 말고, 우리가 그리스도를 영접한 순간 절대적으로 완전하게 받은 것들을 찾아내 활용하라는 것이다.

바울은 구체적으로 기도한다. 다시 말해, 우리가 우리의 자원을 알 수 있도록 하나님이 우리에게 이해력을 주시길(주사) 기도한다. 그는 이것을 **지혜와 계시의 영**이라 부르는데, 이 영이 **하나님을 알게 한다**고 말한다.[10]

지혜의 영은 성령을 통해 주어진다. 그러나 어떤 해석자들의 주장과 달리, 이 **영**은 성령 자체를 가리키지 않는다. 여기서 '프뉴마'(*pneuma*, 영)에는 정관사가 없다. 이런 경우, 영어 번역에서는 대개 부정관사가 붙는다(a spirit). 신자들은 이미 성령이 있다(롬 8:9). 신자들의 몸이 성령의 전(殿)이기 때문이다(고전 6:19). 그뿐 아니라, 바울은 사람의 영을 말하는 것 같지도 않다. 모든 사람은 이미 영을 갖고 있기 때문이다(고전 2:11).

'프뉴마'(여기에서 pneumatic, 즉 '공기의'와 pneumonia, 즉 '폐렴' 같은 단어들이 파생했다)의 기본 의미는 호흡 또는 공기이며, 이러한 의미에서 영(spirit)이라는 함축적 의미가 파생했다. 그러나 영어 단어 'spirit'와 달리 '프뉴마'는 때

---

10 개역개정에서 "지혜와 계시의 영을 … 하나님을 알게 하시고"로 옮긴 부분을 NASB는 "a spirit of wisdom and of revelation in the knowledge of Him"(그분을 아는 지혜와 계시의 영)이라고 옮겼다.

로 기질이나 영향이나 태도라는 의미로 사용되었다.—"He is in high spirits today"(그는 오늘 기분이 아주 좋다)의 경우처럼. 예수님은 이 단어를 팔복의 첫째 복에서 이런 의미로 사용하셨다: "심령(spirit)이 가난한 자는 복이 있나니"(마 5:3). 예수님은 성령이나 사람의 영이 아니라 겸손의 영, 즉 겸손한 태도를 말씀하고 계셨다.

바울은 하나님이 에베소 신자들에게 특별한 **지혜**의 기질을 주시길, 거룩해진 인간의 지성이 받을 수 있는 경건한 지식과 이해력을 충만히 주시길 기도했다. 바울은 사실 이렇게 말한다. "저들이 당신의 아들 안에서 얼마나 많이 가졌는지 저들로 깨닫게 해주십시오. 저들로 자신들이 그리스도 안에서 가진 기업을 예리하게, 깊게, 강하게 깨닫게 해주십시오." 바울은 성령께서 이들의 영에 바른 **지혜와 계시의 영을…주사 하나님을 알게 하시길** 기도한다.

계시는 여기서 지혜와 동의어로 사용되지만, 하나님이 우리에게 지식을 주심과 관련이 있다. 반면에, **지혜**는 우리가 그 지식을 사용하는 방식을 강조한다. 먼저 우리가 주님 안에서 어떤 위치인지 알고 이해해야 한다. 그래야 그분을 섬길 수 있다. 우리가 가진 것을 알아야 한다. 그래야 그것을 만족스럽게 활용할 수 있다. 이 추가적인 **지혜**는 지적 지식을 초월한다. 훨씬 풍성하다. 바울은 에베소 그리스도인들이, 골로새 그리스도인들처럼, "위의 것을 찾길" 바랐다(골 3:1).

바울은 에베소 신자들을 위해 기도하면서, 하나님이 참으로 아름답고 비교할 수 없는 그분의 진리와 관련해 구체적으로 세 부분에서 이들에게 **계시와 지혜**를 주시길 구한다. 바울은 하나님의 계획이 얼마나 크고, 하나님의 능력이 얼마나 크며, 하나님이 얼마나 큰지 이들이 더 분명하게 깨닫길 기도한다.

하나님의 계획이 얼마나 큰지 깨닫길 기도하다

너희 마음의 눈을 밝히사, 그의 부르심의 소망이 무엇이며, 성도 안에서 그 기업의 영광의 풍성함이 무엇이며…(너희로 알게 하시기를 구하노라.) (1:18)

대부분의 현대 문화에서 사람들은 마음을 감정과 느낌의 자리라고 생각한다. 그러나 히브리인들과 헬라인들을 비롯해 대다수 고대인은 **마음**(heart, 헬. *kardia*)을 지식과 이해와 사고와 지혜의 중심으로 여겼다. 신약성경도 마음이란 단어를 이렇게 사용한다. 마음을 지성(mind)과 의지(will)의 자리로 여겼으며, 뇌가 절대 알 수 없는 것을 마음에 가르칠 수 있다고 생각했다. 감정과 느낌은 내장이나 창자와 연결되었다(헬. *splanchnon*; 이 용어가 분명히 신체 기관을 가리키는 행 1:18과 감정과 느낌을 가리키는 골 3:12,[11] 몬 7, 12, 20, 요일 3:17을 비교해보라).

고린도교회에서 미성숙의 한 원인은 지식보다 감정에 기댄 것이었다. 많은 신자가 하나님이 옳다고 선언하신 것이 아니라 옳다고 느껴지는 것을 행하는 데 관심을 두었다. 그래서 바울은 이들에게 말했다. "고린도인들이여, 너희를 향하여 우리의 입이 열리고 우리의 마음(*kardia*)이 넓어졌으니, 너희가 우리 안에서 좁아진 것이 아니라 오직 너희 심정(*splanchnon*)에서 좁아진 것이니라. 내가 자녀에게 말하듯 하노니, 보답하는 것으로 너희도 마음을 넓히라"(고후 6:11~13). 바울은 사실 이렇게 말했다. "하나님의 진리를 제 마음에서 여러분의 마음으로 옮길 수 없습니다. 여러분의 감정이 방해가 되기 때문입니다." 이들은 자신의 감정을 하나님의 진리로 제어하지 못했고, 그래서 이들은 감정 때문에 하나님의 진리를 곡해했다.

그러므로 바울은 하나님이 에베소 신자들의 지성을 **밝히시길** 기도한다. 감정은 그리스도인의 삶에서 중요한 자리를 차지한다. 그러나 감정을 믿을 수 있는 것은 하나님의 진리가 감정을 이끌고 제어할 때뿐이다. 우리는 지성을 통해 하나님의 진리를 알고 이해하게 된다. 이런 까닭에, "그리스도의 말씀이 너희[우리] 속에 풍성히 거하게" 해야 한다(골 3:16). 성령께서는 신자의 지성(mind)에서 일하실 때, 지성을 강화해 깊고 심오한 하나님의 진리를 이해하게 하시고, 그 진리를 삶과 연결하신다. 물론, 여기에는 우리의 삶에서 감정과 관련된 부분들도 포함된다.

---

11 개역개정은 골 3:12에서 *splanchna oiktormou*를 "긍휼의 마음"이 아니라 "긍휼"로 옮겼다.

예수님이 엠마오로 가는 두 제자와 대화하실 때, 이들의 마음이 (다시 말해, 이들의 지성이) 속에서 타올랐다. 그러나 이들은 "눈이 밝아진" 후에야 "그인 줄 알아보았다"(눅 24:31~32). 성령께서 이들의 지성을 밝혀주실 때까지, 이들은 지식이 있었으나 이해력이 없었다. 이들이 아는 바는 사실이었다. 그러나 이들은 자기 지성의 힘으로 그 의미와 중요성을 파악할 수 없었다.

바울은 먼저 하나님이 신자들을 **밝히사** 그분의 계획이 얼마나 큰지 깨닫게 해주시길 기도한다. 아주 포괄적으로, 바울은 신자들이 **그의 부르심의 소망이 무엇이며, 성도 안에서 그 기업의 영광의 풍성함이 무엇인지** 알게 되길 구한다. 바울은 하나님이 이들의 지성을 밝혀 이들이 매우 아름다운 진리, 곧 자신이 이들에게 지금껏 가르친 선택(election, 택하심), 예정, 입양(adoption, 양자됨), 구속(redemption, 속량), 용서(죄사함), 지혜와 총명, 기업, 성령의 인치심과 보증(pledge, 담보)의 진리를(3~14절) 알게 해주시길 기도한다.

이 진리는 인류의 구속을 위한 하나님의 마스터플랜, 즉 자신의 아들을 통해 인간을 자신에게로 회복시키고 이로써 자신의 자녀로 삼으려는 하나님의 영원한 계획을 요약한다. 에베소 신자들이 믿음으로 그리스도에게 속했기 때문에(13절), 바울의 더없는 바람은 이들이 자신들의 새로운 정체성이 무엇을 의미하는지 온전히 깨닫는 것이다. 바울은 이렇게 말한다. "하나님은 여러분을 나중에야 생각하신 게 아닙니다. 하나님은 여러분을 구원하려고 선택하셨을 뿐 아니라, 아주 먼 옛날 여러분이 존재하기도 전에, 여러분이 그분의 은혜로 그분을 선택할 기회를 갖기도 전에, 여러분을 구원하기로 선택하셨습니다. 여러분은 이런 존재입니다!"

우리가 예수 그리스도 안에서 진정 누구인지 깨달을 때까지, 순종하고 성취하는 삶은 불가능하다. 우리가 진정 누구인지 알 때만, 우리의 참모습(who we are)처럼 살 수 있다. 우리의 삶이 어떻게 영원에 닻을 내리고 있는지 알게 될 때만, 시간 속의 삶을 향해 바른 시각과 동기를 가질 수 있다. 우리의 천국 시민권을 이해하게 될 때만, 땅에서 경건한 시민으로서 순종하고 열매 맺으며 살 수 있다.

하나님의 큰 계획은 모든 신자가 어느 날 "그 아들의 형상을 본받게" 되는 것이다(롬 8:29). 이것이 **그의 부르심의 소망**이다. 장차 임할 나라에서 성취될 신자의 영원한 운명과 영광이다. 우리는 **성도 안에서 그 기업의 영광의 풍성함을** 최고로 누릴 때 이 소망의 완전한 성취를 경험할 것이다. 이 진리는 너무나 아름다워 말로 표현하기 어렵다. 이런 까닭에, 하나님 자신의 계시까지도 성령의 조명이 필요하다. 그래야 성도들이 받은 구원의 복이 얼마나 놀랍고 큰지 신자들이 조금이라도 이해할 수 있다.

우리는 영광스러운 하나님의 자녀이며, 하나님의 모든 것을 예수 그리스도와 함께 받는 공동 상속자다. 이것이 영원 전에 약속되었고 나중에 그리스도께서 나타나실 때까지 소망으로 간직되었던 구원의 완성이요 끝이다. 더는 구할 게 없으며, 더는 받을 게 없다. 우리는 이미 모든 것을 가졌으며, 이것을 영원까지 가질 것이다.

하나님의 능력이 얼마나 큰지 깨닫길 기도하다

그의 힘의 위력으로 역사하심을 따라 믿는 우리에게 베푸신 능력의 지극히 크심
이 어떠한 것을 너희로 알게 하시기를 구하노라. 그의 능력이 그리스도 안에서
역사하사 죽은 자들 가운데서 다시 살리시고 하늘에서 자기의 오른편에 앉히사,
(1:19~20)

바울의 둘째 간구는 하나님이 에베소 신자들로 그분의 큰 **능력**, 곧 그들에게 영광스러운 기업을 안겨줄 능력을 깨닫게 해주시라는 것이다. 19절에서 바울은 헬라어 동의어 넷을 사용해 이 능력의 위대함을 강조한다.

첫째는 '두나미스'(*dunamis*, **능력**)이다. 여기에서 '다이너마이트'와 '발전기'(dynamo)라는 단어가 파생했다. 이 **능력**은 오직 그리스도인들, **믿는** 자들을 위한 것이다. 그뿐 아니라, 이것은 우리에게 늘 주어지고 우리가 늘 가질 수 있는 모든 능력이다. 더 이상은 있을 수 없으며, 더 많이 구하는 것은 어리석고 외람되다. **지극히 큰** 하나님의 **능력**이 신자에게 주어진다. 믿고 신비 체험을 하는 자들, 곧 둘째 복(second blessing, 이차적 축복)[12]을 받은 자들이나 이른바 추가적 은혜의 일을 경험하는 자들만 받는 게 아니다. 우리는 구원받을 때 하나님의 모든 은혜와 모든 능력을 받으며, 이것은 우리의 영원한 소망이 실현되리라는 것을 보장한다.

둘째는 '에네르게이아'(energeia, **working**, **역사하심**)이다. 이것은 신자들이 하나님을 위해 살도록 성령께서 이들에게 에너지를 공급하시는 힘을 말한다. 셋째는 '크라토스'(kratos, **strength**, **위력**)이다. 이 단어는 "권능"(dominion, 딤전 6:16)이나 "세력"(power, 히 2:14)으로도 번역될 수 있다. 넷째는 '이스쿠스'(ischus, **might**, **힘**)이다. 이 단어는 부여된 힘이나 능력(endowed power or ability)이란 의미를 내포한다. 이 모든 방식으로, 성령께서 하나님의 자녀들에게 능력을 주신다.

바울은 하나님이 신자들에게 능력을 주시길 기도하지 않았다. 이들이 어떻게 이미 가진 것보다 더 많이 가질 수 있겠는가? 바울은 무엇보다도 이들로 자신들이 그리스도 안에서 가진 능력을 깨닫게 해주시길 기도했다. 이 편지 후반부에서(4~6장), 바울은 이 능력을 사용해 주님을 위해 신실하게 살라며 이들을 권면했다.

우리는 복음을 전할 능력을 달라고 기도할 필요가 없다. 신자들은 이 능력을 이미 갖췄다. 복음 자체가 "모든 믿는 자에게 구원을 주시는 하나님의 능력"이다(롬 1:16). 데살로니가 신자들에게 쓴 편지에서, 바울은 이렇게 일깨웠다. "이는 우리 복음이 너희에게 말로만 이른 것이 아니라 또한 능력과 성령과 큰 확신으로 된 것임이라"(살전 1:5).

우리는 고난을 견딜 능력을 달라고 기도할 필요가 없다. 바울은 자신이 주님을 위해 견딘 숱한 고난을 열거하면서 이렇게 말했다. "우리가 이 보배를 질그릇에 가졌으니, 이는 심히 큰 능력은 하나님께 있고 우리에게 있지 아니함

---

12 존 웨슬리는 신자가 경험하는 구원의 과정을 둘로 나누었다. 첫째는 회심 또는 중생이고, 둘째는 그리스도인의 완전 또는 성결(성화)이다. 둘째 복(이차적 축복)은 성결(성화)을 말한다.

을 알게 하려 함이라"(고후 4:7).

우리는 하나님의 뜻을 행할 능력을 달라고 기도할 필요도 없다. 바울은 우리에게 단언한다. "너희 안에서 행하시는 이는 하나님이시니, 자기의 기쁘신 뜻을 위하여 너희에게 소원을 두고 행하게 하시나니"(빌 2:13). 바울은 주님이 주신 힘으로 주님을 위한 자기 일을 "내 속에서 능력으로 역사하시는 이의 역사를 따라 힘을 다하여" 완수했다(골 1:29). 승천하기 직전, 예수님은 제자들에게 단언하셨다. "오직 성령이 너희에게 임하시면 너희가 권능(power)을 받고"(행 1:8). 모든 신자가 구원받을 때 받는 능력이다. 하나님은 "우리 가운데서 역사하시는 능력대로 우리가 구하거나 생각하는 모든 것에 더 넘치도록 능히 하실" 분이다(엡 3:20). 하나님께 더 많은 능력을 구하는 것은 이미 우리에게 모든 것을 주신 그분의 은혜로운 사랑을 모욕하는 것이다.

하나님은 자신의 초자연적 **능력(power)**… **역사하심(working)**… **위력 (strength)**… **힘(might)**을 모든 신자에게 공급하시며, 이것들로 자신의 모든 신자를 영화롭게 하시는데, 이 일은 **그의 능력이 그리스도 안에서 역사하사 죽은 자들 가운데서 다시 살리시고 하늘에서 자기의 오른편에 앉히셨**을 때 일어났다. 바울은 나중에 이 서신에서 하나님의 능력을 사용해 그분을 섬기는 문제를 다룬다(3:20). 그러나 여기서 그의 기도는 그리스도 안에서 우리의 것인 놀라운 소망을 안전하게 유지하고 성취하시는 하나님의 능력을 우리가 깨닫는 것이다. 부활과 승천의 능력 ─그리스도를 무덤에서 땅으로, 땅에서 하늘로 들어 올린 하나님의 에너지─ 은 우리를 들어 올려 영광에 이르게 할 능력이다.

때로 우리는 과연 하나님이 우리를 위해 또는 우리를 통해 어떤 일을 하실 수 있는지 의심하고픈 유혹을, 또는 궁극적으로 우리를 그분 앞으로 인도해 들이실 수 있는지 묻고 싶은 유혹을 너나없이 받는다. 그러나 **그의 능력이 그리스도 안에서 역사한** 것, 하나님이 자신의 아들을 위해 성실하게 성취하신 것을 볼 때─그리고 (**우리에게 베푸신 능력의 지극히 크심**을 통해) 우리를 위해서도 자신의 일을 똑같이 성실하게 성취하시리라는 그분의 확언을 볼 때─우리의 의심에 무슨 근거가 있는가? 이런 확언이 있는데, 어떻게 그리스도인이 불안이나 버림받음이나 무기력을 느낄 수 있겠는가? [그리스도를] **죽은 자들 가운데**

서 **다시 살리신** 바로 그 능력, 곧 무한한 하나님의 능력이 우리를 죽은 자들 가운데서 다시 살릴 것이다. [그리스도를] **하늘에서 자기의 오른편에 앉히신** 바로 그 능력이 우리를 그분 곁에 앉힐 것이다. 그 때까지, 우리는 부활의 능력을 마음껏 이용해 그분에게 영광을 돌리며 살 수 있다(엡 1:19~20; 3:20). 이 능력이 우리를 영광에 이르게 할 것이 너무나 확실하기에, 바울은 이 일이 이미 일어난 것처럼 말했다. 이 일이 하나님의 영원한 계획에서 이미 일어났기 때문이다(2:6).

하나님이 얼마나 크신 분인지 깨닫길 기도하다

> **모든 통치와 권세와 능력과 주권과 이 세상뿐 아니라 오는 세상에 일컫는 모든 이름 위에 뛰어나게 하시고, 또 만물을 그의 발아래에 복종하게 하시고, 그를 만물 위에 교회의 머리로 삼으셨느니라. 교회는 그의 몸이니, 만물 안에서 만물을 충만하게 하시는 이의 충만함이니라.** (1:21~23)

바울은 그리스도의 능력에서 그분의 위엄으로 옮겨가면서 자신의 셋째 간구를 말한다. 그것은 신자들을 안전하게 보호하고 이들에게 능력을 주시는 하나님이 얼마나 큰 분인지 이들이 깨닫게 해달라는 것이다.

디모데는 동료 그리스도인들에게 비난받을 때, 당연히 낙담했다. 바울은 그에게 이렇게 편지했다. "내가 전한 복음대로 다윗의 씨로 죽은 자 가운데서 다시 살아나신 예수 그리스도를 기억하라. 복음으로 말미암아 내가 죄인과 같이 매이는 데까지 고난을 받았으나 하나님의 말씀은 매이지 아니하니라. 그러므로 내가 택함 받은 자들을 위하여 모든 것을 참음은 그들도 그리스도 예수 안에 있는 구원을 영원한 영광과 함께 받게 하려 함이라"(딤후 2:8~10). 바울은 이렇게 말한다. "그대 안에 사는 분이 얼마나 크신 분인지 기억하세요. 그분은 죽은 자 가운데서 다시 살아나 하나님 오른편에 앉으셨습니다. 그분은 다윗의 후손으로, 우리와 똑같은 인간으로 태어나셨습니다. 그분은 우리와 하나가 되시고, 우리를 이해하시며, 우리와 공감하십니다."

모든 그리스도인은 여기에 계속 집중해야 한다. 그분을 바라볼 때, 우리의 육체적 문제와 심리적 문제뿐 아니라 영적 문제까지도 그다지 중요해 보이지 않을 것이다. 우리의 문제를 실제 그대로 더 잘 볼 수 있게 될 뿐 아니라, 그때, 오로지 그때에야 우리의 문제를 해결하는 바른 동기와 능력을 갖게 된다. 안타깝게도 우리는 그리스도인의 삶에서 지엽적인 것을 너무나 많이 읽고 들으면서 정작 그리스도인의 삶의 근원이신 분에 관해서는 너무나 적게 읽고 듣는다. 주된 관심을 그분의 순전함과 위대함과 거룩함과 능력과 위엄에 집중한다면, 우리가 얼마나 더 행복하고 생산적이겠는가? 바울은 새 언약이 주는 분명한 시각으로 그분의 영광을 집중해서 보고, 성령으로 말미암아 그분과 같이 되라고 고린도 신자들에게 요구한다(고전 3:18).

우리의 관심사와 필요를 제쳐두고 시간을 내어 영광의 주님에게 단순하게 초점을 맞추며, 바울이 에베소 신자들에게 해주시길 성령께 구했던 일을 성령께서 우리 안에서도 하시게 한다면—우리의 주님이 **모든 통치와 권세와 능력과 주권과 이 세상뿐 아니라 오는 세상에 일컫는 모든 이름 위에 뛰어나다**는 진리를 성령께서 우리로 깊이 깨닫게 해주시도록 한다면—우리는 참으로 큰 복을 누릴 수 있다. **통치**(*archē*, 지도자 또는 첫째를 뜻한다), **권세**(*exousia*), 능력(*dunamis*), 주권(*kuriotēs*, 주되심)은 지위가 높고 강력한 천사들을 가리키는 전통적인 유대교 용어였다. 여기서 핵심은 신자들을 위해 사용된 그리스도의 능력이 전복되거나 무효화 되거나 패배할 수 없다는 것이다. 그리스도의 능력은 이것을 무너뜨리려는 사탄 일당의 능력을 훨씬 초월하기 때문이다.

하나님과 그분의 천사들이 하나가 되고 사탄과 그의 귀신들이 하나가 되어 펼치는 우주 전쟁이 성경에서 아주 중요하다. 구속은 하나님의 능력이 천사들 앞에서 드러나는 것이다(3:10). 우리의 싸움은 타락한 천사들과 하는 싸움이며, 이들은 우리로 하나님을 향한 노력을 그치게 하려고 애쓴다(6:12; 참조. 벧전 3:18~22. 이 단락은 그리스도께서 타락한 천사들에게 거두신 승리를, 그분의 죽음에서 성취된 승리를 보여준다). 사탄과 그의 무리는 처음부터 하나님의 계획을 무산시키려 애썼으며 하나님 나라의 일을 방해하는 원수지만, 전복당해 영원히 불 못에 던져질 운명이다(계 20:10~15).

우리의 주님은 모든 것과 모든 자보다 뛰어나실 뿐 아니라 **위에 뛰어나다** (far above). 그분은 사탄 위에 뛰어나며, 사탄의 세상 체계 위에 뛰어나다. 그분은 거룩한 천사들과 타락한 천사들 위에 뛰어나며, 구원받은 자들과 구원받지 못한 자들 위에 뛰어나다. 시간 속에서, 그리고 영원히 그러하다. 그분은 우주의 모든 이름과 칭호와 지위와 능력과 통치 위에 뛰어나다. 하나님이 **만물을 그의 발아래에 복종하게 하셨다**(시 8:6을 인용했다; 참조. 히 2:8). 바울이 말했듯이, 시간적 제약이 없다. 그리스도께서 **이 세상뿐 아니라 오는 세상에서도**, 다시 말해, 주 예수 그리스도의 영원한 나라에서도 더없이 높으실 것이다(참조. 2:7).

가장 중요한 게 있다. 신자들과 관련해, 하나님은 **그를 만물 위에 교회의 머리로 삼으셨으며, 교회는 그의 몸이니, 만물 안에서 만물을 충만하게 하시는 이의 충만함이다.** 그리스도는 교회의 **머리**일 뿐 아니라 교회의 **충만함**이다. 그리스도와 그분이 사랑하며 구속받은 자들의 관계는 아주 특별하고 친밀하다. 그래서 그리스도의 능력이 이들을 위해 사용되어 이들을 향한 그분의 목적, 곧 사랑이 넘치는 목적을 성취할 것이다. 그리스도는 완전히 우리 위에 계시고 완전히 우리 안에 계시며, 우리의 가장 높은 주님이며 가장 강한 능력이다. 교회는 그리스도의 **충만** 또는 보충(plērōma)이다. 머리가 자신의 영광을 드러낼 몸이 있어야 하듯이, 주님도 그분의 영광을 드러낼 교회가 있어야 한다(3:10). 예수 그리스도는 '비교할 수 없는'(incomparable)이란 단어가 진정으로 적용되는 유일한 분이다. 그러나 황홀하고도 놀랍게도, 그분은 비교할 수 없는 자신의 위엄을 드러내기 위해 우리를 선택하셨다. 우리는 영광에 이르리라는 보증을 받았다. 그분을 영원히 찬양하기 위해서다.

비교할 수 없는 그리스도가 **교회**, 곧 **그분의 몸**이 완전할 때까지 불완전하다. 예수 그리스도께서 **만물 안에서 만물을 충만하게 하시며**, 자신의 충만을 신자들에게 주신다. 그러나 하나님의 지혜와 은혜로, 신자들도 **교회**로서 그리스도의 **충만함**이다. 장 칼뱅(John Calvin)은 이렇게 말했다. "하나님의 아들이 우리와 연합할 때까지 자신이 얼마간 불완전하다고 여기시는 것은 교회의 가장 큰 영예다. 우리가 그분의 안에 있을 때까지 그분이 자신의 모든 지체를 갖지 않을뿐더러 자신이 완전하다고 여겨지길 바라지 않으신다는 것은 우리에게 큰 위로가 된다."

이 큰 간구의 핵심은 우리가 깨닫는 것이다. 다시 말해, 우리가 그리스도 안에서 얼마나 안전한지, 영원한 기업을 향한 우리의 소망이 얼마나 확고하고 변함없는지 깨닫는 것이다. 영화(榮化, glorification)의 능력은 천하무적이며, 우리를 영광으로 인도하려고 지금 작동하고 있다.

6

그리스도 안에서 살아나다

(2:1~10)

그는 허물과 죄로 죽었던 너희를 살리셨도다. 그 때에 너희는 그 가운데서 행하여 이 세상 풍조를 따르고 공중의 권세 잡은 자를 따랐으니, 곧 지금 불순종의 아들들 가운데서 역사하는 영이라. 전에는 우리도 다 그 가운데서 우리 육체의 욕심을 따라 지내며 육체와 마음의 원하는 것을 하여 다른 이들과 같이 본질상 진노의 자녀였더니, 긍휼이 풍성하신 하나님이 우리를 사랑하신 그 큰 사랑을 인하여 허물로 죽은 우리를 그리스도와 함께 살리셨고 (너희는 은혜로 구원을 받은 것이라) 또 함께 일으키사 그리스도 예수 안에서 함께 하늘에 앉히시니, 이는 그리스도 예수 안에서 우리에게 자비하심으로써 그 은혜의 지극히 풍성함을 오는 여러 세대에 나타내려 하심이라. 너희는 그 은혜에 의하여 믿음으로 말미암아 구원을 받았으니, 이것은 너희에게서 난 것이 아니요 하나님의 선물이라. 행위에서 난 것이 아니니 이는 누구든지 자랑하지 못하게 함이라. 우리는 그가 만드신 바라. 그리스도 예수 안에서 선한 일을 위하여 지으심을 받은 자니, 이 일은 하나님이 전에 예비하사 우리로 그 가운데서 행하게 하려 하심이니라. (2:1~10)

몇 년 전, 배우들이 모인 자리에서 예수 그리스도의 복음을 전했다. 모임이 끝난 후, 잘생긴 인도 청년이 내게 다가오더니, 자신은 무슬림인데 예수 그리스도를 믿고 싶다고 했다. 우리는 가까운 방으로 들어갔고, 나는 복음을 좀 더 자세히 설명했으며, 그는 영접 기도를 했다. 청년은 눈을 뜨더니 이렇게 말했다.

"정말 멋지지 않습니까? 이제 제게는 예수님도 있고 무함마드도 있습니다." 나는 적잖게 실망했고, 예수님을 신들의 진열장에서 취해 이미 그에게 있는 신들에 추가할 수는 없다고 설명했다. 예수님이 주님일 때, 그분 곁에 다른 신들이 있을 수 없다. 이것은 구원의 의미를 오해하는 숱한 예 가운데 하나다.

에베소서 2장 1~10절에서, 바울은 구원받고 그리스도의 몸인 교회의 일부가 된다는 것이 무슨 뜻인지 분명하게 밝힌다. 여기서 바울은 영원한 과거에서 시간으로 옮겨간다. 그는 구원의 행위와 과정, 곧 인간을 1장에 묘사된 영원한 계획에 이끌어 들이는 기적을 기술한다. 맥락상 이 단락은 1장 19절의 사상에 근거하는데, 거기서 바울은 믿는 우리를 향한 그리스도의 큰 능력을 소개한 후 주제를 바꿔 이 능력이 그리스도의 삶에 어떻게 나타났는지 논한다. 바울은 이제 돌아와 이 능력이 우리의 구원에서 어떻게 나타나는지 보여 준다.

1~10절에서, 바울은 그리스도인의 과거와 현재와 미래를 제시한다. 그가 무엇이었고(1~3절), 무엇이며(4~6, 8~9절), 무엇이 될지 말한다(7, 10절). 이러한 틀에서 바울은 구원의 여섯 측면을 제시한다. 구원은 죄로부터의 구원이고(1~3절), 사랑에 의한 구원이며(4절), 생명에 들어가는 구원이고(5절), 목적이 있는 구원이며(6~8절), 믿음을 통해 얻는 구원이고(8~9절), 선한 일을 하게 하는 구원이다(10절). 첫째 측면은 과거이며, 그다음 네 측면은("목적"의 후반부를 제외하고, 7절) 현재와 관련이 있으며, 마지막 부분은(7절을 포함해) 미래다.

죄로부터 구원받는다

그는 허물과 죄로 죽었던 너희를 살리셨도다. 그 때에 너희는 그 가운데서 행하여 이 세상 풍조를 따르고 공중의 권세 잡은 자를 따랐으니, 곧 지금 불순종의 아들들 가운데서 역사하는 영이라. 전에는 우리도 다 그 가운데서 우리 육체의 욕심을 따라 지내며 육체와 마음의 원하는 것을 하여 다른 이들과 같이 본질상 진노의 자녀이었더니. (2:1~3)

첫째, 구원은 죄로부터의 구원이며, 죄는 그리스도 이전의 삶을 특징짓는다. 1~3절은 성경에서 그리스도 없는 인간의 죄악 됨을 가장 분명하게 말한다.

죄의 삯, 즉 죄의 대가는 죽음이다(롬 6:23). 인간은 죄 가운데 태어나기 때문에 죽기 위해 태어난다. 인간은 죄를 짓기 때문에 영적으로 죽게 '되는' 게 아니다. 인간은 본질상 죄악 되기 때문에 영적으로 죽어 '있다'(is dead). 예수 그리스도를 제외하면, 이것이 아담의 타락 이후 모든 인간이 처한 상태이며, 구원받기 전의 모든 신자도 여기에 포함된다. 이것이 신자들의 과거 상태이며, 나머지 모두(불신자들)의 현재 상태다.

인간의 기본 문제는 자신의 전통이나 환경과 조화를 이루지 못한다는 게 아니라 자신의 창조자와 조화를 이루지 못한다는 것이다. 인간의 근본 문제는 다른 인간들과 의미 있는 관계를 형성할 수 없다는 게 아니라 하나님과 바른 관계를 갖지 못한다는 것인데, 이것은 인간이 죄 때문에 하나님에게서 멀어졌기 때문이다(엡 4:18). 인간의 상태는 그가 살아가는 방식과 무관하다. 인간의 상태는 그가 살아 있을 때라도 죽었다는 사실과 관련이 있다. 인간은 육체적으로 살아 있을 때라도 영적으로 죽었다. 인간은 하나님에 대해 죽었기 때문에 영적 생명, 진리, 의, 내적 평안과 행복에 대해, 궁극적으로 모든 좋은 것에 대해 죽었다.

육체적 죽음의 첫 징후 중 하나는 몸이 그 어떤 자극에도 반응하지 못한다는 것이다. 죽은 사람은 반응할 수 없다. 죽은 사람은 빛, 소리, 냄새, 맛, 통증을 비롯해 그 무엇에도 반응하지 않는다. 죽음 사람은 감각이 전혀 없다.

어느 날, 누군가 내 사무실을 두드렸다. 문을 열었더니 어린 소년이 숨 가쁘게 울고 있었다. 소년이 내게 물었다. "목사님이세요? 목사님이세요?" 내가 그렇다고 대답하자, 소년이 말했다. "빨리요, 빨리 가요." 나는 소년을 좇아 한두 블록을 뛰어 어느 집에 들어갔다. 젊은 여자가 엉엉 울고 있었다. 그 여자가 말했다. "아기가 죽었어요! 내 아기가 죽었다고요!" 3개월 된 아기가 침대에 축 늘어져 있었다. 엄마는 아기를 되살리려고 이미 갖은 애를 썼고, 내가 무엇을 해도 도움이 되지 않았다. 아기는 생명 신호가 전혀 없었다. 엄마는 아기를 주무르고, 아기에게 입을 맞추며, 아기에게 말을 걸었고, 엄마의 눈물이 조그마한 아기의 머리에 떨어졌다. 그러나 아기는 아무 반응도 없었다. 구급 대원들이 도착해 아기가 숨을 쉬게 하려고 필사적으로 노력했으나 아무 소용이 없었다. 아기는 죽어 있었고, 그 누가 무슨 짓을 해도 아기에게 아무 영향을 미치지 못했으며, 그 어떤 반응도 끌어낼 수 없었다. 반응할 생명이, 엄마의 강력한 사랑에라도 반응할 생명이 없었다.

영적 죽음도 이와 같다. 영적으로 죽은 사람은 영적 삶을 살기는커녕 영적인 것들에 반응할 생명이 없다. 하나님에게 아무리 사랑받고, 보살핌을 받으며, 뭉클한 말을 들어도 반응할 수 없다. 영적으로 죽은 사람은 하나님과 단절되어 있으며, 따라서 생명과도 단절되어 있다. 그는 반응할 능력이 없다. 위대한 스코틀랜드 주석가 존 이디(John Eadie, 1810-1876)가 말했듯이, "송장이 걸어 다니는 것이다." 하나님 없는 인간은 영적 좀비이며, 자신이 죽은 줄도 모르고 걸어 다니는 송장이다. 생명체 흉내를 내지만 생명이 없다.

예수님이 한 사람에게 자신을 따르라고 하셨다. 그는 먼저 아버지 장례를 치르게 해달라고했다. 이것은 일종의 비유로, 아버지가 죽을 때까지 기다렸다가 유산을 챙기겠다는 뜻이다. 예수님은 영적 사망 상태를 암시하고 두 죽음을 하나로 묶으며 대답하셨다. "죽은 자들이 그들의 죽은 자들을 장사하게 하고 너는 나를 따르라"(마 8:21~22). 이 사람의 관심사는, 곧 죽을 것 같지 않은 아버지가 아니라 육적인 세상의 것들이었다. 그는 자신의 육적인 안녕을 먼저 돌보길 원했을 뿐 영적인 것을 향한 진정한 갈망을 보여주지 못했다. 바울은 교회 과부들에 관해 디모데에게 조언하면서 헤픈 자들에 관해 말했다. "향락을 좋아하는 자는 살았으나 죽었느니라"(딤전 5:6). 살았으나 죽었다는 것은 구속받지 못한 모든 인간의 슬픈 상태다.

구원받기 전 우리는 하나님 없는 모든 사람과 다르지 않았다. **허물과 죄로 죽었다.** 헬라어 본문은 처소격으로, 무엇 또는 누군가 존재하는 장소나 영역을 가리킨다. 우리가 **죽었던** 것은 죄를 지었기 때문이 아니라 죄 안에(**in** sin) 있었기 때문이다. 이 문맥에서, **허물과 죄**는 단순히 행위를 가리키는 게 아니라 무엇보다도 하나님 없는 인간 존재의 자리를 가리킨다. 거짓말할 때 거짓말쟁이가 되는 게 아니다. 이미 거짓말쟁이'이기' 때문에 거짓말을 한다. 도둑질할 때 도둑이 되는 게 아니다. 이미 도둑'이기' 때문에 도둑질 한다. 살인, 간음, 탐욕을 비롯한 모든 죄가 이와 같다. 죄악 된 행위를 해서 죄인이 되는 게 아니다. 죄인'이기' 때문에 죄악 된 행위를 한다. 예수님은 이런 말씀으로 이것을 확인시켜 주셨다. "악한 사람은 그 쌓은 악에서 악한 것을 내느니라"(마 12:35). "입에서 나오는 것들은 마음에서 나오나니, 이것이야말로 사람을 더럽게 하느니라. 마음에서 나오는 것은 악한 생각과 살인과 간음과 음란과 도둑질과 거짓 증언과 비방이니"(마 15:18~19).

'파라프토마'(*paraptōma*, **trespasses**, 허물)는 미끄러지다(slip), 넘어지다(fall), 비틀거리다(stumble), 벗어나다(deviate), 잘못된 방향으로 가다(go the wrong direction)라는 뜻이다. '하마르티아'(*hamartia*, 죄)는 활과 화살로 사냥할 때처럼 본래 과녁을 빗나간다는 뜻이었다. 그런데 그 어떤 목표나 기준이나 목적을 빗나가거나 거기에 미치지 못한다는 의미를 갖게 되었다. 영적 영역에서, 이것은 하나님이 정하신 거룩의 기준을 빗나가거나 거기에 미치지 못함을 가리키며, 신약성경에서 죄를 가리키는 가장 일반적인 용어다(173회 사용된다). 바울은 여기서 두 용어를 사용해 서로 다른 종류의 악행을 강조하는 게 아니라 영적 죽음에서 비롯된 죄악의 너비를 강조할 뿐이다. 바울은 "모든 사람이 죄를 범하였으매 하나님의 영광에 이르지 못하더니"라고 했다(롬 3:23). 이것은 두 진리가 아니라 동일한 진리를 보는 두 관점을 제시한다. 죄는 하나님의 영광에 미치지 못함이며, 하나님의 영광에 미치지 못함은 죄다. 바울이 로마서 1장에서 설명했듯이, 가장 기본적인 의미에서 죄는 하나님을 영화롭게 하지 못함이다. 타락한 인류는 "하나님을 알되 하나님을 영화롭게도 아니한다"(롬 1:21). 헤롯에 관해 기록될 수 있었을 모든 평가 가운데, 사도행전 12장 23절의 평가가 가장 적절하다. "헤롯이 영광을 하나님께로 돌리지 아니하므로 주의 사자가 곧 치니 벌레에게 먹혀 죽으니라."

하나님 없는 인간은 누구나 죄악 되다는 말은 모든 사람이 동일하게 부패하고 사악하다는 뜻이 아니다. 전쟁터에 너부러진 시체 20구가 저마다 부패 정도가 다를 수는 있겠지만, 하나같이 죽은 것이다. 죽음은 아주 다양한 형태와 정도로 자신을 드러내지만, 죽음 자체는 정도가 나뉘지 않는다. 죄는 아주 다양한 형태와 정도로 자신을 드러내지만, 죄 자체의 상태는 정도가 나뉘지 않는다. 모든 인간이 자신의 최대치로 악하지는 않지만, 모든 인간이 하나님의 완전한 기준에 미치지 못한다.

존재의 상태, 실존의 영역으로서, 죄는 한 것보다 하지 않은 것과 더 관련이 있다. 하나님의 기준은 자신이 온전하듯이 인간도 온전한(perfect) 것이다(마 5:48). 예수님은 새로운 기준을 제시하신 게 아니라 아주 오래된 기준을 다시 말씀하셨다. "내가 거룩하니 너희도…거룩하게 하고"라는 하나님의 명령(레 11:44; 참조. 벧전 1:16) 또한 인류나 그분의 선민(選民)에게 새로운 기준을 제시한 게 아니다. 하나님은 완전한 거룩(perfect holiness) 외에 인간에게 그 어떤 기준도 제시하지 않으셨다.

이러한 완전한 거룩이라는 기준 때문에, 하나님 없는 인간은 죄악 될 수밖에 없다. 그는 하나님과 단절되었기 때문에, 하나님의 기준에 못 미치지 일 외에 아무것도 하지 못한다. 그가 아무리 많은 선을 행하거나 행하려 하더라도, 절대로 악을 행하지 않거나 행하지 않았어야 한다는 기준을 전혀 만족시킬 수 없다.

인간이 죄인이라는 일반적 상태는 폭이 2km쯤 되는 넓은 강의 둑에 서 있는 다양한 사람들에 흔히 비유되었다. 각자 건너편에 이르려고 강에 뛰어든다. 어린아이들과 노인들은 겨우 몇십 센티 헤엄칠 수 있을 뿐이다. 큰 아이들과 날렵한 어른들은 이들보다 몇 배 멀리 헤엄칠 수 있다. 운동선수라면 이들보다 훨씬 멀리 헤엄칠 수 있다. 그러나 그 누구도 건너편 가까이 이르지 못한다. 이들의 성공은 상대적일 뿐이다. 목표 성취와 비교하면, 이들은 똑같이 실패자다.

역사 내내 사람들의 선하고 악한 정도가 크게 달랐다. 그러나 하나님의 거룩 성취와 비교하면, 인간은 똑같이 실패자다. 이런 까닭에, 착하고 남을 도우며 친절하고 사려 깊으며 자신을 희생하는 사람도 사형수 구역의 연쇄 살인범과 똑같이 구원이 필요하다. 착한 부모, 사랑 많은 배우자, 정직한 일꾼, 인도주의자도 빈민굴의 술주정뱅이나 무자비한 테러리스트와 똑같이 영원한 지옥 형벌에서 자신을 구원해 줄 예수님이 필요하다. 이들은 동일하게

(equally) 죄악 된 삶을 살지는 않지만, 동일하게 죄악 된 상태에 있으며, 동일하게 하나님과 단절되고 영적 생명과 단절되어 있다.

예수님은 이렇게 말씀하셨다. "너희가 만일 선대하는 자만을 선대하면 칭찬 받을 것이 무엇이냐? 죄인들도 이렇게 하느니라"(눅 6:33). 다른 상황에서, 이렇게 말씀하셨다. "너희가 악할지라도 좋은 것을 자식에게 줄 줄 알거든"(눅 11:33). 하나님 없는 사람도 인간적으로 선한 일을 할 수 있다. 그러나 주님이 두 말씀에서 지적하시듯이, 그 사람은 여전히 죄인이며, 여전히 본질상 악하고, 여전히 하나님을 영화롭게 하려는 동기가 아닌 다른 동기에서 움직인다. 바울을 비롯한 사람들이 배가 난파되어 멜리데섬에 올랐을 때, 누가는 "원주민들이 우리에게 특별한 동정을 하였다"고 말한다(행 28:2). 그러나 원주민들은 여전히 미신을 믿는 이교도였다(6절). 죄인이 선을 행함은 좋은 일이지만, 이것이 그의 본성이나 존재의 기본 영역을 바꾸지는 못하며, 그를 하나님과 화해시키지도 못한다.

관계적 선(relational goodness)은 다른 사람들에게 유익하며, 하나님을 더 기쁘게 한다. 이것은 바른 방향으로 내딛는 첫걸음이다. 그러나 이런 걸음을 수만 보 내딛더라도 하나님께 조금이라도 더 가까워질 수 없다. 죄인을 하나님과 단절시키는 것은 죄인의 죄악 된 상태이지 그의 구체적 죄가 아니다. 그러므로 그가 하는 구체적인 선한 행위가 그를 하나님과 화해시키지 못한다.

예수님은 두 번째 고별 설교에게 제자들에게 이렇게 말씀하셨다. "그가 [성령이] 와서 죄에 대하여, 의에 대하여, 심판에 대하여 세상을 책망하시리라"(요 16:8). 그분이 사람들을 책망할 죄는 예수 그리스도를 믿지 않은 죄다(9절). 이것이 분리의 죄, 곧 인간이 하나님에게서 멀어지게 하고 그 멀어짐을 반영하는 죄다. 이것은 하나님을 하나님으로, 그리스도를 구주로 받아들이지 않은 죄, 곧 거부한 죄다. 인간을 하나님에게서 분리하는 것은 구체적 거부 행위나 말이 아니라 구원받지 못한 사람이 그 속에 존재하는 거부의 영역이다. 이것이 그가 처한 영적 죽음의 상태, 곧 **허물과 죄로 죽은** 상태다.

영적 죽음의 상태에서, 인간은 **이 세상 풍조를 따르고 공중의 권세 잡은 자를 따라** 행하거나 살 수밖에 없는데, 그는 지금 **불순종의 아들들 가운데서 역사하는 영**

이다. 여기서 '코스모스'(kosmos, 세상)는 단순히 물리적 창조 세계를 가리키는 게 아니라 세상 질서, 세상의 가치 체계와 세상이 돌아가는 방식—세상 풍조(course)—을 가리킨다. 바울이 분명히 하듯이, **이 세상 풍조는 공중의 권세 잡은 자**, 곧 사탄의 통솔과 계획을 따른다.

흔히 말하는 "시대정신"은 더 넓은 **이 세상 풍조**, 즉 그 속에서 사람들이 무엇이 옳은지 그른지, 무엇이 가치 있고 무가치한지, 무엇이 중요하고 중요하지 않은지 기본적으로 의견이 일치하는 풍조(course)를 반영한다. 죄악 된 인간은 사상과 기준이 다양하지만, **이 세상** 네트워크가 하나님의 시각보다 중요하다는 데 전적으로 의견이 일치한다. 이렇게 세상을 보는 아주 기본적인 시각에서 이들은 한마음이다. 이들은 자기 체계의 목적과 가치를 실현하기 위해 단호하게 일한다. 설령 그 체계가 하나님을 무시하고 늘 자멸을 부르더라도 말이다. 죄인들은 끈질기게 거부하며, 자신들의 체계가 나빠질수록 그것을 정당화하고 하나님의 말씀을 내세워 그것을 반대하는 자들을 비난하는 데 더 혈안이다.

이들이 한마음인 것은 이들의 리더와 주인(lord)이 하나, 곧 **공중의 권세 잡은 자**이기 때문이다. 사탄이 지금 "이 세상의 임금"이며, 주님이 그를 쫓아내실 때까지(요 12:31) 그의 다스림은 계속될 것이다. **공중의 권세**는 천상의 영역에 존재하며 사탄에 속한 귀신 무리일 것이다. 바울은 에베소서 6장 12절에서 이것을 염두에 두고 "하늘에 있는 악의 영들"에 대해 경고한다. 현세에서 사탄과 그의 귀신들이 구원받지 못한 모든 자를 지배하고 압박하며 통제한다. 사탄은 영적 죽음의 화신(化身, personification)이다. 사탄은 하나님에게 맞서는 반역의 화신이기 때문이다. 그가 계획한 시스템도 마찬가지다.

우리의 현 **세상** 체계를 가장 잘 특징짓는 세 요소는 인본주의, 물질주의, 부정한 성(illicit sex)이다. 인본주의(humanism)는 인간을 모든 것 위에 둔다. 인간이 만물의 척도이자 목적이다. 각 인간이 자신의 주인이고, 선의 기준이며, 권위의 근원이다. 간단히 말해, 자신의 신이다. 물질주의는 물질, 특히 돈에 높은 가치를 부여한다. 돈이 모든 것을 획득하는 수단이기 때문이다. 비뚤어진 성(sexual perversion, 성도착)이 서구 사회를 지배한다. 고대 그리스와 로마의 가장 저급했던 시대 이후, 그 어느 사회도 이렇지 않았다. 인본주의는 자기 이익에 호소하고 물질주의는 자기 과시에 호소하며, 이와 더불어 성적인 악(sexual vice)이 사실상 모든 분야의 마케팅에서 소비자를 설득하고 판매를 촉진하며 자기 쾌락을 부추기는 데 사용된다. 이러한 삼두체제가 우리 시대의 정신을, 지금의 **이 세상 풍조**를 대변한다.

사탄은 이 세상 체계의 '아르콘'(archōn), 즉 임금(**the prince**, 개역개정에는 없음)이요 통치자다. 구원받지 못한 모든 사람이 필연적으로 늘 그 속에 사탄이 살거나 귀신에 사로잡히는 것은 아니다. 그러나 알게 모르게, 이들은 사탄의 영향을 받는다. 이들은 하나같이 죄악 된 본성을 가지며, 하나님에게 맞서는 반역의 영역에 자리한다. 그래서 이들은 자연스럽게 사탄의 지휘에 반응하고 그에게 속한 귀신들의 영향을 받는다. 이들은 동일한 영적 주파수에 맞춰져 있다.

세상이 그러하듯, 사탄이 **권세**를 가진 **공중(air)**도 귀신들이 활동하는 영역을 상징한다. "기대감"(air of expectancy)이라고 할 때처럼, 공중이 은유적으로 사용될 수도 있다. 이 문맥에서 **세상**과 **공중**은 거의 동의어일 테고, 둘 다 영향력이 미치는 영역이나 자리를 가리킬 것이다. 이 경우 이것은 사탄이 임금으로서 주도하는 사상, 신념, 확신의 영역을 가리킬 것이다. 그러나 바울이 이곳이나 6장 12절에서 염두에 둔 것은 이것이 아니다. 바울이 염두에 둔 것은 사탄이 공중(땅 주변의 천상의 영역)을 점령하는 **권세(power**, 귀신들)를 다스린다는 사실이다. 인간은 자유롭고 독립적이지 못하다. 인간은 완전히 지옥 군대의 지배를 받는다.

이 세상 풍조를 따르고 공중의 권세 잡은 자를 따라 행한다는 것은 죄와 사탄이 통제하고 악한 초자연적 존재들이 지배하는 전제와 이데올로기와 기준을 따라 생각하고 산다는 것이다. 인간을 향한 사탄의 최고 목적은 인간이 악한 일을 할 뿐 아니라(갈 5:19~21에서 분명하게 드러나듯이, 육체가 이것을 볼 것이다), 특히 하나님에 관해, 악한 것을 생각하고 믿게 하는 것이다(참조. 고후 11:13~15). 타락한 인류와 사탄의 군대가 동일한 영적 영역에 존재한다. 따라서 아주 자연스럽게도, 사탄의 영과 **지금 불순종의 아들들 가운데서 역사하는 영**이 같다. 불순종의 임금이 자발적 추종자들 안에서('en'이 사용되어 친밀한 관계를 강조한다) 일한다. 이들은 하나님의 말씀과 뜻을 무시하고, **불순종의 아들들**(불순종으로 특징되는 사람을 묘사하는 셈족 용어)이라 불리며, 사탄이 이들의 영적 아비다(요 8:33~44). 바울은 하나님께 대한 불순종이 한 사람의 정체를 드러낸다는 것을 분명히 하면서 단호하게 말한다. "너희 자신을 종으로 내주어 누구에게 순종하든지 그 순종함을 받는 자의 종이 되는 줄을 너희가 알지 못하느냐? 혹은 죄의 종으로 사망에 이르고, 혹은 순종의 종으로 의에 이르느니라"(롬 6:16). 뒤이어, 바울은 신자를 하나님께 순종하는 자로 규정한다. "교훈의 본을 마음으로 순종하여"(17절).

여기서 바울의 주목적은 구원받지 못한 자들이 지금 어떻게 사는지 보여주는 게 아니다. 가르침이 이 목적에 가치가 있지만 말이다. 바울의 주목적은 신자들에게 그들 자신이 **그 때에** 어떻게 **행했고**, **전에는** 어떻게 **지냈는지** 일깨우는 것이다. 우리는 모두 **우리 육체의 욕심을 따라 지내며 육체와 마음의 원하는 것을 하여 다른 이들과 같이 본질상 진노의 자녀이었다.**

'에피뚜미아'(*epithumia*, **lust**, 욕심)는 단지 성욕만이 아니라 모든 종류의 강한 성향이나 욕망을 가리킨다. '뗼레마'(*thelēma*, **desires**, 원하는 것)는 무엇인가를 아주 부지런히 원하거나 구하는 강한 자기 의지(willfulness)를 강조한다. **허물과 죄**의 경우처럼, **욕심**과 **원하는 것**이란 용어를 쓴 것은 둘의 차이가 아니라 공통점을 보여주기 위해서다. 둘은 동의어로 사용되었고, 타락한 인간이 철저히 자신의 이익을 좇는 것을 가리킨다. 본질상 타락한 인간은 자신의 죄악 된 **육체와 마음**의 **욕심(lusts)**과 **원하는 것(desires)**을 성취하도록 내몰린다. **육체**(*sarx*)는 사람이 무엇이든 좋게 느껴지는 것을 하도록 내버려 둘 때 찾아오는 방탕한 삶을 가리킨다. **마음(mind**, 'dianoia')은 하나님의 뜻을 부정하는 의도적 선택을 말한다.

모든 신자는 전에 **세상**과 **육체**와 마귀의 체계, 곧 귀신들의 임금이요 **공중의 권세 잡은 자**의 체계에서 완전히 길을 잃었다. 이것들은 타락한 인간이 영적 원수들—그러나 이들은 그가 이제 본질상 동맹을 맺은 원수들이다.—과 벌이는 싸움에서 지는 세 가지 큰 영역이다(참조. 요일 2:16). 세상의 대부분이 그렇게 생각하고 싶어 하지만, 모든 사람이 하나님의 자녀인 것은 아니다. 예수 그리스도를 통해 구원받지 못한 자들은 **본질상 진노의 자녀**다(참조. 요 3:18). 그리스도를 통해 화해하지 않으면, 모든 사람은 본질상(사람으로 태어남을 통해) 하나님의 **진노**와 그분의 영원한 심판과 정죄의 대상이다. 이들을 **불순종의 아들들**로 규정할 뿐 아니라 결과적으로 **진노의 자녀**—하나님의 정죄하는 심판의 대상—로 규정하는 것은 더없이 적절하다.

그러나 우리가 전에 **다른 이들과 같이** 진노의 자녀였더라도, 구주를 믿음으로써 더는 그들과 같지 않다. 그리스도께서 우리 안에서 이루신 과거의 구원 사역 때문에, 우리는 지금 그리고 영원히 그분의 사랑 아래 있으며, 죽음, 죄, 소외, 불순종, 귀신의 지배, 욕심, 하나님의 심판 같은 타고난 인간의 상태로부터 해방되었다.

사랑으로 구원받는다

긍휼이 풍성하신 하나님이 우리를 사랑하신 그 큰 사랑을 인하여, (2:4)

구원은 죄'로부터'의 구원이며, 사랑'으로'(by love) 받는다. 하나님의 긍휼은 '플루시오스'(*plousios*)하다. 다시 말해, 하나님의 긍휼은 풍성하고 넘치며 무한하고 측량할 수 없다. 화해와 관련해, 문제는 하나님 편에 있지 않다. 그러나 **하나님이(but God)**라는 두 단어가 구원의 능력이 공급될 때 어디에 주도권이 있는지 보여준다.[13] 하나님의 큰 바람은 자신의 형상대로 자신의 영광을 위해 지은 피조물들과 재결합하는 것이다. 반역과 거부는 인간 쪽에서 일어났다. 하나님은 우리를 향한 **긍휼이 풍성**하고 우리를 크게 사랑하기(**큰 사랑**) 때문에, 우리가 그분께 돌아갈 길을 내셨다. 로마서 11장 32절에서, 사도 바울은 바로 이

---

13 NASB에서, 2:4은 접속사 but으로 시작된다. But God, being rich in mercy, because of His great love with which He loved us(그러나, 긍휼이 풍성하신 하나님이 우리를 사랑하신 그분의 큰 사랑 때문에).

문제에 초점을 맞추고 말한다. "하나님이 모든 사람을 순종하지 아니하는 가운데 가두어 두심은 모든 사람에게 긍휼을 베풀려 하심이로다." 하나님이 이렇게 하시는 목적이 36절에 나온다. "이는 만물이 주에게서 나오고 주로 말미암고 **주에게로** 돌아감이라. 그에게 영광이 세세에 있을지어다. 아멘"(강조는 덧붙인 것이다).

구원은 하나님의 영광을 위한 것이며, 구원의 동기와 구원을 가능하게 하는 능력은 하나님의 **큰 사랑**이다. 하나님은 본래 인자하고 자비로우며 사랑이 넘치는 분이다. 하나님은 비열하고, 죄악되며, 반역하고, 부패했으며, 비참하고, 정죄 받은 인간 존재들에게 그분의 사랑으로 손을 내밀어 구원과 그에 따른 모든 영원한 복을 제의하신다. 그러므로 인간의 반역은 하나님의 주되심(lordship)과 법뿐 아니라 그분의 **사랑**에 맞서는 것이다.

어떤 사람이 운전하다가 부주의해서 아이를 치어 죽였다면, 과실치사죄로 체포되어 재판을 받고 벌금을 물며 교도소에 갇힐 것이다. 그러나 벌금을 물고 형기를 다 채우면, 자유를 얻고 그 범죄와 관련해 법 앞에서 죄가 없어진다. 그러나 그가 법의 처벌을 받는다고 해서 죽은 아이가 살아나거나 부모의 슬픔이 줄어드는 것은 아니다. 이들에게 지은 죄는 한없이 더 깊다. 부모와 이들의 아이를 죽인 운전자의 관계를 회복할 수 있는 길은 단 하나, 부모가 용서를 제의하는 것이다. 아무리 그러고 싶어도, 운전자 편에서 화해를 낳을 수는 없다. 오로지 피해자만 용서를 제시할 수 있고, 오로지 용서만 화해를 낳을 수 있다.

우리는 하나님께 크게 죄를 범했지만(마 18:23~35의 비유가 보여주듯이), 자신의 **풍성한 긍휼**과 **큰 사랑** 때문에, 하나님은 회개하는 모든 죄인에게 하듯이 우리에게 용서와 화해를 제시하셨다. 자신의 죄와 반역에서, 모든 인간은 예수님을 십자가에 못 박는 사악한 짓에 가담했다. 그런데도 하나님의 **긍휼**과 **사랑**은 예수님의 십자가 죽음으로 성취된 의(義)에 이들이 참여하는 길을 냈다. 그분은 이렇게 말씀하신다. "나는 네가 누구며 네가 무엇을 했는지 안다. 그러나 너를 향한 나의 **큰 사랑** 때문에 네 죗값이 지불되었고, 너에 대한 나의 법적 심판이, 너를 대신한 내 아들의 행위를 통해, 만족 되었다. 내 아들 때문에 내가 네게 용서를 제시한다. 네가 내게 오기 위해 필요한 것은 단 하나, 내 아들에게 오는 것이다." 하나님은 자신에게 범죄한 자들을 용서할 만큼 이들을 사랑하셨을 뿐 아니라 이들을 위해 죽을 만큼 이들을 사랑하셨다. "사람이 친구를 위하여 자기 목숨을 버리면 이보다 더 큰 사랑이 없나니"(요 15:13). 자격 없는 자들을 향한 뜨거운 사랑이 구원을 가능하게 한다.

구원은 생명에 이르는 것이다

허물로 죽은 우리를 그리스도와 함께 살리셨고(너희는 은혜로 구원을 받은 것이라),

(2:5)

죽은 사람에게 가장 필요한 것은 **살아나는**(made **alive**, 살림을 받는) 것이다. 구원은 이것을 가능하게 한다. 구원은 영적 생명을 준다. 바울은 자신들의 삶에서 그리스도의 능력을 의심하는 신자들을 독려하기 위해 이들에게 일깨운다. 하나님이 이들에게 **그리스도와 함께** 영적 생명을 주실 만큼 능력과 사랑이 넘치는 분이라면, 당연히 그 생명을 유지할 수 있다는 것이다. 우리를 죄와 죽음에서 일으켜 **그리스도와 함께 살린**(made **alive**, 부정과거 시제) 능력은(참조. 롬 6:1~7) 우리 그리스도인의 삶에서 모든 부분에 늘 활력을 불어넣는 바로 그 능력이다(롬 6:11~13). 여기서 **우리**는 유대인과 이방인이, 곧 1절의 "너희"가 서로 연결되어 있음을 강조한다. 양쪽 다 죄 가운데 있으며, 그리스도 안에서 긍휼을 입어 **살아날**(made **alive**) 수 있을 것이다.

우리는 그리스도인이 되었을 때, 더는 하나님의 생명에서 단절되지 않았다. 우리는 그리스도의 죽음과 부활에서 그분과 연합함으로써 영적으로 **살아났으며**(became **alive**), 이로써 처음으로 하나님께 민감해졌다. 바울은 이것을 "새 생명" 안에서 행함(walking)이라고 부른다(롬 6:4). 처음으로, 우리는 영적 진리를 이해하고 영적인 것들을 바랄 수 있었다. 이제 우리는 하나님의 본성을 가졌기에, "땅의 것"이 아니라 "위의 것"을, 하나님의 것을 구할 수 있다(골 3:2). 이것은 하나님이 우리를 **그리스도와 함께 살리신** 결과다. 바울은 "우리가…그와 함께 살" 것이며(롬 6:8), 우리의 새 생명을 우리 안에 사는 그분의 생명과 분리할 수 없다고 말한다(갈 2:20). 그리스도 안에서 우리는 하나님께 기쁨이 되지 않을 수 없다.

구원은 목적이 있다

또 함께 일으키사 그리스도 예수 안에서 함께 하늘에 앉히시니, 이는 그리스도 예수 안에서 우리에게 자비하심으로써 그 은혜의 지극히 풍성함을 오는 여러 세대에 나타내려 하심이라. (2:6~7)

구원은 목적이 있다. 우리와 관련된 목적이 있고, 하나님과 관련된 목적이 있다. 구원이 낳는 가장 즉각적이고 직접적인 결과는 [그리스도 예수와] **함께 일으키사 그리스도 예수 안에서 함께 하늘에 앉히시는** 것이다. 우리는 예수 그리스도의 부활에서 일으킴을 받았는데, 그분의 부활을 통해 죄에 대해 죽고 의에 대해 살아날 뿐 아니라 그분의 높아지심(exaltation, 승귀)을 누리고 그분의 탁월한 영광에 참여한다.

예수님이 나사로를 죽은 자 가운데서 일으키셨을 때 가장 먼저 하신 말씀은 "풀어 놓아 다니게 하라"였다(요 11:44). 살아 있는 사람이라도 수의(壽衣)에 싸여 있다면 제 기능을 하지 못한다. 우리가 그리스도를 통해 얻은 새로운 시민권은 하늘에 있다(빌 3:20). 그래서 하나님은 **그리스도 예수 안에서**, 우리를 그분과 **함께 하늘에** 앉히신다. 우리는 더 이상 현재 세상이나 그 죄악과 반역의 영역에 속하지 않는다. 우리는 영적 죽음에서 구출되었고 영적 생명을 받았다. 우리가 그리스도 예수 안에 있고, 그분과 함께 하늘에 있기 위해서다. 1장 3절에서처럼, 여기서도 **하늘(heavenly places)**은 하나님이 다스리시는 초자연적 영역을 가리킨다. 6장 2절에서는 사탄이 다스리는 초자연적 영역을 가리키지만 말이다.

앉히시니(seated) 뒤에 자리한 헬라어 동사는 부정과거 시제(aorist tense)이며, 이 약속이 이미 완전히 이뤄진 것처럼 말함으로써 이 약속이 절대적이라는 점을 강조한다. 우리는 하나님이 그리스도 안에서 우리를 위해 준비해두신 모든 것을 아직 다 받지는 못했다. 그렇더라도 **하늘에** 있다는 것은 사탄의 영역이 아니라 하나님의 영역에 있으며, 영적 죽음의 영역이 아니라 영적 생명의 영역에 있다는 것이다. 이곳에 우리의 복이 있고, 이곳에서 우리는 아버지, 아들, 성령과 교제하고, 우리보다 앞서 간 모든 성도와 교제하며, 우리 뒤에 올 모든 성도와 교제한다. 우리의 모든 명령이 이곳에서 오며, 우리의 모든 찬양과 간구가 이곳을 향한다. 어느 날, 우리는 "썩지 않고 더럽지 않고 쇠하지 아니하는 유업을" 받을 것인데, 이 유업은 "너희[우리]를 위하여 하늘에 간직하신 것"이다(벧전 1:4).

나타내려 하심이라는 어구는 우리가 높임을 받아 하나님의 임재와 능력의 초자연적 영역에 이르는 목적을 보여준다. 그 목적은 우리가 영원히 복을 받게 하는 것이다. 그러나 이것은 단지 우리의 유익과 영광을 위한 게 아니다. 하나님이 우리를 구원하시는 더 큰 목적이 있다. 그 목적은 하나님 자신과 관련이 있으며, 하나님이 그리스도 예수 안에서 우리에게 자비하심으로써 **그 (His) 은혜의 지극히 풍성함을 오는 여러 세대에 나타내려는** 것이다. 이것은 분명히 우리를 위한 것이기도 하지만, 무엇보다도 하나님을 위한 것이다. 이것은 하나님의 **은혜의 지극히 풍성함**을 영원히 드러내기 때문이다(참조. 3:10). **그리스도 예수 안에서 우리에게** 무한히 **자비하심으로써**, 아버지께서 우리에게 복을 주실 때라도 자신을 영화롭게 하신다. 구원의 순간부터 **오는 여러 세대들** 내내, 우리는 하나님의 **은혜**와 **자비**(kindness)를 받기를 절대 멈추지 않는다. **오는 여러 세대(the ages to come)**는 1장 21절의 "오는 세상"과 다르며, 영원을 가리킨다. 하나님은 "그리스도 안에서 하늘에 속한 모든 신령한 복"을 영원히 우리에게 줌으로써(1:3) 그리고 자신의 무한한 **은혜**와 **자비**를 우리에게 부어줌으로써 자신을 영화롭게 하신다. 하나님이 우리를 위해 행하신 일 때문에 온 하늘이 하나님을 영화롭게 할 것이다(계 7:10~12).

구원은 믿음을 통해 얻는다

너희는 그 은혜에 의하여 믿음으로 말미암아 구원을 받았으니, 이것은 너희에게 서 난 것이 아니요 하나님의 선물이라. 행위에서 난 것이 아니니 이는 누구든지 자랑하지 못하게 함이라. (2:8~9)

구원에서 우리의 반응은 **믿음**이다. 그러나 그 믿음도 **너희에게서 난 것이 아니요 하나님의 선물**이다. **믿음**은 우리가 자신의 힘이나 자신의 자원으로 하는 그무엇이 아니다. 애초에 우리는 적절한 힘이나 자원이 '없다'. 그뿐 아니라, 설령우리에게 이런 힘이나 자원이 있더라도, 하나님은 우리가 이것들을 의지하길 원치 않으신다. 그러지 않으면, 구원은 부분적으로 우리 자신의 행위에 의한 것이 될 테고, 우리는 자신을 자랑할 근거를 얼마간 갖게 된다. 바울은 **믿음** 자체도 우리에게서 나오지 않으며 하나님이 주시는 것임을 강조하려 한다.

어떤 사람들은 **믿음**(pistis)은 여성이고 **이것**(touto)은 중성이라면서 이 해석에 반대한다. 그러나 **이것**이 정확히 명사 **믿음**이 아니라 믿는 행위를 가리킨다고 이해하면, 이 해석은 문제가 없다. 더 나아가, 이렇게 해석하면 본문의의미가 가장 잘 통한다. **이것**이 **너희는 그 은혜에 의하여 믿음으로 말미암아 구원을 받았으니**를(다시 말해, 선언 전체를) 가리킨다면, **너희에게서 난 것이 아니요 하나님의 선물이라**는 덧붙임은 중복이다. 은혜는 [우리가] 벌지 않은 하나님의행위(unearned act of God)로 정의되기 때문이다. 구원이 은혜에서 비롯된다면, 구원은 [우리가] 받을 자격이 없는 하나님의 선물(undeserved gift of God)이다. 믿음은 하나님의 선물로 제시된다(벧후 1:1; 빌 1:29; 행 3:16).

어떤 사람이 전도 집회에 너무너무 참석하고 싶었으나 현장에 너무 늦게도착했다. 일꾼들이 집회가 열렸던 천막을 해체하고 있었다. 그는 전도자를만나지 못한 게 너무 아쉬워서 한 일꾼에게 물었다. "제가 구원을 받으려면 무엇을 해야 하나요?" 마침 일꾼은 그리스도인이었고, 이렇게 답했다. "선생님은 아무것도 하실 수 없습니다. 너무 늦었습니다." 그는 잔뜩 실망한 표정으로다시 물었다. "그게 무슨 뜻인가요? 어떻게 너무 늦을 수가 있죠?" 일꾼이 이렇게 답했다. "일은 이미 다 끝났습니다. 선생님이 해야 할 일이 전혀 없습니다. 믿는 것만 남았습니다."

모든 사람이 믿음으로 산다. 우리는 통조림을 열거나 물을 한 잔 마실 때, 독이 들어 있지 않다는 것을 믿는다. 우리는 다리를 건널 때, 그 다리가 무너지지 않으리라는 것을 믿는다. 우리는 은행에 예금할 때, 우리의 돈이 안전하리라는 것을 믿는다. 삶이란 끊임없는 믿음의 행위다. 그 어떤 인간도, 아무리 회의적이고 독립적이라도, 믿음을 실행하지 않고는 단 하루도 살 수 없다.

교회 등록, 세례, 입교, 자선, 좋은 이웃 되기는 구원을 가져다줄 능력이 없다. 성찬, 십계명 준수, 산상 설교대로 살기도 다르지 않다. 사람이 하는 일 중에 구원에서 조금이라도 역할을 하는 것이 있다면 단 하나, 예수 그리스도께서 그를 위해 하신 일을 믿는 것이다.

우리는 그리스도께서 우리를 위해 끝마치신 일을 받아들일 때, 하나님의 **은혜**가 공급하는 **믿음**으로 행동한다. 이것이 인간 믿음의 최고 행위이며, 이 행위는 비록 우리의 행위이지만 일차적으로 하나님의 행위다. 하나님이 자신의 **은혜**로 우리에게 주시는 **선물**이다. 숨이 막히거나 물에 빠져 호흡이 멈출 때, 당사자가 할 수 있는 일은 전혀 없다. 그가 다시 숨을 쉰다면, 다른 사람이 그가 숨을 쉬게 해주기 때문일 것이다. 영적으로 죽은 사람은 하나님이 먼저 그에게 영적 생명의 호흡을 불어넣지 않으시면 믿음의 결정을 할 수조차 없다. **믿음**은 하나님의 **은혜**가 공급하는 숨을 호흡하는 것일 뿐이다. 그러나 역설적이게도, 우리는 믿음을 실행해야 하며, 그러지 않는다면 그에 따른 책임을 져야 한다(참조. 요 5:40).

확신컨대, 구원이 전적으로 하나님의 은혜라면, **행위에서 난 것이 아니다.** 인간의 노력은 구원과 무관하다(참조. 롬 3:20; 갈 2:16). 따라서 **누구든지** 마치 자신이 어떤 역할이라도 한 것처럼 **자랑하지 못한다.** 구원에서 모든 자랑은 배제된다(참조. 롬 3:27; 4:5; 고전 1:31). 그럼에도 불구하고, 바울이 신속하게 단언하듯이, 선한 행위는 중요한 자리를 차지한다.

구원은 선한 행위로 이어진다

**우리는 그가 만드신 바라. 그리스도 예수 안에서 선한 일을 위하여 지으심을 받
은 자니, 이 일은 하나님이 전에 예비하사 우리로 그 가운데서 행하게 하려 하심
이니라.** (2:10)

선한 일(good works, 선한 행위)은 구원을 얻는 데 아무 역할도 하지 못한다.[14]
그렇더라도, **선한 일**은 구원을 살아내는 것과 깊은 관련이 있다. 그 어떤 **선한
일**도 구원을 낳지 못하지만, 구원은 **선한 일**을 많이 낳는다.

예수님은 이렇게 말씀하셨다. "너희가 열매를 많이 맺으면 내 아버지께서
영광을 받으실 것이요 너희는 내 제자가 되리라(prove to be My disciples, 내 제
자라는 게 증명되리라)"(요 15:8). 선한 일을 한다고 제자가 되는 것은 아니다. 그
러나 선한 일은 우리가 참 제자라는 것을 증명한다. 선한 일을 할 때, 하나님의
백성은 하나님 나라를 위해 열매를 맺으며 하나님의 이름을 영화롭게 한다.

성경은 행위(works, 일)에 관해 많이 말한다. 성경은 율법의 행위(works of
the law, 율법의 일)를 말한다. 율법의 행위가 선하지만, 이것이 사람을 구원하
지는 못한다(갈 2:16). 성경은 죽은 행실(dead works)을 말하고(히 6:1), 어둠의
일(works) 또는 행위(deeds)를 말하며, 육체의 일 또는 행위를 말하는데, 이것
들 모두 본질적으로 악하다(롬 13:12; 갈 5:19~21; 엡 5:11). 이 모든 행위는 사람
의 힘으로 하는 것이며 구원과 무관하다.

우리가 하나님을 위해 그 어떤 선한 행위라도 할 수 있으려면, 그분이 먼저
우리 안에서 그분의 선한 일을 하셔야 한다. 우리의 믿음을 통해 유효하게 된
하나님의 은혜로, 우리는 **그가 만드신 바**(His workmanship)가 되었으며, **그리
스도 예수 안에서 선한 일을 위하여 지으심을 받은 자**다. 따라서 하나님은 우리가
선한 일을, 그분의 능력으로 그분의 영광을 위해서 하고 살도록 정하셨다.

---

14 works를 문맥에 맞게, 또는 성경의 번역에 따라 "일" 또는 "행위"로 옮기겠다. 그러므로
"일"과 "행위"를 같은 단어의 번역으로 보길 바란다.

나는 참 포도나무요 내 아버지는 농부라. 무릇 내게 붙어 있어 열매를 맺지 아니하는 가지는 아버지께서 그것을 제거해 버리시고, 무릇 열매를 맺는 가지는 더 열매를 맺게 하려 하여 그것을 깨끗하게 하시느니라. 너희는 내가 일러준 말로 이미 깨끗하여졌으니, 내 안에 거하라. 나도 너희 안에 거하리라. 가지가 포도나무에 붙어 있지 아니하면 스스로 열매를 맺을 수 없음 같이, 너희도 내 안에 있지 아니하면 그러하리라. 나는 포도나무요 너희는 가지라. 그가 내 안에, 내가 그 안에 거하면 사람이 열매를 많이 맺나니, 나를 떠나서는 너희가 아무 것도 할 수 없음이라. 사람이 내 안에 거하지 아니하면 가지처럼 밖에 버려져 마르나니, 사람들이 그것을 모아다가 불에 던져 사르느니라. 너희가 내 안에 거하고 내 말이 너희 안에 거하면, 무엇이든지 원하는 대로 구하라. 그리하면 이루리라. 너희가 열매를 많이 맺으면, 내 아버지께서 영광을 받으실 것이요 너희는 내 제자가 되리라[내 제자라는 게 증명되리라]. (요 15:1~8)

그리스도 예수 안에서 선한 일을 위하여 우리를 **지으신** 바로 그 능력이 **선한 일**을 하도록 우리에게 능력을 준다. 하나님은 **선한 일**을 위해 우리를 구속하셨기 때문이다. 선한 일은 참 구원을 증명한다. 의로운 태도와 의로운 행위는 이제 하늘에 사는 변화된 삶에서 나온다. 고린도 신자들에게, 바울은 하나님이 이들로 "모든 착한 일을 넘치게 하게 하려 하신다"고 했다(고후 9:8). 디모데에게, 바울은 신자들이 "모든 선한 일을 행할 능력을 갖추게" 하라고 했다(딤후 3:17). 그리스도께서 "선한 일을 열심히 하는 자기 백성"을 얻으려고 십자가에서 돌아가셨다(딛 2:14). 바울이 말하듯이 이것마저도 하나님의 일이다. "너희 구원을 이루라. 너희 안에서 행하시는(at work) 이는 하나님이시니, 자기의 기쁘신 뜻을 위하여 너희에게 소원을 두고 행하게 하시나니"(빌 2:12~13).

여기서 바울의 주된 메시지는 여전히 신자들을 향하며, 이들 중 많은 이들이 여러 해 전 구원을 경험했다. 바울은 이들이 어떻게 구원받는지가 아니라 이들이 어떻게 구원'받았는지'를 보여준다. 이들을 구원한 바로 그 능력이 이들을 지킨다는 것을 확신시키기 위해서다. 이들은 구원에 필요한 모든 것을 이미 받았듯이, 구원받은 삶을 신실하게 사는 데 필요한 모든 것도 이미 받았다. 그리스도인이 하나님의 능력을 받았다는 가장 큰 증거는 그 자신의 구원과 하나님이 그 결과로 그 안에서, 그를 통해 일으키시는 선한 일이다(참조. 요 15장). 이 **선한 일**이 예상되는 것은 **하나님이 전에 예비하사 우리로 그 가운데서 행하게 하려 하셨기** 때문이다. 이런 까닭에, 야고보는 행함이 없는 믿음은 죽은 것이라고 말한다(약 2:17~26).

'포이에마'(*poiēma*, **workmanship**, 만드신 바)에서 문학의 한 장르를 가리키는 시(poem)라는 단어가 나왔다. 시간이 시작되기 전, 하나님은 우리가 그분의 아들 예수 그리스도의 형상을 본받게 하기로 계획하셨다(롬 8:29). 그러므로 바울은 빌립보 신자들에게 이렇게 말할 수 있었다. "너희 안에서 착한 일(good work)을 시작하신 이가 그리스도 예수의 날까지 이루실 줄을 우리는 확신하노라"(빌 1:6).

자주 듣는 이야기가 있다. 어느 교회학교에서 아주 산만한 아이가 줄곧 선생님을 방해했다. 어느 날 아침, 선생님이 그 아이에게 물었다. "왜 그렇게 행동하니? 누가 널 만들었는지 모르니?" 이 질문에, 소년은 이렇게 대답했다. "하나님이요. 그런데 하나님이 아직 나를 덜 만들었어요."

우리는 모두 여전히 불완전하며 가공되지 않은 다이아몬드다. 장인(匠人)이신 하나님이 아직 우리를 덜 가공하셨다. 그러나 우리가 그분의 아들을 완벽하게 닮을 때까지 하나님은 우리를 다듬는 일을 그치지 않으실 것이다(요일 3:2).

유명 배우가 어느 사교모임에 귀빈으로 초대받았다. 모임 중에 사람들이 그에게 다양한 문학 작품 중 좋아하는 구절을 인용해달라는 요청을 자주 했다. 마침 나이 지긋한 목사가 그 모임에 참석했는데, 그 배우에게 시편 23편을 암송해달라고 했다. 배우는 목사도 암송하면 자신도 하겠다고 했다. 배우는 아주 극적인 강조를 섞어가며 아름답게 암송했고, 길게 박수를 받았다. 목사는 오랜 세월 설교를 했기에 목소리가 거칠고 갈라졌으며, 발음이 전혀 세련되지 못했다. 그러나 그가 암송을 끝냈을 때, 눈시울이 젖지 않은 사람이 없었다. 누군가 배우에게 이런 차이의 원인이 무엇이냐고 물었을 때, 그는 이렇게 대답했다. "저는 이 시편을 알지만, 목사님은 그 목자를 아시거든요."

구원은 예수 그리스도에 관한 진리를 아는 데서 비롯되지 않고 그리스도 자신을 친밀하게 아는 데서 비롯된다. 이러한 살아남(coming alive)은 하나님의 사랑과 긍휼 때문에 그분의 능력으로 성취될 수 있다.

7

—————————————————— 몸이 하나 되다

(2:11~22)

그러므로 생각하라. 너희는 그 때에 육체로는 이방인이요, 손으로 육체에 행한 할례를 받은 무리라 칭하는 자들로부터 할례를 받지 않은 무리라 칭함을 받는 자들이라. 그 때에 너희는 그리스도 밖에 있었고, 이스라엘 나라 밖의 사람이라. 약속의 언약들에 대하여는 외인이요, 세상에서 소망이 없고 하나님도 없는 자이 더니, 이제는 전에 멀리 있던 너희가 그리스도 예수 안에서 그리스도의 피로 가 까워졌느니라. 그는 우리의 화평이신지라. 둘로 하나를 만드사 원수된 것, 곧 중 간에 막힌 담을 자기 육체로 허시고, 법조문으로 된 계명의 율법을 폐하셨으니, 이는 이 둘로 자기 안에서 한 새 사람을 지어 화평하게 하시고, 또 십자가로 이 둘 을 한 몸으로 하나님과 화목하게 하려 하심이라. 원수된 것을 십자가로 소멸하 시고, 또 오셔서 먼 데 있는 너희에게 평안을 전하시고 가까운 데 있는 자들에게 평안을 전하셨으니, 이는 그로 말미암아 우리 둘이 한 성령 안에서 아버지께 나 아감을 얻게 하려 하심이라. 그러므로 이제부터 너희는 외인도 아니요 나그네도 아니요, 오직 성도들과 동일한 시민이요 하나님의 권속이라. 너희는 사도들과 선지자들의 터 위에 세우심을 입은 자라. 그리스도 예수께서 친히 모퉁잇돌이 되셨느니라. 그의 안에서 건물마다 서로 연결하여 주 안에서 성전이 되어 가고, 너희도 성령 안에서 하나님이 거하실 처소가 되기 위하여 그리스도 예수 안에서 함께 지어져 가느니라. (2:11~22)

벽을 세워 다른 사람들을 차단하는 것은 죄악 된 인간 본성의 한 부분이다. 신약성경 시대에, 가장 큰 벽 중 하나는 노예와 자유민, 특히 노예와 그 주인 사이의 벽이었다. 자유로운 자들은 노예를 열등하며 짐승보다 조금 나은 존재로 내려 보았다. 숱한 노예가 주인을 경멸과 분노의 시선으로 보았다. 결과적으로, 초기 교회의 가장 큰 문제 중 하나는 그리스도인 노예주들과 그리스도인 노예들이 서로를 영적으로 동등한 존재로 대하는 것이었다.

대개 여자들도 열등한 존재로 경시되었다. 남편은 아내를 노예처럼 대하기 일쑤였다. 아내가 그리스도인이 되면, 그녀의 온 삶과 시각과 가치 체계가 바뀌었다. 단지 아내가 남편의 동의 없이 이런 급진적 결정을 내렸다는 이유로, 불신자 남편은 아내와 이혼할 가능성이 높았다.

헬라인들은 자신들의 문화를 매우 자랑스러워했고 자신들이 인종적으로 우월하다고 생각했으며, 그래서 다른 모든 사람을 야만인으로 여겼다. 바울은 이들의 이러한 신념을 로마서 1장 14절과 골로새서 3장 11절에서 암시한다. 헬라어는 신들의 언어로 여겨졌다. 로마 정치가 키케로(Cicero, B.C.106-43)는 이렇게 썼다. "헬라인들이 말하듯이, '모든 인간은 두 계층, 곧 헬라인과 야만인으로 나뉜다.'" 또 다른 고대 로마인 리비우스(Livy, B.C.59-A.D.17)는 헬라인들은 타 인종들과 끊임없이 전쟁했는데, 이들을 모두 야만인으로 여겼다고 썼다. 이런 정서 때문에 초기 교회는 믿는 이방인들과 유대인들 사이뿐 아니라 믿는 헬라인들과 다른 이방인 신자들 사이에서도 계속해서 벽에 부딪혔다.

자신의 책 『평화의 십자가』(The Cross of Peace)에서, 필립 깁스 경(Sir Philip Gibbs, 1877-1962)은 이렇게 말한다.

장벽 문제는 세계가 반드시 마주해야 하는 가장 첨예한 문제 중 하나로 성장했다. 오늘날 온갖 종류의 지그재그 형태와 십자 형태의 장벽이 전 세계 여러 인종과 민족을 가로지른다. 현대의 진보 덕에 세계가 한 동네가 되었고, 하나님은 우리에게 세계를 형제로 만드는 과제를 맡기셨다. 인종과 계층을 나누는 벽이 세워지는 요즘, 우리는 그리스도의 메시지로 세상을 새롭게 흔들어야 한다. 그리스도 안에는 노예나 자유인이 따로 없고, 유대인이나 헬라인이 따로 없으며, 스구디아인과 야만인이 따로 없고, 모두 하나이기 때문이다.

하나님의 백성이 하나 되지 못하는 것은 늘 그분에게 큰 아픔이었다. 요한복음 17장에서, 예수님은 제자들을 위해 중보하면서 이들이 하나 되길 세 번이나 기도하셨고(11, 21, 22절), 또한 이들이 "온전함을 이루어 하나가 되길"("완전히 하나가 되길," 새번역) 기도하셨다(23절). 예수님의 기도는 늘 응답되었다. 늘 아버지의 뜻에 맞게 기도하셨기 때문이다. 자신의 백성이 하나 되길 구하는 예수님의 기도는 위치상(positionally) 이미 응답되었다. 예수님을 믿는 모든 신자는 영적으로 그분과 하나 되었고 모든 세대의 모든 신자와도 하나 되었기 때문이다. 위치상 우리는 예수 그리스도 안에서 하나'이다'. "주와 합하는 자는 [그와] 한 영이니라"(고전 6:17). "몸은 하나인데 많은 지체가 있고 몸의 지체가 많으나 한 몸임과 같이, 그리스도도 그러하니라. 우리가…다 한 성령으로 세례를 받아 한 몸이 되었고"(12:12~13).

육체적 몸이 그 안에 흐르는 공통된 원리가 있듯이, 그리스도의 몸, 곧 그분의 교회도 다르지 않다. 하나님의 성령께서 하나님의 생명을 예수 그리스도를 믿는 모든 사람의 영혼에 두시며, 그 사람이 같은 영원한 영역에 속한 모든 신자와 하나 되게 하신다. 예수 그리스도의 나라에서는 모든 벽이 무너진다. 예수 그리스도 안에는 벽도 없고, 계층도 없으며, 카스트도 없고, 인종도 없으며, 성별도 없고, 그 어떤 차별도 없다.

그러나 비극적이게도 실제 현실은 이와 다르기 일쑤다. 고린도 신자들에게 보낸 편지에서, 바울은 신자들이 위치상 하나라고 강력하게 선언하면서도, 고린도 신자들이 실제로 하나 되지 못했다며 강하게 질책했다. "형제들아, 내가 신령한 자들을 대함과 같이 너희에게 말할 수 없어서 육신에 속한 자, 곧 그리스도 안에서 어린아이들을 대함과 같이 하노라…너희는 아직도 육신에 속한 자로다. 너희 가운데 시기와 분쟁이 있으니, 어찌 육신에 속하여 사람을 따라 행함이 아니리요?"(고전 3:1, 3; 참조. 1:11~13).

불과 20년 전, 미국 남부에 번성하는 백인 교회가 있었다. 그런데 이 교회의 목사가 지역사회 전체에 짐이 되었다. 이 교회의 흑인 경비원은 친절하고 순종하는 그리스도인이었다. 목사와 경비원이 매주 함께 성경을 공부하고 기도했다. 몇 달 후, 교회 당회가 목사에게 더는 "그 사람"과 교제하지 말라고 했다. 교회 이미지를 해친다는 게 이유였다. 목사는 그럴 수 없다고 했다. 그 사람과 교제하고 그 사람을 목양하는 것이 주님의 뜻이라고 느꼈기 때문이다. 그러나 동네의 어느 가게도 목사에게 물건을 팔려 하지 않았다. 목사는 옷을 살 수 없었고, 주유를 할 수 없었으며, 심지어 식료품조차 살 수 없었다. 얼마 지나지 않아, 목사는 신경쇠약에 걸려 인근 큰 도시의 정신병원에 입원했으며, 입원 둘째 날 창밖으로 뛰어내려 스스로 목숨을 끊었다.

전혀 다른 이야기가 있다. 같은 시기, 어느 아프리카 교회의 이야기다. 이 교회는 대대로 철천지원수로 살아온 여러 부족의 신자들로 구성되었다. 어느 선교사가 이 교회에서 성찬식을 집례하며 주위를 둘러보다 깊이 감동했다. 응고니족 추장이 많은 부족민과 함께 있었다. 셍가족과 툼부카족 주민들도 보였다. 이들이 함께 찬양하고 기도하며 주의 만찬에 참여했다. 예전에, 각 부족은 다른 두 부족의 남자와 여자와 아이들을 얼마나 많이 죽이거나 겁탈하거나 장애인으로 만들었는지 자랑하길 좋아했다. 늙은 추장은 젊은 응고니 전사들이 나가 원수들을 공격했던 때를 기억할 수 있었다. 이들은 마을들을 잿더미로 만들었고, 셍가족과 툼부카족의 피로 물든 창을 들고 집으로 돌아갔다. 그러나 이들은 전에 서로의 피를 흘림으로써 나뉘었듯이, 이제 자신들의 공통된 구주이신 예수 그리스도의 피로 하나가 되었다.

이것이 예수 그리스도께서 그분의 백성에게 주시며 힘써 지키라고 명하시는 하나됨, 곧 "평안의 매는 줄로 성령이 하나 되게 하신 것"이다(엡 4:3). 바울은 이어서 말한다. "몸이 하나요 성령도 한 분이시니, 이와 같이 너희가 부르심의 한 소망 안에서 부르심을 받았느니라. 주도 한 분이시오, 믿음도 하나요, 세례도 하나요, 하나님도 한 분이시니, 곧 만유의 아버지시라. 만유 위에 계시고, 만유를 통일하시고, 만유 가운데 계시도다"(4~6절). 교회는 이 하나됨을 "우리가 다 하나님의 아들을 믿는 것과 아는 일에 하나가 되어 온전한 사람을 이루어 그리스도의 장성한 분량이 충만한 데까지 이를" 때까지 드러내야 한다(13절).

그리스도 없는 소외

> 그러므로 생각하라. 너희는 그 때에 육체로는 이방인이요, 손으로 육체에 행한 할례를 받은 무리라 칭하는 자들로부터 할례를 받지 않은 무리라 칭함을 받는 자들이라. 그 때에 너희는 그리스도 밖에 있었고, 이스라엘 나라 밖의 사람이라. 약속의 언약들에 대하여는 외인이요, 세상에서 소망이 없고 하나님도 없는 자이더니, (2:11~12)

에베소교회의 분열은 주로 유대인 신자들과 이방인 신자들 사이에서 일어났다. 그러나 바울이 나중에 이들에게 일깨우듯이, "그리스도의 비밀," 곧 "그의 거룩한 사도들과 선지자들에게 성령으로 나타내신 것"은 "이방인들이 복음으로 말미암아 그리스도 예수 안에서 함께 상속자가 되고 함께 지체가 되고 함께 약속에 참여하는 자가 됨"이다(3:4~6). 하나님의 성령 안에서 하나됨이 모든 차이를 밀어냈다. "너희가 다 믿음으로 말미암아 그리스도 예수 안에서 하나님의 아들이 되었으니, 누구든지 그리스도와 합하기 위하여 세례를 받은 자는 그리스도로 옷 입었느니라. 너희는 유대인이나 헬라인이나 종이나 자유인이나 남자나 여자나 다 그리스도 예수 안에서 하나이니라"(갈 3:26~28; 참조. 롬 10:12). 교회의 하나됨은 조직적 하나됨이 아니라 영적 하나됨이다. 이 단락은 영적 하나됨에 초점을 맞춘다. "둘로 하나를 만드사"(엡 2:14), "한 새 사람"(15절), "한 몸"(16절), "둘"(both, 둘 다, 14, 16, 18), "서로"(together, 21~22절) 같은 용어는 모두 사도가 무엇을 강조하는지 보여준다.

전도 사역을 위해 특정한 민족, 인종, 종교 그룹에 초점을 맞추고 다소 특이한 그룹에 접근하는 방식을 고안하는 게 도움이 될 때가 많고 때로 꼭 필요하다. 그러나 이런 그룹 출신의 신자들이 기존 교회에 동화되지 못하는 것은 안타깝다.

하나님은 주권적으로 유대인들을 자신의 특별한 백성으로 선택하셨다. 하나님은 이스라엘에게 "내가 땅의 모든 족속 가운데 너희만을 알았나니(have chosen)"라고 말씀하셨다(암 3:2). 하나님이 유대인들을 선택하신 것은 이들이 그분의 특별한 복을 받을 뿐 아니라 다른 사람들에게 그 복을 전하는 통로가 되게 하기 위해서다. 아브라함과 그의 후손들, 곧 유대인들을 통해 "땅의 모든 족속이…복을 얻을 것"은 처음부터 하나님의 계획이었다(창 12:3). 이스라엘은 하나님을 아는 지식이 온 세상에 퍼지는 통로가 되도록 부르심을 받았다.

불행히도 이스라엘은 이 부르심을 전혀 성취하지 못했다. 이스라엘은 이방인들에게 증언하기보다 이들을 정죄하길 좋아했다. 어느 랍비 저자가 이야기를 들려준다. 유대인이 이방인을 대하는 일반적 태도를 설명하는 사건에 관한 이야기다. 어떤 이방 여인이 랍비 엘리에젤을 찾아와 자신은 죄가 많다고 고백하며 의로워지고 싶다고 했다. 여인은 유대교 신앙을 받아들이고 싶었다. 유대인들은 하나님과 가깝다고 들었기 때문이었다. 랍비는 "안 됩니다. 부인은 가까이 올 수 없습니다"라고 답하며 면전에서 문을 닫아버렸다고 한다.

베드로는 바로 이렇게 이방인을 경멸하는 태도를 갖고 있었다. 주님이 그에게 부정한 짐승의 환상을 보여주며 먹으라고 하실 때까지 말이다(행 10:9~16). 베드로는 나중에 로마 백부장 고넬료와 그의 권속에게 이렇게 설명했다. "유대인으로서 이방인과 교제하며 가까이 하는 것이 위법인 줄은 너희도 알거니와 하나님께서 내게 지시하사 아무도 속되다 하거나 깨끗하지 않다하지 말라 하시기로"(28절; 참조. 갈 2:11~14).

하나님이 교회에게 명하셨다. "너희는 온 천하에 다니며 만민에게 복음을 전파하라"(막 16:15). "너희는 가서 모든 민족을 제자로 삼아라"(마 28:19). "예루살렘과 온 유대와 사마리아와 땅 끝까지 이르러 내 증인이" 되라(행 1:8). 자신의 사랑과 은혜와 용서와 자비가 세상 모든 사람에게 미치게 하는 것이 언제나 하나님의 계획이었다.

하나님이 이스라엘을 두드러지게 하신 데는 두 가지 이유가 있었다. 첫째, 하나님은 세상이 이스라엘을 주목하며, 이들이 다른 사람들처럼 살고 행동하지 않는다는 것을 깨닫길 원하셨다. 둘째, 하나님은 이스라엘이 아주 두드러져 절대로 다른 민족들과 합쳐지지 않길 원하셨다. 하나님은 이스라엘에게 음식, 의복, 결혼, 의식을 비롯해 여러 부분에서 아주 엄격한 규정을 주셨고, 그래서 이스라엘은 다른 사회에 쉽게 어울려 들 수 없었다. 이런 두드러진 부분들은 하나님이 이들에게 주신 특별한 복과 함께, 증언 도구로 활용되어야 했다. 그러나 이스라엘은 줄곧 이것들을 교만과 고립과 자기 영광을 위한 도구로 잘못 사용했다.

바울이 이 편지 뒷부분에서 에베소 그리스도인들에게 일깨우듯이, 에베소교회는 세상과 다르게 살라는 비슷한 부르심을 받았다. "너희는 이방인이 그 마음의 허망한 것으로 행함 같이 행하지 말라"(4:17). "너희는 유혹의 욕심을 따라 썩어져 가는 구습을 따르는 옛 사람을 벗어 버리고, 오직 너희의 심령이 새롭게 되어, 하나님을 따라 의와 진리의 거룩함으로 지으심을 받은 새 사람을 입으라"(4:22~24). 그러나 에베소교회도 특별한 복을 하나님의 은혜와 선하심을 세상에 증언하기 위해 겸손하게 사용하는 대신 교만과 고립과 자기만족을 위한 수단으로 잘못 사용할 위험에 직면한다.

요나는 유대인이 이방인을 대하는 일반적 태도를 전형적으로 보여준다. 하나님이 요나에게 니느웨에 가서 외치라고 하셨을 때, 선지자는 정반대 방향으로 달아났다. 그는 마침내 하나님께 순종했으며, 니느웨는 그의 외침을 듣고 회개했다. 그런데 "요나가 매우 싫어하고 성냈다." 하나님이 그분의 은혜와 긍휼로 니느웨의 악한 이방인들을 멸하지 않으셨기 때문이다. 니느웨 사람들이 회개하면 하나님이 하시리라고 요나가 알았던 그대로 하나님이 하셨기 때문이다(욘 4:1~2).

요나처럼 대다수 유대인은 인자하고 사랑이 넘치는 자신들의 하나님을 그 누구와도 공유하고 싶지 않았다. 유대인들은 하나님의 복은 받아들였으나 하나님의 사명, 곧 이방 민족들의 빛이 되라는 사명은 받아들이지 않았다(사 42:6; 49:6; 60:3; 62:1~2).

이방인들을 향한 유대인들의 경멸은 인간적 관점에서 자주 정당화되었다. 자신들의 역사 내내, 유대인들은 이방인들에게 억압과 박해를 받았기 때문이다. 이방인들은 유대인들을 착취해야 하는 노예 민족으로 보기 일쑤였다. 우리 시대에 나치 정권 아래서 그러했듯이, 유대인들은 흔히 인류의 적으로 조롱받았다.

그러나 유대인들은 자신들을 부르고 복을 주신 하나님의 인자와 용서를 드러내는 대신, 자신들의 분노와 증오를 자신들을 박해하는 자들에게 터트리기 일쑤였다. 요나처럼 유대인들은 이방인들이 용서가 아니라 심판을 받길 원했다. 어떤 유대인들은 하나님이 지옥 땔감으로 쓰려고 이방인들을 지으셨다고 믿었다. 숱한 유대인이 하나님이 이스라엘을 사랑하고 나머지 모든 민족을 미워하신다고 믿었다. 그 결과, 어떤 유대인 여자들은 비유대인 여자들의 출산을 돕길 거부했다. 그들을 도우면, 경멸스러운 이방인이 또 하나 세상에 나오게 만든 책임이 있게 되기 때문이었다.

유대인은 팔레스타인에 들어갔다 나올 때, 흔히 샌들과 옷에서 먼지를 턴다. 거룩한 땅을 이방인의 먼지로 더럽히지 않기 위해서다. 사마리아인들은 부분적으로 이방인이었다. 그래서 대다수 유대인은 사마리아 땅을 밟지 않으려고 먼 길을 둘러 갔다. 젊은 유대인 남자나 여자가 이방인과 결혼하면, 가족은 자녀가 종교, 인종, 가족과 관련해 죽었다는 상징으로 장례식을 치렀다. 더럽혀질까 두려워, 많은 유대인이 이방인의 집에 들어가려 하지 않거나 이방인을 자신의 집에 들이려 하지 않았다.

오랜 세월을 내려오면서, 유대인과 이방인 사이에 적대감이 깊어졌다. 양쪽이 늘 대놓고 충돌하지는 않았지만, 서로를 경멸했기에 둘 사이에 골이 점점 깊어졌다.

이러한 적대감의 흔적을 초기 교회에서 볼 수 있다. 실제로 하나 되기란 쉽지 않았다. 많은 유대인 신자가 이방인이 구원받으려면 먼저 모세 율법을 지키고 남자라면 할례를 받음으로써 유대인이 되어야 한다고 생각했다. 이러한 유대주의자들이 교회에서 영향력이 아주 많이 커졌고, 그래서 이들의 가르침을 다루기 위해 예루살렘에서 특별 회의가 열렸다(행 15장을 보라). 이 회의가 이방인이 구원받기 위해 유대인이 될 필요가 '없다'고 결정한 후에도, 많은 유대인 그리스도인이 여전히 다르게 믿었다. 베드로는 이와 관련해 특별한 하나님의 계시를 받았고(행 10장) 예루살렘 공의회에도 직접 참석했다. 그런데도 베드로는 어떤 유대주의자들이 무서워 복음을 훼손했다. 이런 이유로, 바울은 베드로가 "책망 받을 일이 있기로 … 그를 대면하여 책망하였다"(갈 2:11). 복음은 오직 하나, 은혜의 복음뿐이다. 그러므로 바울은 이렇게 경고했다. "우리나 혹은 하늘로부터 온 천사라도 우리가 너희에게 전한 복음 외에 다른 복음을 전하면 저주를 받을지어다"(갈 1:8).

회심한 유대인들은 안식일을 지키고 부정한 짐승의 고기를 먹지 말라는 것과 같은 의식법을 어기기 어려웠다. 회심한 이방인들은 이교도 신에게 제물로 바쳤던 고기를 먹는 것과 같은 일에 어려움이 있었다. 이런 많은 면에서, 유대인 신자들과 이방인 신자들이 이전 전통과 신념에 걸려 넘어졌고, 그러면서 서로에게도 걸려 넘어졌다. 한 그룹에게 더없이 중요한 것이 나머지 한 그룹에게는 대수롭지 않았다. 에베소 2장 11~12절에서 바울은 이 문제를 양쪽에서 다룬다. 첫째, 바울은 유대인들과 이방인들이 예전에는 사회적·영적으로 서로 소외되었으나 예수 그리스도 안에서 영적으로 하나가 되었다고 말한다.

이 중요한 단락은 **그러므로**라는 단어로 시작하며, 이로써 이방인 그리스도인들의 새로운 정체성을 말하는 그다음 줄이 1~10절에 기술되었듯이, 그리스도께서 이들에게 생명과 영원한 복을 주려고 하신 일에 기초한다는 것을 보여준다. 마치 바울이 이들에게 자신들의 옛 상황에서 벗어난 것을 크게 감사함으로써 자신들이 모든 신자와 하나 된 새로운 상황을 온전히 인식하라고 요구하는 것 같다. 구원받은 죄인은 자신이 구출된 구덩이를 되돌아볼 때 가장 감사하게 된다.

사회적 소외

첫째 소외는 사회적이었다. **너희는 그 때에 육체로는 이방인이요, 손으로 육체에 행한 할례를 받은 무리라 칭하는 자들로부터 할례를 받지 않은 무리라 칭함을 받는 자들이라.** 바울은 자신의 독자들을 **육체로는 이방인**이라 부른다. 유대인과 이방인의 차이가 육체적이며 외적인 것임을 강조하기 위해서다. 그리고 이들에게 자신들이 그리스도께 나오기 전에 누구였는지 **생각하라**(remember, 기억하라)고 요구한다. 유대인들에 관한 한, 이들은 버림받은 자(outcasts)였으며, **할례를 받지 않은 무리**(Uncircumcision)라 불렸는데, 이것은 조롱과 비방과 치욕을 내포하는 용어다. 다윗은 골리앗을 "할례 받지 않은 블레셋 사람"이라 불렀다(삼상 17:26). 이방인들은 자신들을 하나님의 백성으로 구별하는 할례라는 육체적 표식이 없었다. 그래서 많은 유대인이 이방인은 열등하며, 사실 하나님과 아무 상관이 없다고 생각하게 되었다. 유대인들을 묘사하며 선택하는 표현 — **손으로 육체에 행한 할례를 받은 무리**(문자적으로, "육체에, 손으로 한") — 에서 나타나듯이, 바울은 이런 유대인의 증오를 경멸조로 말한다. 이렇듯 바울은 할례도 외적일 뿐임을 강조함으로써 유대인의 자랑에 이의를 제기한다(참조. 레 26:41; 신 10:16; 렘 4:4; 겔 44:7).

그러나 할례는 결코 하나님과 연결되는 개인적 관계의 표식이었던 적이 없다. 유대인이나 그 누구에게도 다르지 않았다. 바울은 로마서에서 이 진실을 강조한다. "무릇 표면적 유대인이 유대인이 아니요 표면적 육신의 할례가 할례가 아니니라. 오직 이면적 유대인이 유대인이며, 할례는 마음에 할지니 영에 있고 율법 조문에 있지 아니한 것이라. 그 칭찬이 사람에게서가 아니요 다만 하나님에게서니라"(롬 2:28~29; 참조. 갈 5:6; 6:15). 로마서 조금 뒤 구절에서, 바울은 유대 민족의 조상 아브라함이 할례 받기 전에 구원받았음을 지적한다(4:9~12). 두 그룹 사이의 구분이 할례라는 표식으로 상징되었으며, 이것은 순전히 육체적 구분이었다.

영적 소외

둘째, 훨씬 더 중요한 이방인들의 소외는 영적이었다. **그 때에 너희는 그리스도 밖에 있었고, 이스라엘 나라 밖의 사람이라. 약속의 언약들에 대하여는 외인이요, 세상에서 소망이 없고 하나님도 없는 자이더니.** 유대인과 이방인 사이에 도덕적 차이는 없었다(1~10절이 보여주듯이). 그렇더라도 하나님이 사람으로 이들을 대하시는 데는 차이가 있었다. 그리스도께서 오시기 전, 유대인들은 하나님의 약속을 받은 백성이었으나 이방인들은 다섯 가지 면에서 하나님과 단절된 사람들이었다.

첫째, 이방인들은 그리스도, 곧 메시아가 없었다(**그리스도 밖에 있었고**). 그러므로 이들은 구원자요 해방자를 바라는 메시아 대망이 없었다. 이들의 역사는 목적도, 계획도, 종착지도 없었다. 하나님의 궁극적 심판이 있을 뿐이었으나 이들은 이것을 알지 못했다. 대중적인 스토아 철학자들은 역사가 3천 년을 주기로 반복된다고 가르쳤다. 한 주기가 끝나면, 우주가 불타고 다시 태어나 동일하고 헛된 패턴을 반복한다는 것이다.

이교도 신들은 인간 자신의 약점과 죄의 확장판에 지나지 않았다. 에베소의 수호여신 디아나, 즉 아르테미스(아데미)는 아름답거나 우아한 여성이 아니라 작은 새끼들에게 늘어진 젖꼭지들이 빨리는 추한 짐승으로 표현되었다. 예외 없이, 이교도 우상숭배는 그 실체를 보면 늘 혐오스럽고 역겨웠다. 이교도 우상숭배는 신뢰와 희망이 아니라 두려움과 절망을 먹고 자란다. 이교도 신들은 거룩하고 신실하기보다 사악하고 변덕스럽기 때문이다. 하나님은 이방인들을 영원하고 주권적인 자신의 계획, 곧 이들이 믿음을 통해 그리스도와 연합하는 계획 속에 두셨다. 그렇더라도, 이방인들은 아직 이런 관계를 갖지 못했다.

둘째, 이방인들이 영적으로 소외된 것은 **이스라엘 나라 밖의 사람**이기 때문이었다. 하나님은 자신의 선민(選民)이 신정국가, 자신이 친히 왕이요 주(Lord)인 나라가 되게 하셨다. 하나님은 이 나라에 자신의 특별한 복과 보호와 사랑을 주셨다. 하나님은 이들에게 자신의 언약과 율법과 제사장 제도와 제사 제도와 약속을 주시고 이들을 인도하셨다(다음을 보라. 신 32:9~14; 33:27~29; 사 63:7~9; 암 3:2). 시편 기자는 하나님이 "그는 어느 민족에게도 이와 같이 행하지 아니하셨나니, 그들은 그의 법도를 알지 못하였도다"라고 노래했다(147:20). 에스겔은 하나님이 이스라엘을 어떻게 특별히 보살피셨는지 생생하게 묘사한다.

네가 난 것을 말하건대, 네가 날 때에 네 배꼽 줄을 자르지 아니하였고, 너를 물로 씻어 정결하게 하지 아니하였고, 네게 소금을 뿌리지 아니하였고, 너를 강보로 싸지도 아니하였나니, 아무도 너를 돌보아 이 중에 한 가지라도 네게 행하여 너를 불쌍히 여긴 자가 없었으므로, 네가 나던 날에 네 몸이 천하게 여겨져 네가 들에 버려졌느니라. 내가 네 곁으로 지나갈 때에 네가 피투성이가 되어 발짓하는 것을 보고 네게 이르기를, 너는 피투성이라도 살아 있으라. 다시 이르기를 너는 피투성이라도 살아 있으라 하고, 내가 너를 들의 풀 같이 많게 하였더니, 네가 크게 자라고 심히 아름다우며 유방이 뚜렷하고 네 머리털이 자랐으나 네가 여전히 벌거벗은 알몸이더라. 내가 네 곁으로 지나며 보니, 네 때가 사랑을 할 만한 때라. 내 옷으로 너를 덮어 벌거벗은 것을 가리고, 네게 맹세하고 언약하여 너를 내게 속하게 하였느니라. 나 주 여호와의 말이니라. 내가 물로 네 피를 씻어 없애고, 네게 기름을 바르고, 수놓은 옷을 입히고, 물돼지 가죽신을 신기고, 가는 베로 두르고, 모시로 덧입히고, 패물을 채우고, 팔고리를 손목에 끼우고, 목걸이를 목에 걸고, 코고리를 코에 달고, 귀고리를 귀에 달고, 화려한 왕관을 머리에 씌웠나니, 이와 같이 네가 금, 은으로 장식하고 가는 베와 모시와 수놓은 것을 입으며, 또 고운 밀가루와 꿀과 기름을 먹음으로 극히 곱고 형통하여 왕후의 지위에 올랐느니라. 네 화려함으로 말미암아 네 명성이 이방인 중에 퍼졌음은 내가 네게 입힌 영화로 네 화려함이 온전함이라. 나 주 여호와의 말이니라. (겔 16:4~14)

이방인들이 참 하나님을 받아들였다면, 이들도 복 받은 민족의 한 부분일 수 있었을 것이다. 그러나 이들은 하나님을 거부했기 때문에, 그분이 주시는 민족적 복을 받지 못했다. 이들은 하나님이 복을 주시는 공동체나 나라가 없었고, 복을 주시는 하나님도 없었다. 이들은 하나님의 다스림 밖에 있었기 때문에 특별한 복이나 보호를 받지 못했다.

셋째, 이방인들이 영적으로 소외되었던 것은 하나님과 맺은 언약이 없었기 때문이다(**약속의 언약들에 대하여는 외인이요**). 약속의 언약 중에 최고는 아브라함 언약이었다. "내가 너로 큰 민족을 이루고 네게 복을 주어 네 이름을 창대하게 하리니, 너는 복이 될지라. 너를 축복하는 자에게는 내가 복을 내리고 너를 저주하는 자에게는 내가 저주하리니, 땅의 모든 족속이 너로 말미암아 복을 얻을 것이라"(창 12:2~3; 17:7; 26:3~5; 28:13~15). 이 위대한 언약 안에는 모세 언약, 팔레스타인 언약, 다윗 언약이 내재되어 있었으며, 새 언약까지 있었다(렘 31:33). 아브라함 언약은 하나님이 이스라엘을 대하시는 모든 방식의 배경이었고 그 방식을 결정했다(롬 9:4).

여기서 분명히 해야 할 게 있다. 하나님의 언약은 계약이며, 하나님은 이 계약에 자신을 붙들어 매신다는 것이다. 이 계약은 하나님이 자신의 백성에게 직접 하신 약속을 지키고, 이들을 죄에서 구속해 영원히 복을 주시겠다는 것이다. 믿음과 순종은 이 언약의 성취를 경험하는 자의 표식이다.

언약 안에서, 하나님은 이스라엘을 복 주고 번성시키며 구원하고 구속하겠다는 약속을 주셨고 이 약속을 갱신하셨다. 언약 안에서, 하나님은 자신의 백성에게 땅과 나라와 왕을 주겠다고 약속하셨다. 그리고 자신을 믿는 자들에게 영생과 천국을 약속하셨다.

넷째, 이방인들이 영적으로 소외된 것은 이들에게 **소망이 없기** 때문이었다. 이들은 **그리스도**가 없었고, **나라**가 없었으며, **약속의 언약들**이 없었고, **소망이 없었다.** 참 약속만이, 자신의 약속을 지킬 수 있는 자에 대한 굳건한 확신만이 참 소망의 근거일 수 있다. 소망은 삶에 의미와 안전을 부여하는 심오한 약속이다. 미래의 기쁨과 풍요에 대한 소망 없이 산다면, 인간은 의미 없는 단백질 덩어리로 전락한다. 소망은 삶의 완성이며, 하나님의 계획에서 우리에게 복된 미래가 있다는 굳건한 보증이다. 욥의 큰 탄식에서 가장 슬픈 점을 다음에서 볼 수 있다. "나의 날은 베틀의 북보다 빠르니 희망 없이 보내는구나"(욥 7:6). 이러한 비관적 시각의 정반대 쪽에 유대인들이 찬양했고 시편 146편 5절에서 간결하게 표현된 기쁨이 가득한 진리가 있다. "야곱의 하나님을 자기의 도움으로 삼으며 여호와 자기 하나님에게 자기의 소망을 두는 자는 복이 있도다." "이스라엘의 소망"은(행 28:20) 영원한 구원과 영광의 소망이었다. 예레미야는 "이스라엘의 소망"이란 표현을 하나님의 칭호로 사용했는데, 그 의미는 구원자와 다르지 않다(렘 14:8; 17:13). 이방인들은 시편 기자가 표현한 것과 같은 소망이 없었다. "주 여호와여 주는 나의 소망이시요 내가 어릴 때부터 신뢰한 이시라"(시 71:5).

누군가 당신에게 사업자금으로 백만 달러를 빌려주겠다고 제안한다면, 그 사람이 실제로 그만한 돈을 가졌는지 확인하고 싶을 것이다. 그가 약속을 지키는 사람인지, 믿을만한 사람인지도 확인하고 싶을 것이다. 그가 그만한 돈이 없거나 약속을 지키지 않는 사람이라면, 그의 약속은 무가치하고, 합리적인 사람은 그의 제안에 희망을 걸지 않을 것이다.

이스라엘은 하나님의 약속 안에 완전한 소망이 있었다. 하나님은 모든 자원을 마음껏 쓰실 수 있기 때문이고, 거짓말을 하실 수 없기 때문이다. 이스라엘은 하나님의 약속이 있었다. 그뿐 아니라, 이스라엘은 하나님이 그 약속을 이행하실 수 있는 분이며, 이행하시리라 믿을 수 있는 분이라는 것을 알았다. 이스라엘은 이 약속에 소망을 두지 못하기 일쑤였지만, 이것은 이들이 신실하지 못했기 때문이지 하나님이 신실하지 않으셨기 때문이 아니었다.

그러나 이방인들은 이런 약속이 없었고, 따라서 소망을 가질 근거가 없었다. 바울 당시의 대다수 이방인은 죽음이 모든 존재의 끝이거나 죽으면 영이 빠져나와 지하 세계에서 목적 없이 영원히 방황한다고 생각했다. 죽음은 무(無)를 부르거나 영원한 절망을 초래할 뿐이다. 헬라 철학자 디오게네스(Diogenes, BC 412?-323)는 이렇게 말했다. "나는 내 젊음을 기뻐한다. 오랜 후, 생명을 잃고, 돌처럼 목소리도 없이, 땅 밑에 눕겠지. 비록 내가 선한 사람이지만 내가 사랑하는 햇볕도 떠나겠지. 그러면 아무것도 보지 못할 거야. 내 영혼아, 네 젊음을 기뻐하라." 이것이 우리 시대를 사는 숱한 사람들의 기본 철학이며, 이 철학은 "즐길 수 있을 때 즐기는 거야!"와 "인생은 한 번이야!" 같은 말에서 나타난다.

다섯째, 가장 중요하게도, 이방인들이 영적으로 소외된 것은 이들이 **세상에서…하나님도 없는**[atheos] **자**였기 때문이다. 이들은 대부분 많은 신을 믿었으며, 따라서 지적 무신론자가 아니었다. 어떤 사람들은 범신론자였으며, 신이 만물에, 생물과 무생물에 내재한다고 믿었다. 바울은 아레오바고에서 아덴(아테네) 헬라인들에 대해 이렇게 말했다. "너희를 보니, 범사에 종교심이 많도다. 내가 두루 다니며 너희가 위하는 것들을 보다가 알지 못하는 신에게라고 새긴 단도 보았으니, 그런즉 너희가 알지 못하고 위하는 그것을 내가 너희에게 알게 하리라"(행 17:22~23). 이들은 행여 놓치는 신이 있을까 봐 이 신단(神壇)을 세웠다.

문제는 이방인들에게 신이 없다는 게 아니라 이들에게 참 하나님이 없다는 것이었다. 신자들은 죄악 된 지금 세상에서 숱한 어려움과 시련을 겪으며 쉴 새 없이 사탄의 체계에 둘러싸이지만, 죄가 없고 완전한 미래 세상에 대한 확실한 소망이 있다. 그러나 하나님 없이 악한 체계에 사로잡혀 있다면 소망이 없다. 바울은 갈라디아의 이방인 회심자들에게 일깨운다. 주님을 알기 전, 이들은 "본질상 하나님이 아닌 자들에게 종노릇 하였"는데(갈 4:8), 바로 이 때문에 그리스도 없는 사람은 누구라도 소망이 없다(살전 4:13).

이방인들이 **세상에서…하나님도 없는 자**였던 것은 이들이 하나님을 원치 않았기 때문이다. 하나님은 이방인들을 거부하지 않으셨다. "하나님께서 외모로 사람을 취하지 아니하시"기 때문이다(롬 2:11). 유대인들은 돌판에 새긴 하나님의 율법을 받았으나 이방인들은 이런 게 없었다. 그러나 이방인들에게는 그들의 마음과 양심에 새긴 율법이 있었다(롬 2:15). 이방인들에게는 하나님의 본질의 계시가 있었다. "이는 하나님을 알 만한 것이 그들 속에 보임이라. 하나님께서 이를 그들에게 보이셨느니라. 창세로부터 그의 보이지 아니하는 것들, 곧 그의 영원하신 능력과 신성이 그가 만드신 만물에 분명히 보여 알려졌나니, 그러므로 그들이 핑계하지 못할지니라"(롬 1:19~20). 이방인들은 하나님에 관한 진리, 곧 그분이 아주 분명하게 드러내신 진리를 간과함으로써 하나님을 거부했다. 문제는 이들이 "하나님을 알되 하나님을 영화롭게도 아니하며 감사하지도 아니하고 오히려 그 생각이 허망하여지며 미련한 마음이 어두워졌다"는 것이다(21절).

하나님이 유대인들을 자신의 거룩한 백성으로 부르신 목적은 이들을 이방인들에게 자신의 선교사로 보내 모든 민족이 은혜와 사랑 가운데 자신에게 돌아오라고 외치게 하는 데 있었다. 그러나 이방인들이 자신들의 작은 빛에 충실하지 못했듯이 유대인들은 자신들의 큰 빛에 충실하지 못했다. 안타깝게도, 숱한 그리스도인이 자신들의 여전히 큰 빛(greater Light)에, "참 빛 곧 세상에 와서 각 사람에게 비추는 빛"에 충실하지 못하다(요 1:9; 참조. 롬 1:18~21).

그리스도께서 다시 오셔서 그분의 능력으로 분리의 벽을 허무실 때까지, 소외는 결코 끝나지 않을 것이다. 그리스도가 없으면, 사람과 하나님 사이뿐 아니라 사람과 사람 사이에도 조화가 있을 수 없다.

그리스도 안에서 하나됨

이제는 전에 멀리 있던 너희가 그리스도 예수 안에서 그리스도의 피로 가까워졌느니라. 그는 우리의 화평이신지라. 둘로 하나를 만드사 원수 된 것, 곧 중간에 막힌 담을 자기 육체로 허시고, 법조문으로 된 계명의 율법을 폐하셨으니, 이는 이 둘로 자기 안에서 한 새 사람을 지어 화평하게 하시고, 또 십자가로 이 둘을 한 몸으로 하나님과 화목하게 하려 하심이라. 원수 된 것을 십자가로 소멸하시고, 또 오셔서 먼 데 있는 너희에게 평안을 전하시고 가까운 데 있는 자들에게 평안을 전하셨으니, 이는 그로 말미암아 우리 둘이 한 성령 안에서 아버지께 나아감을 얻게 하려 하심이라. (2:13~18)

전에 멀리 있던 자들은 그리스도께 나온 이방인들이다. **멀리(far off)**는 랍비 저작들에서 이방인들, 곧 참 하나님에게서 멀리 있는 자들을 가리킬 때 흔히 사용되는 유대인 용어다(참조. 사 57:19; 행 2:39). 반대로, 유대인들은 자신들과 회심자들이 하나님과 **가까워졌다**고 생각했다. 자신들은 하나님과 언약 관계에 있고 하나님의 성전이 예루살렘에 있다는 게 그 이유였다. 그러나 **그리스도 예수 안에서**, 모든 사람이, 유대인과 이방인이 똑같이, **그리스도의 피로** 하나님과 **가까워졌다.** 이러한 가까움은 외적, 세대적, 민족적, 지리적, 의식적 가까움이 아니다. 이것은 주 예수 그리스도와의 친밀한 영적 연합이다(참조. 고전 1:24).

다툼, 불화, 적대감, 원한, 증오, 비통, 싸움, 전쟁, 갈등을 비롯해 모든 형태의 분열은 죄다. 신성(神性, Godhead)이 늘 완벽하게 조화를 이루는 것은 신성에는 죄가 없기 때문이다. 완전한 거룩은 완전한 조화를 낳는다. 사람들 사이에 일어나는 분열의 유일한 해결책은 죄를 제거하는 것인데, 예수 **그리스도께**서 자신의 **피**를 흘림으로써 이렇게 하셨다. 예수 그리스도의 대속 사역을 믿는 자들은 지금 새로운 본성을 입어 죄로부터 해방되며, 주님을 만날 때 새로운 몸을 입어 죄로부터 실제적으로, 영원히 해방될 것이다. **그리스도의 피가** 죄의 형벌을 즉시 씻으며, 궁극적으로 죄의 존재까지 씻는다.

그리스도 예수 안에서 기초가 되는 큰 벽, 곧 죄가 제거되었기 때문에, 나머지 모든 죄도 제거되었다. 그리스도 안에 있는 자들은 서로 하나이다. 이들이 이것을 깨닫든 그러지 못하든 간에, 이것을 행동에 옮기든 그러지 못하든 간에(고전 6:17) 그렇다. 주의 만찬의 목적은 우리에게 우리 주님이 우리를 그분 자신뿐 아니라 서로에게 회복시키기 위해 하신 희생을 일깨우는 것이다.

우리의 죄를 제거함으로써, 그리스도께서는 우리가 서로 화평할 뿐 아니라 하나님께 나아갈 수 있게 하신다.

하나님과 화평하고, 그분의 백성과 화평하기

> 그는 우리의 화평이신지라. 둘로 하나를 만드사 원수 된 것, 곧 중간에 막힌 담을 자기 육체로 허시고, 법조문으로 된 계명의 율법을 폐하셨으니, 이는 이 둘로 자기 안에서 한 새 사람을 지어 화평하게 하시고, 또 십자가로 이 둘을 한 몸으로 하나님과 화목하게 하려 하심이라. 원수 된 것을 십자가로 소멸하시고, 또 오셔서 먼 데 있는 너희에게 평안을 전하시고 가까운 데 있는 자들에게 평안을 전하셨으니, (2:14~17)

여기서 헬라어 본문에는 대명사가 하나, '아우토스'(*autos*, 그는)뿐이지만 많은 영어 번역이 **Himself**를 덧붙이는 데서 나타나듯이, 이 대명사는 강조를 위한 것이다.[15] 저자는 예수님만 우리의 화평이심을 강조한다(참조. 사 9:6). 다른 근원은 없다. 율법, 규례, 의식, 제사, 선한 행위가 사람과 하나님 사이에 화평을 이뤄내기 위해 할 수 없었던 것을 예수님이 하셨다. 이것들은 사람과 하나님 사이의 조화를 이뤄내지 못했을 뿐 아니라 사람과 사람 사이의 조화도 이뤄내지 못했다. 십자가에서 자신(**Himself**)을 희생함으로써, 예수님은 둘 다 이뤄내셨다.

죄는 모든 갈등과 분열의 원인이다. 마찬가지로, 죄는 모든 **화평**과 조화의

---

[15] NASB에서, 2:14은 For He Himself is our peace(그분 자신이 우리의 화평이시기 때문이다)로 시작된다.

원수이기도 하다. 악은 **화평**을 이루지 못한다. 죄는 기본적으로 이기심이며, 이기심은 기본적으로 분열을 낳는다. 자신이 원하는 것을 늘 손에 넣는다는 말은 누군가가 원하거나 필요로 하는 것을 빼앗는다는 뜻이다. 늘 자신의 방식을 관철한다는 말은 누군가의 방식을 무시한다는 뜻이다.

야고보 사도는 이렇게 말했다. "너희 중에 싸움이 어디로부터 다툼이 어디로부터 나느냐? 너희 지체 중에서 싸우는 정욕으로부터 나는 것이 아니냐? 너희는 욕심을 내어도 얻지 못하여 살인하며, 시기하여도 능히 취하지 못하므로 다투고 싸우는도다. 너희가 얻지 못함은 구하지 아니하기 때문이요, 구하여도 받지 못함은 정욕으로 쓰려고 잘못 구하기 때문이라"(약 4:1~3).

화평은 자아가 죽을 때에야 찾아오며, 자아가 진정으로 죽는 유일한 곳은 갈보리 십자가 아래다. 바울은 이렇게 고백했다. "내가 그리스도와 함께 십자가에 못 박혔나니, 그런즉 이제는 내가 사는 것이 아니요 오직 내 안에 그리스도께서 사시는 것이라. 이제 내가 육체 가운데 사는 것은 나를 사랑하사 나를 위하여 자기 자신을 버리신 하나님의 아들을 믿는 믿음 안에서 사는 것이라"(갈 2:20).

제2차 세계대전 때였다. 미군이 어느 농가를 점령한 독일군과 교전을 벌이고 있었다. 그 집에 사는 가족은 헛간에 숨어 있었다. 갑자기 세 살배기 딸이 겁에 질려 양쪽 군인들 사이에 있는 밭으로 달려 나갔다. 어린 소녀가 나타나자, 양쪽 다 즉시 사격을 중지했고, 이 상황은 소녀가 안전한 곳으로 이동할 때까지 계속되었다. 비록 짧지만, 어린 소녀가 평화(화평)를 가져왔다. 다른 무엇도 가져오지 못했을 평화였다.

예수 그리스도께서 아기로 세상에 오셨으며, 십자가에서 자신을 희생함으로써 자신을 믿는 자들에게 그 자신(**He Himself**)이 화평이 되셨다. 그분의 화평은 일시적이지 않고 영원하다. 그분은 **중간에 막힌 담을 자기 육체로 허시고…이 둘로**, 곧 유대인들("가까이" 있는 자들)과 이방인들("멀리" 있는 자들)로 **한 새 사람을 지으셨다.**

예수 그리스도 안에서 종교와 관련해 유대인과 이방인은 더는 구분되지 않는다. 사실, 주후 70년 성전이 파괴된 이후, 진정한 유대교는 존재하지 않는다. 제단이 파괴되었을 뿐 아니라, 제사장 제도의 근간이었던 모든 족보도 사라졌다. 마찬가지로, 그리스도 안에 있다면 영적 상태에 있어서 이방인이라고 다른 점이 없다. 이방인의 이교도 신앙이 사라졌고, 그의 불신앙이 사라졌으며, 그의 소망 없음이 사라졌고, 그의 하나님 없음이 사라졌다.

그리스도 안에 있는 자들에게 중요한 정체성은 단 하나, 이들이 그리스도 안에서 갖는 정체성이다. 유대인 기독교도 없고 이방인 기독교도 없다. 흑인 기독교도 없고 백인 기독교도 없다. 남성 기독교도 없고 여성 기독교도 없다. 자유인 기독교도 없고 노예 기독교도 없다. 오직 하나의 기독교만 있다. 우리 주님은 교회가 오직 하나뿐이다.

중간에 막힌 담(the barrier of the dividing wall)은 성전에서 이방인의 뜰과 나머지 구역이 분리되어 있음을 암시한다. 이방인의 뜰과 이스라엘의 뜰 사이에 이런 표지판이 있었다. "이방인은 성소와 그 주변을 두른 담장 안으로 들어갈 수 없음. 누구든지 들어가다 잡혀 죽어도 책임지지 않음." 이 물리적 벽은 두 그룹을 분리하는 또 다른 벽, 곧 적대감과 증오의 벽을 암시했다. 사도행전에서 보듯이, 이방인을 성전의 제한 구역에 데리고 들어가는 유대인이라도 죽임을 당할 위험이 있었다. 바울이 이렇게 하지 않았는데도, 어떤 아시아 유대인들은 바울이 에베소 출신의 이방인 드로비모를 성전에 데리고 들어갔다며 그를 고발했다. 로마 군인들이 바울을 구해내지 않았다면, 이들은 바울을 돌로 쳐 죽였을 것이다(행 21:27~32).

하나님이 애초에 유대인과 이방인을 분리하신 것은(참조. 사 5:1~7; 마 21:33) 유대인만 구원하기 위해서가 아니라 양쪽 다 구속하기 위해서였다. 하나님이 성전에 이방인의 뜰을 두신 것은 이방인들을 자신에게 이끌기 위해서였다. 이방인의 뜰은 유대인이 이방인을 전도하기 위한 곳, 유대교 개종자들을 얻고 이로써 이들을 "가까이" 이끌기 위한 곳이어야 했다. 그러나 예수님 당시의 유대교 지도자들은 바로 이곳을 증언 장소가 아니라 "강도의 소굴"로 사용했다(막 11:17).

그리스도께서 **중간에 막힌 담을 자기 육체로 허시고**(헬라어 부정과거 시제로 완료된 행위를 의미한다), **법조문으로 된 계명의 율법을 폐하셨다.** 예수님은 십자가에서 돌아가실 때, 사람과 하나님 사이, 사람과 사람 사이의 모든 담을 허무셨다. 유대인과 이방인 사이의 가장 큰 담은 의식법, 곧 **법조문으로 된 계명의 율법**이었다. 절기, 제사, 제물, 정결법을 비롯해 이스라엘을 다른 민족들로부터 특별히 분리하는 외형적 **계명**이 모두 폐기되었다. **법조문으로 된(contained in ordinance)**이란 어구에서 보듯이, 하나님의 도덕법은 폐기되지 않은 게 분명하다. 하나님의 도덕법은 그분 자신의 거룩한 본성을 반영하며, 따라서 절대로 바뀔 수 없다(참조. 마 5:17~19). 이 율법은 유대인들을 위해 십계명으로 요약되었고, 모든 사람을 위해 각자의 마음에 새겨졌으며(롬 2:15), 여전히 유효하다(마 22:37~40; 롬 13:8~10). 예수님은 하나님의 도덕법을 더 짧게 요약하셨다. "새 계명을 너희에게 주노니, 서로 사랑하라. 내가 너희를 사랑한 것 같이 너희도 서로 사랑하라"(요 13:34). 하나님의 모든 도덕법처럼, 십계명도 하나님이 여전히 요구하시는 체계화되고 구체화된 사랑이다(약 2:8).

유대인과 이방인을 구분하고 분리했던 의식법은 모두 폐기되었다. 그리스도 이전까지, 유대인과 이방인은 함께 식사할 수 없었다. 유대인에게 금지된 음식과 요구되는 정결 의식이 있었고, 유대인이 이방인과 함께 식사하면 의식적으로 더러워지기 때문이었다. 이제 유대인은 그 무엇이든 먹을 수 있고, 그 누구와도 먹을 수 있었다. 그리스도 이전까지, 유대인과 이방인은 함께 예배할 수 없었다. 이방인은 유대교 성전에서 온전히 예배'할 수 없었고', 유대인은 이교도 신전에서 예배'하려 하지 않았다'. 그리스도 안에서, 이제 이들은 함께 예배했으며, 자신들의 예배를 거룩하게 해줄 성전이나 그 어떤 거룩한 장소도 필요하지 않았다. 모든 의식적 차이와 요구가 사라졌다(참조. 행 10:9~16; 11:17~18; 골 2:16~17). **이는 이 둘로 자기 안에서 한 새 사람을 지어 화평하게 하시기** 위해서였다. 이번에도 **자기 안에서(in Himself)**가 강조되어, 사람들이 주 예수 그리스도 안에서 하나 될 때야 이 새로운 하나됨이 일어날 수 있다고 단언한다.

'카이노스'(kainos, 새)는, 이를테면 조립 라인에서 막 나온 새 자동차—똑같은 자동차들 중 하나—처럼, 최근 완성된 무엇을 가리키지 않는다. 이 **새 (new)**는 종류와 질이 다른 것을, 기존의 그 무엇과도 같지 않은 완전히 새로운 모델을 가리킨다. 그리스도 안에 있는 **새** 사람은 그리스도인이 된 유대인이나 이방인이 아니다. 더는 유대인이나 이방인이 아니고 오로지 그리스도인이다. 다른 모든 특징은 "그 때"(former) 것이다(11절을 보라). 바울은 이것을 이렇게 요약했다. "유대인이나 헬라인이나 차별이 없음이라. 한 분이신 주께서 모든 사람의 주가 되사 그를 부르는 모든 사람에게 부요하시도다. 누구든지 주의 이름을 부르는 자는 구원을 받으리라"(롬 10:12~13).

제2차 세계대전에 얽힌 이야기가 하나 더 있다. 미군이 전투 중에 전우를 잃었다. 이들은 전우의 시신을 그 지역에 하나뿐인 묘지로 옮겼다. 우연하게도 그곳은 가톨릭 묘지였다. 신부는 죽은 병사가 가톨릭이 아니라는 말을 듣자 이렇게 답했다. "죄송합니다. 여기 묻을 수 없습니다." 실망하고 낙담한 병사들은 자신들이 생각하는 차선책을 실행에 옮기기로 했다. 밤에 전우의 시신을 묘지 울타리 바로 밖에 묻었다. 이튿날 아침, 이들은 마지막 경의를 표하려고 현장을 찾았으나 울타리 밖에 무덤이 없었다. 신부에게 자초지종을 얘기하자, 신부는 이렇게 답했다. "어젯밤 여러분에게 했던 말이 마음에 걸려 잠을 못 잤습니다. 그래서 울타리를 옮겼습니다."

예수 그리스도께서는 **중간에 막힌 담을 자기 육체로 허시고, 법조문으로 된 계명의 율법을 폐하셨을** 때, 울타리를 옮기셨다. **이는 이 둘로 자기 안에서 한 새 사람을 짓기** 위해서였다. 그분께 오는 자는 그 누구도 배제되지 않을 것이며, 포함되는 자는 그 누구도 영적으로 그 누구와도 차별되지 않을 것이다. **자기 육체로**는 구체적으로 예수님의 십자가 죽음을 가리키며, 이 죽음을 통해 예수님은 불화와 다툼과 소외(원수된 것, *echthra*)를 취소하고 폐기하며 무효화하셨고(폐하셨으니, *katargeō*), 이로써 이미 14절에서 말했듯이 **화평하게 하셨다.**

십자가로 이 둘을 한 몸으로 하나님과 화목하게 하려 하심이라는 말은 유대인과 이방인이(둘은 남성형이며, 사람들을 가리키는 게 분명하다) 하나 될 뿐 아니라 이러한 하나됨이 이들을 하나님께 이끈다는 것을 보여준다. 서로 간의 화해는 하나님과의 화해와 분리될 수 없다. **둘(both)**은 하나님께 이끌릴 때, 서로에게 이끌린다. 그리스도의 죽음이 하나님의 뜻을 완벽하게 성취했다. 즉 사람들을 자신에게 이끌었다. 13절은 그리스도의 피를 가리키고, 15절은 죽어가는 구원자의 육체에 초점을 맞추며, 이제 16절에서 바울은 그 피가 흘렀고 그 육체가 죽임당한 장소(십자가)를 구체적으로 언급한다. 어떻게 **십자가**가 이런 화해(**화목**)를 성취했는가? 십자가는 사람과 하나님 사이의 **원수 된 것(enmity)**을 죽였다(**put to death, 소멸하시고**, 참조. 롬 5:1, 10).

사람과 하나님 사이의 적대감이 그리스도의 희생에서 마침표를 찍었다. 그리스도께서 죄에 대해 하나님의 법적 형벌을 받으셨다. 그리스도께서 하나님이 요구하시는 죗값을 지불하셨고, 이로써 하나님의 정의를 만족시키셨다(참조. 고후 5:20). 그리스도께서 죄인들을 위해 "저주"(a curse)가 되셨으며(갈 3:13, 개역개정은 "저주를 받은 바 되사"), 믿는 죄인을 하나님과 화해시키고 인종과 무관하게 회개하는 모든 죄인과도 화해시키셨다.

'화해시키다'(**reconcile, 화목**, apokatallassō)는 적대감에서 우정으로 돌이킨다는 개념을 내포하는 풍성한 용어다. 전치사 둘이 함께 접두어로 사용되어 (apo, kata) 이 화해가 총체적임(totality)을 강조한다(참조. 골 1:19~23).

사람은 하나님은 고사하고 사람과도 화해할 수 없다. "우리가 아직 죄인 되었을 때에 그리스도께서 우리를 위하여 죽으심으로 하나님께서 우리에 대한 자기의 사랑을 확증하셨느니라. 그러면 이제 우리가 그의 피로 말미암아 의롭다 하심을 받았으니, 더욱 그로 말미암아 진노하심에서 구원을 받을 것이니, 곧 우리가 원수되었을 때에 그의 아들의 죽으심으로 말미암아 하나님과 화목하게 되었은즉, 화목하게 된(reconciled) 자로서는 더욱 그의 살아나심으로 말미암아 구원을 받을 것이니라"(롬 5:8~10). 그리스도가 없으면, 모든 사람은 속수무책이고, 죄악 되며, 하나님의 원수다. 바울이 다른 서신에서 말한 것과 같다. "아버지께서는 모든 충만으로 예수 안에 거하게 하시고, 그의 십자가의 피로 화평을 이루사 만물 곧 땅에 있는 것들이나 하늘에 있는 것들이 그로 말미암아 자기와 화목하게 되기를 기뻐하심이라"(골 1:19~20). 스코틀랜드 주석가 존 이디(John Eadie, 1810-1876)는 이렇게 썼다. "예수를 죽인 십자가가 사람과 하나님 사이의 적대감도 죽였다. 그분의 죽음은 적대감의 죽음이었다." 십자가는 유대주의적 인종차별, 인종 분리, 아파르트헤이트, 반유대주의(anti-Semitism), 심한 편견, 전쟁을 비롯해 인간 싸움의 모든 원인과 결과에 대한 하나님의 해답이다. 이것이 에베소서 3장 6절의 큰 신비다. "이방인들이 복음으로 말미암아 그리스도 예수 안에서 함께 상속자가 되고 함께 지체가 되고 함께 약속에 참여하는 자가 됨이라."

"우리의 화평"이신 분이(14절) **오셔서 먼 데 있는 너희에게 평안**(화평)**을 전하시고, 가까운 데 있는 자들에게도 평안을 전하셨다.** '유앙겔리조'(*euangelizō*, **preached, 전하시고**)는 문자적으로 좋은 소식을 전하거나 선포하다는 뜻이며, 신약성경에서 거의 언제나 복음, 곧 예수 그리스도를 통한 구원의 좋은 소식을 선포한다고 말할 때 사용된다. evangelize(복음을 전하다), evangelist(복음 전도자), evangelical(복음의, 복음적인) 같은 단어들이 여기서 파생했다. 그러므로 우리 본문의 어구를 이렇게 옮길 수도 있겠다: **He came and** gospeled, or evangelized, **peace**(그분이 **오셔서** 화평/**평안**을 gospel, 즉 evangelize하셨다).

천사들은 예수님의 탄생을 이렇게 선포했다. "지극히 높은 곳에서는 하나님께 영광이요 땅에서는 하나님이 기뻐하신 사람들 중에 평화로다"(눅 2:14). 하나님이 기뻐하신 사람들은 그분의 아들 예수 그리스도를 믿는 자들이다. 13절에서 말했고 앞에서 설명했듯이, **먼 데 있는** 자들은 이방인이며, **가까운 데 있는** 자들은 유대인이다. 유대인이든 이방인이든 모든 사람은 그리스도를 통해 하나님의 **평안**(peace, 평화, 화평, 평강)에 이른다.

예수님은 평강의 왕이며(사 9:6), 제자들에게 이렇게 약속하셨다. "평안을 너희에게 끼치노니, 곧 나의 평안을 너희에게 주노라"(요 14:27). 스승처럼, 그분의 제자들도 화평케 하는 자가 되고(마 5:9), 평화(화평, 평안, 평강)를 선포하는 자가 되어야 한다. 예수님은 일흔 명을 따로 세워 보내며 명하셨다. "어느 집에 들어가든지 먼저 말하되 이 집이 평안할지어다 하라. 만일 평안을 받을 사람이 거기 있으면 너희의 평안이 그에게 머물 것이요 그렇지 않으면 너희에게로 돌아오리라"(눅 10:5~6). 평화가 오로라처럼 예수님의 사역을 둘렀고, 그분을 믿는 자들에게 계속해서 복이 되었다. 예수님이 제자들에게 하신 마지막 말씀 중에 이런 말씀이 있다. "이것을 너희에게 이르는 것은 너희로 내 안에서 평안을 누리게 하려 함이라"(요 16:33). 사도들을 비롯해 초기 교회 전파자들의 사역은 "예수 그리스도로 말미암아 화평의 복음을 전하는" 것이 특징이었다(행 10:36). 성령의 사역은 "사랑과 희락과 화평"을 비롯해 갈라디아서 5장 22~23절에 언급된 영적 열매(성령의 열매)를 맺는 것이 특징이다. 하나님 나라 자체는 "성령 안에 있는 의와 평강과 희락"이 특징이다(롬 14:17). 화평의 하나님이(고전 14:33; 히 13:20) 자신의 백성을 화평으로(to peace) 부르신다(고전 7:15).

하나님께 나아감

> **이는 그로 말미암아 우리 둘이 한 성령 안에서 아버지께 나아감을 얻게 하려 하심이라.** (2:18)

우리는 예수 그리스도(그)를 얻는다면, **성령**으로 **아버지께 나아감**도 얻는다. 우리가 그리스도를 영접하는 순간, 완전한 삼위일체의 자원이 우리 것이다. 이것은 단지 법적 화해가 아니라 우리의 필요를 아버지께 내어놓을 때 실제로 가치가 있는 친밀한 실제 관계다.

'프로사고게'(prosagōgē, **access**, **나아감**)는 신약성경에서 단 세 차례 사용되는데, 세 번 모두 신자가 하나님께 나아감을 가리킨다(롬 5:2, 엡 3:12도 보라). 고대에 관련 단어가 사람들이 왕을 알현하게 해주는 궁정 관리들을 가리키는 데 사용되었다. 이들은 사람들이 왕에게 **나아가게(access)** 해주었다. 이 용어 자체가 내포하는 개념은 우리 자신이 하나님께 나아갈 권리가 있다는 것이 아니라 우리가 환영받을 것을 알기에 담대하게 하나님께 나아갈 권리를 부여받는다는 것이다. 우리의 구주께서 갈보리에서 자신을 희생해 죽임당할 때 흘리신 피와 그분을 믿는 믿음을 통해, 우리는 그분의 **성령** 안에서 하나 되어 **아버지께** 나아간다. 성령께서 계속 일하시며 우리를 계속 아버지께 이끄신다(롬 8:15~17; 갈 4:6~7). **둘(both)**과 **한 성령**은 유대인과 이방인이 다르지 않음을 재차 강조한다. 그리스도의 일과 그분의 교회는 모두에게 영향을 미친다.

요한복음 10장에서 예수님은 자신을 가리켜 선한 목자라고 하셨고 양의 문이라고도 하셨다(1~14절). 그렇더라도 예수님은 은유들을 섞고 계신 게 아니었다. 팔레스타인의 목자는 밤이면 양 떼를 우리에 들이거나 집이 멀 경우 돌이나 나무나 흙으로 임시 울타리를 쳤다. 목자는 양을 우리나 울타리에 넣고, 꼼꼼하게 셌으며, 들장미 가시나 날카로운 바위에 입은 상처에 기름을 발라주었다. 그리고 나면, 문 역할을 하는 좁은 입구를 막고 누웠다. 목자 자신이 문이었다.

하나님 앞에 **나아가는** 유일한 길, 하나님 나라의 양 우리에 들어가는 유일한 길은 그분의 아들을 통하는 것이다. 그러나 이것은 그 누구도 우리에게서 빼앗을 수 없는 놀랍고 영광스러운 **나아감(access)**이다. 우리는 언제나 "긍휼하심을 받고 때를 따라 돕는 은혜를 얻기 위하여 은혜의 보좌 앞에 담대히 나아갈" 수 있다(히 4:16). 하나님이신 하나님의 아들을 통해, 우리도 하나님의 자녀가 된다. 결과적으로, 우리는 "다시 무서워하는 종의 영을 받지 아니하고 양자의 영을 받았으므로 우리가 아빠 아버지라고 부르짖느니라"(롬 8:15).

전에 사회적으로, 영적으로 소외되었던 자들이 이제 그리스도 안에서 하나님과 하나 되고 서로 하나 된다. 이들은 그리스도가 있기 때문에 평화가 있으며 **한 성령 안에서 아버지께 나아감**을 얻는다. 이들은 자신들을 하늘의 보좌 앞에 데려가 소개시키는 분이 있으며, 그래서 언제라도 하나님 앞에 나올 수 있다. 이들은 이제 자신들의 **아버지** 하나님께 나올 수 있다. 그분이 더는 자신들을 심판하거나 정죄하지 않고 오직 용서하고 복을 주신다는 것을 알기 때문이다. 하나님의 징계조차도 사랑의 행위이며, 그분의 귀한 자녀들을 씻어 정결과 영적 부요함으로 회복시키기 위한 것이다.

마무리 요약

그러므로 이제부터 너희는 외인도 아니요 나그네도 아니요, 오직 성도들과 동일한 시민이요 하나님의 권속이라. 너희는 사도들과 선지자들의 터 위에 세우심을 입은 자라. 그리스도 예수께서 친히 모퉁잇돌이 되셨느니라. 그의 안에서 건물마다 서로 연결하여 주 안에서 성전이 되어 가고, 너희도 성령 안에서 하나님이 거하실 처소가 되기 위하여 그리스도 예수 안에서 함께 지어져 가느니라. (2:19~22)

바울은 그리스도의 몸이 놀랍게 하나 된다는 논의를 마무리하면서 이것을 설명하는 은유 셋을 제시한다. **동일한 시민(fellow citizens)**이라는 그림에서, 바울은 유대인과 이방인이 어떻게 동일한 나라의 일원이 되는지 보여준다. **하나님의 권속(God's household)**이라는 그림에서, 어떻게 모든 신자가 그리스도 안에서 영적으로 한 가족인지 보여준다. **주 안에서 성전(a holy temple in the Lord)**이라는 그림에서, 모든 신자가 함께 하나님을 위한 거처라는 것을 보여준다.

하나님 나라에서 하나다

> 그러므로 이제부터 너희는 외인도 아니요 나그네도 아니요, 오직 성도들과 동일한 시민이요 (2:19a)

신자들이 전에 하나님과 그분의 백성에게서 멀리 있었든 가까이 있었든지 간에, 예수 그리스도 안에서 하나가 되었다. 이들이 전에 외인(strangers)이자 버림받은 자였든, 나그네(aliens)이자 손님이었든지 간에, 모든 신자가 그리스도 안에서 **성도들과(with the saints)**─하나님을 믿는 모든 세대의 신자들과 함께─하나님 나라의 **동일한 시민(fellow citizens)**이 되었다. 하나님 나라에는 **외인**이나 **나그네**가 없으며, 이류 **시민**도 없다. 바울은 "우리의 시민권은 하늘에 있는지라"라고 외치며(빌 3:20), 유일한 천국 **시민**은 하나님의 **성도**다.

하나님의 가정에서 하나다

> 하나님의 권속이라. (2:19b)

마치 하나님 나라의 시민으로는 충분하지 않기라도 하듯이, 그리스도 안에서 하나님의 은혜가 우리를 더욱 가까이 이끌어 **하나님의 권속**(하나님 가정의 일원)이 되게 한다. 우리는 믿음으로 하나님의 아들과 하나 되었다. 그래서 하나님은 이제 자신의 아들을 보고 대하는 것과 똑같이, 무한한 사랑으로, 우리를 보고 대하신다. 아버지께서 자신의 아들에게 자신의 가장 좋은 것만 주실 수 있기 때문에, 자신의 아들 안에 있는 자들에게도 가장 좋은 것만 주실 수 있다. 히브리서 저자는 이렇게 말한다. "거룩하게 하시는 이와 거룩하게 함을 입은 자들이 다 한 근원에서(from one Father) 난지라. 그러므로 형제라 부르시기를 부끄러워하지 아니하시고…그리스도는 하나님의 집을 맡은 아들로서 그와 같이 하셨으니…우리는 그의 집이라"(히 2:11; 3:6; 참조. 롬 8:17).

하늘 시민권과 가족 구성원(family membership)은 차별적 역할이나 지위가 아니라, 동일한 실체를 보는 서로 다른 관점일 뿐이다. 한 나라의 모든 시민은 가족 구성원이고 모든 가족 구성원은 한 나라의 시민이기 때문이다.

신자들이 하나님 앞에서 차별이 없다면, 신자들 사이에서도 차별이 없어야 한다. 우리는 동일한 시민이요 동일한 가족 구성원이며, 하나님 앞에서 모든 면에서 영적으로 동등하다. 하나님이 우리 각자를 받아들이시는데, 어떻게 우리가 서로를 받아들이지 않을 수 있겠는가?

하나님의 성전에서 하나다

너희는 사도들과 선지자들의 터 위에 세우심을 입은 자라. 그리스도 예수께서 친히 모퉁잇돌이 되셨느니라. 그의 안에서 건물마다 서로 연결하여 주 안에서 성전이 되어 가고, 너희도 성령 안에서 하나님이 거하실 처소가 되기 위하여 그리스도 예수 안에서 함께 지어져 가느니라. (2:20~22)

사도들과 선지자들의 터는 이들이 가르친 하나님의 계시를 가리키며, 그 기록된 형태가 신약성경이다. 헬라어 소유격이 주격의 의미로 사용되어 출처를 의미하는 것으로 보인다. 따라서 이 표현의 의미는 **사도들과 선지자들** 자신이 **터**였다는 게 아니라—어떤 의미에서 이들이 터였지만 말이다.—이들이 터를 놓았다는 뜻이다. 바울은 자신이 "지혜로운 건축자와 같이 터를 닦아 두매"라고 말하며, 더 나아가 "이 닦아 둔 것 외에 능히 다른 터를 닦아 둘 자가 없으니, 이 터는 곧 예수 그리스도라"라고 말한다(고전 3:10~11; 참조. 롬 15:20). **사도들** 다음에 나오고 예수 그리스도의 교회 세우기의 일부라는 데서 보듯이, 이들은 신약성경의 **선지자들**이다(참조. 3:5; 4:11). 이들의 특별한 역할은 신약 정경이 완성되기 전 여러 해 동안 하나님의 말씀을 교회에 권위 있게 선포하는 것이었다. 이들이 터로 여겨진다는 사실은 이들의 역할이 이러한 형성기로 제한되었다는 것을 보여준다. 4장 11절이 보여주듯이, 이들은 자신의 일을 완수하고 "복음 전하는 자, 목사, 교사"에게 바통을 넘겼다.

터의 **모퉁잇돌**은 **그리스도 예수**다(다음을 보라. 사 28:16; 시 118:22; 마 21:42; 행 4:11). 모퉁잇돌은 고대 건축에서 중요한 구조물이었다. 모퉁잇돌은 건축물을 떠받칠 수 있을 만큼 튼튼해야 했고, 제자리에 정확히 놓여야 했다. 건축물의 모든 부분이 모퉁잇돌과 연결되었기 때문이다. 모퉁잇돌은 전체 건물의 지지대이자 방향계이며 통합자(unifier)였다. 예수 그리스도는 하나님 나라와 하나님의 가정과 하나님의 건축물에 바로 이런 존재다.

하나님은 이사야를 통해 선언하셨다. "보라. 내가 한 돌을 시온에 두어 기초를 삼았노니, 곧 시험한 돌이요 귀하고 견고한 기촛돌이라. 그것을 믿는 이는 다급하게 되지 아니하리로다"(사 28:16). 베드로는 이 구절을 인용한 후 이렇게 말한다. "믿는 너희에게는 보배이나…너희는 택하신 족속이요 왕 같은 제사장들이요 거룩한 나라요 그의 소유가 된 백성이니"(벧전 2:7, 9).

그리스도 예수께서 친히 모퉁잇돌이 되셨느니라. 그의 안에서 건물마다 서로 연결하여 주 안에서 성전이 되어 간다. '순아르모로게오'(sunarmologeō, **fit together, 서로 연결하여**)는 가구나 벽이나 건물이나 구조물의 모든 부분을 꼼꼼하게 연결하는 것을 말한다. 모든 부분을 정확하게 잘라 나머지 모든 부분과 깔끔하게, 강하게, 아름답게 들어맞게 한다. 들어맞지 않거나 결함이 있거나 뒤틀리거나 어울리지 않는 부분이 하나도 없다. 교회는 그리스도의 **건물**이기 때문에 완벽하고 흠이 없으며 결함이 없다. 어느 날, 그리스도께서 교회, 곧 자신의 **성전**을 자신 앞에 이런 모습으로 세우실 것이다(엡 5:27).

그러나 그리스도의 몸은 그분을 믿을 자들이 모두 완전해질 때 비로소 완전해질 것이다. 모든 새 신자는 그리스도의 **건물**, 곧 그분의 **성전**의 새 돌이다.

그래서 바울은 성전이 **되어 간다**(is growing, 커진다)고 말한다. 신자들이 계속 더해지기 때문이다.

유럽의 많은 대성당이 수백 년째 건축 중이다. 계속되는 과정에서, 새로운 방과 벽감과 예배실 등이 건축된다. 예수 그리스도의 교회도 이런 방식으로 세워진다. 새 성도가 새 돌이 되고, 이렇게 교회는 계속 지어지고 있다. 베드로는 이렇게 말했다. "너희도 산 돌 같이 신령한 집으로 세워지고 예수 그리스도로 말미암아 하나님이 기쁘게 받으실 신령한 제사를 드릴 거룩한 제사장이 될지니라"(벧전 2:5). 하나님 나라 시민으로서, 하나님 가정의 구성원으로서, 산 돌로서, 예수 그리스도 안에 있는 신자들은 하나님의 **성전**에서 영적 제사를 드리는 거룩한 제사장이다. 이 **성전**의 살아 있고, 제 기능을 하며, 귀중한 부분으로서, 우리는 또한 **성령 안에서 하나님이 거하실 처소가 되기 위하여…함께 지어져 간다**(고후 6:16도 보라).

거하실 처소(a dowelling, *katoikētērion*)는 영구적 집이란 개념을 내포한다. **성령 안에서 하나님이**(God in Spirit, 하나님이 성령으로) 자신의 지상 성소를 교회에 두시며, 주님으로서 교회를 영구 거처로 삼으신다. 이것은 에베소의 아데미 신전처럼 이교도 신들이 산다고 믿는 신전들 틈에서 사는 사람들에게 생생하게 지각될 터였다(행 19:23~41을 보라). 그러나 교회는 우상을 두는 작은 물리적 공간이 아니다. 교회는 구속받은 자들로 구성된 거대한 영적 몸이며, 그 안에 하나님의 성령이 거하신다. (이것은 고린도전서 6장 19~20절이 가르치듯이 각 신자가 성령이 거하시는 개별 성전이라는 진리와 별개가 아니다.)

주 예수 그리스도의 피, 살, 십자가, 죽음을 통해, 나그네들이 시민이 되고, 외인들이 가족이 되며, 우상숭배자들이 참 하나님의 성전이 되고, 희망 없는 자들이 하나님의 약속을 받으며, 그리스도 없는 자들이 그리스도 안에서 하나 되고, 멀리 있는 자들이 가까워지며, 하나님 없는 자들이 하나님과 화해한다. 여기에 사람과 하나님의 화해, 사람과 사람의 화해가 있다.

8

_____ 드러난 비밀

(3:1~13)

이러므로 그리스도 예수의 일로 너희 이방인을 위하여 갇힌 자 된 나 바울이 말하거니와 너희를 위하여 내게 주신 하나님의 그 은혜의 경륜을 너희가 들었을 터이라. 곧 계시로 내게 비밀을 알게 하신 것은 내가 먼저 간단히 기록함과 같으니, 그것을 읽으면 내가 그리스도의 비밀을 깨달은 것을 너희가 알 수 있으리라. 이제 그의 거룩한 사도들과 선지자들에게 성령으로 나타내신 것 같이 다른 세대에서는 사람의 아들들에게 알리지 아니하셨으니, 이는 이방인들이 복음으로 말미암아 그리스도 예수 안에서 함께 상속자가 되고 함께 지체가 되고 함께 약속에 참여하는 자가 됨이라. 이 복음을 위하여 그의 능력이 역사하시는 대로 내게 주신 하나님의 은혜의 선물을 따라 내가 일꾼이 되었노라. 모든 성도 중에 지극히 작은 자보다 더 작은 나에게 이 은혜를 주신 것은 측량할 수 없는 그리스도의 풍성함을 이방인에게 전하게 하시고, 영원부터 만물을 창조하신 하나님 속에 감추어졌던 비밀의 경륜이 어떠한 것을 드러내게 하려 하심이라. 이는 이제 교회로 말미암아 하늘에 있는 통치자들과 권세들에게 하나님의 각종 지혜를 알게 하려 하심이니, 곧 영원부터 우리 주 그리스도 예수 안에서 예정하신 뜻대로 하신 것이라. 우리가 그 안에서 그를 믿음으로 말미암아 담대함과 확신을 가지고 하나님께 나아감을 얻느니라. 그러므로 너희에게 구하노니 너희를 위한 나의 여러 환난에 대하여 낙심하지 말라. 이는 너희의 영광이니라. (3:1~13)

이 단락의 2~13절은 삽입 구절이다. 바울은 신자들이 그리스도 안에서 하나 된 자들로서 자신들의 자원을 깨닫길 기도하기 시작하며, 자신이 이미 언급한 몇몇 진리를 강조하고 확대하기로 결정한다. 그는 실제로 14절에 가서야 기도를 시작하며, 거기서 "이러므로"(for this reason)라는 어구를 다시 사용해 1절에서 처음 말한 생각을 다시 끄집어낸다. 바울은 자신이 기도에서 말하려는 진리를 에베소 신자들이 더 잘 이해할 — 그러므로 더 잘 적용할 — 때까지 이들이 그들을 위한 자신의 기도를 들을 준비가 되지 않았다고 느꼈던 것으로 보인다. 따라서 바울은 유대인과 이방인이 그리스도 안에서 하나라는 것처럼 새롭고 원대한 진리를 가르치기 위해 자신의 권위를 확고히 해야 했던 것으로 보인다. 그래서 바울은 하나님이 친히 자신에게 진리를 주시고 그것을 선포할 임무를 부여하셨다고 말함으로써 자신의 권위를 확고히 한다 (2~7절).

바울은 무엇보다도 이제 하나님이 계시하신 큰 비밀(great mystery), 곧 이방인과 유대인이 그리스도 안에서 하나이며, 더는 그 어떤 차별도 없음을 다시 강조한다. 바울은 1~3절에서 이 비밀이 어떻게 계시되었는지 말하고, 4~6절에서 이 비밀을 설명하며, 7~9절에서 이 비밀을 선포하고, 마지막으로 10~13절에서 이 비밀의 목적을 말한다. 바울은 6절에서, "구체적으로"(to be specific, 개역개정은 "이는"), 전에 전혀 계시되지 않았던 이 거룩한 비밀은 "이방인들이 복음으로 말미암아 그리스도 예수 안에서 함께 상속자가 되고 함께 지체가 되고 함께 약속에 참여하는 자가 되는" 것이라고 말한다. 6절은 사실상 2장 11~22절의 요약이다.

3장 1~13절에서 바울은 이러한 하나님의 비밀이 갖는 다섯 가지 측면에 초점을 맞춘다: 이 비밀의 갇힌 자(prisoner), 이 비밀의 계획, 이 비밀 전하기 (preaching), 이 비밀의 목적, 이 비밀의 특권.

이 비밀의 갇힌 자

이러므로 그리스도 예수의 일로 너희 이방인을 위하여 갇힌 자 된 나 바울이 말

하거니와 너희를 위하여 내게 주신 하나님의 그 은혜의 경륜을 너희가 들었을 터이라. 곧 계시로 내게 비밀을 알게 하신 것은 내가 먼저 간단히 기록함과 같으니, 그것을 읽으면 내가 그리스도의 비밀을 깨달은 것을 너희가 알 수 있으리라.

(3:1~4)

이러므로(For this reason)는 바울이 기도하는 이유를 제시하고(바울의 기도는 실제로 14절에서 시작된다), 바울이 2장에서 논했던 진리, 곧 하나 되게 하는 일련의 진리를 다시 언급한다. 여기에는 그리스도 안에서 새사람이 된다는 진리(15절), 모든 신자가 한 몸이 된다는 진리(16절), 전에 멀리 있던 이방인들이 이제 믿을 때 가까워졌다는 진리(17절), 모든 신자는 동등하게 하나님 나라의 시민이요 하나님 가정의 구성원이라는 진리(19절), 모든 신자가 함께 하나님의 성전과 거처로 지어져 간다는 진리가 포함된다(21~22절).

그러나 이미 언급했듯이, 기도를 시작하기 전에 바울은 자신의 기도를 촉발하는 이러한 진리들을 재확인하고 이것들이 하나님에게서 비롯되었음을 강조하기로 결정했다. 바울은 가르침에서 반복이 얼마나 가치 있는지 알았고, 전혀 새롭고 비전통적인 교리를 가르칠 때 권위를 세우는 게 얼마나 중요한지도 알았다. 어떤 진리를 처음 듣고 완전히 이해하는 사람은 없다. 하나님의 진리는 너무나 기묘하고 광대해서 아무리 여러 번 듣고 연구하더라도 이생에서는 절대로 완전히 이해할 수 없다. 우리는 얼마간 이해하게 되는 것들조차 잊기 일쑤라 일깨움이 필요하다. 어떤 진리의 경우, 그것이 하나님에게서 왔음을 알지 못하면 우리의 인간 지성이 받아들일 수 없다(참조. 요 6:60; 벧후 3:16).

바울이 언급하는 첫째 진리는 자신의 상황과 하나님이 맡기신 사역에 관한 것이다. 주 예수 그리스도 외에, **바울**은 신약성경에서 단연 돋보이는 인물이다. 바울은 신약성경의 27권 중에 최소한 13권을 썼다. 그는 사도행전에서 성령께서 사용하신 돋보이는 인간 도구이기도 하다. 바울은 복음의 비밀, 즉 이전 시대의 가장 신실한 신자들에게까지 숨겨졌으나 예수 그리스도의 교회에 계시된 진리를 그 어느 사도보다 많이 기술했다.

편지 첫머리에서 바울은 그리스도의 사도로서 자신의 신임장을 제시했다(1:1). 그러나 여기서 바울은 자신이 **그리스도 예수의 일로…갇힌 자**(the **prisoner of Christ Jesus**, 그리스도 예수의 갇힌 자/포로)라고 말한다. 그는 약 5년간 갇힌 자(prisoner)였다. 2년은 가이사랴에서, 나머지 3년은 로마에서다. 그는 예루살렘을 방문 중이던 아시아 유대인들의 무고(誣告)로 체포되었다. 이들은 이방인 드로비모를 성전의 이방인 금지구역에 데리고 들어갔다며 바울을 고발했다. 바울이 이렇게 하지 않았는데도 말이다. 바울은 산헤드린 앞에서, 로마 총독 벨릭스 앞에서, 벨릭스의 후임자 베스도 앞에서, 심지어 아그립바 왕 앞에서 심문을 받았다. 바울이 베스도 앞에서 자신을 변론하면서 가이사에게 상소하지 않았다면, 아그립바는 그를 풀어주었을 것이다. 바울은 가이사랴에서 로마로 이송되었고, 로마에서 자신을 지키는 병사 하나와 함께 개인 숙소에 지내도록 허락받았다(행 21:27~28:16을 보라).

비록 유대인들의 고발로 체포되었지만, 바울은 자신을 유대인들의 죄수(prisoner, 갇힌 자)로 여기지 않았다. 비록 로마 당국에 의해 감옥에 갇혔지만, 바울은 자신을 로마의 죄수로 여기지 않았다. 비록 가이사에게 상소했지만, 바울은 자신을 가이사의 죄수로 여기지 않았다. 그는 값으로 샀으며 복음을 이방인들에게 전하는 특별한 사명을 받은 예수 그리스도의 일꾼이었다. 그러므로 그는 **그리스도 예수의 갇힌 자**(the **prisoner of Christ Jesus**, 예수 그리스도의 죄수, 예수 그리스도의 포로)였다. 무엇을 하든 어디를 가든, 그는 그리스도의 다스림을 받았다. 자기 주님(주인)의 동의 없이, 그가 그 어느 인간이나 정부의 계획이나 힘에 눌리거나 형벌을 받거나 투옥되는 적이 없었다. 이 표현의 헬라어 형식을 가리켜 원인의 소유격이라 하며, 바울을 예수 그리스도께 속한 갇힌 자로 규정하는데, 그분이 그가 투옥된 원인임을 밝힌다.

관점이 아주 중요하다. 우리가 환경을 어떻게 보고 거기에 어떻게 반응하느냐가 환경 자체보다 중요하다. 우리가 눈앞의 상황밖에 보지 못한다면, 환경이 우리를 지배한다. 우리는 환경이 좋을 때 기분이 좋지만, 그러지 않을 때는 괴롭다. 바울이 자신의 환경밖에 볼 수 없었다면, 자신의 사역을 금세 포기했을 것이다. 자신의 삶(생명)이 궁극적으로 자신을 박해하는 자들의 손에, 자신을 가두는 자들의 손에, 자신을 감시하는 자들의 손에, 또는 로마 당국의 손에 달렸다고 생각했다면, 바울은 절망에 빠져 진즉 포기했을 것이다.

그러나 바울의 시각은 하나님의 시각이었다. 그래서 바울은 하나님의 목적을 전적으로 신뢰하며 살았다. 바울은 자신의 미래를 알았거나 자신의 고난 뒤에 자리한 하나님의 목적을 완전히 '이해했던' 것이 아니다. 그러나 그는 자신의 미래가, 자신의 고난을 비롯해 자기 삶의 모든 부분이 전적으로 자신의 주님의 손에 있음을 알았다. 사도였으며 주님께 많은 계시를 받았는데도, 바울은 눈에 보이는 것이 아니라 믿음으로 살고 믿음으로 일했다. 바울은 자신이 볼 수 있는 것 때문이 아니라 주님 자신의 말씀 때문에, "하나님을 사랑하는 자, 곧 그의 뜻대로 부르심을 입은 자들에게는 모든 것이 합력하여 선을 이루게 하신다"(롬 8:28)는 것을 알았다. 바로 이 까닭에, 우리는 신자로서 "여러 가지 시험을 당하거든 온전히 기쁘게 여겨야" 한다. 우리는 이러한 시험이나 시련이 믿음을 낳고, 믿음이 인내를 낳으며, 인내가 경건하게 살도록 우리를 온전히 준비시킨다는 것을 안다(약 1:2~4; 참조. 행 16:19~25; 벧전 4:12~19).

바울은 자신의 환경이 "복음 전파에 진전이 된 줄" 알았다. "이러므로 나의 매임이 그리스도 안에서 모든 시위대 안과 그 밖의 모든 사람에게 나타났으니, 형제 중 다수가 나의 매임으로 말미암아 주 안에서 신뢰함으로 겁 없이 하나님의 말씀을 더욱 담대히 전하게 되었느니라"(빌 1:12~14).

바울은 구원하시려는 그리스도의 목적 때문에, **너희 이방인을 위하여** 갇혔다. 그리스도께서 십자가에 못 박히신 것이 그분 자신을 위한 게 아니었듯이, 바울이 갇힌 것도 그 자신을 위한 게 아니라 자신의 주님을 위한 것이었고 자신이 섬기도록 특별한 소명을 받은 자들을 위한 것이었다(행 9:15; 15:7; 20:20~24; 22:21; 롬 11:13 등). 그는 골로새 신자들에게 이렇게 말했다. "나는 이제 너희를 위하여 받는 괴로움을 기뻐하고, 그리스도의 남은 고난을 그의 몸된 교회를 위하여 내 육체에 채우노라"(골 1:24). 이어지는 구절에서, 바울은 골로새 이방인들(이방인 신자들)에게 이렇게 말했다. "내가 교회의 일꾼된 것은 하나님이 너희를 위하여 내게 주신 직분을 따라 하나님의 말씀을 이루려 함이니라. 이 비밀은 만세와 만대로부터 감추어졌던 것인데 이제는 그의 성도들에게 나타났고"(25~26절).

바울은 하나님이 그를 사역자(minister)로 부르셨기 때문에 그가 사역을 하고 있다는 것을 알았다. 그가 사역하는 것은 자신의 목적을 이루기 위해서가 아니었으며, 그는 자신의 힘으로 사역하려 하지도 않았다. 그는 다른 사람들을 영광으로(to glory) 인도하기 위해 더없는 이타적 희생을 달갑게 받아들였다(엡 3:13). 고린도후서에서 바울은 이러한 헌신을 보는 우리의 이해를 넓혀준다.

> 우리가 사방으로 욱여쌈을 당하여도 싸이지 아니하며, 답답한 일을 당하여도 낙심하지 아니하며, 박해를 받아도 버린 바 되지 아니하며, 거꾸러뜨림을 당하여도 망하지 아니하고, 우리가 항상 예수의 죽음을 몸에 짊어짐은 예수의 생명이 또한 우리 몸에 나타나게 하려 함이라. 우리 살아있는 자가 항상 예수를 위하여 죽음에 넘겨짐은 예수의 생명이 또한 우리 죽을 육체에 나타나게 하려 함이라. 그런즉 사망은 우리 안에서 역사하고 생명은 너희 안에서 역사하느니라. 기록된 바, 내가 믿었으므로 말하였다한 것 같이, 우리가 같은 믿음의 마음을 가졌으니, 우리도 믿었으므로 또한 말하노라. 주 예수를 다시 살리신 이가 예수와 함께 우리도 다시 살리사 너희와 함께 그 앞에 서게 하실 줄을 아노라. 이는 모든 것이 너희를 위함이니, 많은 사람의 감사로 말미암아 은혜가 더하여 넘쳐서 하나님께 영광을 돌리게 하려 함이라. (4:8~15)

너희를 위하여 내게 주신 하나님의 그 은혜의 경륜을 너희가 들었을 터이라에서 바울의 삽입문이 시작되며, 이 삽입문에서 바울은 자신이 하나님께 받은 권위(divine authority)로 이 가르침을 준다는 것을 강조한다. 헬라어 본문의 일급 조건절은 조건이(**if indeed you have heard**…, 만약 참으로 너희가…을 들었다면. 개역개정은 **너희가 들었을 터이라**) 참이라고 상정됨을 시사한다. 그러므로 바울은 "내가 확신컨대, 너희가 이미 **들었다**…"고 말하고 있다.

이들이 들은 것은 **하나님의 그 은혜의 경륜(stewardship of God's grace)**이며, 이것이 이방인들을 위해 바울에게 주어졌다. '오이코노미아'(*oikonomia,*

stewardship, 경륜)는 일차적으로 집안이나 비즈니스나 그 외의 것을 누군가를 대신해 관리하는 것을 가리켰다. 청지기(steward)는 다른 누군가에게 속한 것을 관리할 책임이 있었다. 그는 구매, 판매, 장부 정리, 파종, 추수, 저장, 음식 준비, 노예들에게 업무 할당하기를 비롯해 필요한 모든 일을 감독했다.

바울이 자신의 사도직이나 사역을 선택한 게 아니었다. 그는 임명되었다. "나를 능하게 하신 그리스도 예수 우리 주께 내가 감사함은 나를 충성되이 여겨 내게 직분을 맡기심이니, 내가 전에는 비방자요 박해자요 폭행자였으나 도리어 긍휼을 입은 것은 내가 믿지 아니할 때에 알지 못하고 행하였음이라"(딤전 1:12~13; 참조. 롬 15:15~16; 갈 2:9). 바울은 순전히 하나님의 은혜로 선택되고 임명되었다. 그는 하나님의 은혜'로'(by) 청지기에 임명되었고, 그래서 **하나님의 그 은혜의** 청지기가 되었다. 고린도전서 9장 16~17절에서, 바울은 자신의 사역 배후에 하나님의 강압(compulsion)이 있다고 분명하게 말한다. "내가 복음을 전할지라도 자랑할 것이 없음은 내가 부득불 할 일임이라(for I am under compulsion, 내가 강압을 받기 때문이라). 만일 복음을 전하지 아니하면 내게 화가 있을 것이로다. 내가 내 자의로 이것을 행하면 상을 얻으려니와 내가 자의로 아니한다[다메섹 가는 길에 하나님이 행하신 주권적 행위] 할지라도 나는 사명을 받았노라." 그러므로 바울은 사람들에게 이렇게 요구했다. "마땅히 우리를 그리스도의 일꾼이요 하나님의 비밀을 맡은 자(stewards of the mysteries of God, 하나님의 비밀을 맡은 청지기)로 여길지어다"(고전 4:1).

모든 신자는 부르심, 영적 은사(선물), 기회, 기술, 지식을 비롯해 주님에게 받은 모든 복의 청지기다. 우리의 모든 것은 주님의 것이다. 그러므로 우리는 청지기로서 우리의 삶과 우리의 모든 것을 그 주인을 대신해 관리하도록 위임받았다. 우리가 가진 것을 사용해 하나님 가정의 구성원들을 섬기고 외부 사람들에게 증언할 때, 우리는 충성된 청지기다. 베드로는 우리에게 이렇게 권한다. "각각 은사를 받은 대로 하나님의 여러 가지 은혜를 맡은 선한 청지기 같이 서로 봉사하라"(벧전 4:10).

바울의 청지기직은 사도에게조차 특별했으며, 너무나 혁명적이라 그는 **곧 계시로 내게 비밀을 알게 하신 것은 내가 먼저 간단히 기록함과 같으니**라고 덧붙여야 했다. 분명히 이 비밀은 유대인과 이방인이 그리스도 안에서 하나라는 것이며, 바울은 앞서 1장 9~12절과 2장 11~12절에서 이에 관해 짧게 썼다. 이것은 하나님이 계시하실 때까지 모든 인간에게 숨겨졌으며 알 수도 없고 이해할 수도 없는 진리였다(참조. 딤후 3:16~17; 벧후 1:19~21). **그것을 읽으면 내가 그리스도의 비밀을 깨달은 것을 너희가 알 수 있으리라.** 바울은 많은 비밀을 교회에 계시하는 도구였다. 그러나 바울이 여기서 생각하는 특정한 비밀은 그가 이미 전체적으로 언급했으며 이제 구체적으로 말하려는 비밀이다. 다시 말해, 그리스도 안에서 유대인과 이방인이 하나님 앞에서와 그분의 나라와 가정 안에서 하나 된다는 것이다(3:6).

바울의 의도는 이 비밀을 선포할 뿐 아니라 설명하고 명확히 하는 것이었다. 에베소 신자들과 뒤이은 모든 신자가 그의 설명을 읽을 때(여기서 읽기는 그리스도인의 삶을 구성하는 한 부분으로 언급된다), 바울의 바람은 자신이 **그리스도의** 비밀에 대해 하나님께 받은 **깨달음(insight)**을 이들이 **아는(understand,** 이해하는) 것이다. '수네시스'(sunesis, **insight, 깨달은 것**)는 문자적으로 모으다(bring together)라는 뜻이며, 은유적으로 터득과 이해를, 다시 말해, 완전한 의미와 중요성을 파악하기 위해 정신적으로 지식을 모으는 것을 가리킨다. 영적 **깨달음(insight)**이 언제나 실천적 적용에 선행해야 한다. 제대로 이해하지 못하면 제대로 적용할 수 없기 때문이다.

영적 **깨달음**의 반대는 "미련한 마음"(foolishness, asunetos, 롬 1:21), 곧 영적 분별력이 없는 것이다. 로마서 1장 21절 앞부분이 분명히 하듯이, 설령 필수적인 영적 사실들을 알더라도 영적 분별력이 없을 수 있다. "하나님을 알되 하나님을 영화롭게도 아니하며 감사하지도 아니하고 오히려 그 생각이 허망하여지며."

바울은 깊은 감성적 경험을 많이 했을 테지만, 복음을 위한 열심과 영혼을 향한 열정을 이런 경험에서 얻은 게 아니다. 잃은 자들을 찾고 구원받은 자들을 세우려는 그의 사랑과 열정과 열심은 복음에 대한 큰 **깨달음**에서 왔다. 그는 헤아릴 수 없는 하나님의 사랑과 은혜를 알수록 그 사랑과 은혜를 나누고 본을 보이지 않을 수 없었다.

바울은 **그리스도의 비밀**을 너무나 잘 알았기에, 자신의 앎을 다른 사람들과 나눔으로써 그들도 **알 수 있게** 하는 데 건강과 자유와 생명까지 바쳤다. 그에게 이러한 희생은 더없는 기쁨이었다.

이 비밀의 계획

이제 그의 거룩한 사도들과 선지자들에게 성령으로 나타내신 것같이 다른 세대에서는 사람의 아들들에게 알리지 아니하셨으니, 이는 이방인들이 복음으로 말미암아 그리스도 예수 안에서 함께 상속자가 되고 함께 지체가 되고 함께 약속에 참여하는 자가 됨이라. (3:5~6)

바울은 5절에서 비밀의 일반적 의미를 신약성경에 사용된 대로 정의하며, 6절에서 자신이 에베소 신자들에게 설명하는 구체적 비밀이 무엇인지 밝힌다.

5절에서 목적어는 "그리스도의 비밀"이며, 바울은 이 비밀에 관해 특별한 계시와 깨달음을 얻었다(3~4절). 이 비밀을 **다른 세대에서는 사람의 아들들에게 알리지 아니하셨다. 사람의 아들들**은 단지 하나님의 선민(選民) 이스라엘이 아니라 인류 전체를 가리킨다. 교회 시대 이전까지, 그 누구도 바울이 지금 드러내는 진리를 온전히 보지 못했으며, 가장 위대한 하나님의 선지자들이라도 얼핏 보았을 뿐이다. 이 비밀과 연결된 구약성경의 가르침은 신약성경의 계시에 비춰볼 때 분명하게 이해될 수 있다. 우리가 많은 구약성경 구절의 의미를 아는 것은 '오로지' 이것들이 신약성경에서 설명되기 때문이다(참조. 히 11:39~40; 벧전 1:10~12).

그 누구도 하나님이 아브라함에게 하신 약속, "땅의 모든 족속이 너로 말미암아 복을 얻을 것이라"는(창 12:3) 약속의 완전한 의미를 바울이 이렇게 쓸 때까지 알지 못했다. "또 하나님이 이방을 믿음으로 말미암아 의로 정하실 것을 성경이 미리 알고 먼저 아브라함에게 복음을 전하되, 모든 이방인이 너로 말미암아 복을 받으리라 하였느니라"(갈 3:8). 그 누구도 이사야의 예언, "내가 또 너를 이방의 빛으로 삼아 나의 구원을 베풀어서 땅끝까지 이르게 하리라"

는(사 49:6) 예언의 완전한 의미를 바울이 이것은 예수 그리스도(메시아)의 복음이 유대인들 뿐 아니라 이방인들에게도 전파되는 것을 의미한다고 설명할 때까지 알지 못했다(행 13:46~47).

구약의 성도들은 구원받은 모든 사람이 함께 모여 연합된 한 몸인 교회를 이루며 거기는 인종차별이 전혀 없다는 것을 알지 못했다. 이들이 구약성경에서 얻은 단서들은 이들에게 비밀(mystery)이었다. 너무나 많은 정보가 누락되어 있었기 때문이다. 이런 까닭에, 초기 교회의 유대인들은—베드로 사도까지도(행 10장을 보라)—이방인 신자들을 영적 수준이 유대인들과 완전히 동일한 존재로 받아들이는 데 큰 어려움이 있었다. 이런 이유로, 바울은 이 편지를 에베소 신자들에게 써서 이 위대한 진리를 말하고 거듭 말하며, 설명하고 거듭 설명한다.

이 진리를 **이제 그의 거룩한 사도들과 선지자들에게 성령으로 나타내신 것**이다. **나타내신(has been revealed)**은 헬라어 본문에서 부정과거 시제인데, 부정과거 시제는 구체적 행위나 사건을 가리킨다. 이것은 여기서 **이제**와 짝을 이루어 계시의 즉각성(present immediacy)을 말하는데, 이 계시는 오로지 **신약의 거룩한 사도들과 선지자들에게** 주어졌을 뿐 그 이전이나 이후에 그 누구에게도 주어지지 않았다. 이들은 성경을 쓰는 도구였으며, 요한일서 1장 1~3절은 이들의 특별한 역할을 기술한다. 이들은 예루살렘 공의회에서 마지막으로 모였으며, 이 회의를 주관한 사람(예수님의 형제 야고보; 행 15:3을 보라)은 사도가 아니었다. 이들은 곧 흩어지고 죽었으나 계시가 완결된 후였다. 이들은 에베소서 2장 20절과 4장 11절에서 언급되지만 여기서만 **거룩한**이란 수식어가 붙는데, 이들이 이런 계시를 받기에 적합했으며 인증된(authentic) 자들이었음을 단언하기 위해서다.

어떤 사람들은 인칭대명사(autou, 그의)가 **사도들**과 연결되며, **선지자들**에는 이런 대명사가 없다고 했다. 이것은 **사도들**이 이들을 뒤따른 **선지자들**보다 중요도에서 앞서고 시간적으로도 앞선다는 점을 강조하는 것이겠다. 둘의 차이는 5장 11절을 살펴볼 때 다루겠다.

하나님은 **성령**을 통해 이들에게 계시하셨다. 베드로는 이렇게 설명한다.

"먼저 알 것은 성경의 모든 예언은 사사로이 풀 것이 아니니, 예언은 언제든지 사람의 뜻으로 낸 것이 아니요 오직 성령의 감동하심을 받은 사람들이 하나님께 받아 말한 것임이라"(벧후 1:20~21). 이것은 주님이 요한복음 14장 25~26절과 15장 26~27절에서 하신 약속의 성취였다.

바울은 말을 이어간다. 비밀은 이것이다. **이는 이방인들이 복음으로 말미암아 그리스도 예수 안에서 함께 상속자가 되고 함께 지체가 되고 함께 약속에 참여하는 자가 됨이라.**

앞서 말했듯이, 이 진리가 바울 당시의 유대인들에게 얼마나 놀랍고 혁명적이었을지 우리로서는 깨닫기 어렵다. 구약성경은 하나님이 이방인들에게 복을 주실 것이라고(창 12:3; 22:18; 26:4; 28:14), 이방인들이 하나님을 송축할 것이라고(시 72편), 메시아가 이방인들에게 임할 것이라고(사 11:10; 49:6; 54:1~3; 60:1~3), 메시아가 이방인들을 구원할 것이라고(호 1:10; 암 9:11 이하), 이방인들이 성령을 받을 것이라고 가르친다(욜 2:28~29). 그렇다고 하더라도, 이방인들이 유대인들과 한 몸이 된다는 개념은 나병환자들이 더는 격리되지 않고, 이제 정상적인 사회 구성원으로서 모든 사람과 완전히 자유롭게 섞이고 어울릴 수 있다는 말과 영적으로 같은 것이었다. 대다수 유대인에게, 유대인과 이방인의 영적 분리는 너무나 절대적이고 너무나 옳기 때문에 양쪽이 하나님 앞에서 완전히 동등하다는 것은 생각할 수도 없으며 신성모독이나 다름없었다.

그러나 바울은 무엇보다도, **이방인들이…함께 상속자(fellow heirs)가 되었다**고 선언한다. 전에 "그리스도 밖에 있었고 이스라엘 나라 밖의 사람…약속의 언약들에 대하여는 외인"이었던 사람들이(2:12) 이제 하나님 앞에서 그분의 선민, 곧 유대인들과 정확히 동일한 법적 지위를 갖는다. 이들은 그리스도 안에서 바울이 이미 언급한 놀랍고 한이 없는 동일한 기업을 갖는다(1:11, 14, 18). '모든' 신자는 "그리스도 안에서 하늘에 속한 모든 신령한 복"을 받는다(1:3). 바울이 갈라디아 신자들에게 말했듯이, 인종이나 그 어떤 전통과 상관없이, "너희가 그리스도의 것이면 곧 아브라함의 자손이요 약속대로 유업을 이을 자"이다(갈 3:29). 이방인들은 하숙생이나 나그네가 아니라 자녀이며(참조. 1:11, 14, 18; 2:19), 모든 신자와 동일한 법적 지위를 갖는다.

또한 이방인들이 이제 **함께 상속자(fellow heirs**, 공동 상속자)**가 되었다.** 이방인들이 이제 외부인으로서 동등하게 복을 받는다. 다시 말해, 이방인들이 유대인들과 구분되나 동등한 존재로서 동일한 혜택을 누린다. 이들은 몸의 완전한 **지체(**full **members of the body)**이며, 하나님의 거룩한 가정에서 다른 모든 구성원과 공동의 생명(common life)으로 연결된다. 이방인들은 동료 **지체(fellow members)**이며, 하나님의 눈에 그 어느 지체와도 차별이 없다. 하나님의 자녀는 누구나 하나님의 '유일한' 자녀다. 영적으로 그는 하나님의 유전자 외에는 유전자가 없다. "몸은 하나인데 많은 지체가 있고 몸의 지체가 많으나 한 몸임과 같이, 그리스도도 그러하니라. 우리가 유대인이나 헬라인이나 종이나 자유인이나 다 한 성령으로 세례를 받아 한 몸이 되었고, 또 다 한 성령을 마시게 하셨느니라"(고전 12:12~13).

이방인들이 동일한 법적 신분과 가족의 신분을 갖는 외에 **복음으로 말미암아 그리스도 예수 안에서…함께 약속에 참여하는 자(fellow partakers)가 되었다.** 이것은 셋째 신분이 아니라 나머지 두 신분의 요약이다. 모든 그리스도인은 구원받기 이전 신분이나 지위와 관계없이, 이제 **복음으로 말미암아 그리스도와 관련된 모든 것에 함께 참여하는 자**다. **복음**이란 그리스도와 관련된 모든 것이다. **복음**의 본질은, 예수 그리스도를 믿는 믿음을 통해, 신자들이 그분의 모든 존재(everything He is)가 되고 그분의 모든 소유(everything He has)를 받는다는 것이다. "그리스도의 비밀"이란 표현은(4절) 골로새서 4장 3절에서도 바울 메시지의 본질로 사용된다. 이 표현은 골로새서 1장 27절의 진리, 곧 그리스도께서 믿는 유대인들 뿐 아니라 믿는 이방인들 안에도 양쪽 모두를 위한 "영광의 소망"으로 계신다는 진리를 담고 있다. 이 표현은 골로새서 2장 2절의 진리, 곧 이 비밀은 "그리스도" 자신이며 그분 안에서 신자들이 모든 것을 갖는다는 진리도 담고 있다(3절). 그러므로 이 비밀은 유대인과 이방인이 그리스도 안에 있다는 것으로 충분히 이해된다. 다시 말해, 그리스도께서 유대인과 이방인 안에 계시며, 따라서 양쪽이 주 예수 그리스도 안에 잠기게 될 때 친밀하게 연합하고 함께 영생을 얻는다(갈 2:20). 하나님은 모든 신자가 "그 아들의 형상을 본받게" 예정하신다(롬 8:29). 이것은 우리 주님이 요한복음 19장에서 드린 기도의 응답이다.

> 내가 비옵는 것은 이 사람들만 위함이 아니요 또 그들의 말로 말미암아 나를 믿는 사람들도 위함이니, 아버지여, 아버지께서 내 안에, 내가 아버지 안에 있는 것 같이 그들도 다 하나가 되어 우리 안에 있게 하사 세상으로 아버지께서 나를 보내신 것을 믿게 하옵소서. 내게 주신 영광을 내가 그들에게 주었사오니, 이는 우리가 하나가 된 것 같이 그들도 하나가 되게 하려 함이니이다. 곧 내가 그들 안에 있고 아버지께서 내 안에 계시어 그들로 온전함을 이루어 하나가 되게 하려 함은 아버지께서 나를 보내신 것과 또 나를 사랑하심 같이 그들도 사랑하신 것을 세상으로 알게 하려 함이로소이다. (요 17:20~23)

복음을 받아들여 **그리스도 안에** 있을 때, 신자들은 완벽하고 전혀 새로운 사회를 이룬다. 이것이 없다면 진정한 하나됨은 절대 있을 수 없다. 그리스도인들이 **그리스도 안에서**, 한 분이신 자신들의 주님과 구주 안에서 이미 가진 위치적 하나됨(positional unity, 구분이나 차별이 없음)을 깨닫고 살아낼 때까지, 교회 안에 실제적 하나됨(practical unity)은 절대 있을 수 없다.

이 비밀 전하기

이 복음을 위하여 그의 능력이 역사하시는 대로 내게 주신 하나님의 은혜의 선물을 따라 내가 일꾼이 되었노라. 모든 성도 중에 지극히 작은 자보다 더 작은 나에게 이 은혜를 주신 것은 측량할 수 없는 그리스도의 풍성함을 이방인에게 전하게 하시고, 영원부터 만물을 창조하신 하나님 속에 감추어졌던 비밀의 경륜이 어떠한 것을 드러내게 하려 하심이라. (3:7~9)

복음은 하나님이 불러 선포하게 하신 사람들을 통해 확산되며, 바울은 이 복음의 **일꾼이 되었다.** 바울은 로마서에서 이렇게 묻는다. "그런즉 그들이 믿지 아니하는 이를 어찌 부르리요? 듣지도 못한 이를 어찌 믿으리요? 전파하는 자가 없이 어찌 들으리요?"(롬 10:14). 하나님의 진리를 들었는데도, 많은 이스라엘 사람들이 "복음을 순종하지 아니하였도다. 이사야가 이르되, 주여 우리가 전한 것을 누가 믿었나이까 하였으니"(16절). 마찬가지로, 복음을 들은 숱한 사람들이 복음에 순종하지 않았다. 그러나 복음에 순종하려면 먼저 복음을 들어야 한다. 바울의 소명은, 모든 전파자의 소명처럼, **하나님의 은혜의 선물을 따라…일꾼**으로서 하나님의 좋은 소식을 선포하는 것이었다. 고린도전서에서 비슷한 논리로, 바울은 이 은혜의 소명을 강조한다. "그러나 내가 나 된 것은 하나님의 은혜로 된 것이니, 내게 주신 그의 은혜가 헛되지 아니하여, 내가 모든 사도보다 더 많이 수고하였으나 내가 한 것이 아니요 오직 나와 함께 하신 하나님의 은혜로라"(고전 15:10).

일꾼(minister)은 헬라어 '디아코노스'(*diakonos*)의 번역인데, '디아코노스'의 기본 의미는 종(servant), 특히 식사 시중을 드는 종이다. '디아코노스'는 나중에 일반적으로 종을 가리키게 되었다. 정의로 보면, 종은 타인의 명령대로 행동하는 사람, 더 높은 권세를 인정하고 거기에 복종하는 사람이다. 종의 주된 책임은 지시받은 일을 하는 것이다. 바울의 유일한 책임은 **그의 능력이 역사하시는 대로 내게[그에게] 주신 하나님의 은혜의 선물을 따라** 충성된 종이 되는 것이었다. "그런즉 아볼로는 무엇이며 바울은 무엇이냐? 그들은 주께서 각각 주신 대로 너희로 하여금 믿게 한 사역자들(servants)이니라"(고전 3:5). 주님이 이 종 뒤에 있는 권세다. 바울은 골로새 신자들에게 이렇게 말했다. "내 속에서 능력으로 역사하시는 이의 역사를 따라 힘을 다하여 수고하노라"(골 1:29).

바울은 자신이 스스로 일꾼이 된 게 아니라 [주님이] 자신을 일꾼 삼으셨다는[16] 것을 강조한다(참조. 골 1:23, 25). 부르심, 메시지, 일, 능력 주심이 모두 하나님의 것이었다. 바울은 다메섹 가는 길에서 구원받았을 때, 밝은 빛에 여전히 눈이 멀었을 때, 예수님에게 이런 임무를 받았다. "일어나 너의 발로 서

---

16 "내가 일꾼이 되었노라"로 번역된 부분을 NASB는 "I was made a minister"([주님이] 나를 일꾼 삼으셨다)로 옮겼다.

라. 내가 네게 나타난 것은 곧 네가 나를 본 일과 장차 내가 네게 나타날 일에 너로 종과 증인을 삼으려 함이니"(행 26:16). 바울이 예수 그리스도의 **일꾼**이 된 것은 그가 받은 교육이나 그의 타고난 능력이나 그의 경험이나 그의 성격이나 그의 영향력 같은 것들 때문이 아니었다. 바울을 사도, 전파자, 종이 되게 한(he **was made**)[17] 것은 그의 주님의 뜻과 능력이었다. 바울은 그 어떤 상도 받을 자격이 없다고 느꼈다. 바울 자신이 이렇게 희생적으로 섬기려고 선택한 게 아니기 때문이다. 선택은 전혀 그의 몫이 아니었다. 그러므로 그는 칭찬받을 자격이 전혀 없었다(고전 9:16~18). 바울은 칭송이 아니라 기도를 원했다. 그가 스스로 선택한 것도 아닌 소명을 이행하지 못하면, 심각한 문제에 빠지기 때문이었다.

누구든지 하나님이 임명하지 않으셨는데도 교회 사역(목회)을 한다면, 그는 찬탈자다. 의도가 아무리 좋아 보이더라도, 그는 하나님의 일과 하나님의 사람들에게 해만 끼칠 뿐이다. 예레미야는 하나님의 말씀을 기록하면서 이 문제를 말한다. "이 선지자들은 내가 보내지 아니하였어도 달음질하며, 내가 그들에게 이르지 아니하였어도 예언하였은즉…내가 그들을 보내지 아니하였으며 명령하지 아니하였나니"(렘 23:21, 32). 하나님의 부르심을 절대적으로 확신하지 못한다면, 그 누구도 사역에 뛰어들어서는 안 된다.

하나님의 부르심을 아는 비결이 디모데전서 3장에 나온다. 거기서 바울은 목사 또는 영적 감독은 "감독의 직분을 얻으려는(aspires, 열망하는)" 자, 그를 아는 자들이 "책망할 것이 없다"고 확인하고 인정하는 자라야 한다고 말한다 (3~7절). 그러므로 이 소명은 경건하게 살려는 강한 열망 및 확인과 연결된다. 하나님은 소망과 교회의 검증을 통해 부르신다.

그때나 지금이나, 진정으로 하나님의 부르심을 받은 사람은 자신을 종 이상으로 생각함으로써 자격 상실의 위험에 늘 노출된다. 자신이 종이라는 의식을 잃을 때, 자신의 영적 능력과 유용성도 동시에 잃는다. 자신을 높이고 자신의 인간 능력으로, 자신의 계획에 따라 일하기 시작할 때, 하나님과 경쟁하

---

17 바로 앞 각주를 참고하라.

게 되고 그분의 영적 능력을 몰수당한다. 의지하는 태도를 잃으면 모든 것을 잃는다. 우리의 삶에서 조금이라고 가치 있는 것은 효과적인 섬김을 위한 능력을 비롯해 무엇이든 오직 하나님에게서 오기 때문이다. 사역뿐 아니라 모든 신실한 그리스도인의 삶에서 세상이 보기에 가장 가치 있는 것들이 가장 위험하다.—개인적 야심, 특권, 인정, 영예, 평판, 성공이 가장 위험하다. 하나님은 약하고 어리석은 자들을 선택해 구원하실 뿐 아니라(고전 1:26~29), 약하고 어리석은 전파자들을 통해 이들을 구원하신다(고후 11:30; 12:7~10). 이 값을 치르려 하지 않는 자들이 자리를 구하는 것은 합당하지 않다.

거룩하지 못함도 자격 상실(disqualification) 요건이다. 그래서 바울은 이렇게 말한다. "내가 내 몸을 쳐 복종하게 함은 내가 남에게 전파한 후에 자신이 도리어 버림을 당할까(disqualified) 두려워함이로다"(고전 9:27).

바울의 소명, 곧 복음의 일꾼이 되라는 소명도 그가 주님께 받은 다른 모든 것처럼 하나님이 주신 은혜의 선물이었다. 그는 뒤이어, 모든 성도 중에 지극히 작은 자보다 더 작은 자신에게 이 은혜를 주셨다고 말한다. 바울은 사도이자 복음의 비밀을 전하도록 특별히 선택된 일꾼이었다. 그런데도 자신을 **모든 성도 중에 지극히 작은 자보다 더 작은** 자로 여겼다. **더 작은(very least)**은 비교급으로, 가장 작은 자보다 더 작다는 뜻이다. 이것은 거짓 겸손이 아니라 정직한 자기 평가다. 바울은 하나님의 의를 아주 분명하게 이해했기 때문에, 자신이 그 의에 얼마나 아득히 미치지 못하는지도 아주 분명하게 알았다. 바울은 거룩이나 사랑이나 그 밖에 무엇에서든 자신을 완전하게 하는 은혜의 이차적 역사(second work of grace)[18]를 주장하지 않았다. 죽을 때까지 바울은 자신을 죄인의 괴수로 여겼으며(딤전 1:15), 자신이 철저히 무가치하다고 보았다. 이런 태도는 한 사람의 섬김을 제한하지 않으며, 오히려 그를 쓸모 있게 하는 비결이다(참조. 삿 6:15~16의 기드온과 사 6:1~9의 이사야).

측량할 수 없는 그리스도의 풍성함은 그분의 모든 진리, 그분의 모든 복, 그분의 모든 존재와 소유(all that He is and has)를 포함한다. 모든 전파자(preacher,

---

18 존 웨슬리가 주장한 성화 교리로 이차적 축복이라고도 한다.

선포자, 설교자)의 목적은 이러한 **풍성함**을 선포하고, 이것이 **그리스도** 안에서 얼마나 풍성한지 신자들에게 **전하는(tell)** 것이다. 이런 까닭에, 그리스도인들이 주님 안에서 자신들의 위치가 얼마나 위대한지 이해하는 게 아주 중요하다. 이러한 영광스러운 위치를 이해하지 못하면, 순종하고 열매 맺으며 행복한 그리스도인으로 살 수 없다. 주님이 우리가 그분을 위해 하길 원하시는 일을 우리가 할 수 있으려면, 먼저 그분이 이미 우리를 위해 하신 일을 알아야 한다. 우리는 그분 안에서 측량할 수 없는 풍성함을 누리는데, 그분 안에 "지혜와 지식의 모든 보화가 감추어져 있고"(골2:3), "생명과 경건에 속한 모든 것"이 있다(벤후 1:3).

그리스도께서 우리에게 주신 **측량할 수 없는…풍성함** 중에는 그분의 "인자하심과 용납하심과 길이 참으심"(롬 2:4), 그분의 "지혜와 지식"(11:33), 그분의 긍휼과 큰 사랑(엡 2:4), 그분의 "영광"(3:16), "우리에게 모든 것을 후히 주사 누리게 하심"(딤전 6:17), 그분이 주시는 확실한 이해(골 2:2), 그분의 말씀(3:16), 그리고 우리가 그분을 위해 받는 수모까지 있다(히 11:26). 바울이 우리에게 "너희도 그 안에서 충만하여졌으니"라고 당당하게 일깨우는 것은 놀라운 일이 아니다(골 2:10).

그러나 단순히 **그리스도의 풍성함**을 아는 것으로는 충분치 않다. 우리는 죄와 불순종에 빠질 때, 이러한 풍성함에서 비롯되는 현재의 복을 상실한다. 육적이며 불순종하는 고린도 신자들처럼 말이다. 바울은 이들에게 비웃는 투로 말했다. "너희가 이미 배부르며 이미 풍성하며 우리 없이도 왕이 되었도다. 우리가 너희와 함께 왕 노릇 하기 위하여 참으로 너희가 왕이 되기를 원하노라"(고전 4:8). 라오디게아 신자들처럼, 이들은 자신들이 풍성하며 아무것도 필요 없다고 생각했을 뿐 자신들의 "곤고한 것과 가련한 것과 가난한 것과 눈먼 것과 벌거벗은 것"을 깨닫지 못했다(계 3:17).

바울의 사역은 **영원부터 만물을 창조하신 하나님 속에 감추어졌던 비밀의 경륜이 어떠한 것을 드러내는** 것이기도 했다. **경륜(administration)**으로 번역된 헬라어 단어는(oikonomia) 2절에서 "stewardship"(청지기직, 개역개정은 "경륜")으로 번역된 헬라어 단어와 같다. 바울은 사실 이렇게 말하고 있다. "나는 측량할 수 없는 그리스도의 풍성함을 전하도록 수직적 영역에서뿐 아니라 교회 시대의 비밀에 대한 **경륜**, 청지기직, 또는 관리를 가르치도록 수평적 영역에서도 부르심을 받았습니다." 첫째 영역은 우리와 하나님의 관계를 다루며, 둘째 영역은 우리의 일상생활과 우리가 동료 신자로서 서로에게 하는 사역(ministry)을 다룬다.

바울의 사명은 이방인과 유대인이 하나라는 이 위대한 진리, 아주 오랫동안 창조자 하나님의 마음에 숨겨져 있던 진리가 작동하는 온전한 모습을 **드러내는(bring to light)**, 또는 계시하는 것이었다.

이 비밀의 목적

이는 이제 교회로 말미암아 하늘에 있는 통치자들과 권세들에게 하나님의 각종 지혜를 알게 하려 하심이니, 곧 영원부터 우리 주 그리스도 예수 안에서 예정하신 뜻대로 하신 것이라. (3:10~11)

하나님이 교회의 비밀을 계시하시는 목적(hina+가정법 동사)은 **이제 교회로 말미암아 하늘에 있는 통치자들과 권세들에게**, 다시 말해 천사들에게, **하나님의 각종 지혜를 알게 하려 하심이다.** 천사들은 에베소서 1장 21절과 골로새서 1장 16절도 이런 용어로 일컬어진다. 바울은 타락한 천사들에게도 비슷한 단어를 사용한다. 하나님이 교회를 세우신 목적은 자신의 큰 지혜를 천사들 앞에, 거룩한 천사들과 거룩하지 못한 천사들 앞에, 드러내는 것이다. 신약성경은 거룩한 천사들과 교회의 관계를 강조한다. 그러나 타락한 천사들도 무슨 일이 일어나는지 어느 정도 볼 수 있다. 비록 찬양할 의지도 없고 능력도 없지만 말이다.

바울은 뒤이어 이것이 **영원부터 우리 주 그리스도 예수 안에서 예정하신 뜻대로 하신 것**이라고 설명한다. 하나님이 하신 모든 일은 자신을 영화롭게 하려는 궁극적 목적이 있다. 바울이 다른 곳에서 하는 선언과 같다. "그러나 우리에게는 한 하나님, 곧 아버지가 계시니, 만물이 그에게서 났고, 우리도 그를 위하

여 있고, 또한 한 주 예수 그리스도께서 계시니, 만물이 그로 말미암고, 우리
도 그로 말미암아 있느니라"(고전 8:6). "만물이 다 그로 말미암고 그를 위하여
창조되었고"(골 1:16).

영혼 구원은 놀랍고 중요한 일이다. 그렇더라도 교회의 존재 목적은 단순
히 영혼 구원이 아니다. 바울이 여기서 명쾌하게 말하듯이, 교회의 최고 목적
은 하나님의 **지혜**를 천사들 앞에 드러냄으로써 하나님을 영화롭게 하는 것이
다. 하나님의 지혜를 천사들 앞에 드러내면, 천사들이 하나님을 더 크게 찬양
할 수 있다. 우주의 목적은 하나님께 영광을 돌리는 것이며, 이것이 모든 악
이 정복되고 멸해진 후 우주의 궁극적 모습일 것이다. 지금도 "하늘이 하나님
의 영광을 선포하고 궁창이 그의 손으로 하신 일을 나타내는도다"(시 19:1). 교
회는 그 자체가 목적이 아니라 목적, 곧 하나님을 영화롭게 하는 목적을 위한
수단이다. 하나님의 영광이 창조의 최고 목적이라는 것을 깨달아야 진정한
구속 드라마를 이해할 수 있다. 거룩한 천사들은 영원히 하나님께 영광을 돌
릴 피조물로 특별하게 창조되며, 정결함과 찬양에서 이런 존재로 확인된다(시
148:2; 히 1:6). 타락한 인간의 구속은 이들의 찬양을 풍성하게 한다. 따라서 구
속받은 자들은 천사들의 찬양에 힘을 더하며, 어느 날 하늘에서 이들의 찬양
에 참여할 것이다(계 4:8~11; 5:8~14; 7:9~12; 14:1~3; 19:1~8).

타락한 천사들까지도 하나님을 영화롭게 한다. 그럴 의도가 없더라도 말
이다. 이들이 애초에 하늘에서 쫓겨난 것은 하나님께 영광을 돌리길 거부하
고 자신들의 영광을 구했기 때문이다. 그러나 예수님은 이렇게 말씀하셨다.
"내가 이 반석 위에 내 교회를 세우리니 음부의 권세가 이기지 못하리라"(마
16:18). 하나님은 타락한 천사들의 반란 계획을 계속 좌절시키고 그분의 교회
를 무너뜨리려는 이들의 악한 의도가 헛됨을 보여줌으로써 이들을 통해 영광
을 받으신다. 하나님의 거룩한 진노도 그분의 영광을 드러낸다. 하나님의 거
룩한 진노는 그분이 누군지를 계시하기 때문이다(참조. 롬 9:19~22).

천사들은 창조에서, 시내산에 나타난 하나님의 진노에서, 갈보리에 나타난
하나님의 사랑에서 하나님의 능력을 볼 수 있다. 그러나 무엇보다도, 천사들
은 **교회로 말미암아** 알려진 **하나님의 각종**(manifold, 다채로운, 다면적) **지혜**를 본

다. 천사들은 하나님이 유대인과 이방인, 노예와 자유자, 남자와 여자—이들은 함께 메시아를 죽였고 지옥에 가야 마땅했다.—를 취해, 바로 그 살인의 십자가로, 예수 그리스도 안에서 영적으로 한 몸이 되게 하시는 것을 본다. 천사들은 하나님이 모든 장벽과 모든 벽을 허물고 모든 신자가 성부, 성자, 성령, 그리고 다른 모든 시대와 상황의 모든 신자와 불가분의 친밀하고 영원한 연합으로 하나 되게 하시는 것을 본다. 예수님은 이렇게 말씀하셨다. "죄인 한 사람이 회개하면 하나님의 사자들 앞에 기쁨이 되느니라"(눅 15:10). 회개하고 그리스도께 돌아서는 모든 죄인은 하나님의 성전에 영적 돌을 하나 추가하며, 그분의 몸에 지체를 하나 추가하고, 용서받고 깨끗해진 또 하나의 죄인이 되어 용서받고 깨끗해진 모든 죄인과 영원히 하나 된다. 거룩한 천사들은 인간의 구원에 관심이 있을 뿐 아니라(벧전 1:12), 하늘에서 하나님의 얼굴을 쉼 없이 주시하면서 하나님이 구원받은 그분의 자녀들이 땅에서 받는 처우에 보이시는 반응을 보며(마 18:10, 14), 이들을 위해 그 어떤 미션이라도 수행하려고 준비한 채 대기한다.

바울은 고린도교회 여성들에게 머리를 길게 기르는 관습을 통해 남편에게 복종하는 모습을 보이라고 권면할 때, "천사들로 말미암아" 주어졌다고 말함으로써 이 권면에 힘을 실었다(고전 11:10). 이것은 이들의 복종심을 해치지 않으면서 이들에게 더 큰 대의, 곧 남자와 여자의 합당한 반응에 대한 교회의 순종으로 하나님을 영화롭게 하는 대의를 제시하기 위해서였다. 이들은 사탄과 죄가 조종하는 왜곡된 인간관계를 뒤엎는 교회의 바른 관계를 볼 때 주님을 찬양하게 된다. 바울은 교회 장로들과 관련된 원칙들을 말한 후 이렇게 썼다. "하나님과 그리스도 예수와 택하심을 받은 천사들 앞에서 내가 엄히 명하노니, 너는 편견이 없이 이것들을 지켜 아무 일도 불공평하게 하지 말며"(딤전 5:21). 천사들은 경건한 지도자뿐 아니라 교회에서 거룩한 행위와 정결한 삶을 낳는 데 필요한 징계에도 관심이 아주 많다(17~25절). 어쨌든, 히브리서 저자는 이렇게 묻는다. "모든 천사들은 섬기는 영으로서 구원받을 상속자들을 위하여 섬기라고 보내심이 아니냐?"(히 1:14). 천사들은 교회를 섬기고 살핀다.

하나님의 우주라는 교실에서, 그분은 선생님이고 천사들은 학생이며 교회는 실례(實例)이고 주제는 **하나님의 각종 지혜**다.

이 비밀의 특권

우리가 그 안에서 그를 믿음으로 말미암아 담대함과 확신을 가지고 하나님께 나아감을 얻느니라. 그러므로 너희에게 구하노니, 너희를 위한 나의 여러 환난에 대하여 낙심하지 말라. 이는 너희의 영광이니라. (3:12~13)

예수 그리스도를 **믿음으로**, 우리는 자유롭게 하나님께 나오고 측량 못 할 하늘의 모든 풍성함을 누릴 수 있다. 유대교에서는 오직 대제사장만 지성소에서 하나님의 임재 가운데 들어갈 수 있었으며, 그것도 1년에 딱 한 번 속죄일에 짧은 시간만 그렇게 할 수 있었다. 대제사장 외에 누구라도 하나님의 임재 가운데 들어간다는 것은 즉각적 죽음을 의미했다. 그러나 이제 바울은 믿음으로 그리스도께 오는 자는 누구라도 언제든지 **담대함과 확신**을 가지고 하나님 앞에 나올 수 있다고 말한다. 이것이 교회의 비밀에 담긴 특권이다. "우리에게 있는 대제사장은 우리의 연약함을 동정하지 못하실 이가 아니요 모든 일에 우리와 똑같이 시험을 받으신 이로되 죄는 없으시니라. 그러므로 우리는 긍휼하심을 받고 때를 따라 돕는 은혜를 얻기 위하여 은혜의 보좌 앞에 담대히 나아갈 것이니라"(히 4:15~16).

우리는 경솔하거나 불손해서는 안 되며, 정직하고 열린 마음으로—자유롭게 말하고 생각하면서—하나님께 나아가야 한다. **확신을 가지고 하나님께 나아감**이란 우리가 그분께 속하기 때문에 거부당할 두려움을 모르는 신뢰다(참조. 딤전 3:13).

이런 큰 특권에 비추어, 바울은 이렇게 말한다. **너희에게 구하노니, 너희를 위한 나의 여러 환난에 대하여 낙심하지 말라. 이는 너희의 영광이니라.** 자신의 자녀들이 처한 모든 환경에서, 그 환경을 통해, 하나님은 자신의 선과 복과 **영광**을 이루신다. 분명히 많은 신자가 바울이 그의 사역 때문에 여러 해 감옥에 갇히고 거의 끊임없이 고난당하는 것을 가슴 아파했다. 그러나 바울은 로마 신자들에게 이렇게 설명했다. "생각하건대, 현재의 고난은 장차 우리에게 나타날 영광과 비교할 수 없도다"(롬 8:18). 바울의 고난은 그가 사역한 자들의 수치가 아니라 영예로 드러났다(참조. 빌 1:12).

9

하나님의 충만
(3:14~21)

이러므로 내가 하늘과 땅에 있는 각 족속에게 이름을 주신 아버지 앞에 무릎을 꿇고 비노니, 그의 영광의 풍성함을 따라 그의 성령으로 말미암아 너희 속사람을 능력으로 강건하게 하시오며, 믿음으로 말미암아 그리스도께서 너희 마음에 계시게 하시옵고, 너희가 사랑 가운데서 뿌리가 박히고 터가 굳어져서, 능히 모든 성도와 함께 지식에 넘치는 그리스도의 사랑을 알고, 그 너비와 길이와 높이와 깊이가 어떠함을 깨달아, 하나님의 모든 충만하신 것으로 너희에게 충만하게 하시기를 구하노라. 우리 가운데서 역사하시는 능력대로 우리가 구하거나 생각하는 모든 것에 더 넘치도록 능히 하실 이에게, 교회 안에서와 그리스도 예수 안에서 영광이 대대로 영원무궁하기를 원하노라. 아멘. (3:14~21)

엔진, 점화장치, 변속기 등이 어떻게 작동하는지 자동차에 대해 많은 것을 정확히 알지만, 자동차를 이용해 아무 데도 가지 못할 수도 있다. 반대로, 자동차를 거의 모르지만 매일 자동차를 이용해 수백 킬로미터를 다닐 수도 있다. 마찬가지로 성경의 교리, 해석, 도덕적 기준, 약속과 경고 등 성경을 아주 많이 알지만, 이 진리들을 따라 살지 못할 수도 있다.

에베소서 1장 1절 ~ 3장 13절에서 바울은 그리스도인의 삶에 관한 기본 진리들을 제시한다. 곧 우리가 그리스도 안에서 누구이며, 얼마나 크고 무한한 자원을 갖는지 말한다. 3장 14절부터 이 편지 끝까지, 바울은 이러한 진리들을 주장하고 이것들을 따라 살라고 권면한다. 3장 14~21절에서 바울은 에베소 신자들을 위한 자신의 기도를 제시한다. 자신의 기도를 이들과 나누면서, 이들에게 "그리스도 안에서 하늘에 속한 모든 신령한 복"을(1:3) 충만히 누리며 살라고 촉구한다. 에베소서의 이 둘째 기도는(1:15~23도 보라) 실행가능성(enablement)을 구하는 기도다. 첫째 기도는 신자들이 그들의 능력을 '알게' 해 달라는 기도다. 둘째 기도는 이들이 이 능력을 '사용하게' 해 달라는 기도다.

목사가 가장 신경 써야 할 두 가지가 있다. 성도들에게 그들이 그리스도 안에서 누구인지 말해주는 것과 그렇게 살라고 촉구하는 것이다. 바꾸어 말하면, 목사는 양 떼가 자신들의 영적 능력을 깨닫도록 도와야 하며, 이들이 그 능력을 사용하도록 동기를 부여해야 한다. 사도 바울이 이 편지에서 하듯이, 신실한 목사는 성도들을 온전히 기능하는 그리스도인으로서 능력을 한껏 발휘하는 자리로 인도하려 한다.

에베소서 3장 14~21절의 기도는 하나님을 향한 간구이자 신자들을 향한 간청이기도 하다. 바울은 하나님의 주권적 공급에 반응하라며 신자들에게 간청하고, 이들이 이렇게 하도록 동기를 부여하시기를 하나님께 간구한다. 하나님은 공급자일 뿐 아니라 주도자요 동기부여자이기 때문이다. 바울은 하나님께, 신자들의 능력을 활성화해 이들이 신실한 자녀가 되고 이로써 하늘에 계신 아버지께 영광을 돌리게 해주시길 구한다.

이 위대한 기도는 하나님을 향한 간구이자 그분의 자녀들을 향한 권면인데, 여기서 바울은 구체적으로 성령께서 내면에 힘을 주시고, 그리스도께서 신자들의 마음에 내주하시며, 이해할 수 없는 사랑이 신자들의 마음을 적시고, 신자들이 하나님의 충만으로 충만하며, 이로써 하나님의 영광이 드러나고 선포되길 기도한다. 각 항목은 앞선 항목들에 기초하며, 실행 가능성을 크게 높인다.

성령의 능력

이러므로 내가 하늘과 땅에 있는 각 족속에게 이름을 주신 아버지 앞에 무릎을

꿇고 비노니, 그의 영광의 풍성함을 따라 그의 성령으로 말미암아 너희 속사람

을 능력으로 강건하게 하시오며, (3:14~16)

이러므로(For this reason)는 3장 2~13절의 삽입문을 정리하고, 1절의 표현
을 되풀이하며 시작한다. 그러므로 바울이 말하는 이유(reason)를 2장에서 찾
아야 한다. 그리스도께서 우리를 자신 안에서 영적으로 살리시며(2:5), 우리는
"그가 만드신 바"이고(10절), "외인도 아니요 나그네도 아니요 오직 성도들과
동일한 시민이요 하나님의 권속"이며(19절), "사도들과 선지자들의 터 위에 세
우심을 입은 자"이고(20절), "성령 안에서 하나님이 거하실 처소가 되기 위하여
그리스도 예수 안에서 함께 지어져 간다"(22절). **이러므로**(우리는 새로운 신분이기
에 하나님의 거처가 된다) 바울은 에베소 신자들이 그리스도 안에 있기에 갖는 엄
청난 신분이 주는 능력을 사용하길 기도한다. 하나님의 능력이 이 신자들 안에
있다. 그래서 바울은 하나님이 이들로 이 능력을 충만하게 사용하게 해주시길
기도한다. 신자들은 전능하신 삼위일체 하나님의 거처이기 때문에, 바울은 이
들이 하나님에게서 받는 무한한 에너지가 드러나길 기도한다.

　전능(omnipotence)이 무능(impotence) 안에 거한다는 진리가 너무나 장
엄하고 웅장하며 고귀하기에, 우리는 바울이 하나님을 영원한 영광의 왕이
나 이와 비슷한 고귀한 칭호로 부를 거라 기대한다. 그러나 바울은 오히려 **내
가…아버지 앞에 무릎을 꿇고**라고 말한다. **아버지**는 예수님이 기도할 때 늘 사
용하신 바로 그 호칭이며, 제자들에게 기도를 가르치실 때 사용하신 바로 그
호칭이다(마 6:9). 하나님은 하늘에 계신 우리의 **아버지**이기 때문에, 우리는 그
분이 우리를 거부하거나 우리에게 무관심하실까 걱정되어 두려워하고 떨면
서 그분 앞에 나오는 게 아니다. 우리는 이교도들이 자신의 신들을 달래듯 하
나님을 달래려고 하나님께 나오는 게 아니다. 우리는 다정하고, 사랑이 넘치
며, 관심을 두고, 공감하며, 받아들이는 **아버지**께 나온다. 사랑이 많은 인간 아
버지는 자녀들이 다가올 때 늘 받아들이며, 자녀들이 불순종하고 감사할 줄
모를 때라도 다르지 않다. 하물며 하늘에 계신 우리 아버지께서 그분의 자녀
들을, 그들이 무엇을 했느냐 또는 하지 않았느냐와 상관없이, 받아들이시지

않겠는가? 바울은 담대함과 확신을 가지고 **아버지**께 나아간다. 자녀들이 아버지께 가길 원하는 것보다 아버지는 자녀들이 자신에게 오길 더 원하신다는 것을 알기 때문이다. 그는 하나님이 사랑과 기대가 가득한 아버지의 마음으로 늘 기다리고 계신다는 것을 안다.

내가⋯무릎을 꿇고라고 말할 때, 바울은 기도에서 요구되는 자세를 규정하는 게 아니다. 바울이 늘 무릎을 꿇고 기도한 것은 아니다. 성경은 신실한 하나님의 사람들이 다양한 자세로 기도한다고 말한다. 다음 구절들이 이것을 보여주며, 여기서 강조는 덧붙인 것이다. 소돔과 고모라를 위해 중보할 때, "아브라함은 여호와 앞에 그대로 **섰더니**"(창 18:22). 다윗은 성전 건축을 두고 기도할 때, "여호와 앞에 들어가 **앉아서**" 했다(대상 17:16). 예수님은 배신당하던 날 밤 겟세마네 동산에서, "**얼굴을 땅에 대시고 엎드려** 기도하셨다"(마 26:39).

그러나 성경에서 무릎을 꿇는다는 것은 여러 가지를 상징했으며, 바울도 이 때문에 여기서 이런 자세를 언급했을 것이다. 첫째, 이것은 복종하는 태도, 즉 자신이 지위와 존엄과 권위가 훨씬 높은 존재 앞에 있음을 인식하는 태도를 상징한다. 시편 기자는 하나님이 "우리의 구원의 반석⋯크신 하나님이시요 모든 신들보다 크신 왕," 천지의 창조자라고 선포한 후, "오라. 우리가 굽혀 경배하며 우리를 지으신 여호와 앞에 무릎을 꿇자"고 말한다(시 95:1~6).

둘째, 감정이 격할 때 하나님 앞에 무릎 꿇는 모습이 나타난다. 에스라는 이스라엘이 이교도 이웃들과 통혼한다는 얘기에 충격을 받고 마음이 찢어질 듯 아파 무릎을 꿇고 두 팔을 뻗은 채 백성을 대신해 하나님께 고백했다(스 9:5~6). 다리오 왕은 질투하는 신하들이 고안한 칙령에 서명해 왕 외에 그 어떤 신에 대한 예배도 금지했다. 다니엘은 이 소식을 들었을 때, "전에 하던 대로 하루 세 번씩 무릎을 꿇고 기도하며 그의 하나님께 감사하였다"(단 6:10). 참 하나님을 계속 예배하면 사자 굴에 던져지리라는 것을 알면서도 말이다. 바울은 에베소 장로들을 마지막으로 만났을 때, "무릎을 꿇고 그 모든 사람들과 함께 기도했다"(행 20:36).

바울은 이 편지를 에베소 신자들에게 쓰면서 이들을 위해 기도할 때, 이들을 위해 **아버지 앞에 무릎을 꿇어야**겠다는 마음이 들었다. 이런 자세나 그 어떤 자세가 특별히 거룩하기 때문이 아니었다. 그가 뜨겁게 기도하는 중에 하나님의 영광을 높인다는 것이 이런 자세에 자연스럽게 투영되기 때문이었다.

하늘과 땅에 있는 각 족속에게 이름을 주신 아버지는 하나님이 우주의 모든 존재의 영적 아버지라고 가르치지 않는다. 현대 자유주의자들의 주장과 달리, 이것은 하나님이 만인의 아버지(universal fatherhood of God)이며 만인이 모두 형제(universal brotherhood of man)라고 가르치지 않는다. 성경은 두 영적 아버지를 분명하게 가르친다. 하나님과 사탄이다. 하나님은 그분을 믿는 자들의 하늘 아버지이고, 사탄은 그러지 않는 자들의 영적 아버지다. 정반대되는 두 아버지는 요한복음 8장에서 가장 분명하게 구분된다. 예수님은 자신을 받아들이지 않고 아브라함이 자신들의 영적 조상(forefather)이라 주장하는 믿지 않는 유대인들에게 이렇게 말씀하셨다. "너희가 아브라함의 자손이면 아브라함이 행한 일들을 할 것이거늘, 지금 하나님께 들은 진리를 너희에게 말한 사람인 나를 죽이려 하는도다. 아브라함은 이렇게 하지 아니하였느니라. 너희는 너희 아비가 행한 일들을 하는도다…하나님이 너희 아버지였으면 너희가 나를 사랑하였으리니…너희는 너희 아비 마귀에게서 났으니"(39~42, 44절). 요한은 첫 서신에서 이렇게 선언한다. "이러므로 하나님의 자녀들과 마귀의 자녀들이 드러나나니, 무릇 의를 행하지 아니하는 자나 또는 그 형제를 사랑하지 아니하는 자는 하나님께 속하지 아니하니라"(요일 3:10).

하늘과 땅에 있는 각 족속은 모든 세대 성도들을 가리킨다. 즉 지금 **하늘에 있는** 성도들과 여전히 **땅에 있는** 성도들을 가리킨다. 오직 이들만 아버지 하나님에게서 적법하게 이름을 얻는다. 그리스도인들은 그리스도께서 오시기 전에 믿은 이스라엘 사람들 및 이방인들과 똑같이 하나님의 백성이다. 신자들로 구성된 모든 가정(**every family**, 각 족속)은 하나님의 영적 가정의 일부이며, 이 가정은 구성원이 많지만 **아버지**는 하나이며 나머지는 모두 형제자매다.

바울이 이 거룩한 가족을 위해 기도하면서 가장 먼저 내놓은 핵심 간구는 하나님이 **그의 영광의 풍성함을 따라 그의 성령으로 말미암아 너희**[이들의] **속사람을 강건하게** 해 주시라는 것이다.

앞 장에서, 자신의 풍성함'에서'(out of his riches) 기부하기보다 자신의 풍성함을 '따라'(according to his riches, 자신의 풍성함에 걸맞게) 기부하는 부자를 예로 들었다. 백만장자가 50달러나 100달러를 기부한다면 자신의 부에서(out of his wealth) 기부하는 것일 뿐일 테지만, 25,000달러를 기부한다면 자신의 부를 따라(according to his wealth, 자신의 부에 걸맞게) 기부하는 것이겠다. 한 사람의 부가 클수록, 그의 부에 따른(걸맞은) 기부가 되려면 기부 액수도 그만큼 커야 한다. 하나님이 **그의 영광의 풍성함(riches)을 따라** 주신다는 것은 놀랍기 이를 데 없다. 그분의 풍성함은 무한하며, 한계가 전혀 없기 때문이다. 바울은 정확히 이렇게 에베소 신자들에게 힘을 주시길 하나님께 간구한다.

성경에 기록된 바울의 기도는 거의 모두 타인의 영적 안녕을 구하는 것이다. 박해받고 감옥에 갇히며 자신의 안녕을 위해 많은 것이 필요할 때라도, 바울은 무엇보다도 동료 신자들이 영적으로 보호받고 힘을 얻길 기도했다. 자신을 위해 기도할 때라도, 그 목적은 자신의 주님과 주님의 백성을 더 잘 섬길 수 있게 되는 것이었다. 이 편지 말미에서, 바울은 에베소 신자들에게 이렇게 부탁한다. "또 나를 위하여 구할 것은 내게 말씀을 주사 나로 입을 열어 복음의 비밀을 담대히 알리게 하옵소서 할 것이니"(6:19).

바울은 빌립보 신자들의 사랑을 "지식과 모든 총명으로 점점 더 풍성하게 하사 너희로[이들이] 지극히 선한 것을 분별하며 또 진실하여 허물없이 그리스도의 날까지 이르길" 기도했다(빌 1:9~10). 바울은 골로새 신자들을 위해 쉬지 않고 기도했다. "너희로 하여금 모든 신령한 지혜와 총명에 하나님의 뜻을 아는 것으로 채우게 하시고, 주께 합당하게 행하여 범사에 기쁘시게 하고 모든 선한 일에 열매를 맺게 하시며, 하나님을 아는 것에 자라게 하시고, 그의 영광의 힘을 따라 모든 능력으로 능하게 하시며, 기쁨으로 모든 견딤과 오래 참음에 이르게 하시고"(골 1:9~11; 참조, 빌 1:4; 살전 1:2).

하나님의 백성은 모두 바울처럼 타인들의 영적 필요에, 구원받지 못한 자들이 구원받으며 구원받은 자들이 영적으로 보호받고 성장하는 데 더없이 민감해야 한다. 우리는 아내, 남편, 자녀, 목회자, 동료 교인, 이웃, 동료 학생, 친구, 직장 동료의 영적 필요에 민감해야 한다. 우리는 어떤 식으로든 접촉하는 모두를 위해 기도해야 하며, 그 외에도 많은 사람을 위해, 이를테면 전혀 만난

적도 없고 알지도 못하는 정부 관리들과 기독교 지도자들과 선교사들을 위해서도 기도해야 한다.

기도는 우리의 일상에서 끊임없이 계속되는 노력이어야 한다. 예수님은 이렇게 말씀하셨다. "너희는 장차 올 이 모든 일을 능히 피하고 인자 앞에 서도록 항상 기도하며 깨어 있으라"(눅 21:36). 바울은 자신이 다른 사람들을 위해 계속 기도한다는 말을 자주했으며(엡 1:16; 빌 1:4; 골 1:3, 9), 자신처럼 하라며 다른 사람들을 거듭 독려했다(롬 12:12; 엡 6:18; 골 4:2; 참조. 빌 4:6). 예수님은 적어도 두 비유에서 끈질긴 기도에 초점을 맞추셨다. 하나는 한밤중에 이웃집 문을 두드리며 갑자기 찾아온 손님에게 줄 음식을 부탁하는 사람의 비유이고(눅 11:5~10), 다른 하나는 불의한 재판관에게 호소하길 멈추지 않았기에 마침내 그의 도움을 끌어낸 끈질긴 과부의 비유다(눅 18:1~8).

나머지 기도가 보여주듯이, 에베소 신자들을 위한 바울의 간구는 담대하고 확신이 넘치며 포괄적이었다. 바울은 하나님께, 에베소 신자들에게 모든 영적 능력을 주어 가용 자원을 활용할 수 있게 해주시길 구했다. 현대 기독교 철학자 자끄 엘륄(Jaques Ellul, 1912-1994)은 기술 시대를 사는 사람들을 위한 기도는 전투적이어야 한다고 확신했다. 그리고 기도는 단지 사탄, 타락한 사회, 분열된 자아와 벌이는 전투일 뿐 아니라 하나님과 벌이는 전투라고 했다. 야곱이 브니엘에서 했듯이(창 32:24~30), 아브라함이 소돔과 고모라를 위해 담대하게 중보했듯이(창 18:23~32), 모세가 이스라엘을 위해 중보했듯이(출 32:11~13; 민 14:13~19), 우리도 그렇게 하나님과 씨름해야 한다.

1540년, 루터의 좋은 친구이자 조력자 프리드리히 미코니우스(Friedrich Myconius, 1490-1546)가 병들었고 얼마 더 살지 못할 것 같았다. 그는 침상에서 루터에게 따뜻한 이별 편지를 썼다. 루터는 편지를 받자마자 답장을 썼다. "하나님의 이름으로 그대에게 명하노니, 죽지 마시오. 교회를 개혁하는 일에 그대가 내게 여전히 필요하기 때문이오… 주님께서 절대로 내가 그대의 부고를 듣지 않게 하시고, 대신에 그대가 나보다 오래 살게 하실 것이오. 이것이 나의 기도이며 이것이 나의 뜻이니, 내 뜻이 이루어질 것이오. 나는 오직 하나님의 이름을 영화롭게 하길 구하기 때문이오."

현대인들의 귀에 거칠고 둔감해 보일 테지만, 하나님은 분명히 이 기도를 높이 사셨다. 루터의 답장이 도착했을 때, 미코니우스는 이미 말할 능력을 잃은 상태였는데도 곧 회복했다. 그는 6년을 더 살았고, 루터가 죽고 두 달 후에 죽었다.

우리의 일상과 기도에서, 물질적 풍성함에 감사하기보다 영적 풍성함에 감사하기가 어렵다. 돈이 많든 적든 간에, 우리는 물질적 부가 어떤 것인지 어느 정도 안다. 우리는 이미 소유한 것에서 이것을 맛보며, 비싼 집과 자동차와 보트와 보석과 옷을 비롯해 부자들이 누리는 것을 보면서 부러워한다. 반대로, 영적 풍성함은 그렇게 분명하지 않으며, 육적인 사람(natural man, 육에 속한 사람)이나 불순종하는 그리스도인들에게 매력적이지도 않다.

그러나 영적 신자에게 **그의 영광의 풍성함**은 참으로 풍성하다. 바울은 편지 첫머리부터 이러한 풍성함을 크게 기뻐했다. 하나님이 하늘에 속한 모든 신령한 복을 우리에게 주셨고(1:3), 창세 전에 우리를 친히 택하셨으며(1:4), 우리를 구속(속량)하며 우리의 죄를 사하셨고(1:7), 자신의 뜻의 비밀을 우리가 알게 하셨으며(1:9), 우리에게 자신의 아들 예수 그리스도와 함께 기업을 주셨다(1:11). 이 외에도 1, 2, 3장 전반부까지 이런 것들이 가득하다. **그의 영광의**라는 어구는 이러한 풍성함이 그분이 누구시냐(who He is) 때문에 하나님께 속한다고 증언한다. 이 풍성함은 본래 하나님(His Person)께, 다시 말해 그분의 영광에 속한다(참조. 1:17, 여기서 바울은 하나님을 "영광의 아버지"라 부른다; 출 33:18 이하, 여기서 하나님은 자신의 인격적 속성들을 영광으로 계시하신다).

이것들을 비롯해 많은 것이 모든 신자가 예수 그리스도 안에서 갖는 풍성함이다. 바울은 하나님이 이러한 **풍성함(riches)**을 신자들에게 주시길 기도하는 게 아니라 신자들이 이미 소유한 **풍성함을 따라** 하나님이 이들을 **능력으로 강건하게 하시길** 기도한다. 바울은 신자들이 이미 그리스도 안에서 소유한 영적 부(富)에 걸맞게 살길 바란다.

줄리안 엘리스 모르스라는 별난 영국 부자가 있었다. 그는 부랑자처럼 옷을 입고 집마다 다니며 면도기, 비누, 샴푸 등을 팔길 좋아했다. 그는 하루 일을 마치면, 아름다운 저택으로 돌아와 정장을 차려입고 운전사가 모는 리무

진에 올라 최고급 레스토랑을 찾곤 했다. 때로 파리로 날아가 저녁을 보내곤 했다.

많은 그리스도인이 모리스처럼 산다. 하루하루 분명한 영적 가난 속에 살고, 하늘 아버지께서 주신 엄청난 **그의 영광의 풍성함**은 이따금 누릴 뿐이다. 너무나 비극적이게도, 우리는 말로 표현할 수 없고 한없이 넘치는 하나님의 풍성함 속에서 화려하게 살 수 있는데도 우리 자신의 부족함이라는 누더기를 걸친 채 돌아다닌다.

하나님의 자녀답게 사는 첫걸음은 하나님이 **그의 영광의 풍성함을 따라 그의 성령으로 말미암아 너희**[우리의] **속사람을 능력으로 강건하게 하시는** 것이다. 그러나 대다수 그리스도인이 이 첫걸음을 전혀 내딛지 못하는 것으로 보인다. 하나님의 능력이 자신들 속에 온전히 역사하는 모습이 어떠한지 알지 못하기 때문이다. 이들이 고통당하고, 교회가 고통당하며, 세상이 고통당한다. 대다수 신자의 **속사람이…그의 성령으로 말미암아…능력으로 강건하게** 되는 일이 전혀 일어나지 않기 때문이다.

바울은 신자들의 육체적 건강에 관심을 가졌으며, 하나님은 그를 사용해 많은 사람을 고치셨다. 바울은 예루살렘 성도들의 궁핍에 관심을 가졌으며, 이들의 양식을 비롯해 육체의 필수품을 살 돈을 모금하기 위해 지칠 줄 모르고 애썼다. 그러나 바울은 우리의 겉사람은 썩는다는 것을 알았다. 겉사람은 진짜 사람, 즉 **속사람**을 위한 임시 거처일 뿐이다. 바울은 이렇게 말할 수 있었다. "그러므로 우리가 낙심하지 아니하노니, 우리의 겉사람은 낡아지나 우리의 속사람은 날로 새로워지도다"(고후 4:16). 바울은 디모데에게 이렇게 말했다. "주께서 내 곁에 서서 나에게 힘을 주심은 나로 말미암아 선포된 말씀이 온전히 전파되어 모든 이방인이 듣게 하려 하심이니, 내가 사자의 입에서 건짐을 받았느니라"(딤후 4:17).

마틴 그로스(Martin Gross)는 『심리사회』(*Psychological Society*)에서, 심리학과 정신의학의 근간에 의문을 제기하고, 명망과 경제적 이익이 심리학과 정신의학의 배후에 자리한 진짜 동력이라고 했다. 그러나 더욱 중요하게도, 그는 심리학과 정신의학이 자신들이 익숙하게 다루는 정신질환과 정서질환에 대한 해답을 갖고 있지 않다고 단언한다. 그의 결론은 모든 사람에게 본래 불치의 신경증이 있으며, 신경증이 있는 채로 내버려 두어야 한다는 것이다. 순전히 인간적인 관점에서 보면, 그로스의 비관적 결론은 완전히 맞는 말이다. 실제로 인간의 기본 본성은 보편적으로 결함이 있으며 치료될 수 없기 때문이다. 그러나 그 결함은 죄이며, 신경증을 비롯한 모든 문제는 그 증상일 뿐이다. 이 결함이 **속사람**에 있으며, 인간은 속사람을 스스로 치료할 수 없다.

오직 하나님만 **속사람**에 접근해 고칠 수 있으며, 하나님은 무엇보다도 속사람에서 일하길 원하신다. 하나님의 일은 구원에서 시작하며, 그 후에도 하나님의 주된 일터는 여전히 **속사람**이다. 여기에 영적 생명이 존재하고, 여기서 영적 생명이 자라기 때문이다. 구원받을 때 신자에게 부여되는 "신성한 성품"(divine nature, 벧후 1:4)은 **속사람**의 중심에 있으며, 이것을 토대로 성령께서 신자의 생각을 바꾸신다.

겉사람, 곧 육체적 사람은 나이 들수록 약해지더라도, **속사람**, 곧 영적인 사람은 **그의 성령으로 말미암아…능력으로** 계속해서 점점 강해져야 한다. 오직 하나님의 성령만이 우리의 영을 강건하게 하실 수 있다. 하나님의 성령께서 우리에게 에너지를 공급하고, 새로운 활력을 주며, 능력을 주신다(참조. 행 1:8). 로마서 7장 22~23절에서, 바울은 거듭난 사람은 하나님의 뜻을 행하길 간절히 바라지만, 육체적 몸에 거하는 죄가 이를 방해한다고 말한다. 반면에, 8장에서는 이 싸움의 승리는 성령께 있다는 진리를 표현한다. "육신을 따르는 자는 육신의 일을, 영을 따르는 자는 영의 일을 생각하나니, 육신의 생각은 사망이요 영의 생각은 생명과 평안이니라"(8:5~6). 그는 뒤이어 이렇게 말한다. "육신에 있는 자들은 하나님을 기쁘시게 할 수 없느니라. 만일 너희 속에 하나님의 영이 거하시면 너희가 육신에 있지 아니하고 영에 있나니"(8~9절). 사실, 바울은 성령의 능력으로 신자가 구속받지 못한 육체의 행실을 "죽일" 수 있다고 단언한다(13절).

바울은 갈라디아 신자들에게 이렇게 썼다. "너희는 성령을 따라 행하라. 그리하면 육체의 욕심을 이루지 아니하리라"(갈 5:16). 순종하며 유능하고 생산적인 그리스도인은 성령을 의식하고, 성령이 충만하며, 성령의 다스림을 받는 게 틀림없다.

속사람이 정기적으로 하나님의 말씀을 먹고 삶의 모든 결정에서 성령의 뜻을 구할 때, 신자는 자신이 **그의 성령으로 말미암아…능력으로 강건하게** 되리라 확신할 수 있다. 영적 능력은 특별한 계층의 그리스도인을 나타내는 표식이 아니라 하나님의 말씀과 성령에 복종하는 모든 그리스도인의 표식이다. 육체적 성장과 힘처럼, 영적 성장과 힘은 하룻밤에 얻어지는 게 아니다. 우리는 하나님의 말씀을 공부하고 이해하며 그 말씀대로 살기 위해 지성과 영을 훈련할 때, 자양분을 얻고 힘을 얻는다. 모든 영적 음식과 영적 훈련은 우리의 힘과 인내력을 길러준다.

영적 성장은 죄를 짓는 빈도가 줄어드는 것이라고 정의할 수 있다. 영적 근육을 기를수록, 삶에서 성령의 다스림에 순종할수록 죄가 줄어든다. 하나님이 주시는 능력이 커질수록 죄는 필연적으로 줄어든다. 하나님과 가까워질수록 죄로부터 멀어진다.

이런 일이 일어나면, 겉사람에게 일어나는 일이 점점 덜 중요해진다. 바울은 고린도 신자들에게 이렇게 말할 수 있었다.

> 우리는 사방에서 강한 압박을 받으나 낙심하지 않으며, 당혹스러운 상황에 처해도 절망하지 않습니다. 우리는 핍박을 당해도 버림받지 않으며, 매 맞아 쓰러질지라도 아주 주저앉지는 않습니다! 우리는 날마다 예수의 죽음을 조금씩 체험합니다. 이는 우리의 몸에서 예수의 생명이 지닌 능력 또한 드러나게 하려는 것입니다. 그렇습니다. 살아 있는 우리는 예수를 위해 늘 자신을 죽음에 노출시킵니다. 이는 죽게 될 우리의 삶에서 예수의 생명이 뚜렷이 나타나게 하려는 것입니다. 여러분에게 영적인 생명을 알려 주려고, 우리는 늘 신체적인 죽음에 직면합니다 …그렇기에 우리는 낙심하지 않습니다. 우리의 겉모습은 낡고 쇠하여 가지만, 내적인 인격은 날마다 새로운 힘을 얻습니다. (고후 4:8~12, 16, 필립스 성경)

그리스도의 내주(內住)

믿음으로 말미암아 그리스도께서 너희 마음에 계시게 하시옵고, (3:17a)

하시옵고(so that)는 목적절을 이끄는 헬라어 접속사 '히나'(hina)를 번역한 것이다.[19] 하나님이 "그의 성령으로 말미암아 너희의[우리의] 속사람을 능력으로 강건하게 하시는" 목적은 **믿음으로 말미암아 그리스도께서 너희[우리] 마음에 계시게 하는** 것이다.

순서가 바뀐 것처럼 보인다. 신자가 구원받을 때 그리스도께서 그 안에 거하시며(고후 13:5; 골 1:27), 그가 그리스도를 구주로 영접할 때까지 성령께서 그의 속사람에 거하실 수 없기 때문이다(롬 8:9, 11; 고전 3:16; 6:19). 바울은 모든 신자가 그리스도 안에 있음을 이미 분명히 밝혔다(1:1, 3, 10, 12; 2:6, 10, 13). 그러므로 바울이 여기서 말하는 것은 구원에서 그리스도께서 신자 안에 거하심이 아니라 성화(聖化)에서 그리스도께서 신자 안에 거하심이다.

'카토이케오'(katoikeō, **dwell**, 계시다)는 '카타'(kata, down, 아래로)와 '오이케오'(oikeō, 집에 거주하다)가 결합된 복합어다. 이 단락의 문맥에서, 이 단어는 단순히 우리 **마음**의 집 안에 있다는 의미가 아니라 거기서 편안함을 느끼고(at home) 가족 구성원으로서 거기 정착한다는 의미다. 우리의 속사람이 우리를 강건하게 하시는 그리스도의 영에 복종할 때까지, 그리스도께서 우리의 마음에서 "편안하실"(at home) 수 없다. 성령께서 우리의 삶을 다스리실 때까지, 예수 그리스도께서 우리의 마음에서 편안하실 수 없으며, 불편함을 참는 방문자처럼 머무르실 뿐이다. 여기서 바울의 가르침은 예수님이 신자들의 마음에 거하신다는 '사실'이 아니라 그분의 거하심의 '질'과 관련이 있다.

하나님이 두 천사와 함께 찾아오셨을 때, 아브라함과 사라는 가능한 최선

---

19 NASB는 3:17a를 "so that Christ may dwell in your heart through faith"(그리스도께서 믿음을 통해 너희 안에 거하시도록)로 옮겼다. 여기서 so that은 '~하기 위하여,' '~하도록'이라고 옮길 수 있으며, 개역개정에서는 문미에서 "하시옵고"라고 옮겼다.

의 방식으로 손님을 접대하기 위해 즉시 준비했다. 이 단락의 나머지 부분에서 보듯이, 아브라함과 사라는 자신들이 하나님을 접대하고 있음을 알았던 게 분명하다. 하나님이 아브라함과 사라에게서 편안함을 느끼셨던 것도 분명하다. 잠시 후, 하나님이 롯에게 가족을 데리고 도망쳐 목숨을 건지라고 경고하실 때, 친히 가지 않고 두 천사만 보내셨던 것은 의미가 커 보인다(창 19:1). 롯은 신자였으나, 아브라함의 천막에서와 달리, 하나님은 롯의 집에서 편안함을 느끼지(feel at home) 못하셨다.

『내 마음 그리스도의 집』(My Heart Christ's Home)(한국ivp)에서, 로버트 멍어(Robert Munger)는 그리스도인의 삶을 집으로 묘사한다. 그리스도께서 이 집을 이 방 저 방 훑어보신다. 서재, 곧 지성의 방에서, 예수님은 쓰레기와 온갖 쓸모없는 것을 발견하고는 이것들을 내다 버리고 그 자리를 그분의 말씀으로 대체하신다. 주방, 곧 욕구의 방에서, 예수님은 세상적 메뉴판에 길게 열거된 죄악 된 욕구들을 발견하신다. 예수님은 위신, 물질, 정욕 같은 것들이 자리했던 자리에 겸손, 온유, 사랑을 비롯해 신자들이 주리고 목말라 해야 하는 모든 덕목을 두신다. 예수님은 교제의 거실을 둘러보다가 거기서 숱한 세상적 교제와 활동을 발견하신다. 예수님은 다음으로 작업실로 옮겨가 제작 중인 장난감들을 보시고, 벽장을 열어 숨겨진 죄들을 보시며, 그렇게 집 전체를 둘러보신다. 그분은 모든 방과 벽장, 모든 죄와 어리석음의 모퉁이를 청소하신 후에야 그 집에 정착하고 편안해하신다.

예수님은 우리를 구원하시는 바로 그 순간, 우리 마음의 집에 들어오신다. 그러나 우리 마음의 집에서 죄가 청소되고 그 집이 그분의 뜻으로 채워질 때까지 그곳에 편안하고 만족스럽게 사실 수 없다. 하나님은 이해할 수 없을 만큼 인자하고 무한히 참으신다. 하나님은 그분의 뜻을 고집스럽게 거부하는 그분의 자녀들을 계속해서 사랑하신다. 그러나 하나님은 이런 마음에서 행복하거나 만족하실 수 없다. 그분이 우리 삶의 모든 부분에서 주인이 되시도록 우리가 그분을 신뢰하는 지속적 **믿음**을 통해 그분이 우리의 **마음에 계시게 (dwell in)** 해드릴 때까지, 그분은 우리 마음에 온전히 편하게 거하실 수 없다. 우리는 **믿음**으로 그분의 거하심을 받아들일 뿐 아니라 실천한다.

전능하고 거룩한 하나님이 우리의 **마음**에 거하길 원하시고, 거기서 편안하길 원하시며, 그곳에서 다스리길 원하시다니, 이 얼마나 놀랍고 멋진 일인가! 그러나 예수님은 이렇게 말씀하셨다. "사람이 나를 사랑하면 내 말을 지키리니, 내 아버지께서 그를 사랑하실 것이요 우리가 그에게 가서 거처를 그와 함께 하리라"(요 14:23).

넘치는 사랑

너희가 사랑 가운데서 뿌리가 박히고 터가 굳어져서, 능히 모든 성도와 함께 지식에 넘치는 그리스도의 사랑을 알고, 그 너비와 길이와 높이와 깊이가 어떠함을 깨달아, (3:17b~19a)

하나님의 영이 우리를 내적으로 강건하게 하시면, 그리스도께서 우리 마음에 편안히 거하시게 되고, 이것은 이해를 초월한 사랑으로 이어진다. 우리의 마음이 성령의 능력에 항복하고 그리스도의 주되심에 복종하는 결과가 **사랑**이다. 그리스도께서는 우리 마음에 정착하실 때, 자신의 사랑을 우리 안에 그리고 우리를 통해 드러내기 시작하신다. 그리스도께서 우리 마음에 자유롭게 거하실 때, 우리는 **사랑 가운데서 뿌리가 박히고 터가 굳어진다.** 다시 말해, 튼튼한 사랑의 기초 위에 정착한다.

예수님은 이렇게 말씀하셨다. "새 계명을 너희에게 주노니, 서로 사랑하라. 내가 너희를 사랑한 것 같이 너희도 서로 사랑하라"(요 13:34). 베드로는 이렇게 썼다. "너희가 진리를 순종함으로 너희 영혼을 깨끗하게 하여 거짓이 없이 형제를 사랑하기에 이르렀으니 마음으로 뜨겁게 서로 사랑하라"(벧전 1:22). 하나님의 가장 큰 바람은 예수님이 우리를 사랑하시듯 그분의 자녀들이 진심으로 온전히 서로 사랑하는 것이다. 성령의 열매는 사랑과 희락과 화평과 오래 참음과 자비와 양선과 충성과 온유와 절제이며, 사랑은 성령의 첫째 열매다(갈 5:22~23).

사랑은 이타적 태도다. 사랑은 거의 언제나 깊은 느낌과 감정을 수반하지만, 그렇더라도 성경의 '아가페'(agapē) **사랑**은 느낌이나 감정의 문제가 아니라 의지의 문제다. 하나님이 세상을 사랑하심은 단순히 느낌의 문제가 아니다. 세상을 향한 하나님의 사랑은 결과를 낳았다. 하나님은 세상을 너무나 사랑해 세상을 구속하려고 자신의 외아들을 보내셨다(요 3:16). 사랑은 이타적 내어줌(selfless giving)이며, 언제나 이타적이고 언제나 내어준다. 자신을 부인하고 타인들에게 내어주는 것이 사랑의 본성이고 본질이다. 예수님은 "사람이 친구를 위해 따뜻한 감정을 품으면 이보다 더 큰 사랑은 없나니"라고 하지 않고 "사람이 친구를 위하여 자기 목숨을 버리면 이보다 더 큰 사랑이 없나니"라고 하셨다(요 15:13).

예수님은 세상을 구속하려는 사랑 가득한 아버지의 뜻에 순종해 이 구속을 성취하려고 기꺼이 사랑으로 자신을 내어주셨다. "그는 근본 하나님의 본체시나 하나님과 동등됨을 취할 것으로 여기지 아니하시고, 오히려 자기를 비워 종의 형체를 가지사 사람들과 같이 되셨고, 사람의 모양으로 나타나사 자기를 낮추시고 죽기까지 복종하셨으니 곧 십자가에 죽으심이라"(빌 2:6~8). 이것이 가장 완벽한 형태의 사랑이며, 예수님이 보이신 자기를 희생하는 사랑의 태도(마음), 곧 모든 신자가 가져야 할 태도다(5절).

그리스도께서 우리를 통해 자신의 사랑을 자유롭게 하실 때만 우리는 이런 사랑을 할 수 있다. 우리는 그리스도 없이 그분의 계명 어느 하나도 성취할 수 없으며, 사랑하라는 계명은 말할 것도 없다. 그리스도께서 우리 마음에서 자유롭게 다스리실 때만, 우리는 그분처럼 사랑할 수 있다. 요한은 이렇게 말한다. "하나님의 사랑이 우리에게 이렇게 나타난 바 되었으니, 하나님이 자기의 독생자를 세상에 보내심은 그로 말미암아 우리를 살리려 하심이라. 사랑은 여기 있으니, 우리가 하나님을 사랑한 것이 아니요 하나님이 우리를 사랑하사 우리 죄를 속하기 위하여 화목제물로 그 아들을 보내셨음이라. 사랑하는 자들아, 하나님이 이같이 우리를 사랑하셨은즉 우리도 서로 사랑하는 것이 마땅하도다. 어느 때나 하나님을 본 사람이 없으되, 만일 우리가 서로 사랑하면 하나님이 우리 안에 거하시고 그의 사랑이 우리 안에 온전히 이루어지느니라…우리가 사랑함은 그가 먼저 우리를 사랑하셨음이라"(요일 4:9~12, 19).

성령께서 우리 삶에 능력을 주시고 그리스도께서 우리 마음의 주님으로 순종을 받으실 때, 우리의 죄와 연약함이 해결되고 우리는 다른 사람들을 섬기길 '원하며' 그들을 위해 희생하길 '원한다.'—사랑하시는 그리스도의 본성이 참으로 우리의 본성이 되기 때문이다. 사랑은 그리스도인의 초자연적 태도다. 사랑은 그리스도의 본성이기 때문이다. 사랑하지 않을 때, 그리스도인은 사랑하지 않으려 의도적으로 노력해야 한다.—숨을 참을 때 그렇게 해야 하듯이 말이다. 사랑하지 않는 게 습관이 되면, 마음의 주님이신 그리스도께 저항하는 게 습관이 된다. 또다시 호흡에 비유하자면, 그리스도께서 우리 마음에 합당한 자리를 취하시면, 우리는 굳이 사랑하라는 말을 들을 필요가 없다. 숨을 쉬라는 말을 들을 필요가 없듯이 말이다. 마침내 이렇게 되어야 한다. 호흡이 육적인 사람(육에 속한 사람)에게 자연스러운 만큼이나 사랑은 영적인 사람(신령한 자)에게 자연스럽기 때문이다.

그리스도인이 사랑하지 않는 것은 자연스럽지 못하다. 그렇더라도 사랑과 관련해 불순종은 여전히 가능하다. 환경이나 다른 사람들이 아니라 의지가 사랑하겠다고 결정하듯, 사랑하지 '않겠다'는 것도 다르지 않다. 남편이 아내를 향한 사랑에서 실패하거나 아내가 남편을 향한 사랑에서 실패하면, 배우자가 무엇을 했든지 결코 배우자 때문이 아니다. '아가페' 사랑에 빠져들어 가거나 '아가페' 사랑에서 빠져나오거나 둘 중 하나다. '아가페' 사랑은 의지의 지배를 받기 때문이다. 낭만적 사랑은 아름답고 의미 깊을 수 있으며, 성경에 이런 사랑 이야기가 많다. 그러나 하나님이 남편과 아내에게 서로를 향해 가지라 명하시는 것은 '아가페' 사랑이다(엡 5:25, 28, 33; 딛 2:4). 다시 말해, 각 사람이 자기 의지의 행위로 통제하는 사랑이다. 부부 사이, 직장 동료 사이, 형제와 자매 사이, 또는 그 어떤 사이가 불편하다면, 이것은 결코 양립 불가능성이나 성격 차이가 아니라 언제나 죄의 문제다.

이 원리는 그리스도인이 접촉하는 모든 사람에게, 특히 동료 그리스도인들에게 적용된다. 타인을 사랑함은 순종의 행위이며, 타인을 사랑하지 않음은 불순종의 행위다. "누구든지 하나님을 사랑하노라 하고 그 형제를 미워하면 이는 거짓말하는 자니, 보는 바 그 형제를 사랑하지 아니하는 자는 보지 못하는 바 하나님을 사랑할 수 없느니라. 우리가 이 계명을 주께 받았나니, 하나님을 사랑하는 자는 또한 그 형제를 사랑할지니라"(요일 4:20~21). 가장 깊은 의미에서, 사랑은 하나님의 '유일한' 계명이다. 예수님은 가장 큰 계명이 마음을 다하고 목숨을 다하며 뜻을 다해 하나님을 사랑하라는 것이고, 둘째는 네 이웃을 네 자신 같이 사랑하라는 것이라고 하셨다(마 22:37~39). 바울은 이렇게 말했다. "남을 사랑하는 자는 율법을 다 이루었느니라. 간음하지 말라, 살인하지 말라, 도둑질하지 말라, 탐내지 말라 한 것과 그 외에 다른 계명이 있을지라도 네 이웃을 네 자신과 같이 사랑하라 하신 그 말씀 가운데 다 들었느니라. 사랑은 이웃에게 악을 행하지 아니하나니, 그러므로 사랑은 율법의 완성이니라"(롬 13:8~10).

사랑의 부재(不在)는 죄의 유재(有在)다. 사랑의 부재는 우리에게 일어나는 일과 아무 상관이 없지만, 우리 안에서 일어나는 일과 깊은 관련이 있다. 죄와 사랑은 서로 원수다. 죄와 하나님이 서로 원수이기 때문이다. 둘은 공존할 수 없다. 하나가 있는 곳에 다른 하나가 없다. 사랑 없는 삶은 하나님 없는 삶(ungodly life)이다. 하나님 있는 삶(godly life)은 섬기며 자신을 희생하는 삶, 곧 그리스도의 사랑이 신자를 통해 일하는 삶이다.

우리는 **사랑 가운데서 뿌리가 박히고 터가 굳어질** 때, **능히 모든 성도와 함께 지식에 넘치는 그리스도의 사랑을 알고, 그 너비와 길이와 높이와 깊이가 어떠함을 깨달을** 수 있게 된다. 사랑에 완전히 잠기지 못하면, 사랑이 우리 존재의 뿌리이자 터가 아니면, **사랑을 온전히 알** 수 없다. 누군가 유명한 재즈 트럼펫 연주자 루이 암스트롱(Louis Armstrong, 1901-1971)에게 재즈를 설명해 달라고 했다. 암스트롱은 이렇게 답했다. "재즈라는 게 설명해서 알 수 있는 게 아니에요." 어떤 면에서, 이 단순한 개념이 사랑에 적용된다. 사랑을 체험하기 전에는 사랑을 제대로 이해하거나 알 수 없다. 그러나 바울이 이 단락에서 말하는 사랑의 체험과 역사(working)는 감정적이거나 주관적인 게 아니다. 우리가 이런 사랑을 아는 것은 좋은 느낌이나 따뜻한 감정 때문이 아니다. 하나님의 성령과 하나님의 아들이 우리의 삶에서 순전하고 진실한 사랑, 이타적이며 섬기는 **사랑**을 '생산하기' 위해 실제로 일하시기 때문이다. **사랑 가운데서 뿌리가**

박히고 터가 굳어지려면, 하나님 안에 뿌리가 박히고 터가 굳어져야 한다. 우리가 구원받을 때, "우리에게 주신 성령으로 말미암아 하나님의 사랑이 우리 마음에 부어"진다(롬 5:5). 주님이 친히 우리의 "마음을 인도하여 하나님의 사랑과 그리스도의 인내에 들어가게" 하신다(살후 3:5).

사랑은 모든 그리스도인이 할 수 있다. 그리스도께서 모든 그리스도인과 함께 계시기 때문이다. 바울은 우리가 **능히 모든 성도와 함께 지식에 넘치는 그리스도의 사랑을 알게** 되길 기도한다. 사랑은 단지 침착한 그리스도인이나 천성적으로 유쾌하거나 쾌활한 그리스도인을 위한 게 아니다. 사랑은 이른바 영적으로 유리한 위치에 있는 특별한 계층의 소수 그리스도인을 위한 것이 아니다. 사랑은 모든 그리스도인, 곧 **모든 성도**를 위한 것이며, 이들 모두에게 주는 명령이다.

사랑을 알려면 하나님의 것들, 특히 하나님의 말씀에 내내 잠겨야 한다. 예레미야는 이렇게 선언했다. "만군의 하나님 여호와시여, 나는 주의 이름으로 일컬음을 받는 자라 내가 주의 말씀을 얻어먹었사오니 주의 말씀은 내게 기쁨과 내 마음의 즐거움이오나"(렘 15:16). 욥은 "내가…정한 음식보다 그의 입의 말씀을 귀히 여겼도다"라고 증언했으며(욥 23:12), 시편 기자는 의인은 "오직 여호와의 율법을 즐거워하여 그의 율법을 주야로 묵상하는도다"라고 했다(시 1:2; 참조. 19:9b~10; 119:167 등).

사랑의 **너비와 길이와 높이와 깊이가 어떠함을 깨달아** 안다는 말은 사랑을 온전히 안다는 뜻이다. 사랑은 모든 방향으로 향하며 가장 멀리 간다. 사랑은 필요한 곳이면 어디든 간다. 초기 교회 교부 제롬(Jerome)은 그리스도의 사랑이 거룩한 천사들에게까지 올라가고 지옥에 있는 자들에게까지 내려간다고 했다. 이 사랑의 길이는 위로 향하는 사람들을 덮고, 그 너비는 악한 길을 헤매는 자들에게 미친다.

나는 **너비와 길이와 높이와 깊이**가 사랑의 네 가지 특정 유형이나 범주를 상징한다고 생각하지 않고, 사랑의 거대함과 완전함을 암시할 뿐이라고 생각한다. 우리는 영적으로 어느 방향을 보든 하나님의 사랑을 볼 수 있다. 하나님이 이방인과 유대인을 그리스도 안에서 동등하게 받아들이시는 데서 사랑의 **너**

비를 볼 수 있다(엡 2:11~18). 하나님이 영원토록 지속될 구원을 위해 창세 전에 우리를 택하신 데서 사랑의 **길이**를 볼 수 있다(1:4~5). 하나님이 "그리스도 안에서 하늘에 속한 모든 신령한 복을 우리에게 주시는" 데서(1:3), 그리고 하나님이 우리를 일으켜 "그리스도 예수 안에서 함께 하늘에 앉히시는" 데서 사랑의 **높이**를 볼 수 있다(2:6). 하나님이 죄와 허물로 죽은 자를 구속하려고 가장 낮은 자리까지 내려오시는 데서 사랑의 **깊이**를 볼 수 있다(2:1~3). 하나님의 사랑은 그 어떤 죄에 빠진 그 누구에게도 미칠 수 있으며, 영원한 과거부터 영원한 미래까지 펼쳐진다. 하나님의 사랑은 우리를 하나님의 임재 속으로 이끌고 그분의 보좌에 앉힌다.

언뜻 보면 그 자체로 모순 같지만, 바울은 **지식에 넘치는(surpasses knowledge) 그리스도의 사랑을 알고(know)**라고 말한다. 그리스도의 **사랑**을 알면 인간의 **지식**을 넘어선다. 그리스도의 사랑은 무한히 높은 곳에서 오기 때문이다. 바울이 여기서 말하는 사랑은 우리가 그리스도를 '위하여' 가져야 하는 사랑이 아니라 **그리스도의 사랑**, 곧 우리가 그분이나 그 누구라도 사랑할 수 있으려면 먼저 그분이 우리의 마음에 두셔야 하는 그분 자신의 사랑이다. 우리가 사랑하라는 명령을 받는 것은 우리가 사랑을 받았기 때문이다. 하나님은 무엇이든 되돌려 달라고 명령하기 전에 언제나 그것을 먼저 주신다. 사랑은 그리스도께서 그분의 교회에 주시는 가장 큰 선물 중 하나다. 요한복음 14~16장에서, 예수님은 자신에게 속한 자들에게 사랑과 희락과 화평과 능력과 위로를 한없이 주겠다고 약속하신다.

세상은 그리스도께서 주시는 큰 사랑을 알지 못한다. 그리스도를 알지 못하기 때문이다. 세상의 사랑은 매력에 기초하며, 따라서 매력이 지속할 때까지만 지속한다. 그리스도의 사랑은 그분 자신의 본성에 기초하며, 따라서 영원히 지속한다. 세상의 사랑은 상처 입고 거절당하기 전까지만 지속한다. 그리스도의 사랑은 모든 상처와 모든 거절에도 불구하고 지속한다. 세상의 사랑은 자신이 얻을 수 있는 것 때문에 사랑한다. 그리스도의 사랑은 자신이 줄 수 있는 것 때문에 사랑한다. 세상은 이해할 수 없는 것이 하나님의 자녀의 삶에서는 평범한 것이다.

하나님의 충만

하나님의 모든 충만하신 것으로 너희에게 충만하게 하시기를 구하노라. (3:19b)

성령께서 우리의 내면을 강건하게 하시면 그리스도께서 우리 안에 거하시고, 이것은 넘치는 사랑으로 이어지며, 넘치는 사랑은 우리 안에 하나님의 충만을 **부른다. 하나님의 모든 충만하신 것으로…충만하게** 된다는 것은 참으로 이해할 수 없으며, 하나님의 자녀들일지라도 다르지 않다. 이것은 믿을 수 없으며 말로 표현할 수 없다. 천국 이편에서, 이 진리를 헤아릴 길은 없다. 이것을 믿을 수 있을 뿐이며, 이것 때문에 하나님을 찬양할 수 있을 뿐이다.

윌버 채프먼(J. Wilbur Chapman, 1859-1918)은 자신이 인도한 집회에서 누군가 했던 간증을 자주 얘기했다.

> 저는 펜실베이니아 역에 내렸습니다. 그때 저는 부랑자였고, 1년 동안 이 거리 저 거리에서 구걸하며 살았습니다. 어느 날, 저는 한 남자의 어깨를 툭 치며 말했습니다. "아저씨, 한 푼만 주십시오." 저는 그 남자의 얼굴을 보자마자 깜짝 놀랐습니다. 제 아버지였습니다. 제가 그에게 물었습니다. "아버지, 아버지, 저를 알아보시겠어요?" 그는 두 팔로 나를 꼭 끌어안은 채 눈물을 흘리며 말했습니다. "오, 내 아들이구나! 마침내 찾았구나! 널 찾았어! 한 푼을 원하니? 내가 가진 모든 것이 네 것이다." 생각해 보십시오. 저는 부랑자였습니다. 저는 아버지에게 10센트를 구걸하고 있었습니다. 아버지는 자신이 가진 전부를 주려고 18년이나 저를 찾고 있었는데 말입니다.

하나님이 그분의 자녀들을 위해 무엇을 하길 원하시는지 보여주는 작은 그림이다. 하나님이 우리를 그분 자신에게 이끄시는 가장 큰 목적은 우리를 그분 자신으로, 그분 전부와 그분의 모든 소유(all that He is and has)로 채움으로써 우리를 그분 자신처럼 되게 하시는 것이다. 이 진리의 크기를 파악하기 시작만 하더라도, 하나님의 모든 속성과 모든 성품을 생각하지 않을 수 없다. 하나님의 능력, 위엄, 지혜, 사랑, 자비, 인내, 인자, 오래 참으심을 비롯해 하나님의 어떠하심 및 그분이 하시는 일과 관련된 다른 모든 것을 생각하지 않을 수 없다. 바울은 과장하고 있지 않은 게 분명하다. 바울이 이 편지에서 하나님이 그리스도를 통해 자신에게 속한 자들에게 복을 충만하게 주신다고 거듭 언급한다는 사실이 이를 뒷받침한다. 바울은 교회가 그리스도의 "몸이니 만물 안에서 만물을 충만하게 하시는 이의 충만함이니라"고 말한다(엡 1:23). 그는 또한 "내리셨던 그가 곧 모든 하늘 위에 오르신 자니, 이는 만물을 충만하게 하려 하심이라"고 말하며(4:10), 하나님은 모든 신자가 "오직 성령으로 충만함을 받길" 원하신다고 말한다(5:18).

'플레로오'(pleroō)는 채우다(make full), 또는 가득 채우다(fill to the full)라는 뜻이며, 신약성경에서 자주 사용된다. 이것은 전적 지배를 말한다. 분노로 채워진 사람은 완전히 분노의 지배를 받는다. 행복으로 채워진 사람은 완전히 기쁨의 지배를 받는다. 그러므로 **하나님의 모든 충만하신 것으로…충만하게** 된다는 것은, 자아의 그 무엇이나 옛 사람의 어느 한 부분도 남김없이, 완전히 하나님의 지배를 받는다는 뜻이다. 따라서 당연하게도, 하나님으로 채워진다(충만하다)는 것은 자아가 비워진다는 것이다. 이것은 에베소서에서 거듭 나타나는 주제다. 여기서 바울은 **하나님의 충만(the fullness of God)**을 말한다. 4장 13절에서, 이것은 "그리스도의 충만"(the fullness of Christ)이다. 5장 18절에서, 이것은 성령의 충만(the fullness of the Spirit, "성령으로 충만함")이다.[20]

하나님은 우리를 너무나 사랑하셔서 우리가 완전히 그분을 닮을 때까지 쉬지 않으신다! 우리는 다윗과 함께 찬송할 수 있을 뿐이다. "여호와는 나의 반석이시요 나의 요새시요 나를 위하여 나를 건지시는 자시요 내가 피할 나의 반석의 하나님이시요 나의 방패시요 나의 구원의 뿔이시요 나의 높은 망대시요 그에게 피할 나의 피난처시요 나의 구원자시라"(삼하 22:2~3). 이 멋진 찬양의 나머지 부분 전체에서, 다윗은 하나님의 위대하심과 선하심을 선포하며

---

20 하나님의 충만, 그리스도의 충만, 성령의 충만은 신자가 하나님으로 채워지고, 그리스도로 채워지며, 성령으로 채워지는 것을 말한다.

찬양에 찬양을 더한다.

마찬가지로, 욥은 하나님이 행하신 놀라운 일을 찬양할 적절한 말을 찾지 못해 쩔쩔매는 것으로 보인다. "그는 북쪽을 허공에 펴시며 땅을 아무것도 없는 곳에 매다시며 물을 빽빽한 구름에 싸시나 그 밑의 구름이 찢어지지 아니하느니라…그가 꾸짖으신즉 하늘 기둥이 흔들리며 놀라느니라…그의 입김으로 하늘을 맑게 하시고 손으로 날렵한 뱀을 무찌르시나니, 보라 이런 것들은 그의 행사의 단편일 뿐이요"(욥 26:7~8, 11, 13~14).

우리 인간의 시각, 곧 땅의 시각에서는 "그의 행사의 단편"밖에 보지 못한다. 다윗이 깨어 하나님의 모습을 뵐 때까지 만족하지 않겠다고 한 것은 놀랍지 않다(시 17:15). 그때에야, 하나님이 우리를 온전히 아신 것 같이 우리도 그분을 온전히 알게 될 것이다(고전 13:12).

주님의 영광

우리 가운데서 역사하시는 능력대로 우리가 구하거나 생각하는 모든 것에 더 넘치도록 능히 하실 이에게, 교회 안에서와 그리스도 예수 안에서 영광이 대대로 영원무궁하기를 원하노라. 아멘. (3:20~21)

바울은 지금껏 하나님이 그분의 자녀들에게 무한히 공급하신다고 선언했으며, 이 선언의 절정에서 이 놀라운 송가, 곧 찬양과 영광의 찬가를 부른다. 이 찬가는 이제 그분에게(**Now to Him**)로 시작된다.[21]

성령께서 우리에게 능력을 주셨을 때, 그리스도께서 우리 안에 거하셨고, 사랑이 우리를 장악했으며, 하나님이 자신의 충만함으로 우리를 채우셨고, 그래서 그분은 **우리가 구하거나 생각하는 모든 것에 더 넘치도록 능히 하실** 수 있다. 이러한 조건들이 충족될 때까지, 하나님이 우리 안에서 일하심은 제한된다. 이런 조건들이 충족될 때, 하나님이 우리 안에서 일하심은 무한하다. "내가 진

---

21 NASB에서, 3:20은 이렇게 시작한다. "Now to Him who is able to do …"

실로 진실로 너희에게 이르노니, 나를 믿는 자는 내가 하는 일을 그도 할 것이요 또한 그보다 큰 일도 하리니, 이는 내가 아버지께로 감이라. 너희가 내 이름으로 무엇을 구하든지 내가 행하리니, 이는 아버지로 하여금 아들로 말미암아 영광을 받으시게 하려 함이라. 내 이름으로 무엇이든지 내게 구하면 내가 행하리라"(요 14:12~14).

우리가 주님께 복종하면, 그분이 우리를 사용하지 못하실 상황은 없다. 자주 지적하듯이, 20절에서 하나님의 능하심(God's enablement)은 점증적이다. 그분은 능하시다. 그분은 능히 하실 수 있다. 그분은 넘치도록 능히 하실 수 있다. 그분은 우리가 구하는 모든 것에 더 넘치도록 능히 하실 수 있다. 그분은 우리가 구하거나 생각하는 모든 것에 더 넘치도록 능히 하실 수 있다. 신자들은 하나님이 우리가 생각할 수 있는 것보다 많은 것을 **능히 하실(is able)** 수 있을지에 대한 의문을 품지 않는다. 그러나 하나님이 자신들의 삶에서 그렇게 하시는 모습을 실제로 보는 특권을 누리는 그리스도인은 너무나 적다. 이 구절이 제시하는 능하심의 패턴을 따르지 못하기 때문이다.

바울은 자신의 사역이 유효했던 것은 "내 말과 내 전도함이 설득력 있는 지혜의 말로 하지 아니하고 다만 성령의 나타나심과 능력으로"서 하였고(고전 2:4), "하나님의 나라는 말에 있지 아니하고 오직 능력에 있기" 때문이라고 했다(4:20). 사역 내내 바울은 다음에 신경 썼다. "우리가 이 직분이 비방을 받지 않게 하려고 무엇에든지 아무에게도 거리끼지 않게 하고 오직 모든 일에 하나님의 일꾼으로 자천하여 많이 견디는 것과 환난과 궁핍과 고난과 매 맞음과 갇힘과 난동과 수고로움과 자지 못함과 먹지 못함 가운데서도 깨끗함과 지식과 오래 참음과 자비함과 성령의 감화와 거짓이 없는 사랑과 진리의 말씀과 하나님의 능력으로 의의 무기를 좌우에 가지고"(고후 6:3~7). 바울은 모든 일을 하나님의 능력으로 했으며, 모든 일이 주님의 뜻 안에서 하나님의 능력으로 성취되는 것을 볼 수 있었다. 동일한 능력이 성령의 임재로 **우리 가운데서 역사한다(works within us)**.

우리의 복종으로 하나님이 **우리 가운데서 역사하시는 능력대로 우리가 구하거나 생각하는 모든 것에 더 넘치도록 능히 하실** 때, 오직 그때에야 우리는 참으로

유효하고, 오직 그때에야 그분이 참으로 영광을 받으신다. 그분은 **교회 안에서
와 그리스도 예수 안에서 영광이** 지금 뿐 아니라(**not only now**) **대대로 영원무궁
하기**에 합당하신 분이다. **아멘**은 이러한 값진 목적을 확증한다.

10

겸손하게 행하라

(4:1~6)

그러므로 주 안에서 갇힌 내가 너희를 권하노니, 너희가 부르심을 받은 일에 합
당하게 행하여, 모든 겸손과 온유로 하고 오래 참음으로 사랑 가운데서 서로 용
납하고, 평안의 매는 줄로 성령이 하나 되게 하신 것을 힘써 지키라. 몸이 하나요
성령도 한 분이시니, 이와 같이 너희가 부르심의 한 소망 안에서 부르심을 받았
느니라. 주도 한 분이시요 믿음도 하나요 세례도 하나요 하나님도 한 분이시니
곧 만유의 아버지시라. 만유 위에 계시고 만유를 통일하시고 만유 가운데 계시
도다. (4:1~6)

어느 단체에 들어가면, 그 단체의 기준에 맞게 살고 행동할 의무가 생긴다. 단
체에 들어가는 사람은 그 단체의 목표와 목적과 기준을 자신의 것으로 받아들
인다. 국민은 나라의 법을 지킬 의무가 있다. 직원은 회사의 규범과 기준과 목
적에 맞게 일할 의무가 있다. 봉사 단체 회원은 그 단체의 목적을 추구하고 그
단체의 기준을 따를 의무가 있다. 어느 스포츠팀의 일원이 되면, 감독의 지시
대로 그 종목의 규정대로 경기할 의무가 있다. 이런 의무가 없으면 인간 사회
가 작동할 수 없다.

인간은 받아들여지며 소속되고 싶은 욕망을 타고난다. 그래서 많은 사람이
어떻게든 친목 단체, 사교 클럽, 스포츠팀, 그 외에 여러 그룹에 받아들여지려
한다(들어가려 한다). 또한 많은 사람이 어떻게든 한 그룹에서 쫓겨나지 않으려

갖은 애를 쓴다. 맹인으로 태어난 사람이 있었다. 예수님이 그를 고쳐주셨다. 부모는 예수님이 아들을 고치셨다는 사실을 유대 지도자들에게 말하기가 두려웠다. 그랬다가는 회당에서 쫓겨날 판이었기 때문이다(요 9:22).[22] 부모는 평생을 맹인으로 살아온 아들이 눈을 뜬 기적을 보았다. 그런데도 그 공을 예수님께 돌리려 하지 않았다. 사회에서 매장당할까 두렵기 때문이었다. 똑같은 이유가 또다시 작동한다. "관리 중에도 그를 믿는 자가 많되 바리새인들 때문에 드러나게 말하지 못하니, 이는 출교를 당할까 두려워함이라. 그들은 사람의 영광을 하나님의 영광보다 더 사랑하였더라"(요 12:42~43).

이따금 교회에서는 기준에 대한 충성심과 배척에 대한 두려움이 같은 힘으로 작동하지 않는다. 너무나 많은 그리스도인이 복음이 주는 영적 안전과 복과 약속을 받은 것을 기뻐하면서도 복음의 기준을 따르고 복음의 명령에 순종해야 할 책임은 거의 느끼지 않는다.

에베소서 1~3장에서, 바울은 신자들의 위치, 곧 하나님의 자녀로서 모든 복과 영예와 특권을 누리는 위치를 제시했다. 4~6장에서, 바울은 하나님의 자녀가 아버지의 뜻과 그분의 영광에 합당하게 구원을 살아내기 위해 수행해야 하는 의무와 충족시켜야 하는 조건을 제시한다. 1~3장은 신자들이 그리스도 안에서 갖는 정체성과 관련된 진리를 제시하고, 4~6장은 실제 반응을 요구한다.

우리는 그리스도를 구주로 영접할 때, 그분 나라의 시민이 되고 그분 가족의 일원이 된다. 복과 특권뿐 아니라 의무도 받았다. 우리는 예수 그리스도 안에서 새사람이 되었고, 그래서 주님은 우리가 새사람처럼 행동하길 기대하신다. 그분은 자신의 기준이 우리의 기준이 되고, 자신의 목적이 우리의 목적이 되며, 자신의 바람이 우리의 바람이 되고, 자신의 본성이 우리의 본성이 되길 기대하신다. 간단히 말해, 그리스도인의 삶은 진정한 당신(what you are)이 되는 과정이다.

---

22 개역개정이 요한복음 9:22에서 "출교"로 옮긴 부분을 NASB는 "to be put out of the synagogue"(회당에서 쫓겨나다)로 옮겼다.

하나님은 교회, 곧 그리스도의 몸 안에서 순응(conformity, 따름, 복종)을 기대하신다. 이것은 강압 때문에 외부의 규범과 규정에 율법주의적으로 순응하는 것이 아니라 우리의 하늘 아버지의 거룩, 사랑, 뜻에 대한 자발적 내적 순응이며, 하나님은 자녀들이 자신을 아버지로 공경하길 원하시는 분이다. 바울은 빌립보 신자들에게 권면했다. "오직 너희는 그리스도의 복음에 합당하게 생활하라. 이는 내가 너희에게 가 보나 떠나 있으나 너희가 한마음으로 서서 한 뜻으로 복음의 신앙을 위하여 협력하는 것과…"(빌 1:27).

에베소서 4장 1절의 **그러므로**는 위치적 진리에서 실천적 진리로, 교리에서 의무로, 원리에서 실천으로 옮겨간다는 표식이다. 바울은 로마서에서도 비슷한 전환을 한다. 로마서 1~11장에서 교리(가르침)를 제시한 후, 12~16장에서 그리스도인들에게 그 교리에 맞게 살라고 촉구한다. "너희 몸을 하나님이 기뻐하시는 거룩한 산 제물로 드리라. 이는 너희가 드릴 영적 예배니라"(롬 12:1). 갈라디아서의 경우, 바울은 1~4장에서 그리스도인의 자유를 설명하고, 5~6장에서 그리스도인들에게 그 자유를 따라 살라고 촉구한다. 이런 구분은 여러 바울 서신에서 나타난다(빌 2:1~2, 골 3:5, 살전 4:1도 보라). 바른 실천은 언제나 바른 원리에 기초해야 한다. 그리스도께서 주신 삶의 실제를 알지 못한다면 그리스도인의 생활 방식을 갖기란 불가능하다.

바른 교리는 바른 삶에 필수다. 성경 교리를 알지 못하면, 성실한 그리스도인으로 살기란 불가능하다. 교리(doctrine)란 단순히 가르침을 의미한다. 하나님 자신이 어떠한 분이고 그분이 어떤 삶을 원하시는지 알지 못하면, 가장 진실한 신자라도 하나님을 기쁘게 하는 삶을 살길이 없다. 성경 신학을 제쳐두는 사람들은 견실한 그리스도인의 삶도 제쳐둔다.

새로운 프로그램이나 건물이나 조직이나 교육 방법을 비롯해 그 어떤 외적인 것도 교회를 새롭게 해주지 않는다. 교회가 새로워지려면, 무엇보다도 먼저 마음(mind)이 새로워져야 한다. 이 편지 뒷부분에서, 바울은 에베소 신자들을 위해 기도한다. "오직 너희의 심령이 새롭게 되어, 하나님을 따라 의와 진리의 거룩함으로 지으심을 받은 새 사람을 입으라"(4:23~24). 하나님의 백성은 하나님의 진리가 의롭고 거룩하다는 것을 마음으로 깨달을 때만 새로워

진다. 이 편지 첫머리에서, 바울은 이렇게 기도했다. "우리 주 예수 그리스도
의 하나님, 영광의 아버지께서 지혜와 계시의 영을 너희에게 주사 하나님을
알게 하시고"(1:17). 베드로는 은혜에서 자라는 것은 "우리 주 곧 구주 예수 그
리스도…를 아는 지식에서 자라"는 것과 연결된다고 말한다(벧후 3:18). 바울
은 그리스도를 선포하는 데서 그치지 않았다. "우리가 그를 전파하여 각 사람
을 권하고 모든 지혜로 각 사람을 가르침은 각 사람을 그리스도 안에서 완전
한 자로 세우려 함이니"(골 1:28). 디모데에게 한 유명한 말에서 바울은 이렇게
선언한다. "모든 성경은 하나님의 감동으로 된 것으로 교훈과 책망과 바르게
함과 의로 교육하기에 유익하니, 이는 하나님의 사람으로 온전하게 하며 모
든 선한 일을 행할 능력을 갖추게 하려 함이라"(딤후 3:16~17). 하나님의 말씀
을 알지 못한다면, 선한 일을 행하기란 불가능하다.

에베소서 4장 1~6절에서, 바울은 신자들에게 그들이 예수 그리스도 안에
서 갖는 높은 위치에 합당하게 행하라(walk)고 호소한다. 바울은 이러한 행함
을 기술하면서 이것의 부르심, 이것의 특징, 이것의 원인을 논한다.

합당하게 행하라는 부르심

**그러므로 주 안에서 갇힌 내가 너희를 권하노니, 너희가 부르심을 받은 일에 합
당하게 행하여,** (4:1)

바울은 호소하기 전에, 또다시 자신을 **주 안에서 갇힌 자(the prisoner of the
Lord**, 주님의 갇힌 자, 주님의 포로)라고 부른다(3:1을 보라). 바울은 자신이 갇혔다
고 말함으로써, 자신의 편지를 읽는 사람들에게 일깨운다. 자신은 그리스도인
의 합당한 행함(worthy Christian walk)이 값비쌀 수 있음을 알고, 자신도 주님
께 순종했기 때문에 상당한 값을 지불했음을 안다는 것이다. 바울은 이들에게
자신이 걷지 않은 길을 걷거나 자신이 지불하지 않은 값을 지불하라고 요구하
지 않는다. 바울이 처한 물리적 상황은 인간의 눈에 극도로 부정적이다. 그러
나 바울은 독자들이 알길 바란다. 상황이 이렇다고 **주님**을 향한 자신의 헌신이

나 그분에 대한 자신의 확신이 변하지 않는다는 것이다.

바울은 동정을 구하는 게 아니었다. 자신이 로마에서 갇혀 있다는 사실을 이용해 에베소 신자들에게 수치심을 불어넣어 이들이 자신의 요구에 순응하게 하려는 것도 아니었다. 바울은 이들에게 자신이 그리스도께 완전히 매여 있음을, 자신은 감옥 안에 있든 밖에 있든 간에 **주 안에서 갇힌 자**(주님의 포로)라는 것을 다시금 일깨운다. 그는 다메섹 가는 길에서 주님의 **갇힌 자**(포로)가 되었고, 이러한 거룩한 갇힘(divine imprisonment)에서 놓여나길 전혀 구하지 않았다.

바울은 무엇이든 그리스도께서 어떻게 생각하실까를 기준으로 보는 능력이 있었다. 바울은 모든 것을 수직적으로 본 후 수평적으로 보았다. 그의 동기는 그리스도의 동기였고, 그의 기준은 그리스도의 기준이었으며, 그의 목적은 그리스도의 목적이었고, 그의 비전은 그리스도의 비전이었으며, 그의 방향은 그리스도의 방향이었다. 그가 생각하고 계획하며 말하고 행하는 모든 것이 그분의 주님과 연결되었다. 그는 가장 깊은 의미에서 주 예수 그리스도의 포로였다.

대다수가 인정하듯, 우리는 너무나 자기중심적 경향이 있기 때문에 많은 것을 자신과 관련지어서 최우선으로, 때로는 단독으로만 보는 경향이 있다. 그러나 그 속에 그리스도의 말씀이 풍성히 거하는 사람, 마음이 하나님의 지혜와 진리에 흠뻑 젖은 사람은 이렇게 묻는다. "하나님께서 이것을 어떻게 생각하실까? 이것이 그분을 어떻게 드러낼까? 하나님은 내가 이 문제나 이 복을 어떻게 처리하길 원하실까? 이것을 어떻게 처리하면 하나님을 가장 기쁘게 하고 가장 높일 수 있을까?" 그는 모든 것을 하나님의 거룩한 가늠자를 통해 보려 한다. 이러한 태도는 영적 성숙의 기초이며 표식이다. 다윗과 함께 성숙한 그리스도인은 이렇게 말할 수 있다. "내가 여호와를 항상 내 앞에 모심이여, 그가 나의 오른쪽에 계시므로 내가 흔들리지 아니하리로다"(시 16:8).

바울은 자신이 옳다고 생각하는 일을 하라며 사람들에게 호소하고, 이에 대해 사과하지 않는다. 그는 **내가 너희를 권하노니**라고 말한다. '파라칼레오'(parakaleō, **entreat, 권하다**)는 자기 옆으로 부르다(to call to one's side)라는 뜻이며, 도움을 주거나 받고 싶다는 의미를 내포한다. 이것은 강한 느낌, 강한 바람을 함축한다. 이 문맥에서, 이것은 단지 요청이 아니라 간청이나 애원이나 탄원이다. 바울은 에베소 신자들에게 제안하는 게 아니라 하나님의 기준, 곧 이들이 하나님의 자녀로서 합당하게 사는 데 꼭 필요한 기준을 제시하고 있었다. 바울은 절대로 싫으면 말고 식으로 권하지 않았다. 그는 자신이 영적으로 돌봐야 하는 모든 신자가 그들이 **부르심을 받은 일에 합당하게 행할** 때까지 쉴 수 없었다.

바울은 아그립바 왕에게 자신의 증언을 귀담아들으라고 간청했고(행 26:3), 고린도 신자들에게 회개하는 형제를 향한 그들의 사랑을 재확인하라고 촉구했으며(고후 2:8), 갈라디아 신자들에게 자신처럼 복음이 주는 자유에 굳게 서라고 간청했다(갈 4:12). 바울은 타인들, 곧 구원받은 자들과 구원받지 못한 자들 모두를 향한 강렬한 사랑에서 간청했다. 그는 구원받지 못한 동료 유대인들에 관해 이렇게 썼다. "내가 그리스도 안에서 참말을 하고 거짓말을 아니하노라. 나에게 큰 근심이 있는 것과 마음에 그치지 않는 고통이 있는 것을 내 양심이 성령 안에서 나와 더불어 증언하노니, 나의 형제 곧 골육의 친척을 위하여 내 자신이 저주를 받아 그리스도에게서 끊어질지라도 원하는 바로라"(롬 9:1~3).

그리스도인들은, 바울이 그가 사역하는 신자들에게 했듯이, 목회자가 믿음으로 권할 때 화를 내서는 안 된다. 무심하게 또는 무관심하게 사역하는 목회자는 목회자 자격이 없다. 타인들의 영적 안녕에 사랑으로 관심을 쏟는 것은 값비싼(큰 희생이 따르는) 일이며, 하나님의 능력이 없으면 좌절과 낙담을 안기는 일이다.

지난 10년 남짓 목회자를 대상으로 한 설문조사에 따르면, 목회자 사이에 낙담과 심지어 우울증까지 폭넓게 퍼져 있다. 어느 저자는 이것을 전투 피로증(battle fatigue)으로 묘사했다. 설문에 응한 목회자들 중에 높은 비율이 목회에서 가장 우울한 부분은 절대로 끝맺지 못하고 언제나 할 일이 더 있으며 자신이 거둔 "성공"의 많은 부분이 피상적이고 일시적인 것으로 드러나는 것이라고 답했다. 이들은 설교를 꼼꼼히 준비하거나, 자신을 필요로 하는 모든 사람을 심방하고 상담하거나, 모든 모임에 참석하거나, 그 외에 교인들과 자신이 목회자에게 기대하는 많은 것을 해내기에는 시간이 턱없이 부족해 보인다고 했다. 바울 자신이 목회자의 일을 했으며, 사도요 전도자였다. 그런 그가 갈라디아 신자들에게 이렇게 말했다. "나의 자녀들아, 너희 속에 그리스도의 형상을 이루기까지 다시 너희를 위하여 해산하는 수고를 하노니"(갈 4:19). 그는 자신이 사역하는 신자들이 영적으로 성장하고 성숙하길 간절히 바랐기에 늘 해산하는 수고를 마다하지 않았다.

목회자만이 다른 사람들에게 사랑의 관심을 두고, 복음에 반응하고 순종하라며 권하고 간청해야 하는 게 아니다. 모든 신자가 이렇게 해야 한다. 바울처럼, 신자들도 동료 신자들이 **부르심을 받은 일에 합당하게 행하**도록—주님이 이들에게 바라시는 모습 그대로 되도록—이들을 **권하는** 열정이 있어야 한다.

행함(walk)은 신약성경에서 일상 행동, 일상생활을 가리킬 때 흔히 사용되며, 에베소서 4~6장의 주제다. 4장 1~16절에서 바울은 하나됨을 강조하며, 4장 17~32절에서 그리스도인의 행함이 특별하다는 점을 강조한다. 5~6장에서 도덕적 정결, 지혜, 성령의 다스림, 가족 선언문, 그리스도인의 행함이라는 전쟁을 강조한다.

'악시오스'(axios, **worthy, 합당하게**)의 근본 의미는 저울의 균형을 맞춘다는 것이다. 즉 한쪽에 얹은 것과 반대쪽에 얹은 것이 무게가 같아야 한다. 의미가 확대되어, 이 단어는 무엇인가에 상응하리라 기대되는 그 어떤 것에든 적용되었다. 품삯에 합당한 사람은 하루 노동이 하루 품삯에 상응하는 사람이었다. **부르심을 받은 일에 합당하게 행하는** 신자는 하루 삶이 자신이 하나님의 자녀이자 예수 그리스도와 함께 한 상속자로서 갖는 높은 위치에 상응하는 사람이다.

너희가 부르심을 받은 일, 곧 너희가 받은 부르심은 주권적인 부르심이며 구원하는 하나님의 부르심(saving calling of God)이다(참조. 살전 2:12). 예수님은 이렇게 말씀하셨다. "나를 보내신 아버지께서 이끌지 아니하시면 아무도 내게 올 수 없으니"(요 6:44; 참조. 65절). 또한 다른 상황에서 이렇게 말씀하셨다. "내가 땅에서 들리면 모든 사람을 내게로 이끌겠노라"(요 12:32). 바울은 이렇게 말한다. "[하나님이] 또 미리 정하신 그들을 또한 부르시고, 부르신 그들을 또한 의롭다 하시고, 의롭다 하신 그들을 또한 영화롭게 하셨느니라"(롬 8:30). 바울이 이 편지 첫머리에서 말했듯이, 하나님은 "창세 전에 그리스도 안에서 우리를 택하사 우리로 사랑 안에서 그 앞에 거룩하고 흠이 없게 하시려" 하셨다(엡 1:4). 그 누구도 예수 그리스도를 구주로 영접하지 않으면 구원받지 못한다. 그러나 아버지와 아들이 이미 선택하신 자가 아니면, 그 누구도 그리스도를 선택할 수 없다. 예수님은 제자들에게 이렇게 설명하셨다. "너희가 나를 택한 것이 아니요 내가 너희를 택하여 세웠나니, 이는 너희로 가서 열매를 맺게 하고 또 너희 열매가 항상 있게 하여 내 이름으로 아버지께 무엇을 구하든지 다 받게 하려 함이라"(요 15:16).

바울은 신자들이 받은 **부르심**(*klēsis*)을 자주 언급하는데, 여기서처럼 주님의 주권적이고 유효하며 구원에 이르는 부르심을 가리킨다(롬 11:29; 고전 1:26; 엡 1:18; 4:1, 4; 빌 3:14; 살후 1:11; 딤후 1:9; 참조. 히 3:1; 벧후 1:10).

하나님의 **부르심**이 없으면, 하나님이 우리를 선택하지 않으셨다면, 우리가 그분을 선택해도 허사일 것이다. 사실, 하나님이 사람들을 자신에게로 부르지 않으셨다면, 그 누구도 그분께 오길 원치 않을 것이다. 육에 속한 사람(natural man), 모든 육에 속한 사람은 하나님과 원수이기 때문이다(롬 8:7). 놀라운 복음의 진리가 있다. 하나님은 자신의 아들을 보내 구원의 길을 '제시하게' 하셨을 뿐 아니라(롬 5:8) 그분을 보내 잃어버린 자들을 '찾아' 구원하게 하셨다(눅 19:10). 하나님은 단지 구원이 가능하게 하는 데 만족하지 않으셨다. 구속받은 택자들을(the redeemed elect) 자신에게로 부르셨다.

이런 까닭에, 우리의 **부르심**은 고귀한 부르심이며, "하늘의 부르심"이고(히 3:1), "거룩하신 소명"이다(딤후 1:9). 따라서, 신실하고 반응하는 그리스도인은 "푯대를 향하여 그리스도 예수 안에서 하나님이 위에서 부르신 부름의 상을 위하여 달려가려" 결단한다(빌 3:14).

합당하게 행함의 특징

모든 겸손과 온유로 하고 오래 참음으로 사랑 가운데서 서로 용납하고, 평안의 매는 줄로 성령이 하나 되게 하신 것을 힘써 지키라. (4:2~3)

여기서 바울은 신실한 그리스도인의 삶을 위한 필수 사항 다섯 가지, 즉 주님의 부르심에 합당하게 행하는 근간이 되는 태도 다섯 가지를 제시한다.

겸손

겸손이 근간을 이루는 이러한 성품들은 점진적이며, 한 성품이 제대로 나타나면 그다음 성품이 뒤따라 나온다.

'타페이노프로수네'(*tapeinophrosunē*, **겸손**)는 합성어이며, 문자적으로 낮은 자세로 생각하거나 판단하다(to think or judge with lowliness), 따라서 낮은 마음을 품다(to have lowliness of mind)라는 뜻이다. 존 웨슬리(John Wesley, 1703-1791)는 "로마인들과 헬라인들은 겸손에 해당하는 단어가 없었다"라고 했다. 겸손이란 개념 자체가 이들의 사고방식에 아주 낯설고 혐오스러웠다. 그래서 이들은 겸손을 표현하는 용어 자체가 없었다. 이 헬라어 단어는 그리스도인들이, 아마도 바울 자신이, 다른 어느 단어로도 표현할 수 없는 성품을 묘사하기 위해 만들어낸 게 분명하다. 교만한 헬라인들과 로마인들은 자신을 자랑스럽게 생각하지 않고 자기만족도 없는 "비정상적인"(unnatural) 사람을 묘사하는 용어는 비천한(ignoble), 소심한(cowardly)으로 충분했다. 기독교 초기 몇 세기 동안, 이교도 저자들은 '타페이노프로수네'라는 용어를 빌려와 언제나 경멸적으로—흔히 그리스도인들에게—사용했다. 이들에게 겸손은 가련한 나약함이기 때문이었다.

그러나 **겸손(humility)**은 그리스도인의 가장 기본적인 덕목이다. 겸손하지 않으면 하나님을 기쁘시게 해드리는 첫걸음조차 뗄 수 없다. 우리 주님이 기꺼이 "자기를 비워 종의 형체를 가지사…자기를 낮추시고(humbled Himself) 죽기까지 복종[해]…십자가에[서] 죽[지]" 않으셨다면, 그분의 아버지를 기쁘시게 해드릴 수 없었을 터였던 것처럼 말이다(빌 2:7~8).

그러나 **겸손**에 이르기란 전혀 쉽지 않다. 겸손에 지나치게 초점을 맞추면, 오히려 겸손과는 정반대인 교만이 되어 버리기 때문이다. 겸손은 힘써 구해야 할 덕목이지만, 절대로 자신이 가졌다고 주장할 덕목은 아니다. 자신이 겸손하다고 주장하는 순간, 겸손은 사라지기 때문이다. 오직 예수 그리스도만, 온전히 순종하는 아들로서, 자신이 겸손하다고 정당하게 주장하실 수 있었다. 그분은 이렇게 말씀하셨다. "나는 마음이 온유하고 겸손하니, 나의 멍에를 메고 내게 배우라"(마 11:29). 그분은 하나님의 아들로 이 땅에 오셨으나 마구간에서 태어나셨고, 농부의 가정에서 자라셨으며, 입은 옷 외에 아무 재산도 소유하지 않으셨고, 빌린 무덤에 장사되셨다. 그분은 언제라도 자신의 신적 권리와 특권과 영광을 행사하실 수 있었으나 그러길 순종과 겸손으로 거부하셨다. 그렇게 하는 것이 아버지의 뜻에 어긋나기 때문이다. 영광의 주님이 이 땅에 계실 때 겸손하게 행하셨다면(walk in humility), 그분의 불완전한 제자들은 더더욱 그렇게 해야 하지 않겠는가? "그의 안에 산다고 하는 자는 그가 행하시는 대로 자기도 행할지니라"(요일 2:6).

겸손은 그리스도인의 성품에서 중심에 자리한다. 그런데도 세상의 방식에 겸손만큼 낯선 덕목도 없다. 세상은 겸손이 아니라 교만(자랑)을 부추긴다. 역사 내내, 이 세상 임금, 곧 사탄의 지배를 받는 타락한 인간 본성은 겸손을 피하고 교만을 옹호했다. 대체로, 겸손을 나약함이나 무기력함으로 보았으며, 경멸해야 할 비천한 것으로 보았다. 사람들은 자신의 직업과 성취 등이 자랑스럽다고 서슴없이 말한다. 사회는 빼어나게 성취한 사람들을 인정하고 칭찬하길 좋아한다. 과시, 자랑, 칭찬이 세상이 거래하는 상품이다.

안타깝게도, 교회가 세상의 시각과 패턴을 따르기 일쑤다. 다시 말해, 교회가 숱한 프로그램과 조직을 만들어 상과 트로피와 사람들의 인정이라는 피상적 미끼를 던지기 일쑤다. 우리는 "받아들여질 수 있는" 자랑을 독려할 방법을 찾은 것 같다. 이런 자랑이 복음의 이름으로 이루어지고 있으니 말이다. 그러나 이러한 행위는 우리가 촉진한다고 주장하는 복음 자체와 모순된다. 복음의 표식은 교만(자랑)과 자화자찬이 아니라 겸손이기 때문이다. 하나님의 일을 세상의 방식으로 해서는 안 된다. 하나님의 부르심은 겸손'으로'(to) 향하며, 하나님의 일은 오직 겸손을 '통해' 성취된다.

첫 죄가 교만이었고, 뒤이은 모든 죄는 어떤 면에서 교만의 확장이었다. 교만해서 천사 루시퍼는 자신을 자신의 창조자요 주님보다 높였다. 밝은 "계명성"(star of the morning)은 하나님의 뜻에 반대해 줄곧 "내가…내가…내가"라고 했기 때문에 하늘에서 쫓겨났다(사 14:12~23). 그가 "나는 신이라"고 했기 때문에 하나님이 그를 "하나님의 산에서" 쫓아내셨다(겔 28:11~19). 아담과 하와의 원죄는 교만, 곧 하나님의 명철(understanding)보다 자신들의 명철을 더 신뢰한 것이었다(창 3:6~7). 잠언 저자는 이렇게 경고한다. "교만이 오면 욕도 오거니와"(11:2). "교만은 패망의 선봉이요 거만한 마음은 넘어짐의 앞잡이니라"(16:18). "눈이 높은 것과 마음이 교만한 것과 악인이 형통한 것은 다 죄니라"(21:4).

이사야는 이렇게 경고했다. "그날에 눈이 높은 자가 낮아지며 교만한 자가 굴복되고, 여호와께서 홀로 높임을 받으시리라"(사 2:11; 참조. 3:16~26). 하나님은 바벨론을 향해 이렇게 선언하셨다. "교만한 자여, 보라. 내가 너를 대적하나니, 너의 날 곧 내가 너를 벌할 때가 이르렀음이라. 교만한 자가 걸려 넘어지겠고, 그를 일으킬 자가 없을 것이며…"(렘 50:31~32). 구약성경 마지막 장은 이렇게 시작한다. "만군의 여호와가 이르노라. 보라. 용광로 불같은 날이 이르리니, 교만한 자와 악을 행하는 자는 다 지푸라기 같을 것이라"(말 4:1). 팔복은 "심령이 가난한 자는 복이 있나니"로 시작하며(마 5:3), 야고보는 "하나님이 교만한 자를 물리치시고 겸손한 자에게 은혜를 주신다"고 단언한다(약 4:6; 참조. 시 138:6).

교만은 사탄에게서 오는 최고의 유혹이다. 교만의 중심에 사탄의 악한 본성이 있기 때문이다. 그래서 사탄은 그리스도인이 교만의 유혹으로부터 절대로 완전히 자유하지는 못하게 한다. 주님이 우리를 이끌어 그분과 함께하게 하실 때까지, 우리는 언제나 교만과 싸울 것이다. 교만으로부터 우리를 지키는 유일한 보호막, 곧 겸손의 유일한 근원은 하나님을 보는 바른 시각이다. 교만은 하나님과 경쟁하는 죄이며, 겸손은 하나님의 더없는 영광에 복종하는 덕이다.

교만은 다양한 형태로 찾아온다. 우리는 자신의 능력, 소유, 교육, 사회적 지위, 외모, 권력, 심지어 성경 지식이나 종교적 성취까지 자랑하고픈 유혹을 받을 수 있다. 그러나 성경 전체에서, 하나님은 자신의 백성에게 겸손하라고 요구하신다. "겸손은 존귀의 길잡이니라"(잠 15:33). "겸손과 여호와를 경외함의 보상은 재물과 영광과 생명이니라"(22:4). "타인이 너를 칭찬하게 하고 네 입으로는 하지 말며, 외인이 너를 칭찬하게 하고 네 입술로는 하지 말지니라"(27:2).

겸손은 모든 영적인 복의 재료다. 모든 죄의 뿌리가 교만이듯이, 모든 덕의 뿌리는 겸손이다. 겸손하면 우리의 참모습을 볼 수 있다. 겸손은 하나님(God as He is) 앞에 선 참모습 그대로의 우리를 보여주기 때문이다. 우리와 타인들 사이의 모든 갈등 뒤에 교만이 있고 우리와 주님이 나누는 교제와 관련된 모든 문제 뒤에 교만이 있듯이, 모든 조화로운 인간관계 뒤에, 모든 영적 성공 뒤에, 주님과 나누는 기쁜 교제의 모든 순간 뒤에 겸손이 있다. 서인도제도에서 노예제가 시행될 때였다. 한 무리의 모라비아 그리스도인들이 노예들에게 복음을 전하려 했으나 이들이 지배 계층과 거의 분리되어 있어 이들에게 복음을 전하는 게 불가능했다.—많은 지배 계층이 노예에게 말하는 것조차 자신들의 품위에 맞지 않는다고 느꼈다. 그러나 젊은 두 선교사가 어떤 희생을 치르더라도 억압받는 사람들에게 다가가기로 했다. 이들은 노예들 곁에서 일하고, 노예들 곁에서 살았으며, 노예들과 완전히 하나가 되었다.—노예들의 고된 노동과 매질과 학대를 함께 겪었다. 두 선교사는 곧 노예들의 마음을 얻었고, 많은 노예가 이렇게 사람들을 움직여 사랑과 이타심을 보이게 하신 하나님을 받아들인 것은 이상할 게 없다.

겸손하지 않으면, 자신이 죄인이고 하나님의 공의로운 심판을 받아 마땅할 뿐이라는 것을 인정하지 않으면, 그리스도인이 될 수도 없다. 예수님은 이렇게 말씀하셨다. "진실로 너희에게 이르노니, 너희가 돌이켜 어린아이들과 같이 되지 아니하면 결단코 천국에 들어가지 못하리라. 그러므로 누구든지 이 어린아이와 같이 자기를 낮추는 사람이 천국에서 큰 자니라"(마 18:3~4). 세례

요한은 선지자로서 명성과 인정이 최고조에 이르렀을 때, 예수님에 대해 이렇게 말했다. "나는 그의 신을 들기도 감당하지 못하겠노라"(마 3:11). "그는 흥하여야 하겠고 나는 쇠하여야 하리라"(요 3:30). 마르다는 많은 일을 하느라 바빴다. 예수님을 위한 일이었을 것이다. 그러나 서로 다른 세 상황에서, 마리아는 그저 겸손히 예수님의 발치에 앉아 있다. 사복음서 모두에서 저자들은 자신을 숨기고 예수님에게 주의를 집중시킨다. 이들이 자신에게 호의적인 몇몇 기사를 슬며시 끼워 넣으려 했다면, 식은 죽 먹기가 아니었겠는가! 마태는 자신이 경멸받는 세리였다고 밝히는데, 나머지 복음서 저자들 누구도 이렇게 하지 않는다. 반대로, 마태는 동료 세리들이 예수님을 만나도록 자신이 마련한 연회를 언급하지 않는다. 마태의 겸손 때문에 이 기사를 쓰는 일은 누가의 몫이 되었다.

마가는 베드로의 지도를 받으며 복음서를 썼을 것이다. 베드로 사도의 입김 때문에, 예수님의 사역 중에 베드로에게 일어난 가장 놀라운 두 사건을 기록하지 않았을 것이다. 하나는 베드로가 물 위를 걸은 일이고, 다른 하나는 그가 예수님을 그리스도, 살아계신 하나님의 아들로 고백한 일이다. 요한은 자신의 이름을 전혀 말하지 않으며, 자신을 "예수께서 사랑하시는 그 제자"라고 말할 뿐이다.

토마스 거스리(Thomas Guthrie, 1803-1873)는 옛글을 모아 탁월한 문단을 완성했다.

아주 웅장한 건축물, 아주 높은 망대, 아주 높은 탑의 안전 자체가 깊은 기초에 달렸다. 빼어난 재능과 탁월한 은사의 안전 자체가 이것들이 깊은 겸손과 연결되어 있느냐에 달렸다. 겸손이 없으면, 이것들은 위험하다. 훌륭한 사람은 착한 사람이어야 한다. 거대한 배를 보라. 우뚝 솟은 돛대에 달린 여러 돛을 펄럭이며 바다를 가르는 레비아탄 같다. 어떻게 이 배가 파도에도 균형을 잃지 않고, 으르렁대는 물결 위를 타고난 자기 조절 능력을 가진 생명체처럼 똑바로 걷는가?… 왜 이 배는 뒤집혀 가라앉지 않는가? 수면 아래에서 보이지 않는 거대한 선체가 배의 균형을 유지하고 물을 제어해 긴급 상황과 거친 파도에도 배의 안정을 유지해주기 때문이다. 성도가 바로 서 있도록, 성도가 넘어지지 않고 안전하도록, 하나님은 이미 고귀한 자질들을 주신 자에게 균형을, 곧 균형 잡힌 겸손이라는 은혜를 주신다.

클레르보의 베르나르(Bernard of Clairvaux, 1090-1153)는 **겸손**이 적절한 자기 인식, 곧 "자신의 무가치함을 알게 해주는 덕목"에서 시작된다고 했다. 겸손은 정직하고 꾸밈없이 자신을 보는 데서 시작된다. 정직한 사람이 자신에게서 가장 먼저 보는 것은 죄다. 그러므로 참 겸손의 가장 확실한 표식 중 하나는 날마다 죄를 고백하는 것이다. "만일 우리가 죄가 없다고 말하면 스스로 속이고 또 진리가 우리 속에 있지 아니할 것이요, 만일 우리가 우리 죄를 자백하면 그는 미쁘시고 의로우사 우리 죄를 사하시며 우리를 모든 불의에서 깨끗하게 하실 것이요"(요일 1:8~9). 바울은 이렇게 말한다. "우리는 자기를 칭찬하는 어떤 자와 더불어 감히 짝하며 비교할 수 없노라. 그러나 그들이 자기로써 자기를 헤아리고 자기로써 자기를 비교하니 지혜가 없도다"(고후 10:12). 자신과 타인을 비교함으로써 자신을 판단하는 것은 영적이지 못할뿐더러 지혜롭지도 못하다. 우리는 모두 자신의 좋은 성품을 과장하고 타인들의 좋은 성품을 축소하는 경향이 있다. 겸손은 우리의 장밋빛 안경을 벗겨 우리 자신을 실제 그대로 보게 해준다. 바울은 이렇게 말한다. "우리가 무슨 일이든지 우리에게서 난 것 같이 스스로 만족할 것이 아니니, 우리의 만족은 오직 하나님으로부터 나느니라"(고후 3:5).

둘째, **겸손**은 그리스도 인식(그리스도를 앎)을 포함한다. 그리스도만이 의를 판단할 수 있고 하나님을 기쁘게 하는 사람을 판단할 수 있는 유일한 기준이다. 우리의 목표는 "그가 행하시는 대로 자기도 행하는(walk)" 것이어야 한다(요일 2:6). 예수 그리스도는 완전하게 행하셨다. 하나님은 오직 예수님에 대해서만 이렇게 말씀하셨다. "이는 내 사랑하는 아들이요 내 기뻐하는 자라"(마 3:17).

셋째, **겸손**은 하나님 인식(하나님을 앎)을 포함한다. 복음서에서 예수님의 삶을 연구할수록, 그분의 인간적 완전함―그분의 완전한 겸손, 아버지를 향한 그분의 완전한 복종, 그분의 완전한 사랑과 긍휼과 지혜—을 더 많이 보게 된다. 그러나 그분의 인간적 완전함을 넘어, 그분의 신적 완전함—그분의 무한한 능력, 모든 사람의 생각과 마음을 아심, 병을 고치고 귀신을 쫓아내며 죄를 사하기까지 하는 권세—도 보게 된다. 우리는 이사야가 주님을 보았듯이 예수 그리스도께서 "높이 들린 보좌에 앉으신" 것을 보게 되며, 스랍들과 함께 "거룩하다, 거룩하다, 거룩하다. 만군의 여호와여, 그의 영광이 온 땅에 충만하도다"라고 외치고, 선지자 자신과 함께 "화로다, 나여! 망하게 되었도다. 나는 입술이 부정한 사람이요 나는 입술이 부정한 백성 중에 거주하면서 만군의 여호와이신 왕을 뵈었음이로다"라고 외치게 된다(사 6:1, 3, 5).

바울은 자기 인식(자신을 앎)으로 자신을 보았을 때, 죄인의 괴수를 보았다(딤전 1:15). 베드로는 그리스도 인식으로 자신을 보았을 때, "주여, 나를 떠나소서. 나는 죄인이로소이다"라고 했다(눅 5:8). 욥은 하나님 인식으로 자신을 보았을 때, "내가 스스로 거두어들이고 티끌과 재 가운데에서 회개하나이다"라고 했다(욥 42:6).

사업 성공, 명예, 교육, 부, 개성, 선행을 비롯해 우리 자신의 어떤 모습이나 우리 안에 있는 그 무엇이라도 하나님 앞에서는 아무것도 아니다. 우리가 이런 것들을 의지하고 기뻐할수록, 이것들이 우리와 하나님 간의 소통에 더 큰 방해물이 된다. 누구나 주님 앞에 나올 때, 자신을 칭찬할 만한 게 전혀 없고 온통 자신을 정죄할 만한 것뿐이다. 그러나 그가 회개하는 세리의 마음으로 나와 "하나님이여, 불쌍히 여기소서. 나는 죄인이로소이다"라고 고백할 때, 하나님은 기꺼이, 사랑으로 그를 받아들이신다. "무릇 자기를 높이는 자는 낮아지고 자기를 낮추는 자는 높아지리라"(눅 18:13~14).

온유(GENTLENESS)

겸손은 언제나 온유, 또는 양순(meekness)을 낳는다. 온유는 참 겸손의 가장 확실한 표식 중 하나다. 겸손하지 '않으면' 온유할 수 없고, 교만'하면' 온유할 수 없다. 교만과 겸손은 서로 배타적이며, 따라서 교만과 온유도 서로 배타적이다.

많은 사전이 온유를 "소심함" 또는 "용기나 기백이 없음" 같은 말로 정의한다. 그러나 이것은 성경이 말하는 온유와 거리가 멀다. (여기서 온유로 번역된) '프라오테스'(praotēs)는 온화한 마음과 자제력을 가리키며, 복수심과 앙갚음의 반대다. 예수님은 이 단어의 형용사형을 사용해 팔복의 셋째 복을 제시하셨고("온유한 자는 복이 있나니," 마 5:5), 자신의 성품을 묘사하셨다("나는 마음이 온유하고," 마 11:29). 온유는 성령의 열매 중 하나이며(갈 5:23), 모든 하나님의 자녀가 갖춰야 할 성품이다(골 3:12; 참조. 빌 4:5).

'프라오테스'의 의미는 약함, 소심, 무심, 겁과 전혀 무관하다. 이 단어는 길든 야생 동물, 특히 길들고 훈련된 말을 가리킬 때 사용되었다. 이런 동물은 여전히 힘과 기운이 있지만, 그 야성은 주인의 통제 아래 있다. 길든 사자는 여전히 강력하지만, 그의 힘은 조련사의 통제 아래 있다. 말은 여전히 빠르게 달릴 수 있지만, 주인이 달리라고 할 때 달리라고 하는 곳으로만 달린다.

온유는 통제 아래 있는 힘이다. 성경적 **온유**는 하나님의 통제(다스림) 아래 있는 힘이다. 온유한 사람은 대개 조용하고 유순하며 온화하고, 절대로 보복하거나 자기주장을 하나거나 앙심을 품거나 자기방어적이지 않다. 군병들이 겟세마네 동산으로 예수님을 잡으러 왔을 때, 베드로가 주님을 보호하려고 칼을 뺐다. 그러자 예수님이 이렇게 말씀하셨다. "너는 내가 내 아버지께 구하여 지금 열두 군단 더 되는 천사를 보내시게 할 수 없는 줄로 아느냐?"(마 26:53). 사람으로 계실 때라도, 예수님은 무한한 신적 능력이 있었으며, 자신을 보호하기 위해 이 능력을 어느 때라도 사용하실 수 있었다. 그러나 한 번도 그렇게 하지 않으셨다. 예수님은 아버지의 뜻에 순종하는 일 외에 그 어떤 목적으로도 자신의 신적 자원을 사용하길 거부하셨는데, 이것은 온유, 곧 통제 아래 있는 힘을 보여주는 최고의 그림이다.

다윗은 이런 온유를 잘 보여주었다. 그는 엔게디 근처 어느 동굴에서 사울 왕을 손쉽게 죽일 기회가 있었으며, 그가 사울을 죽이더라도 인간적 시각에서 보면 얼마든지 정당화될 수 있었다. 그런데도 다윗은 사울 왕을 죽이길 거부했다(삼상 24:1~7). 왕이 된 후, 다윗은 온유의 통제력을 또다시 보여주었다. 시므이가 그에게 악의적 조롱과 저주를 퍼붓고 돌까지 던졌지만, 다윗은 그에게 보복하길 거부했다(삼하 16:5~14).

모세는 이렇게 묘사된다. "모세는 온유함이 지면의 모든 사람보다 더하더라"(민 12:3). 그러나 모세는 여호와의 이름으로 대담하게 바로와 대면했고(출 5~12장을 보라), 분노하며 이스라엘과 대면해 그들의 반역과 우상숭배를 지적했으며(32:19~20), 심지어 담대하게 하나님과 대면해 백성의 죄를 사해달라고 했다(32:11~13, 30~32). 그러나 모세의 확신은 자신이 아니라 하나님의 성품과 약속에 있었다. 하나님이 처음 모세를 부르셨을 때, 그는 이렇게 대답했다. "오 주여, 나는 본래 말을 잘하지 못하는 자니이다. 주께서 주의 종에게 명령하신 후에도 역시 그러하니, 나는 입이 뻣뻣하고 혀가 둔한 자니이다"(4:10). 모세는 평생 하나님을 섬기면서 하나님의 지팡이를 가지고 다녔고, 이 지팡이는 그에게 하나님이 그를 불러 명하신 큰일이 오직 하나님의 능력으로 성취될 수 있음을 일깨웠다. 모세에게 자신은 아무것도 아니고 하나님이 전부였으며, 이것이 그가 온유하다는 표시였다. 마틴 로이드 존스(Martyn Lloyd-Jones, 1899-1981)가 말했듯이, "온유하다는 말은 자신과는 완전히 끝났다는 뜻이다."

그러나 온유한 사람은 하나님의 말씀이나 이름이 비방 받을 때 의로운 분노를 표현하고 의로운 행동을 할 수 있다. 아버지의 집이 강도들의 소굴로 바뀌었을 때, 예수님이 이들을 성전에서 쫓아내셨듯이 말이다(마 21:13). 바울이 이 편지에서 단언하듯이, 분을 내어도 죄를 짓지 않는 게 가능하다(엡 4:26). 주님 자신처럼, 온유한 사람은 모욕을 당하더라도 모욕으로 되갚지 않는다(벧전 2:23). 온유한 사람은 분노할 때, 자신이 당한 일에 분노하는 게 아니라 하나님을 비방하거나 다른 사람들에게 해를 끼치는 것에 분노한다. 온유한 사람의 분노는 주변 모든 사람에게 거칠게 감정을 분출하는 경솔한 분노가 아니라 통제되고 방향이 잘 잡힌 분노다.

참 온유의 표식 중 하나는 자기절제다. 자신에게 폐가 되거나 불편한 모든 일에 화내는 사람들은 **온유**를 전혀 모른다. "노하기를 더디 하는 자는 용사보다 낫고 자기의 마음을 다스리는 자는 성을 빼앗는 자보다 나으니라"(잠 16:32). 온유의 또 다른 두 표식은, 이미 언급했듯이, 하나님의 이름이나 일이 비방 받을 때 분노하는 것과 우리 자신이 해를 입거나 비판받을 때 분노하지

'않는' 것이다.

온유한 사람은, 조건이나 결과가 무엇이든 간에, 하나님의 말씀에 기꺼이 반응하며 "심어진 말씀"을 겸손하게 받아들인다(약 1:21). 온유한 사람은 화평케 하는 사람(peacemaker)이기도 하며, 죄지은 형제를 기꺼이 용서하고 그의 회복을 기꺼이 돕는다(갈 6:1). 마지막으로, 하나님의 기준에서 참으로 온유한 사람은 구원받지 못한 자들을 향해 바른 태도를 취한다. 그는 우월감을 갖고 이들을 낮잡아보지 않으며, 자신이 전에 잃어버린 자였다는 것을—하나님의 은혜가 아니었다면 여전히 잃어버린 자라는 것을—알기에 도리어 이들의 구원을 간절히 바란다. 우리 "속에 있는 소망에 관한 이유를 묻는 자에게는 대답할 것을 항상 준비하되 온유(praotēs)와 두려움으로" 해야 한다(벧전 3:15). 그리스도인 여성들뿐 아니라 모든 신자가 "온유하고 안정한 심령의 썩지 아니할 것으로" 자신을 꾸며야 한다(벧전 3:4).

오래 참음(PATIENCE)

그리스도인에게 합당한 행함(worthy walk)을 특징짓는 셋째 태도는 **오래 참음(patience)**이다. 오래 참음은 겸손과 온유의 산물이다. '마크로뚜미아'(makrothumia, **오래 참음**)는 문자적으로 성미가 느긋하다(long-tempered)는 뜻이며, 때로 참을성(longsuffering)으로 번역된다. 오래 참는 사람은 부정적 환경을 견디며 절대로 그 환경에 굴복하지 않는다.

아브라함은 하나님의 약속을 받았으나 그 약속이 성취될 때까지 여러 해를 기다려야 했다. 히브리서 저자는 이렇게 말한다. "그가 이같이 오래 참아 약속을 받았느니라"(히 6:15). 하나님은 아브라함의 후손이 큰 민족을 이루리라 약속하셨다(창 12:2). 그러나 아브라함이 이삭, 곧 약속의 아들을 받은 것은 거의 100세가 된 후였다. "[아브라함은] 믿음이 없어 하나님의 약속을 의심하지 않고 믿음으로 견고하여져서 하나님께 영광을 돌리며"(롬 4:20).

하나님은 노아에게 광야에서 배를 지으라고 명하셨다. 주변에 물줄기도 없었고 큰비도 없었다. 120년간 노아는 배를 지으면서 이웃에게 하나님의 심판이 임박했다고 외쳤다.

히브리서에 나오는 신실한 구약 성도들의 연대기에서, 모세의 인내가 두 번 언급된다. 그는 "도리어 하나님의 백성과 함께 고난받기를 잠시 죄악의 낙을 누리는 것보다 더 좋아하고, 그리스도를 위하여 받는 수모를 애굽의 모든 보화보다 더 큰 재물로 여겼으니 이는 상 주심을 바라봄이라"(히 11:25~27).

야고보는 이렇게 말했다. "형제들아, 주의 이름으로 말한 선지자들을 고난과 오래 참음의 본으로 삼으라"(약 5:10). 예레미야를 부르실 때, 하나님은 아무도 그의 메시지를 믿으려 하지 않을 테고, 그가 미움과 비방과 박해를 받으리라고 하셨다(렘 1:5~19). 그러나 예레미야는 죽을 때까지 오래 참으며 신실하게 하나님을 섬겼다. 이와 비슷하게, 이사야를 부르실 때, 하나님은 민족이 그의 말을 들으려 하지 않을 테고 자신들의 죄에서 돌아서려고 하지도 않으리라고 하셨다(사 6:9~12). 그러나 예레미야처럼 이사야도 오래 참으며 신실하게 전파하고 섬겼다.

바울은 자신의 주인(Master)을 인내하며 섬기기 위해, 그 어떤 고난이나 역경이나 조롱이나 박해도 기꺼이 견디려 했다. 아가보 선지자가 바울이 체포되어 투옥되리라 예언한 후, 바울은 가이사랴의 그리스도인들에게 물었다. "여러분이 어찌하여 울어 내 마음을 상하게 하느냐? 나는 주 예수의 이름을 위하여 결박당할 뿐 아니라 예루살렘에서 죽을 것도 각오하였노라"(행 21:13).

스탠리(H. M. Stanley, 1841-1904)는 데이비드 리빙스턴(David Livingstone, 1813-1873)에 관해 보도하려고 1871년에 그를 찾아 아프리카에 가서 리빙스턴 선교사의 캠프에서 여러 달 지내며 선교사와 그가 하는 일을 세밀하게 관찰했다. 리빙스턴은 스탠리에게 영적인 것들을 전혀 말하지 않았다. 그러나 리빙스턴이 아프리카 사람들에게 사랑과 인내로 베푸는 온정은 스탠리의 이해를 초월했다. 그는 어떻게 이 선교사가 미개한 이교도들을 오래 섬기면서 이토록 사랑하고 오래 참을 수 있는지 이해할 수 없었다. 리빙스턴은 그리스도 때문이 아니라면 사랑할 이유가 전혀 없는 사람들을 섬기는 일에 말 그대로 지칠 줄 모르고 자신을 내던졌다. 스탠리는 기사에 이렇게 썼다. "나는 지칠 줄 모르는 인내를, 쇠하지 않는 열정을, 계몽되는 아프리카 사람들을 보았을 때, 그의 곁에서 그리스도인이 되었다. 그가 내게 한마디도 하지 않았는데도 말이다."

아리스토텔레스(Aristotle, B.C.388-322)는 그리스인의 가장 훌륭한 덕목은 그 어떤 모욕도 참길 거부하고 곧바로 되받아치는 것이라고 했다. 그러나 이 것은 하나님의 백성을 위한 하나님의 길이 아니다. 오래 참는 성도는 다른 사 람들이 그에게 무슨 짓을 하든 받아들인다. 그는 "모든 사람에게 오래 참으 며"(살전 5:14), 그의 오래 참음의 한계를 시험하려는 자들에게도 그렇게 한다. 그는 자신을 비방하는 자들과 주님을 섬기는 자신의 동기에 의문을 제기하는 자들에게 오래 참는다.

오래 참는 성도는 모든 것에 대한 하나님의 계획을 의심하거나 투덜대지 않 고 받아들인다. 그는 자신의 소명이 다른 사람의 소명보다 초라해 보일 때, 또 는 주님이 자신을 위험하거나 힘든 곳에 보내실 때, 불평하지 않는다. 그는 성 자 하나님이 사랑과 거룩과 영광의 하늘 보좌를 버리고 이 땅에 내려와 미움받 고 배척당하며 침 뱉음을 당하고 십자가에 못 박히셨다는 것을, 그러면서도 한 번도 악을 악으로 갚거나 아버지께 불평하지 않으셨다는 것을 기억한다.

용납하는 사랑(FORBEARING LOVE)

그리스도인의 합당한 행함(worthy walk, 합당한 행보)을 특징짓는 넷째 요소 는 **사랑 가운데 서로 용납하는** 것이다. 베드로는 이런 "사랑은 허다한 죄를 덮 느니라"라고 했다(벧전 4:8). 이런 사랑은 타인들의 죄에 담요를 덮는다. 이들 의 죄를 정당화하거나 변명해준다는 뜻이 아니라 이들의 죄가 필요 이상으로 알려지지 않게 한다는 뜻이다. "미움은 다툼을 일으켜도 사랑은 모든 허물을 가리느니라"(잠 10:12). 용납하는 **사랑**은 '아가페'(agapē) 사랑일 수밖에 없다. 오직 '아가페' 사랑만 계속해서, 무조건적으로 주기 때문이다. '에로스'(erōs) 사랑은 본질적으로 자기 사랑이다. '에로스' 사랑은 오로지 타인들에게서 얻 어낼 수 있는 것 때문에 그들을 돌보기 때문이다. '에로스' 사랑은 취할 뿐 절 대로 주지 않는 사랑이다. '필리아'(philia) 사랑은 주로 호혜적 사랑, 받아야 주는 사랑이다. 그러나 '아가페' 사랑은 조건 없는 이타적 사랑, 돌려받든 그 러지 못하든 간에 기꺼이 주는 사랑이다. '아가페' 사랑은 정복할 수 없는 베품이며, 꺾을 수 없는 선이다. 원수들까지 사랑하며 자신을 박해하는 자들을 위해 기도하는 사랑이다(마 5:43~44). 이런 까닭에, 바울이 여기서 말하는 **용납 (forbearance)**은 오직 '아가페' **사랑으로** 표현될 수 있다.

하나됨(UNITY)

겸손과 오래 참음과 용납의 최종 결과는 **평안의 매는 줄로 성령이 하나 되게 하신 것을 힘써 지키는** 것이다. '스푸다조'(*spoudazō*, to be **diligent, 힘써**)는 기본적으로 서두르다(make haste)라는 뜻이며, 여기서 열정과 부지런함(diligence)이란 의미가 나온다. 어느 주석가는 이것을 온전한 헌신을 요구하는 거룩한 열정으로 묘사한다. 바울은 디모데에게 말하면서 이 단어를 사용했다. "너는 진리의 말씀을 옳게 분별하며, 부끄러울 것이 없는 일꾼으로 인정된 자로 자신을 하나님 앞에 드리기를 힘쓰라(be diligent)"(딤후 2:15; 참조. 딛 3:12~13).

모든 신자는 **평안의 매는 줄로 성령이 하나 되게 하신 것(unity of the Spirit)을 힘써 지켜야** 하며, 여기에 지속적인 관심을 쏟아야 한다. 바울은 조직의 하나됨, 많은 교단과 에큐메니컬 운동이 촉진하는 하나됨(일치)을 말하고 있는 게 아니다. 바울은 내적이며 보편적인 성령의 하나됨**(unity of the Spirit, 성령이 하나 되게 하신 것)**, 모든 참 신자들을 연결하는 하나됨을 말하고 있다. 이러한 하나됨은 밖이 아니라 안에서 오며, 겸손, 온유, 오래 참음, 용납하는 사랑이라는 내면의 성품을 통해 나타난다.

영적 하나됨**(unity, 하나 되게 하신 것)**은 교회가 만들어내지 않으며, 만들어낼 수도 없다. 이미 **성령**께서 이것을 만들어내셨다. "우리가 유대인이나 헬라인이나 종이나 자유인이나 다 한 성령으로 세례를 받아 한 몸이 되었고 또 다 한 성령을 마시게 하셨느니라…이제 지체는 많으나 몸은 하나라"(고전 12:13, 20; 참조. 롬 8:9). 바로 이 성령의 하나됨**(성령이 하나 되게 하신 것)**을 위해, 예수님이 배신당해 체포되기 직전 겟세마네 동산에서 그토록 간절히 기도하셨다. "거룩하신 아버지여, 내게 주신 아버지의 이름으로 그들을 보전하사 우리와 같이 그들도 하나가 되게 하옵소서…아버지여, 아버지께서 내 안에, 내가 아버지 안에 있는 것 같이 그들도 다 하나가 되어 우리 안에 있게 하사…내게 주신 영광을 내가 그들에게 주었사오니, 이는 우리가 하나가 된 것 같이 그들도 하나가 되게 하려 함이니이다"(요 17:11, 21~23).

교회의 책임은 신자들 개개인의 삶을 통해 하나님의 부르심에 합당한 방식으로 신실하게 행하고(1절), 그리스도 안에서 하나됨으로써 세상에 그리스도를 드러내는 것이다(참조. 롬 15:1~6; 고전 1:10~13; 3:1~3; 빌 1:27). 세상은 늘 하나됨을 찾지만 절대로 찾아내지 못한다. 모든 법률, 회담, 조약, 합의, 계약이 하나됨이나 평화를 가져다주지 못한다. 어떤 사람은 역사의 모든 조약이 파기되었다고 했다. 악인에게는 그 어떤 평화도 없으며, 있을 수도 없다(사 48:22). 자신이 중심인 한, 우리의 감정과 특권과 권리가 우리의 주된 관심사인 한, 하나됨은 결코 없을 것이다.

하나됨을 지키는 **줄(bond)**은 **평안**, 곧 거룩한 하나님의 백성을 두르고 하나로 연결하는 영적 벨트다. 바울이 빌립보서에서 "마음을 같이하여 같은 사랑을 가지고 뜻을 합하며 한마음을 품어"라고 묘사하는 것이 바로 이 **줄**이다(빌 2:2). 이 **평안의 매는 줄(bond of peace)** 뒤에 사랑이 있으며, 골로새서 3장 14절은 이것을 "온전하게 매는 띠"(the perfect bond of unity, 하나됨을 이루는 완벽한 줄)라 부른다.

겸손은 온유를 낳고, 온유는 오래 참음을 낳으며, 오래 참음은 용납하는 사랑을 낳고, 이 네 성품이 **평안의 매는 줄로 성령이 하나 되게 하신 것을 지킨다.** 이 덕목들과 이것들이 증언하는 초자연적 **하나됨**이 교회가 할 수 있는 가장 강력한 증언일 것이다. 이것들은 세상의 태도 및 하나 되지 못함(disunity)과 극명하게 대조되기 때문이다. 신자 개개인이 진정으로 겸손하고 온유하며 오래 참고 사랑으로 용납함으로써 성령 안에서 평화로운 하나됨을 보여줄 때, 복음의 문이 활짝 열린다. 그 어떤 프로그램이나 방법도, 아무리 세밀하게 계획하고 실행하더라도, 이렇게 하지 못한다.

합당하게 행함의 원인

몸이 하나요 성령도 한 분이시니, 이와 같이 너희가 부르심의 한 소망 안에서 부

르심을 받았느니라. 주도 한 분이시요, 믿음도 하나요, 세례도 하나요, 하나님도 한 분이시니 곧 만유의 아버지시라. 만유 위에 계시고 만유를 통일하시고 만유 가운데 계시도다. (4:4~6)

구원, 교회, 하나님 나라와 관련된 것은 무엇이든 하나됨의 개념에 근거하며, 이것은 바울이 이 세 절에서 한 또는 하나라는 단어를 일곱 차례 사용한 데서 잘 나타난다. 외적 하나됨의 원인 또는 기초는 내적 하나됨이다. 실제적 하나됨은 영적 하나됨에 기초한다. 성령의 하나됨을 강조하기 위해, 바울은 우리의 교리 및 삶과 밀접한 관련이 있는 유일성(oneness)의 특징을 나열한다.

바울은 구체적 분야들의 유일성을 설명하지 않고 열거하기만 한다: **몸, 성령, 소망, 주, 믿음, 세례, 하나님.** 그는 이것들을 비롯해 하나님의 본성과 계획과 일의 모든 측면의 유일성이 우리가 하나 되는 삶에 헌신하는 기초라는 사실에 초점을 맞춘다. 4절은 성령에, 5절은 아들에, 6절은 아버지에 초점을 맞추는 게 분명하다.

성령 안에서 하나됨(UNITY IN THE SPIRIT)

몸이 하나요 성령도 한 분이시니, 이와 같이 너희가 부르심의 한 소망 안에서 부르심을 받았느니라. (4:4)

신자들의 **몸,** 곧 교회는 오직 **하나(one body)**이며, 그리스도를 구주와 주님으로 이미 믿거나 앞으로 믿을 모든 성도로 구성된다. 교단적 몸, 지리적 몸, 민족적 몸, 인종적 몸은 없다. 이방인의 몸, 유대인의 몸, 남자의 몸, 여자의 몸, 노예의 몸, 자유인의 몸도 없다. 오직 그리스도의 **몸**만 있으며, 이 **몸**의 하나됨이 에베소서의 중심이다.

분명히, **성령도 한 분(one Spirit)**이며, 하나님의 성령이다. 모든 신자가 이 성령을 가지며, 그러므로 모든 신자가 **몸**이 하나 되게 하는 내부의 힘이다. 신자 한 명 한 명이 성령의 전이며(고전 3:16~17), 신자들이 "성령 안에서 하나님이 거하실 처소가 되기 위하여 그리스도 예수 안에서 함께 지어져 간다"(엡 2:21~22). **성령**은 "우리 기업의 보증이 되사 그 얻으신 것을 속량하시고 그의 영광을 찬송하게 하려 하신다"(엡 1:14). 이를테면, 성령은 하나님의 약혼반지(보증)이며, 모든 신자가 어린양의 혼인 잔치에 참여하리라고 보장하신다(계 19:9).

모든 그리스도인이 성령께 순종하며 그분의 능력으로 행하고(walking) 있다면, 먼저 우리의 교리(가르침)가, 그다음으로 우리의 관계가 깨끗해지고 하나 될 것이다. 이미 존재하는 영적 하나됨이 하나님의 백성 사이에서 완전하게 조화를 이루며 실제로 드러날 것이다.

신자들은 자신들이 받은 **부르심의 한 소망**에서도 하나가 된다. 구원에 이르는 우리의 부르심(calling to salvation)은 궁극적으로 그리스도처럼 영원한 완전함과 영광에 이르는 부르심이다. 그리스도 안에서 우리는 은사가 다르고, 사역이 다르며, 섬기는 자리가 다르지만, 우리의 **부르심**은 하나다. 그것은 "그 앞에 거룩하고 흠이 없게 하시려는" 부르심(엡 1:4), 곧 "그 아들의 형상을 본받게 하기 위한" 부르심인데(롬 8:29), 이것은 우리가 영화롭게 되신 그리스도를 볼 때 이루어질 것이다(요일 3:2). 성령께서 우리를 한 몸에 두시고, 장차 우리가 누릴 영광을 보증하신다.

아들 안에서 하나됨(UNITY IN THE SON)

주도 한 분이시요, 믿음도 하나요, 세례도 하나요,(4:5)

주도 한 분, 곧 우리 구주 예수 그리스도라는 것도 똑같이 분명하다. "다른 이로써는 구원을 받을 수 없나니, 천하 사람 중에 구원을 받을 만한 다른 이름을 우리에게 주신 일이 없음이라"(행 4:12). 바울은 갈라디아 신자들에게 이렇게 말했다. "우리나 혹은 하늘로부터 온 천사라도 우리가 너희에게 전한 복음 외에 다른 복음을 전하면 저주를 받을지어다"(갈 1:8). "한 분이신 주께서 모든 사람의 주가 되사 그를 부르는 모든 사람에게 부요하시도다"(롬 10:12).

따라서 **믿음도 하나**(one faith)일 수밖에 없다. 바울은 여기서 구원 얻게 하는 믿음의 행위나 바른 삶을 낳는 지속적 믿음을 말하는 게 아니라 신약성경에 계시된 일련의 교리를 말한다. 참 기독교는 **믿음**이 오직 **하나**, 곧 "성도에게 단번에 주신 믿음"이며(유 3), 우리는 이 믿음을 위해 싸워야 한다. 우리의 한 **믿음**(one faith, **믿음도 하나**)은 계시된 하나님 말씀의 내용이다. 하나님의 말씀을 성실하고 세밀하게 공부하지 않으면, 검증되지 않은 전통, 세상의 영향들, 육적인 성향들을 비롯해 숱한 단편적 가르침이 숱한 형태로, 심지어 서로 상충하는 형태로 들어온다. 하나님의 말씀은 많은 진리를 포함하지만, 그 진리 하나하나가 그분의 한 진리(one truth), 곧 우리의 한 **믿음**(one faith, **믿음도 하나**)을 구성하는 조화로운 부분들이다.

신자들에게 **세례도 하나**다. 성령 세례(spiritual baptism)가 4절에 암시되며, 이 세례를 통해 모든 신자가 성령으로 몸(the Body)의 지체가 된다. 5절의 한 **세례**(one baptism, **세례도 하나**)는 물세례를 가리킨다고 보는 게 가장 좋은데, 물세례는 신약성경에서 신자가 공개적으로 예수 그리스도를 구주와 주님으로 고백하는 일반적 수단이다. 이런 해석을 선호하는 것은 바울이 삼위일체의 각 구성원을 잇달아 구체적으로 말하는 방식 때문이다. 이를테면, 이것은 주 예수 그리스도를 가리키는 구절이다.

물세례는 초기 교회에 더없이 중요했으나, 구원이나 특별한 복의 수단으로서 중요했던 게 아니라 예수 그리스도 안에서 예수 그리스도와 하나 된다는 증언으로서 중요했다. 신자들은 지역 교회 이름으로, 탁월한 전도자의 이름으로, 수석 장로의 이름으로, 사도의 이름으로 세례를 받은 게 아니라 오직 그리스도의 이름으로 세례를 받았다(고전 1:13~17을 보라). 한 **주**(one Lord, **주도 한 분**)를 통해 한 **믿음**(one faith, **믿음도 하나**) 안에 있는 자들이 한 **세례**(one baptism, **세례도 하나**)로 하나됨을 증언한다.

아버지 안에서 하나됨(UNITY IN THE FATHER)

하나님도 한 분이시니 곧 만유의 아버지시라. 만유 위에 계시고 만유를 통일하

시고 만유 가운데 계시도다. (4:6)

유대교의 기본 교리는 언제나 "우리 하나님 여호와는 오직 유일한 여호와이시니"였으며(신 6:4; 4:35, 32:39, 사 45:14, 46:9도 보라), 하나님의 유일성(oneness)은 기독교의 근간이기도 하다(고전 8:4~6, 엡 4:3~6, 약 2:19을 보라). 그러나 신약성경은 또한 **한 분이신 하나님(one God)**이 삼위(three Persons), 곧 **아버지**와 아들과 성령으로 계신다는 더 완전한 진리를 계시한다(마 28:19; 요 6:27; 20:28; 행 5:3~4).

하나님 … 아버지(God the Father)는 성경에서 가장 포괄적인 하나님의 칭호로 자주 사용되지만, 신약성경의 많은 본문에서 보듯이 본성이나 능력에서 절대로 아들이나 성령과 분리되지 않으시는 게 분명하다. 여기서 바울의 핵심은 삼위일체의 세 위(位)를 분리하는 게 아니라 각각의 고유한 역할을 말하되 서로, 그리고 교회와의 관계에서 하나라는 데 초점을 맞추는 것이다. 이것은 이 세 절에 언급된 여러 다른 측면에 나타난다.

우리의 한 분이신 하나님 아버지(**one God and Father**)[23]는, 아들과 성령과 더불어, **만유 위에 계시고 만유를 통일하시고 만유 가운데 계신다.** 이 포괄적 선언은 아버지께서 자신의 성령으로, 아들을 통해 주시는 영광스럽고 신적이며(divine) 영원한 하나됨을 가리킨다. 우리는 하나님이 창조하시고, 하나님이 사랑하시며, 하나님이 구원하시고, 하나님이 아버지가 되시며, 하나님이 다스리시고, 하나님이 지탱하시며, 하나님이 충만하게 하시고, 하나님이 복을 주시는 자들이다. 우리는 주권적이고(**만유 위에**), 전능하며(**만유를 통일하시고, through all**), 무소부재하신(**만유 가운데**) 한 하나님 아래 있는 한 백성이다.

---

23 6절을 NASB는 이렇게 옮겼다. one God and Father of all who is over all and through all and in all(만물 위에 계시고, 만물을 관통하시며, 만물 속에 계신 한 분이신 하나님 아버지).

11

그리스도께서 자신의 교회에게 주시는 선물

(4:7~11)

우리 각 사람에게 그리스도의 선물의 분량대로 은혜를 주셨나니, 그러므로 이르기를 그가 위로 올라가실 때에 사로잡혔던 자들을 사로잡으시고 사람들에게 선물을 주셨다 하였도다. 올라가셨다 하였은즉 땅 아래 낮은 곳으로 내리셨던 것이 아니면 무엇이냐? 내리셨던 그가 곧 모든 하늘 위에 오르신 자니, 이는 만물을 충만하게 하려 하심이라. 그가 어떤 사람은 사도로, 어떤 사람은 선지자로, 어떤 사람은 복음 전하는 자로, 어떤 사람은 목사와 교사로 삼으셨으니, (4:7~11)

복음의 본질은 사람이 하나님을 위해 무엇을 해야 하느냐가 아니라 하나님이 사람을 위해 무엇을 하셨느냐에 있다. 구약성경처럼 신약성경도 많은 명령과 요구, 충족해야 할 많은 기준과 완수해야 할 의무를 담고 있다. 그러나 이것들이 중요하기는 해도, 기독교의 핵심은 아니다. 이것들은 하나님이 우리 주 예수 그리스도를 통해 우리를 위해 하신 일에 대한 응답으로, 하나님이 우리를 불러 그분의 영광을 위해 할 수 있게 하신 것들일 뿐이다. 신약성경의 모든 책은 그리스도께서 신자들을 위해 무엇을 하셨는지 가르치며, 모든 신약성경의 권면은 하나님이 구주를 통해 베푸신 은혜에 기초한다. 하나님은 더없는 은혜의 선물을 주셨고, 그분의 자녀들은 신실한 순종으로 반응해야 한다(엡 2:10을 보라).

바울은 이 단락을 시작하면서 하나님이 그분의 아들을 믿은 자들을 위해 무엇을 하셨는지 말한다. 그가 방금 기술한 그리스도인으로 합당하게 행하기는(4:1~6) 하나님이 우리에게 주신 선물(은사)의 사역을 통해 이루어진다. 7~11절에서, 사도 바울은 먼저 모든 신자 개개인이 선물을 받았다고 단언한다. 그런 후, 어떻게 그리스도께서 이 선물들을 주실 권리를 획득하셨는지 보여준다. 마지막으로, 주님이 온 교회에게 복을 주시는 데 사용하시는 사람들, 곧 특별히 선물(은사)을 받은 사람들을 언급한다.

그리스도께서 신자 개개인에게 주시는 선물

우리 각 사람에게 그리스도의 선물의 분량대로 은혜를 주셨나니,(4:7)

이 구절 맨 앞에 나오는 **but**(개역개정에는 없음)이 여기서 단순한 접속사가 아니라 역접 접속사로 사용되었다는 데 주목해야 한다. 이것은 앞서 말한 내용과 이제 말할 내용을 대비시킨다는 의미에서 "~에도 불구하고" 또는 "다른 한편으로"라고 옮길 수 있겠다.

but을 이렇게 해석하면, 3~6절에서 반복되는 통일성(unity, 하나됨)이라는 주제와 이와 평행하는 7~11절의 다양성이라는 주제가 함께 강조된다. 이 해석은 그리스도의 몸의 하나됨과 관련해 개인(**각 사람**)을 "만유"(all, 전부)와 대비시킨다. '헤카스토스'(*bekastos*, **각 사람**)의 강조 용법은 **but**을 역접 접속사로 읽는 데 힘을 실어준다. 통일성(하나됨)은 획일성이 아니며, 선물의 다양성과 완벽하게 조화를 이룬다. "만유"를 향한 하나님의 은혜로운 관계는 **각 사람**'을 향한'(to) 개인적 관계이자(참조. 고전 12:7, 11), **각 사람**을 '통한'(through) 개인적 사역이기도 하다. 따라서 바울은 신자들의 하나됨에서 신자들의 특별함으로 옮겨간다.

복음을 한 단어로 정의하면 **은혜**다. 복음은 하나님이 죄악 된 인류에게 은혜를 베푸신다는 좋은 소식이다. 은혜의 본성은 베풂(giving, 줌)이며, 성경은 받음보다 베풂을 훨씬 많이 말한다. 베풂이 하나님의 본성이기 때문이다. 하나님은 은혜의 하나님이다. 하나님은 값없이 베푸시는 분이기 때문이다. 하나님의 은혜는 우리가 했거나 하지 못한 그 무엇과도 아무 관련이 없다. 은혜는 오로지 받을 수 있는 것일 뿐이다.

하나님이 은혜로우신 것은 우리가 누구이거나 무엇인지 때문이 아니라 그분이 누구인지 때문이다. 그러므로 하나님의 은혜는 공로와 무관하고 (unmerited), 버는 게 아니며(unearned), 자격과 무관하다(undeserved). 하나님의 은혜는 순전히 은혜를 베푸시는 분에게 달려 있을 뿐, 은혜를 받는 자들에게 달려 있지 않다. **은혜**는 동기가 하나님에게 있고, 하나님에게서 나오며, 하나님이 주권적으로 베푸는 행위다.

하나님의 은혜에는 다른 모든 종류의 베풂보다 훨씬 뛰어난 또 다른 면이 있다. 가장 큰 은혜의 선물은 자기 자신이다. 그러므로 **은혜**는 하나님의 자기 기부(Self-donation), 곧 자신을 주심(Self-giving)이다. 하나님은 사람들에게 복을 주실 뿐 아니라 자신을 주신다. 하나님 자신이라는 선물은 그분이 우리에게 주시는 그 어느 복보다 무한히 중요하고 귀하다. 이해할 수 없고 충격적인 복음의 진리는 거룩하신 우주의 하나님이 죄악 된 인류에게 '자신을' 주셨다는 것이다! 하나님은 우리에게 그분의 구원, 그분의 나라, 그분의 기업, 그분의 성령, 그분의 보좌, 그분의 지혜, 그분의 사랑, 그분의 능력, 그분의 평화를 비롯해 "그리스도 안에서 하늘에 속한 모든 신령한 복"을 주신다(엡 1:3). 그러나 이 모든 복을 훨씬 뛰어넘어, 하나님은 자신의 개인적(인격적) 임재를 우리에게 주신다. 하나님이 죄악 된 인간에게 빚진 거라곤 이들의 죄에 대한 심판뿐이다. 하나님은 인간에게 가장 작은 복이나 호의도 빚지지 않으셨다. 그러나 자신의 은혜로 최고의 복을, 친밀하게 공유하는 삶(intimate shared life)이라는 측량할 수 없는 복을 우리에게 주셨다(참조. 벧후 1:3~4).

결혼해 평생 함께 살 배우자를 선택할 때, 자신을 줄 대상을 신중하게 선택해야 한다. 우리는 그 누구보다 이 사람에게 우리의 사랑, 시간, 생각, 헌신, 충실, 자원, 간단히 말해 우리가 가진 전부를 줄 것이다.

그러나 하나님은 "창세 전에 그리스도 안에서 우리를 택하실" 때(엡 1:4), 그분의 은혜를 받을 만한 무엇을 우리 안에서 보셨기 때문이 아니라 순전히 자신의 은혜로 이렇게 하셨다. "하나님이 세상을 이처럼 사랑하사 독생자를 주셨으니"(요 3:16). 하나님이 세상에서 보실 수 있는 거라곤 죄 뿐이다. 그러나 하나님은 죄로 가득한 세상이 구속받을 수 있도록 자신의 아들을 통해 이 세상에 자신을 주셨다. 아들도 자신을 주셨고, 타락한 인간에게 영광을 주려고 자신의 영광을 비우셨으며, 영적으로 죽은 자들을 살리려고 자신의 생명을 주셨다.

지상 사역 내내, 예수님은 줄곧 자신을 타인들에게 주셨다. 예수님은 자신을 제자들에게, 자신이 치유한 자들에게, 자신이 죽음에서 살린 자들에게, 자신이 귀신에게서 자유하게 한 자들에게, 자신이 죄를 사한 자들에게 주셨다. 수가성 우물가의 여인에게 예수님은 영생하도록 솟아나는 샘물을 제시하셨는데(요 4:14), 그 샘물은 그분 자신이었다(6:35; 7:38). "우리 주 예수 그리스도의 은혜를 너희가 알거니와 부요하신 이로서 너희를 위하여 가난하게 되심은 그의 가난함으로 말미암아 너희를 부요하게 하려 하심이라"(고후 8:9). 자신의 은혜를 받아들이는 자들에게 하나님은 계속해서 "그리스도 예수 안에서 우리에게 자비하심으로써 그 은혜의 지극히 풍성함을 오는 여러 세대에 나타내실" 것이다(엡 2:7).

우리가 든든히 딛고 서 있는 **은혜**는(롬 5:2) 구원할 뿐 아니라 능하게 하며 (참조. 엡 6:10; 빌 4:13; 딤전 1:12; 딤후 4:17), 이 단어가 여기서 의미하는 바가 바로 이것이다. 바울은 하나님이 모든 신자에게 **은혜를 주셨다**는 것을 분명히 한다. 원문에는 정관사(*hē*)가 사용되어, 이것이 '그' **은혜**('the' **grace**), 곧 오직 그리스도의 은혜라는 것을 나타낸다. **은혜**로 번역된 '카리스'(*charis*)는 주어진 것이 '카리스마타'(*charismata*, 롬 12:6~8과 고전 12:4~10에서 이 단어가 가리키는 특별한 선물들)가 아니라 신자의 삶에서 작동하고 그 삶을 통해 자신을 드러내는 주관적 은혜(subjective grace)[24]라는 것을 의미한다. 이 **은혜**는 특별한 선물들이 하나님의 영광을 위해 작동할 수 있게 하는 힘이다.

---

24 은혜는 크게 객관적 은혜와 주관적 은혜로 나뉜다. 객관적 은혜란 하나님이 받을 자격이 없는 죄인들에게 베푸시는 값없는 호의다. 주관적 은혜란 신자가 마땅히 행해야 할 것을 할 수 있도록 하나님의 신자의 내면에서 사랑으로 감동시켜 선한 의지를 불러일으키시는 것을 말한다.

이런 구별은 바울의 진술 나머지 부분, 곧 **그리스도의 선물의 분량대로**에서 분명하게 드러난다. 능하게 하는 은혜(enabling grace)는 **그리스도의 선물**을 사용하는 데 필수적인 것에 맞춰 분량대로 주어져야 한다. '도레아'(*dōrea*, **선물**)라는 용어는 '카리스마타'(*charismata*, 특별한 "선물들/은사들"; 참조. 롬 12:6; 고전 12:4; 벧전 4:10)와 달리 선물을 받을 자격이 없음에 초점을 맞추지 않으며, '프뉴마티콘'(*pneumatikōn*, "영적 선물들/은사들," 문자적으로, 영적인 것들; 참조. 고전 12:1, "신령한 것들")과 달리 선물의 영적 근원에 초점을 맞추지도 않고, 선물의 값없음에 초점을 맞춘다(참조. 마 10:8; 롬 3:24).

각 신자가 받은 **선물**은 저마다 특별하다. **분량(the measure)**, 또는 주어진 구체적인 몫은 교회의 머리께서 주권적으로 계획하신 것이다. 주님이 각 신자가 받을 선물의 정확한 분량을 측정하신다(바울이 롬 12:3에서 사용하는 "믿음의 분량대로"라는 어구와 비교해 보라). 하나님이 주시는 능하게 하는 은혜의 정확한 분량은 각 신자에게 있는 행동하는 믿음(enacting faith)의 정확한 분량과 연결된다. 하나님이 두 가지 모두의 근원이다. 종합하면, 하나님은 그게 무엇이든 자신이 주는 선물이 자신의 목적에 온전히 부합하게 사용되도록 은혜와 믿음 둘 다 주신다.

방금 말한 진리에 비춰볼 때, 다음 세 가지는 분명하다. 모든 선물은 주권적으로 주어지기 때문에(참조. 고전 12:4~7, 11) 그 어느 선물도 구해서는 안 된다. 모든 선물은 본질적으로 하나님의 계획에 포함된 요소들이기 때문에(참조. 고전 12:18, 22, 25) 그 어느 선물도 사용하지 않고 두어서는 안 된다. 모든 선물은 하나님에게게서 오기 때문에 그 어느 선물도 높여서는 안 된다(참조. 롬 12:3).

우리 각자는 뚜렷이 구분되는 능력, 특징, 목적과 함께 우리의 분량에 딱 맞는 **선물**을 받았다. 우리 각자는 구체적 **선물**(단수)을 받았으며, 이것을 사용해 그리스도의 이름으로 섬겨야 한다. 베드로는 이렇게 말한다. "각각 은사(specific gift)를 받은 대로 하나님의 여러 가지 은혜를 맡은 선한 청지기 같이 서로 봉사하라"(벧전 4:10).

로마서 12장에서 바울은 영적 선물(은사)들을 더 자세히 설명한다. 그는 영적 선물들을 소개하면서, 에베소서 4장에서 하듯이, 먼저 "우리에게 주신 은혜대로 받은 은사가 각각 다르다"는 점을 강조한다(6절). 의미상, 선물(은사)은 우리가 받는 것이며, 우리는 하나님의 은혜를 통해 영적 선물(은사)을 받는다. 신자들이 받는 선물은 이들의 선호, 경향, 타고난 재능, 장점, 그 외에 그 어떤 개인적 고려에 의해 결정되지 않고, 순전히 하나님의 주권적이고 은혜로운 뜻에 의해 결정된다. 우리는 하나님의 계획, 하나님의 목적, 하나님의 **분량**(measure, 잣대)에 따라 선물을 받는다. 타고나는 우리의 피부색이나 머리색이나 눈동자 색을 우리가 결정하지 않았듯이, 우리의 선물도 우리가 결정하는 게 아니다. 선택하는 은혜(electing grace), 준비시키는 은혜(equipping grace), 능하게 하는 은혜(enabling grace)의 근원은 하나님이다.

고린도전서 12장에 비슷한 설명과 강조가 나온다. "은사는 여러 가지나 성령은 같고, 직분은 여러 가지나 주는 같으며, 또 사역은 여러 가지나 모든 것을 모든 사람 가운데서 이루시는 하나님은 같으니, 각 사람에게 성령을 나타내심은 유익하게 하려 하심이라"(4~7절). 오직 하나님이 우리의 영적 선물을 결정하고 주신다.

로마서 12장 6~8절, 고린도전서 12장 8~10절, 에베소서 4장 11절에 나오는 구체적 선물(은사) 목록은 영적 선물(은사)에 대한 좁고 엄격한 서술이 아니다. 예를 들면, 예언하는 은사, 가르치는 은사, 섬기는 은사가 '단 한 종류만' 있지는 않다. 가르치는 은사를 가진 신자 수백 명이 가르치는 능력이나 강조점의 정도나 분야가 모두 똑같을 수는 없다. 가르치는 은사 중에는 아이들을 가르치는 은사도 있고, 일대일로 가르치는 은사도 있으며, 그 외에도 무수하다. 각 신자는 하나님의 계획에 맞게 자신의 은사를 활용하도록 분량대로 은혜와 믿음을 받는다. 섬기는 분야에서 개성, 배경, 교육, 삶의 영향력, 필요를 더하라. 그러면 신자마다 다르다는 게 분명해진다.

신자가 받는 **선물**이 단 하나의 범주에 국한되지도 않는다. 개인이 여러 분야에서 선물(은사)을 받을 수도 있고, 다양하게 결합된 선물을 받을 수도 있다. 관리를 주된 은사로 받은 사람이 돕고 가르치는 은사까지 받을 수도 있다. 신자들의 선물(은사)은 눈송이와 같고 지문 같다. 각 선물은 나머지 모두와 뚜렷이 구분된다. 어떤 선생들은 지식을 강조하고, 어떤 선생들은 훈련을 강조하며, 어떤 선생들은 자비를 강조하고, 어떤 선생들은 권면을 강조한다. 선물이라는 물감의 팔레트에서, 성령께서 자신의 주권적 디자인이라는 붓을 사용해 각 신자를 똑같은 신자가 하나도 없도록 그려내신다.

그리스도인들은 조립라인에서 나온 상품, 즉 모든 부분이 정확히 똑같은 상품이 아니다. 따라서, 그 어느 그리스도인도 하나님의 계획에서 다른 그리스도인을 대신할 수 없다. 하나님은 각 사람을 위한 맞춤 계획이 있으며, 이에 맞춰 개개인에게 선물(은사)을 주셨다. 우리는 그리스도의 몸에서 서로 맞바꿀 수 있는 부분이 아니라 "서로 지체"다(롬 12:5). "이 모든 일은 같은 한 성령이 행하사 그의 뜻대로 각 사람에게 [개별적으로, individually] 나누어 주시는 것이니라"(고전 12:11, 강조는 덧붙인 것이다). 신자가 하나님의 청지기로서 자신의 은사를 적절하게 사용하지 못할 때(벧전 4:10), 하나님의 일이 그 만큼 지장을 받는다. 하나님은 다른 그리스도인을 정확히 같은 방식으로, 또는 정확히 같은 일을 위해 부르셨거나 그에게 은사를 주시지 않았기 때문이다. 이런 까닭에, 그 어느 그리스도인도 구경꾼이어서는 안 된다. 모든 신자는 한 팀이며 하나님의 계획에 전략상 필수이고, 자신만의 기술과 위치와 책임을 갖는다.

결혼식, 생일, 성탄절을 비롯한 특별한 날, 우리는 쓸모없는 선물을 받기 일쑤다. 그래서 그 선물을 서랍에 넣어두거나, 차고에 보관하거나, 나중에 다른 사람에게 준다. 그러나 하나님은 절대로 이런 선물(은사)을 주지 않으신다. 그분의 선물(은사) 하나하나는 정확히 그분을 위한 우리의 일을 완수하는 데 필요한 것이다. 우리는 절대로 엉뚱한 선물(은사)을 받거나, 선물(은사)을 너무 많이 받거나 너무 적게 받지 않는다. 성령께서는 우리에게 선물(은사)을 주실 때, 우리가 하나님을 섬기는 데 필요한 꼭 그만큼 재능과 능력을 주신다. 우리는 각자 특별한 선물(은사)을 받았기 때문에 그리스도의 몸에서 대체될 수 없는 지체다. 그뿐 아니라, 각 사람의 선물(은사)이 특별하다는 것은 하나님이 특별한 복과 사역을 위해 각 사람을 선발하길 아주 좋아하신다는 표시다.

우리의 선물(은사)을 사용하지 않는다면, 하나님의 지혜를 모욕하고, 그분의 사랑과 은혜를 거절하며, 그분의 교회에 손실을 끼치는 것이다. 우리가 우리의 선물(은사)을 결정하지 않았으며, 우리는 우리의 선물(은사)을 받을 자격이 없었고, 우리가 우리의 선물(은사)을 번 것도 아니다. 우리는 모두 하나님에게서 선물(은사)을 받았다. 만약 우리가 우리의 선물(은사)을 사용하지 않으면, 하나님의 일이 약화되고 그분의 마음이 아프다. 우리 앞에 놓인 본문의 의도는 신자들의 하나됨과 이러한 하나됨에 기여하는 신자들의 개성 간의 균형 잡힌 관계를 드러내는 것이다. (영적 선물/은사에 대한 더 자세한 설명은 저자의 고린도전서 주석, 특히 12:1~31에 대한 주해를 보라; 참조. 롬 12:3~8).

그리스도께서는 선물을 주실 권리를 어떻게 얻으셨는가?

그러므로 이르기를 그가 위로 올라가실 때에 사로잡혔던 자들을 사로잡으시고 사람들에게 선물을 주셨다 하였도다. 올라가셨다 하였은즉 땅 아래 낮은 곳으로 내리셨던 것이 아니면 무엇이냐? 내리셨던 그가 곧 모든 하늘 위에 오르신 자니 이는 만물을 충만하게 하려 하심이라. (4:8~10)

바울은 그리스도께서 주신 몇몇 선물(은사)을 기술하려 한다. 그러나 그 전에, 교회 전체에게 주신 특별한 선물을 언급하면서 시편 68편 18절을 비교 구절로 활용해 어떻게 그리스도께서 이러한 선물을 주실 권리를 받으셨는지 보여준다. 시편 68편 18절의 히브리어 구약성경 본문 및 헬라어 구약성경(70인역) 본문과 바울의 인용이 뚜렷이 다르다. 이것은 바울이 이 구절이 그리스도에 대한 직접적 예언임을 구체적으로 밝히기보다 유비(analogy)를 위해 이 구절을 전체적으로 암시하고 있다는 것을 시사한다.

시편 68편은 다윗이 지은 승리의 찬송이다. 다윗은 하나님이 여부스의 성읍을 정복하고 당당하게 시온산에 오르심을(언약궤로 상징된다) 기념하기 위해 이 찬양을 지었다(참조. 삼하 6~7장; 대상 13장). 이런 승리를 거둔 후, 왕은 전리품과 포로를 이끌고 백성 앞에서 퍼레이드를 할 것이다. 이스라엘 왕이라면, 수행원들을 이끌고 거룩한 성 예루살렘을 관통해 시온산에 오를 것이다. 그러나 승전 퍼레이드의 또 다른 특징은 적군에게 포로로 사로잡혔다가 자유를 얻은 왕의 군사들을 드러내는 것이었다. 이들은 흔히 탈환 포로라 불렸다. 다시 말해 이들은 전에 포로였으나 자신들의 왕에게 사로잡혀 자유를 얻은 포로였다.

그가 위로 올라가실 때에라는 표현은 지상 전투에서 승리하신 그리스도께서 큰 승리의 전리품을 갖고 영광스런 천성(天城)으로 되돌아가시는 장면을 묘사한다.

십자가 죽음과 부활에서, 예수 그리스도는 사탄과 죄와 죽음을 정복하셨고 (참조. 골 2:15), 이 큰 승리로 **사로잡혔던 자들을 사로잡으**셨는데, 이들은 전에 원수의 포로였으나 이제 하나님께 되돌려져 하나님께 속한 자들이다. 그 그림은 하나님에게는 그분께 속했으나 아직 구원받지 못한 자들이 있음을 생생하게 보여준다. 이들은 본래 사탄에게 사로잡혀 있었는데, 그리스도께서 자신의 죽음과 부활로 그분의 나라, 곧 하나님이 "창세 전에" 주권적 선택으로 이들을 불러들이신 나라에(엡 1:4) 이들이 사로잡혀 들어가는 길을 열지 않으셨다면 여전히 사탄에게 사로잡혀 있을 것이다. 사도행전 18장 10절과 비교해 보라. 거기서 주님은 바울에게 고린도에 머물며 복음을 전하라고 명하신다. 그곳에 그분께 속하지만 아직 어둠의 왕의 속박에서 구원받지 못한 자들이 있기 때문이다(요 10:16, 11:51~52, 행 15:14~18도 보라).

하늘에 오르사, 그분은 **사람들에게 선물을 주셨다.** 바울은 여기서 **선물**을 뜻하는 또 다른 용어('domata')를 사용해 이 은혜로운 공급의 포괄성을 표현한다. 승리한 정복자가 전리품을 자신의 백성에게 나눠주듯이, 그리스도께서 자신이 취한 전리품을 자신의 나라 백성에게 나눠주신다. 그리스도께서 승천하신 후, 성령의 능력을 덧입은 모든 선물이 내려왔다(요 7:39; 14:12; 행 2:33). 구주께서 높이 들리셨을 때, 성령을 보내셨고(행 1:8), 성령께서 오셨을 때 성령의 선물도 교회에 왔다. 바울은 자신이 염두에 둔 선물을 말하기 전에, 자신이 방금 사용한 유비(analogy)를 간략하게 설명한다.

바울은 구약 구절의 적용을 설명하면서 이렇게 묻는다. **올라가셨다 하였은즉 땅 아래 낮은 곳으로 내리셨던 것이 아니면 무엇이냐?** 바울은 여기서 **만물을 충만하게 하실** 분, 곧 "만물 안에서 만물을 충만하게 하시는" 예수 그리스도를 말하고 있다(1:23). **올라가셨다(ascended)**는 예수님의 승천을 말한다(행 1:9~11). 그분은 자신의 아버지와 함께 영원히 다스리기 위해 땅에서 하늘로 **올라가셨다.**

바울은 **올라가셨다**는 표현이 **내리셨던 것** 외에 다른 것을 의미할 수 없다고 재빨리 설명한다. 분명해 보이듯이, **올라가셨다**가 우리 주님이 하늘로 이끌려 올라가신 것을 말한다면, **내리셨던 것(descended)**은 그분이 하늘에서 땅으로 내려오시는 것을 가리키는 게 틀림없다. 우리 구원의 선장께서 멸시를 당하신 후에야 존귀를 받으셨다. 낮아진 후에야 높아지셨으며, 성육신 후에야 영화롭게 되셨다(빌 2:4~11을 보라). 이 진리가 10절에서 적절한 시간 순서를 따라 되풀이된다: **내리셨던 그가 곧 … 오르신 자니.**

그리스도께서 성육신으로 깊이 내려오셨는데, 이것은 **땅 아래 낮은 곳으로 (into the lower parts of the earth,** 땅의 더 낮은 곳으로) 내려오신 것이기도 하다. 이렇게 말하는 것은 그분이 **모든 하늘 위에** 오르신 것과 극명하게 대비시켜 우리 주님의 낮아지심과 높아지심의 극단적 범위를 강조하기 위해서다. **땅 아래 낮은 곳으로**라는 표현을 이해하려면, 이 표현이 성경 다른 곳에서 어떻게 사용되었는지 살펴보기만 하면 된다. 시편 63편 9절에서, 이 표현은 죽음과 관련이 있으며, 칼에 맞아 쓰러지는 것과 관련이 있다(10절). 마태복음 12장 40a절에도 "땅속"(the heart of the earth)이라는 표현이 나오는데, 요나 선지자가 갇혀 지냈던 큰 물고기 뱃속을 가리킨다. 이사야 44장 23절에서, 이 표현은 산과 숲과 나무를 포함해 창조된 땅을 가리킨다. 시편 139편 15절에서, 이 표현은 하나님이 아이를 지으시는 여인의 태를 가리킨다. 이러한 용례들을 종합해 볼 때, 이 표현은 생명과 죽음의 장소로서 창조된 땅을 가리킨다. 대다수 용례에서, 이곳과 시편 139편 8, 15절, 이사야 44장 23절처럼, 이 표현은 가장 높은 하늘들과 대비된다.

바울이 에베소서에서 이 표현을 쓴 것은 구체적 장소를 가리키기 위해서가 아니라 성육신의 깊이를 말하기 위해서다. 흥미롭게도 에베소서 밖에서 이 표현의 용례 하나하나가 그리스도의 성육신의 깊이와도 연결될 수 있다. 그리스도께서는 태에서 지음을 받으셨고(시 139:15), 땅에 사셨으며(사 44:23), 자신의 장례를 요나가 물고기 뱃속에 있었던 것에 비유하셨고(마 12:40), 그분의 죽음은 시편 63편 9절에서 나오는 이 표현의 용례와 일치한다.

더 나아가, 우리 주님의 내려오심은 태, 땅, 무덤, 그리고 죽음을 넘어 귀신들의 구덩이까지 내려가셨다는 점에 유의해야 한다. 베드로는 **땅 아래 낮은 곳으로 내리셨던**의 의미를 조명한다. 첫 편지에서, 베드로는 이렇게 말한다. "그리스도께서도 단번에 죄를 위하여 죽으사 의인으로서 불의한 자를 대신하셨으니, 이는 우리를 하나님 앞으로 인도하려 하심이라. 육체로는 죽임을 당하시고 영으로는 살리심을 받으셨으니, 그가 또한 영으로 가서 옥에 있는 영들에게 선포하시니라"(벧전 3:18~19). 갈보리 죽음과 동산 무덤에서 일어난 부활 사이에, 예수님은 "육체로는 죽임을 당하시고 영으로는 살리심을 받으셨다." 그분은 육체적으로 죽었으나 영적으로 살아계셨다. 이 사흘 동안, 그분은 내려가서(**내리셨던**), "옥에 있는 영들에게 선포하셨다(*kērussō*)." 이것은 복음(*euangelizō*에서 파생)을 전했다는 말이 아니라 승리를 선언하셨다는 것이다. 이경우, 귀신들이 그리스도를 죽음에 붙들어 두려는 동안에도 자신이 이들에게 승리했다는 그리스도의 선언이다.

구약성경은 죽은 자들의 자리를 가르쳐 스올이라고 한다(신 32:22; 욥 26:6; 시 16:10 등). 그리스도께서는 스올에 **내리셨을(descended)** 때, 자신의 승리를 선언하셨다. 그분은 "통치자들과 권세들을 무력화하여 드러내어 구경거리로 삼으시고 십자가로 그들을 이기셨기" 때문이다(골 2:15; 참조. 벧전 3:19). 그때, 귀신들을 향해, 결박된 자들과 그렇지 않은 자들 양쪽 모두("천사들과 권세들과 능력들")를 향해, 이들이 모두 그리스도께 복종한다는 선언이 나왔다(벧전 3:22; 엡 1:20~21). 하늘로 올라가시기 위해, 그리스도께서는 사탄과 공중에 있는 그의 귀신들의 영토도 통과하셨으며(히 4:14은 *dia*, through라는 단어를 사용한다), 의심할 여지 없이 자신이 이들에게 승리했다고 선포하셨다. 바울이 여기서 이 사건을 염두에 두고 있는지 아닌지 밝히기는 어렵다. 그렇더라도, 이 표현은 그리스도의 내려오심(낮아지심)의 깊이를 보여준다.

에베소서 4장 8~10절에서, 바울의 핵심은 다음을 설명하는 것이다. 다시 말해, 예수님은 이 땅에 와서 우리를 대신해 고난을 받음으로써 무한한 값을 지불하셨기에 자신의 성도들에게 선물을 주실 권세를 마땅히 가질 수 있도록

모든 하늘 위에 높임을 받으실(다시 말해, 하나님의 보좌에 앉으실) 자격이 있다는 것이다. 이 승리로 그리스도께서는 **만물을 충만하게 하기** 위해 자신의 교회를 다스리고 자신의 교회에게 선물을 줄 권리를 얻으셨다.

만물은 모든 예언, 모든 과업, 모든 우주적 주권을 의미하는가? 이러한 측면들 하나하나와 관련해, 그 대답은 분명히 예다. 그러나 문맥상, 그리스도께서 **만물**을 충만하게 하심은 일차적으로, 우주적 주권으로 표현되는 그분의 영광스런 신적 임재 및 능력과 관련이 있을 것이다. 다음 절이 보여주듯이, 그리스도께서는 온 우주를 복으로, 특히 자신의 교회로 채우신다.

그리스도께서 온 교회에 주시는 선물

그가 어떤 사람은 사도로, 어떤 사람은 선지자로, 어떤 사람은 복음 전하는 자로,
어떤 사람은 목사와 교사로 삼으셨으니, (4:11)

바울은 시편 68편 18절을 빌려 삽입된[25] 유비를 제시한 후(9~10절), 계속해서 영적 선물(은사)을 설명한다. 그리스도께서는 신자 개개인뿐 아니라 몸 전체에 선물을 주신다. 그분은 각 신자에게 하나님의 능하게 하심(divine enablement)이라는 특별한 선물을 주시며, 교회 전체에게 특별히 선물을 받은(gifted, 은사를 받은) 사람들을 지도자로 주신다(8절을 보라, "사람들에게 선물을 주셨다").—**사도로⋯선지자로⋯복음 전하는 자로⋯목사와 교사로.**

그가⋯삼으셨으니(He gave)는 그리스도께서 아버지의 뜻을 완벽하게 성취하셨기 때문에 그분에게 주어진 주권적 선택과 권위를 강조한다. **사도와 선지자**뿐 아니라 **복음 전하는 자**와 **목사와 교사**도 하나님께 부르심을 받아 그 자리에 배치되었다.

---

25   개역개정에서는 그렇지 않지만, NASB에서는 9~10절이 괄호 속에 있다.

사도와 선지자

고린도전서 12장 28절에서, 바울은 이렇게 말한다. "하나님이 교회 중에 몇을 세우셨으니, 첫째는 사도요 둘째는 선지자요 셋째는 교사요." 이 진술은 선물(은사)을 받은 이 사람들을 교회에 주시는 일에서 하나님의 부르심이라는 개념뿐 아니라 시간적 의미에도 무게를 더한다("첫째는…둘째는…셋째는").

선물(은사)을 받은 첫째와 둘째 부류, 곧 사도와 선지자는 기본적으로 세 가지 책무를 받았다.

(1) 교회의 기초를 놓아야 한다(엡 2:20).

(2) 하나님 말씀의 계시를 받아 선포해야 한다(행 11:28; 21:10~11; 엡 3:5).

(3) "표적과 기사와 능력"을 통해 말씀을 확증해야 한다(고후 12:12; 참조. 행 8:6~7; 히 2:3~4).

신약 교회에서 선물(은사)을 받은 사람 중에 첫째는 사도들이었으며, 예수 그리스도는 사도들 가운데 으뜸이다(히 3:1). 사도(apostolos)의 기본 의미는 단순히 임무를 띠고 보냄을 받은 자다. 일차적이고 가장 전문적인 의미에서, '사도'는 신약성경에서 유다를 대신한 맛디아를 포함해 열둘을(행 1:26), 그리고 이방인의 사도로 특별히 구별된 바울을 가리키는 데만 사용된다(갈 1:15~17; 참조 고전 15:7~9; 고후 11:5). 사도의 자격은 그리스도의 선택을 직접 받았고 부활하신 그리스도를 본 것이었다(막 3:13; 행 1:22~24). 바울은 이런 자격을 갖춘 마지막 사람이었다(롬 1:1 등). 그러므로 어떤 사람들의 주장과 달리, 오늘날의 교회에는 사도들이 있을 수 없다. 어떤 사람들은 사도들이 헌법 제정 회의에 파견된 대표들 같았다고 했다. 회의가 끝나면 지위도 사라진다. 신약성경이 완결되었을 때 사도의 직무도 사라졌다.

'사도'라는 용어는 초기 교회에서 바나바(행14:4), 실라와 디모데(살전 2:6), 그 외에 뛰어난 지도자들을(롬 16:7; 고후 8:23; 빌 2:25) 가리키는 더 일반적인 의미로 사용된다. 고린도후서 11장 13절에 말하는 거짓 사도들은 의심할 여지 없이 이러한 수준의 사도직을 위조했다. 왜냐하면 나머지는 열세 명(열둘과 바울)에 국한되었고 잘 알려져 있었기 때문이다. 열세 명이 예수 그리스도의 사도들이었던 반면(갈 1:1; 벧전 1:1 등), 둘째 그룹의 참 사도들은 "교회의 사자들(messengers, apostoloi)이라 불렸다(고후 8:23).

두 그룹 모두에서, 사도들이 진짜임을 증명하는 것은 "표적과 기사와 능력"이었으나(고후 12:12), 두 그룹 중 어느 쪽도 영구적이지 않았다. 사도행전 16장 4절 이후, '사도'라는 용어는 둘 가운데 어느 의미로도 사용되지 않는다. 그뿐 아니라, 신약성경에서 둘 중 어느 그룹에서도 사도가 죽으면 다른 사람으로 대체되었다는 기록이 없다.…선지자도 하나님이 특별히 선물(은사)을 받은 사람으로 지명하신 자들이었으며, 예언의 은사를 가진 신자들과 달랐다(고전 12:10). 이런 신자들이 모두 선지자라 불릴 수는 없었다. 선지자의 직무는 지역 교회 내부의 일에 전적으로 국한되었던 것으로 보인다. 반면에, 사도직은 '아포스톨로스'(apostolos, "임무를 띠고 보냄을 받은 자")라는 단어가 암시하듯 한 지역에 국한되지 않는 훨씬 넓은 사역이었다. 예를 들면, 바울은 안디옥교회에서 지역 사역을 할 때 선지자(예언자)로 언급되지만(행 13:1), 다른 곳에서는 늘 사도라 불린다.

선지자들은 하나님에게서 오는 계시를 말할 때도 있었고(행 11:21~28), 이미 주어진 계시를 설명하는 데 그칠 때도 있었다(행 13:1이 암시하듯이. 여기서 이들은 교사들과 연결된다). 이들은 늘 하나님을 대언했으나 늘 새롭게 계시된 하나님의 메시지를 주지는 않았다. 선지자들은 사도들 다음이었으며, 이들의 메시지는 사도들의 메시지를 기준으로 판단을 받아야 했다(고전 14:37). 두 직무 사이의 또 다른 차이는 사도의 메시지가 더 일반적이고 교리적이었던 데 반해 선지자들의 메시지는 더 개인적이고 실제적이었다는 것이겠다.

그러나 사도들의 직무처럼, 선지자들의 직무도 신약성경이 완결되면서 사라졌다. 그리스도께서 오시기 약 400년 전에 구약성경이 완결되었을 때, 구약의 선지자들이 사라졌던 것과 같다. 교회는 "사도들과 선지자들의 터 위에 세우심을 입은 자"이며, "그리스도 예수께서 친히 모퉁잇돌이 되셨다"(엡 2:20). 터가 세워지자, 사도들과 선지자들의 일이 끝났다. (*First Corinthians*, The MacArthur New Testament Commentary [Chicago: Moody, 1984], pp. 322~324)

뒤의 두 직무(**복음 전하는 자, 목사와 교사**)가 앞의 두 직무(**사도, 선지자**)를 대체했다는 언급은 없다. 신약시대에 네 직무 모두 수행되었기 때문이다. 그러나 사실 이들이 계속 교회를 섬길 때, **복음 전하는 자**와 **목사와 교사**가 1세대 사도와 선지자에게서 바통을 이어받았다.

오순절에 시작될 때부터, 교회는 **사도**들에게 빚을 졌다. 사도들을 통해, 그리스도께서 신약성경의 가르침을 온전히 세우셨기 때문이다(행 2:42을 보라). 특별히 부름을 받고 능력을 받은 이 사람들이 하나님이 자신들에게 드러내신 그분의 최종 계시를 기록했다.

선지자들은 대개 하나님에게서 직접 계시를 받지 않았다. 그렇더라도, 이들은 초기 교회를 세우고 견고히 하는 데 큰 역할을 했다. **사도**와 **선지자** 양쪽 모두 무대에서 사라졌으나(엡 2:20), 모든 그리스도의 교회가 이들이 놓은 터 위에 세워졌다.

복음 전하는 자

복음 전하는 자(evangelists)와 **목사와 교사**가 이제 자신의 나라를 확장하시는 하나님의 계획에 자리를 잡는다. **복음 전하는 자들**(euangelistēs)은 좋은 소식을 선포하는 자들이다. '복음 전하는 자'(evangelist)라는 구체적 용어가 에베소서에서는 이 본문에만 사용된다. 사도행전 21장 8절에서, 빌립이 "전도자"(evangelist)라 불린다(전도자 빌립의 노력 중 하나에 관한 세세한 내용은 행 8:4~40을 보라). 디모데후서 4장 5절에서, 디모데는 "전도자(evangelist)의 일을 하라"는 권면을 받는다. 그러나 이런 제한된 용례들은 지극히 중요하고 광범위하며 지대한 영향을 끼치는 사역을 기술하며, 이것은 동사 '유앙겔리조'(euangelizō, 좋은 소식을 선포하다)가 54회, 명사 '유앙겔리온'(euangelion, 좋은 소식)이 76회 사용된다는 데서 나타난다. 하나님은 최초의 복음 전하는 자(evangelist, 전도자)이다. 그분이 "먼저 … 복음을 전하"셨기(proeuangelizōmai) 때문이다(갈 3:8). 천사까지 그리스도의 탄생을 알릴 때 복음을 전했다("내가 … 큰 기쁨의 좋은 소식을 너희에게 전하노라," euangelizōmai, 눅 2:10). 사도들이 "복음의 말씀을 전했"듯이(행 8:4) 예수님 자신이 "복음을 전하셨다"(눅 20:1).

복음 전하는 자의 일은 예수 그리스도 안에 있는 구원의 좋은 소식을 아직 믿지 않는 자들에게 선포하고 설명하는 것이다. 그는 하나님의 아들을 믿는 믿음을 통해 은혜로 얻는 구원을 선포하는 자다.

빌립은 복음 전하는 자(전도자)란 의상 열 벌과 설교 열 편을 준비해 순회공연을 다니는 사람이 아니라는 것을 보여준다. 신약의 복음 전하는 자는 선교사이자 교회 개척자였으며(사도들과 사뭇 비슷했으나 사도라는 칭호도 없었고 이적을 행하는 은사도 없었다), 그리스도의 이름을 부르지 않는 곳에 가서 사람들을 이끌어 구주를 믿게 했다. 그런 후, 새신자들에게 말씀을 가르쳐 견고히 세운 후, 새로운 미개척지로 이동했다.

디모데가 실증하는 사실이 있다. 거짓 선생들과 이들의 잘못된 메시지를 반박하고 견고한 교리와 경건을 세우기 위해 참 복음을 전하고 설명하려는 목적에서, 복음 전하는 자는 한곳에 오래 목회하며 지역 교회와 일체가 될 수 있다는 것이다.

교회가 잃어버린 자들에게 구원의 복음으로 다가가도록, 선물(은사)을 받은 이 사람들이 특별하게 준비되어 교회에 배정된다. 따라서 모든 교회는 이 사역에 높은 우선순위를 두어야 한다. 확신컨대, 각 지역 교회는 복음 전하는 자들을 길러, 그중 얼마는 선교사로 파송하고 얼마는 영구적으로 교회 공동체에 남겨두어 다른 신자들을 가르치고 움직이며 이끌어 잃어버린 자들을 그리스도께 인도하는 사명을 성취하게 해야 한다. 모든 교회는 복음 전하는 자들과 가르치는 목자들—잃어버린 자들을 인도해 들이는 은사를 받은 사람들과 말씀으로 신자들을 먹이고 이끌어 이들을 세워주는 은사를 받은 사람들—의 결합된 인도를 받아야 한다.

목사와 교사

목사는 '포이멘'(*poimēn*)의 번역이며, 이 용어의 일반적 의미는 목자다. 이 용어는 하나님의 사람이 양 떼를 돌보고 보호하며 이끄는 것을 강조한다. '교사'들(*didaskaloi*)은 목사의 주된 기능과 관련이 있다.

가르치는 일 자체가 하나의 사역(목회)으로 정의될 수 있다(고전 12:28). 그렇더라도 **목사와 교사**를 교회 리더십의 한 직무(one office, 같은 직무)로 이해하는 게 가장 좋다. 흔히 **와**(and, *kai*)라는 단어는 "즉"(that is) 또는 "특히"(in particular)를 의미하며, 따라서 이 문맥에서 **교사**는 **목사**에 대한 설명이다. 이런 의미가 이 본문에서 결정적으로 증명될 수 없다. 그러나 디모데전서 5장 17절은 다음과 같이 말할 때 두 기능을 하나로 묶는 게 분명하다. "잘 다스리는 장로들은 배나 존경할 자로 알되, 말씀(preaching)과 가르침(teaching)에 수고하는 이들에게는 더욱 그리할 것이니라." 두 기능이 가르치는 목자를 정의한다. 이 사역을 온전히 이해하려면, 신약성경에서 장로의 정체성과 관련된 핵심 질문들에 답해야 하며, 이를 제대로 이해하려면 조금 세세한 설명이 필요하다.

'목사-교사가 감독 및 장로와 어떻게 연결되는가?' 목사는 감독 및 장로와 구분되지 않는다. 이 용어들은 동일한 사람을 규정하는 서로 다른 방식일 뿐이다. 앞서 설명했듯이, 목사로 번역된 헬라어 단어(*poimēn*)의 기본 의미는 목자다. 감독(bishop, 주교)으로 번역된 헬라어 단어 '에피스코포스'(*episkopos*)의 기본 의미는 "감독자"(overseer)이며, 여기서 Episcopalian(성공회 신자)이란 단어가 나왔다. 장로로 번역된 헬라어 단어 '프레스부테로스'(*presbuteros*)는 나이든 사람(elder)을 뜻하며, 여기서 Presbyterian(장로교 신자)이란 단어가 나왔다.

본문의 증거로 볼 때, 세 용어 모두 동일한 직무를 가리킨다. 디모데전서 3장 7절에 열거된 감독의 자격과 디도서에 열거된 장로의 자격에서, 바울은 두 용어를 모두 사용해 동일한 사람을 가리킨다(1:5, 7). 베드로전서 5장 1~2절은 세 용어를 하나로 묶는다. 베드로는 장로들에게 목사로서 좋은 감독이 되라고 권면한다. "너희 중 장로들(*presbuteros*)에게 권하노니, 나는 함께 장로된 자요 그리스도의 고난의 증인이요 나타날 영광에 참여할 자니라. 너희 중에 있는 하나님의 양 무리를 치되(*poimainō*) 억지로 하지 말고, 하나님의 뜻을 따라 자원함으로 하며(exercising oversight, *episkopeo*)."

사도행전 20장도 세 용어를 호환할 수 있게 사용한다. 17절에서 바울은 고별 메시지를 전하려고 에베소교회의 모든 장로들(*presbuteros*)을 모은다. 28절에서 바울은 이렇게 말한다. "여러분은 자기를 위하여 또는 온 양 떼를 위하여 삼가라. 성령이 그들 가운데 여러분을 감독자(episkopos)로 삼고 하나님이 자기 피로 사신 교회를 보살피게(shepherd, poimainō) 하셨느니라."

'장로'(elder)는 그 사람이 누구인지를 강조하며, '감독'(bishop)은 그 사람이 무엇을 하는지 말하고, '목사'(pastor)는 그 사람의 태도와 성품을 다룬다. 세 용어 모두 동일한 교회 지도자들에게 사용되며, 세 용어 모두 교회를 먹이고 이끄는 자들을 규정한다. 그러나 각 용어는 특별히 강조하는 게 있다.

'에피스코포스'(episkopos)는 "감독자"(overseer) 또는 "보호자"(guardian)를 뜻하며, 신약성경에서 5회 사용된다. 베드로전서 2장 25절에서 예수 그리스도는 "너희 영혼의 목자와 감독(guardian, episkopos)"이라 불리신다. 다시 말해, 그분은 우리를 가장 분명하게 보시며, 따라서 우리를 가장 잘 이해하시는 분이다. '에피스코포스'의 나머지 네 용례는 교회 지도자를 가리킨다.

'에피스코포스'는 헬라 세속 문화에서 역사적인 히브리 장로 개념에 상응하는 것이었다. 감독자들(overseers) 또는 감독들(bishops)은 황제들이 탈취하거나 새로 건설된 도시국가를 다스리도록 임명한 사람이었다. 감독(bishop)은 황제에게 책임이 있었으나 감독권(oversight)을 위임받았다. 그는 판무관(commissioner) 역할을 했으며, 새로운 식민지나 취득지의 업무를 관할했다. 그러므로 '에피스코포스'는 1세기 헬라인의 마음에 두 개념을 암시했다. 하나는 상위 권력에 대한 책임이었고, 다른 하나는 새로운 질서 도입이다. 이방인 회심자들은 이 용어가 내포하는 이러한 개념들을 즉시 이해했을 것이다.

'에피스코포스'가 성경에서 어떻게 사용되는지 추적해 보면 재미있다. 이 단어는 사도행전에서 단 한 번, 그것도 말미에 나타난다(행 20:28). 당시 교회에는 이방인이 비교적 적었으며, 따라서 이 용어가 그리스도인 진영들에서 흔하게 사용되지는 않았다. 그러나 점점 많은 이방인이 구원받고 교회가 유대적 방향(Jewish orientation)을 잃기 시작하면서, 장로 역할을 하는 사람들을 기술할 때 헬라어 단어 '에피스코포스'가 더 빈번하게 사용되었다(딤전 3:1을 보라).

신약성경의 감독(bishop) 또는 감독자(overseer)는 교회에서 특별한 지도자 역할을 했으며, 특히 양 떼를 가르치고(딤전 3:2) 먹이며 보호하고 일반적으로 양육하는 책임을 맡았다(행 20:28). 성경적으로, 장로 역할과 감독 역할은 차이가 없다. 두 용어는 같은 그룹의 지도자들을 가리키는데, '에피스코포스'는 기능을 강조하고 '프레스부테로스'는 인물(character)을 강조한다.

'포이멘'(poimēn, 목사, 또는 목자)은 신약성경에서 여러 차례 사용되지만, KJV에서 "목사"(pastor)로 번역된 곳은 에베소서 4장 11절뿐이다. 다른 곳에서는 모두 "목자"(shepherd)로 번역되었다.

서신서에서 세 번 중 두 번, '포이멘'은 그리스도를 가리킨다. 히브리서 13장 20~21절은 축언이다. "양들의 큰 목자(poimēn)이신 우리 주 예수를 영원한 언약의 피로 죽은 자 가운데서 이끌어 내신 평강의 하나님이 모든 선한 일에 너희를 온전하게 하사 자기 뜻을 행하게 하시고…" 베드로전서 2장 25절은 이렇게 말한다. "너희가 전에는 양과 같이 길을 잃었더니, 이제는 너희 영혼의 목자(poimēn)와 감독(episkopos) 되신 이에게 돌아왔느니라."

에베소서 4장 11절에서, 목사(poimēn)는 '교사'라는 단어와 함께 사용된다. 여기서 헬라어 구문은 두 용어가 함께 간다는 것을 보여주며, 따라서 두 용어를 하이픈으로 연결해 목사-교사(pastor-teacher)로 적을 수 있겠다. 목사의 가르치는 사역이 강조된다.

따라서 목자의 그림은 리더십 개념도 내포하지만, 그렇더라도 '포이멘'은 돌보고 먹이는 목회적 역할(pastoral role)을 강조한다. '포이멘'이란 용어는 지도자의 태도에 초점을 맞춘다. 목사의 자격을 갖추려면, 양 떼를 돌보는 목자의 마음이 반드시 있어야 한다.

'장로'(elder)라는 단어는 구약 유대교에서 기원했다. 장로를 가리키는 주된 히브리어 단어(zaqen)는, 예를 들면 민수기 11장 16절과 신명기 27장 1절에서 모세를 돕는 지파 지도자 70명에게 사용된다. 거기서 이 단어는 원로원 의원들과 사뭇 비슷하게 이스라엘 지도자로 구별된 특별한 범주의 사람들을 가리킨다. 신명기 1장 9~18절은 이들이 백성을 재판하는 책임을 맡았고, 모세가 이들을 통해 백성과 소통했다고 말한다(출 19:7~9; 신 31:9). 이들은 유월절을 주관했으며(출 12:21), 그 외에 예배와 관련된 부분들도 맡았을 것이다.

나중에, 이스라엘 장로들은 특별히 각 성읍의 지도층에 포함되었다(삼상

11:3; 16:4; 30:26). 이들의 역할은 여전히 결정을 내리는 것이었다. 갈등을 해결하고, 방향을 제시하며, 질서 정연한 사회의 세세한 부분을 전체적으로 감독함으로써 지혜를 백성의 삶에 적용하는 것이었다.

구약성경은 이들을 "회중의 장로들"(삿 21;16), "이스라엘 장로들"(삼상 4:3), "나라의 장로들"(왕상 20:7), "유다… 장로"(왕하 23:1), "고을의 장로들"이라 일컫는다(스 10:14). 이들은 지역 재판관으로, 지파의 관리로 섬겼다(신 16:18; 19:12; 31:28).

장로에 해당하는 또 다른 히브리어 '시브'(sib)는 구약성경에서 5회만 사용되는데, 모두 에스라서에 나온다. 에스라서에서 이 단어는 바벨론 포로기 이후 성전 재건을 맡은 유대 지도자 그룹을 가리킨다.

장로에 해당하는 헬라어 단어(presbuteros)는 신약성경에서 약 70회 사용된다. '자켄'(zaqen, "나이든" 또는 "수염이 있는"이란 뜻이다), '시브'(sib, "머리가 희다"는 뜻이다), 그리고 '장로'(elder)처럼, '프레스부테로스'는 원숙한 나이(mature age)를 가리킨다. 사도행전 2장 17절에서, 베드로는 요엘 2장 28절을 인용한다. "너희의 늙은이들은 꿈을 꾸리라." 요엘서에서 "늙은이들"로 번역된 히브리어는 '자켄'이며, 사도행전에서 사용된 단어는 '프레스부테로스'이다. 이런 의미로 사용될 때, '장로'는 공식 직함이 아니라 단순히 늙은 남자(older man)를 의미한다.

디모데전서 5장 2절에서, '프레스부테로스'의 여성형이 젊은 여성과 대비되는 나이 든 여성(older women)을 가리키는 데 사용된다. "늙은 여자(older women)에게는 어머니에게 하듯 하며, 젊은 여자에게는 온전히 깨끗함으로 자매에게 하듯 하라." 이 문맥에서도, 이 용어는 교회 직무가 아니라 원숙한 나이를 가리킬 뿐이다.

베드로전서 5장 5절에 비슷한 용례가 나온다. "젊은 자들아, 이와 같이 장로들(elders)에게 순종하고." 디모데전서 5장 2절처럼, 여기서도 이 단어는 늙음과 젊음을 대비하기 위해 사용된다. 이런 문맥에서, '프레스부테로스'는 일반적으로 "나이 든 사람"을 의미할 뿐 그 어떤 종류든 직무를 가진 자를 꼭 의미하지는 않는 것으로 이해되며, 이것이 이 단어의 일반적 헬라어 용례에 내포된 주된 의미다.

그리스도 당시, '프레스부테로스'는 친숙한 용어였다. 이 용어는 신약성경에서 직권을 가진 이스라엘의 영적 지도자들을 가리키는 데 28회 사용된다. 예를 들면, "대제사장들과 장로들"(마 27:3), "서기관들과 장로들"(27:41), "성전 경비대장들과 장로들"(눅 22:52), "백성의 관리들과 장로들"이 여기에 해당한다(행 4:8). 이러한 경우들 각각에서, 그리고 비슷한 모든 용례에서, '프레스부테로스'는 그 어떤 종류의 제사장도 아니지만 공인된 유대교 지도자를 가리킨다. 이 장로들은 예수님 당시 예루살렘의 최고 통치기구인 산헤드린의 회원이었던 것으로 보인다.

마태복음 15장 2절과 마가복음 7장 3, 5절은 "장로들의 전통"이란 표현을, 종교 행위를 지배하는 원칙을 물려준 선대 지도자들을 가리키는 데 사용한다. 이들은 유대 전통을 결정하는 선생들이었고, 이런 의미에서 '장로'는 랍비에 상응하며, 공식 지위를 의미했을 수도 있고 그러지 않았을 수도 있다.

'프레스부테로스'는 요한계시록에서 21회 사용되며, 모든 세대에서 구속받은 하나님 백성의 특별한 대표자로 보이는 이십사 장로를 가리킨다.

신약 교회는 처음에 유대인으로 구성되었고, 따라서 장로 규범(elder rule) 개념이 채택된 것은 자연스러웠다. 장로는 지도자를 가리키는 일반적인 유대 용어였을 뿐이며, 군주나 제사장이란 의미를 전혀 내포하지 않았다. 이것은 신약성경에 나오는 이 단어의 쓰임새에 중요하다. 교회에서, 각 신자는 그리스도와 함께 다스리는 자이므로 땅의 왕(earthly king)이 있을 수 없기 때문이다. 민족적 이스라엘과 달리, 교회는 특별히 지명된 땅의 제사장이 없다. 모든 신자가 제사장이기 때문이다(벧전 2:5, 9; 계 1:6). 그러므로 유대의 모든 지도자 개념 중에, 장로 개념이 교회를 위해 임명된 지도자들에게 가장 잘 옮겨진다.

이스라엘 장로들은 원숙한 사람(mature men), 곧 집안의 머리였다(출 12:21). 도덕적 성품이 강직한 사람들, 곧 하나님을 경외하고 진실하며 거짓이 없다고 알려진 사람들이었다(출 18:20~21). 성령이 충만한 사람들이었다(민 11:16~17). 지혜와 분별력과 경험을 갖춘 유능한 사람들이었다. 의롭고 공정하게 중재하고 가르치며 재판하는 공평하고 용감한 사람들이었다(신

1:13~17). 이 모든 성품이 유대인이 이해하는 '프레스부테로스' 개념에 포함되었다. 이 용어가 교회 지도자들에게 사용되었다는 사실 또한 강직하고 변함없는 도덕적 성품에서 드러나는 성숙한 영적 경험을 강조한다.

'프레스부테로스'는 사도행전과 서신서에서 특별한 교회 지도자 그룹을 가리키는 데 거의 20회 사용된다. 교회가 시작될 때부터, 성숙한 영적 지도자 그룹을 임명해 교회를 책임지게 했던 게 분명하다. 예를 들면, 신자들이 최초로 그리스도인이라 불린 안디옥교회는 바울과 바나바를 유대 지역의 궁핍한 형제들에게 분배할 선물과 함께 예루살렘 장로들에게 보냈다(행 11:29~30). 그러므로 장로들이 아주 이른 시기부터 교회에 있었을 뿐 아니라 안디옥교회 신자들이 이들의 권위를 인정했던 게 분명하다.

안디옥교회의 기원이 예루살렘교회였으므로, 안디옥교회에도 장로들이 있었을 것이다. 바울 자신이 사도 역할을 하기 전에, 안디옥교회에서 장로 역할을 했을 것이다. 바울은 사도행전 13장 1절에서 이 교회의 교사 중 하나로 열거된다. 장로들은 예루살렘 공의회에서 주도적 역할을 했으며(행 15:2, 4, 6, 22, 23, 16:4을 보라), 초기 교회의 기본적 삶에 매우 큰 영향을 끼쳤던 게 분명하다.

바울과 바나바가 새로운 지역에 복음을 전하기 시작하고 교회가 확장되면서, 교회 지도자들을 세우는 과정이 더 명확히 규정되었다. 신약성경 전체에서, 교회가 커지면서 지도자들을 장로라 불렀다.

그러므로 일반적 쓰임에서, '장로'(elder)는 우리 시대에 가장 적합한 용어로 보인다. 장로에는 교회사의 적잖은 시기에 '감독'(bishop)과 심지어 '목사'(pastor)에 부가된 많은 비성경적 함의와 뉘앙스가 없기 때문이다.

사도행전 14장 같은 초기 성경 내러티브에서 보듯이, 새 교회를 세우는 핵심 단계 중 하나는 교회 지도자를 찾아 임명하는 것이었다. "각 교회에서 장로들을 택하여 금식 기도하며 그들이 믿는 주께 그들을 위탁하고"(행 14:23).

신약성경의 거의 모든 교회에 장로들이 있었다고 구체적으로 언급된다. 예를 들면, "바울이 밀레도에서 사람을 에베소로 보내어 교회 장로들을 청했다"(행 20:17). 에베소교회에 장로들이 있었다는 것은 의미가 크다. 소아시아 모든 교회—이를 테면, 계 1:11에 열거된 교회들—의 모체가 에베소교회였기 때문이다. 그러므로 이 교회들이 에베소교회의 패턴을 따라, 다시 말해, 복수 장로제의 패턴을 따라 자신들의 지도자를 세웠다고 추정할 수 있다.

베드로는 "본도, 갈라디아, 갑바도기아, 아시아와 비두니아에 흩어진 나그네[신자들]"에게 쓴 편지에서 "너희 중 장로들에게 권하노니…너희 중에 있는 하나님의 양 무리를 치라"고 했다(벧전 1:1; 5:1~2). 본도, 갈라디아, 갑바도기아, 비시디아는 도시가 아니라 지역이었다. 그러므로 베드로는 아시아 전역에 흩어져 있는 여러 교회에 편지를 쓰고 있었다. 이 모든 교회에 장로가 있었다.

'목사-교사(pastor-teacher)의 역할은 무엇인가?' 사도 시대가 끝나면서, 목사-교사가 지역 교회 최고 지도자로 등장했다. 따라서 이 직무는 큰 책임을 수반했다. 장로들은 전체 교회를 영적으로 인도할 뿐 아니라 보살피고 양육하는 책임을 맡았다. 호소할 더 높은 기구도 없었고, 교회 문제와 관련해 하나님의 생각과 마음을 알 수 있는 더 큰 자원도 없었다.

디모데전서 3장 1절은 이렇게 말한다. "미쁘다 이 말이여, 곧 사람이 감독(episkopos)의 직분을 얻으려 함은 선한 일을 사모하는 것이라 함이로다." 5절에서 바울은 '에피스코포스'의 일은 "하나님의 교회를 돌보는" 것이라고 말한다. 분명한 함의는 교회를 돌보는 일이 감독의 주된 책임이라는 것이다.

이러한 일반적 책임은 더 구체적인 여러 의무를 포함한다. 그중에 가장 분명한 의무는 지역 교회의 일을 감독하는 것이다. 디모데전서 5장 17절은 이렇게 말한다. "잘 다스리는 장로들은 배나 존경할 자로 알되." "다스리는"으로 번역된 헬라어 단어(proistēmi)는 디모데전서에서 4회(3:4, 5, 12; 5:17), 데살로니가전서 5장 12절에서 1회(5:12, 여기서 이 단어는 "다스리며 have charge over"라고 번역된다), 로마서 1회(12:8, 여기서 다스림은 영적 은사로 열거된다) 장로들의 책임을 말하는 데 사용된다. '프로이스테미'(proistēmi)는 문자적으로 "선두에 서다"(to stand first)라는 뜻이며, 모든 장로에게 공통된 일반적 감독 의무를 말한다.

목양 장로들(pastor elders)은 교회에서 다스리는 자로서 지역 교회 밖에서는 땅의 그 어떤 높은 권위에도 종속되지 않는다. 그러나 이들은 교회에서 강제나 독재가 아니라 교훈과 모범을 통해 권위를 갖는다(히 13:7을 보라).

장로들은 다수결 원칙이나 투표에 기대서는 안 된다. 모든 장로가 동일한 성령의 인도를 받고 그리스도의 마음을 갖는다면, 이들의 결정은 만장일치여야 한다(고전 1:10을 보라; 참조. 엡 4:3; 빌 1:27; 2:2). 분열이 있다면, 일치가 이뤄질 때까지 모든 장로가 함께 연구하고 기도하며 하나님의 뜻을 구해야 한다. 교회의 하나됨과 조화는 이 원리에서 시작된다.

장로들은 전하고 가르치는 책임을 맡는다(딤전 5:17). 이들은 교회의 교리적 문제(doctrinal issues, 교회가 무엇을 가르칠지)를 결정해야 하며, 회중에게 진리를 선포해야 할 책임이 있다. 디모데전서 3장 2~7절은 감독의 영적 자격을 열거하면서 구체적 기능과 관련해서는 자격을 하나만 제시한다. 감독은 "가르치기를 잘해야" 한다. 나머지 모든 자격은 개인적 성품과 관련이 있다.

디도서 1장 7~9절도 장로가 교사로서 갖는 책임의 중요성을 강조한다. "감독은…바른 교훈(doctrine)으로 권면하고 거슬러 말하는 자들을 책망"해야 한다. 교회에서 거짓 교사들의 위협이 이미 너무나 컸기 때문에, 지도자의 핵심 자격 중 하나는 바른 교훈을 이해하고 가르치는 능력이었다. 이 구절에서 "권면하고"(exhort)로 번역된 헬라어 단어 '파라칼레오'(parakaleō)는 문자적으로 "가까이 부르다"(to call near)라는 뜻이다. 이 단어가 신약성경에 사용된 여러 예에서 보듯이, 권면 사역은 여러 요소를 포함한다. 설득하기(행 2:14; 14:22; 딛 1:9), 간청하기(고후 8:17), 위로하기(살전 2:11), 독려하기(살전 4:1), 중요한 가르침을 끈질기게 되새겨주기를 포함한다(딤후 4:2).

장로들은 기도의 동역자를 찾는 자들에게 기도의 동역자가 되어야 한다. 야고보는 이렇게 썼다. "너희 중에 병든 자가 있느냐? 그는 교회의 장로들을 청할 것이요, 그들은 주의 이름으로 기름을 바르며 그를 위하여 기도할지니라"(약 5:14).

사도행전 20장 28절에서 보듯이, 장로의 또 다른 역할은 목양이다. "여러분은 자기를 위하여 또는 온 양 떼를 위하여 삼가라. 성령이 그들 가운데 여러분을 감독자로 삼고, 하나님이 자기 피로 사신 교회를 보살피게 하셨느니라." 목양 개념은 양 떼 먹이기와 보호하기라는 쌍둥이 책임을 포함한다. 29~30절은 감독의 보호하기 사역이 거짓 선생들의 위협을 물리치는 데 필수라는 사실을 다시금 강조한다.

장로는 양 떼를 돌보고 사랑하는 목자로서 행동한다. 그러나 성경은 그 어디서도 회중을 "그의 양 떼" 또는 "너의 양 떼"라고 부르지 않는다. 신자들은 "하나님의 양무리"이며(벧전 5:2), 장로는 하나님의 귀한 소유를 돌보고 관리하는 청지기일 뿐이다.

교회의 영적 감독으로서, 가르치는 목자들은 교회 정치를 결정해야 하고(행 15:22), 감독해야 하며(행 20:28), 다른 사람들을 임명해야 하고(딤전 4:14), 다스리며 가르치고 전해야 하며(딤전 5:17), 권면하며 논박해야 하고(딛 1:9), 목자로서 행동해야 하며, 모두에게 본이 되어야 한다(벧전 5:1~3). 이러한 책임들을 맡기에, 장로들은 신약 교회의 일에서 중심에 자리했다. (장로들에 관한 더 자세한 연구는 필자가 쓴 *Answering the Key Questions About Elders*[Panorama City, CA: Word of Grace Communications, 1984]를 보라.)

오늘날의 모든 신자는 하나님이 자신의 교회에게 주신 사람들, 곧 특별히 선물(은사)을 받은 사람들에게 직간접적으로 빚졌다. 이들은 설교와 가르침과 저술과 권면을 비롯한 여러 사역을 통해, 잃어버린 자들을 그리스도께 인도하고, 하나님과 그분의 말씀을 아는 우리의 지식을 풍성하게 하며, "부르심을 받은 일에 합당하게 행하라"며 우리를 독려한다(4:1). 우리는 이들을 "배나 존경할 자로 알되 말씀과 가르침에 수고하는 이들에게는 더욱 그리"해야 한다(딤전 5:17). 히브리서 저자는 이렇게 말한다. "너희를 인도하는 자들에게 순종하고 복종하라. 그들은 너희 영혼을 위하여 경성하기를 자신들이 청산할 자인 것 같이 하느니라. 그들로 하여금 즐거움으로 이것을 하게하고 근심으로 하게 하지 말라. 그렇지 않으면 너희에게 유익이 없느니라"(히 13:17).

그리스도께서 개개인과 교회 전체에게 주시는 모든 선물(은사)은 그분 자신이 완벽하게 본을 보이신 것들이다. 전하는 자(preacher)가 있었다면 그리스도였으며, 교사나 다스리는 자나 관리하는 자나 종이나 돕는 자나 주는 자가 있었다면 그리스도였다. 그분은 모든 선물(은사)의 완벽한 실례이자 본보기다. 그분이 우리에게 주시는 선물(은사)은 그분 자신이 본을 보이신 아름다운 선물(은사)이기 때문이다.

12

그리스도의 몸을 세우다

(4:12~16)

이는 성도를 온전하게 하여 봉사의 일을 하게 하며 그리스도의 몸을 세우려 하심이라. 우리가 다 하나님의 아들을 믿는 것과 아는 일에 하나가 되어 온전한 사람을 이루어 그리스도의 장성한 분량이 충만한 데까지 이르리니, 이는 우리가 이제부터 어린아이가 되지 아니하여 사람의 속임수와 간사한 유혹에 빠져 온갖 교훈의 풍조에 밀려 요동하지 않게 하려 함이라. 오직 사랑 안에서 참된 것을 하여 범사에 그에게까지 자랄지라. 그는 머리니 곧 그리스도라. 그에게서 온 몸이 각 마디를 통하여 도움을 받음으로 연결되고 결합되어 각 지체의 분량대로 역사하여 그 몸을 자라게 하며 사랑 안에서 스스로 세우느니라. (4:12~16)

지난 10년 남짓, 이른바 교회 성장 운동이 유행했다. 세미나, 컨퍼런스, 책, 프로그램, 심지어 특별한 단체들까지 오로지 교회 성장 원리와 방법만을 가르치고 논의했다. 숱한 노력이 유익했지만, 바울이 에베소서 4장 12~16절에서 가르치는 원리에 부합하는 만큼만 그러했다. 여기서 교회 성장과 관련된 하나님의 계획이 가장 간결하게 제시되는데, 그리스도께서 이 계획에 따라 교회를 성장시키신다. 주님은 "내가…내 교회를 세우리니(will build)"라고 하셨다(마 16:18, 강조는 덧붙인 것이다). 따라서 교회는 반드시 그분의 계획에 따라 세워져야 하는 게 분명하다. 교회를 인간의 방법으로 세우려 든다면, 하나님의 일과 경쟁할 뿐이라는 뜻이다.

앞장에서 살펴보았듯이, 하나님이 그분의 교회에 주시는 영적 선물(은사)은 사도와 선지자라 불리는 사람들 뿐 아니라 신자 개개인 모두에게 주시는 선물도 포함한다. 사도와 선지자는 신약성경 시대에 국한되었으며, 복음 전하는 자와 목사-교사라 불리는 사람들이 그 뒤를 이었고, 교회를 섬기는 사역이 지속하도록 이들을 주셨다(엡 4:11). 선물(은사)을 받은 마지막 두 그룹, 즉 복음 전하는 자와 목사-교사를 위한 하나님의 계획은 12~16절에 제시된 일반적인 작동 절차를 통해 그분의 교회를 온전하게 하고(equip, 준비시키고) 세우며 발전시키는 것이다. 이 단락은 하나님이 자신의 교회를 세우고 제 기능을 하게 하려고 정하신 패턴의 순서와 목적과 힘을 보여준다.

하나님의 점진적 패턴

이는 성도를 온전하게 하여 봉사의 일을 하게 하며 그리스도의 몸을 세우려 하심이라. (4:12)

바울은 여기서 교회를 위한 하나님의 점진적 계획을 가장 단순한 용어들로 제시한다. **온전하게 하여(equipping) 봉사(service)의 일을 하게하며…세우려 (building up) 하심이라.**

온전하게 하기(EQUIPPING, 준비시키기)

하나님의 계획에서 첫째 과제는 복음 전하는 자들과 목사-교사들이 성도들을(구원을 통해 하나님께 구별된 모든 사람에게 해당하는 칭호; 참조. 고전 1:2) 온전하게 하는(equipping)[26] 것이다. 복음 전하는 자들(evangelist, 전도자들)의 일은 사람들이 구원의 복음을 이해하도록 이끌고, 이들이 예수 그리스도를 주님과 구주로 영접하도록 이끌며, 이로써 이들이 하나님의 영적 가정의 자녀가 되고 하나님 나라의 시민이 되게 돕는 것이다. 초기에, 목적은 지역 교회를 세우

---

26 새번역과 공동번역개정판은 이 부분을 "성도들을 준비시켜서"라고 옮겼다.

는 것이었다. 이것은 온전하게 하기(준비시키기)에서 시작된다. 따라서 목사-교사의 그다음 일은 지도력을 발휘하고 영적 자원을 공급해 신자들이 자신들의 주님과 구주의 말씀에 지속적으로 순종함으로써 그분을 닮게 하고 경건의 패턴, 즉 모범을 제시하는 것이다(살전 1:2~7; 벧전 5:3).

'카타르티스모스'(katartismos, equipping, 온전하게 하기)는 기본적으로 맞춤한 것, 원상태로 회복된 것, 또는 완전해진 것을 가리킨다. 이 단어는 뼈를 맞춘다는 의미의 의학 용어로 흔히 사용되었다. 바울은 고린도 신자들에게 마지막 권면을 하면서 이 단어의 동사형을 사용했다. "마지막으로 말하노니 형제들아, 기뻐하라. **온전하게 되며(be made complete)**"(고후 13:11, 강조는 덧붙인 것이다). 히브리서 저자는 마무리 기도를 하면서 이 용어를 사용했다. "양들의 큰 목자이신 우리 주 예수를 영원한 언약의 피로 죽은 자 가운데서 이끌어 내신 평강의 하나님이 모든 선한 일에 너희를 '온전하게 하사'(equip) 자기 뜻을 행하게 하시고 그 앞에 즐거운 것을 예수 그리스도로 말미암아 우리 가운데서 이루시기를 원하노라"(히 13:20~21).

개개인을 온전하게 하는 문제가 이 본문들에 암시되어 있을 뿐 아니라, 집단을 온전하게 하는 문제가 고린도전서 1장 10절에 나온다. "형제들아, 내가 우리 주 예수 그리스도의 이름으로 너희를 권하노니, 모두가 같은 말을 하고 너희 가운데 분쟁이 없이 같은 마음과 같은 뜻으로 **온전히** 합하라(made complete[katartizō에서])"(강조는 덧붙인 것이다). 각 신자를 온전하게 하면 모두 하나가 된다.

하나님은 영적으로 **성도를 온전하게 하기** 위해, 말하자면 네 가지 기본 도구를 주셨다. 이 넷은 영적 수단이다. 육체는 그 누구도 완전하게 하지 못하기 때문이다(갈 3:3). 첫째이자 가장 중요한 도구는 하나님의 말씀, 곧 성경이다. "모든 성경은 하나님의 감동으로 된 것으로 교훈과 책망과 바르게 함과 의로 교육하기에 유익하니, 이는 하나님의 사람으로 온전하게 하며(equip), 모든 선한 일을 행할 능력을 갖추게 하려 함이라"(딤후 3:16~17). 예수님은 이렇게 말씀하셨다. "너희는 내가 일러준 말로 이미 깨끗하여졌으니"(요 15:3). 그러므로 목사-교사의 첫째 목적은 하나님의 말씀으로 자신을 먹이고, 자신의 사람들을 먹이며, 이들이 스스로 하나님의 말씀을 먹도록 인도하는 것이다.

사도들은 하나님의 말씀을 가르치고 기도하는 일에 전념했으며(행 6:4), 이들이 보여준 이러한 본보기는 **온전하게 하는** 둘째 도구가 기도이고 목사-교사는 기도로 자신을 준비하고 자신의 사람들이 기도로 스스로 준비하도록 인도해야 한다는 것을 보여준다. 에바브라는 신자들을 세우는 이러한 영적 수단에 전념했다. 바울은 에바브라 사역의 특징을 이렇게 말한다. "그가 항상 너희를 위하여 애써 기도하여 너희로 하나님의 모든 뜻 가운데서 **완전하고 (perfect)** 확신 있게 서기를 구하나니, 그가 너희와 라오디게아에 있는 자들과 히에라볼리에 있는 자들을 위하여 많이 수고하는 것을 내가 증언하노라"(골 4:12~13, 강조는 덧붙인 것이다).

여기서 반드시 짚고 넘어가야 할 게 있다. 이렇게 성도들을 **온전하게** 또는 완전하게 하는 일이 이 땅에서 가능하다는 것이다. 바울은 '카타리조'(*katarizō*, **온전하게 하기**의 동사형)를 사용해, 영적으로 강한 신자들이 죄에 빠진 동료 신자들을 위해 해야 하는 일을 가리키고 있기 때문이다. 본문은 **온전하게 하기** 사역이 그리스도인을 죄에서 끌어내어 순종으로 인도하는 일이라고 강하게 가르친다.

온전하게 하는 셋째 도구는 시험(testing)이며, 넷째 도구는 고난이다. 이 둘은 무엇보다도 정결하게 하는 경험인데, 이를 통해 신자는 정제되어 더 거룩해진다. 야고보는 이렇게 말한다. "내 형제들아, 너희가 여러 가지 시험을 당하거든 온전히 기쁘게 여기라. 이는 너희 믿음의 시련이 인내를 만들어 내는 줄 너희가 앎이라. 인내를 온전히 이루라. 이는 너희로 온전하고 구비하여 조금도 부족함이 없게 하려 함이라"(약 1:2~4). 우리가 하나님의 시험에 신뢰와 변함없는 순종으로 반응할 때, 영적 근육이 강해지고 그분을 위한 유효한 섬김이 확대된다.

고난도 영적으로 **온전하게 하는** 수단이다. 베드로는 첫째 편지 말미에 이 단어를 사용했다. "모든 은혜의 하나님, 곧 그리스도 안에서 너희를 부르사 자기의 영원한 영광에 들어가게 하신 이가 잠깐 고난을 당한 너희를 친히 **온전하게 하시며(perfect)**, 굳건하게 하시며, 강하게 하시며, 터를 견고하게 하시리라"(벧전 5:10, 강조는 덧붙인 것이다). 가장 깊은 의미에서 그리스도를 알고 또 따르는 데는 그분과 함께 일으킴을 받는 것뿐 아니라 그분의 "고난에 참여함"도 포함된다(빌 3:10). 바울은 그리스도를 위해 고난받는 것을 기뻐했다. 그는 이렇게 말한다. "우리의 모든 환난 중에서 우리를 위로하사 우리로 하여금 하나님께 받는 위로로써 모든 환난 중에 있는 자들을 능히 위로하게 하시는 이시로다. 그리스도의 고난이 우리에게 넘친 것 같이, 우리가 받는 위로도 그리스도로 말미암아 넘치는도다"(고후 1:4~5).

시험과 고난을 허락하는 것은 전적으로 하나님의 작전이다. 하나님은 사랑이 넘치고 주권적인 자신의 뜻에 따라 자신의 **성도**에게 시험과 고난을 허락하신다. 그러나 영적으로 **온전하게 하는** 나머지 두 도구, 곧 기도와 성경을 아는 지식은 선물(은사)를 받은 사람들의 일이다.

예루살렘 사도들처럼, 목사-교사는 무엇보다도 "기도하는 일과 말씀 사역에" 집중해야 한다(행 6:4). 바울처럼, 그는 자신이 최선을 다해 다음과 같이 한다고 말할 수 있어야 한다. "각 사람을 권하고 모든 지혜로 각 사람을 가르침은 각 사람을 그리스도 안에서 완전한 자로 세우려 함이니"(골 1:28). 바울이 에바브라에 관해 말했듯이, 모든 목사-교사는 자신의 보살핌에 맡겨진 사람들이 "하나님의 모든 뜻 가운데서 완전하고 확신 있게 서"도록 진심으로 기도하는 수고를 아끼지 않는다고 말할 수 있어야 한다(골 4:12). 헌신된 목사-교사는 "그리스도 예수의 좋은 일꾼이 되어 믿음의 말씀과…좋은 교훈으로 양육을 받"으며, 그런 후에 이것을 명하고, 가르치며, 공중 앞에서 읽고, 권한다(딤전 4:6, 11, 13). 그에게 이런 명령이 떨어진다. "너는 말씀을 전파하라. 때를 얻든지 못 얻든지 항상 힘쓰라. 범사에 오래 참음과 가르침으로 경책하며 경계하며 권하라"(딤후 4:2).

가장 성경적이고 효율적인 교회 조직이라도 하나님의 선물(은사)을 받고 계속 기도하며 그분의 말씀 안에 거하는 사역자들의 리더십이 없으면, 영적 성숙을 이루지 못할 것이다. 관리와 구조가 그 자리를 차지하고 있지만, 영적인 교회 성장의 핵심과는 거리가 멀다. 교회에 절실히 필요한 것은 언제나 조직 재정비가 아니라 영적 성숙이었다. 리더십, 조직, 관리에 관한 모든 책이라도 예수 그리스도 교회의 역동성에 거의 도움이 되지 못한다.

교회에 오락은 더더욱 필요하지 않다. 하나님의 백성은 자신의 달란트를 하나님을 영화롭게 하고 그분의 은혜를 증언하는 방식으로 사용할 수 있다. 그러나 흔히 그러듯이, 증언이 연예 공연으로 바뀔 때, 하나님은 영광을 받지 않으시고 그분의 백성은 가르침을 받지 못한다. 종교적 오락은 영적 성숙에서 비롯되지 않고 영적 성숙으로 이어지지도 않는다. 그것은 자신에게서 비롯되며 자신을 높일 수 있을 뿐이다.

하나님의 말씀을 연구하고 가르치려면 시간이 걸린다. 그러므로 복음 전하는 자나 목사-교사가 아무리 가치 있고 도움이 되는 여러 프로그램을 수행하더라도, 그것을 계획하고 관리하느라 지장을 받는다면, 하나님이 맡기신 책임을 온전히 수행할 수 없다. 다시 말하건대, 예루살렘 사도들처럼, 그는 "접대를 일삼는"(serve tables) 동시에 "오로지 기도하는 일과 말씀 사역에 힘쓸" 수는 없다(행 6:2, 4).

교회가 영적 정체에 빠지거나 목사가 탈진하거나, 또는 둘 다 일어나는 가장 확실한 길은 목사가 온갖 활동과 프로그램에 매여 기도와 말씀에 집중할 시간을 거의 내지 못하는 것이다. "성공하는" 프로그램이 육적으로 이뤄지고 주님의 영광이 아니라 사람의 만족을 위해 실행된다면, 실패하는 프로그램보다 훨씬 파괴적일 수 있다. 하나님의 백성이 무너지는 것은 프로그램과 방법이 없어서가 아니라 하나님의 말씀을 아는 지식과 그 말씀을 따르는 순종이 없어서다(호 4:6).

교회 지도자들의 첫째 관심은 빈자리가 아니라 채워진 자리여야 한다. 어느 젊은 목사가 찰스 스펄전(Charles Spurgeon)에게 자신의 회중이 너무 적다고 불평했다. 그러자 스펄전은 이렇게 답했다. "심판 날 그대가 설명하고 싶은 만큼은 클 텐데요."

영적으로 성장하려면 늘 새로운 것을 배워야 하는 게 아니다. 우리의 가장 중요한 성장은 흔히 이미 들었으나 온전히 적용하지 못한 진리와 관련이 있다. 베드로는 이렇게 썼다. "그러므로 너희가 이것을 알고 이미 있는 진리에 서 있으나 내가 항상 너희에게 생각나게 하려 하노라. 내가 이 장막에 있을 동안에 너희를 일깨워 생각나게 함이 옳은 줄로 여기노니…내가 힘써 너희로 하여금 내가 떠난 후에라도 어느 때나 이런 것을 생각나게 하려 하노라"(벧후 1:12~13, 15). 하나님 말씀의 위대한 진리들은 결코 완전히 숙달할 수 없으며, 아무리 배워도 끝이 없다. 구속받지 못한 육신과 싸우려면 끊임없는 일깨움이 필수다. 목사는 호흡이 있는 한 이 진리들을 전해야 하며, 그의 회중은 호흡이 있는 한 이것들을 들어야 한다.

1967년 아랍과 이스라엘이 전쟁 중일 때, 미국 기자가 이스라엘 장교와 함께 비행기로 시내(Sinai) 광야를 지나고 있었다. 그때 이들은 이집트군 약 5만을 발견했다. 그들은 목이 말라 죽어가는 게 분명했다. 이 상황이 신문에 보도되었을 때, 몇몇 세계 지도자와 단체들이 이들을 도우려 노력했다. 그러나 계획은 제시될 때마다 군사적, 외교적, 관료적 방해물 때문에 실행되지 못했다. 도움이 도달했을 때, 수천 명이 이미 죽어 있었다.

주변에서 수천 명에게 말씀의 영적 물이 간절히 필요할 때, 교회들이 프로그램과 위원회에서 헛바퀴나 돌린다는 것도 비극이기는 마찬가지다.

봉사(SERVICE, 섬김)

하나님이 자신의 교회 운영을 위해 세우신 계획의 두 번째 측면은 **봉사(service**, 섬김)다. 바울의 언어는 **봉사의 일**을 할 가장 직접적인 책임이 있는 사람은 선물(은사)을 받은 자들이 아님을 보여준다. 그 어느 목사도, 심지어 목사들이 모인 큰 그룹이라도, 교회가 해야 하는 모든 일을 다 할 수는 없다. 아무리 은사와 달란트가 많고 아무리 헌신 된 목사라도, 그가 사역하도록 부름 받은 곳에는 해야 할 일이 언제나 그의 시간과 능력을 크게 넘어선다. 하나님의 계획에서 그분의 목적은 모든 필요를 직접 채우려 애쓰는 게 아니라 자신의 보살핌에 맡겨진 사람들을 온전하게 하여(equip, 준비시켜) 이러한 필요들을 채우게 하는 것이다(참조. 16절, 여기서 이 개념이 강조된다). 분명히, 지도자들은 봉사에 참여하고, 회중 가운데 많은 수가 온전하게 하기(equipping)에 참여한다. 그러나 교회를 위한 하나님의 기본 계획은 온전하게 하기가 잘 이뤄져 **성도**가 서로를 효과적으로 섬길 수 있게 되는 것이다. 전체 교회가 주님의 일에 적극적으로 참여해야 한다(참조. 고전 15:58; 벧전 2:5, 9; 4:10~11; 대비되는 살후 3:11).

선물(은사)을 받은 사람들이 기도와 말씀 가르치기에 충실할 때, 사람들은 **봉사의 일**을 하도록 제대로 온전하게 되고(준비되고) 바른 동기를 부여받을 것이다. 온전하게 된(준비된) **성도** 중에서, 하나님은 장로와 집사와 교사를 비롯해 교회가 신실하고 생산적으로 되는 데 필요한 모든 종류의 일꾼을 세우신다. 영적 **봉사**는 모든 그리스도인, 모든 하나님의 **성도**가 해야 하는 일이다.

세우기(BUILDING UP)

하나님이 자신의 교회 운영을 위해 세우신 계획의 셋째 요소이자 즉각적 목표는 교회를 세우는 것이다. 복음 전하는 자들과 목사-교사들이 회중을 제대로 **온전하게 하여**(준비시켜) 이들이 올바르게 **봉사**하게 하면, 그 필연적 결과는 **그리스도의 몸을 세우는** 것이다. '오이코도메'(*oikodomē*, **building up**, 세우려)는 문자적으로 집짓기를 가리키며, 비유적으로 모든 종류의 건축에 사용되었다. 바울은 여기서 교회의 영적 교육과 발전을 말하고 있다. 외적으로, 전도를 통해 신자가 늘면서 **몸**이 세워진다. 그러나 여기서 바울이 강조하는 것은 모든 신자가 말씀을 통해 자양분을 받아 열매 맺는 봉사를 할 때 몸이 내적으로 세워진다는 것이다. 바울은 에베소 장로들에게 권면하면서 이 과정을 강조한다. "지금 내가 여러분을 주와 및 그 은혜의 말씀에 부탁하노니, 그 말씀이 여러분을 능히 든든히 세우사…"(행 20:32). 교회 성숙은 성경의 거룩한 계시를 배우고 여기에 순종하는 일과 연결된다. 갓난아기가 육체적 젖을 갈망하듯이, 신자들은 말씀의 영적 자양분을 갈망해야 한다(벧전 2:2).

하나님이 정하신 패턴의 목적

우리가 다 하나님의 아들을 믿는 것과 아는 일에 하나가 되어 온전한 사람을 이루어 그리스도의 장성한 분량이 충만한 데까지 이르르니, 이는 우리가 이제부터 어린아이가 되지 아니하여 사람의 속임수와 간사한 유혹에 빠져 온갖 교훈

의 풍조에 밀려 요동하지 않게 하려 함이라. 오직 사랑 안에서 참된 것을 하여

(4:13~15a)

구속받은 자들을 세워주는 일은 이중적인 궁극적 목적을 포함한다. 바울은 이 것을 **하나님의 아들을 믿는 것과 아는 일에 하나가 되기**라고 규정하며, 여기서 영적 성숙, 바른 교훈(sound doctrine), 사랑으로 하는 증언(loving testimony)이 나온다.

어떤 주석자들은 이 궁극적 목적이 오직 영화(榮化, glorification)에서 이뤄질 수 있다는 견해를 제시하며, 바울이 우리가 마침내 천국에서 하나 되고 알게 될 것을 말한다고 믿는다. 그러나 이런 해석은 문맥에 전혀 맞지 않는다. 바울이 여기서 기술하는 것은 그리스도께서 하늘에서 교회를 위해 하시는 마지막 일이 아니라 선물(은사)을 받은 자들이 땅의 교회에서 하는 일이기 때문이다. 이 결과들은 지상 교회에 적용될 수 있을 뿐이다.

믿는 것에 하나됨

교회의 궁극적인 영적 목표는 **믿는 것···에 하나가 됨**(the unity of the faith, 하나 된 믿음, 믿음의 일치)에서 시작한다(3절). 5절처럼 여기서도 **믿음**은 믿거나 순종하는 행위가 아니라 기독교의 진리, 곧 기독교 교리의 몸통을 가리킨다. **믿음**은 가장 완전한 형태의 복음에 담긴 내용을 가리킨다. 고린도교회가 아주 분명하게 보여주듯이, 교회 분열은 교리적 무지와 영적 미성숙에서 비롯된다. 신자들이 제대로 가르침을 받을 때, 신자들이 봉사의 일을 성실하게 수행할 때, 이로써 몸이 세워져 영적 성숙에 이를 때, **믿는 것에 하나가 됨**은 필연적 결과다. 교제에서 하나됨은 함께 믿는 진리에 기초하지 않으면 불가능하다. 고린도교회의 분열을 해결하는 비결은 모두가 동일한 진리를 동일하게 깨닫고 이해하며 말하는 것이었다(고전 1:10).

하나님의 진리는 스스로 충돌해 나뉘고 분열되지 않는다. 하나님의 백성이 나뉘고 분열된다면, 하나님의 진리에서 그만큼 멀어졌고, 바르게 알고 바르게 이해하는 **믿음**에서 그만큼 멀어졌다는 뜻이다. 성경적으로 온전하게 되고(equipped), 성실하게 봉사하며, 영적으로 성숙하는 교회만이 **믿는 것에 하나가 될** 수 있다. 다른 어떤 하나됨도 순전히 인간적 수준일 테고, **믿는 것에 하나됨**에서 멀 뿐 아니라 이것과 계속해서 충돌할 것이다. 온전한 교훈(doctrinal integrity)을 떠나서는 교회가 절대 하나 될 수 없다.

그리스도를 아는 지식

하나님이 자신의 교회 세우기를 위해 정하신 패턴을 따를 때 나타나는 둘째 결과는 **하나님의 아들을…아는 것**(the knowledge of the Son of God, 하나님의 아들을 아는 지식)이다. 바울이 말하는 것은 구원을 아는 지식이 아니라 그리스도와 깊은 관계를 통해 얻는 지식(*epignōsis*), 곧 오직 기도하며 하나님의 말씀을 성실하게 연구하고 그 말씀에 순종함으로써 얻는 지식이다. 바울은 헌신 된 사도로 여러 해를 살았는데도 여전히 이렇게 말할 수 있었다. "또한 모든 것을 해로 여김은 내 주 그리스도 예수를 아는 지식이 가장 고상하기 때문이라. 내가 그를 위하여 모든 것을 잃어버리고 배설물로 여김은 그리스도를 얻고 그 안에서 발견되려 함이니…내가 그리스도와 그 부활의 권능과 그 고난에 참여함을 알고자 하여…내가 이미 얻었다 함도 아니요 온전히 이루었다 함도 아니라. 오직 내가 그리스도 예수께 잡힌 바 된 그것을 잡으려고 달려가노라"(빌 3:8~10, 12). 바울은 에베소 신자들이 "하나님을 알게" 되길 기도했다(1:17; 참조. 빌 1:4; 골 1:9~10; 2:2). **하나님의 아들을 아는** 지식이 더 깊이 자라는 일은 평생 계속되는 과정이며, 주님을 얼굴을 맞대고 볼 때야 완료될 것이다. 예수님이 "내 양은 내 음성을 들으며 나는 그들을 알며"라고 하실 때 말씀하신 앎이 바로 이것이다(요 10:27). 예수님이 말씀하신 것은 이들이 누구인지 아는 것이 아니라 이들을 친밀하게 아는 것이며, 그분은 자신의 백성이 자신을 이렇게 알길 원하신다.

영적 성숙

하나님이 자신의 교회를 위해 정하신 패턴을 따를 때 나타나는 셋째 결과는 영적 성숙, 곧 **그리스도의 장성한 분량이 충만한 데까지 이르는** 성숙이다. 자신의 교회를 향한 하나님의 큰 바람은 모든 신자가, 예외 없이, 자신의 아들처럼 되어(롬 8:29) 완전히 성장했고 완벽하며 **온전한 사람**(mature man, 성숙한 사람)의 유일한 **분량**(measure, 척도)이신 분의 성품을 드러내는 것이다. 세상에 있는 교회는 세상에 있는 예수 그리스도이다. 교회는 이제 세상에서 그분의 성육하신 몸의 충만이기 때문이다(참조. 1:23). 우리는 그리스도의 완전함을 발하고 되비추어야 한다. 그러므로 그리스도인들은 "그가 행하시는(walked) 대로 자기도 행"해야 하는데(요일 2:6; 참조. 골 4:12), 그분은 자신의 아버지와 완전히, 지속적으로 교제하며 행하셨고(walked) 자신의 아버지께 순종하셨다. 우리의 주님처럼 행하기(walk)는 기도와 하나님 말씀에 순종하는 삶에서 비롯된다. "우리가 다 수건을 벗은 얼굴로 거울을 보는 것 같이 주의 영광을 보매 그와 같은 형상으로 변화하여 영광에서 영광에 이르니, 곧 주의 영으로 말미암음이니라"(고후 3:18). 우리가 그리스도와 점점 깊이 교제할 때, 성령을 통한 신적 성화(divine sanctification) 과정이 일어나 우리가 그분의 형상을 점점 더 닮아가며, 한 영광에서 더 높은 영광으로 옮겨간다. 경건한 삶의 나머지 모든 측면뿐 아니라 영적 성숙을 일으키는 분은 하나님 자신의 성령이다. 성령이 빠지면, 가장 진지한 기도라도 효과가 없으며(롬 8:26), 하나님 자신의 말씀이라도 능력이 없다(요 14:26; 16:13~14; 요일 2:20).

아직 육체의 구속(속량)을 받지 못한 신자들은(롬 7:14; 8:23) 이생에서 **그리스도의 장성한 분량이 충만한 데까지** 완전히, 완벽하게 이르지 못하는 게 분명하다. 그러나 신자들은 하나님을 기쁘게 하고 영화롭게 하는 수준의 성숙에 이르러야 하며, 이를 수 있다. "각 사람을 그리스도 안에서 완전한[teleios, 성숙한] 자로 세우려"는 그의 수고에서 드러나듯이, 바울이 신자들에게 하는 사역의 목적은 이들의 성숙이다(골 1:28~29; 참조. 빌 3:14~15).

바른 교훈(SOUND DOCTRINE)

하나님이 자신의 교회를 위해 정하신 패턴을 따를 때 나타나는 넷째 결과는 바른 교훈이다. 온전하게 되고(equipped) 성숙한 그리스도인은 **이제부터 (no longer) 어린아이가 되지 아니하여 사람의 속임수와 간사한 유혹에 빠져 온갖**

교훈의 풍조에 밀려 요동하지 않는다.

'쿠비아'(*kubia*, **trickery, 속임수**)는 '정육면체'(cube)라는 단어의 어원이며, 주사위 놀이를 가리키는 데 사용되었다. 지금처럼, 당시에도 전문 도박꾼들이 이익을 위해 주사위를 "조작하거나"(loaded)[27] 다른 방법으로 속이기 일쑤였다. 그러므로 주사위에 해당하는 용어가 모든 종류의 부정직한 **속임수**의 동의어가 되었다. '교활'(*panourgia*, craftiness; 눅 20:23, 고전 3:19, 고후 12:16을 보라)도 비슷한 용어이며,[28] 진실처럼 보이도록 오류를 교묘하게 조작한다는 의미를 내포한다. '메또디아'(*methodia*, **scheming, 유혹**)는 이 편지에서 "마귀의 간계"를 가리키는 데 사용된다(6:11). 의심의 여지 없이, 이것은 계획되고 교묘하며 체계화된 오류를 가리킨다. 바울의 핵심은 **사람의 속임수**도 마귀의 **간사한 유혹**(간계)도 영적으로 온전하게 되고 성숙한 신자를 잘못된 길로 인도하지 못하리라는 것이다.

많은 고린도 신자가 그러했듯이(고전 3:1; 14:20), 영적 **어린아이**(*nēpios*, 문자적으로 말하지 못하는 아이)는 모든 새로운 종교적 유행이나 여기에 동반되는 참신한 성경 해석의 먹이가 될 위험이 늘 있다. 이들은 하나님의 말씀을 제대로 알지 못하기에, 대중적 정서와 새롭고 매력적인 **온갖 교훈의 풍조에 밀려 요동한다.** 이들은 하나님의 진리에 닻을 내리고 있지 않기 때문에, 온갖―인본주의, 밀교, 이교, 귀신 등 무엇과 관련된 것이든―위조된 진리에 넘어간다. 신약성경은 이러한 위험을 알리는 경고로 넘쳐난다(다음을 보라. 행 20:30~31; 롬 16:17~18; 고후 11:3~4; 갈 1:6~7; 3:1; 골 2:4~8; 딤전 4:1, 6~7; 딤후 2:15~18; 3:6~9; 4:3; 히 13:9; 벧후 2:1~3; 요일 2:19, 26).

성숙하지 못한 그리스도인은 잘 속는다. 교회사에서, 오늘날만큼 많은 교회나 신자들이 기독교의 이름으로 어리석음에 빠진 적이 없었다. 우리가 전례

---

27 영어에서 load the dice는 관용표현으로 "~에게 유리하게, 또는 불리하게 하다"라는 뜻이다. loaded dice는 속이기 위해 만든 주사위를 말하는데, 한 쪽을 무겁게 하거나, 표면을 둥글게 하거나, 정육면체가 되지 않게 하는 식으로 만들었다.

28 NASB는 craftiness in deceitful scheming(기만적인 책략의 교활함)으로 옮겼는데, 개역개정에서는 craftiness에 해당하는 panourgia를 빼고 단순히 "간사한 유혹"으로 옮겼다.

없이 많은 교육을 받고, 전례 없이 세련되며, 전례 없는 자유를 누리고, 전례 없이 하나님의 말씀과 견실한 기독교의 가르침을 접하는데도, 온갖 종교 장사꾼이(참조. 고후 2:17; 4:2; 11:13~15) 쉽게 하나님 백성의 귀를 빌리고 경제적 후원까지 받을 수 있다. 숱한 교인들이 자발적으로 돈과 충성을 바치는 어리석고, 그릇되고, 부패하고, 심지어 이단적인 지도자들의 수는 놀랍고 가슴 아프다.

이러한 영적 곤경의 원인을 찾기란 어렵지 않다. 많은 전도자(복음 전하는 자)가 쉬운 믿음의 복음(easy-believism gospel)을 제시했으며, 많은 목사가 내용이 거의 없는 메시지를 전했다. 많은 곳에서, 그리스도의 몸이 바른 교훈(sound doctrine)이나 신실한 순종 위에 세워지지 못했다. 그 결과, 일치된 가르침("믿는 것에 하나가 됨")이 거의 없고 영적 성숙("하나님의 아들을…아는 일에… 그리스도의 장성한 분량이 충만한 데까지 이르"는 것)도 거의 없다.

오늘날, 많은 가정이 어린아이들에게 휘둘리듯이 많은 교회도 마찬가지이다. 비극적이게도, 교회의 **어린아이들**, 즉 **온갖 교훈의 풍조에 밀려** 시각을 바꾸며 계속해서 사람의 **속임수**와 사탄의 간계와 **간사한 유혹**에 빠지는 영적으로 미성숙한 신자들이(참조. 요일 2:13~14), 교회의 가장 영향력 있는 교사들과 지도자 중에 있다.

참되고 사랑이 넘치는 증언

하나님이 자신의 교회를 위해 정하신 패턴을 따르는 주된 조건이자 결과이기도 한 다섯 번째 마지막 특징은 사탄의 간계에 밀려 요동하고 속는 것과 정반대다. 다시 말해, **사랑 안에서 참된 것을 하는 것**(speaking the truth in love, 사랑으로 진실을 말하기, "사랑으로 진리를 말하고," 새번역)인데, 이 원리는 그리스도인의 삶과 사역의 모든 부분에 적용된다. **참된 것을 하는**(speaking the truth) 으로 번역된 동사 '알레뜌오'(alētheuō)는 진실하게 말하거나 다루거나 행동한다는 뜻이다. 어떤 사람들은 이것을 "truthing it"(진실하기)으로 옮겼으며, 어떤 사람들은 이것이 진실한 길을 걷는다는 의미를 내포한다고 말한다. 이 동사는 가장 넓은 의미에서 참됨(being true)을 가리키며, 영어나 우리말로 옮기기 어렵다. 그러나 갈라디아서 4장 16절에서, 이 단어는 특히 복음의 진리(gospel truth)를 전함을 강조하는 것으로 보인다. 이 동사는 신약성경에서 이곳 외에 갈라디아서 4장 16절에서만 사용되며, 따라서 에베소서 4장에서도 (진실하고 참된 그리스도인의 삶이라는 맥락에서) 진리를 전함을 강조한다고 말하는 게 안전해 보인다. 그 삶의 표식이 **사랑**인 참되고 성숙한 신자는 거짓 가르침의 희생자가 되지 않고(14절), 참되게 살면서 참 복음을 속고 속이는 세상에 선포할 것이다. 교회의 일이 주님이 다시 오실 때까지 복음전파에서 시작해 교육을 거쳐 다시 복음전파로 쉼 없이 이어진다. 복음을 들은 자들이 교육을 받으며, 이들이 다시 복음을 전하고 다른 사람들을 교육한다.

영적으로 온전하게 된(equipped, 준비된) 교회, 즉 구성원들이 바른 교훈 위에 서 있고 생각과 삶이 성숙한 교회는 **사랑**으로 나아가 구원의 복음을 선포하는 교회다. 하나님이 우리에게 지식과 이해와 선물(은사)과 성숙을 주시는 것은 간직하지 말고 나누도록 하기 위해서다. 하나님은 우리를 온전하게 하시는(equip, 준비시키시는) 것은 정체하지 말고 섬기게 하기 위해서다. 우리가 선물(은사)을 받고 교육을 받는 것은 현실에 안주하며 자기만족에 빠지기 위해서가 아니라 그리스도의 몸을 세우고 확장하는 일에서 섬김을 통해 주님의 일을 하기 위해서다. **사랑 안에서**는 우리가 복음을 전하는 태도다(참조. 3:17~19; 4:2; 5:1~2). 다음 증언에서 보듯이, 바울 자신이 이러한 사랑의 본보기였다.

우리는 그리스도의 사도로서 마땅히 권위를 주장할 수 있으나 도리어 너희 가운데서 유순한 자가 되어 유모가 자기 자녀를 기름과 같이 하였으니, 우리가 이같이 너희를 사모하여 하나님의 복음뿐 아니라 우리의 목숨까지도 너희에게 주기를 기뻐함은 너희가 우리의 사랑하는 자 됨이라. 형제들아, 우리의 수고와 애쓴 것을 너희가 기억하리니, 너희 아무에게도 폐를 끼치지 아니하려고 밤낮으로 일하면서 너희에게 하나님의 복음을 전하였노라. 우리가 너희 믿는 자들을 향하여 어떻게 거룩하고 옳고 흠 없이 행하였는지에 대하여 너희가 증인이요 하나님도 그러하시도다. 너희도 아는 바와 같이, 우리가 너희 각 사람에게 아버지가 자기 자녀에게 하듯 권면하고 위로하고 경계하노니, 이는 너희를 부르사 자기 나라와 영광에 이르게 하시는 하나님께 합당히 행하게 하려 함이라. (살전 2:7~12; 참조. 고후 12:15; 빌 2:17; 골 1:24~29)

존 번연(John Bunyan, 1628-1688)은 그리스도인들에 관해 이렇게 말했다. "이들의 모든 옷이 희어질 때 세상은 이들을 그분의 것이라 여길 것이다." 회의적인 독일 시인 하인리히 하이네(Heinrich Heine, 1797-1856)는 그리스도인들에게 이렇게 말했다. "구원받은 여러분의 삶을 내게 보여주시오. 그러면 내가 여러분의 구원자를 믿게 될지도 모르겠소." 사랑이 넘치는 희생의 영으로 복음을 말하는 진정한 삶은 설득력이 탁월할 것이다.

사랑 안에서 참된 것을 하는 것(speaking the truth in love, 사랑으로 진실을 말하기)은 아주 쉬워 보이지만 엄청나게 어렵다. 바른 교훈(sound doctrine)과 영적 성숙을 제대로 갖춘 신자만이 이렇게 할 수 있다. 미성숙한 신자에게 바른 교훈은 차가운 정통에 불과하고 사랑은 감상에 불과할 수 있다. 오직 **온전한 사람**(mature man, 성숙한 사람), **그리스도의 장성한 분량이 충만한 데까지 이른** 사람만이 **하나님의 참된 것**(truth, 진리)을 이해하고 다른 사람들에게 제시하는 충분한 지혜를 한결같이 갖는다. 오직 이런 사람만이 변함없이 겸손하고 은혜가 있어 이것(참된 것)을 **사랑**과 능력으로 제시한다. 진리와 사랑의 결합이 능력 있는 사역에 대한 두 가지 큰 위협, 곧 진리의 부재와 긍휼의 부재를 물리친다.

범사에 그에게까지 자랄지라. 그는 머리니 곧 그리스도라. (4:15b)

사랑이 넘치고 참된 이 증언은 신자가 예수 그리스도를 쏙 닮은 데까지 자라도록 돕는다. **범사에**(in all aspect)라는 표현은 13절에 기술되었듯이 폭넓게 그리스도를 닮을 것을 요구한다(참조. 고전 11:1; 고후 3:18; 갈 4:19; 엡 5:2; 벧전 2:21; 요일 2:6).

머리…그리스도는 바울이 사용하는 친숙한 유비이며, 그리스도의 권위(엡

1:22; 골 1:18), 리더십(엡 5:23), 그리고 여기에서는 골로새서 2장 19절처럼 제어하는 능력을 가리킨다. 그분은 주권적 머리요 다스리는 머리일 뿐 아니라 유기적 머리다. 그분은 모든 기능에 필요한 힘의 원천이다. 인간은 심장 박동이 멈추면 공식적으로 사망 선언을 받는데, 뇌가 죽었다는 뜻이다. 뇌가 육체적 생명의 중앙 관제소이듯, 주 예수 그리스도는 그분의 몸인 교회의 생명과 힘의 유기적 원천이다.

그분을 닮기까지 성장한다는 말은 그분의 제어하는 능력에 완전히 복종하고, 그분의 모든 생각과 의지 표현에 순종한다는 말이다. 이것은 "내게 사는 것이 그리스도니"(빌 1:21) "이제는 내가 사는 것이 아니요 오직 내 안에 그리스도께서 사시는 것이라"라는(갈 2:20) 바울의 기도를 자신에게 적용하는 것이다.

하나님이 정하신 패턴의 능력

그에게서 온몸이 각 마디를 통하여 도움을 받음으로 연결되고 결합되어 각 지체의 분량대로 역사하여 그 몸을 자라게 하며 사랑 안에서 스스로 세우느니라.

(4:16)

온전하게 되고(equipped) 성숙해 사랑이 넘치는 진정한 선포자가 되게 하는 능력은 신자들 자신에게 있지 않고, 이들의 지도자들에게 있지도 않으며, 교회 구조에 있지도 않다. 몸(Body)은 "범사에 그에게까지 자라"면서, 자신의 권위와 방향과 능력을 받는다. **그에게서 온 몸이 ⋯ 연결되고 결합되기** 때문이다. 여기서 사용된 현재 수동태 분사 둘은 동의어이며, 하나의 유기체로서 몸(Body)의 기능이 서로 밀접하게, 단단히, 조밀하게 연결되어 있음은 그리스도의 능력에서 비롯된 결과라는 것을 표현하려 한다. 그렇다고 신자들의 노력을 부정하지는 않는데, **각 마디를 통하여 도움을 받음으로**와 **각 지체의 분량대로 역사하여**라는 두 어구가 이것을 증명한다. 각 어구는 몸의 기능에 관한 진리를 전달하는 데 더없이 중요하다. 그리스도께서 몸을 하나로 연결해 몸이 **각 마디를 통해 도**

움을 받음으로 기능하게 하신다. 다시 말해, 마디들은 대비점(points of contrast), 결합 또는 연합이며, 이곳에서 성령의 영적 공급과 자원과 선물이 한 지체에서 다른 지체로 흘러가고 성장하는 사역의 흐름이 제공된다.

각 지체의 분량대로 역사하여는 각 신자의 은사가 중요하다는 것을 일깨운다 (7절; 참조. 고전 12:12~27). 교회 성장은 기발한 방법의 결과가 아니라 몸을 이루는 모든 지체가 다른 신자들과 밀접하게 접촉해 자신의 영적 은사를 온전히 사용한 결과다. 그리스도는 교회의 생명과 능력과 성장의 원천이며, 그리스도께서 각 신자의 은사를 통해, 신자들이 서로 접촉하는 **마디**에서 이뤄지는 상호 사역을 통해 교회가 기능하게 하신다.

그분의 백성이 서로 긴밀하게 연결되어 진정한 영적 사역을 할 때, 하나님이 일하신다. 하나님의 백성이 서로 친밀하지 않고 자신의 은사에 충실하지 않을 때, 하나님은 일하실 수 없다. 하나님은 창의성이나 기발함이나 영리함을 찾는 게 아니라 자발적 사랑의 순종을 찾으신다. 육체적 몸은 각 지체가 서로 연합해 머리가 지시하는 방향으로 움직여 자신이 하도록 디자인된 일을 정확히 할 때 제 기능을 한다.

골로새서 2장 19절에서, 바울은 "머리를 붙들지 아니하는" 것을(머리를 붙들라고, 머리에 붙어 있으라고) 경고하면서 더없이 값진 통찰을 제시한다. "머리를 붙들지 아니하는지라. 온몸이 머리로 말미암아 마디와 힘줄로 공급함을 받고 연합하여 하나님이 자라게 하시므로 자라느니라." 이 구절의 핵심 개념은 몸의 모든 지체가 서로 가깝고 친밀하며, 머리이신 그리스도와 나누는 교제를 굳게 붙잡고, 이로써 거짓되고 파괴적인 것에 미혹되지 않는다는 것이다.

이 진리들이 단언하는 모든 것을 종합하면, 모든 개별 신자는 예수 그리스도께 가까이 붙어 있어야 하며, 접촉하는 모든 신자와 긴밀하게 연결된 채 자신의 은사를 사용해야 하고, 이러한 헌신과 사역을 통해 주님의 능력이 흘러 **사랑 안에서 몸을 세운다**는 것이다.

자람(growth)이라는 명사(*auxēsis*, 이곳과 골 2:19에서만 사용된다)가 현재 중간태 동사와 결합하여, 몸이 내재된 역학을 통해 성장한다는 것을 말한다. 살아 있는 모든 유기체가 그러하듯, 교회의 영적 성장도 외부의 힘이 아니라 내부의 생명력, 곧 **그 몸을 자라게 하며…스스로 세우게** 하는 힘에서 비롯된다. 이 모두는 **사랑 안**에서 이뤄지며, 신자들은 언제나 사랑으로 교제해야 한다. 무엇보다도, 몸(Body)은 **사랑**을 드러내야 하며, 몸이 이 계획에 따라 세워질 때, 세상은 그것이 그리스도의 몸이라는 것을 알게 된다(요 13:34~35).

13

옛 사람을 벗어 버리고 새 사람을 입다

(4:17~24)

그러므로 내가 이것을 말하며 주 안에서 증언하노니, 이제부터 너희는 이방인이 그 마음의 허망한 것으로 행함 같이 행하지 말라. 그들의 총명이 어두워지고 그들 가운데 있는 무지함과 그들의 마음이 굳어짐으로 말미암아 하나님의 생명에서 떠나 있도다. 그들이 감각 없는 자가 되어 자신을 방탕에 방임하여 모든 더러운 것을 욕심으로 행하되, 오직 너희는 그리스도를 그같이 배우지 아니하였느니라. 진리가 예수 안에 있는 것 같이, 너희가 참으로 그에게서 듣고 또한 그 안에서 가르침을 받았을진대, 너희는 유혹의 욕심을 따라 썩어져 가는 구습을 따르는 옛 사람을 벗어 버리고, 오직 너희의 심령이 새롭게 되어, 하나님을 따라 의와 진리의 거룩함으로 지으심을 받은 새 사람을 입으라. (4:17~24)

예수 그리스도를 믿고 주님으로 고백해 거듭날 때, 그 사람의 근본 본성이 변한다. 이 변화는 죽음에서 일어날 변화보다 근본적이고 철저하다. 죽을 때 신자는 이미 천국에 적합하며, 이미 천국 시민이고, 이미 하나님의 자녀다. 그는 영적으로 다시 태어난 후 가지고 있는 신의 성품(divine nature)을 완벽하게 경험하기 시작할 뿐이다. 이제 구속(속량)받지 못한 육신에서 처음으로 자유하기 때문이다. 그는 영화로운 몸을 받을 테지만(참조. 고후 15:42~54), 그렇다고 더 나아지는 것은 아니다. 그는 이미 완전하기 때문이다. 그러나 그 때, 그는 영원한 부활 생명에 포함된 능력을 온전히 받을 것이다.

구원은 이전에 있던 것을 개선하거나 완전하게 하는 것이 아니다. 구원은 완전한 변화다. 신약성경은 신자들이 새로운 생각, 새로운 의지, 새로운 마음, 새로운 기업, 새로운 관계, 새로운 능력, 새로운 지식, 새로운 지혜, 새로운 지각, 새로운 이해, 새로운 의, 새로운 사랑, 새로운 갈망, 새로운 시민권을 비롯해 숱한 새로운 것을 갖는다고 말한다. 이 모두가 새 생명으로 요약된다(롬 6:4).

새로 태어날 때, 인간은 새로운 피조물이 된다. "그런즉 누구든지 그리스도 안에 있으면 새로운 피조물이라. 이전 것은 지나갔으니, 보라 새 것이 되었도다"(고후 5:17). 단순히 새로운 것을 받는 게 아니라 새로운 사람이 '되는' 것이다. 바울은 이렇게 말했다. "내가 그리스도와 함께 십자가에 못 박혔나니, 그런즉 이제는 내가 사는 것이 아니요 오직 내 안에 그리스도께서 사시는 것이라. 이제 내가 육체 가운데 사는 것은 나를 사랑하사 나를 위하여 자기 자신을 버리신 하나님의 아들을 믿는 믿음 안에서 사는 것이라"(갈 2:20). 새 본성이 옛 본성에 추가되는 게 아니라 옛 본성을 대체한다. 변화된 사람은 완전히 새로운 "나"다. 이전에 악을 사랑하는 것과 정반대로(참조. 요 3:19~21; 롬 1:21~25, 28~32), 새 사람—그리스도인의 가장 깊고 가장 참된 부분—은 이제 하나님의 율법을 사랑하며, 그 율법의 의로운 요구를 성취하길 갈망하고, 죄를 미워하며, 구속(속량)받지 못한 육신에서 해방되길 갈망하는데, 이 육신은 영화(榮化) 때까지 영원한 새로운 피조물의 집이다(롬 7:14~25, 8:22~24을 보라).

그렇다면 왜 우리는 그리스도인이 된 후에도 계속 죄를 짓는가? 바울은 로마서 7장에서 이렇게 설명한다. "이제는 그것을 행하는 자가 내가 아니요 내 속에 거하는 죄니라. 내 속 곧 내 육신에 선한 것이 거하지 아니하는 줄을 아노니, 원함은 내게 있으나 선을 행하는 것은 없노라"(롬 7:17~18; 참조. 20절). 죄가 여전히 육체에 거한다. 그래서 우리는 새 본성을 온전하고 완전하게 표현하지 못하게 방해받고 지지당한다. 우리가 구속받지 못한(속량을 기다리는) 육신의 부패 없이 신의 성품을 온전히 갖게 되리라는 약속은 미래에 가서야 성취될 것이다(참조. 롬 8:23; 빌 3:20~21; 벧후 1:3~4).

성경 용어는 그리스도인에게 서로 다른 두 본성이 있다고 말하지 않는다. 그리스도인의 본성은 하나, 곧 그리스도 안에서 갖는 본성 하나뿐이다. 옛 사람(old self)은 죽고 새 사람(new self)이 산다. 둘은 공존하지 않는다. 그리스도인으로 죄를 짓게 하는 것은 남아 있는 옛 본성(old nature)이 아니라 남아 있는 죄악 된 육신의 옷이다. 그리스도인은 영적 조현병 환자가 아니라 단일한 새 사람(single new person)이며, 완전히 새로운 피조물이다. 새로운 피조물의 거처, 곧 남아 있는 인성(remaining humanness)의 더러운 외투가 그의 삶을 계속 방해하고 오염시킨다. 신자는 전인(全人)으로서 변화되지만, 아직 전적으로 완전하지는 않다. 죄가 그의 안에 거하지만, 왕 노릇하지는 못한다(참조. 롬 6:4). 그는 더 이상 부패한 옛 사람이 아니라 의와 거룩으로 창조된 새 사람이며, 완성된 구원(full salvation)을 기다린다(참조. 롬 13:11).

에베소서 4장에서, 바울은 신자들이 새로운 피조물이라는 사실에 근거해 두 가지를 호소한다. 첫째 호소와 함께 4장이 시작된다. "그러므로 주 안에서 갇힌 내가 너희를 권하노니, 너희가 부르심을 받은 일에 합당하게 행하여(walk)"(1절). 둘째 호소와 함께(17절) 현재 본문이 시작되며, 여기서 바울은 악한 불신자의 행보(walk)와 영적 그리스도인의 행보를 대비(對比)한다. 그는 이러한 대비 후에 더 많은 "그러므로" 또는 "그런즉"으로 시작해(25절; 5:1, 7, 15) 새로운 피조물이 된 그리스도인의 적절한 반응을 보여준다. 이 모두는 변화된 본성이 변화된 행동을 요구한다는 사실을 암시한다. 마치 사도 바울이 이렇게 말하는 것 같다. "하나님께서 세상에 교회라는 놀랍고 새로운 존재를 창조하셨습니다. 교회는 무엇과도 다른 피조물이며, 겸손이라는 특성을 띠고, 영적 은사들을 통해 특별히 힘을 얻으며, 그리스도의 몸으로서 특별히 하나를 이루고, 사랑으로 세워져야 합니다. 그 때문에 모든 신자는 이 교회의 구성원으로서 다음과 같이 살아야 합니다."

17~24절에서, 바울은 일반적인 것에서 구체적인 것으로 옮겨가며, 옛 사람의 행보가 갖는 네 가지 특징을 제시한 후 새 사람의 행보가 갖는 네 가지 특징을 제시한다.

옛 사람의 행보

그러므로 내가 이것을 말하며 주 안에서 증언하노니, 이제부터 너희는 이방인이 그 마음의 허망한 것으로 행함 같이 행하지 말라. 그들의 총명이 어두워지고 그들 가운데 있는 무지함과 그들의 마음이 굳어짐으로 말미암아 하나님의 생명에서 떠나 있도다. 그들이 감각 없는 자가 되어 자신을 방탕에 방임하여 모든 더러운 것을 욕심으로 행하되,(4:17~19)

그러므로는 우리가 예수 그리스도 안에서 받은 고귀한 부르심에 관해 바울이 지금껏 말한 내용을 가리킨다. 우리는 구원에 이르도록 부르심을 받으며, 그리스도의 몸에서 하나 되고, 성령의 선물(은사)을 받으며, 선물(은사)을 받은 사람들에 의해 세워진다(1~16절). 우리는 **그러므로… 이제부터… 이방인이 그 마음의 허망한 것으로 행함 같이 행하지 말아야** 한다. 세상이 사는 방식으로 계속 살아서는 영광스러운 그리스도의 일을 성취할 수 없다.

'에뜨노스'(*ethnos*, **이방인**)는 모든 고대 헬라어 사본에 나오지는 않으며, 나중에 추가되었을 것이다. 그러나 여기서 이 단어의 용례는 다른 바울 서신들을 비롯해 신약성경 다른 곳에 나오는 이 단어의 용례와 완벽하게 일치한다. 이 용어는 기본적으로 일반적인 다수의 사람을 가리키며, 다음으로 특정한 종류의 사람들로 구성된 그룹을 가리킨다. 영어의 'ethnic'은 둘째 의미를 내포한다. 유대인들은 이 용어를 일반적인 두 방식으로 사용했다. 첫째는 나머지 모든 사람을 유대인들과 구별하기 위해, 둘째는 나머지 모든 종교를 유대교와 구별하기 위해서였다.

데살로니가전서에서 바울은 "하나님을 모르는 이방인"이라고 할 때, 이 용어를 이교도(pagan)라는 의미에서 사용하며(살전 4:5), 현재 본문에서도 이런 의미로 사용한다. 여기서 **이방인**은 하나님을 모르고(ungodly) 거듭나지 않은 모든 이교도를 가리킨다.

우리 시대의 교회처럼, 에베소교회를 비롯해 신약성경 시대에 팔레스타인 밖에 있는 교회들은 거의 모두 무성한 이교 신앙과 이에 수반되는 부도덕에 에워싸였다. 에베소는 로마제국에서 손꼽히는 상업·문화 도시였다. 에베소는 거대한 아데미 신전, 곧 디아나 신전을 자랑했으며, 이 신전은 고대 세계 7대 불가사의 중 하나였다. 그러나 에베소는 방탕과 성적 부도덕(음란, 음행)으로 유명한 도시이기도 했다. 어떤 역사가들은 에베소를 소아시아에서 가장 음탕한 도시로 꼽는다.

아데미 신전은 숱한 악의 중심이었다. 대다수 이방 종교처럼, 아데미 신전의 의식과 관례도 인간의 가장 혐오스럽고 뒤틀린 죄의 확장판이었다. 남자와 여자의 역할이 뒤바뀌었고, 난잡한 성행위와 동성애를 비롯해 온갖 변태 성욕(성도착)이 일반적이었다. 아데미 자신이 섹스의 여신이었으며, 암소와 늑대 사이에서 태어난 잡종처럼 보이는 추하고 역겨운 검은 여신상으로 표현되었다. 수천 명에 이르는 신전 창녀들, 환관들, 노래하는 자들, 춤추는 자들, 남녀 사제들이 아데미를 섬겼다. 아데미를 비롯한 온갖 신상을 어디서나 볼 수 있었고, 크기와 재료도 다양했다. 그중에 은 신상과 종교 공예품이 인기가 높았다. 바울의 복음전파가 이 사업에 큰 타격을 주었고, 그래서 에베소 은장색들이 대중을 선동해 바울과 동료 신자들을 성토했다(행 19:24~28).

아데미 신전은 당시에 예술품이 가장 많이 보관된 곳 중 하나였다. 아데미 신전은 은행으로도 사용되었다. 대다수 사람이 아데미 여신을 비롯해 신들의 저주를 촉발하지 않으려고 신전 물건을 훔쳐 나오길 두려워했기 때문이다. 너비가 400미터쯤 되는 원형지대는 범죄자들의 피신처 역할을 했으며, 범죄자들은 신전 경내를 벗어나지 않는 한 체포와 징벌로부터 안전했다. 분명한 이유 때문에 수백 명에 이르는 상습범의 존재는 에베소의 부패와 악을 더욱 부추겼다. 주전 5세기, 그 자신이 이교도였던 헬라 철학자 헤라클레이토스(Heraclitus)는 에베소를 가리켜 이렇게 말했다. "역겨운 어둠(darkness of vileness)이다. 도덕은 짐승만 못하며, 에베소 주민들은 익사당해 마땅하다." 바울 당시에는 상황이 많이 달라져 있었다고 믿을 이유가 없다. 달라졌더라도, 더 나빠졌을 것이다.

에베소교회는 거대한 악의 시궁창에 떠 있으며 경멸받는 사람들로 구성된 작은 섬이었다. 대다수 신자는 전에 이교도였다. 이들은 자신들이 전에 흥청

거리던 곳을 자주 지나갔고, 전에 함께 방탕했던 친구들과 자주 마주쳤다. 이들은 옛 삶으로 돌아오라는 유혹을 끊임없이 마주했으며, 그래서 바울은 이들에게 저항하라고 권면했다. **그러므로 내가 이것을 말하며 주 안에서 증언하노니, 이제부터 너희는 이방인이 그 마음의 허망한 것으로 행함 같이 행하지 말라.** 베드로도 비슷한 말을 했다. "너희가 음란과 정욕과 술 취함과 방탕과 향락과 무법한 우상숭배를 하여 이방인의 뜻을 따라 행한 것은 지나간 때로 족하도다. 이러므로 너희가 그들과 함께 그런 극한 방탕에 달음질하지 아니하는 것을 그들이 이상히 여겨 비방하나"(벧전 4:3~4).

우리가 그리스도 안에 있는 것과 하나님이 구속받고 사랑받는 자신의 자녀들을 위해 지금 계획하시는 모든 것에 기초하여, 우리는 그분을 알지 못하거나 따르지 않는 나머지 세상과 절대적으로 달라야 한다. 영적으로, 우리는 이미 세상을 떠났고 이제 천국 시민이다. 그러므로 우리는 "이 세상이나 세상에 있는 것들을 사랑하지" 말아야 한다. "누구든지 세상을 사랑하면 아버지의 사랑이 그 안에 있지 아니하니, 이는 세상에 있는 모든 것이 육신의 정욕과 안목의 정욕과 이생의 자랑이니 다 아버지께로부터 온 것이 아니요 세상으로부터 온 것이라. 이 세상도, 그 정욕도 지나가되 오직 하나님의 뜻을 행하는 자는 영원히 거하느니라"(요일 2:15~17). 세상의 기준은 틀렸으며, 세상의 동기도 틀렸고, 세상의 목적도 틀렸다. 세상의 길은 죄악되고, 속이며, 부패하고, 공허하며, 파괴한다.

바울은 자신의 입맛이나 기호에 따라 경고하는 게 아니다. **내가 이것을 말하며 주 안에서 증언하노니(This I say … and affirm together with the Lord).** 죄를 버리고 의를 따르는 문제는 소외되고 생각이 좁은 설교자와 교사의 변덕이 아니다. 이것은 하나님 자신의 기준이며, 자신에게 속한 자들을 위한 그분의 유일한 기준이다. 이것은 복음의 본질이며, 구속받지 못한 자들의 기준과 극명하게 대비된다.

바울은 뒤이어 하나님 없는 이교도 생활방식, 곧 신자들이 버려야 하는 생활방식의 구체적인 네 가지 특징을 제시한다. 세상적인 삶은 지적으로 허망하고, 하나님의 진리를 모르며, 영적·도덕적으로 무감각하고, 생각이 부패했다.

지적 허망

거듭나지 못한 사람들의 첫째 특징은 **그 마음의 허망한 것으로(in the futility of their mind)** 산다는 점이다. 기본적인 생활방식 문제의 중심에 **마음(mind)** 이 있다는 것은 의미심장하다. 바울은 뒤이어 총명(understanding)과 무지(18절), 배우기와 가르치기(20~21절), 심령(mind)과 진리를 말하는데, 이 모두는 지성과 연결된다. 불신자들과 그리스도인들이 서로 '다르게 생각하며', 따라서 서로 '다르게' 행동한다. 영적·도덕적 문제와 관련해, 불신자는 똑바로 생각하지 못한다. 이런 부분에서, 불신자의 이성적 과정이 뒤틀리고 미숙하다 (참조. 롬 1:28; 8:7; 고전 2:14; 골 2:18; 딛 1:15).

두 권으로 된 책 『범죄자의 특성』(*The Criminal Personality*)에서, 새뮤얼 요챌슨(Samuel Yochelson, 1906~1976)과 스탠튼 새머나우(Stanton Samenow, 1941-)는 범죄 행위가 뒤틀린 생각의 결과라고 주장한다. 이들은 3부 (sections) 전체를(251~457쪽) "범죄자의 사고 오류"에 할애한다. 범죄자들의 감정과 배경을 조사하는 대신 범죄자들의 생각을 연구함으로써 이 3부에서 결론을 제시한다. 이들은 이렇게 썼다. "주목할 만하게도, 범죄자는 흔히 범죄만큼이나 범죄가 아닌 일에서 하는 자신의 행위로부터 큰 영향을 받는다. 범죄자의 사고 패턴은 어디서나 작동한다. 이 패턴은 범죄에만 국한되지 않는다." 이것은 뒤틀리고 타락한 마음에 관한 서술이다. 저자들은 이렇게 선언한다. "사회학적 설명들은 만족스럽지 못했다. 한 인간이 자신의 환경에 오염되기 때문에 범죄자가 된다는 생각은 너무 빈약한 설명으로 드러났다. 우리가 보여주었듯이, 범죄자들은 더 넓은 가정의 스펙트럼에서, 같은 동네의 열악한 가정뿐 아니라 특권을 누리는 가정에서도 나온다. 어떤 집은 가정 폭력이 있지만, 대다수는 아니다. 한 인간을 범죄자로 만드는 것은 환경이 아니라 아주 어린 나이에 시작하는 일련의 선택이다." 두 연구자는 범죄자의 마음이 마침내 "모든 게 무가치하다고 결정할 것이다"라는 결론도 내린다. 이들은 간략하게 단언한다. "그의 생각은 비논리적이다."

인간의 죄악은 부패한 마음에서 나오며, 따라서 변화는 마음에서 시작되어야 한다(23절). 기독교는 경험 이전에 인식이다. 우리의 생각이 우리로 하여금 복음을 고려하게 하며, 복음의 역사적 사실과 영적 진리를 믿고 그리스도를 주님과 구주로 영접하게 한다. 이런 까닭에, 회개의 첫 단계는 자신에 관해, 자신의 영적 상태에 관해, 하나님에 관해 마음(생각)을 바꾸는 것이다.

헬라인들에게 마음은 더없이 중요했다. 헬라인들은 자신들의 훌륭한 문학, 예술, 철학, 정치, 과학을 자랑스러워했다. 헬라인들은 배움에 매우 앞서 있었다. 그래서 로마인들을 비롯한 정복자들이 헬라 노예들을 높이 사서 자신들의 자녀를 가르치는 교사로, 자신들의 가솔과 사업체를 관리하는 자로 삼았다. 헬라인들은 거의 모든 문제를 이성으로 풀 수 있다고 믿었다.

그러나 바울은 타고난 마음(natural mind, 거듭나지 못한 마음)은 영적으로 허망하고 비생산적이라고 말한다. '마타이오테스'(*mataiotēs*, **futility, 허망**)는 바라는 결과를 내지 못하는 것, 절대 성공하지 못하는 것을 가리킨다. 그러므로 이 단어는 무(nothing)에 해당했기 때문에, 공허(empty)의 동의어로 쓰였다. **이방인**—여기서는 하나님 없는(ungodly) 모든 자를 가리킨다.—의 영적 사고와 이에서 비롯되는 생활방식은 필연적으로 공허하고, 헛되며, 실체가 없다. 불신자의 삶은 더없이 하찮은 것을 생각하고 행동하는 데 매여 있다. 그는 순전히 이기적인 목표를 추구하고, 일시적인 것을 축적하며, 본래 속이며 실망을 주는 것에서 만족을 구하는 데 자신을 소모한다.

거듭나지 못한 사람은 자기 생각을 토대로 모든 것을 계획하고 결심한다. 그는 자신의 궁극적 권위가 되고 자기 생각을 좇아 결국 허망, 무목적, 무의미—우리 시대를 특징짓는 자기중심적 공허—라는 결과에 이른다(참조. 시 94:8~11; 행 14:15; 롬1:21~22).

고대 세계에서 가장 지혜롭고 가장 부유하며 가장 사랑받은 사람이 세상의 모든 특권과 쾌락을 경험하며 살아본 후, 세상적인 삶은 "헛되어 바람을 잡으려는 것이로다"라고 결론 내렸다(전 2:26; 참조. 1:2, 14; 2:11 등). 그러나 수백 년, 수천 년이 흘러도 사람들은 똑같이 허망한 목적을 똑같이 허망한 방식으로 좇는다.

하나님의 진리에 대한 무지

하나님 없는(ungodly) 사람들의 둘째 특징은 하나님의 진리를 모른다는 것이다. 이들의 생각은 허망할 뿐 아니라 영적으로 무지하다. 이들은 **그들의 총명이 어두워지고 그들 가운데 있는 무지함과 그들의 마음(heart)이 굳어짐으로 말미암아 하나님의 생명에서 떠나 있다.**

일반 교육과 고등 교육이 역사상 그 어느 때보다 폭넓게 이루어지고 있다. 대학 졸업자 수가 수천 만에 이르며, 고대 헬라처럼 우리 사회가 자신의 과학과 기술과 문학을 비롯해 지성의 성취를 자랑한다. 많은 사람에게 무지하다는 말은 죄가 크다는 말보다 훨씬 불쾌하다. 그러나 이 단락에서 바울의 핵심은 무지와 죄가 분리될 수 없다는 것이다. 하나님 없는 자들은 "항상 배우나 끝내 진리의 지식에 이를 수 없다"(딤후 3:7). 타락한 인류는 하나님의 것들—궁극적으로 알 가치가 있는 유일한 것들—을 본래 알 수 없고 이해할 수도 없다. 사람들은 하나님을 거부할 때, "그 생각이 허망하여지며 미련한 마음이 어두워졌다"(롬 1:21). 지적 허망과 어리석음이 결합해 죄의 형벌을 이룬다.

어두워지고 뒤에 있는 헬라어 단어는 완료 분사이며, 계속되는 영적 어둠의 상태를 말한다. 이 어둠은 무지와 부도덕 둘 다 암시한다. **총명(understanding)**의 어두워짐이 **하나님의 생명에서 떠남**과 짝을 이룬다(참조. 요 1:5). 이들의 어둠, 무지, 하나님에게서 분리됨은 이들의 **마음이 굳어짐**, 곧 이들이 죄에 머물기로 스스로 결정한 데 그 원인이 있다. 사람들이 하나님을 거부하기로 했기 때문에, 하나님이 이들의 마음을 어둡게 하고(blind), 이들이 자신 앞에 오지 못하게 하며, 이들을 자신들의 영적 무지에 버려두기로 법적으로 그리고 주권적으로 결정하신다. 바울은 타락한 인류에 대해 이렇게 설명한다. "하나님을 알되 하나님을 영화롭게도 아니하며 감사하지도 아니하고, 오히려 그 생각이 허망하여지며 미련한 마음이 어두워졌나니, 스스로 지혜 있다 하나 어리석게 되어…그러므로 하나님께서 그들을 마음의 정욕대로 더러움에 내버려 두사"(롬 1:21~22, 24).

그들의 마음이 굳어짐으로 말미암아 하나님 없는 자들이(the ungodly) 진리에 반응하지 않는다(참조. 사 44:18~20; 살전 4:5). 시체가 영안실에서 오가는 대화를 들을 수 없듯이, 영적으로 "허물과 죄로 죽은" 사람은(엡 2:1) 하나님의 것들이 자신들 앞에서 아무리 크게, 또는 분명하게 선포되고 증명되어도 듣거나 이해하지 못한다. '포로시스'(pōrōsis, **hardness,** 굳어짐)는 바위처럼 단단하다는 의미를 내포한다. 이 단어는 부러진 뼈 주변에 형성되어 뼈보다 단단해지는 석회성 물질을 가리킬 때 의사들이 사용했다. 이 단어는 때로 관절 부위에서 일어나 관절을 움직일 수 없게 만드는 경화(硬化)를 가리킬 때도 사용되었다. 그러므로 이것은 굳어짐뿐 아니라 마비라는 의미를 내포할 수 있다. 죄는 딱딱하게 하는 결과를 초래하며, 계속해서 죄를 선택하는 사람의 **마음(heart)** 은 굳어지고 마비되어 영적 진리를 감지하지 못하며, 하나님의 것들에 완전히 무감각해진다.

시카고 대학의 리로이 오든(Leroy Auden)은 이렇게 썼다. "우리는 잠시도 가만히 못 있는 사자를 종이 상자 아래 숨기고, 우리 영혼의 이 소란을 묘사하기 위해 죄책이 아닌 다른 용어들을 사용할는지 모른다. 그렇게 하더라도 모든 것이 바로 우리 안에 있다는 사실은 변하지 않는다." 심리 게임, 합리화, 자기 정당화, 남 탓하기, 죄를 부정하고 도덕 제거하기 등의 이런저런 방법으로 사람들은 죄책이란 사자를 헛되이 제거하려 애쓴다. 그러나 사자는 떠나가려 하지 않는다.

믿길 거부하는 자들의 몽매함(blindness)에 사탄이 한몫한다. 그 이유는 이렇다. "이 세상의 신이 믿지 아니하는 자들의 마음을 혼미하게 하여 그리스도의 영광의 복음의 광채가 비치지 못하게 함이니, 그리스도는 하나님의 형상이니라"(고후 4:4). 이들은 하나님을 보길 거부하기 때문에 그리스도를 보길 거부한다. 이 세상의 신이 이들의 거부를 기꺼이 인정하고 강화한다.

사람들이 자신의 길을 끈질기게 고집하며 따를 때, 마침내 하늘의 하나님도 이들의 선택을 인정하실 것이다. 예수님의 가르침과 설교를 들은 유대인들은 큰 이점이 있었다. 이들은 모세와 선지자들과 구약성경 저자들을 통해 하나님의 말씀을 받았다. 이들은 훨씬 큰 이점이 있었다. 이들은 하나님 자신의 성육하신 아들을 보았고 그분의 말씀을 들었다. "이렇게 많은 표적을 그들 앞에서 행하셨으나 그를 믿지 아니하니…그들이 능히 믿지 못한 것은 이 때문이니, 곧 이사야가 다시 일렀으되, 그들의 눈을 멀게 하시고 그들의 마음을 완고하게 하셨으니, 이는 그들로 하여금 눈으로 보고 마음으로 깨닫고 돌이켜 내게 고침을 받지 못하게 하려 함이라 하였음이더라"(요 12:37, 39~40). 이들은 믿으려 하지 않았기 때문에 믿을 수 없었다. 하나님은 어느 날 이렇게 말씀하신다. "불의를 행하는 자는 그대로 불의를 행하고, 더러운 자는 그대로 더럽…게 하라"(계 22:11).

사람들이 빛을 줄곧 거부함으로써 자신의 마음을 딱딱하게 하기로 선택할 때(요 12:35~36), **그들의 총명이 어두워지고 그들 가운데 있는 무지함과 그들의 마음이 굳어짐으로 말미암아 하나님의 생명에서 떠나 있다.** 이것은 불신앙의 말할 수 없는 비극이며, 자신을 자신의 신으로 삼는 자의 말할 수 없는 비극이다.

영적 · 도덕적 무감각

거듭나지 못한 사람의 셋째 특징은 영적 · 도덕적 냉랭함이다. ─ **그들이 감각 없는 자가 되어.** 사람들은 계속 죄를 짓고 하나님의 생명에 등을 돌릴 때, 도덕적 · 영적인 것들에 무관심하고 무감각해진다. 이들은 의의 기준을 모조리 거부하고, 자신들이 하는 불의한 생각과 행동의 결과에 개의치 않는다. 양심마저 화인(火印)을 맞아 잘못에 무감각하다(딤전 4:2; 딛 1:15).

이런 고대 헬라 이야기가 있다. 스파르타 소년이 여우 한 마리를 훔쳤으나 우연히 그 여우 주인과 마주쳤다. 소년은 도둑질을 들키지 않으려고 여우를 옷 속에 감춘 채 꼼짝 않고 서 있었다. 겁먹은 여우가 그의 주요 장기를 물어뜯었다. 소년은 고통스럽게 죽어가면서도 자신의 잘못을 인정하려 들지 않았다.

악한 우리 사회는 자신의 본 모습을 들키지 않겠다고 아주 굳게 다짐한다. 그래서 자신이 그렇게도 소중히 여기는 자신의 생명과 활력을 죄와 부패가 갉아먹는데도 꼼짝 않고 서 있다. 우리 사회는 죄의 실체와 결과 양쪽 모두에 **감각 없는 자가 되었고,** 자신이 "살아가는" 길이 죽음의 길이라고 인정하기보다 어떤 고통이라도 견디려 한다.

다른 한편으로, 전에 숨기거나 변명했던 죄를 이제 공개적으로 대놓고 탐닉한다. 도덕의 껍데기조차 벗어버리기 일쑤다. 자기 욕망이 지배할 때, 외설이 판을 치고 하나님이 주신 경고등이자 영혼의 통증을 느끼는 기관인 양심이 무감각해진다. 죽어가는 자들은 자신들을 죽이는 것에 둔감해진다. 왜냐하면 그들이 그렇게 선택하기 때문이다. 심지어 온 세상이 다 보는 앞에서 수치를 당하더라도, 죄를 죄로 또는 무의미와 절망을 키우는 원인으로 인식하지 않는다(참조. 롬 1:32).

생각의 부패

허망하고 자기중심적인 생각, 진리에 대한 무지, 영적 · 도덕적 무감각은 필연적으로 **방탕**으로 이어진다. **모든 더러운 것을 욕심으로 행하기** 때문이다.

'아셀게이아'(*aselgeia*, **sensuality, 방탕**)는 전적인 음탕, 모든 도덕적 절제의 부재, 특히 성적인 죄에서 그러함을 가리킨다. 어느 주석가는 이 용어가 "훈육(discipline)의 아픔을 견디지 못하는 영혼의 성향"과 연결된다고 말한다. 재갈 물리지 않은 방종과 통제되지 않는 외설이란 개념을 내포한다.

방탕은 베드로가 다음과 같이 묘사하는 사람들의 특징이다. "특별히 육체를 따라 더러운 정욕 가운데서 행하며 주관하는 이를 멸시하는 자들에게는 형벌할 줄 아시느니라. 이들은 당돌하고 자긍하며 떨지 않고 영광 있는 자들을 비방하거니와 더 큰 힘과 능력을 가진 천사들도 주 앞에서 그들을 거슬러 비방하는 고발을 하지 아니하느니라. 그러나 이 사람들은 본래 잡혀 죽기 위하여 난 이성 없는 짐승 같아서 그 알지 못하는 것을 비방하고 그들의 멸망 가운데서 멸망을 당하며"(벧후 2:10~12).

모든 사람이 처음엔 적어도 옳고 그름의 기준을 얼마간 인지하고, 이 기준을 거슬러 행동할 때 얼마간 수치심도 느낀다. 그래서 대개 자신의 잘못을 숨기려 한다. 같은 잘못을 계속 되풀이하지만, 그것이 잘못이라는 것과 해서는 안 되는 일이라는 것을 인지한다. 그래서 양심이 편하지 않다. 그러나 계속해서 양심을 무시하고 악을 행하며 죄책감을 짓누르길 훈련하면, 마침내 이러한 기준을 거부하고 순전히 자기 욕망대로 살기로 결심하며, 이로써 이미 시들어버린 양심이 드러난다. 이들은 하나님의 모든 지침과 보호를 거부했고, 그래서 생각이 부패하고 **방탕**에 자신을 넘겨주게 된다. 이런 사람들은 하나님의 생각은 물론이고 타인들의 생각도 전혀 개의치 않는다. 오로지 뒤틀린 자기 마음의 갈망을 채우는 것에만 신경 쓸 뿐이다.

하나님 없는 삶(ungodliness)과 이에 수반되는 부도덕은 양심과 영혼뿐 아니라 마음까지 파괴한다. 하나님과 그분의 진리와 의를 거부하면, 결국에는 바울이 로마서에서 말하는 "상실한 마음"(depraved mind, "타락한 마음," 새번역)—마음 없는 마음, 추론할 수 없으며, 분명하게 생각할 수 없고, 하나님의 진리를 인지하거나 이해할 수 없으며, 영적 실체에 다가가지 못하는 마음—에 이르게 된다(1:28). 극단에 이르면, 상실한 마음은 '모든' 실체에 다가가지 못한다. 고삐 풀린 **방탕** 때문에 분별없이 방종해져 애써 쌓은 명성을 잃고 제정신을 잃으며 많은 경우 생명까지 잃는 유명 인사들이 이와 같다. 외설이 생활방식이 될 때, 삶의 모든 부분이 부패하고 뒤틀리며 마침내 무너진다.

정신질환이 급속히 증가하는 것은 모든 종류의 **방탕**이 증가하는 데 적잖은 원인이 있다고 볼 수 있다. 인간은 하나님을 위해 창조되었고, 하나님의 기준에 따라 디자인되었다. 인간은 하나님과 그분의 기준을 거부할 때, 그 과정에서 자신을 파괴한다. 우리 사회의 부패는 심리적 또는 사회적 환경이 낳은 결과가 아니라 하나님과 그분의 길을 구체적이고도 의도적으로 거스르는 원리에 근거한 개인의 선택이 낳은 결과다. 동성애, 성 도착, 낙태, 거짓말, 속임수, 도둑질, 살인을 비롯한 모든 유형의 도덕적 타락이 여기에 빠진 자들의 의식적 선택을 통해 뻔뻔하고 무감각한 생활방식이 되었다.

'에르가시아'(ergasia, **practice, 행하되**)는 사업체를 가리키며, 이 개념이 여기에 적용될 수 있다. 하나님 없는 사람은 **모든 더러운 것**을 업으로 삼기 일쑤다. 몇 해 전, 어느 기독교 지도자가 미국에서 출판되는 책 중에 다수가 깨진 하수관에서 새어 나오는 오물과 다름없다고 했다. 그러나 포르노그래피, 성매매, 성인 영화, 외설적인 텔레비전 프로그램, **모든 더러운 것**이 이 나라의 가장 큰 산업일 것이다. 이 가운데 절대다수가 공개적으로, 뻔뻔하게, 법적으로 보호받는다.

「포브스」(Forbes)에 실린(1978년 9월 18일자, 81~92쪽) "X 등급 경제"(X-rated Economy)라는 기사는 포르노그래피가 더는 불법 사업이 아니라는 분명한 사실을 말하며 시작한다. 포르노그래피 시장이 성도착자들이나 정서적 장애인들에게 국한되지 않는다. 반대로 중산층이 시장의 가장 큰 부분을 차지한다. 갈수록 관대한 사회에서 포르노그래피를 즐기는 사람들이 이것을 자유롭게 만끽한다. 놀라운 사실은 한 공식적 추산에 따르면 이 나라의 포르노그래피 제작자들이 연간 40억 달러를 넘게 번다는 것이다. 영화 산업과 음악 산업의 수입을 합친 것보다 많다. 어떤 사람들은 급성장하는 홈비디오 시장이라는 큰 분야를 포함해 포르노그래피 산업의 총액이 이보다 세 배 많다고 추산한다.

더러운 것(impurity)은 **욕심**과 분리될 수 없다. '플레오넥시아'(*pleonexia*, **greediness, 욕심**)는 고삐 풀린 탐심, 원하는 것을 향한 억제되지 않는 욕망을 가리킨다. 부도덕은 사랑과 무관하며, 관능적인 사람이 보살핌이나 도움을 가장해서 하는 모든 행위는 착취를 위한 계략일 뿐이다. **방탕(sensuality)**과 **더러운 것(impurity)**의 세상은 **욕심**의 세상이다. 하나님 없는 삶(godlessness)과 부도덕에 굴복하는 사람은 탐심에 끌려 주변 사람들에게 할 수만 있다면 무엇이든 취한다. 그는 삶을 오로지 물질적 견지에서 평가하며(눅 12:15), 자신의 이익을 위해 타인들을 이용하고(살전 2:5; 벧후 2:3), 자신의 악한 욕망을 채우려고 하나님에게 등을 돌린다(롬 1:29). 그의 **욕심**은 다름 아닌 우상숭배다(골 3:5).

한 사람이 자기 생각을 고집하고 자신의 방식대로 하며 자신의 운명을 추구하기로 할 때, 자신을 하나님과 단절한다. 이런 일이 일어날 때, 그는 진리와 단절되며 영적으로 눈이 멀고 도덕의 기준을 잃는다. 도덕의 기준이 없으면 부도덕이 뻔뻔하고 무감각한 생활방식이 된다. 이런 상황이 계속되면 선과 악을, 진리와 거짓을, 현실과 비현실을 구분하는 마음의 능력이 파괴된다. 하나님 없는 삶은 마음 없는(mindless, 생각 없는) 삶이 된다.

이 과정이 모든 불신자의 특징이다. 사람마다 정도가 다르더라도, 이것이 하나님 없는 모든 사람이 향하는 방향이다. "악한 사람들과 속이는 자들은 더욱 악하여져서 속이기도 하고 속기도 하나니"(딤후 3:13). 바울이 에베소서 4장 17~19절에서 말하는 극단까지 치닫지 않는 사람들이 있는 것은 순전히 하나님이 의인과 악인 양쪽 모두에게 베푸시는 일반 은총이라는 방패 덕이고(마 5:45을 보라), 보존하시는 성령의 영향력 덕이며(욥 34:14~15), 보존하는 교회의 영향력 덕이다(마 5:13).

새 사람의 행보

오직 너희는 그리스도를 그같이 배우지 아니하였느니라. 진리가 예수 안에 있는 것 같이, 너희가 참으로 그에게서 듣고 또한 그 안에서 가르침을 받았을진대, 너 희는 유혹의 욕심을 따라 썩어져 가는 구습을 따르는 옛 사람을 벗어 버리고, 오 직 너희의 심령이 새롭게 되어, 하나님을 따라 의와 진리의 거룩함으로 지으심 을 받은 새 사람을 입으라. (4:20~24)

그리스도 안에서 취하는 새로운 행보(new walk)는 육신의 옛 행보와 정확히 반대다. 옛 행보는 자기중심적이고 허망하지만, 새 행보는 그리스도 중심적이 고 목적이 있다. 옛 행보는 하나님의 진리를 모르지만, 새 행보는 하나님의 진 리를 알고 이해한다. 옛 행보는 도덕적·영적으로 무감각하고 뻔뻔스럽지만, 새 행보는 모든 종류의 죄에 민감하다. 옛 행보는 생각이 부패하지만, 새 행보 는 생각이 새롭다.

그리스도 중심이다

바울은 이교도 세계의 악을 살펴보고, 영적 어둠과 무지에서 나와 같은 곳 으로 돌아가는 자기중심적이며 목적도 없고 기준도 없는 행악까지 살펴본 후, 이런 타락에 다시 빠진 신자들에게 선언했다. **오직 너희는 그리스도를 그같 이 배우지 아니하였느니라.** 이것은 그리스도의 길도 아니고, 그분의 나라나 가 족의 길도 아니다. 그는 이렇게 주장했다. "참여함으로든 관여함으로든 간에, 여러분은 이런 것들에 조금이라도 얽혀서는 안 됩니다."

너희는 그리스도를…배우지 아니하였느니라는 구원을 직접적으로 가리킨다. 그리스도를 배운다는 것은 구원받는다는 것이다. 동사 '만따노'(*manthanō*)가

진리를 배우는 과정을 가리키는 데 사용될 수 있는 것은 사실이지만(롬 16:17, 빌 4:9을 보라), 또한 일회성 행위로서, 특히 이곳처럼 동사가 부정과거 능동태 직설법인 경우, "알게 되다"라는 의미일 수 있다(Walter Bauer, *A Greek-English Lexicon of the New Testament*. 번역 및 편집 W. F. Arndt와 F. W. Gingrich. 5판. [Chicago: U. of Chicago, 1958], p. 490). 부정과거형은 요한복음 6장 45절에서도 사용되는데, 거기서 예수님은 "아버지께 … 배운"자들에게 말씀하셨다. "아버지께 배웠다"는 것은 옛 언약 아래서 구원하는 믿음의 행위(saving act of faith)를 가리켰으며, 이제 이것이 이들을 그분께 인도할 터였다.

마태복음 11장 29절에서, 예수님은 구원받으라는 모든 초대 중에 가장 사랑스러운 초대를 하셨다. "나의 멍에를 메고 내게 배우라." 여기서도 '만따노'는 부정과거 시제로 사용되었으며, 반복되지 않는 단회적 행동을 가리킨다.

이 단락들에서 동사 "배우다"(to learn)가 사용된 문맥과 이 동사가 부정과거 시제로 사용되었다는 사실은 이 배움이 구원하는 믿음의 순간(moment of saving faith, 믿어 구원받는 순간)을 가리킨다는 결론으로 이어진다.

"세상과 벗된 것이 하나님과 원수되며"(약 4:4), 따라서 그리스도를 고백하지만 세상적이고 죄악 된 습관을 버리려 노력하지 않는 사람은 자신의 구원을 의심해야할 이유가 있다. "그를 아노라 하고 그의 계명을 지키지 아니하는 자는 거짓말하는 자요 진리가 그 속에 있지 아니하되 … 이 세상이나 세상에 있는 것들을 사랑하지 말라. 누구든지 세상을 사랑하면 아버지의 사랑이 그 안에 있지 아니하니"(요일 2:4, 15).

하나님의 길과 세상의 길은 양립할 수 없다. 자칭 복음 전도자라는 사람들이 조장하는 생각, 곧 그리스도인이 될 때 아무것도 포기하거나 바꿀 필요가 없다는 생각은 사악하기 이를 데 없다. 이런 생각은, 하나님의 은혜를 고취하고 복음을 행위의 의로부터 보호한다는 허울 하에, 예수님이 멸망에 이른다고 경고하신 넓은 길로 숱한 사람을 자신 있게 내몰 뿐이다(마 7:13).

인간의 측면에서 구원은 회개, 곧 죄와 자신과 하나님에 관해 마음과 행동을 바꾸는 데서 시작된다. 세례 요한(마 3:2), 예수님(마 4:17), 사도들은(행 2:38; 3:19; 5:31; 20:21; 26:20) 회개하라고 외치며 사역을 시작했다. 그리스도를 영접하는 목적 자체가 "이 패역한 세대에서 구원을 받을" 것이며(행 2:40), 따라서 회개하고 죄를 버리지 않는 자는 그 누구도 구원받지 못한다. 회개가 우리를 구원하지는 않는다. 그러나 하나님은 우리가 버리려 들지 않는 죄로부터 우리를 구원하실 수 없다. 죄에 매달린다면 하나님을 거부하고, 그분의 은혜를 비방하며, 믿음을 무효화하는 것이다. 어떤 그리스도인이라도 이생에서 죄의 실재로부터 완전히 자유로울 수는 없지만, 그리스도 안에서 죄를 향하는 자신의 성향으로부터 자발적으로 자유로울 수 있다. 그는 여러 번 미끄러지고 넘어지지만, 그의 확고한 삶의 방향은 죄'에서 멀어지는' 쪽이다.

그리스도인이 가장 먼저 배워야 하는 것 중 하나는 자기 생각을 신뢰하거나 자신의 방식을 의지할 수 없다는 사실이다. "다시는 그들 자신을 위하여 살지 않고 오직 그들을 대신하여 죽었다가 다시 살아나신 이를 위하여 살게 하려 함이라"(고후 5:15). 그리스도인은 그리스도의 마음을 가졌고(고전 2:16), 그리스도의 마음이 그가 의지할 수 있는 유일한 마음이다. 순종하며 신실한 그리스도인은 모든 면에서 그리스도께서 그를 위해 생각하고 행동하며 사랑하고 느끼며 섬기고 사시는 사람이다. 그는 바울과 함께 이렇게 고백한다. "내가 그리스도와 함께 십자가에 못 박혔나니, 그런즉 이제는 내가 사는 것이 아니요 오직 내 안에 그리스도께서 사시는 것이라. 이제 내가 육체 가운데 사는 것은 나를 사랑하사 나를 위하여 자기 자신을 버리신 하나님의 아들을 믿는 믿음 안에서 사는 것이라"(갈 2:20).

우리는 그리스도의 마음을 가졌으므로 우리 안에 "이 마음…곧 그리스도 예수의 마음"을 품어야 하는데, 그분은 "사람의 모양으로 나타나사 자기를 낮추시고 죽기까지 복종하셨으니, 곧 십자가에 죽으심이라"(빌 2:5, 8). 그리스도는 그분의 아버지와 하나다. 그렇더라도 그리스도께서는 땅에 계실 때 절대적으로 아버지의 뜻만 행하셨다(마 26:39, 42; 요4:34; 5:30; 6:38 등). 성육하신 그리스도께서 자신이 하는 모든 일에서 하늘에 계신 아버지의 마음을 구하셨다면, 우리는 더더욱 그러해야 하지 않겠는가? 그리스도인의 삶의 표식은 그리스도처럼 생각하고, 그리스도처럼 행동하며, 그리스도처럼 사랑하고, 가능한 모든 방식으로 그리스도처럼 되는 것이다. 이는 우리가 "깨어 있든지 자든지 자기[예수]와 함께 살기" 위해서다(살전 5:10).

하나님은 우주의 운명을 위한 계획이 있으며, 그리스도께서 우리 안에서 일하시는 한 우리를 통해 그 계획의 한 부분을 실행하고 계신다. 그리스도 중심의 삶은 목적과 의미가 가장 충만한 삶이다. 그것은 하나님의 거룩한 계획과 일의 한 부분이다.

하나님의 진리를 안다

> 진리가 예수 안에 있는 것 같이, 너희가 참으로 그에게서 듣고 또한 그 안에서 가르침을 받았을진대, (4:21)

그리스도인은 하나님의 진리를 모르는 대신에 그리스도에게서 **듣고 또한 그 안에서 가르침을 받았다.** 두 동사 모두 부정과거 시제인데,[29] 이번에도 과거의 단회적 행위를 가리키며, 이 문맥에서는 독자들이 가르침을 받고 복음—여기서 **진리…예수 안에**(truth…in Jesus, 예수 안에 있는 진리)라 불린다.—을 믿게 된 때를 말한다. 이 용어들은 구원-회심의 순간을 기술한다. 사람은 그리스도를 구주와 주님으로 영접할 때, 하나님의 진리에 들어온다.

예수님의 육체적 음성을 듣는 일이 바울이 쓰는 이 편지의 수신자인 소아시아 모든 신자에게는 절대로 불가능했다. 그러므로 **너희가 참으로 그에게서 듣고 또한 그 안에서 가르침을 받았을진대**(참조. 마 17:5)는 땅에서 예수님의 육체적 음성을 듣는 것을 가리킬 수 없다. 그렇다면 구원에 이르는 그분의 영적 부르심을 듣는 것을 가리키는 게 틀림없다(참조. 요 8:47; 10:27; 행 3:22~23; 히 3:7~8). 신약의 많은 관련 구절이 이 들음과 가르침을 받는 것이 하나님의 부르심이라고 말한다(예를 들면, 행 2:39를 보라). '엔 아우토이'(en autoi, 그 안에서)는 그리스도와의 연합을 의미하며, 회심 때 우리가 **그 안에** 있게 되기 때문에 그리스도로 체현된 진리를 받는다는 사실을 한층 강조한다.

---

29 NASB는 둘 다 현재 완료로 옮겼다(have heard …have been taught).

하나님 없는 삶은 진리를 비웃는 냉소주의로 이어진다. 하나님 없는 (ungodly) 사람은 빌라도처럼 "진리가 무엇이냐?"라며 수사학적 질문을 던질는지 모르지만(요 18:38), 만족스러운 대답을 기대하지 않는다. 그러나 그리스도인은 이렇게 말할 수 있다. "그리스도의 진리가 내 속에 있으니"(고후 11:10), 우리가 "또 아는 것은 하나님의 아들이 이르러 우리에게 지각을 주사 우리로 참된 자를 알게 하신 것과 또한 우리가 참된 자, 곧 그의 아들 예수 그리스도 안에 있는 것이니"(요일 5:20).

진리가 예수 안에 있다. 이 **진리**는 무엇보다도 구원에 관한 진리다. 이 개념은 1장 13절과 평행을 이루며, 거기서 바울은 진리를 듣고 그분 안에 있다는 것은 회심의 동의어라고 말한다. "그 안에서 너희도 진리의 말씀, 곧 너희의 구원의 복음을 듣고 그 안에서 또한 믿어 약속의 성령으로 인치심을 받았으니." **진리가 예수 안에 있으며,** 이 **진리**는 하나님, 사람, 창조, 역사, 죄, 의, 은혜, 믿음, 구원, 생명, 죽음, 목적, 의미, 관계, 천국, 지옥, 심판, 영원을 비롯해 궁극적 결과가 있는 모든 것에 관한 충만한 진리로 이어진다.

요한은 이러한 진리와의 관계를 요약했다. "또 아는 것은 하나님의 아들이 이르러 우리에게 지각을 주사 우리로 참된 자를 알게 하신 것과 또한 우리가 참된 자, 곧 그의 아들 예수 그리스도 안에 있는 것이니, 그는 참 하나님이시요 영생이시라"(요일 5:20).

옛 사람으로부터 해방된다

너희는 유혹의 욕심을 따라 썩어져 가는 구습을 따르는 옛 사람을 벗어 버리고,

(4:22)

거듭남은 변화를 일으킨다. 바울은 이것을 입증하려고 예수 안에 있는 진리, 곧 자신의 독자들이 회심할 때 들었고 가르침을 받은 진리에 내재된 실체를 한층 자세히 기술하고 정의한다. 그는 (헬라어 원문에서) 부정사 셋을 사용해 이들이 복음의 부름에서 들은 것을 요약한다. **벗어 버리라(lay aside),** "새롭게 되라"(23절), "입으라"(24절).

바울은 여기서 신자들에게 이렇게 하라고 권면하지 않는다는 사실에 주목하는 게 중요하다. 세 부정사는 예수 안에 있는 구원하는 진리(saving truth)를 기술할 뿐이며, 그리스도인을 향한 명령이 아니다. 이것들은 회심 때 이뤄지며, 여기서는 회심 경험을 일깨우는 것으로 언급될 뿐이다.

옛 사람을 벗어 버리고는 복음을 "듣고…가르침을 받은" 것과 연결된다(21절). 또 하나 주목해야 할 게 있다. 구원은 인간의 그 어떤 기여와도 무관한 하나님의 주권적 기적이라고 단언해야 하지만, 인간이 듣고 믿으며 옛 사람을 벗고 새 사람을 입는다는 것도 단언해야 한다. 하나님의 구원 행위는 믿는 영혼으로부터 이런 반응을 불러일으킨다. 이것들은 하나님의 구원이 요구하는 인간의 행위가 아니라 하나님의 구원 역사에 내재하는 요소다. 여기서 바울의 용어는 기본적으로 죄를 회개함과 하나님께 복종함을 기술하는데, 성경은 이 둘이 거듭남의 요소라고 아주 빈번하게 가르친다(사 55:6~7, 마 19:16~22, 행 2:38~40, 20:21, 살전 1:9 등을 보라).

거듭나지 못한 사람은 계속해서 하나님께 저항하며, 그분을 거부하고, 죄의 지배를 받으며 산다(**구습**). 대조적으로, 그리스도인은 **옛 사람을 벗어버리라**는 부름을 들었다. 이 동사는 낡고 더러운 옷을 벗을 때처럼 옷을 벗는다는 뜻이다. 시제(부정과거 중간태)는 신자가 구원받을 때 취한 단회적이지만 영원한 행위(once-and-forever action)를 가리킨다.

바울이 여기서 **옛 사람**(the old self, 낡고 쓸모없다는 점에서 오래된)을 언급한 것은 그가 다른 서신들에서 사용하는 복음 용어와 일치한다. 예를 들면, 골로새서 3장은 동사 넷을 사용해 구원과 관련된 사실을 기술한다. "이는 너희가 **죽었고**(have died) 너희 생명이 그리스도와 함께 하나님 안에 감추어졌음이라"(3절). "너희가 그리스도와 함께 다시 **살리심을 받았으면**(have been raised up)"(1절). "옛 사람과 그 행위를 **벗어 버리고**(laid aside)"(9절). " 새 사람을 **입었으니**(have put on), 이는 자기를 창조하신 이의 형상을 따라 지식에까지 새롭게 하심을 입은 자니라"(10절, 강조는 덧붙인 것이다). 헬라어 본문에서 네 동사 모두 부정과거 시제라는 것은 이것들이 이미 완결된 행위를 가리키며, 따라서 구원이라는 동일한 과거 사건을 가리킨다는 게 틀림없음을 말한다. 문맥에서, "벗어 버리다"와 "입다"는 "죽었다"와 "살리심을 받았다"와 정확히 평행을 이루는 것 외에 다른 것일 수 없으며, 이 모두는 그 내용이 분명히 구원과 연결된다.

회심이 내포하는 이 네 측면의 진리를 단언하는 것이 골로새서 단락에 나오는 권면들의 기초다. 바울은 에베소 신자들에게 하듯이 골로새 신자들에게도 똑같이 구원을 설명한다. 에베소서에서 바울은 신자가 그리스도의 죽음과 부활에서 그분과 연합한다고 구체적으로 말하지 않는다. 그렇더라도, 그는 믿는 자가 "그 안에" 있다고 말할 때 이것을 암시한다. **옛 사람**과 **새 사람**에 대한 바울의 언급은 두 단락 모두에서 분명히 평행을 이룬다.

바울이 로마서 6장에서 주는 가르침이 이러한 시각을 한층 더 증명하는데, 거기서 그는 구원의 성격을 기술하면서 동사들을 강조한다. "죄에 대하여 **죽은**"(2절). "무릇 그리스도 예수와 합하여 **세례를 받은**"(3절). "그와 함께 **장사되었나니**"(4절). "그의 죽으심과 같은 모양으로 **연합한 자가 되었으면**"(5절). "우리의 옛 사람이 예수와 함께 **십자가에 못 박힌 것은**"(6절). "죄의 몸이 **죽어**"(6절). "**죽은 자**"(7절). "우리가 그리스도와 함께 **죽었으면**"(8절, 강조는 덧붙인 것이다). 아홉 동사 중에 여덟 개가 헬라어 본문에서 부정과거형이며, 이미 성취된 한 사건을 되돌아본다. 하나는 완료시제이며(5절), 과거 사건의 결과를 본다. 이번에도, 바울은 회심 때 완결된 신자의 변화를 이렇게 기술하고 이를 토대로 권면한다(참조. 롬 6:12~23).

바울이 로마서와 골로새서에서 하는 말이 도출하는 피할 수 없는 결론은 이것이다. 구원이란 예수 그리스도의 죽음과 부활에서 그분과 영적으로 연합하는 것이며, 이것은 "옛 사람"의 죽음과 "새 사람"의 부활, 곧 이제 "새 생명" 가운데서 행하는 자의 부활이라고도 말할 수 있다. 이 연합과 새로운 신분은 분명히 구원이 변화라는 것을 의미한다. 이것은 옛 사람에 새 사람을 덧붙이는 게 아니다. 그리스도 안에서, 옛 사람은 더는 존재하지 않는다(참조. 고후 5:17). 이것이 에베소 신자들이 예수 안에 있는 진리를 따라 듣고 가르침을 받은 것이다(4:21). **옛 사람**은 회심하지 않은 본성이며, **유혹의 욕심을 따라 썩어**

저 간다고 묘사된다. 불신자의 **옛 사람**은 부패했을 뿐 아니라 점점 **썩어져 간다** (**being corrupted**, 현재 수동태). **옛 사람**은 유혹의 지배를 받는 악한 욕망의 도구이기 때문이다(참조. 2:1~3). 복음의 초대는 죄를 회개함으로써 **옛 사람**을 벗어버리라는 것이며, 죄를 회개한다는 말은 단지 죄를 슬퍼한다는 뜻이 아니라 죄에서 하나님께로 돌이키는 뜻이기도 하다.

새 사람이 된다

> **오직 너희의 심령이 새롭게 되어, 하나님을 따라 의와 진리의 거룩함으로 지으심을 받은 새 사람을 입으라.** (4:23~24)

거듭나지 못한 사람의 마음은 부패하고 타락했다(17~18절). 대조적으로, 그리스도인은 그 **심령**이 계속해서 **새롭게 된다**(참조. 골 3:10). '아나네오오'(*ananeoō*, **새롭게 되다**)는 신약성경에서 이곳에만 나온다. 이 현재 수동태 부정사를[30] 주동사를 **입으라**의 수식어로 보고 이렇게 옮기는 게 최선이다. "그리고 너희 심령이 새롭게 되어 **새 사람을 입으라.**" 이렇게 옮기면, 새롭게 됨이 "옛 사람을 벗어 버린" 결과이고 **새 사람을 입는** 맥락인 게 분명해진다. 구원은 마음과 관련이 있으며, 마음은 생각과 이해와 믿음의 중심일 뿐 아니라 동기와 행동의 중심이기도 하다. 어느 주석가는 **너희의 심령(spirit of your mind)**의 새롭게 됨이 인간의 사고나 이성의 영역이 아니라 도덕의 영역에서 일어남을 보여주려는 의도로 설명한다. 존 이디(John Eadie)는 이렇게 말한다.

변화는 본질이나 작용에 있어서 심리적으로 마음에서 일어나는 게 아니다. 그뿐 아니라, 변화는 마치 이것이 교리나 행위를 보는 시각의 피상적 변화인 것처럼 마음에서 일어나는 것도 아니다. 변화는 마음의 영(spirit of the mind)에서 일어난

---

30 *ananeoō*는 동사 기본형(to renew)이며, 본문에 사용된 *ananeousthai*는 현재 수동태/중간태 부정사(to be renewed)이다.

다. 이 변화가 마음에 성향과 생각거리를 준다는 점에서 그렇다. 변화는 마치 흐릿하고 신비로운 평온을 주듯이 단순히 영에서 일어나는 게 아니다. 변화는 마음의 영에서 일어난다. 마음의 영 자체가 변화되면, 내적 메커니즘의 전체 영역과 일을 철저하게 바꿀 만큼 강력하게 일어난다.

한 사람이 그리스도인이 될 때, 하나님은 애초에 그의 **마음**을 새롭게 해 그 마음에 완전히 새로운 영적 · 도덕적 능력을 주신다. 이것은 아무리 뛰어나고 교육을 많이 받은 마음이라도 그리스도 없이는 절대 가질 수 없는 능력이다 (참조. 고전 2:9~16). 새롭게 됨(renewal)은 신자가 하나님의 말씀과 뜻에 순종할 때 그의 삶을 통해 계속된다(참조. 롬 12:1~2). 이 과정은 일회성 성취가 아니라 성령께서 하나님의 자녀 안에서 계속하시는 일이다(딛 3:5). 우리의 자원은 하나님의 말씀과 기도다. 우리는 이러한 수단을 통해 그리스도의 마음을 가지며(참조. 빌 2:5; 골 3:16; 딤후 1:7), 이러한 마음을 통해 그리스도의 삶을 산다.

신자의 **심령(spirit of the mind)**이 새로워지는 것은 **새 사람**을 입은 당연한 결과이며, **새 사람은 하나님을 따라(in the likeness of God) 의와 진리의 거룩함으로 지으심을 받은** 새로운 피조물이다. 전에는 캄캄했고, 무지했으며, 굳어졌고, 무감각했으며, 관능적이었고, 불결했으며, 탐욕스러웠던 것이 이제 비춤을 받고, **진리** 안에서 배우며, 죄에 민감하고, 깨끗하며, 후하다. 전에는 악과 죄가 특징이었던 반면, 이제 **의와 거룩**이 특징이다. 골로새서 3장 12절에서 바울은 신자들을 "하나님이 택하사 거룩하고 사랑 받는 자"라 부른다.

새 사람(new self)을 좀 더 잘 이해할 수 있게 그 개념을 자세히 설명하겠다. 새(*kainos*)라는 단어는 고쳤다는 의미가 아니라 완전히 새로운 것, 즉 종(種)이나 성격이 새롭다는 의미다. **새 사람**이 새로운 것은 **하나님을 따라(in the likeness of God,** "하나님의 형상을 따라," 새번역)⋯**지으심을 받았기** 때문이다. 헬라어 구문은 문자적으로 "하나님의 어떠하심을 따라"(according to what God is)이다. 이는 경이로운 구원의 실상을 표현하는 놀라운 표현이다. 예수 그리스도를 주님으로 고백하는 자들은 하나님처럼 지음을 받는다(are made like

God). 베드로는 우리가 "신성한 성품에 참여하는 자"("하나님의 성품에 참여하는 사람," 새번역)가 된다고 말한다(벧후 1:4).

갈라디아서 2장 20절에서, 바울은 이렇게 선언한다. "이제는 내가 사는 것이 아니요 오직 내 안에 그리스도께서 사시는 것이라." 아담이 잃어버린 하나님의 형상이 둘째 아담, 곧 보이지 않는 하나님의 형상이신 분에게서 더 영광스럽게 회복되는데(참조. 고후 4:4~6), 거기서 바울은 그리스도를 하나님의 형상, 우리 안에 거하시는 보배로 묘사한다.

신자들이 신의 성품, 즉 하나님의 창조 행위에 의해 새 사람 안에 하나님의 형상(likeness of God)인 그리스도의 생명을 받았다면(참조. 골 3:10), **의와 진리의 거룩함으로 지으심을 받은** 게 분명하다. 헬라어 본문에서, **진리**라는 단어가 마지막에 자리해 유혹(deceit, 속임수, 22절)과 대비되는데, "참 의와 거룩"(true righteousness and holiness)으로 옮긴 NIV 번역이 최선이다. 하나님은 그 이하를 창조하실 수 없었다(눅 1:75을 보라).

의는 동료 인간들과 관련이 있으며, 율법(십계명)의 두 번째 묶음을 반영한다(출 20:12~17). **거룩**(hosiotēs, 하나님에 대한 모든 의무를 신성하게 준수함)은 하나님과 관련이 있으며, 율법(십계명)의 첫 번째 묶음을 반영한다(출 20:3~11). 따라서 신자는 하나님 앞에 서기에 합당한 새 본성, 새 사람, 거룩하고 의로운 속사람을 소유한다. 이것이 신자의 가장 참된 자아다.

새 사람은 너무나 의롭고 거룩하다. 그래서 바울은 그 어떤 죄도 하나님의 형상으로 지음 받은 새로운 피조물에서 비롯되지 않는다고 말한다. 로마서 6~7장에서, 바울의 언어는 분명히 죄의 실체를 새 사람이 아닌 다른 곳에 둔다. 그는 이렇게 말한다. "너희는 죄가 너희 **죽을 몸**을 지배하지 못하게 하여"(6:12), "**너희 지체(your body)**를 불의의 무기로 죄에게 내주지 말라"(6:13, 강조는 덧붙인 것이다).

이 단락들에서 바울은 신자의 삶에서 죄를 몸(body)에 둔다. 7장에서 바울은 죄가 육신(flesh)에 있다고 본다. 그는 이렇게 말한다. "이제는 그것을 행하는 자가 내가 아니요 내 속에 거하는 죄니라"(17절). "내 속 곧 내 육신에 선한 것이 거하지 아니하는 줄을 아노니"(18절). "이를 행하는 자는 내가 아니요 내 속에 거하는 죄니라"(20절). "내 지체 속에서 한 다른 법이…"(23절).

이 본문들에서, 바울은 하나님의 형상으로 지음 받은 새 사람이라는 사실이 죄를 제거하지는 않음을 인정한다. 새 사람은 여전히 육신, 몸, 구속받지 못한 인성(unredeemed humanness)에 거하며, 한 인간 전체의 생각과 행동이 그러하다. 그러나 새 사람은 죄에 대한 책임을 새로운 속사람에게 돌리지 않는다. 새로운 "나"는 거룩과 의를 위해 창조되었기에, 거룩과 의를 사랑하고 갈망한다.

바울은 이러한 이분법을 이렇게 요약한다. "내 자신이 마음[여기서는 새 사람과 동의어다]으로는 하나님의 법을 육신[여기서는 우리의 죄악 된 몸에 갇혀 있는 구속받지 못한 인성과 동의어다]으로는 죄의 법을 섬기노라"(롬 7:25). 이 싸움이 우리로 로마서 8장 23절이 말하는 "몸의 속량"(the redemption of the body)을 고대하게 한다(참조. 빌 3:20~21).

우리는 새롭지만 아직 '완전히 새롭지'는 않다. 우리는 의롭고 거룩하지만, '완벽하게' 의롭고 거룩하지는 않다. 그러나 우리가 속한 그리스도의 몸에서 그리스도인으로 어떻게 살아야 하는지 알려면, 변화를 일으키는 우리의 구원(our transforming salvation)이 참으로 무엇인지 알아야 한다.

에베소서 나머지 부분은 신자들을 향한 권면, 곧 각자의 몸을 하나님의 뜻에 복종시키라는 권면을 담고 있다.

많은 노숙자 쉼터에 소독실이 있다. 몇 달 동안 목욕을 못 한 노숙자들이 이 방에 들어와 입던 옷을 모두 벗고 깨끗이 목욕하고 소독을 받는다. 다시 사용할 수 없는 옛 옷은 태우고 새 옷을 준다. 깨끗한 사람에게 깨끗한 옷이 지급된다.

이것이 구원의 그림이다. 구원에서는 새로운 신자가 단지 목욕만 하는 게 아니라 완전히 새로운 본성을 받는다는 것만 다르다. 그리스도인의 삶에서 늘 필요한 게 있다. 죄악 된 옛 옷의 잔재를 계속 버리고 태우는 것이다. 바울은 간곡히 권한다. "너희 지체를 불의의 무기로 죄에게 내주지 말고, 오직 너희 자신을 죽은 자 가운데서 다시 살아난 자 같이 하나님께 드리며, 너희 지체를 의의 무기로 하나님께 드리라"(롬 6:13).

신약성경의 많은 "그러므로"와 "그런즉"은 대체로 그 뒤에 신자들을 향한 호소, 곧 그리스도 안에 있는 새로운 피조물이므로 새로운 피조물답게 살라는 호소다. 우리는 새로운 생명, 새로운 주님, 새로운 본성, 새로운 능력을 가졌다. '그러므로' 그에 걸맞은 새로운 생활방식으로 살아야 한다.

14

━━━━━━━━━━━━━━

새 삶의 원리들
(4:25~32)

그런즉 거짓을 버리고, 각각 그 이웃과 더불어 참된 것을 말하라. 이는 우리가 서로 지체가 됨이라. 분을 내어도 죄를 짓지 말며, 해가 지도록 분을 품지 말고, 마귀에게 틈을 주지 말라. 도둑질하는 자는 다시 도둑질하지 말고, 돌이켜 가난한 자에게 구제할 수 있도록 자기 손으로 수고하여 선한 일을 하라. 무릇 더러운 말은 너희 입 밖에도 내지 말고, 오직 덕을 세우는 데 소용되는 대로 선한 말을 하여 듣는 자들에게 은혜를 끼치게 하라. 하나님의 성령을 근심하게 하지 말라. 그 안에서 너희가 구원의 날까지 인치심을 받았느니라. 너희는 모든 악독과 노함과 분냄과 떠드는 것과 비방하는 것을 모든 악의와 함께 버리고, 서로 친절하게 하며, 불쌍히 여기며, 서로 용서하기를 하나님이 그리스도 안에서 너희를 용서하심과 같이 하라. (4:25~32)

구원받았다고 믿을만한 유일한 증거는 과거에 그리스도를 영접한 경험이 아니라 그리스도가 투영된 현재의 삶이다. "그를 아노라 하고 그의 계명을 지키지 아니하는 자는 거짓말하는 자요 진리가 그 속에 있지 아니하되"(요일 2:4). 새로운 피조물은 새로운 피조물답게 행동한다. 하나님은 신자들을 조금씩 새로운 피조물로 만들어 가시는 게 아니다. 신자들은 하나님이 이미 새로운 피조물로 만드신 자들이다. "그런즉 누구든지 그리스도 안에 있으면 새로운 피조물이라. 이전 것은 지나갔으니, 보라 새것이 되었도다"(고후 5:17). 이것이 바울이 로마서 6장에서 가졌던 주된 관심사이며, 거기서 바울은 신자의 "새 생명"(newness of life)을 세밀하게 묘사한다(4절; 참조. 7:6).

바울은 앞서 입증했다(17~24절). 신자들은 구원이 "옛 사람"을 벗어버리고 "새 사람"을 입는 것임을 안다는 것이다(엡 4:22, 24). 그리스도인들은 하나님의 자극에 그저 자동으로 반응하는 로봇이 아니다. 하나님은 주권적으로 우리를 새로운 피조물로 만드신다. 그렇더라도 하나님은 또한 우리에게 명하신다. 여전히 우리 안에 거하는 구속받지 못한 인성(unredeemed humanness)을 성령의 능력으로 복종시키고(고전 9:27), 우리의 주인이신 그리스도께 복종하며 새로운 피조물로 살라는 것이다. 그리스도인의 삶은 역설이다. 그리스도인의 삶에서 하나님의 주권과 인간의 의지 둘 다 작동한다. 신실한 신자는 하나님의 주권적 선언과 명령에 긍정적으로 반응한다.

바울은 신자들이 그리스도 안에서 무엇이며, 어떤 위치를 갖는지 보여주었다(1~3장). 그런 후, 먼저 새로운 삶을 실제로 어떻게 살아야 하는지에 관한 기본 사항을 전체적으로 설명하고(4:1~24), 뒤이어 이 편지 나머지 전체에서 새로운 삶을 위한 구체적 명령들을 제시한다. 4장 25~32절에서 그는 옛 사람과 새 사람 간의 여러 대비가 투영된 명령들을 제시한다. 신자들은 자신의 새 생명을 토대로 거짓말을 버리고 진실을 말하며, 불의한 분을 버리고 의로운 분을 품으며, 도둑질을 그치고 가진 것을 나누며, 안 좋은 말을 버리고 세워주는 말을 하며, 자연적인 악을 버리고 초자연적인 덕을 길러야 한다.

거짓말을 버리고 진실을 말하라

그런즉 거짓을 버리고, 각각 그 이웃과 더불어 참된 것을 말하라. 이는 우리가 서로 지체가 됨이라. (4:25)

그런즉(therefore)은 4장에서 두 번째 나오는데(17절을 보라; 개역개정은 17절에서 "그러므로"라고 옮겼다), 그리스도 안에서 얻은 새 생명에 관한 일반적 기술에

(20~24절) 대한 올바른 반응을 제시하며, 새로운 행보(new walk)를 위한 구체적인 첫 명령을 시작한다.

거짓말쟁이들은 하나님 나라를 유업으로 받지 못한다. "그러나 두려워하는 자들과 믿지 아니하는 자들과 흉악한 자들과 살인자들과 음행하는 자들과 점술가들과 우상숭배자들과 거짓말하는 모든 자들은 불과 유황으로 타는 못에 던져지리니, 이것이 둘째 사망이라"(계 21:8; 참조. 고전 6:9). 신자는 여느 죄에 빠질 수 있듯이 거짓말에도 빠질 수 있다. 그러나 속이려는 마음에서 비롯된 거짓말이 신자의 삶에 습관으로 자리를 잡는다면, 자신이 그리스도인이라고 믿을만한 성경적 근거가 없다. 거짓말이 일상생활의 일부가 되어 늘 거짓말을 한다면, 자신이 하나님의 자녀가 아니라 사탄의 자녀임을 드러내는 것이다(요 8:44). 사탄은 하나님, 그리스도, 생명, 죽음, 천국, 지옥, 성경, 선, 악을 비롯해 모든 것에 관해 거짓말을 한다. 기독교 외에 모든 종교는 사탄의 다양한 속임수를 중심으로 세워진다. 인간 종교들에서 발견할 수도 있을 제한적이고 얼마 안 되는 진리조차도 속이려는 더 큰 계략의 일부에 지나지 않는다.

아담의 타락(the Fall) 이후, 거짓말은 거듭나지 못한 인류의 공통된 특징이다. 우리 사회는 거짓말에 크게 의존한다. 그래서 진실을 말하는 쪽으로 갑자기 바뀌면, 우리의 생활방식이 무너질 것이다. 세계 지도자들이 오로지 진실을 말하기 시작한다면, 틀림없이 3차 세계대전이 일어날 것이다. 너무나 많은 거짓말이 겹겹이 쌓이고, 너무 많은 단체와 사업체와 경제와 사회 질서와 정부와 조약이 이러한 거짓말 위에 세워진다. 그래서 거짓말이 갑자기 그치면 세상 체계가 붕괴할 것이다. 분노와 적대감이 끝을 모를 것이며, 상상할 수 없는 혼란이 일어날 것이다.

거짓말은 직접적인 거짓을 말하는 것만이 아니다. 거짓말은 과장을 포함하며, 참되게 시작된 것에 거짓을 덧붙이는 것도 포함한다. 여러 해 전, 어느 그리스도인이 강력하고 감동적인 간증으로 아주 유명해졌다. 그러나 몇 년 후, 그는 간증을 중단했다. 이유를 묻자, 꽤 솔직하게 답했다. "지난 여러 해 동안 저는 이야기를 너무 부풀렸고, 이제는 무엇이 사실이었고 무엇이 사실이 아니었는지 모를 지경입니다."

학교에서 시험을 보거나 세금을 환급받을 때 부정행위를 하는 것도 거짓말의 한 형태다. 어리석은 약속을 하거나, 신뢰를 저버리거나, 아첨하거나, 변명하는 것도 모두 거짓말의 한 형태다.

그리스도인은 어떤 종류든 거짓말에 관여해서는 안 된다. **거짓을 버림**이 그리스도인의 특징이어야 한다. **거짓**은 그리스도인의 새로운 본성과 양립할 수 없으며, 그의 새로운 주인(new Lord)에게 용납될 수 없기 때문이다. **버리고 (laying aside)**로 번역된 '아포티떼미'(apothēmi)는 폐기, 벗음, 내다버림 등과 관련이 있다. 누가는 이 단어를 예루살렘 유대 지도자들에게 사용했다. 이들은 스데반에게 돌을 던질 때, "옷을 '벗어'(laid aside) 사울이라 하는 청년의 발 앞에 '두었다'"(행 7:58). 이들은 겉옷을 벗어 옆에 두었다. 자신들의 사악한 일을 더 자유롭게 할 수 있기 위해서였다. 그리스도인은 **거짓을 버린다.** 주님의 의로운 일을 자유롭게 할 수 있기 위해서다.

바울은 스가랴 8장 16절을 인용하면서 부정적 금지에서 긍정적 명령으로 옮겨간다. **각각 그 이웃과 더불어 참된 것(truth,** 진리)을 말하라. 그리스도 자신이 "길이요 진리요 생명"이며(요 14:6), 성령은 "진리의 영"이고(17절), 하나님의 말씀은 진리다(17:17). 사람은 신자가 될 때, **거짓**의 영역에서 나와 **참된 것(truth,** 진리)의 영역으로 들어가며, 그러므로 모든 형태의 거짓말은 그의 새 사람과 전혀 맞지 않는다.

진리(진실)를 말해야 한다고 해서 우리가 아는 전부를 말해야 하는 것은 아니다. 진실함(truthfulness)은 신뢰를 비롯해 합법적인 비밀을 지키는 것과 충돌하지 않는다. 우리의 모든 말은 무조건 참이어야 하며, 속이거나 오도하려고 정보를 감추는 것은 거짓말의 한 형태다. 그러나 진실함은 그 영향을 고려하지 않은 채 아는 것을 전부 말하라고 요구하지 않는다. 그뿐 아니라, 진실함은 (프로이드 심리학을 비롯한 이런 철학들이 조장하는 꾸며낸 정직의 형태로) 싫어하는 사람들을 향한 안 좋은 감정과 의심과 미움을 모두 버리라고 요구하지도 않는다. 그리스도인으로서 우리의 관심사는 하나님이 우리의 잘못된 감정들을 치리해 제거하시는 것이어야 한다. 우리는 사신을 어설프게 정당화하면서 이런 감정들을 제멋대로 표현해서는 안 된다. 또는 이런 감정들을 표현하면 이것들이 사라지거나 이것들 때문에 깨진 관계가 회복되리라는 잘못된 기대를 품어서도 안 된다. 바울처럼 우리가 완전하지 않고 죄로부터 자유롭지도 않음을 기꺼이 인정하는 것과(롬 7:15~25; 빌 4:12~14 등) 우리의 죄를 자세하게 떠벌리는 것은 전혀 별개다.

하나님의 경륜(economy)은 진리에 기초하며, 개인으로서든 교회로서든, 하나님의 백성이 진실하게 살지 않는다면 그분의 일에 적합한 도구일 수 없다. 우리는 **각각 그 이웃과 더불어 참된 것**(진실, 진리)**을 말해야** 한다. **이는 우리가 서로 지체**이기 때문이다. **이웃**이란 단어는 **서로 지체(members of one another)**라는 어구가 정의하며, 동료 그리스도인을 뜻한다. 우리는 그 어떤 상황에서든, 그 누구에게든 **참된 것**(진리, 진실)**을 말해야** 한다. 그러나 우리가 신자들에게 진실한 데는 특별한 동기가 있다. 우리는 그리스도의 몸 된 교회를 이루는 동료 지체이며, 따라서 **서로 지체**이기 때문이다.

육체적 몸은 각 지체가 정확히 소통하지 않으면 제대로 또는 안전하게 기능하지 못한다. 뇌가 갑자기 발에 거짓 신호를 보내기 시작하면, 우리는 비틀거리거나 인도 경계석에서 멈추는 대신 달리는 트럭 앞으로 뛰어들 것이다. 뇌가 온기와 냉기를 거짓으로 알려주면, 우리는 너무 덥다고 느껴 얼어 죽거나 뜨거운 물로 샤워하다가 화상을 입으면서도 춥다고 느낄 수 있다. 눈이 뇌에 거짓 신호를 보내기로 하면, 위험한 고속도로 커브 길이 곧고 안전해 보여 사고가 날 것이다. 손과 발이 다쳤을 때 그곳에 분포한 신경이 뇌에게 알려주지 않으면, 발이 짓이겨지거나 손가락이 화상을 입는데도 모를 수 있다. 이것이 바로 나병이 아주 위험한 이유다. 신경이 통증이란 위험 신호를 보내지 못하기 때문에 상처와 질병을 비롯한 고통이 몸을 파괴하는 것이다.

교회는 **지체**들이 **서로** 진실을 가리거나 솔직하게 사랑으로 함께 일하지 못하면, 제 기능을 하지 못한다. 특히 동료 신자들 사이에서 "사랑 안에서 참된 것을" 말하지 않으면(엡4:15), 서로에게 또는 함께 효과적으로 사역하지 못한다.

불의한 분을 버리고 의로운 분을 품어라

분을 내어도 죄를 짓지 말며, 해가 지도록 분을 품지 말고, 마귀에게 틈을 주지 말라. (4:26~27)

'파로르기스모스'(*parorgismos*, **anger**, 분)는 잠시 밖으로 끓어 넘치는 분노나 안에서 들끓는 울분이 아니라 깊이 자리 잡은 단호하고 흔들리지 않는 신념이다. 이 단락에서 보듯이, 이 단어와 관련된 신약성경의 용례는 동기와 목적에 따라 좋거나 나쁜 감정을 가리킬 수 있다.

바울의 명령은 **분을 내라(be angry**, *orgizo* 로부터)는 것인데, 여기에 **죄를 짓지 말라**는 조건이 붙는다. 이 말에서 바울은 의로운 분개, 악을 향한 분노, 곧 주님과 그분의 뜻과 목적에 맞서 행하는 일에 대한 분노를 정당화하고 있을 것이다. 이것은 악을 미워하는 하나님의 백성이 품는 분노다(시 69:9). 이것은 모든 종류의 불의와 부도덕과 불경(ungodliness)을 혐오하는 분노다. 이것은 영국 설교가 로버트슨(F. W. Robertson)이 어느 편지에서 썼던 분노다. 그는 어린 소녀를 꾀어 성매매하려는 한 남자를 보고 분노한 나머지 그의 입술을 때려 피를 냈다.

예수님은 자신이 손 마른 사람을 안식일에 고쳐주는 모습에 분개하는 바리새인들의 완악한 마음을 향해 분노를 표현하셨다(막 3:5). 예수님은 성전에서 환전상을 쫓아내셨다. 이 사건을 다루는 복음서 기사들은 이 단어를 사용하지 않는다. 그러나 예수님이 이러한 분노를 느껴 이들을 쫓아내셨다는 데는 의심의 여지가 없다(마 21:12; 요 2:15). 아버지께서 비방을 받으시거나 다른 사람들이 학대당할 때마다 예수님은 분노하셨다. 그러나 자신에게 한 짓에는 절대로 이기적 분노를 표현하지 않으셨다. 이것이 의로운 분노의 척도다.

다른 한편으로, **죄**에 해당하는 **분**은 자신을 방어하고 자기 잇속을 차리는 분노, 자신에게 한 짓에 분개하는 분노다. 이러한 분노는 살인과 하나님의 심판으로 이어진다(마 5:21~22).

이기적이고 통제되지 않으며 양심을 품는 분노는 죄악 되며, 그리스도인의 삶에는 잠시라도 이런 분노를 위한 자리가 없다. 그러나 이타적이며 하나님을 향한 사랑과 이웃을 향한 관심에서 비롯된 분노는 허용될 뿐 아니라 명령된다. 진정한 사랑은 그 대상이 해를 입는 것에 분노하지 않을 수 없다.

그러나 의로운 분노라도 쉽게 응어리와 분개와 독선으로 바뀔 수 있다. 그래서 바울은 뒤이어 말한다. **해가 지도록 분을 품지 말고, 마귀에게 틈을 주지 말라.** 더없이 좋은 동기에서 시작된 분노라도 변질 될 수 있다. 따라서 하루를 마무리할 때, 분노를 버려야 한다. 분노를 잠자리까지 가져가면, **마귀가 틈을 타서**(마귀에게 기회를 주어) 자신의 목적을 위해 사용할 것이다. 분노가 오래가면 앙갚음하려 할 수 있고, 이로써 로마서 12장 17~21절이 가르치는 원리를 범할 수 있다.

> 아무에게도 악을 악으로 갚지 말고, 모든 사람 앞에서 선한 일을 도모하라. 할 수 있거든 너희로서는 모든 사람과 더불어 화목하라. 내 사랑하는 자들아, 너희가 친히 원수를 갚지 말고 하나님의 진노하심에 맡기라. 기록되었으되, 원수 갚는 것이 내게 있으니 내가 갚으리라고 주께서 말씀하시니라. 네 원수가 주리거든 먹이고, 목마르거든 마시게 하라. 그리함으로 네가 숯불을 그 머리에 쌓아 놓으리라. 악에게 지지 말고 선으로 악을 이기라.

26~27절도 전적으로 이 불의한 분노를 가리킬 것이다. 거기서 바울은 명령형을 사용한다. 분노가 일순간 들어와 신자를 장악하기 때문에, 분노가 성장하고 곪아 터지는 경향이 아주 강하기 때문에, 분노를 즉시 처리하라는 것이다. 즉 하루가 끝나기 전에 고백하고, 버리며, 하나님께 맡겨 씻어버리시게 하라는 것이다.

적법하든 그렇지 않든 간에, 어떤 분노든 끼고 살면, "사탄에게 속게" 되고 (사탄에게 장악당하고, 고후 2:11), 사탄이 자기 연민, 독선, 복수심, 우리의 권리 방어를 비롯한 온갖 종류의 이기적 죄와 하나님의 거룩한 뜻 범하기 등으로 우리의 분노를 채울 것이다.

도둑질을 그치고 가진 것을 나눠라

도둑질하는 자는 다시 도둑질하지 말고, 돌이켜 가난한 자에게 구제할 수 있도록 자기 손으로 수고하여 선한 일을 하라. (4:28)

바울이 제시하는 세 번째 명령은 도둑질을 그치고 가진 것을 나누라는 것이다. 그 누구도 훔치고 싶은 유혹으로부터 완전히 자유롭지는 못하다. 많은 아이가 도둑질이 재미있다고 생각하는 단계, 때로 단지 도둑질을 위해 도둑질하는 단계를 거친다. 우리에게 속하지 않은 것을 취하고 간직하려는 데는 어떤 육체적 매력이 있다. 옛 사람은 훔치려는 타고난 성향이 있었으며, 이것은 "하나님을 따라…지으심을 받은 새 사람"이(24절) 버린 많은 특성 중 하나다. 그리스도인은 **다시 도둑질하지**(*kleptō*, 도벽을 뜻하는 kleptomaniac이 여기서 나왔다) **말아야** 한다.

지난 수십 년 동안 가게 좀도둑질이 엄청나게 증가했으며, 그중 높은 비율이 점원의 소행이었다. 몇몇 대형 점포에서는 상품 가격의 3분의 1을 각종 절도로 발생하는 손실을 충당하는 비용으로 사용한다. 의도적으로 가격을 높게 매기고, 비용을 조작해 과도하게 부풀리며, 노골적으로 횡령을 일삼는 일이 비즈니스와 산업 전반에 만연하다. 소요 경비를 부풀리고, 일한 시간을 실제보다 부풀리며, 수입을 국세청에 제대로 신고하지 않는 등 온갖 속임수를 많은 사람이 당연하게 여긴다. 이들에게 도둑질은 들킬 때만 후회되거나 부끄러운 게임일 뿐이다.

대규모 절도, 경미한 절도, 서랍에서 아빠의 돈을 얼마간 슬쩍하는 행위, 빚을 갚겠다는 약속을 어기는 행위, 정당한 임금을 지불하지 않는 행위, 점원이 건넨 과도한 거스름돈을 그대로 주머니에 넣는 행위는 모두 도둑질이다. 도둑질하는 방법은 끝이 없으며, 그게 어떤 방법이든 간에, 잡힐 확률이 얼마든 간에, 도둑질은 죄이며 그리스도 안에 있는 새 사람의 새로운 행보에 발붙일 자리가 없다.

도둑질의 대안은 **가난한 자에게 구제할 수 있도록…수고하는** 것이다. 일할 수 있는 사람은 일하는 것이 모두를 향한 하나님의 계획이다. "누구든지 일하기 싫어하거든 먹지도 말게 하라 하였더니, 우리가 들은즉 너희 가운데 게으르게 행하여 도무지 일하지 아니하고 일을 만들기만 하는 자들이 있다 하니"(살후 3:10~11). 일하지 않고 "자기 친족, 특히 자기 가족을 돌보지 아니하는" 그리스도인은 "믿음을 배반한 자요 불신자보다 더 악한 자다"(딤전 5:8).

우리의 **수고**는 **선한 일**, 정직하고 존귀하며 생산적인 일을 위한 것이어야 한다. '아가또스'(*agathos*, **선한**)는 품질이 좋은 것을 의미하며, 여기서는 하나님을 높이는 일자리를 가리킨다. 그리스도인은 하나님의 기준을 양보하길 요구하거나, 하나님을 모욕하거나, 하나님의 거룩한 계명을 어기거나, 그 외에 어떤 방식으로든 타인들을 오도하거나 그들에게 해를 끼치는 일자리나 직업이나 일이나 비즈니스에 절대 발을 들여놓지 말아야 한다.

자기 손으로 수고하여는 하나의 진리를 강조한다. 자신을 부양해야 하고, 더나아가 열심히 일하는데도 불구하고 또는 유린당하거나 능력 부족으로 인해 **가난한** 사람들과 나누는 것이 모든 사람에게 적용되는 규범이라는 것이다.

우리의 일은 아무에게도 해를 끼치지 말아야 할 뿐 아니라 사람들을 도우려는 구체적 목적, 즉 가난한 자를 구제하는 것이어야 한다. 그리스도인이 더 벌고 싶어 한다면, 이러한 바람은 더 많이 베풀고 더 많이 도우려는 데 목적이 있어야 한다. 그리스도인이 자신과 가족의 기본적 필요를 채우고 남도록 버는 것은 그만큼 베풀기 위해서다. 삶의 나머지 부분과 마찬가지로, 그리스도인의 직업은 직간접적으로 무엇보다도 하나님과 이웃을 섬기는 수단이어야 한다.

예수님은 이렇게 말씀하셨다. "잔치를 베풀거든, 차라리 가난한 자들과 몸 불편한 자들과 저는 자들과 맹인들을 청하라. 그리하면 그들이 갚을 것이 없으므로 네게 복이 되리니, 이는 의인들의 부활 시에 네가 갚음을 받겠음이라"(눅 14:13~14). 바울은 예루살렘 가는 길에 밀레도에서 에베소 장로들을 만나 이들에게 마지막으로 당부했다. "내가 아무의 은이나 금이나 의복을 탐하지 아니하였고, 여러분이 아는 바와 같이, 이 손으로 나와 내 동행들이 쓰는 것을 충당하여 범사에 여러분에게 모본을 보여준 바와 같이, [여러분이] 수고하여 약한 사람들을 돕고 또 주 예수께서 친히 말씀하신 바 주는 것이 받는 것보다 복이 있다 하심을 기억하여야 할지니라"(행 20:33~35).

더러운 말을 버리고 유익한 말을 하라

무릇 더러운 말은 너희 입 밖에도 내지 말고, 오직 덕을 세우는 데 소용되는 대로 선한 말을 하여 듣는 자들에게 은혜를 끼치게 하라. 하나님의 성령을 근심하게 하지 말라. 그 안에서 너희가 구원의 날까지 인치심을 받았느니라. (4:29~30)

그리스도인의 삶에서 일어나야 하는 네 번째 변화는 더러운 말을 버리고 유익한 말을 하는 것이다. 그리스도인의 말은 다른 모든 것과 더불어 변화되어야 한다.

'사프로스'(*sapros*, **unwholesome**, 더러운)는 부패했거나 악취 나는 것을 가리키며, 썩은 과일과 야채를 비롯해 상한 음식을 가리키는 데 사용되었다. 그리스도인은 절대로 추한 언어를 **입 밖에도 내지 말아야** 한다. 추한 언어는 그리스도인의 새 생명과 전혀 어울리지 않기 때문이다. 우리는 **더러운** 언어를 썩은 사과나 상한 고기만큼이나 역겨워해야 한다. 저속한 농담, 비속어, 음담패설, 이중적인 말을 비롯한 모든 형태의 부패한 말을 절대로 입에 담아서는 안 된다. 바울은 골로새 신자들에게 이렇게 썼다. "이제는 너희가 이 모든 것을 벗어 버리라. 곧 분함과 노여움과 악의와 비방과 너희 입의 부끄러운 말이라"(골 3:8; 참조. 엡 5:4).

혀는 제어하기가 너무나 어렵다. 야고보는 이렇게 말한다. "혀는 곧 불이요 불의의 세계라. 혀는 우리 지체 중에서 온몸을 더럽히고 삶의 수레바퀴를 불사르나니, 그 사르는 것이 지옥 불에서 나느니라. 여러 종류의 짐승과 새와 벌레와 바다의 생물은 다 사람이 길들일 수 있고 길들여 왔거니와 혀는 능히 길들일 사람이 없나니, 쉬지 아니하는 악이요 죽이는 독이 가득한 것이라"(약 3:6~8).

베드로는 자신이 주님을 부인했을 뿐 아니라 저주하고 맹세하며 부인했다는 사실을 떠올릴 때 얼마나 가슴이 아팠겠는가?(마 26:74) 베드로는 이 기억 때문에 다윗처럼 기도했을 것이다. "여호와여, 내 입에 파수꾼을 세우시고 내 입술의 문을 지키소서"(시 141:3). 오직 하나님만 우리의 입술을 제어해 모든 **더러운 말**로부터 능히 지키실 수 있다. 물론, 혀는 마음이 말하라고 하는 것만 말한다. 예수님은 "마음에 가득한 것을 입으로 말함이라"라고 하셨다(마 12:34; 참조. 막 7:14~23). 더러운 입은 더러운 마음에서 비롯되며, 하나님이 우리의 혀를 깨끗하게 하시는 방법은 단 하나, 그분의 말씀뿐이다. 하나님의 말씀이 우리의 마음을 "무엇에든지 참되며 무엇에든지 경건하며 무엇에든지 옳으며 무엇에든지 정결하며 무엇에든지 사랑 받을 만하며 무엇에든지 칭찬 받을 만한" 것으로 채우기 때문이다(빌 4:8).

우리는 부패하고 해로운 언어를 버릴 뿐 아니라 깨끗하고 도움 되며 하나님을 기쁘게 하는 말을 길러야 한다. 바울은 여기서 유익한 말의 세 가지 특징을 구체적으로 언급한다. 유익한 말은 세워주고, 적절하며, 은혜를 끼친다.

첫째, 그리스도인의 말은 **덕을 세우는 데…선한(good for edification)** 말이어야 한다. 우리의 말은 도움 되고, 건설적이며, 격려하고, 교훈하며, 고양함으로써 세워주어야 한다. 물론, 때로 우리의 말은 바로잡는 역할을 해야 한다. 그러나 바른 생각으로 하면, 이것도 덕을 세운다. 잠언 25장 12절은 이렇게 훈계한다. "슬기로운 자의 책망은 청종하는 귀에 금 고리와 정금 장식이니라." 전도서 저자는 자신이 "힘써 아름다운 말들을 구하였나니 진리의 말씀들을 정직하게 기록하였느니라"라고 했다. 지혜로운 사람의 이런 말은 "찌르는 채찍들 같고…잘 박힌 못 같다"(전 12:10~11).

둘째, 우리의 모든 말은 **소용되는 대로(according to the need of the moment,** 그 순간의 필요에 따라) 적절해야 한다. 우리의 모든 말에 큰 의미가 담겨야 하는 것은 아니다. 그러나 우리의 말은 언제나 상황에 적합해야 하며, 이로써 모두에게 건설적이어야 한다. 분명히, 우리는 절대로 누군가를 해하거나 낙담시키거나 실망하게 할법한 것을 불필요하게 언급해서는 안 된다. 어떤 것은 절대적으로 참이고 완벽하게 건전할 수도 있지만 말하지 않는 편이 낫다. 말을 적게 하면서도 대개 유익한 말을 하는 사람들의 지혜와 덕은 누구나 칭송한다. 잠언 25장 11절은 이렇게 가르친다. "경우에 합당한 말은 아로새긴 은 쟁반에 금 사과니라." 잠언 15장 23절은 이렇게 단언한다. "사람은 그 입의 대답으로 말미암아 기쁨을 얻나니 때에 맞는 말이 얼마나 아름다운고." 사실, "적당한 말로 대답함은 입맞춤과 같다"(잠 24:26).

셋째, 우리의 말은 은혜로워서 **듣는 자들에게 은혜를 끼쳐야** 한다. 바울이 이미 말했듯이, 성숙한 그리스도인은 진리("참된 것")를 말할 뿐 아니라 사랑 안에서 진리를 말한다(15절). 정제되지 않은 진리(raw truth)는 좀체 적절하지 못하며 파괴적이기 일쑤다. 우리는 은혜로 구원받았고 은혜로 유지된다. 그러므로 은혜로 살고 말해야 한다. 은혜가 하나님을 더없이 특징짓듯이 그분의 자녀들도 특징지어야 한다.

은혜로움(graciousness)은 언제나 예수님의 성품이었다. 이사야는 그리스도의 말씀이 사랑스럽다고 했다. "주 여호와께서 학자들의 혀를 내게 주사 나로 곤고한 자를 말로 어떻게 도와 줄 줄을 알게 하시고"(사 50:4). 누가는 구주의 말씀이 미치는 영향을 기록한다. "그들이 다 그를 증언하고 그 입으로 나오는 바 은혜로운 말을 놀랍게 여겨"(눅 4:22). 잠시 후, 이 말을 했던 자들이 격분해 예수님을 동네 가장자리로 끌고 가 절벽 아래로 던져 죽이려 했으나 예수님은 이들 가운데서 사라지셨다(28~30절). 하지만 예수님은 은혜로움을 잃지 않으셨다. 사람들이 이스라엘의 영적 반역에 관해 예수님이 일깨워주신 진리를 인정하고, 자신들도 동일한 죄인이라고 고백하며, 하나님이 이방인들에게 베풀려 하신다는 사실을 받아들였다면, 진정으로 가르침과 세움을 받았을 것이다. 사람들에게 그들의 죄를 말하는 것까지도 바른 목적과 바른 생각으로 한다면 은혜로운 행위다. 자신의 죄를 마주하고 회개하기 전에는 구원의 은혜를 경험하지 못하기 때문이다.

바울은 골로새 신자들에게 이렇게 말했다. "너희 말을 항상 은혜 가운데서 소금으로 맛을 냄과 같이 하라"(골 4:6). 소금은 방부제이며 부패를 지연시킨다. 그리스도인의 은혜로운 말은 주변 세상의 도덕적·영적 부패를 지연시킨다. 그뿐 아니라, 도움이 필요한 사람들에게 힘과 위로를 준다. 우리의 은혜로움은 그리스도의 은혜를 투영하며, 그리스도께서는 우리의 은혜로움을 사용해 사람들을 그분의 은혜 쪽으로 이끄신다.

더러운 말을 버리는 강력한 동기는 그러지 않으면 **하나님의 성령을 근심하게 한다**는 것이다. 모든 죄는 하나님께 아픔이지만 자녀들의 죄는 그분의 가슴을 찢는다. 하나님의 자녀들이 옛 삶의 길을 버리고 새 삶의 길을 선택하길 거부할 때, 하나님은 근심하신다(grieve, 슬퍼하신다). 이를테면 그리스도인들이 진리("참된 것")를 말하는 대신 거짓을 말하고, 의로운 분노 대신 불의한 분노를 품으며, 나누는 대신 도둑질하고, 세워주고 은혜로운 말을 하는 대신 부패한 말을 할 때, **하나님의 성령**은 우신다.

하나님의 뜻을 어기고 마음의 거룩을 해치는 것은 무엇이든 삼위일체의 셋째 위를 **근심하게 한다**(슬프게 한다). 성령을 근심하게 하면 성령을 소멸하게 될 수 있으며(살전 5:19), 능력과 복을 잃게 될 수 있다. 또 하나 짚고 넘어가야 할 사실이 있다. 이러한 **성령**의 반응들은 그분의 인격성을 드러내는데, 이것은 그분을 가리킬 때 인칭대명사가 사용된다는 데서 확인된다(참조. 요 14:17; 16:13 등). 성령이 보혜사(Comforter 또는 Helper)라는 것은(요 14:16, 26; 15:26; 16:7) 성령이 인격체이신 그리스도와 같다는 것을 말한다. **성령**께는 지성(고전 2:11), 감정(롬 8:27; 15:30), 의지가 있다(고전 12:11). 성령은 일하시고(고전 12:11), 살피시며(고전 2:10), 말씀하시고(행 13:2), 증언하시며(요 15:26), 가르치시고(요 14:26), 책망(깨닫게)하시며(요 16:8~11), 거듭나게 하시고(요 3:5), 중보하시며(롬 8:26), 인도하시고(요 16:13), 그리스도를 영광되게 하시며(요 16:14), 하나님을 어떻게 섬길지 지시하신다(행 16:6~7).

특히 에베소서의 이 본문에 비춰볼 때, **성령**의 인격성은 성령을 인격체로 대할 수 있다는 사실에서 확인된다. 우리는 성령을 시험하고(행 5:9), 성령께 거짓말하며(행 5:3), 성령을 거스르고(행 7:51), 성령을 욕되게 하며(히 10:29), 성령을 모독할 수 있다(마 12:31~32).

바울은 사실 이렇게 묻는다. **"그 안에서 너희[우리]가 구원의 날까지 인치심을 받은** 분을 그렇게 슬프게 하는 일을 우리가 어떻게 할 수가 있겠습니까?"(1:13~14을 보라). **성령**은 우리에게 찍힌 하나님의 인격적 표식, 곧 진짜라는 표식이며, 하나님이 우리를 인정하신다는 도장이다. 우리의 도우미(Helper), 위로자, 선생, 대언자(Advocate), 우리 마음에 거하시는 하나님 (Divine Resident), 우리의 영원한 구원(구속)의 보증이신 분을 우리가 어떻게 **근심하게**(슬프게) **할** 수 있겠는가? 무한히 은혜로운 하나님의 **성령**을 우리가 어떻게 배은망덕하게(ungraciously) 근심하게 할 수 있겠는가? 그분은 우리를 위해 너무나 많은 일을 하셨기에, 감사하는 마음에서, 우리는 그분을 **근심하게 하지** 말아야 한다.

하나님의 성령에 배은망덕하지 말라는 명령은 성령께서 우리의 구원을 안전하게 하셨다는 사실에 기초한다. 바울은 우리의 구원을 지키기 위해 죄를 피해야 한다고 말하는 게 아니라 **성령**께서 우리가 구원을 잃는 것을 불가능하게 하셨기 때문에 그분께 영원히 감사해야 한다고 말한다.

자연적 악을 버리고 초자연적 덕을 길러라

> **너희는 모든 악독과 노함과 분냄과 떠드는 것과 비방하는 것을 모든 악의와 함께 버리고, 서로 친절하게 하며, 불쌍히 여기며, 서로 용서하기를 하나님이 그리스도 안에서 너희를 용서하심과 같이 하라.** (4:31~32)

바울이 요구하는 마지막 변화는 자연적 악(natural vices)을 버리고 초자연적 덕을 기르는 것인데, 이것은 나머지 변화들에 대한 요약이기도 하다.

인간의 자연적 성향은 죄를 짓는 것이며, 죄의 자연적 성향은 더 큰 죄로 자라는 것이다. 그리스도인의 죄는 불신자의 죄와 마찬가지로 커지려 한다. 내버려 두면, **악독과 노함과 분냄** 같은 내면의 죄가 필연적으로 **떠드는 것(clamor)**과 **비방하는 것(slander)** 같은 외면의 죄와 **악의**의 여러 표현으로 이어질 것이다.

악독(*pikria*, **bitterness**)은 속에서 끓어오르는 분노, 음울한 앙심이 가득한 태도를 가리킨다(행 8:23, 히 12:15을 보라). 이것은 계속해서 반감을 품게 하며, 졸렬하고 독을 품게 하는 조급한 마음이다. **노함**(*thumos*, **wrath**)은 격분, 순간적 격정과 관련이 있다. **분냄**(*orgē*, **anger**)은 좀 더 내적인 끓어오름, 미묘하고 깊은 감정이다. **떠드는 것**(*kraugē*, **clamor**)은 다툼의 고함이나 아우성이며, 통제력 상실을 드러내는 공개적 분출을 반영한다. **비방하는 것**(*blasphēmia*, 여기서 신성모독을 뜻하는 blasphemy라는 단어가 나왔다, **slander**)은 악독한 마음에서 일어나며, 누군가를 지속적으로 중상 비방하는 것을 말한다. 바울은 여기에 **악의**(*kakia*, **malice**)를 덧붙이는데, 모든 악행의 뿌리인 악을 가리키는 일반적 용어다. 바울은 이 모두를 반드시 **버리라**고 말한다.

이러한 구체적인 여러 죄는 사람과 사람 사이에—신자와 불신자 사이에, 더 안 좋게는 신자와 신자 사이에—일어나는 갈등을 포함한다. 이러한 여러 죄는 교제를 깨뜨리고 관계를 파괴하며, 교회를 약화하고 세상을 향한 교회의 증언을 망친다. 불신자가 그리스도인들이 나머지 사회와 똑같이 행동하는 것을 볼 때, 그의 눈에 교회는 흠투성이로 보이고 그는 복음의 주장들을 더 완강히 거부한다.

우리는 이러한 악을 버리고, **서로 친절하게 하며, 불쌍히 여기며, 서로 용서하기를 하나님이 그리스도 안에서 너희[우리]를 용서하심과 같이 해야** 한다. 이것들은 하나님이 우리에게 보여주신 은혜이며, 우리가 타인들에게 보여야 할 은혜로운 덕목이다. 하나님이 우리를 사랑하고 선택하며 구속하신 것은 우리가 그럴 자격이 있어서가 아니라 순전히 그분이 은혜로우시기 때문이었다. "우리가 아직 죄인 되었을 때에 그리스도께서 우리를 위하여 죽으심으로 하나님께서 우리에 대한 자기의 사랑을 확증하셨느니라⋯곧 우리가 원수되었을 때에 그의 아들의 죽으심으로 말미암아 하나님과 화목하게 되었은즉"(롬 5:8, 10). 하나님이 우리에게 그렇게도 은혜로우시다면, 우리는 더더욱 **서로 친절하게 하며, 불쌍히 여기며, 서로 용서해야** 마땅하다.

누가복음 6장 36b절이 보여주듯이, 무조건적 **친절**은 주님의 성품이다. "그는 은혜를 모르는 자와 악한 자에게도 인자하시니라(kind)." 바울은 하나님의 "인자하심⋯이 풍성함"을 말한다(롬 2:4). 그리스도께서는 우리가 하늘에 계신 우리 아버지 같아야 한다고 하면서 이렇게 말씀하신다. "[너희의] 원수를 사랑하고 선대하며 아무 것도 바라지 말고 꾸어 주라. 그리하면 너희 상이 클 것이요 또 지극히 높으신 이의 아들이 되리니"(눅 6:35a).

불쌍히 여기며(tender-hearted)는 연민을 품는다는 뜻이며, 내장 또는 뱃속 깊은 곳에서 느끼는 감정, 누군가의 필요에 공감해서 느끼는 애끓는 아픔을 가리킨다. **서로 용서하기**는 그리스도를 닮은 성품을 드러내는 데 지극히 기본이므로 따로 설명이 필요 없다. 용서에 관한 가장 생생한 예화가 마태복음 18장 21~35절의 비유에 나온다. 베드로가 어디까지 용서해야 하느냐고 물었을 때, 주님은 어떤 사람이 채권자인 왕에게 갚을 수 없는 빚을 탕감받은 이야기를 들려주셨다. 이것은 구원의 그림이었다. 즉 하나님이 자신에게 맞서는 불의한 반란이라는 갚을 수 없는 빚을 진 죄인을 용서하시는 그림이었다.

탕감받은 사람이 자신에게 적은 금액을 빚진 채무자를 찾아가 빚을 갚지 않았다는 이유로 그를 감옥에 가두었다. 엄청나게 큰 탕감(용서)을 기쁘게 받아들인 사람이 다른 사람이 자신에게 진 쉽게 갚을 수 있는 적은 금액을 탕감해주려 하지 않았다. 그의 모순된 행동은 용서하지 않는 신자의 마음이 얼마나 가증스러운지 보여주며, 주님은 이 사람의 악한 태도를 엄히 꾸짖으셨다.

바울은 신자들에게 **서로 용서하기를 하나님이 그리스도 안에서 너희를 용서하심과 같이 하라**고 요구할 때 이와 동일한 관계를 염두에 둔다. 너무나 많이 용서받은 우리가 우리에게 비교적 작은 해를 끼친 사람을 용서할 수 없겠는가? 우리는 모든 사람을 늘 힘써 용서해야 한다.

이 단락의 평행 본문이 골로새서 3장 1~17절에 나오는데, 여기서 바울의 가르침이 적절하게 요약된다.

그러므로 너희가 그리스도와 함께 다시 살리심을 받았으면 위의 것을 찾으라. 거기는 그리스도께서 하나님 우편에 앉아 계시느니라. 위의 것을 생각하고 땅의 것을 생각하지 말라. 이는 너희가 죽었고 너희 생명이 그리스도와 함께 하나님 안에 감추어졌음이라. 우리 생명이신 그리스도께서 나타나실 그 때에 너희도 그와 함께 영광 중에 나타나리라.

그러므로 땅에 있는 지체를 죽이라. 곧 음란과 부정과 사욕과 악한 정욕과 탐심이니 탐심은 우상숭배니라. 이것들로 말미암아 하나님의 진노가 임하느니라. 너희도 전에 그 가운데 살 때에는 그 가운데서 행하였으나 이제는 너희가 이 모든 것을 벗어 버리라. 곧 분함과 노여움과 악의와 비방과 너희 입의 부끄러운 말이라. 너희가 서로 거짓말을 하지 말라. 옛 사람과 그 행위를 벗어 버리고 새 사람을 입었으니, 이는 자기를 창조하신 이의 형상을 따라 지식에까지 새롭게 하심을 입은 자니라. 거기에는 헬라인이나 유대인이나 할례파나 무할례파나 야만인이나 스구디아인이나 종이나 자유인이 차별이 있을 수 없나니 오직 그리스도는 만유시요 만유 안에 계시니라.

그러므로 너희는 하나님이 택하사 거룩하고 사랑 받는 자처럼 긍휼과 자비와 겸손과 온유와 오래 참음을 옷 입고, 누가 누구에게 불만이 있거든 서로 용납하여 피차 용서하되 주께서 너희를 용서하신 것 같이 너희도 그리하고, 이 모든 것 위에 사랑을 더하라 이는 온전하게 매는 띠니라. 그리스도의 평강이 너희 마음을 주장하게 하라. 너희는 평강을 위하여 한 몸으로 부르심을 받았나니, 너희는 또한 감사하는 자가 되라. 그리스도의 말씀이 너희 속에 풍성히 거하여 모든 지혜로 피차 가르치며 권면하고 시와 찬송과 신령한 노래를 부르며 감사하는 마음으로 하나님을 찬양하고, 또 무엇을 하든지 말에나 일에나 다 주 예수의 이름으로 하고 그를 힘입어 하나님 아버지께 감사하라.

15

사랑 가운데서 행하라

(5:1~7)

그러므로 사랑을 받는 자녀같이 너희는 하나님을 본받는 자가 되고, 그리스도께서 너희를 사랑하신 것 같이 너희도 사랑 가운데서 행하라. 그는 우리를 위하여 자신을 버리사 향기로운 제물과 희생제물로 하나님께 드리셨느니라. 음행과 온갖 더러운 것과 탐욕은 너희 중에서 그 이름조차도 부르지 말라. 이는 성도에게 마땅한 바니라. 누추함과 어리석은 말이나 희롱의 말이 마땅치 아니하니 오히려 감사하는 말을 하라. 너희도 정녕 이것을 알거니와 음행하는 자나 더러운 자나 탐하는 자 곧 우상숭배자는 다 그리스도와 하나님의 나라에서 기업을 얻지 못하리니, 누구든지 헛된 말로 너희를 속이지 못하게 하라. 이로 말미암아 하나님의 진노가 불순종의 아들들에게 임하나니, 그러므로 그들과 함께하는 자가 되지 말라. (5:1~7)

이 단락에서, 바울은 먼저 참으로 경건한 사랑에 관한 긍정적 진리들을 제시하고, 뒤이어 사탄의 위조된 사랑과 그 결과에 관한 부정적 진리들을 제시한다.

간청

그러므로 사랑을 받는 자녀 같이 너희는 하나님을 본받는 자가 되고, (그리스도께서 너희를 사랑하신 것 같이) 너희도 사랑 가운데서 행하라. (5:1~2a)

신자의 **행함**(walk, 행보)은 바울에게 아주 중요한 문제다. 그는 우리의 행보가 합당해야 하고(4:1), 세상의 행보와 달라야 한다고 말한다(4:17). 그는 또한 빛 가운데 행하며(walk) 지혜롭게 행하라고 요구한다(5:15). 이 구절에서 바울은 신자들에게 사랑이 일상생활을 특징짓는 방식으로 **행하라(walk)**고 간청한다. 모든 신자는 사랑이 늘 자라야 한다. 사랑은 하나님의 율법을 완성하기 때문이다(롬 13:8~10). 우리의 사랑이 자랄 때, 우리가 훨씬 더 사랑해야 한다는 것도 알게 된다. 성경은 사랑을 육신과 아주 상반되게 정의하며, 따라서 우리는 늘 사랑하라는 일깨움과 격려가 필요하다.

그러므로는 되돌아가 4장 마지막 부분, 특히 32절을 가리킨다. 친절, 불쌍히 여김, 용서는 하나님의 성품인데, 하나님은 사랑'이다'. 하나님 자신이 무한히 친절하고, 불쌍히 여기며, 용서하시는데, 우리는 그 근원을 본받음으로써 이 것들을 성취한다.

'미메테스'(*mimētēs*, **imitator**, **본받는 자**)에서 다른 사람의 구체적 특성을 복사 하는 사람을 뜻하는 '흉내쟁이'(mimic)라는 단어가 나왔다. **하나님을 본받는 자** 로서, 그리스도인들은 하나님의 성품을, 무엇보다도 그분의 **사랑**을 본받아야 한다. 그리스도인의 삶 전체가 그리스도께서 보이신 경건(godliness)의 복사판 이다. 하나님이 우리를 구원하시는 목적은 우리를 죄로부터 구속해 "그 아들 의 형상"을 본받게 하는 것이다(롬 8:29). 그리스도를 본받는다는 말은 하나님 의 온전하심 같이 온전하게 된다는 말이다(마 5:48). 베드로는 우리에게 이렇 게 말한다. "너희가 순종하는 자식처럼, 전에 알지 못할 때에 따르던 너희 사 욕을 본받지 말고, 오직 너희를 부르신 거룩한 이처럼 너희도 모든 행실에 거 룩한 자가 되라. 기록되었으되, 내가 거룩하니 너희도 거룩할지어다 하셨느니 라"(벧전 1:14~16; 참조. 레 11:44). 신자들의 큰 소망은 이것이다. "그가 나타나시 면, 우리가 그와 같을 줄을 아는 것은 그의 참모습 그대로 볼 것이기 때문이 니"(요일 3:2). 그분의 **사랑**을 본받는 게 가능한 것은 "우리에게 주신 성령으로 말미암아 하나님의 사랑이 우리 마음에 부어졌기" 때문이다(롬 5:5).

알렉산더 대왕이 자신의 군대에서 겁쟁이를 발견했다. 그의 이름도 알렉산 더였다. 알렉산더는 그 병사에서 이렇게 명했다. "그대의 겁을 없애든지 아니면 그대의 이름을 없애든지 하라." 하나님의 이름을 가진 자들은 하나님의 성품을 **본받는 자가 되어야** 한다. 그분의 은혜로 우리의 한계 속에서도 그분을 투영할 수 있다.

하나님이 어떤 분인지 알려면 우리는 그분의 말씀, 그분 자신에 관한 그분의 계시, 그분의 위대한 자기 노출을 공부해야 한다. 그러나 우리는 하나님의 성품을 알수록 그분이 우리를 얼마나 초월하시며, 우리 자신이 그분과 같이 되고 그분처럼 절대적으로 온전해지라는 명령을 성취하기가 얼마나 불가능한지 더 잘 알게 된다. 이런 까닭에, 우리는 "그의 성령으로 말미암아 너희[우리의] 속사람을 능력으로 강건하게 하시오며…하나님의 모든 충만하신 것으로 너희[우리]에게 충만하게 하시기를 구해야" 한다(엡 3:16, 19). 우리가 **하나님을 본받는 자**가 될 수 있는 유일한 길은 주 예수 그리스도께서 우리를 통해 그분의 온전한 삶을 사시는 것이다. 우리는 그분처럼 되기 위해 그분의 성령을 전적으로 의지한다. 바울이 고린도 신자들에게 했던 "너희 모든 일을 사랑으로 행하라"는 권면을 따르려면(고전 16:14), 성령의 다스림에 복종해야 한다.

자녀가 부모를 닮는 것은 자연스럽다. 자녀는 부모의 본성을 가지며, 본능적으로 부모의 행동을 본받는다. 예수 그리스도를 통해 하나님은 우리에게 그분의 자녀가 되는 권세를 주셨다(요 1:12; 갈 3:26). 바울이 이 편지 첫머리에 선언했듯이 하나님은 "그 기쁘신 뜻대로 우리를 예정하사 예수 그리스도로 말미암아 자기의 아들들이 되게 하셨다"(엡 1:5). 하늘에 계신 우리 아버지가 거룩하시기 때문에, 우리도 거룩해야 한다. 그분이 친절하시기 때문에, 우리도 친절해야 한다. 그분이 용서하시기 때문에, 우리도 용서해야 한다. 하나님이 그리스도 안에서 자신을 낮추셨기 때문에, 우리도 자신을 낮춰야(겸손해야) 한다. 하나님이 사랑이기 때문에, 그분의 **사랑을 받는 자녀**로서 우리도 **사랑 가운데서 행해야(walk)** 한다. 그러나 이 능력은 자연적이지 않고 초자연적이다. 새로운 본성과 하나님의 말씀에 순종함으로써 우리를 통해 흐르는 지속적인 성령의 능력이 필요하다.

사랑을 증명하는 가장 큰 증거는 자격 없는 자에게 베푸는 용서다. 하나님의 사랑을 보여주는 최고의 행위는 이것이다. "하나님이 세상을 이처럼 사랑하사 독생자를 주셨으니, 이는 그를 믿는 자마다 멸망하지 않고 영생을 얻게 하려 하심이라"(요 3:16). 하나님의 사랑이 인간에게 용서를 안겼다. 하나님은 세상을 너무나 큰 사랑으로 사랑하셨기에 죄악 되고 반역하며 끔찍하고 악한 인류가 죽지 않을 수 있도록 자신의 아들을 보내 십자가에서 생명을 내어주게 하심으로써 이들에게 용서를 제시하셨다. 하나님은 자신과의 영원한 교제라는 값없는 선물을 세상에 제시하셨다.

용서는 하나님의 사랑을 보여주는 최고의 증거이며, 따라서 우리의 사랑을 보여주는 가장 강력한 증거이기도 하다. 하나님이 사랑 때문에 그리스도 안에서 우리를 용서하셨듯이, 사랑은 언제나 타인들을 용서하도록 우리를 이끈다(엡 4:32). 용서하지 않는 것만큼 완악하고 사랑 없는 마음을 분명하게 보여주는 것도 없다(4:31을 보라). 용서는 언제나 사랑을 증명한다. 오직 사랑만이 용서의 동기이자 힘이기 때문이다. 우리가 얼마나 사랑하는지 보면, 얼마나 용서할 수 있는지 알 수 있다.

다른 신자가 우리에게 어떤 짓을 하더라도, 아무리 끔찍하거나 파괴적이거나 불의한 짓을 하더라도, 그리스도께서 그 죗값을 이미 지불하셨다. 다른 사람들이 우리에게 아무리 상처를 주거나 우리를 비방하거나 박해하거나 그 어떤 식으로 해치더라도, 그리스도의 희생은 이들의 죗값을 지불하고도 남았다. 그리스도인은 형제에게 원한을 표현하거나 설령 마음에 품을 때라도, 이기적 미움이 자신을 주관하도록 허용함으로써 죄를 지을 뿐 아니라, 그리스도의 희생을 모독함으로써—주님이 그 값을 이미 지불하신 죄를 벌하려 함으로써—죄를 짓는다.

그리스도께서 모든 죄의 값을 지불하셨다. 따라서 우리는 그 누구에게도, 심지어 불신자에게라도, 그 어떤 죄도 돌릴 권리가 없다. 베드로는 "일곱 번" 용서하면 너그럽다고 생각했다. 그러나 예수님은 "네게 이르노니, 일곱 번뿐 아니라 일곱 번을 일흔 번까지라도 할지니라"라고 말씀하셨다(마 18:22). 그리스도 안에서, 우리의 **모든** "죄가 그의 이름으로 말미암아 사함을 받았다"(요일 2:12). 그분이 "우리의 **모든** 죄를 사하셨다"(골 2:13, 강조는 덧붙인 것이다). "우리는 그리스도 안에서 그의 은혜의 풍성함을 따라 그의 피로 말미암아 속량, 곧 죄사함을 받았느니라"(엡 1:7).

하나님이 얼마나 많이 용서하셨는지 보면 하나님의 사랑이 얼마나 깊은지 알 수 있듯이, 우리가 얼마나 많이 용서하는지 보면 우리의 사랑이 얼마나 깊은지 알 수 있다. 베드로는 이렇게 말한다. "무엇보다도 뜨겁게 서로 사랑할지니, 사랑은 허다한 죄를 덮느니라"(벧전 4:8). "뜨겁게" 뒤에 자리한 헬라어 단어는 끝까지 펴진 근육을 가리킨다. 우리의 사랑이 "허다한 죄"를 덮으려면 끝까지 펴져야 한다. 우리의 사랑이 클수록 그 사랑이 용서로 덮는 죄도 많아진다.

우리가 얼마나 많이 용서받았는지 알면, 우리의 사랑이 얼마나 깊은지도 알 수 있다. 예수님이 바리새인 시몬과 식사하실 때, 한 창녀가 그 집에 들어와 자신의 눈물과 비싼 향유로 예수님의 발을 적셨다. 시몬은 이 여자의 행동에 몹시 화가 났으며, 이런 여자가 자신을 만지도록 내버려 둔 예수에게 실망했다. 예수님은 비유로 답하셨다. "빚 주는 사람에게 빚진 자가 둘이 있어 하나는 오백 데나리온을 졌고 하나는 오십 데나리온을 졌는데, 갚을 것이 없으므로 둘 다 탕감하여 주었으니, 둘 중에 누가 그를 더 사랑하겠느냐? 시몬이 대답하여 이르되, 내 생각에는 많이 탕감함을 받은 자니이다. 이르시되, 네 판단이 옳다." 예수님은 자신을 대하는 시몬의 방식과 여인의 방식을 비교한 후, 이렇게 말씀하셨다. "이러므로 내가 네게 말하노니, 그의 많은 죄가 사하여졌도다. 이는 그의 사랑함이 많음이라. 사함을 받은 일이 적은 자는 적게 사랑하느니라"(눅 7:36~47).

시몬은 자신의 삶에 자리한 죄가 엄청남을 실제로 알지 못했고, 그래서 용서가 필요하다는 것도 알지 못했기에, 타인을 용서하지도 않았다. 특히 자신이 생각하기에 도덕적·사회적으로 버림받은 자들을 용서하지 않았다. 용서가 사랑의 잣대이듯이, 용서하지 않음은 독선의 잣대다. 우리가 사랑하는 능력, 그러므로 용서하는 능력은 하나님이 우리를 얼마나 많이 사랑하셨는지 아는 데 달렸다. 용서하지 않음은 불신앙의 잣대이기도 하다. 용서받을 필요를 느끼지 않는 사람은 하나님이 필요하다고 느끼지도 않기 때문이다.

로버트 팔코너(Robert Falconer, 1867-1943)는 자신의 경험을 들려준다. 그는 어느 도시에서 가난한 자들에게 복음을 전하면서 눈물로 예수님의 발을 적신 여인의 이야기를 읽어주었다. 그가 이야기를 읽어주고 있을 때 흐느끼는 소리가 들렸다. 고개를 들어 둘러보니, 천연두로 얼굴이 흉한 가냘픈 소녀였다. 그가 소녀를 몇 마디로 격려했을 때, 소녀가 이렇게 물었다. "그분이 다시 오실까요? 그 여인을 용서하셨던 그분 말이에요. 저는 그분이 다시 오신다고 들었어요. 곧 오실까요?" 팔코너는 이렇게 대답했다. "그분은 어느 때라도 오실 수 있어요. 그런데 그건 왜 물어요?" 소녀는 주체할 수 없이 다시 흐느끼더니 이렇게 답했다. "목사님, 그분이 좀 더 기다려주실 수 없을까요? 아직 제 머리가 그분의 발을 닦을 만큼 길지 않거든요."

자신이 하나님의 사랑으로 받은 용서가 얼마나 큰지 아는 사람은 자신도 사랑으로 용서한다. 그가 사랑으로 용서하는 것은 하늘에 계신 그의 아버지께서 사랑으로 그를 용서하셨기 때문이며, 자기 자신이 아버지를 본받는 자가 되길 바라기 때문이다.

패턴

그리스도께서 너희를 사랑하신 것 같이 (너희도 사랑 가운데서 행하라.) **그는 우리를 위하여 자신을 버리사 향기로운 제물과 희생제물로 하나님께 드리셨느니라.**

(5:2b)

어린 아이는 흔히 따라 긋기를 하며 그리기를 배운다. 조심스럽게 따라 그을수록 그의 복제품은 원본을 더 닮는다.

그리스도인의 삶을 위한 패턴은 **그리스도** 자신이며, 모든 신자는 그분의 삶을 따라 살아야 한다. 그리스도 따라 살기와 어린아이가 그리기를 배우는 따라 긋기의 큰 차이라면, 그리스도가 더는 우리의 패턴이 아닐 때가 절대 없으리라는 것이다. 우리는 절대로 "우리 스스로의 힘으로" 살 수 없을 것이며, 그분이 사셨던 것처럼 살 수 있을 만큼 충분히 숙련되지 못할 것이다. 사실, 우리의 일은 우리 스스로 우리 삶의 패턴을 만드는 게 아니라 하나님의 성령께서 우리로 하나님의 아들의 패턴을 따라 살게 하시도록 해드리는 것이다. 고린도후서 3장 18절은 이 심오한 진리를 아주 아름답게 표현한다. "우리가 다 수건을 벗은 얼굴로 거울을 보는 것 같이 주의 영광을 보매, 그와 같은 형상으로 변화하여 영광에서 영광에 이르니, 곧 주의 영으로 말미암음이니라."

우리가 본받아야 하는 **그리스도**의 최고선은 그분의 사랑이다. 그분은 우리를 **사랑하셨다**. 그래서 **우리를 위해 자신을 버리셨다**. 타인들에게 자신을 내어줌은 '아가페'(*agapē*) **사랑**의 전형이다. 성경적 사랑은 누군가를 향한 유쾌한 감정이나 좋은 느낌이 아니라 그 사람의 안녕을 위해 자신을 내어줌이다(참조. 요 3:16). 하나님의 사랑은 무조건적 사랑이며, 사랑받는 자의 가치나 매력이나 반응이 아니라 전적으로 사랑하는 자에게 달린 사랑이다. **그리스도**께서는 단순히 인류를 향해 깊은 감정과 정서적 관심을 가지셨던 게 아니다. 그뿐아니라, 우리가 그럴 자격이 있어 우리를 위해 자신을 희생하신 것도 아니다(참조. 롬 5:8, 10). "우리가 아직 죄인 되었을 때에," 그분은 순전히 주권적이며 은혜로운 사랑으로 **우리를 위하여 자신을 버리사** 우리의 죄를 친히 지고 우리를 대신해 우리의 죗값을 지불하셨다.

하나님의 사랑, 그분의 사랑을 닮은 모든 사랑은 얻기 위해 사랑하지 않고 주기 위해 사랑한다. 조건적 사랑은 조건이 충족되지 않으면 사랑할 의무가 없다. 얻는 게 없으면 주지 않는다. 그러나 하나님은 우리를 향한 그분의 사랑에 조건을 달지 않으시며, 조건 없이 타인들을 사랑하라고 명하신다. 인간적인 선으로 하나님의 사랑을 얻거나 그 사랑을 받을 자격을 갖출 수도 없다.

낭만적이고 감성적인 부부간의 사랑은 밀물과 썰물이 있으며 완전히 사라져버릴 때도 있다. 그러나 낭만적 사랑이 사라졌다는 것이 절대로 결혼 관계를 끝내는 적절한 구실일 수 없다. 하나님이 남편에게 아내를 향해 품으라고 구체적으로 명하시는 사랑은 '아가페'(*agapē*) 사랑이기 때문이다(엡 5:25; 3:19; 참조. 딛 2:4 등). 자격 없는 우리를 향한 그분 자신의 사랑 같은 사랑, 감정이나 매력이나 자격과 상관없이 사랑받는 사람을 위한 의지적 선택에 기초한 사랑이기 때문이다. 낭만적 사랑은 부부 관계를 강화하고 아름답게 하지만, 그리스도인의 결혼 관계를 묶는 힘은 하나님 자신의 사랑 같은 사랑, 사랑하는 것이 그분의 본성이기 때문에 사랑하는 사랑이다. 이것은 받는 사랑이 아니라 주는 사랑이다. 이 사랑은 더는 받을 게 없을 때라도 계속 사랑한다. 의지로 선택한 희생적 사랑이 있는 곳에 친밀함과 느낌과 우애(*philia*)의 사랑도 있을 것이다.

하나님은 우리가 여전히 죄인이고 원수일 때 우리를 사랑하셨고, 신자로서 우리를 계속 사랑하신다. 설령 우리가 계속 죄를 짓고 그분의 온전함과 영광에 미치지 못하더라도 말이다. 하나님은 우리를 사랑하신다. 우리가 그분을 잊을 때도, 우리가 그분에게 불순종할 때도, 우리가 그분을 부인할 때도, 우리가 그분의 사랑에 보답하지 못할 때도, 우리가 그분의 성령을 근심하게 할 때도, 하나님은 우리를 사랑하신다. 유다는 "하나님의 사랑 안에서 자신을 지키라"고 했을 때(유 21), 하나님의 사랑이 그 복을 내리는 곳에 머물 책임을 말했다.

예수 그리스도를 통해 하나님의 본성을 받은 자들은 하나님이 사랑하시듯이 사랑하라는 명령을 받는다. 사랑하는 것이 하나님의 본성이듯이 이제 그리스도 안에서 사랑하는 것이 '우리의' 본성이다. 그분의 본성이 이제 우리의 본성이기 때문이다. 그리스도인이 사랑하지 않는다면, 하나님의 본성뿐 아니라 자신의 본성을 거스르며 사는 것이다.

그러므로 사랑하지 않음은 실패나 단점에 불과한 게 아니다. 사랑하지 않음은 죄이며, 하나님의 명령에 자신의 의지로 불순종하는 것이고, 그분이 보이신 본을 무시하는 것이다. 하나님이 사랑하시듯이 사랑하는 것은 하나님이 사랑하시기 '때문에' 사랑하는 것이며, 우리가 "사랑받는 자녀 같이…하나님을 본받는 자가 되어야" 하기 때문에, **그리스도께서 너희[우리]를 사랑하셨고…우리를 위하여 자신을 버리사 향기로운 제물과 희생제물로 하나님께 드리셨기** 때문에 사랑하는 것이다.

하나님의 사랑은 용서하고 무조건적일 뿐 아니라 자신을 희생하는 사랑이다. 그러므로 하나님이 사랑하시듯이 사랑한다는 것은 희생적으로 사랑하며, 그분이 자신을 **버리셨듯이(gave)** 우리 자신을 버림으로써 사랑하는 것이다.

그리스도인이 사랑으로 행하는(walk) 것은 사랑을 모든 사람에게, 신자와 불신자에게 확대하는 것이다. 하나님의 사랑은 그분의 원수들에게까지 다가갈 수 있다. 그런데 우리가 어떻게 우리의 원수들을 사랑하길 거부할 수 있겠는가? 하나님은 그분의 불완전한 자녀들을 완전한 사랑으로 사랑하신다. 그런데 우리가 어떻게 동료 신자들을, 우리처럼 불완전한 사람들을 사랑하지 않을 수 있겠는가? 하나님의 사랑이 그리스도를 이끌어 자격 없고 감사할 줄 모르는 죄인들을 위해 자신을 희생하시게 했다. 그런데 우리가 어떻게 죄악된 동료 인간들을 위해, 신자들 뿐 아니라 불신자들을 위해, 그분의 이름으로 우리 자신을 내어주지 않을 수 있겠는가?

배신당해 체포되기 얼마 전, 예수님은 제자들과 저녁 식사를 하셨다. 식사 중에, 제자들이 자신들 중에 누가 가장 크냐며 다투기 시작했다. 이들의 주님은 극한 낮아짐과 고난을 앞두고 있었는데도, 이들의 유일한 관심사는 자신들, 자신들만의 특권과 지위와 영광이었다. 주님이 이들의 위로와 격려와 지지가 가장 필요하셨을 때, 이들은 마치 그분이 자신들과 함께 계시지 않는 것처럼 행동했다. 이들의 모든 관심은 자신들에게 이기적으로 집중되어 있었다 (눅 22:24).

그때 예수님은 대야를 챙겨 제자들의 발을 씻어주기 시작하셨다. 대개 가장 낮은 종이 하는 일이었다. 제자들은 예수님의 임박한 고난과 죽음에 전혀 관심이 없었는데도, 예수님은 겸손하게, 용서하는 마음으로, 무조건적으로, 이타적으로 이들을 섬기셨다. 예수님은 제자들의 발을 다 씻기고 다시 식탁에 앉으신 후 이들에게 말씀하셨다. "내가 너희에게 행한 것을 너희가 아느냐? 너희가 나를 선생이라 또는 주라 하니 너희 말이 옳도다. 내가 그러하다. 내가 주와 또는 선생이 되어 너희 발을 씻었으니, 너희도 서로 발을 씻어 주는 것이 옳으니라. 내가 너희에게 행한 것 같이 너희도 행하게 하려 하여 본을 보였노라. 내가 진실로 진실로 너희에게 이르노니, 종이 주인보다 크지 못하고 보냄을 받은 자가 보낸 자보다 크지 못하나니"(요 13:12~16). 나중에, 예수님은 이들에게 이와 똑같이 사랑하라고 명하셨다(요 13:34~35).

그리스도께서 **우리를 위하여 자신을 버리사…제물과 희생제물로 하나님께 드리신** 것은 하늘에 계신 그분의 아버지께 **향기로웠다.** 왜냐하면 이 희생제물이 하나님의 사랑이 어떠한지 가장 완전하고 궁극적인 방식으로 표현했기 때문이다. **우리를 위하여**라는 말은 믿는 모두를 향한 인격적 사랑의 표현을 암시한다. (성경 다른 곳들이 분명히 하듯이, 이것은 대속을 신자들에게만 국한하지 않는다. 다음을 보라. 요 1:29; 3:15~16; 롬 10:13; 고후 5:14; 딤전 2:4, 6; 4:10; 벧후 2:1; 요일 2:2; 4:14).

레위기 1~5장은 하나님이 이스라엘에게 명하신 다섯 가지 제사를 설명한다. 첫째는 번제(burnt offering), 둘째는 소제(meal offering), 셋째는 화목제(peace offering)이다. 번제는(레 1:1~17) 그리스도께서 자신의 아버지께 순종하고 그분을 기쁘게 하려고 자신의 생명을 내어줌으로써 하나님께 드린 완전한 예배를 묘사했다. 소제는(레 2:1~16) 그리스도의 완전하심을 묘사했고, 화목제는(레 3:1~17; 4:27~31) 그리스도께서 하나님과 사람 사이에 화평을 이루신 것을 묘사했다. 이 모든 제사는 하나님을 기쁘시게 하는 것을 말했던 게 분명하다. 각 제사에 관해, 성경은 이것이 "여호와께 향기로운 냄새니라"라고 말한다(레 1:9, 13, 17; 2:2, 9, 12; 3:5, 16). 빌립보서 4장 8절은 향기로운 냄새란 제물이 하나님이 "받으실 만한…제물이요 하나님을 기쁘시게 한 것"이라는 뜻이라고 설명한다. 그러나 나머지 두 제사, 즉 속죄제(sin offering, 레 4:1~26, 32~35)와 속건제(trespass offering, 레 5:1~19)는 하나님에게 역겨웠다. 왜냐하면, 두 제사는 그리스도를 그렸지만, 그분을 인류의 죄를 지신 분으로 그렸기 때문이다. 두 제사는 아버지께서 "죄를 알지도 못하신 이를 우리를 대신하여 죄로 삼으실" 때(고후 5:21) 아들에게 등을 돌리는 모습을 그렸는데, 그때 예수님은 십자가에서 "나의 하나님, 나의 하나님, 어찌하여 나를 버리셨나이까?"라고 부르짖으셨다(마 27:46).

그리스도께서 죄를 짊어지셨을 때, 하나님은 그분을 보거나 그분을 기뻐하실 수 없었다. 그러나 아버지께서 그리스도를 죽은 자 가운데서 일으키셨을 때, 그분으로 죄가 되게 했던 제사가 죄를 정복하는 제사가 되었다. 그분을 죽음에 몰아넣었던 죄 자체가 죽었으며, 이 위대한 사랑의 행위는 **하나님께 드려진 향기로운 제물**이었다. 이 **향기로운 제물**의 향기가 자신을 이 희생제물의 은혜 아래 두려는 땅의 모든 사람에게 퍼지며, 영원히 온 하늘에 퍼질 것이다. 모든 면에서, 우리의 삶은 하나님을 기쁘시게 해야 한다(참조. 고후 2:14~16).

뒤틀림

음행과 온갖 더러운 것과 탐욕은 너희 중에서 그 이름조차도 부르지 말라. 이는 성도에게 마땅한 바니라. 누추함과 어리석은 말이나 희롱의 말이 마땅치 아니하니 오히려 감사하는 말을 하라. (5:3~4)

하나님이 무엇을 세우시든 간에, 사탄은 그것을 본떠 가짜를 만들 것이다. 하나님이 참사랑을 세우시는 곳에, 사탄은 가짜 사랑(counterfeit love, 위조된 사랑)을 낳는다. 참사랑이 하나님의 자녀들, 곧 천국 시민들의 특징이듯이, 가짜 사랑은 사탄의 자녀들, 곧 세상에 속한 자들의 특징이다.

경건하고 이타적이며 용서하는 사랑과 대조적으로, 세상의 사랑은 음탕하고 제멋대로다. 세상의 사랑이 사랑하는 이유는 사랑의 대상이 매력적이고, 즐거우며, 유쾌하고, 만족스러우며, 고마워하거나, 보답으로 사랑하거나, 바라던 느낌을 일으키거나, 어떤 식으로든 보답하기 때문이다. 세상의 사랑은 언제나 상대방이 나의 필요와 바람을 충족시키고 나의 기대를 채워준다는 사실에 근거한다. 세상의 사랑은 호혜적이며, 적게 주고 많이 받으려 한다. 예수님은 이런 사랑을 이렇게 말씀하셨다. "너희가 너희를 사랑하는 자를 사랑하면 무슨 상이 있으리요? 세리도 이같이 아니하느냐?"(마 5:46).

세상은 사랑을 원한다고 외치며, 어느 곳에서든 사랑을 지지하고 칭송한다. 낭만적 사랑은 특히 칭송을 받는다. 노래, 소설, 영화, 텔레비전 드라마는 마치 진짜 사랑인 것처럼 감정적이고 욕정에 찬 사랑을 짜낸다. "완전한 사랑"을 마음에 그리고 추구하는 것이 인간의 궁극적 체험으로 묘사된다.

이런 종류의 사랑을 잘못 추구하면 필연적으로 **음행(immorality)**과 **더러운 것(impurity)**에 빠진다는 것은 놀라운 일이 아니다. 이런 종류의 사랑은 이기적이고 파괴적이며, 속이려고 하나님의 사랑을 위조한 가짜이기 때문이다. 이런 사랑은 언제나 조건적이며, 언제나 자기중심적이다. 이런 사랑은 헌신에 관심이 없고 오로지 만족에 관심이 있다. 이런 사랑은 주는 데는 관심이 없고 오로지 받는 데 관심이 있다. 이런 사랑은 기초가 없어 오래가지 못한다. 이런 사랑의 목적은 섬기고 돕는 게 아니라 이용하고 착취하는 것이기 때문이다. 이런 사랑은 사랑받는 사람이 더는 만족을 주지 못하거나 다른 사람이 생겨 떠나면 끝나버린다.

'포르네이아'(porneia, **immorality**, 음행)는 성적인 죄를 가리키며, 모든 성적인 죄는 하나님과 경건한 사랑에 반(反)한다. 이것은 절제, 특히 성과 관련된 절제를 가리키는 '엔크라테이아'(enkrateia)의 반의어다. 바울이 벨릭스 총독과 그의 아내 드루실라 앞에서 "의와 절제와 장차 오는 심판을 강론하니, 벨릭스가 두려워하여 대답하되, 지금은 가라 내가 틈이 있으면 너를 부르리라"고 했다(행 24:24~25). 벨릭스는 드루실라를 전남편에게서 훔쳤으므로 그녀와 부정한 관계로 살고 있었다. 바울이 말한 성적 절제는 벨릭스가 이해했듯이 욕정과 관련이 있었다. 바울이 총독에게 전한 메시지는 그가 자신의 성욕을 제어하길 거부함으로써 하나님의 의를 거스르며 살고 있으며, 이 때문에 하나님의 심판을 받으리라는 것이었다.

성적 절제를 잃으면 그 반대인 **음행**과 **더러운 것**에 빠진다. '아카따르시아'(akatharsia, **impurity**, 더러운 것)는 '포르네이아'보다 일반적인 용어이며, 무엇이든 부정하고 더러운 것을 가리킨다. 예수님은 이 단어를 사용해 무덤에 장사되어 부패한 시신을 묘사하셨다(마 23:27). 이 외에도, 이 단어는 신약성경에 10회 더 사용되는데, 모두 성적인 죄와 연결된다. 이것은 부도덕한 생각, 격정, 관념, 공상을 비롯해 성적 부패와 관련된 모든 형태를 가리킨다.

우리 시대의 성적 광기가 교회까지 침투했다. 욕정에 찬 세상의 영향이 너무나 만연한데, 교회는 너무나 약하고 분별력이 부족하다. 그래서 숱한 그리스도인이 모든 종류의 성적 과잉과 불결을 은혜가 덮어준다거나 올바른 태도를 취한다면―특히 어떤 성경 구절을 왜곡해 이것들을 지지한다고 보이게 할 수 있다면―도덕적으로 안전할 수 있다고 확신하게 되었다. 그러나 **음행**과 **더러운 것**은 정당화되거나 실제보다 나은 것으로 바뀔 수 없다. 실제로, **음행**과 **더러운 것**은 악이다. 거룩한 하나님과 사랑이 넘치는 구원자를 거스르는 범죄다. 고린도전서 5장 1~5절과 6장 13~20절에서, 바울은 그리스도인의 삶에는 이것들을 위한 자리가 없음을 보여준다.

에베소서 4장 19절을 설명하면서 말했듯이, **탐욕(greed)**은 **더러운 것**과 분리될 수 없다. 모든 형태의 성적 부도덕(음란)은 **탐욕**의 자기의지와 자기만족과 자기중심이 표현된 것이다. **탐욕**은 본질상 사랑에 반(反)한다. 사랑은 자신을 내어주기 때문이다. **음행**과 **더러운 것**은 성적인 죄의 영역에 나타나는 **탐욕**의 형태일 뿐이다. 이 둘은 성적 탐심의 겉모습이며, 아름답고 선하며 보상이 따르는 그 무엇으로 변장한 가짜 사랑을 표현한다(가짜 사랑은 사실 미움인데, 사랑은 타인들의 깨끗함을 구하고 이타적이기 때문이다). 이 두 죄가 너무나 매력적이고 유망해 보이기 때문에, 배우자를 버리고, 자녀를 방치하며, 가정을 파괴하고, 친구를 무시하며, 욕정의 대상을 소유하려는 욕망을 채우려고 그 어떤 노력도 아끼지 않는다. 그러면서도 이 모든 짓을 사랑의 이름으로 한다.

인간은 성욕이 강하다. 따라서 성적인 죄는 강력해서 상상도 못 할 방식으로 뒤틀릴 수 있다. 뉴스가 날마다 증언하듯이, 성적인 죄를 방치하면 타인들의 감정과 안녕에 완전히 무감각해지고, 무섭도록 잔인해지며, 빈번하게 살인을 부른다.

그렇기 때문에, **음행과 온갖 더러운 것**은 그리스도인들 사이에서 **그 이름조차도 부르지 말아야** 하며, 이것이 **성도에게 마땅하다**. 이런 죄는 어떤 방법으로도 정당화될 수 없으며, 어떤 식으로든 용납해서는 안 된다. **성도**는 "거룩한 자들"이란 뜻이며, 거룩한 자들은 거룩하지 못한 것과 무관하다.

바울은 모든 신자가 한 번은 틀림없이 지었을 관련 죄목을 길게 언급함으로써 뒤틀린 사랑을 계속 경고한다. 그리스도인들은 그 어떤 종류의 성적인 죄도 절대 범하지 말아야 하지만, **누추함과 어리석은 말이나 희롱의 말**을 하는 죄도 절대 범하지 말아야 한다.

누추함(filthiness)은 일반적 외설, 비열하고 수치스러운 모든 말과 관련이 있다. 이 단어는 12절에서 "부끄러운"(disgraceful)으로 번역된 단어와 어근이 같고—거기서 바울은 이런 악한 것들에 참여하지 말아야 할 뿐 아니라 이것들을 입에 담지도 말아야 한다고 말한다.—골로새서 3장 8절에서 "더러운 말"을 뜻하는 용어("부끄러운 말")와 연결된다.

'모로로기아'(*mōrologia*, **silly talk**, **어리석은 말**)는 신약성경에서 이곳에만 나오며, '모로스'(*mōros*, 둔하다 또는 멍청하다는 뜻이며, 얼간이를 뜻한 moron이 이 단어에서 나왔다)와 '레고'(*legō*, 말하다)의 합성어다. 이것은 멍청한 말, 지적으로 모자라는 사람이나 할 법한 말이다. 이것은 때로 술 취한 사람이나 더러운 입에서 나오는 저속한 말이나 어리석은 말을 가리킨다. 세상의 악취를 풍길 뿐 아무 의미도 없는 말이다.

다른 한편으로, '유트라펠리아'(*eutrapelia*, **희롱의 말**)는 날카롭고 단호한 말을 가리킨다. 이것은 내뱉은 말이나 취한 행동이 아무리 순수하더라도 그것을 외설적이고 도발적인 것으로 재빨리 바꾼다는 의미를 내포한다. 이것은 모든 단어와 환경을 이용해 자신의 부도덕한 재치를 드러내는 사람이 내뱉는 더러운 말이다. 이것은 성적인 농담을 전혀 막힘없이 내뱉는 똑똑한 토크쇼 진행자가 내뱉는 상투적인 말이다. 그러나 **어리석은 말**의 저급한 외설과 **희롱하는 말**의 "고급한" 외설은 동일 종류의 마음, 즉 도덕적 **누추함**에 빠진 마음에서 나온다.

아주 분명한 하나님 말씀의 가르침에 비춰볼 때, 너무나 많은 그리스도인이 거의 모든 형태의 성적 친밀함과 성적 타락과 성 도착에 관해 논할 뿐 아니라 주저 없이 웃고 농담하는 것은 이상하다. 그러나 하나님의 기준은 분명하다. **누추함과 어리석은 말이나 희롱의 말이 마땅치 아니하다**(**must be no**, 절대 없어야 한다).

신자는 부도덕한 행위를 하거나 더러운 말을 하는 대신 **감사하는 말을 해야**한다. 감사는 이타심의 표현이다. 이기적이고 사랑하지 않는 사람은 감사하지 못한다. 자신은 무엇이든 자신이 받는 좋은 것을 받을 자격이 있다고 생각하기 때문이다. 반대로, 이타적이며 사랑하는 사람은 타인들의 필요에 자신의 삶과 관심을 집중한다. 그는 하나님이나 다른 사람들에게 무슨 좋은 것을 받든 간에, 자신은 받을 자격이 없다고 생각해 그저 은혜로 여긴다. 그는 언제나 감사한다. 그의 마음은 사랑하고 주는 마음이기 때문이다. 그는 타인들을 이용하지 않으며, 그 대신 타인들을 섬긴다. 그는 순수한 것을 부도덕한 것으로 바꾸려 하지 않으며, 그 대신 부도덕한 것을 의롭고 거룩한 것으로 바꾸려 한다. 그는 거룩한 삶이 만족스럽기에 감사하고, 사람들은 감사하는 사람에게서 하나님을 향한 사랑을 본다.

그리스도인들이 무엇인가로 유명하다면, 끊임없는 감사로 표현되는 하나님과 타인들을 향한 사랑 때문이어야 한다(참조. 살전 5:18, 여기서 바울은 분명하게 명한다: "범사에 감사하라. 이것이 그리스도 예수 안에서 너희를 향하신 하나님의 뜻이니라").

형벌

너희도 정녕 이것을 알거니와 음행하는 자나 더러운 자나 탐하는 자 곧 우상숭배자는 다 그리스도와 하나님의 나라에서 기업을 얻지 못하리니, 누구든지 헛된 말로 너희를 속이지 못하게 하라. 이로 말미암아 하나님의 진노가 불순종의 아들들에게 임하나니, 그러므로 그들과 함께하는 자가 되지 말라. (5:5~7)

바울은 에베소 신자들을 목회할 때 이들에게 수없이 가르쳤고, 의심할 여지 없이, 다른 사람들이 강화한 진리를 여기서 다시 말하는 게 분명하다. 그는 **너희도 정녕(with certainty) 이것을 알거니와**라고 말한다. 바울이 이제 하려는 말에 대해 이들은 조금이라도 의심하거나 혼란스럽지 않았을 것이다. 바울이 하려는 말은 전혀 새로운 것이 아니었기 때문이다.

하나님은 죄를 용납하지 않으시며, 뒤틀린 사랑은 형벌로 이어진다. 죄는 하나님 나라와 그분의 가정에 발붙일 자리가 없다. **음행하는 자, 더러운 자, 탐하는 자**는 모두 3절의 '음행', '더러운 것', '탐욕'과 동일한 헬라어 기본 단어들에서 나왔다. 탐심은 우상숭배의 한 형태다. 그러므로 **탐하는 자**는 단순히 이기적이고 부도덕한 자가 아니다. **우상숭배자다**(참조. 골 3:5).

바울이 3~4절에서 정죄한 죄로 특징되는 자들은 **그리스도와 하나님의 나라에서 기업을 얻지 못할** 것이다. 습관적 음행, 더러움, 탐욕이 삶의 패턴으로 고착된 자는 하나님 **나라**의 시민일 수 없다. 이런 사람은 하나님께 속할 수 없기 때문이다. 이런 사람이 하나님 나라 시민일 수 있다면, 로마서 6장과 고린도후서 5장 17절의 진리와 모순될 뿐 아니라, 신자들의 특징에 관한 요한일서의 가르침과도 모순된다. 여기서 기술한 삶은 구속받지 못하고 죄악 된 본성을 증언한다. 자신이 그리스도와 어떤 관계라고 주장하든 간에 말이다. 하나님의 자녀들은 하나님의 본성을 가지며, 습관적으로 죄를 짓는 사람은 경건한 본성이 없음을 증명하는 것이다(요일 3:9~10). **그리스도와 하나님의 나라**는 구원의 영역, 구속받은 자들의 공동체, 영원한 영광의 장소를 가리킨다. **나라는 그리스도와 하나님의 통치**이며, 현재의 교회, 미래의 천년왕국, 영원한 영광의 상태를 포함한다.

"모든 사람에게 구원을 주시는 하나님의 은혜가 나타나 우리를 양육하시되, 경건하지 않은 것과 이 세상 정욕을 다 버리고 신중함과 의로움과 경건함으로 이 세상에 살고"(딛 2:11~12). 구원받은 사람, 그러므로 **그리스도와 하나님**의 영화로운 통치의 한 부분을 이루는 사람은 누구나 성령과 자신의 새로운 본성이 그에게 죄를 버리고 의를 구하라고 가르친다. 이런 방향성이 삶의 기본 패턴에서 나타나지 않는 사람은 하나님이 자신의 아버지라고, 또는 **그리스도와 하나님의 나라**가 자신의 **기업**이라고 주장하지 못한다.

구원의 확신에 관한 성경적 기초가 전혀 없는 사람에게, 그리스도인이 구원의 확신을 심어주려 애쓰는 것은 위험하며 속이는 행위다. 바울은 고린도 교회에 보낸 첫 편지에서, 습관적 관행으로 인해 사람이 구원받지 못하고 하나님과 무관하다는 것을 증명하는 죄목을 훨씬 상세하게 열거한다. "불의한 자가 하나님의 나라를 유업으로 받지 못할 줄을 알지 못하느냐? 미혹을 받지 말라. 음행하는 자나 우상숭배하는 자나 간음하는 자나 탐색하는[여성 노릇을 하는, 새번역] 자나 남색하는[동성애를 하는, 새번역] 자나 도적이나 탐욕을 부리는 자나 술 취하는 자나 모욕하는 자나 속여 빼앗는 자들은 하나님의 나라를 유업으로 받지 못하리라"(고전 6:9~10). 이런 것들은 하나님 자녀들의 특징이 아니다(갈 5:17~21의 비슷한 통찰을 참조하라). 무슨 주장을 하더라도, 하나님의 판결은 이런 죄의 지배를 받는 삶은 지옥행이라는 것이다.

사람들은 부인하려 할 테지만, 바울은 이들에게 귀 기울이지 말라고 경고한다. 하나님이 죄를 용납하시고 회개하지 않는 죄인들을 그분의 나라에서 배제하지 않으실 거라고, **누구든지 헛된 말로 너희를 속이지 못하게 하라. 헛된 말**

(empty words)은 오류로 가득하고, 진리가 없으며, 따라서 **속인다.**

이로 말미암아(because of these things), 다시 말해 여기 열거된 죄와 **헛된 말**의 거짓말 때문에, **하나님의 진노가 불순종의 아들들에게 임한다.** 이런 자들은 **불순종의 아들들**이라 불린다(2:2을 보라). 불순종이 이들의 본성이며, 이들은 "진노의 자녀"(2:3; 참조. 살후 1:8~10), 곧 하나님의 심판이 임할 타깃이기 때문이다.

뒤틀린 사랑과 성적인 죄를 향한 하나님의 태도가 민수기 25장 1~9절에 분명하게 나온다. 이스라엘 남자들이 모압 여인들과 음행했고, 하나님은 이들 중에 24,000명을 죽이셨다. 하나님이 성적인 죄를 향해 취하시는 태도는 달라지지 않았으며, 훤히 밝힌 도시가 적군의 폭격기를 부르듯 뒤틀린 사랑은 하나님의 진노를 부른다.

마지막으로 바울은 이렇게 경고한다. **그러므로 그들과 함께하는 자가 되지 말라.** 바울은 이렇게 말한다. "그들과 함께 악에 참여하는 자가 되지 말라. 그리스도와 함께 의에 참여하는 자가 되라. 세상을 본받지 말고, 사랑을 받는 자녀같이 하나님을 본받는 자가 되라"(1절).

16

빛 가운데 거하라
(5:8~14)

> 너희가 전에는 어둠이더니 이제는 주 안에서 빛이라. 빛의 자녀들처럼 행하라.
> 빛의 열매는 모든 착함과 의로움과 진실함에 있느니라. 주를 기쁘시게 할 것이
> 무엇인가 시험하여 보라. 너희는 열매 없는 어둠의 일에 참여하지 말고, 도리어
> 책망하라. 그들이 은밀히 행하는 것들은 말하기도 부끄러운 것이라. 그러나
> 책망을 받는 모든 것은 빛으로 말미암아 드러나나니, 드러나는 것마다 빛이니
> 라. 그러므로 이르시기를, 잠자는 자여 깨어서 죽은 자들 가운데서 일어나라 그
> 리스도께서 너에게 비추이시리라 하셨느니라. (5:8~14)

이 단락은 신자들이 "사랑을 받는 자녀 같이…하나님을 본받는 자"가 되어야
한다는 것을 계속 강조한다(5:1). 우리가 하나님을 본받는 첫째 방식은 그리스
도를 우리의 거룩한 패턴(모범)으로 삼아 하나님의 사랑 안에서 행하는 것인데,
바울은 이 사랑의 참된 형태와 가짜 형태 둘 다 보여주었다(2~7절). 8~14절에
서 초점은 우리가 빛과 연결되어 하나님을 본받는 데 맞춰진다.

성경은 하나님이 우리의 "빛이요…구원"이며(시 27:1), "영원한 빛"이라고
말한다(사 60:19). 그분의 말씀은 "내[우리의] 발에 등이요 내[우리의] 길에
빛"이라 불린다(시 119:105; 참조. 130절). 그리스도는 "이방의 빛"(a light of the
nations, 사 49:6), "참 빛 곧 세상에 와서 각 사람에게 비추는 빛"(요 1:9), "세상
의 빛"이라 불리신다(요 8:12). 그러므로 신자가 하나님을 본받으려면, 하나님

의 빛에 참여하고 그 빛을 되비추어야 하는 게 분명하다.

성경에서 빛의 비유는 두 가지 측면이 있다. 지적 측면과 도덕적 측면이다. 지적으로 빛은 진리를 상징한다. 반면에, 도덕적으로 빛은 거룩을 상징한다. 그러므로 빛 가운데 산다는 말은 진리 안에 거룩하게 산다는 뜻이다. 어둠의 비유도 똑같이 두 측면을 갖는다. 지적으로 어둠은 무지와 거짓을 상징한다. 반면에, 도덕적으로 어둠은 악을 함축한다.

두 비유의 지적 측면은 한 사람이 알고 또 믿는 것과 관련이 있으며, 도덕적 측면은 그가 생각하고 행동하는 방식과 관련이 있다. 고린도후서에서 바울은 다음과 같은 말로 지적 측면을 말한다. "그중에 이 세상의 신이 믿지 아니하는 자들의 마음을 혼미하게 하여 그리스도의 영광의 복음의 광채가 비치지 못하게 함이니, 그리스도는 하나님의 형상이니라"(4:4; 참조. 롬 1:21; 엡 4:18). 이사야 5장에서 선지자는 다음과 같은 말로 지적 측면과 도덕적 측면 둘 다 말한다. "악을 선하다 하며 선을 악하다 하며, 흑암으로 광명을 삼으며 광명으로 흑암을 삼으며, 쓴 것으로 단 것을 삼으며 단 것으로 쓴 것을 삼는 자들은 화 있을진저"(20절). 이런 자들의 가르침과 행위는 둘 다 부패했다. 바울은 신자들에게 도덕적 측면을 말하면서 "밤이 깊고 낮이 가까웠으니 그러므로 우리가 어둠의 일을 벗고 빛의 갑옷을 입자"고 권하며(롬 13:12), 그다음 절에서 방탕, 술 취함, 음란, 호색, 다툼, 시기 등 어둠의 행위들을 구체적으로 명시한다.

그러나 하나님께 속한 모든 사람은 지적으로나 도덕적으로나 빛 가운데 행한다(walk). 요한은 아주 분명하게 말했다. "하나님은 빛이시라. 그에게는 어둠이 조금도 없으시다는 것이니라. 만일 우리가 하나님과 사귐이 있다 하고 어둠에 행하면 거짓말을 하고 진리를 행하지 아니함이거니와 그가 빛 가운데 계신 것 같이 우리도 빛 가운데 행하면 우리가 서로 사귐이 있고 그 아들 예수의 피가 우리를 모든 죄에서 깨끗하게 하실 것이요"(요일 1:5~7).

8~14절에서, 바울은 성실하게 하나님의 빛 가운데 행하기 위해 알아야 하는 실제적 특징 다섯을 말한다. 그는 그리스도인들이 하나님의 빛의 자녀로서 갖는 대비(對比), 특징, 명령, 임무, 부르심을 제시한다.

대비(對比)

너희가 전에는 어둠이더니 이제는 주 안에서 빛이라. 빛의 자녀들처럼 행하라.

(5:8)

바울은 여기서 모든 신자의 삶이 구원받기 전에 어떠했는지와 구원받은 후 하나님이 그에게 뜻하시는 삶이 어떠한지를 대비(對比)한다. 이렇게 하면서, 분명해야 하는 게 무엇인지 말한다. 죄에서 구원받은 사람은 죄에서 발을 빼 구속받고 정결해진 하나님의 자녀로 살아야 한다. 바울은 이것을 설명하려고 성경의 흔한 비유인 **빛**과 **어둠**의 비유를 사용한다.

우리는 과거에 어떠했는가?

이더니(were)의 동사 형태는 중요한 두 사실을 보여준다. 첫째, 과거 시제는 더 이상 계속되지 않는 상태를 나타내며, **전에는(formerly)**이라는 부사가이 진리를 강화한다. 이 편지 앞부분에서, 바울은 우리가 "[우리의] 허물과 죄로 죽었다"고 말한다. 다시 말해, "**그 때에**(formerly) 너희[우리]는 그 가운데서 행하여 이 세상 풍조를 따르고 공중의 권세 잡은 자를 따랐다." 다시 말해, "**전에는**(formerly) 우리도 다 그 가운데서 우리 육체의 욕심을 따라 지내며육체와 마음의 원하는 것을 하여 다른 이들과 같이 본질상 진노의 자녀이었다"(2:1~3, 강조는 덧붙인 것이다). 그리스도인들에게 지적 · 도덕적 어둠은 과거일이다(참조. 4:17~20).

둘째, 이 동사는 '속에'(in) 또는 '의'(of, ~에 속한) 같은 전치사의 수식을 받지 않는다. 다른 곳에서 성경은 한 사람이 어둠 속에 있거나 어둠에 속한 것을 말하지만, 여기서는 우리가 **어둠**이었다고 말한다. 그리스도 앞에 나오기 전, 우리의 전 존재는—우리의 존재 뿐 아니라 행동까지—어둠으로 특징되었다. 우리의 영적 삶에는 어둠밖에 없었다. 우리는 어둠의 자녀였고 "불순종의 아들들"이었다(엡 5:6). 우리는 단지 사탄 체계의 희생자들이 아니라 그 체계에기여하는 자들이었다. 우리는 단지 죄 안에 있었던 게 아니다. 우리의 본성 자체를 특징짓는 것이 죄였다.

성경은 영적 어둠의 기본 특징 네 가지를 제시한다. 첫째, 영적 어둠은 사탄의 일이다. 하나님의 자녀가 아닌 자들은 그들의 "아비 마귀에게서 났으니 너희[그들의] 아비의 욕심대로 너희도[그들도] 행하고자 하며," 그들의 아비는 "처음부터 살인한 자요 진리가 그 속에 없으므로 진리에 서지 못하는" 자였다 (요 8:44; 참조. 38, 41절).

우리가 그리스도인들이라도, 매일 마주치고 법을 지키며 품위 있고 상냥한 불신자들이 사탄의 자녀라고 상상하기란 쉽지 않다. 그러나 모든 사람은 마귀의 자녀이거나 하나님의 자녀이거나 둘 중 하나다. 두 부류 모두 생활방식의 수준이 다양한 것은 분명하다. 그러나 둘 외에 다른 종류의 영적 자녀는 없다. 품위 있고 세련된 박애주의자라도 믿음 없으면 귀신을 섬기는 주술사와 동일한 지옥에서 하나님 없이 영원을 보낼 것이다.

둘째, 영적 어둠은 사탄의 일일 뿐 아니라 사탄의 영역이다. 불신자는 사탄의 일을 한다. 불신자는 사탄에게 속한 "흑암의 권세"의 시민으로서(골 1:13; 참조. 엡 6:12; 요일 5:19) 사탄의 지배를 받기 때문이다(눅 22:53에서, 사탄은 "어둠의 권세"라 불린다). 이런 까닭에, 사람들이 자신의 자유를 포기하고 하나님께 원하지 않는 순종을 할 수밖에 없게 된다고 생각해 복음의 요구를 거부하는 것은 어리석기 짝이 없다. 가장 기만적이고 파괴적인 사탄의 거짓말 중 하나는 하나님 없는 사람이 자유롭다는 것이다. 불신자는 죄를 통해 사탄에게 완전히 매이고 갇힌다. 그는 죄를 짓는 외에 아무것도 할 수 없으며, 사탄 외에 그 누구에게도 순종할 수 없다. 타락한 인간이 스스로 자유롭다고 생각하는 이유는 단 하나, 그가 원하는 것과 사탄이 원하는 것이 정확히 일치하기 때문이다. 그러나 신자의 순종은 그 마음의 가장 깊은 소원이다(참조. 롬 6:17~18, 22; 7:22; 시 119편).

셋째, 영적 어둠은 하나님의 형벌을 부른다. 바울이 방금 선언했듯이, "하나님의 진노가 불순종의 아들들에게 임하며"(엡 5:6), 이들은 "본질상 진노의 자녀"이다(2:3). 로마서에서 바울은 이렇게 말한다. "하나님의 진노가 불의로 진리를 막는 사람들의 모든 경건하지 않음과 불의에 대하여 하늘로부터 나타나나니"(1:18).

넷째, 영적 어둠은 영원한 어둠이라는 최종 종착지로 이어진다.

예수 그리스도를 주님과 구주로 믿지 않는 자들은, 유대인이든 이방인이든 간에, "바깥 어두운 데 쫓겨나 거기서 울며 이를 갈게 된다"(마 8:12; 참조. 삼상 2:9; 벧후 2:17). 사람들이 그리스도를 거부하는 것은 어둠에 만족하기 때문이다. 이들은 빛 대신 어둠을 '선택하기' 때문에, 영원히 빛 대신 어둠을 '가질' 것이다. 영원은 이 선택을 영원히 굳힐 뿐이다.

세상이 혼란스럽고, 불의하며, 악하고, 부패하며, 희망이 없다는 것은 지각 있는 관찰자라면 신자든 불신자든 모두가 똑같이 증언한다. 우리는 속이고, 거짓말하며, 훔치고, 부도덕한 짓을 하며, 죽이고, 그 외에 온갖 악한 짓을 하라며 끊임없이 강요받는다. 세상은 죄를 짓는 경향이 있는 게 분명하며, 이것만큼 분명한 게 또 있다. 사람들이 줄곧 진리를 찾는 곳에는 진리가 없다는 것이다. 그러나 하나님의 최고 진리가 예수 그리스도 안에 제시될 때, 사람들은 등을 돌린다. 하나님의 의와 선이라는 진리가 이들 자신의 죄와 악이라는 진실을 드러내기 때문이다. 예수님은 이렇게 말씀하셨다. "그 정죄는 이것이니, 곧 빛이 세상에 왔으되 사람들이 자기 행위가 악하므로 빛보다 어둠을 더 사랑한 것이니라. 악을 행하는 자마다 빛을 미워하여 빛으로 오지 아니하나니, 이는 그 행위가 드러날까 함이요, 진리를 따르는 자는 빛으로 오나니, 이는 그 행위가 하나님 안에서 행한 것임을 나타내려 함이라"(요 3:19~21).

마치 어떤 사람이 폐광에서 길을 잃은 것과 같다. 나가는 길을 찾으려 애쓸수록 광산 속으로 더 깊이 빠져든다. 선택하는 터널마다 막다른 곳이거나 다른 터널로 이어진다. 자신이 어디 있는지, 어디로 가는지 전혀 알지 못한다. 눈을 활짝 떴지만 보이는 거라곤 숨이 막힐 것 같은 흑암뿐이다. 춥고 더러운 터널들과 수직 통로들을 한 주 내내 더듬은 끝에, 희미한 빛을 발견한다. 남은 힘을 다 끌어모아 그 빛을 향해 나아가며, 마침내 밖으로 나가는 길을 발견한다. 그러나 빛이 너무 밝아 눈이 상한다. 그래서 자신의 상황이 실제로 나아졌는지 의심이 들기 시작한다. 주의를 자신이 겪은 고통에서 다른 데로 돌림으로써, 광산에서 일시적 즐거움을 주었던 것들을 떠올린다. 그리고 다시 광산으로 들어가 산다.

이 이야기는 이상하고 있을 법하지 않지만, 더 비극적인 방식으로 매일 수 없이 반복되고 있다. 사람들이 빛과 생명의 복음을 보고 등을 돌려 어둠과 죽음의 옛길로 돌아갈 때 그러하다.

우리는 지금 어떠한가?

8절의 두 번째 동사(are, 이라)도 중요한 두 사실을 말해준다. 현재 시제는 우리의 새로운 영적 상태, 그리스도를 믿기 이전과 대비되는 상태를 보여준다. **이제는** [우리가] **주 안에서 빛이라.** 그리스도께서 "우리를 흑암의 권세에서 건져내사 그의 사랑의 아들의 나라로 옮기셨으며"(골 1:13) 우리를 "어두운 데서 불러내어 그의 기이한 빛에 들어가게 하셨다"(벧전 2:9).

이더니(were)처럼, 동사 **이라(are)**도 꾸며주는 말이 없다. 성경은 때로 신자들이 빛 가운데(in) 있거나 빛에 속한(of)고 말하지만, 여기서는 우리가 **빛**'이다'라고 말한다. 예수님은 "너희는 세상의 빛이라"고 하셨다(마 5:14). 우리는 이제 그리스도의 본성을 공유하기 때문에 그분의 빛에 참여한다. 그분이 "세상의 빛"이듯이(요 8:12), 그분의 백성도 "세상의 빛"이다(마 5:14). 우리는 '주님 안에' 있다. 그래서 전에 어둠의 자녀였던 우리가 이제 '빛의 자녀'이며, 따라서 빛의 자녀로 '행해야(walk)' 한다.

특징

빛의 열매는 모든 착함과 의로움과 진실함에 있느니라. 주를 기쁘시게 할 것이 무엇인가 시험하여 보라. (5:9~10)

삽입문으로 보이는 곳에서,[31] 빛의 자녀들의 분명한 특징들이 여기서 바울이

---

31 개역개정은 그렇지 않지만, NASB는 "빛의 열매는 모든 착함과 의로움과 진실함에 있느니라"라는 부분이 괄호 안에 들어있다.

빛의 열매라 부르는 것으로 제시된다. (흠정역은 "성령의 열매 the fruit of the Spirit" 라고 되어 있지만, 더 나은 헬라어 사본들은 "빛의 열매"라고 되어 있다.) 우리가 빛의 자녀로서 취하는 행보(walk)의 가장 큰 세 가지 특징 또는 **열매는 모든 착함과 의로움과 진실함**이다.

이것들은 참 믿음, 즉 주 예수 그리스도와의 참된 구원의 관계를 알아보는 테스트다. 그리스도를 위한 "결정," 교회 등록, 성실한 예배 출석, 세례, 주님의 일을 재정적으로 지원하기 등이 흔히 구원의 증거로 사용된다. 신실한 그리스도인은 이것들을 모두 해야 한다. 그러나 이것들은 육체로 쉽게 할 수 있는 행위이며, 따라서 그 자체로 신뢰할만한 증거가 아니다. 다른 한편으로, 바울이 여기서 언급하는 세 가지 특징은 육체로 성취할 수 없는 영적인 일이다. 이 **모든** 특징은 하나님의 완벽한 기준을 반영한다.

첫째 특징은 **모든 착함(all goodness)**이다(참조. 4:31의 "모든 악독"). 신약성경에서 많은 헬라어 단어가 "good"(선하다, 착하다, 좋다) 또는 "goodness"(선함, 착함, 좋음)로 번역된다. '칼로스'(*kalos*)는 본질적으로 옳고, 흠이 없으며, 아름답고, 고결한 것을 의미한다. 세례 요한과 예수님 둘 다 이 단어를 사용해 "좋은 열매"를 말했고, 좋은 열매가 맺지 않는 나무는 "찍혀 불어 던져지리라"고 했다(마 3:10; 7:19). 바울은 이 단어를 사용해 디모데에게 "하나님께서 지으신 모든 것이 선하매"라고 했다(딤전 4:4). 이 단어는 도덕적으로 선한 것에도 사용된다(갈 4:18, 딤전 5:10, 25, 딛 2:7, 14을 보라). 역시 흔히 "good"(선하다)으로 번역되는 '크레스토스'(*chrestos*)는 유쾌하거나, 유용하거나, 적합하거나, 가치 있는 것을 가리킨다. 바울은 이 단어를 사용해 "악한 동무들은 선한 행실을 더럽히나니"라고 선언한다(고전 15:33).

그러나 이 단락에서, 바울은 '아가또수네'(*agathōsunē*)를 사용하는데, 이것은 도덕적 탁월함, 본성과 효율성 둘 다 선함을 가리킨다. '아가페'(*agapē*) 사랑처럼, '아가또수네' **착함**은 타인을 위해 자발적으로 희생하는 행위에서 가장 완전하고 고상하게 표현된다. 바울은 데살로니가 신자들에게 이렇게 권면했다. "서로 대하든지 모든 사람을 대하든지 항상 **선**(that which is **good**)을 따르라"(살전 5:15). 데살로니가 교회에 보낸 둘째 편지에서 바울은 이렇게 기도한다. "우리 하나님이 너희를 그 부르심에 합당한 자로 여기시고 모든 **선 (goodness)**을 기뻐함과 믿음의 역사를 능력으로 이루게 하시고"(살후 1:11, 강조는 덧붙인 것이다). **빛의 열매**인 이 **착함**(goodness)은 성령의 열매이기도 하다 (갈 5:22, "양선").

우리가 빛의 자녀로 행하는(walk) 둘째 결과 또는 **열매**는 **의로움**이며, 이것은 무엇보다도 우리와 하나님의 관계와 관련이 있다. "일을 아니할지라도 경건하지 아니한 자를 의롭다 하시는 이를 믿는 자에게는 그의 믿음을 의로 여기시나니"(롬 4:5; 참조. 엡 4:24; 빌 3:9). 그러나 **의로움**은 우리가 어떻게 사느냐와도 관련이 있다. 의롭게 된 자들은 의롭게 살고, "자신을 죽은 자 가운데서 다시 살아난 자 같이 하나님께 드리며 너희 지체를 의의 무기로 하나님께 드리라"는 명령을 받는다(롬 6:13). 그리스도께서 자신의 의로운 본성을 우리에게 주셨기 때문에, 우리는 "의…를 따라야"(의를 추구해야) 한다(딤전 6:11). 요한은 그리스도가 의롭다는 것을 알기 때문에 또한 "의를 행하는 자마다 그에게서 난 줄을 안다"(요일 2:29)고 말한다.

빛의 열매 그 셋째는 **진실함**이다. **진실함(truth)**은 정직, 신빙성, 신뢰성, 고결함(integrity)과 관련이 있다. 이는 위선과 기만을 비롯해 어둠 속에 살던 옛 삶의 거짓된 방식들과 대비된다.

그러므로 **착함(goodness)**은 무엇보다도 우리와 타인들의 관계와 관련이 있고, **의로움(righteousness)**은 무엇보다도 우리와 하나님의 관계와 관련이 있으며, **진실함(truth)**은 무엇보다도 개인의 고결함과 관련이 있다. 이 셋에, 그리고 이 세 방식에, **빛의 열매가… 있다.**

이 열매가 없으면, 하나님의 생명을 가졌다는 증거가 없다. 예수님은 이렇게 경고하셨다. "거짓 선지자들을 삼가라. 양의 옷을 입고 너희에게 나아오나 속에는 노략질하는 이리라. 그들의 열매로 그들을 알지니, 가시나무에서 포도를, 또는 엉겅퀴에서 무화과를 따겠느냐?"(마 7:15~16). 모든 사람은 이런저런 종류의 열매를 맺는다. 어둠인 자들은 나쁜 열매를 맺고, 빛인 자들은 좋은 열매를 맺는다. 그러므로 삶에서 의의 열매를 맺지 못하는 자는 그리스도와 관계가 없다. 열매 없는 그리스도인이란 없다. 죽음이 있는 곳에 죽음의 증거가 있듯이, 생명이 있는 곳에 생명의 증거가 있다. 빛의 자녀는 **빛의 열매**를 맺으며, 그 열매가 갈수록 많아져야 한다(골 1:10).

그리스도인이 죄에 빠질 수도 있다. 이럴 때 그의 삶에 열매가 잘 맺히지 않는다. 죄에서 의로운 열매가 자라날 수는 없다. 그러나 **모든 착함과 의로움과 진실함**의 **열매**가 전혀 없다면, 전혀 구원받지 못했다는 증거다(참조. 2:10).

다른 모든 종류의 삶처럼, 그리스도의 삶도 자랄 때 건강하다. 신자의 행보(walk)에서, **주를 기쁘시게 할 것이 무엇인가** 지속적으로 **시험하여 보는(trying to learn**, 배우려는) 데 주된 초점을 맞춰야 한다. 아는 것에 순종 '할수록', 주님과 그분의 뜻을 아는 지식이 커지고 깊어진다. 빛에 충실할수록, 이 빛을 더 받는다.

'도키마조'(*dokimazō*, **시험하여 보다**, **trying to learn**이 이 단어에서 파생했다)는 증명하다 또는 시험하다라는 의미도 내포한다. 그리스도인은 **착함과 의로움과 진실함**을 **시험하고(learn**, 배우고) 이것들에서 자랄수록, 자신이 스스로 주장하는 사람, 곧 하나님과 빛의 자녀라는 것을 입증하거나 그 증거를 제시한다. 하나님의 자녀는 하늘에 계신 아버지, 곧 자신의 "빛이요 구원"이신 분을 닮는다(시 27:1).

그 당시에 아무리 극적이거나 의미 깊었더라도, 과거에 일어난 일이 구원의 확신을 뒷받침하는 믿을만한 증거일 수는 없다. 구원의 확신을 뒷받침하는 확실한 증거는 지금 영적 삶이 맺는 **열매**다(벧후 1:5~11을 보라).

대다수 사람은 무기, 수류탄, 폭발물을 비롯해 불법 물품을 소지하지 않으며, 따라서 공항에서 수화물을 엑스레이 검사기에 넣을 때 전혀 두렵지 않다. 마찬가지로, 그리스도인으로서 우리는 하나님의 말씀의 빛이 우리를 세세하게 살피거나, 우리의 고백과 생활방식의 불일치를 쉼 없이 찾는 세상의 비판적 눈이 우리를 세세하게 살피는 것을 두려워해서는 안 된다. 우리는 숨길 게 전혀 없어야 한다.

명령

너희는 열매 없는 어둠의 일에 참여하지 말고, (5:11a)

'순코이노네오'(*sunkoinōneō*, **참여하다**)는 "타인들과 함께 참여하는 자가 되다"로도 번역될 수 있다. 빛의 자녀는 이름만 없는 식으로라도 악에 참여해서는 안 된다. 세상 속으로 들어가지 않으면, 세상을 향해 증언할 수 없다. 세상 속으로 깊숙이 들어가면, 온갖 종류의 악을 접하지 않을 수 없다. 그러나 절대로 그 악에 동화되거나 그 악에게 우리의 삶을 장악할 기회를 주어서는 안 된다. 그 어떤 불의한 행위도 허용해서는 안 된다.

심지어 대놓고 죄를 짓는 동료 신자와 접촉해서도 안 된다. 바울은 고린도 신자들에게 이렇게 말했다. "내가 너희에게 쓴 편지에 음행하는 자들을 사귀지 말라 하였거니와 이 말은 이 세상의 음행하는 자들이나 탐하는 자들이나 속여 빼앗는 자들이나 우상숭배하는 자들을 도무지 사귀지 말라 하는 것이 아니니, 만일 그리하려면 너희가 세상 밖으로 나가야 할 것이라. 이제 내가 너희에게 쓴 것은 만일 어떤 형제라 일컫는 자가 음행하거나 탐욕을 부리거나 우상숭배를 하거나 모욕하거나 술취하거나 속여 빼앗거든 사귀지도 말고 그런 자와는 함께 먹지도 말라 함이라"(고전 5:9~11; 참조. 살후 3:6, 14).

바울의 명령은 직접적이고 단순하다. 그리스도인들은 의로운 빛의 열매를 맺어야 하기에 **열매 없는 어둠의 일**에 전혀 관여하지 말아야 한다. 구체적으로 명시되지 않은 **어둠의 일(deeds of darkness)**은 바울이 이미 4장과 5장에서 언급한 구체적인 여러 죄가 그 전형적인 예다. 유혹의 욕심, 거짓, 도둑질, 더러운 말, 악독, 노함, 분냄, 떠드는 것, 비방하는 것, 악의, 음행, 더러운 것, 탐욕, 누추함, 어리석은 말, 희롱의 말, 탐욕, 우상숭배 등이 그것이다. 신자는 이것들을 비롯한 모든 종류와 모든 수준의 죄를 피해야 한다. 이것들은 사람에게 아무 유익이 없거나 하나님에게 아무 영광이 되지 않기 때문이다.

임무

**도리어 책망하라. 그들이 은밀히 행하는 것들은 말하기도 부끄러운 것들이라.
그러나 책망을 받는 모든 것은 빛으로 말미암아 드러나나니, 드러나는 것마다
빛이니라.** (5:11b~13)

그리스도인의 책임은 단지 죄악 된 세상의 길에 참여하지 않는 데 그치지 않고
훨씬 더 나아간다. 그리스도인은 죄악 된 세상의 길을 **도리어 책망해야(expose)**
한다. 악을 모른 체하면, 악을 장려하는 것이다. 악에 침묵하면, 악이 커지도록
돕는 것이다. 여기서 **책망하다(expose**, 폭로하다, *elegchō*에서 파생했다)로 번역된
동사는 책망, 교정, 징벌, 징계의 의미도 내포할 수 있다. 우리는 가차 없이 죄
에 맞서야 한다.

이런 폭로와 책망은 직접적일 때도 있고 간접적일 때도 있을 테지만, 무엇
이든 죄악 된 것 앞에서 언제나 즉각적이어야 한다. 하나님께 순종하며 살 때,
이 사실 자체가 잘못에 맞서는 증언이다. 주변 사람들이 우리가 착취하는 대
신 돕는 모습을 보고, 우리가 더러운 말을 하는 대신 깨끗한 말을 하는 것을
들으며, 우리가 속이며 말하는 대신 진실하게 말하는 것을 볼 때, 우리가 보이
는 본 자체가 이기심과 더러운 말과 거짓을 향한 꾸짖음이다. 단순히 부정직
한 비즈니스나 사회적 행위에 참여하길 거부하는 것이 때로 아주 강렬한 꾸
짖음이기 때문에 직장이나 친구를 잃을 수도 있다. 부정직은 정직 앞에서 너
무나 불편하며, 말이나 그 외에 어떤 직접적 반대가 없을 때라도 그러하다.

물론, 공개적인 책망이(open rebuke) 꼭 필요할 때가 많다. 침묵의 증언은
그것으로 그칠 것이다. 악에 맞서 말하지 못하고 실제로 악을 반대하지 못한
다면, 하나님께 순종하지 못하는 것이다. 신자들은 적법하고 성경적인 어떤
방식으로든 필요하면 악을 **책망해야**(폭로해야) 한다. 죄를 대놓고 **책망하고**(폭
로하고) 반대하지 않는 사랑은 성경적 사랑이 아니다. 사랑은 "무례히 행하지
아니할" 뿐 아니라 어디서 발견되든 "불의를 기뻐하지 않는다"(고전 13:5~6).
우리 주님은 이렇게 말씀하셨다. "네 형제가 죄를 범하거든 가서 너와 그 사람

과만 상대하여 권고하라…만일 듣지 않거든 한두 사람을 데리고 가서…만일 그들의 말도 듣지 않거든 교회에 말하고"(마 18:15~17). 이것은 모든 그리스도인의 책임이다(참조. 딤전 5:1, 20; 딤후 4:2; 딛 1:13; 2:15).

안타깝게도, 많은 그리스도인이 자신의 영적 · 도덕적 집을 좀체 깔끔하게 유지하지 못해 대체로 교회나 사회에서 악을 분별하거나 악에 맞서는 성향이나 힘이 없다. 성경적 진리와 순종과 거룩과 사랑에서 깊이 성숙해 모든 종류의 악을 폭로하고 꾸짖으며 해결책을 제시하는 것이 우리 삶의 자연스러운 부분이 되어야 한다.

많은 그리스도인이 악을 폭로하고 꾸짖지 못하는 것은 악을 심각하게 여기지 않기 때문이다. 이들은 순전히 악한 것들, 극단적으로 부도덕하고 불경건한 것들에 관해 웃고 농담한다. 이들은 이것들이 죄악 되다는 것을 알며, 이것들에 절대로 가담하지 않을 것이다. 대신에, 이들은 이것들을 멀찍이서 즐긴다. 이렇게 함으로써, 이들은 악에 맞서 영향을 미치지 못하고, 오히려 악에게 영향을 받는다. 악에게 한껏 오염되어 악을 폭로하지도 꾸짖지도 못한 채 악을 생각하고 악을 말한다.

바울은 뒤이어 이렇게 말한다. **그들이 은밀히 행하는 것들은 말하기도 부끄러운 것들이라.** 어떤 것들은 너무나 악하기에 최대한 간략하게 논해야 한다. 이것들을 기술하는 것조차 도덕적 · 영적으로 위험하기 때문이다.

어떤 질병, 화학 물질, 핵 부산물은 너무나 치명적이다. 그래서 고도로 훈련되고 최고의 보호 장비를 갖춘 기술자들과 과학자들이라도 이것들을 처리할 때마다 위험에 노출된다. 분별 있는 사람이라면 누구라도 이런 일을 부주의하게 무턱대고 하지 않을 것이다.

마찬가지로, 어떤 것들은 영적으로 너무나 **부끄럽고** 위험해서, 직접 접촉은 물론이고 대화할 때조차 피해야 한다. 이것들은 제거하기 위해 꼭 필요한 만큼만 노출해야 한다.

그리스도인들이 다양한 도덕 주제에 관해 쓴 어떤 책과 글은 너무 노골적이라 도대체 문제를 해결하는지 아니면 키우는지 모를 지경이다. 추악한 부분을 모두 세세히 묘사하지 않으면서도 죄에 대한 하나님의 진단과 해결책을 제시하는 게 가능하다.

우리가 악을 폭로할 때 사용하는 자원은 성경이다. 성경은 빛이고(시 119:105, 130; 잠 6:23; 히 4:12~13) "교훈과 책망과 바르게 함과 의로 교육하기에 유익하기" 때문이다(딤후 3:16). **모든 것은 빛으로, 곧 하나님의 말씀으로 말미암아 드러난다.** 빛의 자녀로서, 우리의 임무는 모든 것을 성경의 빛에 노출시켜, 모든 악한 것을 드러내고 그 해결책을 찾는 것이다.

중동의 대다수 가게는 창문이 없고 좁은 거리에 서로 다닥다닥 붙어 있어 안이 꽤 어둡다. 소비자가 사려는 상품을 잘 보려면, 햇볕 아래로 가지고 나와야 한다. 밝은 햇볕 아래서, 상품을 실제 그대로 볼 수 있으며 흠이나 불완전한 부분이 고스란히 드러난다. 헬라어 사본들에서 **드러나는 것마다 빛이니라**는 14절의 일부이며, "모든 것을 보이게 하는 것은 빛이기 때문이다"(NIV)[32]라고 옮기는 게 낫다. **빛**은 사물을 드러내 보이며, 실제 그대로 보여준다. 죄는 드러날 때, 그 "은밀함"을 잃고 추한 그대로 보인다.

부르심

그러므로 이르시기를, 잠자는 자여 깨어서 죽은 자들 가운데서 일어나라 그리스도께서 너에게 비추이시리라 하셨느니라. (5:14)

바울은 여기서 빛의 자녀가 아닌 자들에게 빛으로 나와 구원받으라는 부르심의 초대장을 제시한다.

이 구절은 이사야 60장 1절을 수정한 것이다. "일어나라. 빛을 발하라. 이는 네 빛이 이르렀고 여호와의 영광이 네 위에 임하였음이니라." 바울은 "여호와의 영광"이 다름 아닌 예수 **그리스도**, 곧 이사야를 비롯한 모든 경건한 유대인이 그렇게도 오래 소망했던 메시아라고 선언함으로써 이 본문의 예언적 의미를 보여준다.

---

32 for it is light that makes everything visible(NIV)

많은 주석가는 14절이 초기 교회가 부른 부활절 찬양에서 발췌한 것으로 모임에 참석했을 불신자들을 향한 초대로 사용되었다고 믿는다. 이 구절은 복음을 간결하게 요약한다. **잠자는 자**는 죄의 어둠에 잠들어 있으며 자신이 잃어버린 상태이고 비극적 운명에 처해 있음을 알지 못하는 죄인을 가리킨다. 영적 립 밴 윙클(Rip Van Winkle, 자고 일어났더니 세상이 바뀌었다며 놀라는 사람)처럼, 누군가 그의 곤경과 필요를 일깨워주지 않으면, 그는 하나님의 은혜의 때에 내내 잠을 잘 것이다. **죽은 자들 가운데서 일어나라**는 회개하라는 부름이며, 죄의 **죽은** 길에서 돌아서라는 호소다. **그리스도께서 너에게 비추이시리라**는 하나님이 자신의 복된 아들, 인류의 구원자를 통해 자신에게 올 모든 죄악된 자에게 치료제를 주셨다는 좋은 소식이다(사 55:6~7에 구약의 비슷한 초대가 나온다).

스코틀랜드 에든버러에 큰 화재가 있었다. 사람들은 거리로 이어지는 통로를 통해 서둘러 건물을 빠져나가려 했다. 이들은 통로를 통해 밖에서 밀려드는 연기를 마주했을 때 거의 안전했다. 이들은 연기를 뚫고 나가는 대신 어느 문을 통해 안전해 보이는 방으로 들어갔다. 그러나 곧 모든 산소가 고갈되고, 이들은 모두 질식사했다. 이들이 빛을 보기만 했어도 살아남았을 것이다.

호라티우스 보나르(Horatius Bonar, 1808-1887)는 이렇게 썼다.

> 나 예수의 음성을 들었네.
> "나는 이 캄캄한 세상의 빛이니, 나를 보라.
> 네 아침이 밝으리라. 네 모든 날이 환하리라."
> 나 예수를 바라오았네.
> 그분은 나의 별, 나의 태양
> 그 생명의 빛 가운데, 나 걸으리라,
> 순례의 날이 다 하도록.

잠언 4장 18절은 사도 바울의 말을 요약한다. "의인의 길은 돋는 햇살 같아서 크게 빛나 한낮의 광명에 이르거니와."

17

지혜롭게 행하라
(5:15~17)

그런즉 너희가 어떻게 행할지를 자세히 주의하여, 지혜 없는 자같이 하지 말고 오직 지혜 있는 자같이 하여, 세월을 아끼라. 때가 악하니라. 그러므로 어리석은 자가 되지 말고, 오직 주의 뜻이 무엇인가 이해하라. (5:15~17)

'어리석은 자'(fool, "어리석은")란 일반적으로 영리하지 못하고 무책임하게 행동하는 사람을 가리킨다. 그러나 성경은 어리석은 자를 "그의 마음에 이르기를 하나님이 없다 하며" 도덕적으로 부패하고 "행실이 가증한" 사람으로 정의한다(시 14:1). 어리석은 자는 하나님을 떠나 사는 사람이다. 신학적 무신론자나 실천적 무신론자, 또는 둘 다로서 자신의 말뿐 아니라 행위로 하나님을 부인하며 사는 사람이다. 가장 어리석은 자는 그 사고와 생활 패턴이 하나님을 거스르는 사람이다.

인간은 하나님과 분리된 채 자연스럽게 하나님에게 맞서는 마음을 갖고 태어나기 때문에(롬 5:8, 10; 엡 2:3; 골 1:21), 영적으로 어리석은 상태로 태어난다. "하나님을 알되 하나님을 영화롭게도 아니하며 감사하지도 아니하고, 오히려 그 생각이 허망하여지며 미련한 마음이 어두워졌나니, 스스로 지혜 있다 하나 어리석게 되어"(롬 1:21~22). "육에 속한 사람(natural man)은 하나님의 성령의 일들을 받지 아니하나니, 이는 그것들이 그에게는 어리석게 보임이요, 또 그는 그것들을 알 수도 없나니, 그러한 일은 영적으로 분별되기 때문이라"(고전 2:14). 육에 속한 사람은 삶에서 가장 중요한 것들이 정확히 뒤집혀 있다. 그래서 어리석음을 지혜라고 생각하고 지혜를 어리석음이라고 생각한다.

그 누구도 일종의 신 없이 살 수 없으며, 영적으로 어리석은 자는 필연적으로 거짓 신으로 참 하나님을 대신한다. 그는 스스로 신들을 만들어 내며(롬 1:21~23), 사실 스스로 자신의 신이 되고, 모든 일에서 자신의 권위가 된다. "미련한 자는 자기 행위를 바른 줄로 여긴다"(잠 12:15). 그러므로 그는 순전히 자신의 타락한 생각과 죄악 된 성향에 따라 옳은 것을 옳지 않다고 결정하고 진리를 거짓이라고 결정한다.

어리석은 자가 스스로 자신의 신이 될 때, 당연하게도 "죄를 심상히 여긴다"("죄를 우습게 여겨도," 공동번역개정판, 잠 14:9). 죄는 하나님을 대적하는 것이다. 어리석은 자는 하나님을 알지 못하며, 따라서 죄를 알지 못한다. 영적으로 자족하는(self-sufficient) 어리석은 자는 스스로 규범을 만들고 자신의 행동을 정당화하며, 이로써 죄와 그 결과를 인정하길 거부한다.

어리석은 자는 자신의 어리석음을 퍼트리지 않을 수 없다. 그는 자신의 어리석음을 지혜로 확신할수록 자신의 어리석음을 더욱 퍼트리려 한다. 그는 말과 행동으로 자신이 하나님을 부인한다는 것을, 스스로 자신의 신이 되었다는 것을, 자신이 죄를 우습게 여긴다는 것을 계속해서 증언한다. 지적 수준, 학문적 성취, 달란트, 부, 평판이 어떻든 간에 육에 속한 사람의 입은 영적으로 어리석은 말을 내뱉을 뿐이다(잠 15:2).

거듭나지 못한 사람은 어리석은 자다. 그는 믿음과 행위로 하나님을 부인하기 때문이다. 그가 어리석은 자인 것은 스스로 자신의 신이 되고 죄를 우습게 여기기 때문이다. 그가 어리석은 자인 것은 경건치 못한 어리석음, 곧 자신의 영혼을 파멸시키는 어리석음으로 사회를 오염시키기 때문이다. 그는 자신의 어리석음을 자녀들과 친구들과 사회, 즉 자신의 어리석음의 영향력 아래들어오는 모든 사람에게 유산으로 남긴다.

잠언 저자는 어리석은 자들을 향해 이렇게 말한다. "대저 너희가 지식을 미워하며, 여호와 경외하기를 즐거워하지 아니하며, 나의 교훈을 받지 아니하고, 나의 모든 책망을 업신여겼음이니라. 그러므로 자기 행위의 열매를 먹으며 자기 꾀에 배부르리라. 어리석은 자의 퇴보는 자기를 죽이며, 미련한 자의 안일은 자기를 멸망시키려니와"(잠 1:29~32).

경건하지 못한(ungodly, 하나님이 없는) 자가 미워하는 지식은 실제적이고 사실에 기초한 지식이 아니다. 반대로, 그는 자신이 아주 많이 알고 있다고 자랑한다. 어떤 사람은 인간이 역사가 기록될 때부터 1845년까지 축적한 모든 지식이 1인치라면, 인간이 1845년부터 1945년까지 얻은 지식은 3인치에 이르고, 1945년부터 1975년까지 얻은 지식은 워싱턴 기념비의 높이에 이를 것이라고 추정했다. 그 이후로 인간이 얻은 지식은 배로 늘었을 것이다. 그러나 과학과 기술 분야를 비롯해 이런 지식이 믿기 어려울 만큼 비약적으로 증가한 것에 상응해 영적·도덕적 지혜는 말할 것도 없고 상식이 비약적으로 증가했다고 주장할 사람은 거의 없을 것이다. 오히려 인간의 실제적 지식이 늘어날수록 자신이 무엇을 하고 왜 하고 있는지에 대한 이해가 줄어드는 것 같다. 인간은 이러한 피상적 지식을 쌓을수록 오직 하나님에게서 오는 지식이 필요하다는 것을 더 모른다.

그러므로 어리석은 자들의 궁극적 운명은 "항상 배우나 끝내 진리의 지식에 이를 수 없으며"(딤후 3:7), 엄청난 정보를 축적하면서도 "지식이 없어 죽는" 것이다(잠 10:21). 이들은 갈수록 똑똑해지는 동시에 어리석어진다. 어리석음은 순전히 인간의 지식을 신뢰하고 하나님의 지식을 배제하는 데서 비롯된다. 갈수록 자신을 더 의지할 때만, 인간은 지식을 쌓을수록 더 어리석어진다. 자연적이며(육에 속한) 거듭나지 못한 사람은 타고났으며 마지막까지 계속되는 자신의 어리석음 때문에 고통당한다. 그는 하나님께 복종하려 하지 않을 터이기 때문이다. 그는 하나님이 빠진 거대한 지식을 축적한다. 그러나 영적 이해와 하나님의 지혜는 그를 외면한다.

지혜는 여호와를 경외하는 데서 시작되며(잠 1:7), 그분의 진리와 길을 인정함으로써 계속된다. "의인들이나 지혜자들이나 그들의 행위나 모두 다 하나님의 손안에 있으니"(전 9:1). 지혜에 이르는 길과 생명에 이르는 길은 하나님의 길이다. 인간이 어리석음을 극복하고 지혜를 향하게 할 수 있는 유일한 힘은 구원, 곧 예수 그리스도를 통해 하나님을 향하게 하는 것이다. 어리석음에서 돌이켜 지혜를 향하는 것은 자신에게서 돌이켜 하나님을 향하는 것이다. 하나님의 말씀은 "능히 너로[우리로] 하여금 그리스도 예수 안에 있는 믿음으로 말미암아 구원에 이르는 지혜가 있게 한다"(딤후 3:15).

성경이 칭송하는 지혜는 바울과 동시대를 살았던 고대 헬라인들이 칭송한 지혜가 아니다. 이들의 지혜는 철학과 궤변, 실제로 생명과 무관하며 하나님이나 실생활과도 무관한 이론을 끝도 없이 늘어놓고 논하는 것이 특징이었다. 헬라인들은 기본 태도나 생활방식을 바꾸지 않은 채 한 철학에서 다른 철학으로 옮겨갈 수 있었고, 자주 그렇게 했다. 이들은 진리를 아는 지식에 이르길 '원치' 않는 지혜로 철학 게임을 할 뿐이었다. 가설 및 억측과 달리, 진리는 인식과 수용과 변화를 요구하기 때문이다.

반대로, 성경에서 지혜의 중심은 확신과 행동, 특히 하나님을 인식하고 그 분께 순종하는 것이다. 한 사람이 구원받을 때, 어리석음의 영역에서 지혜의 영역으로 옮겨진다. 그는 그리스도인이기 때문에 합당하게(4:1), 겸손하게(4:2), 하나 되어(4:3~16), 세상 방식들과 분리되어(4:17~22), 사랑 안에서(5:1~7), 빛 가운데 행하듯이(5:8~14), 또한 지혜롭게 행한다(5:15~17).

이 단락에서 바울은 하나님의 지혜가 그분의 자녀에게 가르치는 세 가지를 언급한다. 지혜로운 신자는 자기 삶의 원리를 알고, 제한된 자신의 특권을 알며, 주님의 목적을 안다.

신자를 위한 삶의 원리

그런즉 너희가 어떻게 행할지를 자세히 주의하여, 지혜 없는 자같이 하지 말고
오직 지혜 있는 자같이 하여, (5:15)

하여(be)로 번역된 헬라어 단어는[33] 문자적으로 "보다(look), 또는 주시하다(observe)"라는 뜻이며, 주의 깊게 **행하라(walk)**는 신자들을 향한 바울의 명령

---

33 *blepō*

은 그가 지금껏 가르친 것에 근거한다. **그런즉(therefore)**은 바로 앞으로 돌아가 바울이 신자들에게 하는 요구, 곧 죽은 자들 가운데서 일으킴을 받아 그리스도의 빛 가운데 사는 자들로서 행하라(walk)라는 요구를 가리킨다(14절). 이것은 훨씬 뒤로 돌아가 바울이 신자들에게 하는 요구, 곧 그들의 하늘 아버지를 본받는 자가 되라는 요구에 기반을 둔다(5:1). 그리스도인들은 지혜롭지 못하게 행하지 말고 지혜롭게 행해야 한다. 그리스도인들은 하나님의 사랑받는 자녀이며, 하나님의 사랑받는 아들(His beloved Son)의 희생을 통해 구원받았기 때문이다(5:1~2). 오직 지혜로운 행보(walk)만 하나님의 자녀에게 합당하다.

바울은 신자들에게 **행하라…지혜 있는 자 같이(walk…as wise** men)라고 명한다. 신자들은 겸손, 하나됨, 구별, 사랑, 빛 가운데 행해야 하듯이(4:1~5:14), 또한 지혜 가운데 행해야 한다. 바꾸어 말하면, 신자들은 자신이 어떤 사람들'인지'(are)에 걸맞게 살아야 한다. 그리스도 안에서, 우리는 하나'이며'(are one), 우리는 구별되어 '있고'(are separated), 우리는 사랑'이며'(are love), 우리는 빛'이고'(are light), 우리는 지혜'롭다'(are wise). 우리의 행위는 우리가 무엇이냐(what we are)에 상응해야 한다.

구원받을 때 모든 신자는 지혜로워진다. 바울은 디모데에게 이렇게 썼다. "또 어려서부터 성경을 알았나니, 성경은 능히 너로 하여금 그리스도 예수 안에 있는 믿음으로 말미암아 구원에 이르는 지혜가 있게 하느니라"(딤후 3:15). 하나님의 은혜로 구원받은 자들은 "그리스도 예수 안에 있고, 예수는 하나님으로부터 나와서 우리에게 지혜와 의로움과 거룩함과 구원함이 되셨다"(고전 1:30). 그리스도 안에서 하나님이 기적적으로 우리를 즉시 의롭고 거룩하게 하고 구속하시듯이, 또한 우리를 즉시 지혜롭게 하신다. 우리는 구원받는 순간 지혜의 창고가 되었고, 이후로 우리의 행동을 책임져야 한다. 우리는 그리스도 안에 있으며, 따라서 그분 안에 감추어져 있는 "지혜와 지식의 모든 보화"가(골 2:3) 우리 안에도 감추어져 있다. 요한은 성령, 곧 모든 성도의 삶에 내주하시는 진리 교사에 관해 이렇게 썼다. "너희는 거룩하신 자에게서 기름 부음을 받고 모든 것을 아느니라. 내가 너희에게 쓰는 것은 너희가 진리를 알지 못하기 때문이 아니라 알기 때문이요"(요일 2:20~21). 더 나아가, 요한은 이렇게 말했다. "아무도[단지 인간의 지혜가 있을 뿐인 그 어떤 인간 선생도] 너희를 가르칠 필요가 없다." 왜냐하면 "오직 그의 기름부음이 모든 것을 너희에게 가르치며 또 참되고 거짓이 없기" 때문이다(27절). 우리는 하나님의 의로움 (righteousness, 의)과 거룩함(sanctification, 거룩하게 하심)과 구원함(redemption, 구속하심)이 없이는 구원받을 수 없듯이, 하나님의 지혜가 없이는 구원받을 수 없다.

"쉬운 믿음"(easy-believism)은 이 시대 교회의 독(毒)이다. 무엇보다도 쉬운 믿음은 구원을 잘게 쪼개 이렇게 제시하기 때문이다. 먼저, 사람들은 그리스도를 구주로 영접함으로써 거듭난다. 다음으로, 은혜 안에서 자라면서 죄를 버릴 것이다. 다시 말해, 의로움과 거룩함과 지혜를 추구하기 시작한다. 그리고 그분을 주님으로 받아들인다. 그러나 바울은 이렇게 말했다. "모든 사람에게 구원을 주시는 하나님의 은혜가 나타나 우리를 양육하시되(instructing), 경건하지 않은 것과 이 세상 정욕을 다 버리고 신중함과 의로움과 경건함으로 이 세상에 살고"(딛 2:11~12). 복음이 구원받은 자에게 하는 첫 명령은 죄를 버리고 경건하고 의롭게 살라는 것이다. 이 명령 또는 지혜는 새로 태어남(new birth)의 후속물이 아니라 새로 태어남의 일부다.

예수님이 팔복에서 분명히 하셨듯이, 구원의 첫째이자 가장 필수적인 표식 중 하나는 죄를 애통해하며 의에 주리고 목말라하는 것이다(마 5:4, 6). 바울이 이 편지 서두에서 분명히 했듯이, 하나님이 "모든 지혜와 총명을 우리에게 넘치게 하사 그 뜻의 비밀을 우리에게 알리셨다"(엡 1:8~9).

우리가 그리스도인의 삶에서 성숙하면서 지혜가 자라지 않는 게 아니다. 우리는 구체적으로 명령을 받는다. "오직 우리 주 곧 구주 예수 그리스도의 은혜와 그를 아는 지식에서 자라 가라"(벧후 3:18). 우리는 우리의 주님이요 구주를 닮을수록 그분의 사랑과 희락과 화평을 비롯해 성령의 모든 열매에서 더 자랄 것이다(갈 5:22~23). 하나님의 거룩한 역설(divine paradoxes)이 또 하나 있다. 우리는 이미 충만히 받은 것에서 자란다는 것이다. 우리는 이미 위치적으로(positionally) 소유한 것에서 실제로 자란다. 예수님까지도 "지혜…가 자라"셨고(눅 2:52), 예루살렘교회 신자들 중에 "지혜가 충만한" 사람들이 있었다

(행 6:3).

야고보는 신자들에게 이렇게 말했다. "너희 중에 누구든지 지혜가 부족하거든 모든 사람에게 후히 주시고 꾸짖지 아니하시는 하나님께 구하라. 그리하면 주시리라"(약 1:5). 바울은 골로새 신자들을 위해 이렇게 기도했다. "너희로 하여금 모든 신령한 지혜와 총명에 하나님의 뜻을 아는 것으로 채우게 하시고…그리스도의 말씀이 너희 속에 풍성히 거하여 모든 지혜로 피차 가르치며 권면하고"(골 1:9; 3:16). 신자는 그리스도 안에서 새 삶을 시작할 때, 자신의 주님을 위해 사는 데 필요한 모든 지혜를 갖춘 채 시작하면서도 계속해서 지혜가 자란다. 주님을 섬기는 일에서 훨씬 성숙하고, 훨씬 많은 열매를 맺으며, 훨씬 생산적일 수 있기 위해서다.

'아크리보스'(akribōs, **careful**, **자세히**)는 엄밀하고 정확하다(accurate and exact)는 기본 의미를 가지며, 아주 꼼꼼하게 보고, 살피며, 조사한다는 부수적 의미도 내포한다. 이 단어는 경계(alertness)의 의미도 내포한다. 신자들은 세상의 영적 지뢰밭을 걸을 때, 사탄이 설치한 모든 위험물을 줄곧 경계해야 한다. 이런 까닭에, 예수님은 "생명으로 인도하는 문은 좁고 길이 협착하다"고 경고하셨다(마 7:14).

바울이 활동하기 수백 년 전에 기록되지 않았다면, 잠언 2장은 에베소서 5장 15절에 대한 주석으로 보일 것이다. 잠언 2장 전체에서 저자는 지혜로운 길로 행함(walking), 지혜로운 길, 악인의 길로 행하거나 악인들과 한패가 되지 않음에 관해 말한다. 이와 비슷하게, 시편 1편은 복 있는 사람이란 "악인들의 꾀를 따르지(walk) 아니하며 죄인들의 길에 서지 아니하며 오만한 자들의 자리에 앉지 아니하는" 사람이라고 말한다(1절).

주의 깊고 엄밀하게 하나님의 길로 행함은 존 번연이 쓴 『천로 역정』의 주제다. 이 훌륭한 기독교 문학의 고전에 나오는 모든 사건과 대화와 논평은 순종이냐 불순종이냐, 주의를 기울이느냐 무시하느냐, 하나님이 그리스도인의 삶을 위해 제시하시는 거룩한 길을 따르느냐 아니면 그 길에서 벗어나느냐에 초점을 맞춘다.

나는 어릴 때 좁은 개울에 놓인 통나무 다리를 건넌 적이 있다. 통나무는 여기저기 잔가지가 무수히 뻗어 있었다. 친구가 나를 부르는 바람에 나는 잠시 집중력을 잃었고 결국 그 가지 중 하나에 발이 걸렸다. 이미 개울을 건넜던 터라 개울가에 잔뜩 자라는 쐐기풀에 넘어졌다. 수영복만 입고 있었기에 찰과상을 입어 꽤 아팠고, 쐐기풀에 난 아주 조그마한 바늘들이 내 몸에 넓게 박혔다. 신자가 하나님의 길을 벗어날 때 일어날 수 있는 일이 바로 이와 같다.

그리스도인들이 죄를 짓고 사탄의 덫에 빠지는 것은 **지혜 있는 자 같이** 살지 않고 **지혜 없는 자 같이** 살기 때문이다. 이들은 자신이 전에 살았던 옛 삶의 지혜를 다시 따르는데, 그 지혜는 실제로 어리석음이었다. 바울은 이렇게 말했다. "우리도 전에는 어리석은 자요, 순종하지 아니한 자요, 속은 자요, 여러 가지 정욕과 행락에 종노릇 한 자요, 악독과 투기를 일삼은 자요, 가증스러운 자요, 피차 미워한 자였으나"(딛 3:3). 하나님의 지혜가 우리를 바로 이런 삶에서 떼어놓는다. "우리 구주 하나님의 자비와 사람 사랑하심이 나타날 때에 우리를 구원하시되 우리가 행한 바 의로운 행위로 말미암지 아니하고 오직 그의 긍휼하심을 따라 중생의 씻음과 성령의 새롭게 하심으로 하셨나니, 우리 구주 예수 그리스도로 말미암아 우리에게 그 성령을 풍성히 부어 주사"(4~6절). 바울이 뒤이어 디도에게 설명하듯이, 우리와 하나님의 관계가 달라졌다면 우리의 일상생활도 달라져야 한다. "원하건대, 너는 이 여러 것에 대하여 굳세게 말하라. 이는 하나님을 믿는 자들로 하여금 조심하여 선한 일을 힘쓰게 하려 함이라. 이것은 아름다우며 사람들에게 유익하니라"(8절).

다윗이 두 차례나 목숨을 구해준 후, 질투심 많은 위선자 사울은 자신이 다윗의 목숨을 노림으로써 "어리석은 일을 하였으니 대단히 잘못되었도다"라고 고백했다(삼상 26:21). 몇 년 후, 다윗은 왕이 된 후, 교만하게도 자신의 백성을 대상으로 인구조사를 했다. 그러나 "다윗이 백성을 조사한 후에 그의 마음에 자책하고, 다윗이 여호와께 아뢰되, 내가 이 일을 행함으로 큰 죄를 범하였나이다. 여호와여, 이제 간구하옵나니, 종의 죄를 사하여 주옵소서. 내가 심히 미련하게 행하였나이다"(삼하 24:10).

다윗을 비롯해 많은 성경 인물에게 배우듯이, 신자라고 어리석음으로 절대 돌아가지 않는 게 아니다. 신자가 어리석은 짓을 하는 첫 번째 길은 하나님을 완전하게 믿지 않는 것이다. 그는 구원을 위해 하나님을 믿지만, 다른 모든 일에서는 그분을 계속 믿지는 않는다. 예수님은 엠마오로 가는 낙심한 두 제자를 향해 "미련하고 선지자들이 말한 모든 것을 마음에 더디 믿는 자들이여"라고 하셨다(눅 24:25). 우리는 하나님 말씀 가운데 어떤 부분을 받아들이지 않는 그 만큼 어리석다.

신자들은 정직하지 못할 때도 어리석은 짓을 한다. 바울은 이렇게 말했다. "어리석도다, 갈라디아 사람들아, 예수 그리스도께서 십자가에 못 박히신 것이 너희 눈앞에 밝히 보이거늘 누가 너희를 꾀더냐? …너희가 이같이 어리석으냐? 성령으로 시작하였다가 이제는 육체로 마치겠느냐?"(갈 3:1, 3). 갈라디아 사람들은 오직 믿음으로 구원을 얻는다는 가르침을 굳게 붙잡지 못함으로써, 이방인이 그리스도인이 되려면 먼저 의식적인 유대인이 되어야 한다고 주장하는 이단의 먹이가 되었다.

신자들은 잘못된 것에 마음을 둘 때도 어리석은 짓을 한다. 예를 들면, 바울은 디모데에게 이렇게 말했다. "부하려 하는 자들은 시험과 올무와 여러 가지 어리석고 해로운 욕심에 떨어지나니, 곧 사람으로 파멸과 멸망에 빠지게 하는 것이라"(딤전 6:9). 비극적이게도, 너무나 많은 그리스도인이 어리석게 하나님이 하시는 모든 말씀을 그대로 받아들이지 않고, 그분의 모든 명령에 순종하지는 않으며, 그분이 경고하며 금하시는 너무나 많은 것을 바란다. 하나님의 지혜가 자신의 것인데도 그리스도인들이 어리석게 산다면, 그 어떤 변명도 있을 수 없다. 예수님은 유대인들에게 이렇게 말씀하셨다. "사람이 하나님의 뜻을 행하려 하면 이 교훈이 하나님께로부터 왔는지 내가 스스로 말함인지 알리라"(요 7:17). 하나님의 진리를 진정으로 알고 싶어 하는 그리스도인은 절대로 의심에 빠지지 않을 것이다. 그는 "선한 데 지혜롭고 악한 데 미련하기"에 필요한 모든 자원을 갖고 있다(롬 16:19).

많은 세상 사람들이 하나의 이데올로기, 하나의 종교, 또는 하나의 유행에 미친 듯이 몰두한다. 사이비종교 신자들은 모든 소득을 교주에게 바친다. 몸매 가꾸기에 열광하는 사람들은 절대로 운동 시간을 빼먹거나 칼로리를 추가로 섭취하지 않는다. 신에게 받아들여지길 구하는 사람들은 믿기 어려운 방식으로 자신을 수련하며, 종교적 헌신을 증명하려고 맨발로 숯불 위를 걷거나 맨몸으로 못이 숱하게 박힌 침대에 눕기까지 한다.

몇 년 전, 회심한 지 얼마 안 된 젊은 여성을 만났다. 그녀는 전국에서 손꼽히는 장거리 달리기 선수였다. 체형을 유지하려고 매일 24킬로미터를 달렸다. 처음 만난 지 한 달 남짓 지났을 때였다. 아침 예배가 끝난 후, 그녀가 다가와 자신을 기억하느냐고 물었다. 그녀는 낯익어 보였으나 그 짧은 기간에 너무 많이 변했고, 나는 그녀를 알아보지 못했다. 그녀는 자신이 누군지 말했고, 진단이 불가능한 어떤 병에 걸려 걷기조차 힘들다고 했다. 그러나 낙담하는 대신, 자신을 그렇게 훌륭한 육상선수로 만들어준 훈련을 주님의 일을 하기 위한 훈련으로 바꾸기로 결심했다고 말했다. 이것이 **지혜로운** 그리스도인의 표식이다.

신자의 제한된 특권

세월을 아끼라. 때가 악하니라. (5:16)

우리는 일을 시작해 놓고 끝내지 못하기 일쑤다. 때로 작곡가나 화가나 기술자가 죽어 교향곡이 미완성으로 남거나 그림이 마무리되지 못하거나 프로젝트가 반쯤 진행된 상태로 중단된다. 그러나 대개 미완성은 한 사람의 헌신이 죽기 때문이다. 꿈이 절대 실현되지 못하고 희망이 절대 이루어지지 않는 것은 그 꿈과 희망을 실현하려 노력하는 사람들이 첫 몇 걸음을 넘어서지 못하기 때문이다. 많은 그리스도인을 포함해 많은 사람에게 삶은 일련의 미완성 교향곡일 수 있다. 일상적인 그리스도인의 삶에서 마주하는 친숙한 기회에서도, 참으로 생산적인 사람들은 자기 인생의 시간과 날을 사용하는 데 경지에 이르렀다.

예술, 비즈니스, 개인적 영역, 또는 영적 영역에서든 간에, **세월을 아끼지** (making the most of time, 시간을 최대한 활용하지) 않으면 그 누구도 꿈을 실현하거나 기회를 충분히 활용할 수 없다.

바울은 여기서 시계로 측정되는 시간, 곧 시, 분, 초로 측정되는 연속되는 시간을 가리키는 '크로노스'(chronos)라는 단어를 사용하지 않는다. 오히려 측정되고, 할당되며, 정해진 시기나 시대를 가리키는 '카이로스'(kairos)라는 단어를 사용한다. 정해진 기간(fixed period)이란 개념은 헬라어 본문에서 정관사가 사용된 데서도 나타난다. 헬라어 본문은 '그' **세월**(the **time**, '그' 때)[34]을 가리키는데, 성경에 자주 나오는 개념이다(참조. 출 9:5; 벧전 1:17). 하나님은 우리 삶의 경계를 정해 놓으셨고, 우리가 섬길 기회는 이 경계 안에만 있다. 의미심장하게도 성경은 이런 시간이 짧아지고 있다고 말할 뿐 결코 길어지고 있다고 말하지 않는다. 인간은 하나님의 시간이 끝나기 전에 죽거나 기회를 잃을 수도 있지만, 예정된 자신의 시간이 끝난 후에도 자신의 삶이나 기회가 계속되리라고 기대할 이유가 없다.

하나님은 주권적으로 우리의 삶을 영원과 연결하셨기에, 이 땅에서 우리의 시간이 시작되는 때와 끝나는 때를 아신다. 신자로서 우리는 하나님이 주신 시간을 최대한 활용할 때에야 우리의 잠재력을 한껏 발휘해 그분을 섬길 수 있다.

어느 고대 헬라 조각상을 보면, 사람의 두 다리에 날개가 달렸고, 앞쪽은 머리숱이 많지만 뒤쪽은 민머리다. 그 조각상 아래 이렇게 새겨져 있다. "누가 너를 만들었느냐? 리시포스가 나를 만들었다. 네 이름이 무엇이냐? 내 이름은 기회다. 왜 네 두 발에 날개가 달린 것이냐? 내가 재빨리 날아가기 위해서다. 왜 네 앞쪽은 머리숱이 그렇게 많은 것이냐? 내가 올 때 사람들이 잡을 수 있게 하기 위해서다. 왜 네 뒤쪽은 민머리냐? 내가 가고 나면, 아무도 나를 잡을 수 없게 하기 위해서다."

'엑사고라조'(exagorazō, **making the most of**, 아끼라)의 기본 의미는 사다, 특히 되사거나 인수하다(buying out)이다. 이 단어는 노예에게 자유를 주려고 그를 사는 행위를 표현하는 데 사용되었다. 따라서 이 구절에는 구속(redemption, 속량) 개념이 암시되어 있다. 우리는 우리의 모든 시간을 구속, 곧 사서 주님께 드려야 한다. 헬라어 본문은 중간태이며, 우리가 시간을 우리 자

---

34 정관사 목적격이 붙어 *ton kairon*(그 시간을, 그 때를)

신을 위해—우리 자신이 사용하되 주님을 섬기는 일에 사용하기 위해—사야 한다는 것을 말한다.

바울은 어리석게 행하지 말고 지혜롭게 행하라(walk)고 간청한 직후 우리의 **세월을 아끼라**고 간청한다. 고의로 하나님의 말씀에 불순종하는 일 외에, 그리스도인이 할 수 있는 영적으로 가장 어리석은 짓은 시간과 기회를 허비하고 자신의 삶을 하찮은 일에 낭비하며 주님을 성의 없이 섬기는 것이다.

셰익스피어는 이렇게 썼다.

> 사람의 일에는 물때가 있어
> 물살을 잘 타고 간다면 대운(大運)에 이르겠지만,
> 놓친다면, 삶의 모든 행로가
> 얕은 웅덩이에 비참히 갇히게 될 것입니다.
>
> (*Julius Caesar*, 4.3.217)

나폴레옹은 이렇게 말했다. "큰 전투마다 결정적인 10~15분이 있다. 그 때를 잡으면 전투에 이긴다. 그 때를 놓치면 패배한다."

우리는 복음의 좁은 길을 순종하며 걸을 때, 주의 깊게 행하며 **세월을 아낀다.** 우리는 모든 기회를 한껏 활용해 하나님을 섬기고, 우리의 때를 구속해 그분의 영광을 위해 사용한다. 우리는 모든 기회를 활용해 죄를 피하고 의를 따른다. 바울은 이렇게 말했다. "그러므로 우리는 기회 있는 대로 모든 이에게 착한 일을 하되, 더욱 믿음의 가정들에게 할지니라"(갈 6:10).

하나님은 자신만의 여러 이유로 그분의 자녀 중 어떤 사람들은 오래 장수하며 섬기게 하신다. 그런가 하면 어떤 자녀들에게는 몇 년, 심지어 몇 주만 허락하신다. 그러나 우리 중에 그 누구도 자신에게 할당된 **세월**(시간)이 얼마나 길거나 짧은지 알지 못한다.

어릴 때 친구가 있었다. 그 친구도 나처럼 목사가 되려고 계획했다. 그는 내게 자신의 계획을 자주 얘기했다. 고등학교를 졸업하고 대학을 마친 후 신학교에 들어가 목사가 되겠다는 것이었다. 그러나 12학년 때, 그 친구는 캔버스

탑 쿠페를 운전하다가 갑자기 브레이크가 잠겨 지붕을 뚫고 나와 길에 나뒹굴었다. 도로 경계석에 머리를 부딪혀 그 자리에서 죽었다.

16세기 위대한 종교개혁자 필립 멜랑흐톤(Philipp Melanchthon, 1479-1560)은 허비된 모든 순간을 기록했고, 하루를 마칠 때마다 그 목록을 하나님 앞에 내어놓고 고백했다. 하나님이 그를 그렇게 크게 사용하신 것은 그리 놀랄 일이 아니다.

많은 성경 본문은 해야 할 일을 할 시간이 늘 있으리라 생각하는 사람들에게 경고등을 비춘다. 노아와 그 가족이 방주에 들어가고 하나님이 방주 문을 닫으셨을 때, 이들 외에 누구 하나라도 홍수로부터 구원받을 기회가 사라졌다. 아합 왕이 악한 벤하닷의 목숨을 살려줌으로써 하나님께 불순종했기 때문에, 선지자가 그에게 이렇게 말했다. "여호와의 말씀이, 내가 멸하기로 작정한 사람을 네 손으로 놓았은즉, 네 목숨은 그의 목숨을 대신하고 네 백성은 그의 백성을 대신하리라 하셨나이다"(왕상 20:42).

신랑이 오기 전에 등잔 기름이 떨어진 어리석은 다섯 처녀는 혼인 잔치에 참여하지 못했다(마 25:8~10). 예수님은 이렇게 말씀하셨다. "때가 아직 낮이매 나를 보내신 이의 일을 우리가 하여야 하리라. 밤이 오리니, 그 때는 아무도 일할 수 없느니라"(요 9:4). 예수님은 믿지 않는 바리새인들에게 이렇게 말씀하셨다. "내가 가리니, 너희가 나를 찾다가 너희 죄 가운데서 죽겠고, 내가 가는 곳에는 너희가 오지 못하리라"(요 8:21). 하나님이 오랜 세월 이스라엘에게 은혜를 베푸신 후, 예수님은 이렇게 탄식하셨다. "예루살렘아, 예루살렘아, 선지자들을 죽이고 네게 파송된 자들을 돌로 치는 자여! 암탉이 그 새끼를 날개 아래에 모음 같이 내가 네 자녀를 모으려 한 일이 몇 번이더냐? 그러나 너희가 원하지 아니하였도다"(마 23:37). 기회를 허비한 가장 비극적인 인물인 유다는 최측근 제자 중 하나로서 하나님의 아들과 3년을 함께했으나 은 30에 자신의 주님을 배반했고 자신의 영혼을 잃었다.

베드로는 이렇게 말했다. "외모로 보시지 않고 각 사람의 행위대로 심판하시는 이를 너희가 아버지라 부른즉, 너희가 나그네로 있을 때를 두려움으로 지내라"(벧전 1:17). 바울은 밀레도에서 에베소 장로들에게 마지막 말을 남기면서 이렇게 말했다. "내가 달려갈 길과 주 예수께 받은 사명, 곧 하나님의 은혜의 복음을 증언하는 일을 마치려 함에는 나의 생명조차 조금도 귀한 것으로 여기지 아니하노라"(행 20:24). 바울의 코스는 하나님이 정하셨고, 바울은 마지막 호흡이 다 할 때까지 이 코스를 힘껏 달릴 터였다. 그는 자신 앞에 놓인 경주를 인내하며 하기로 결심했다(히 12:1을 보라). 그러므로 그는 인생 말미에 이렇게 말할 수 있었다. "나는 선한 싸움을 싸우고 나의 달려갈 길을 마치고 믿음을 지켰으니"(딤후 4:7).

다윗은 때를 잘 알았다. 그는 이렇게 기도했다. "여호와여, 언제까지니이까? 스스로 영원히 숨기시리이까?…나의 때가 얼마나 짧은지 기억하소서"(시 89:46~47). 고통과 불안과 아픔 속에서 다윗은 자신이 해야 하는 일에서 멀어졌으며 하나님께 버림받았다고 느꼈다. 그래서 자신이 얼마나 오래 옆으로 밀려나 있을지 하나님께 물었다. 그는 자신의 생이 아주 짧을 것이며, 자신이 하나님을 위해 무엇을 하려 하는 그 기간에 해야 한다는 것을 알았다. 또 다른 경우에 그는 이렇게 기도했다. "여호와여, 나의 종말과 연한이 언제까지인지 알게 하사 내가 나의 연약함을 알게 하소서. 주께서 나의 날을 한 뼘 길이만큼 되게 하시매, 나의 일생이 주 앞에는 없는 것 같사오니, 사람은 그가 든든히 서 있는 때에도 진실로 모두가 허사뿐이니이다"(시 39:4~5).

바울은 고린도 신자들에게 단축된 때를 말했으며(고전 7:29), 야고보는 이렇게 경고했다. "들으라. 너희 중에 말하기를, 오늘이나 내일이나 우리가 어떤 도시에 가서 거기서 일 년을 머물며 장사하여 이익을 보리라 하는 자들아, 내일 일을 너희가 알지 못하는도다. 너희 생명이 무엇이냐? 너희는 잠깐 보이다가 없어지는 안개니라"(약 4:13~14).

케파 셈팡기(Kefa Sempangi, 그의 이야기는 Regal Books에서 낸 *A Distant Grief*에 나온다)는 아프리카 우간다의 유명한 목사였으며, 조국에서 자행되는 잔혹한 억압과 테러를 피해 가족과 함께 간신히 탈출했다. 이들은 필라델피아로 갔고, 한 그룹의 그리스도인들이 이들을 돌보기 시작했다. 어느 날 아내가 그에게 말했다. "내일 나가서 아이들 옷을 좀 사야겠어요." 곧바로 부부는 눈물을 쏟았다. 너무나 오랫동안 줄곧 죽음의 위협 아래 살았고, 그래서 '내일'이라는 단어를 말하는 것조차도 여러 해 만이었기 때문이다.

끔찍한 경험들 때문에, 이들은 무엇이 모든 사람에게 진실인지 깨달았다. 내일에 대한 보장이 없다는 것이다. 우리에게 있다고 확신할 수 있는 유일한 시간은 바로 지금이다. 어느 농부가 자기만족에 빠져 더 크고 더 좋은 곳간들을 지어 수확물을 저장하겠다는 웅장한 계획을 세웠다. 그런데 주님은 그에게 이렇게 말씀하셨다. "어리석은 자여, 오늘 밤에 네 영혼을 도로 찾으리니"(눅 12:20). 그는 자신의 마지막 내일을 이미 다 살았다.

이 아프리카 가족의 경험은 또한 **때가 악하다**(the days are evil)는 진실을 극적으로 강조한다. 우리는 기회를 최대한 활용해야 한다. 우리의 날이 계수되기 때문만이 아니라 세상이 계속해서 우리를 반대하고 주님을 위한 우리의 일을 방해하려 하기 때문이다. 우리는 시간이 거의 없고 많은 반대에 직면한다.

때가 악하기 때문에, 우리가 자유롭게 의를 행할 기회도 제한되기 일쑤다. 그분의 이름과 그분의 영광을 위해 무엇인가 할 기회가 있을 때, 우리가 가진 모든 것으로 그 일을 해야 한다. 하나님이 그분의 자녀들에게 기회를 잇달아 주시는데도 그 기회를 무시하거나 건성으로 받아들인다면, 하나님의 마음이 얼마나 아프겠는가? 매일의 매 순간을 좋은 것들로, 의로운 것들로, 하나님을 영화롭게 하는 것들로 채워야 한다.

때가 악하니라고 말할 때, 바울은 에베소를 특징짓는 부패하고 방탕한 삶을 특별히 염두에 두었을 것이다. 에베소 그리스도인들은 이교 신앙에 에워싸여 있었고, 이단이 이들에게 스며들었다(4:14을 보라). 탐욕, 부정직, 부도덕이 에베소의 생활방식이었으며, 대다수 신자가 전에 이런 생활을 했고, 이 생활로 되돌아가고 싶은 유혹을 받았다(4:19~32; 5:3~8).

바울이 에베소서를 쓴 지 백 년이 채 안 지났을 때, 로마는 그리스도인들을 점점 더 강하고 잔인하게 박해하고 있었다. 신자들을 산 채로 불태우거나, 맹수들에게 던지거나, 그 외에 무수한 방법으로 잔혹하게 다루었다. 에베소교회에게 **악한** 때가 점점 더 악해지고 있었다. 바울이 이 편지를 쓰고 몇십 년 후, 주님은 에베소교회가 선한 행위를 하고, 인내하며, 거짓 가르침을 물리친 것을 칭찬하셨다. 주님은 뒤이어 이렇게 말씀하셨다. "그러나 너를 책망할 것이 있나니, 너의 처음 사랑을 버렸느니라"(계 2:2, 4). 에베소교회의 주님을 향한 헌신이 계속 시들해졌기 때문에 그 촛대가 옮겨졌다. 신자들에게 "처음 행위를 가지라. 만일 그리하지 아니하고 회개하지 아니하면" 그렇게 하리라고 경고하신 그대로였다(5절). 2세기 어느 시점에 에베소교회는 사라졌고, 그 이후 그곳에 단 한 번도 회중이 없었다. 에베소교회는 바울의 충고와 주님의 구체적 경고에 주의를 기울이지 않았기 때문에 더는 존재하지 못했다. **악한 때**를 살던 에베소교회는 이것을 구속(속량)하는 대신 이것의 먹이가 되고 말았다.

긴급 의식이 사도 시대에 필요했다면, 주님의 재림과 마지막 기회가 훨씬 가까워진 오늘에 더더욱 필요하지 않겠는가?(롬 13:11~14을 보라)

앞서 언급한 케파 셈팡기 목사가 우간다에서 목회할 때, 교회는 조금씩 차근차근 성장했다. 이디 아민(Idi Amin)이 군대와 정치를 장악했고, 국민들은 나라 상황이 좋아지리라 기대했다. 그러나 얼마 지나지 않아 친구들과 이웃들이, 특히 그리스도인들이 사라지기 시작했다. 어느 날, 셈팡기 목사는 한 가정을 찾아갔다가 이상한 광경을 보았다. 그 집 어린 아들이 출입구 바로 안쪽에 서서 두 팔을 허공에 고정한 채 멍한 표정을 짓고 있었다. 알고 보니 그 아이는 가족 모두 표현할 수 없을 만큼 잔혹하게 살해되어 시신이 잘리는 광경을 강제로 지켜보았고, 그 충격에서 헤어나지 못해 몇 날을 이런 상태로 있었다.

전혀 예상치 못하고 끔찍하기 이를 데 없는 위험 앞에서, 셈팡기 목사의 교회는 즉시 깨달았다. 자신들이 아는 삶이 끝났고, 자신들의 땅에서 주님의 백성과 주님의 일 자체가 사라질 위협에 직면했다는 것이다. 이들은 기도회를 시작했고, 차례를 정해 한 번에 여러 시간씩 기도했다. 기도하지 않을 때는 이웃들과 친구들에게 복음을 전하며 그리스도를 영접하고 구원받으라고 촉구했다. 이 교회는 지금도 있으며 죽지 않았다. 여러 방식으로 이 교회는 점점 강해진다. 이 교회의 촛대는 여전히 제자리에서 주님을 위해 밝게 빛나고 있다. 그분의 백성이 세월을 아꼈고, 자신들이 사는 악한 시대에 굴복하지 않았으며, 자신들의 첫 사랑을 버리려 하지 않았기 때문이다. 이 때문에 이들은 큰 희생을 치렀으나, 순교자들의 피가 교회의 씨앗이라는 것을 다시 한번 증명했다.

주님의 목적

그러므로 어리석은 자가 되지 말고, 오직 주의 뜻이 무엇인가 이해하라. (5:17)

어리석은 자가 되지 말고는 바울이 앞서 신자들에게 했던 지혜 없는 자가 되지 말라는 권면을 반복하고 강화하며, **오직 주의 뜻이 무엇인가 이해하라**는 지혜롭게 행하라는 그의 권면을 확대하고 더 분명히 한다(15절).

세월을 아껴야 하는 긴급함에 비춰볼 때, **어리석은 자**가 되지 않는 것은, 다른 것들도 포함하겠지만, 불안해하거나 겁먹지 않는 것을 포함한다. 주변의 만연한 악과 그리스도의 이름으로 타인들을 섬기고 복음을 전해야 할 무한한 필요를 볼 때 압도당하기 쉽다. 우리는 포기하거나 뒷걸음질 치거나 과도하게 행동하고픈 유혹을 받으며, 그래서 피상적 행동에 몰두해 신중함과 목적과 효율성을 잃는다.

그러나 상황이 긴급하다는 것을 제대로 알 경우, 지혜로운 신자라면 **주의 뜻이 무엇인가**를 어느 때보다 더 **이해하길** 원한다. 오직 주님의 뜻과 능력으로만 선하고 영속적인 모든 것이 성취될 수 있음을 알기 때문이다. 자신이 얼마나 많은 프로그램과 프로젝트에 참여할 수 있는지 보려고 사방으로 정신없이 내달려 **어리석은 자가 되지**는 않을 것이다. 이런 행동은 의도가 좋을 때라도 육신의 힘으로 하는 것이기에 헛일이 되고 탈진과 좌절로 이어지기 쉽다. 하나님보다 앞서가려 하면 그분의 일에서 한참 뒤처질 뿐이다.

과도한 프로그램과 활동을 줄이고 주님의 뜻을 더 세밀하게 구하며 그분의 말씀에 담긴 원리를 더 충실하게 적용하면, 많은 교회가 하는 일이 크게 힘을 얻을 것이다. 우리의 우선순위가 하나님의 우선순위와 일치할 때, 하나님이 우리 안에서 우리를 통해 마음껏 일하시며 놀라운 일을 이루신다. 그러나 우리의 우선순위와 하나님의 우선순위가 다를 때, 하나님은 우리를 거의 사용하지 못하기에 우리와 함께 하실 수 있는 일이 거의 없다.

어리석은 방식으로 행동하는 지혜롭지 못한 신자는 하나님의 **뜻**과 무관하게 기능하려 한다. 따라서 그는 개인적인 삶뿐 아니라 하나님을 위해 하는 일에서도 필연적으로 약하고 좌절하며 결실을 보지 못한다. 이러한 어리석음의 유일한 치료법은 **주의 뜻**을 찾아 따르는 것이다.

물론, 하나님의 기본적인 **뜻**은 성경에 있다. 무엇이 하나님을 기쁘게 하는지 알고 그것을 행하는 데 필요한 그분의 완벽하고 충분한 지침이 성경에 있다. 그러나 바울이 여기서 말하는 **뜻**은 하나님이 신자 개개인을 구체적으로 인도하시는 것으로 보인다. 성경에서 각 신자를 향한 하나님의 계획과 지시를 찾을 수는 없다. 그렇더라도 하나님의 계획과 지시를 이해하는 데 필요한 일반 원리가 성경에 있다. 하나님은 환상이나 이상한 우연의 일치나 기적을 통해 자신의 뜻을 우리에게 보여주겠다고 약속하지 않으신다. 그뿐 아니라, 하나님은 어린아이가 부활절 달걀 찾기 게임에서 달걀을 찾아내듯이 우리가 하나님의 뜻을 우연찮게 발견하는지 보려고 우리와 보물찾기를 하지도 않으신다. 그분의 모든 자녀를 향해 하나님의 가장 깊은 바람은 이들이 그분의 뜻을 알고 또 순종하는 것이며, 하나님은 우리가 그 뜻을 알고 또 순종하도록 우리에게 가능한 모든 도움을 주신다.

우리의 삶을 향한 하나님의 뜻은 무엇보다도 예수 그리스도를 통해 그분께 속하는 것이다. 모든 사람을 향한 하나님의 최우선 뜻은 구원받아 하나님의 가족과 나라에 들어오는 것이다(딤전 2:3~4). 하나님의 뜻은 우리가 성령이 충만해지는 것이기도 하다. 그래서 바울은 다음 절에서 이렇게 가르친다. "술취하지 말라. 이는 방탕한 것이니, 오직 성령으로 충만함을 받으라"(엡 5:18).

우리는 거룩해짐으로써 하나님의 뜻을 경험한다. 바울은 이렇게 말했다. "하나님의 뜻은 이것이니, 너희의 거룩함이라"(살전 4:3). 우리는 다른 사람들에게 적절히 순종함으로써 하나님의 뜻을 누린다. "인간의 모든 제도를 주를 위하여 순종하되, 혹은 위에 있는 왕이나 혹은 그가 악행하는 자를 징벌하고 선행하는 자를 포상하기 위하여 보낸 총독에게 하라. 곧 선행으로 어리석은 사람들의 무식한 말을 막으시는 것이라"("막으시는 것이 하나님의 뜻이라 such is the will of God," NASB, 벧전 2:13~15). 마찬가지로 우리는 교회 지도자들에게 순종해야 한다. "너희를 인도하는 자들에게 순종하고 복종하라. 그들은 너희 영혼을 위하여 경성하기를 자신들이 청산할(give an account, 결산할) 자인 것 같이 하느니라"(히 13:17).

하나님의 뜻은 고난을 포함할 수도 있다. "선을 행함으로 고난을 받고 참으면, 이는 하나님 앞에 아름다우니라"(벧전 2:20; 참조. 3:17; 5:10). 하나님의 뜻은 신자들이 모든 일에 감사하는 데서 절정에 이른다. "범사에 감사하라. 이것이 그리스도 예수 안에서 너희를 향하신 하나님의 뜻이니라"(살전 5:18).

한 사람이 구원받고 거룩해지며 순종하고 고난받으며 감사할 때, 이미 하나님의 뜻 '안에' 있다. 다윗은 우리에게 이렇게 말한다. "또 여호와를 기뻐하라. 그가 네 마음의 소원을 네게 이루어 주시리로다"(시 37:4). 바꾸어 말하면, 우리가 하나님이 원하시는 모습일 때, 하나님이 다스리시고 우리의 뜻과 그분의 뜻이 하나 되며, 따라서 그분은 자신이 우리 마음에 심은 소원을 이루신다.

에베소서 5장 15~17절의 명령들을 성취하는 부분에서 예수님은 우리의 최고 귀감이다. 예수님은 항상 아버지께서 세우신 원칙에 따라 행하셨다. "내가 진실로 진실로 너희에게 이르노니, 아들이 아버지께서 하시는 일을 보지 않고는 아무 것도 스스로 할 수 없나니, 아버지께서 행하시는 그것을 아들도 그와 같이 행하느니라"(요 5:19; 참조. 30절). 둘째, 예수님은 지상 사역이 짧고 곧 끝나리라는 것을 아셨으며, 이것은 "내 때가 아직 이르지 않았다"와 "내 때가 이르렀다" 같은 말씀을 빈번하게 하신 데서 잘 나타난다. 예수님은 항상 자신에게 주어진 제한된 시간 및 기회의 특권에 따라 행하면서 자기 삶의 모든 순간을 활용해 아버지의 일을 하셨다. 셋째, 예수님은 항상 아버지의 목적에 따라 행하셨다. "나의 양식은 나를 보내신 이의 뜻을 행하며 그의 일을 온전히 이루는 이것이니라"(요 4:34).

베드로는 이렇게 말했다. "그리스도께서 이미 육체의 고난을 받으셨으니, 너희도 같은 마음으로 갑옷을 삼으라. 이는 육체의 고난을 받은 자는 죄를 그쳤음이니, 그 후로는 다시 사람의 정욕을 따르지 않고 하나님의 뜻을 따라 육체의 남은 때를 살게 하려 함이라"(벧전 4:1~2).

다윗의 말은 이 가르침에 대한 적절한 반응을 요약한다. "내가 인자와 정의를 노래하겠나이다. 여호와여, 내가 주께 찬양하리이다. 내가 완전한 길을 주목하오리니"("내가 완전한 길에 지혜롭게 행하리오니 I will behave myself wisely in a perfect way," KJV, 시 101:102).

18

술 취하지 말라

(5:18a)

술 취하지 말라. 이는 방탕한 것이니, (5:18a)

이렇게 시작하는 5장 18절은 그리스도인의 삶과 관련해, "부르심을 받은 일에
합당하게" 행함(walking)과 관련해(4:1) 가장 중요한 본문 중 하나다. 하나님의
기준에서 볼 때, 성령의 다스림을 받는 것은 그리스도인의 삶에 절대 필수다.
성령께서 신자의 삶에서 일하지 않으시면, 하나님의 길을 제대로 이해하거나
성실하게 따를 수 없다.

그러나 바울은 "성령으로 충만함을 받으라"라고 명하고 성령 충만한 삶의
특징을 제시하기(18b~21절) 전에, 대비되는 부정 명령을 먼저 내린다. **술 취하
지 말라.** 술 취함은 성령 충만을 방해할 뿐 아니라 성령 충만의 모조품이다. 바
울이 앞서 빛과 어둠을 대비하고(8~14절) 지혜와 어리석음을 대비했던 것에
비춰볼 때(15~17절), 여기서 그의 핵심은 술 취함이 어둠과 어리석음의 표식
이고 성령 충만은 신자가 빛과 지혜 가운데 행할 수 있게 하는 원천이라는 것
이다.

교회사에서 음주는 거의 언제나 의견이 충돌하고 다툼을 일으키는 주제였
다. 우리 시대 복음주의 교회들과 그룹들은 음주와 관련해 견해가 다양하다.
교단들과 선교 기관들 지부들도 때로 나라마다 견해가 다르다.

우리는 음주와 금주 자체가 영성의 표식이 아니며 척도도 아니라는 사실을

분명히 해야 한다. 영성은 우리의 내면이 어떠한지로 결정되며, 표면적 행위는 내면의 표현일 뿐이다.

음주를 찬성하는 이유가 숱하게 제시된다. 가장 일반적인 이유 중 하나는 행복해지고 싶은 바람 또는 적어도 슬픔이나 문제를 잊고 싶은 바람이다. 진정한 행복을 향한 바람은 하나님이 주신 것이자 하나님으로 충만하다. 전도서는 "웃을 때가 있다"고 말하며(3:4), 잠언은 "마음의 즐거움은 양약"이라고 말한다(17:22). 다윗은 "주의 앞에는 충만한 기쁨이 있다"고 선포했다(시 16:11). 예수님은 팔복 하나하나를 시작하면서, 하나님의 방식으로 하나님께 나오는 자들에게 복 또는 행복을 약속하신다(마 5:3~11). 사도 요한이 첫 편지를 쓴 것은 동료 신자들을 가르치고 훈계할 뿐 아니라 자신의 기쁨이 "충만하게 하려 함"이었다(요일 1:4). 바울은 빌립보 그리스도인들에게 "주 안에서 기뻐하라"고 두 차례 권면했다(3:1; 4:4). 예수님이 태어나실 때, 천사가 목자들에게 알렸다. "무서워하지 말라. 보라, 내가 온 백성에게 미칠 큰 기쁨의 좋은 소식을 너희에게 전하노라"(눅 2:10). 하나님은 모든 사람이 행복하고 기쁘길 원하시며, 복음이 약속하는 큰 복 중 하나는 그리스도께서 그분을 신뢰하는 모든 사람의 마음에 주시는 비할 데 없는 기쁨이다.

행복하려고 술을 마실 때, 문제는 동기가 아니라 수단이다. 술은 기껏해야 인위적 행복을 가져다줄 뿐이고 영적 감수성을 떨어뜨린다. 술은 일시적 탈출구이며, 이 탈출구는 애초에 술을 마시게 만든 문제보다 훨씬 안 좋은 문제로 이어지기 일쑤다. 술은 결코 삶의 근심을 해결해주지 못하며, 오히려 삶의 근심을 키울 뿐이다.

성경은 늘 술 취함을 정죄한다

물론, 세상 사람들이라도 술을 취하도록 마시는 것을 제정신으로 찬성하는 경우는 거의 없다. 이 때문에 너무나 많은 전투에서 패했고, 너무나 많은 정부가 몰락했으며, 너무나 많은 삶과 사회가 도덕적으로 타락했기에, 이는 총체적 악으로 여겨진다. 미국만 하더라도, 알코올 중독자가 2천만 명이 넘으며, 그중에 거의 350만 명이 십대다. 술은 살인자다.

술 취함이란 술 때문에 마음 한구석이 심하게 흐려지거나 흐트러져 그 사람의 능력에 영향을 미치는 것이다. 술이 그의 생각이나 행동을 일부 제한하거나 그럴 만큼 술에 취하는 것이다. 술 취함은 정도가 다양하지만, 몸과 마음이 정상적으로 기능하지 못하게 방해받기 시작할 때 시작된다.

구약성경과 신약성경 둘 다 하나같이 술 취함을 정죄한다. 성경에서 술 취함의 그림은 모두 죄와 재앙의 그림이다. 대홍수가 끝나고 얼마 후, 노아는 술에 취해 부끄러운 짓을 했다. 롯의 두 딸은 아버지를 취하게 한 후, 아이를 갖는 어리석고 뒤틀린 방법으로 아버지와 근친상간을 범했다. 벤하닷은 동맹을 맺은 왕들과 함께 술에 취해 모조리 죽임을 당했고, 벤하닷만 이스라엘 왕 아합의 불순종으로 살아남았다(왕상 20:16~34). 벨사살은 큰 잔치를 열어 하객들과 함께 취해 금, 은, 동, 철, 나무, 돌로 만든 신들을 찬양했다. 술 취해 싸우는 중에, 벨사살은 왕국을 빼앗겼다(단 5장). 고린도 그리스도인 중에 더러는 주의 만찬 때 취했으며, 하나님은 이들의 악독한 신성모독 때문에 이들 중 더러는 약해지고 병들게 하고 더러는 죽게 하셨다(고전 11:27~30).

잠언은 술 취하지 말라고 여러 차례 경고한다. 잠언 저자는 아버지로서 이렇게 말했다. "내 아들아, 너는 듣고 지혜를 얻어 네 마음을 바른길로 인도할지니라. 술을 즐겨 하는 자들과 고기를 탐하는 자들과도 더불어 사귀지 말라. 술 취하고 음식을 탐하는 자는 가난하여질 것이요 잠자기를 즐겨 하는 자는 해어진 옷을 입을 것임이니라"(잠 23:19~21). 우리 사회의 밑바닥을 보면, 술 때문에 누더기를 걸친 사람들이 고대 잠언 저자가 상상도 못 했을 만큼 많다. 몇 절 뒤에서, 그는 이렇게 묻고 답한다. "재앙이 뉘게 있느뇨? 근심이 뉘게 있느뇨? 분쟁이 뉘게 있느뇨? 원망이 뉘게 있느뇨? 까닭 없는 상처가 뉘게 있느뇨? 붉은 눈이 뉘게 있느뇨? 술에 잠긴 자에게 있고, 혼합한 술을 구하러 다니는 자에게 있느니라. 포도주는 붉고 잔에서 번쩍이며 순하게 내려가나니, 너는 그것을 보지도 말지어다"(29~31절). 포도주는 광고들이 생생하게 그려내듯이 보기에 매혹적이며, 빛깔이 곱고, 거품이 일며, 맛이 부드럽다. 그러나 광고들이 말하지 않으려 조심하는 게 있다. "그것이 마침내 뱀 같이 물 것이요,

독사 같이 쏠 것이며, 또 네 눈에는 괴이한 것이 보일 것이요, 네 마음은 구부러진 말을 할 것이며"(32~33절).

잠언은 이렇게도 말한다. "포도주는 거만하게 하는 것이요 독주는 떠들게 하는 것이라. 이에 미혹되는 자마다 지혜가 없느니라"(20:1). 술 취하면 거만해진다. 술 취하면 자신이 나쁘기보다 좋다고, 어리석기보다 똑똑하다고, 단순히 멍하기보다 행복하다고 생각하기 때문이다. 술은 속이는 동시에 무너뜨리며, 따라서 사탄이 아주 좋아하는 도구다. 분명히 술은 마귀들에게 취약하다. 술꾼은 경험에서 교훈을 얻지 못하고 거듭 속는다. 누가 그를 가로막고 흠씬 패더라도, 그는 고주망태 상태에서 깨어나 "다시 술을 찾는다"(23:35).

술 취함에 관한 두 경고 사이에서, 잠언 저자는 이렇게 말한다. "대저 음녀는 깊은 구덩이요 이방 여인은 좁은 함정이라. 참으로 그는 강도 같이 매복하며 사람들 중에 사악한 자가 많아지게 하느니라"(27~28절). 존경받는 구약 학자 프란츠 델리취(Franz Delitzsch, 1813-1890)는 이렇게 주석했다. "저자는 부정(uncleanness)의 죄에서 술 취함의 죄로 옮겨간다. 둘은 긴밀하게 연결된다. 술 취함이 육신의 정욕을 자극하기 때문이다. 감각의 수렁에 빠져 기쁨에 뒹굴려면, 하나님의 형상으로 지음받은 인간이 먼저 술에 취함으로써 짐승이 되어야 한다."(Johann K. F. Keil and Franz Julius Delitzsch, vol. 4 of *Old Testament Commentaries*[Grand Rapids: Associated Publishers and authors, n. d.], 750.)

이사야는 이렇게 경고했다. "아침에 일찍이 일어나 독주를 마시며 밤이 깊도록 포도주에 취하는 자들은 화 있을진저"(사 5:11). 알코올 중독은 아침에 시작한 음주가 낮과 밤까지 계속되는 게 특징이다. 이번에도 선지자는 생생한 장면을 묘사했다. "그리하여도 이들은 포도주로 말미암아 옆 걸음 치며, 독주로 말미암아 비틀거리며, 제사장과 선지자도 독주로 말미암아 옆 걸음 치며, 포도주에 빠지며, 독주로 말미암아 비틀거리며, 환상을 잘못 풀며, 재판할 때에 실수하나니, 모든 상에는 토한 것, 더러운 것이 가득하고 깨끗한 곳이 없도다"(28:7~8).

성경은 술 취함을 더없이 추하고 비극적인 것으로, 늘 부도덕, 파경, 무절제한 행동, 거칠고 무모한 행동을 비롯해 부패한 삶의 모든 형태와 연관된 것으로 제시한다. 술 취함은 의로운 성령의 열매와 반대되는 죄악 된 육신의 행위 중 하나다(갈 5:19~23). 술 취함은 무엇보다도 죄다. 술 취함은 마음과 몸을 망 가뜨리면서 수반되는 질병을 일으키지만, 기본적으로 죄이며 패악의 발로다. 그러므로 술 취함을 고백하고 죄로 다루어야 한다.

베드로는 신자들에게 "음란과 정욕과 술 취함과 방탕과 향락과 무법한 우 상숭배"를 일삼는 이방인의 길을 버리라고 했다(벧전 4:3). 바울은 데살로니 가 신자들에게 이렇게 권면했다. "그러므로 우리는 다른 이들과 같이 자지 말 고, 오직 깨어 정신을 차릴지라. 자는 자들은 밤에 자고 취하는 자들은 밤에 취하되, 우리는 낮에 속하였으니 정신을 차리고 믿음과 사랑의 호심경을 붙 이고 구원의 소망의 투구를 쓰자"(살전 5:6~8; 참조. 롬 13:13). 그는 고린도 신자 들에게 이렇게 경고했다. "만일 어떤 형제라 일컫는 자가 음행하거나 탐욕을 부리거나 우상숭배를 하거나 모욕하거나 술 취하거나 속여 빼앗거든 사귀지 도 말고 그런 자와는 함께 먹지도 말라"(고전 5:11). 다음 장에서, 바울은 이렇 게 말했다. "미혹을 받지 말라. 음행하는 자나 우상숭배하는 자나 간음하는 자 나 탐색하는 자나 남색하는 자나 도적이나 탐욕을 부리는 자나 술 취하는 자 나 모욕하는 자나 속여 빼앗는 자들은 하나님의 나라를 유업으로 받지 못하 리라"(6:9~10).

그리스도인이 다른 죄에 빠지는 게 가능하듯이 술 취하는 것도 가능하다. 그러나 그리스도인의 삶이라면, 계속되는 술 취함이나 베드로와 바울이 언급 한 여러 죄 중에 어느 하나로도 특징되지 않을 것이다.

그러나 에베소 상황에 비춰볼 때, 현재 단락에서 바울의 주된 관심은 종교 적인 것이지 도덕적인 게 아님을 알아야 한다. 당시의 대다수 이교도와 전에 이교도였던 사람들에게 그러했듯이, 에베소 신자들에게도 술 취함은 신전 예 배에서 중요한 부분을 차지하는 우상숭배 의식 및 행위와 긴밀하게 연결되었 다. 고대 바벨론에서 시작되었고 근동과 헬라와 로마 문화 전역에서 복제되 고 수정된 신비 종교들에서, 최고의 종교 체험은 다양한 황홀경을 통해 신들 과 소통하는 것이었다. 이러한 황홀경을 체험하려고, 참가자들은 감정 고조를 위해 고안된 자기 최면과 격정적 춤을 활용했다. 심한 음주와 성적 난잡함은 감각을 한층 무디게 했기에, 참가자들은 마음이 뒤틀려 자신이 신들과 소통하고 있다고 생각했다.

현대의 마약과 하드록 문화는 이러한 이교 의식들과 별반 다르지 않다. 마약, 사이키 조명, 귀가 멍멍한 음악, 외설적 가사와 몸동작, 이 모두가 결합해 숱한 공연자와 관객에게서 히스테리에 가까운 흥분을 불러일으킨다. 의미심장하게도, 이러한 하부 문화의 많은 부분이 하나 또는 그 이상의 동양 신비 종교, 곧 마약, 정해진 이름이나 단어의 반복, 그 외에 어떤 미신이나 귀신적 수단이 유발하는 더 높은 의식에 들어감으로써 영적 의식이 더 커진다고 가르치는 종교와 직접 관련이 있다.

고대 신화에서 가장 큰 신은 제우스(그리스), 주피터(로마), 그 외에 다양한 종교와 시대에 여러 이름으로 알려져 있었다. 성경은 예수님이 성령으로 잉태되었다고 말한다. 그런데 이에 대한 사탄의 위조로 볼 수 있는 것으로, 신화는 제우스가 아무 접촉 없이 여신 세멜레(Semele)를 임신시켰다고 했다. 세멜레는 자신이 잉태한 아이의 아버지를 볼 권리가 있다고 생각했다. 그래서 아이가 여전히 배 속에 있을 때 제우스를 찾아갔으나 곧바로 그의 영광에 타 죽고 말았다. 세멜레가 죽기 전, 제우스는 태어나지 않은 아이를 그녀의 배 속에서 꺼내 자신의 허벅지에 넣고 꿰맸으며, 아기는 거기서 자란 후 태어났다. 이렇게 태어난 아기가 디오니소스이며, 제우스는 그를 땅의 통치자로 정했다.

전설은 여기서 더 나간다. 당시 땅에 살던 티탄족(Titans)은 제우스의 계획을 듣고, 아기 디오니소스를 훔쳐 갈기갈기 찢어 버렸다. 이번에도 아버지 제우스가 아기를 구해냈다. 제우스는 디오니소스의 심장을 삼켰고, 기적적으로 그를 재창조했다. 그런 후, 제우스는 번개로 티탄족을 쳐서 재로 만들어버렸고, 그 재에서 인류가 나왔다. 이 새 종족의 통치자로서 디오니소스는 상승 종교를 만들었고, 이를 통해 인간은 신의 의식(意識)에 이를 수 있었다. 그가 만든 신비 시스템은 격한 음악, 격정적인 춤, 변태 성욕, 신체 훼손, 제물로 바친 황소의 날고기 먹기, 만취로 구성되었다. 디오니소스는 포도주의 신, 곧 그를 중심으로 하는 음탕한 종교에 꼭 필요한 술의 신으로 알려졌다. 로마신화에서 디오니소스에 상응하는 신은 바쿠스였으며, 그의 이름에서 '바카날리아'(bacchanalia, 바쿠스 축제)라는 말이 나왔는데, 격한 춤과 노래와 음주와 흥청거림을 동반하는 로마 축제로, 2천 년 넘게 술에 취해 벌어지는 방탕과 성적 난잡함의 동의어다.

동부 레바논의 바알베크(Baalbek)에 가장 매혹적인 고대 세계 유적이 있다. 이곳에 다양한 가나안 신들의 이름으로 이교도 신전들이 세워졌다. 그러다가 이곳이 각각 헬라 제국과 로마 제국에게 정복되었을 때, 상응하는 그리스 신들과 로마 신들의 이름으로 이교도 신전들이 이곳에 다시 세워졌다. 그중에 바쿠스 신전이 중심이었으며, 이 신전의 기둥들과 난간들이 포도 덩굴 조각으로 복잡하고 풍성하게 장식되었다. 이는 이들의 흥청망청한 예배의 특징, 곧 과도한 포도주 사용을 상징한다.

에베소 사람들은 정확히 이러한 유형의 이교 예배를 잘 알았으며, 많은 신자가 전에 이런 예배에 참여했었다. 많은 고린도 신자가 스스로 끊는 데 큰 어려움을 겪었고 바울이 이들을 강하게 꾸짖은 것도 바로 이런 유형의 예배 및 이와 관련된 부도덕과 음란이었다. "우리가 축복하는 바 축복의 잔은 그리스도의 피에 참여함이 아니며, 우리가 떼는 떡은 그리스도의 몸에 참여함이 아니냐?…무릇 이방인이 제사하는 것은 귀신에게 하는 것이요 하나님께 제사하는 것이 아니니, 나는 너희가 귀신과 교제하는 자가 되기를 원하지 아니하노라. 너희가 주의 잔과 귀신의 잔을 겸하여 마시지 못하고 주의 식탁과 귀신의 식탁에 겸하여 참여하지 못하리라"(고전 10:16, 20~21). 같은 편지의 조금 뒤쪽에서, 바울은 비슷하게 꾸짖는다. "그런즉 너희가 함께 모여서 주의 만찬을 먹을 수 없으니, 이는 먹을 때에 각각 자기의 만찬을 먼저 갖다 먹으므로 어떤 사람은 시장하고 어떤 사람은 취함이라"(11:20~21). 사탄은 도둑이고 거짓말쟁이며, 주님의 더없이 아름답고 거룩한 것들을 도둑질하며 이것들을 감각적이고 매력적인 것들로 위조해 사람들을 꾀어 죄를 짓게 하고 진리에 관해 이들을 속이는 데 열중한다.

그러므로 에베소서 5장 18절에서, 바울은 도덕적 대비(對比)만이 아니라 신학적 대비도 제시한다. 그는 어둠의 도덕적·사회적 악을 말할 뿐 아니라 술취함을 예배 수단으로 사용하는 영적 뒤틀림도 말한다. 그리스도인들은 '술 취함' 같은 이교 수단을 통해 종교적 성취를 구해서는 안 되고, "성령으로 충만함"으로써 영적 성취와 즐거움을 찾아야 한다. 신자는 인위적이고, 위조되었으며, 수준을 떨어뜨리고, 파괴적이며, 우상을 숭배하는 세상 방식이 필요 없다. 신자는 자신 속에 거하시는 하나님의 성령이 있으며, 성령의 큰 바람은 신자들에게 하나님의 자녀라는 높은 지위에서 오는 더없는 유익과 즐거움을 주시는 것이다.

이 단락의 문맥을 볼 때, 바울은 주로 술 취함의 종교적 의미를 말하는 게 한층 분명하다. 격정적이고 부도덕하며 만취해 흥청망청하는 이교 의식은 이에 상응하는 타락한 전례(典禮)를 수반했다. 19~20절에서 바울은 하나님을 기쁘게 하는 전례를 보여준다. 성령 충만한 신자들이 "시와 찬송과 신령한 노래들로 서로 화답하며, 너희의 마음으로 주께 노래하며 찬송하며, 범사에 우리 주 예수 그리스도의 이름으로 항상 아버지 하나님께 감사하며."

성경은 때로 포도주를 권한다

성경은 포도주의 위험성을 숱하게 경고한다. 그러면서도 포도주를 완전히 금하지는 않으며, 때로 권하기까지 한다. 포도주는 많은 구약 제사에 수반되었다(출 29:40; 민 15:4; 참조. 28:7). 이런 목적에서 성전에 포도주가 꾸준히 공급되었을 것이다. 시편 기자는 "사람의 마음을 기쁘게 하는 포도주"를 말했고(시 104:15), 잠언 저자는 "독주는 죽게 된 자에게, 포도주는 마음에 근심하는 자에게 줄지어다"라고 했다(31:6). 이사야는 구원을 받으라는 하나님의 은혜로운 초대를 말하면서 이렇게 선포했다. "오호라, 너희 모든 목마른 자들아, 물로 나아오라. 돈 없는 자도 오라. 너희는 와서 사 먹되 돈 없이, 값없이 와서 포도주와 젖을 사라"(사 55:1).

바울은 디모데에게 이렇게 조언했다. "이제부터는 물만 마시지 말고 네 위장과 자주 나는 병을 위하여는 포도주를 조금씩 쓰라"(딤전 5:23). 예수님이 행하신 첫 이적은 가나 혼인 잔치에서 물이 포도주가 되게 하신 것이었다(요 2:6~10). 그분은 선한 사마리아인의 비유에서도 포도주를 좋게 말씀하셨는데,

이 비유에서 선한 사마리아인은 강도에게 두들겨 맞은 채 길가에 쓰러져 있는 사람을 발견하고 그 상처에 기름과 포도주를 부었다(눅 10:34).

다른 많은 것들처럼, 성경이 말하는 포도주도(뒤에서 논하겠다) 선하게 사용될 수도 있고 악하게 사용될 수도 있다. 하나님이 창조하신 모든 것처럼, 포도즙도 선할 뿐 잠재적으로 악하지 않다고 나는 믿는다. 발효는 부패의 한 형태이며, 아담의 타락 때 본성의 부패로 가능해졌을 것이며, 노아 대홍수로 엄청난 환경 변화가 일어나고 태양의 직사광선으로부터 지구를 보호해주었던 수증기층이 사라지면서 실제로 시작되었을 것이다. 천년왕국에서 이 과정이 거꾸로 진행되리라 믿는 것은 비합리적이지 않다. 그 때 저주가 제거되고 자연은 완벽하게 선한 원래 상태로 회복되기 때문이다.

그리스도인을 위한 지침

성경은 포도주를 마시는 것을 숱하게 경고하지만 이것을 금하지 않고 어떤 환경에서는 권하기까지 한다. 이 사실에 비춰볼 때, 신자는 무엇을 해야 하는지 어떻게 알 수 있는가? 다음은 질문 형태로 된 여덟 가지 제안이다. 성경에 비추어 정직하게 답한다면, 이것들이 유익한 지침이 될 수 있을 것이다.

오늘의 포도주가 성경 시대의 포도주와 같은가?

이 질문에 답할 때, 첫째 과제는 성경이 말하는 포도주가 정확히 어떤 종류였는지 밝히는 것이며, 둘째 과제는 그 포도주가 오늘 우리가 생산하고 마시는 포도주와 어떻게 비교되는지 밝히는 것이다. 진실하고 성경을 존중하는 많은 그리스도인이 자신이 포도주를 마시는 것을 정당화하면서, 구약성경과 신약성경 양쪽 모두가 이것을 용인한다는 사실을 근거로 제시한다. 그러나 성경 시대에 사용된 포도주가 지금 사용되는 포도주와 다르다면, 포도주와 관련된 성경의 가르침도 달리 적용되어야 할 것이다.

포도주의 한 종류, 곧 헬라어로 '시케라'(*sikera*)(눅 1:15을 보라), 히브리어로 '쉐카르'(*shēkār*)라 불리는 포도주는(잠 20:1, 사 5:1을 보라) 알코올 함량이 높아

빨리 취하기 때문에 대체로 "독주"(strong drink)로 번역된다.

둘째 종류의 포도주는 '글루코스'(gleukos, 여기서 포도당을 뜻하는 'glucose'라는 단어가 나왔다)라 불렸고 새 포도주를 가리켰으며 아주 달았다. 오순절에 구경꾼 중에 더러는 사도들이 이 포도주에 취했다고 했다(행 2:13). 상응하는 히브리어는 '티로쉬'(tîrôsh)이다(잠 3:10, 호 9:2, 욜 1:10을 보라). 방금 짠 포도즙은 빨리 발효되어 완전히 숙성되지 않더라도 취하게 할 수 있었으므로 일반적으로 물로 희석해서 마셨다.

그러나 셋째 종류의 포도주가 구약성경과 신약성경 양쪽 모두에서 가장 자주 언급되는 것이다. 이 포도주를 가리키는 히브리어 '야인'(yayin)은 기본적으로 거품이 일거나 끓어오른다는 의미일 것이다. 거품 비유는 포도주 붓기에서 나온 게 아니라 막 짠 포도즙 끓이기에서 나왔다. 이렇게 포도즙을 끓이는 목적은 진한 시럽으로, 때로 걸쭉한 반죽으로 만들어 상하지 않고 보관하기에 적합하게 하는 것이었다. 끓이면 수분이 대부분 날아가고 박테리아도 죽기 때문에 농축 상태의 주스는 발효되지 않는다. '야인'은 흔히 물로 희석해 음료로 사용하는 시럽이나 반죽을 가리켰다(참조. 시 75:8; 잠 23:30). 이렇게 가공한 혼합물은 발효되더라도 알코올 함량이 꽤 낮았다.

신약성경에서 셋째 종류의 포도주를 가리키는 가장 일반적인 단어는 '오이노스'(oinos)인데, 가장 일반적인 의미로 포도 주스를 가리킨다. 그 어떤 정확한 유대 자료든 '야인', 곧 혼합된 포도주나 '오이노스'가 단지 발효시켜 만든 술을 가리키는 게 아니라 보관할 수 있도록 끓여서 만든 걸쭉하며 알코올을 함유하지 않는 시럽이나 잼도 가리킨다고 말할 것이다. 예수님은 새 포도주('글로코스'가 아니라 '오이노스')는 새 부대에 넣어야 한다고 하실 때, 이렇게 함으로써 새 포도주의 누출뿐 아니라 발효를 "막는다"고 말씀하고 계셨을 수 있다(마 9:17).

신선한 포도 주스를 끓이거나 말려 시럽으로 만드는 풍습은 당시 그리스-로마 문화뿐 아니라 성경시대 고대 근동에도 널리 퍼져 있었다. 이는 현재 팔레스타인, 시리아, 요르단, 레바논에서도 흔한 풍습이다. 진한 시럽을 희석해 음료로 사용했을 뿐 아니라, 양념으로도 사용했고, 잼처럼 빵과 패스트리에

발라 먹기도 했다. 시럽과 이것으로 만든 대다수 음료는 알코올을 전혀 함유하지 않았다.

유대 미쉬나—모세 율법에 대한 고대의 해석이며, 구전으로 전해지다가 기록되었고, 탈무드보다 앞선다—에 따르면, 유대인들은 끓인 포도주, 즉 열을 가해 농도가 짙어진 포도 주스를 늘 마셨다. 아리스토텔레스에 따르면, 아카디아 포도주는 너무 진해 부대에서 긁어내 물로 희석해 마셔야 했다. 로마 역사가 플리니우스(Pliny)는 무알코올 포도주를 자주 언급했다. 로마 시인 호라티우스(Horace)는 기원전 35년에 "그대, 그늘 아래서 무알코올 포도주를 맛보라"고 썼다. 『오디세이』제9권에서, 호머(Homer)는 율리시스가 자신의 배에 달콤한 검은 포도주 한 부대를 실었는데, 물로 20배 희석해 마셨다고 썼다. 기원후 60년, 헬라 전기 작가 플루타르크(Plutarch)는 이렇게 썼다. "여과된 포도주는 뇌를 흥분시키지 않을뿐더러 마음과 감정에 영향을 미치지도 않으며, 마시기에 훨씬 쾌적하다."

「크리스채너티 투데이」에 실린 글에서(1975년 6월 20일자), 로버트 스타인(Robert Stein)은 고대 그리스도인들이 끓이지 않고 혼합하지 않은, 따라서 알코올 함량이 매우 높은 포도주를 암포라(amphorae)라는 큰 항아리에 보관했다고 설명한다. 마시기 전, 이것을 크라테르(krater)라는 작은 용기에 부어 물로 20배까지 희석했다. 그런 후에야, 포도주를 킬리트(killit), 즉 잔에 부어 마셨다. 이러한 희석된 형태를 흔히 포도주(oinos)라고 했다. 희석되지 않은 원액은 '아크라테스테론'(akratesteron), 곧 "혼합하지 않은 포도주"(unmixed wine)라 불렸는데, 크라테르에 부어 희석하지 않은 포도주를 말했다. 교양 있는 이교도들 사이에서도, 혼합되지 않은 포도주를 마시는 것은 어리석고 야만적이라고 여겼다. 스타인은 아테네의 므네시테우스(Mnesitheus of Athens, BC 4세기 철학자)를 인용한다.

신들은 포도주를 필멸의 존재에게 주면서, 올바로 사용하는 자들에게는 가장 큰 축복이 되지만 과도하게 사용하는 자들에게는 가장 큰 저주가 되게 했다. 포도주는 마시는 자들에게 음식을 주고 그 마음과 몸에 힘을 주기 때문이다. 약품으로 포도주는 더없이 유익하다. 포도주는 액체 및 약과 섞어 바르면 상처에 도움이 된다. 일상 교류에서 포도주는 희석해 적당히 마시는 자들의 기분을 좋게 한다. 그러나 지나치면 폭력을 부른다. 반반으로 희석하면 미쳐버린다. 희석하지 않으면, 몸이 망가진다.

초기 기독교 저서 『사도전승』(*The Apostolic Tradition*)에 따르면, 초기 교회는 시럽으로 만들었든 혼합되지 않은 원액으로 만들었든 간에, 이렇게 혼합된(희석한) 포도주만 사용하는 관습을 따랐다.

자연 발효된 포도주는 알코올 함량이 9~11퍼센트다. 브랜디 같은 알코올 음료는 알코올 함유량을 더 높이려면 이미 발효된 포도주를 증류해 인위적으로 도수를 높여야 한다. 그러므로 혼합되지 않은 고대 포도주는 알코올 함량이 최대 11퍼센트였다. 1:1로 혼합된 포도주라도(므네시데우스가 미쳐버리게 한다고 했던 혼합 비율이다), 알코올 함량은 5퍼센트가 되지 않았을 것이다. 가장 강한 포도주는 대개 포도주 3과 물 1의 비율로 희석해 마셨고, 따라서 알코올 함량이 2.25~2.75퍼센트를 넘지 않았을 것이다. 오늘날 알코올음료로 분류되려면 일반적으로 알코올 함유량이 3.2퍼센트는 되어야 하는데, 이에 비하면 훨씬 낮다.

그러므로 성경에 언급된 '야인'이나 '오이노스'가 걸쭉한 시럽 자체를 가리키든, 물과 시럽의 혼합물을 가리키든, 물과 순수한 포도주의 혼합물을 가리키든 간에, 포도주가 무알코올이었거나 알코올 함량이 아주 낮았던 게 분명하다. 혼합된 포도주(*oinos*)에 취하(**get drunk with** mixed **wine**, 술 취하)려면, 많은 양을 마셔야 했을 것이다.—신약성경 구절들이 암시하듯이 말이다. "술을 즐기지"(addicted to wine, 포도주에 중독된, 딤전 3:3; 딛 1:7)는 헬라어 한 단어(*paroinos*)의 번역이며, 문자적으로 "포도주에, 또는 포도주 옆에"(at, or beside, wine)란 뜻이며, 오랜 시간 포도주잔 옆에 앉아 있다는 의미를 내포한다.

첫째 질문에 대한 답은 분명히 "아니오"이다. 성경 시대의 포도주는 오늘날의 혼합되지 않은 포도주와 달랐다. 성경 시대의 훨씬 교양 있는 이교도들이라도 현대인이 포도주를 마시는 방식이 야만적이고 무책임하다고 여겼을 것이다.

포도주를 마실 필요가 있는가?

오늘의 신자들이 포도주를 마셔야 하는가 아니면 마시지 말아야 하는가를 결정하는 데 도움 되는 둘째 질문은 이것이다. "내가 포도주를 마실 필요가 있는가?" 오늘날 세계의 많은 지역이 그러하듯이, 성경 시대에는 좋은 식수가 없거나 드물었다. 가장 안전한 음료는 포도주였고, 알코올의 소독 효과 때문에 알코올이 함유된 포도주가 특히 안전했다. 포도주는 실제로 물을 정화했다.

그러나 예수님이 가나 혼인 잔치에서 기적적으로 만드신 포도주나 주의 만찬을 비롯해 여러 경우에 건네신 포도주가 발효된 것이었다고 믿기 어려워 보인다. 그분이 어떻게 사람을 취하게 할 것을 만들거나 주실 수 있겠는가? 예수님은 가나에서 포도주를 만드실 때, 먼저 종들에게 여러 항아리에 물을 채우라고 명하셨다. 마치, 자신이 만들려는 포도주가 분명히 혼합된(희석된) 것이라고 증언하듯이 말이다. 하객들은 높은 포도주 품질을 칭찬했고(요 2:10), 이것을 '오이노스'(*oinos*)라 불렀다. 따라서 이것은 끓여서 농축한 시럽에 물을 더해 만들었으며 이들에게 익숙했던 순한 음료 같았던 게 분명하다.

설령 환경 때문에 알코올이 함유된 포도주를 마셔야 하거나 마시는 게 바람직할 때라도, 성경 시대조차 사람들이 선호한 포도주는 알코올 함량이 아주 낮았거나 알코올을 아예 함유하지 않았다. 그러므로 현대 신자들은 성경의 관습에 호소해 음주를 정당화할 수는 없다. 지금은 대체 가능한 많은 음료를 아주 싼 값에 쉽게 구할 수 있기 때문이다. 지금은 알코올음료를 마실 필요가 거의 없다. 대부분의 경우 이것은 기호 문제일 뿐이다.

그뿐 아니라, 친구나 지인이나 사업 파트너를 당혹스럽게 하거나 불쾌하게 하지 않으려고 억지로 술을 마실 필요도 없다. 이 때문에 상대방이 화를 내거나 자신이 값비싼 대가를 치렀다고 말하는 그리스도인도 있다. 그러나 우리가 정직한 신념 때문에 술을 마시지 않고 자신이 옳다거나 남을 판단하는 태도를 취하지 않을 때, 대다수 사람은 우리의 금주를 존중한다. 다른 사람들을 불쾌하게 만들고 싶지 않다는 주장은 그들의 감정이나 안녕에 대한 진정한 관심보다는 자신의 이미지와 인기에 관한 관심에 근거할 가능성이 크다. 어떤 사람들은 구원받지 못한 사람을 구원하는 믿음으로 이끌기 위해 그와 관계를 쌓으려면 때로 술을 마셔야 한다고 느낀다. 그러나 전도를 이렇게 보는 시각은 인간의 도구와 무관한 하나님의 주권적 역사와 복음의 능력을 참담할 정도로 이해하지 못한다.

이것이 최선의 선택인가?

성경은 포도주를 구체적으로, 완전히 금하지 않는다. 그리고 세계 대다수 지역에서 신자들에게 포도주가 필요하지 않다. 따라서 포도주는 선택의 문제다. 그러므로 다음 질문은 이것이다. 이것이 최선의 선택인가?

하나님의 백성의 역사를 통틀어 그분은 책임이 큰 위치에 자리한 사람들에게 그만큼 더 높은 기준을 주셨다. 모세가 제정했으며 레위기 4~5장에 기술된 제사 제도에서, 보통 사람은 암염소나 어린양 한 마리를 속죄제물로 드려야 했다. 매우 가난하다면, 산비둘기 두 마리나 집비둘기 새끼 두 마리(5:7), 이것도 버겁다면 곡식 가루로 소제(grain offering)를 드려야 했다(5:11). 그러나 통치자는 숫염소를, 회중 전체나 대제사장은 수송아지를 드려야 했다.

아론과 그를 잇는 모든 대제세장에게도 더 높은 삶의 기준이 주어졌다. 이들은 이런 명령을 받았다. "너와 네 자손들이 회막에 들어갈 때에는 포도주나 독주를 마시지 말라. 그리하여 너희 죽음을 면하라. 이는 너희 대대로 지킬 영영한 규례라"(레 10:9). 대제사장은 더 높은 직무를 수행하도록 구별되었기 때문에, 하나님께 더 높이 헌신하고 더 높은 수준의 삶을 살아야 했다. 이들의 금주가 평생 계속되었든 아니면 실제로 성막이나 성전에서 섬기는 기간에만 적용되었든 간에, 하나님을 섬기는 이들의 사역은 알코올음료를 완전히 삼가는 것이 하나의 특징이어야 했다. 이들이 하나님의 이름으로 섬길 때, 이들의 마음과 몸은 깨끗하고, 순전하며, 온전히 기능해야 했다. 거룩한 사역에서 도덕적 또는 영적 타협이 일어날 위험이 없어야 했다.

똑같이 높은 기준이 이스라엘 통치자들에게도 적용되었다. "르무엘아, 포도주를 마시는 것이 왕들에게 마땅하지 아니하고, 왕들에게 마땅하지 아니하며, 독주를 찾는 것이 주권자들에게 마땅하지 않도다. 술을 마시다가 법을 잊어버리고 모든 곤고한 자들의 송사를 굽게 할까 두려우니라"(잠 31:4~5). 독주(shēkār)에 함유된 더 많은 알코올은 말할 것도 없고 포도주(yayin)에 함유된 정도의 알코올이라도, 이들의 재판을 흐려서는 안 되었다. 독주는 "죽게 된 자에게" 통증을 줄여주는 진정제로 주어야 했다(6절). 독주를 다른 어떤 용도로 사용하는 것도 허용되지 않았다. 일반적으로 혼합된 포도주는 즐거움을 위해 사용할 수 있었다. "포도주는 마음에 근심하는 자에게 줄지어다. 그는 마시고 자기의 빈궁한 것을 잊어버리겠고 다시 자기의 고통을 기억하지 아니하리라"(6~7절). 그러나 대제사장들과 백성의 통치자들은 '야인'(yayin)과 '쉐카르'(shēkār) 어느 쪽도 마시지 말아야 했다.

이스라엘 사람은 누구라도 나실인 서원을 함으로써 특별한 방식으로 하나님을 위해 자신을 구별할 수 있었다. "남자나 여자가 특별한 서원, 곧 나실인의 서원을 하고 자기 몸을 구별하여 여호와께 드리려고 하면, 포도주와 독주를 멀리하며, 포도주로 된 초나 독주로 된 초를 마시지 말며, 포도즙도 마시지 말며, 생포도나 건포도도 먹지 말지니, 자기 몸을 구별하는 모든 날 동안에는 포도나무 소산은 씨나 껍질이라도 먹지 말지며"(민 6:2~4). 나실인은 또한 머리를 자르지 않겠다거나 자신의 서원이 유효한 동안 시체를 만짐으로써 자신을 의식적으로 더럽히지 않겠다고 서원했다(5~7절).

나실인(Nazirite)은 "구별되다"(separated) 또는 "성별되다"(consecrated)를 뜻하는 히브리어 '나지르'(nāzir)에서 왔다. 이런 구별은 자발적이었고, 30일에서 평생까지 지속할 수 있었다. 그러나 남자든 여자든 당사자가 하나님을 특별히 섬기려고 이렇게 구별되어 있을 때, 그의 삶은 알코올음료와 단순히 관련된 그 어떤 것이라도 삼가는 것을 비롯해 특별한 정결이 특징이어야 했다. 어떤 의미에서 나실인은 특별한 성별이나 구별 행위를 통해 통치자나 대제사장의 수준까지 적용되었다.

성경에서 평생을 나실인으로 살았던 사람은 삼손, 사무엘, 세례 요한 이렇게 세 사람뿐이다. 세 사람 모두 태어나기도 전에 나실인으로 구별되었다. 사무엘은 어머니가 나실인으로 구별했고(삼상 1:11), 삼손과 세례 요한은 하나님이 친히 나실인으로 구별하셨다(삿 13:3~5; 눅 1:15). 삼손의 어머니와 사무엘의 어머니 모두 포도주와 독주를 삼갔으며(삿 13:4; 삼상 1:15), 삼손의 어머니에게는 천사가 직접 명령했다.

이름을 알 수는 없지만, 이스라엘에는 이들 외에도 많은 나실인이 살았고 특별히 성별 된 삶을 통해 하나님을 섬겼다(다음을 보라. 애 4:7, AV와 NASB; 암 2:11).[35] 안타깝게도, 동료 이스라엘 사람들이 "나실 사람으로 포도주를 마시게 하여" 이들 중 많은 수를 강제로 더럽혔다(암 2:12; 참조. 애 4:8). 세상은 기준이 높은 자들에게 분개한다. 이들의 높은 기준이 세상의 저급한 삶을 향한 질책이기 때문이다. 세상적이고 육적인 그리스도인들을 포함해, 세상적이고 육적인 사람들은 스스로 더 높은 수준에 오르려 노력하는 대신 순전하게 사는 사람들을 타락한 자신들의 수준으로 끌어내리려 한다.

예레미야 당시, 레갑 사람들 전체가 포도주를 마시지 않겠다고 서원했으며, 이 서원을 성실히 지켰다. 이들의 충실함 때문에, 하나님은 예레미야가 이들을 부패하고 불성실하며 자신이 심판할 유다 주민과 대비되는 의로운 삶의 기준으로 정하게 하셨다(렘 35:1~19).

가장 두드러진 나실인은 세례 요한이었다. 예수님은 그에 관해 이렇게 말씀하셨다. "내가 진실로 너희에게 말하노니, 여자가 낳은 자 중에 세례 요한보다 큰 이가 일어남이 없도다"(마 11:11). 요한이 태어나기 전, 천사가 그에 관해 말했다. "그가 주 앞에 큰 자가 되며, 포도주(oinos)나 독한 술(sikera)을 마시지 아니하며, 모태로부터 성령의 충만함을 받아"(눅 1:15).

그러나 예수님은 세례 요한에 관해 이렇게도 말씀하셨다. "천국에서는 극히 작은 자라도 그보다 크니라"(마 11:11). 예수 그리스도 안에서, 모든 신자는 영적으로 대제사장, 통치자, 나실인 수준에 올라와 있다. 그리스도께서 우리를 사랑하시며 "그의 피로 우리 죄에서 우리를 해방하시고, 그의 아버지 하나

---

35 애 4:7에서 "존귀한 자들"로 번역된 부분을 NASB는 "consecrated ones"(성별된 자들), AV는 "Nazarites"(나실인들)로 옮겼다.

님을 위하여 우리를 나라와 제사장으로 삼으셨다"(계 1:5~6). 그리스도인들은 "택하신 족속이요, 왕 같은 제사장들이요, 거룩한 나라요, 그의 소유가 된 백성이다"(벧전 2:9; 참조. 5절). 모든 그리스도인은 하나님을 위해 특별히 구별되었으며, 모든 그리스도인은 모든 부정한 것으로부터 구별되었다(고후 6:17). 바울은 뒤이어 이렇게 말했다. "그런즉 사랑하는 자들아, 이 약속을 가진 우리는 하나님을 두려워하는 가운데서 거룩함을 온전히 이루어 육과 영의 온갖 더러운 것에서 자신을 깨끗하게 하자"(7:1).

하나님은 신약 성도들에게 자신의 기준을 낮추지 않으셨다. 오히려 예수님은 이들이 세례 요한보다 크다고 하셨다. 구약성경과 신약성경 양쪽 모두에서, 포도주나 독주를 마시는 사람은 하나님의 백성을 이끄는 지도자가 될 자격이 없었다. 구약성경의 지도자들처럼, 그리스도인 지도자들에게도 특히 높은 기준이 적용되어야 한다. 감독이나 주교, 장로나 목사는 절대로 "술을 즐기지"(addicted to wine, 포도주에 중독되지) 말아야 한다. 앞서 말했듯이, 이것은 헬라어 한 단어(*paroinos*)의 번역이며, 문자적으로 "포도주에, 또는 포도주 옆에"(at, or beside, wine)라는 의미다. 교회 지도자는 포도주 옆에조차 있지 말아야 한다. "할지며"(must, 딤전 3:2)는 헬라어 불변화사(不變化詞) '데이'(*dei*)의 번역으로, 도덕적 당위보다는 논리적 필연을 의미한다.[36] 그러므로 바울은 예수 그리스도의 교회를 이끄는 지도자들이 당연히 그러해야 할 뿐 아니라 "절대로 포도주에 중독되어서는 안 된다"(must be …not addicted to wine)고 말하고 있다(2~3절).[37]

야고보는 이렇게 말했다. "내 형제들아, 너희는 선생된 우리가 더 큰 심판을 받을 줄 알고, 선생이 많이 되지 말라"(약 3:1). 예수님은 이렇게 말씀하셨다. "무릇 많이 받은 자에게는 많이 요구할 것이요"(눅 12:48). 구약의 대제사장과 나실인과 왕과 사사를 비롯해 백성의 통치자들이 늘 마음이 깨끗해야(clear-

---

36 NASB의 must와 헬라어 본문의 *dei*는 딤전 3:2에 나오지만, 개역개정에서는 이것이 4절 끝에서 "할지며"로 번역되었다.

37 개역개정은 3~4절에서 "술을 즐기지 아니 … 할지며"라고 옮겼다.

minded, 정신이 맑아야) 했다면, 하나님은 교회, 곧 자신의 아들 예수 그리스도의 성육한 몸의 현존을 이끄는 지도자들에게 적용되는 기준을 낮추지 않으시는 게 분명하다. 집사, 곧 지도력을 발휘하기보다 섬기는 책임을 맡은 사람들을 위한 기준은 덜 엄격하다. 이들은 포도주를 마시는 게 허용되지만 포도주에 "인박히지"(addicted) 않아야 하는데(딤전 3:8), "인박히다"는 무엇에 "얽매이다"(to be occupied with)라는 뜻을 가진 다른 헬라어 단어(prosechontas)의 번역이다. 이러한 허용은 술 취함을 여전히 금하며, 생각을 흐리게 할 법하다면 무엇이든 완전히 삼가야 하는 장로, 목사, 감독의 남다른 위치를 보여준다. 바울이 여기서 말하려는 핵심은 이것으로 보인다: 결정을 내리는 교회 지도자들은 마음이 깨끗하고 순전한 본보기가 되어야 하기에 알코올음료를 삼가는 것을 비롯해 가능한 가장 높은 행동 기준을 견지해야 하고, 맡은 역할이 이들만큼 중요하지 않은 집사들은 포도주를 절제하며 마시는 게 허용된다.

바울은 디모데에게 이렇게 권면했다. "이제부터는 물만 마시지 말고 네 위장과 자주 나는 병을 위하여는 포도주를 조금씩 쓰라"(딤전 5:23). 이것은 지도자의 금주와 일치하게도, 디모데가 전에 포도주를 전혀 마시지 않았으며 이제부터 "포도주를 조금씩" 마시라는 바울의 권면이 순전히 의학적 목적에서 비롯되었다는 것을 보여준다. 모든 신자는 자신의 몸을 "하나님이 기뻐하시는 거룩한 산 제물로 드려야"(롬 12:1), 그분께 완전히 성별해야 한다.

습관이 되고 있는가?

신자가 관심을 가져야 할 넷째 문제는 알코올의 중독성이다. 많은 것이 습관이 되고 우리의 습관 중에 유익한 것이 많다. 반대로, 많은 습관이 해롭지만 버리기 어렵다.

바울의 원칙, 모든 것이 그에게 허용되지만 "무엇에든지 얽매지 아니하리라"는 원칙은(고전 6:12) 알코올 중독의 위험에도 적용되는 게 분명하다. 알코올은 강한 의존성을 쉽게 유발한다. 알코올은 뇌를 직접 탁하게 하고 몸의 기능을 저하할 뿐 아니라 의존성 자체가 주의력을 흐트러뜨리고 중독자의 판단력을 흐린다.

그리스도인은 죄뿐 아니라 죄를 부를 법한 것까지 피해야 한다. 그 누구 또는 그 무엇이라도 우리가 하나님의 것에서 아주 조금이라도 벗어나게 한다면, 그 사람이나 그것의 영향이나 통제를 받아서는 안 된다. 그리스도인에게 가장 안전하고 지혜로운 선택은 잘못된 영향을 끼칠 잠재력이 있는 것조차 피하는 것이다.

우리에게 습관이 되지 않는 것이더라도 누군가 우리의 행동을 보고 따라 할 수도 있다. 알코올이 중독성이 높다고 사실은 다들 알고 있다. 따라서 그리스도인의 음주는 쓸데없이 누군가를 알코올 중독자로 만들 잠재력이 있다.

잠재적으로 파괴적인가?

신자가 관심을 가져야 할 다섯째 문제는 알코올의 잠재적 파괴력이다. 앞서 인용한 이교도 저자 므네시데우스(Mnesitheus)는 물과 1:1의 비율로 희석한 포도주는 사람을 미쳐버리게 하고, 희석하지 않은 포도주는 몸을 망가뜨린다고 했다. 알코올이 정신과 신체와 사회를 파괴하는 힘은 예를 많이 들 필요가 없을 만큼 아주 분명하다.

전체 변사(變死)의 40퍼센트 이상이 알코올과 관련이 있으며, 교통사고 사망자 가운데 적어도 50퍼센트가 음주 운전과 관련이 있다. 입원한 정신질환자 가운데 적어도 25퍼센트는 알코올과 관련이 있다고 한다. 과도한 음주는 간경변을 비롯해 무수한 신체장애를 일으킨다. 고용인과 고용주의 수입이 줄고, 보험회사는 합의금을 지불하고 보험료를 올려야 한다. 이 외에도 간접적인 여러 형태의 알코올 관련 문제 때문에 매년 수십억 달러(수조 원)가 날아간다.

술 취함은 필연적으로 **방탕(dissipation)**으로 이어지는데, 방탕은 문자적으로 "구원될 수 없는 것"을 뜻하는 '아소티아'(asōtia)에서 왔다. 이 단어는 치료될 가망이 없는 환자에게 사용되었고, 탕자의 경우처럼 흐트러지고 방탕한 삶을 가리키는 데도 사용되었다(눅 15:13). 그러므로 **방탕**은 자멸의 한 형태다.

이 장 앞부분에서 언급했듯이, 구약성경은 과도한 음주가 부도덕, 반역, 근친상간, 부모에 대한 불순종을 비롯한 온갖 부패한 삶과 밀접하게 연결된다는 것을 보여주는 생생한 이야기를 많이 들려준다. 폭력은 독주의 자연스러운 친구이며(잠 4:17), "포도주는 거만하게 하는 것이요 독주는 떠들게 하는 것"이다(20:1).

요엘 선지자는 이렇게 외쳤다. "취하는 자들아, 너희는 깨어 울지어다. 포도주를 마시는 자들아, 너희는 울지어다. 이는 단 포도주가 너희 입에서 끊어졌음이니"(욜 1:5). 조금 뒤, 그는 이렇게 말했다. "또 제비 뽑아 내 백성을 끌어가서 소년을 기생과 바꾸며 소녀를 술과 바꾸어 마셨음이니라"(3:3). 하박국 선지자는 이렇게 경고했다. "이웃에게 술을 마시게 하되 자기의 분노를 더하여 그에게 취하게 하고 그 하체를 드러내려 하는 자에게 화 있을진저. 네게 영광이 아니요 수치가 가득한즉, 너도 마시고 너의 할례 받지 아니한 것을 드러내라. 여호와의 오른손의 잔이 네게로 돌아올 것이라. 더러운 욕이 네 영광을 가리리라"(합 2:15~16).

그리스도인은 자신에게 물어야 한다. 파괴와 죄를 초래할 잠재력이 이렇게 큰 것이라면 어떤 종류든 간에 마시는 게 나에게 지혜로운가?

다른 그리스도인들을 불쾌하게 하는가?

바울은 우상에게 바쳤던 음식에 관해 이렇게 말했다. "우리가 우상은 세상에 아무것도 아니며 또한 하나님은 한 분밖에 없는 줄 아노라…그러나 이 지식은 모든 사람에게 있는 것은 아니므로, 어떤 이들은 지금까지 우상에 대한 습관이 있어 우상의 제물로 알고 먹는 고로 그들의 양심이 약하여지고 더러워지느니라. 음식은 우리를 하나님 앞에 내세우지 못하나니, 우리가 먹지 않는다고 해서 더 못사는 것도 아니고 먹는다고 해서 더 잘사는 것도 아니니라. 그런즉 너희의 자유가 믿음이 약한 자들에게 걸려 넘어지게 하는 것이 되지 않도록 조심하라…그러면 네 지식으로 그 믿음이 약한 자가 멸망하나니, 그는 그리스도께서 위하여 죽으신 형제라"(고전 8:4, 7~9, 11).

술을 완벽하게 절제하며 마실 수 있는 그리스도인이라도 더 약한 동료 그리스도인이 자신을 보고 술을 입에 대어 중독되지 않으리라고 보장할 수 없다. 그뿐 아니라 바울 당시처럼, 술꾼이었다가 그리스도인이 된 사람이라면, 부도덕하고 부패한 많은 행위를 흔히 음주와 연결하고, 동료 그리스도인이 술 마시는 모습에 마음이 불편할 것이다. 우리가 그리스도 안에서 갖는 자유가 다른 사람들, 특히 동료 신자들을 해치기 시작한다면 그 자유를 내려놓아야 한다. 우리는 "그리스도께서 대신하여 죽으신 형제를 네[우리의] 음식으로 [또는 음주로] 망하게 할" 권리가 없다(롬 14:15). 우리는 늘 절제하며 마시는 우리의 능력조차 절대로 자신할 수 없으며, 우리의 예가 우리의 자녀들을 비롯해 다른 사람들로 무절제하게 마시게 하지 않으리라고는 더더욱 자신할 수 없다. 바울은 뒤이어 이렇게 말했다. "음식으로 말미암아 하나님의 사업을 무너지게 하지 말라. 만물이 다 깨끗하되 거리낌으로 먹는 사람에게는 악한 것이라. 고기도 먹지 아니하고, 포도주도 마시지 아니하고, 무엇이든지 네 형제로 거리끼게 하는 일을 아니함이 아름다우니라"(20~21절). 우리가 그리스도 안에서 갖는 자유를 단 한 신자의 안녕보다 소중히 여겨서는 안 된다. 우리는 "화평의 일과 서로 덕을 세우는 일을 힘써야" 한다(19절).

내가 그리스도를 전하는 데 해가 되는가?

우리의 자유를 그리스도 안에 있는 형제나 자매에게 해가 되는 식으로 행사한다면, 이것이 불신자를 향한 우리의 증언에 힘을 더할 수는 없다. 우리가 술을 마시면 어떤 모임들은 우리를 더 잘 받아들일 수도 있다. 그러나 동료 그리스도인을 배려하지 않는 태도는 우리가 하는 그 어떤 긍정적 증언에도 불리하게 작용할 것이다. 그뿐 아니라, 우리가 많은 그리스도인 앞에서 하는 증언에도 방해될 것이다. 이들은 설령 우리의 영향력이 주님을 위한 자신들의 삶에 방해가 될까 걱정하지는 않더라도, 다른 그리스도인들에게 해로운 영향을 끼칠까 걱정할 수도 있기 때문이다.

바울이 고린도 신자들에게 제시한 기준에서 보듯이, 최선의 증언은 형제의 마음이 상하지 않도록 이교도 초대자에게 휘둘리지 않는 것이다. "불신자 중누가 너희를 청할 때에 너희가 가고자 하거든 너희 앞에 차려 놓은 것은 무엇이든지 양심을 위하여 묻지 말고 먹으라. 누가 너희에게 이것이 제물이라 말하거든 알게 한 자와 그 양심을 위하여 먹지 말라. 내가 말한 양심은 너희의 것이 아니요 남의 것이니, 어찌하여 내 자유가 남의 양심으로 말미암아 판단을 받으리요?"(고전 10:27~29). 당신이 그리스도인 형제나 자매를 얼마나 사랑하고 배려하는지 이교도 초대자가 볼 수 있다면, 당신의 증언은 더없이 효과적이다.

"우리 중에 누구든지 자기를 위하여 사는 자가 없고, 자기를 위하여 죽는 자도 없도다. 우리가 살아도 주를 위하여 살고 죽어도 주를 위하여 죽나니, 그러므로 사나 죽으나 우리가 주의 것이로다"(롬 14:7~8). 그리스도인 자신과 그가 가진 모든 것이 주님의 것이다. 그래서 바울은 이렇게도 말했다. "그런즉 너희가 먹든지 마시든지 무엇을 하든지 다 하나님의 영광을 위하여 하라. 유대인에게나 헬라인에게나 하나님의 교회에나 거치는 자가 되지 말고, 나와 같이 모든 일에 모든 사람을 기쁘게 하여 자신의 유익을 구하지 아니하고 많은 사람의 유익을 구하여 그들로 구원을 받게 하라"(고전 10:31~33).

우리가 구원받은 자들에게 힘이 되는 모범을 보일 뿐 아니라, 구원받지 못한 자들에게 다가가길 원한다면, 술을 마시거나 무엇이든 할 수 있는 자유가 우리에게 있더라도 그들을 영적으로 불쾌하게 하거나 잘못 인도할 법하다면 그 자유를 행사하지 않을 것이다.

옳은가?

지금껏 살펴본 모든 질문에 비춰볼 때, 그리스도인은 최종적으로 이렇게 물어야 한다. 결국 내가 술을 마시는 게 옳은가? 우리는 첫째 질문의 답이 분명히 "아니오"라는 것을 보았다.—성경 시대에 마신 포도주는 우리 시대의 포도주와 달랐다. 둘째 질문과 셋째 질문의 답도 오늘의 대다수 신자에게 "아니오"이다.—포도주를 마시는 것은 일반적으로 불필요하며, 최선의 선택일 때가 드물다. 나머지 네 질문의 답은 적어도 어느 정도 "예"이다. 음주는 분명히 습관이 되고 잠재적으로 파괴적이며, 다른 그리스도인들을 불쾌하게 하고 불신자들 앞에서 우리의 증언에 해가 될 수 있다.

언젠가 어떤 사람이 내게 물었다. "저는 가끔 친구들하고 맥주를 마십니다. 잘못인가요?" 내가 되물었다. "'선생님은' 어떻게 생각하세요?" "저는 그게 잘못이라고 생각하지 않습니다. 하지만 신경 쓰이긴 합니다." "신경 쓰이는 걸 좋아하세요?" 내가 물었다. "아뇨, 좋아하지 않습니다." 그가 대답했다. "선생님은 어떻게 하면 신경 쓰이는 걸 멈출 수 있는지 아십니다. 그렇지 않나요?" 나는 얘기를 계속했고, 그는 분명하게 대답했다. "예. 마시지 않겠습니다."

바울은 분명하게 말했다. "의심하고 먹는 자는 정죄되었나니, 이는 믿음을 따라 하지 아니하였기 때문이라. 믿음을 따라 하지 아니하는 것은 다 죄니라"(롬 14:23). 우리가 어떤 것이 그 자체로 죄가 아니라고 믿더라도, 완전히 자유로운 양심으로 그것을 할 수 없다면, 우리의 양심을 거슬러 그것을 하기 때문에 죄를 짓는 것이다. 우리가 양심을 거스르면 자신을 정죄하고 스스로 죄책을 부가하게 된다. 양심은 죄에 맞서 자신을 지키라는 하나님의 경고등이며, 우리가 양심을 거스를 때마다 우리의 양심은 약해지고 무뎌지며 믿을만 하지 못하게 되고, 이로써 우리는 양심을 거부하도록 자신을 훈련하게 된다. 계속해서 양심을 거스르면 양심이 "화인(火印)을 맞아"(딤전 4:2) 침묵하게 된다. 이렇게 되면 우리는 하나님이 우리를 인도하도록 주신 매우 강력한 동인(動因)을 잃는다(참조. 딤전 1:5, 19).

우리 자신에게 음주에 관해 물을 때, 최종 질문이 가장 중요하다. 나는 다른 사람들과 하나님 앞에서 그것이 옳다는 전적인 믿음과 확신을 갖고 술을 마실 수 있는가?

19

성령 충만—1부
(5:18b~21)

오직 성령으로 충만함을 받으라. 시와 찬송과 신령한 노래들로 서로 화답하며,
너희의 마음으로 주께 노래하며 찬송하며, 범사에 우리 주 예수 그리스도의 이
름으로 항상 아버지 하나님께 감사하며, 그리스도를 경외함으로 피차 복종하라.

(5:18b~21)

18절은 바울이 전하는 메시지의 심장이다. 이런 18절을 제외하면 에베소서는
율법주의적으로 보일 것이다. 바울의 모든 권면은 육신의 힘으로 성취해야 할
것들이다. 바울이 4~6장에서 제시하는 그리스도인의 삶을 위한 훌륭한 로드
맵을 신자들은 자신의 자원과 힘을 의지해 따라야 할 것이다. 물론, 자신이 전
혀 부족하다는 사실을 발견할 것이다. 성령께서 힘을 주시지 않으면 그리스도
인들은 겸손, 하나됨, 구별, 빛, 사랑, 지혜 가운데 행할(walk) 수 없다. 성령 없
이 행하는 것은 지혜롭지 못하고 어리석게 행하는 것이다(15~17절을 보라). 우
리는 **오직 성령으로 충만함을 받을** 때만(참조. 요 15:5) "사랑을 받는 자녀같이…
하나님을 본받는 자가 될" 수 있다(5:1).

5장 18~21절에서 바울은 먼저 육신의 길과 성령의 길을 대비(對比)한다.
18a절에 관한 앞선 논의에서 보았듯이, 육신의 길은 많은 에베소 신자들이
벗어났던 이방 종교로 특징지어진다. 이방 종교는 이른바 황홀경으로 특징되
며 술에 취해 즐기는 부도덕하고 난잡한 파티가 중심이었고, 이 황홀경에서

사람들은 점차 자신을 고쳐해 신들과 소통하려 했다. 이것은 자아, 교만, 부도덕(음행), 탐욕, 우상숭배, 혼란, 속임, 공상, 거짓, 심지어 귀신숭배(demonism)의 길이다. 이것은 어둠과 어리석음의 길이다(5:3~17을 보라).

18b~21절에서, 바울은 대비의 뒷면을 보여준다. 하나님의 자녀들이 취하는 경건한 행보(walk), 곧 성령의 다스림을 받는 삶과 아름답고 거룩한 예배로 표현되는 행보다. 바울은 먼저 이 편지의 중심 명령(신약성경이 신자들에게 제시하는 핵심)을 제시하고, 뒤이어 그 명령에 순종할 때 일어나는 결과를 개괄적으로 제시한다.

명령

오직 성령으로 충만함을 받으라. (5:18b)

성령께서 오순절에 아주 강력하게 임하셨을 때, 바울은 현장에 없었다. 그렇더라도 바울은 **성령으로 충만함을 받으라**고 쓸 때, 이 사건을 염두에 두었던 게 틀림없다. 오순절 사건은 바울이 여전히 불신자였을 때, 그가 교회를 박해하기 전에 일어났던 게 분명하다. 그러나 오순절이 없었다면 바울을 비롯한 불신자들이 교회를 박해할 이유도 없었을 것이다. 교회가 너무나 약하고 힘이 없어 사탄의 영역을 위협하지 못했을 것이기 때문이다. 오순절에, 나머지 사도들이 "하늘로부터 급하고 강한 바람 같은 소리"를 들었고, "마치 불의 혀처럼 갈라지는 것들이…각 사람 위에 하나씩 임하여 있는" 것을 보았으며, "다 성령의 충만함을 받고 성령이 말하게 하심을 따라 다른 언어들로 말하기를 시작했다"(행 2:2~4). 역시 오순절에, 무리 중에 어떤 사람들이 "새 술에 취하였다"며 사도들을 비난했고(13절), 이들이 신비로운 이교도 예배의 전형적 모습, 곧 광란의 몸짓을 보일 거라고 예상했을 것이다.

다른 사람들이 특별한 목적에서 성령 충만한 적이 있었다(이를테면, 모세, 출 31:3; 35:31). 그렇더라도 교회 신자들이 모두 성령 충만했던 것은 오순절이 처음이었다. 예수님이 제자들과 마지막 밤을 보내면서 하신 모든 약속이 어떤 의미에서 오순절에 성령께서 임하심으로써 성취되었다. 사실, 예수 그리스도의 모든 약속을 실현한 것은 바로 성령 강림이었다.

예수님은 이렇게 말씀하셨다. "내가 아버지께 구하겠으니, 그가 또 다른 보혜사를 너희에게 주사 영원토록 너희와 함께 있게 하리니, 그는 진리의 영이라. 세상은 능히 그를 받지 못하나니, 이는 그를 보지도 못하고 알지도 못함이라. 그러나 너희는 그를 아나니, 그는 너희와 함께 거하심이요 또 너희 속에 계시겠음이라"(요 14:16~17). 성령께서 모든 신자 안에 영원히 거하신다. 오순절 이전처럼 단지 신자 중 일부와 함께하시는 게 아니다. 이것은 신약 시대의 큰 진리 중 하나다. 새 시대, 곧 교회 시대에, 하나님의 성령께서 단지 그분의 백성 곁에 계시는 게 아니라 그들 모두의 안에 계신다(참조. 고전 3:16; 6:19). 이렇게 성령께서 신자들 안에 거하심으로써, 예수님이 그분의 백성에게 하신 나머지 약속들도 모두 성취될 수 있으며, 그래서 에베소서 1장 13절에서 성령은 "약속의 성령"이라 불리신다.

성령은 예수님의 약속들이 성취되리라는 하나님의 맹세이자 보증이다(고후 5:5). 다른 것도 많지만 예수님은 우리에게 다음 몇 가지를 보증하신다. 우리는 하늘에서 아버지의 집에 거할 곳이 있을 것이다(요 14:2~3). 우리는 예수님이 하신 것보다, 종류가 아니라 범위에서, 큰 일을 할 것이다(14:12; 참조. 마 28:18~20; 행 1:8). 우리가 무엇이든 예수님의 이름으로 구하면 그분이 행하실 것이다(요 14:13~14). 우리가 그리스도의 평안을 얻을 것이다(14:27). 그분의 기쁨이 우리에게 충만할 것이다(15:11). 성령께서 우리에게 확신을 주신다. 예수 그리스도와 아버지는 하나이며(14:20), 우리는 참으로 하나님의 자녀이고(롬 8:16), 성령께서 우리를 위해 간구하시고, 우리의 기도를 유효하게 하시며(롬 8:26), 성령께서 우리의 삶에서 열매를 맺으시리라는 것이다(갈 5:22~23).

그러나 성령께서 우리 안에서, 우리를 위해 하시는 일은 그분이 우리를 채우실 때만 가능하다. 성령께서 모든 그리스도인 안에 거하시며, 이로써 그리스도께서 자신에게 속한 자들에게 하시는 모든 약속이 모든 그리스도인에게 성취되는 게 가능하다. 그러나 성령의 다스림을 온전히 받지 않는 그리스도인에게는 이 약속들이 성취되지 않는다. 우리는 그리스도를 믿는 순간 그분의 모든 약속에 대해 권리를 가질 뿐이며, 성령께서 우리를 채우고 다스리시게 우리가 허락할 때에야 이 약속들이 우리에게 성취된다. 성령의 인도를 받는 것이 무엇인지 알지 못하면, 천국에 대한 확신이 주는 지복(至福)을 절대 알지 못하며, 주님을 위해 효과적으로 일하거나 우리의 기도가 지속적으로 응답되거나 우리 안에 있는 하나님의 충만한 사랑과 기쁨과 평안에 빠져드는 기쁨을 절대 알지 못한다.

충만의 의미

성령 충만이 무엇인지 구체적으로 살펴보기 전에, 성령 충만이 아닌 몇몇을 분명히 해야 한다. 첫째, 성령 충만이란 극적이거나 심오한 체험, 곧 구원에 이어지는 제2의 축복에 의해 갑자기 기운이 솟구치고 영적으로 변해(spiritualized) 영성이 진보된 영구적 상태에 이르는 체험이 아니다. 그뿐 아니라, 성령 충만은 무아지경의 말이나 현실과 동떨어진 환상을 낳는 일시적 "충격"이 아니다.

둘째, 성령 충만은 반대편 극단의 개념도 아니다. 다시 말해, 단순히 하나님이 우리가 하길 원하시는 일을 냉정하게, 성령의 허락을 받기는 하지만 기본적으로 우리 자신의 힘으로 하려는 것도 아니다. 성령 충만은 하나님의 승인을 받은 육신의 행위가 아니다.

셋째, 성령 충만은 우리가 성령을 소유하거나 성령께서 우리 안에 거하시는 것과 같지 않다. 왜냐하면, 구원의 순간에 성령께서 모든 신자 안에 거하시기 때문이다. 바울이 로마서에서 분명하게 말하듯이, "누구든지 그리스도의 영이 없으면 그리스도의 사람이 아니다"(8:9; 참조. 요 7:38~39). 성령이 없는 사람에게는 그리스도도 없다. 바울은 미숙하고 세상적인 고린도 신자들에게도 이렇게 말했다. "우리가…다 한 성령으로 세례를 받아 한 몸이 되었고 또 다 한 성령을 마시게 하셨느니라"(고전 12:13). 오순절 이전에는 성령께서 신자들에게 일시적으로 임하곤 하셨다(삿 13:25; 16:20; 삼상 16:14; 시 51:11). 그러나 이들과 달리, 성령께서 모든 그리스도인 속에 영구히 거하신다.

넷째, 성령 충만은 정도나 양에서 성령을 받는 점진적 과정을 말하는 게 아니다. 모든 그리스도인은 성령을 소유할 뿐 아니라 성령을 충만한 상태로 소유한다. 마치 성령께서 다양한 부분으로 나뉠 수 있는 것처럼, 하나님은 성령을 분할하지 않으신다. 예수님은 이렇게 말씀하셨다. "하나님이 성령을 한량없이 주심이니라"(요 3:34).

다섯째, 고린도전서 12장 13절에서도 분명하게 드러나듯이, 성령 충만은 성령 세례와 다르다. 모든 신자는 성령으로 세례를 받았고 성령을 받았기 때문이다. 그 결과를 경험하고 누리지만, 그렇더라도 성령으로 세례를 받고 성령을 받는 것은 느낄 수 있는 실체가 아니며, 특별히 복을 받은 신자들만을 위한 경험이 아닌 게 분명하다. 이 기적은 그리스도인이 되고 그리스도에 의해 성령으로 그분의 몸에 속하게 되는 순간(이후로 성령께서 그 삶에 거하신다), 깨닫든 깨닫지 못하든 간에, 모든 신자에게 일어나는 영적 실재이다.

바울은 고린도 신자들이 아직 성령을 갖지 못했거나 [그리스도의] 몸 안에서 세례(baptism in the Body)를 받지 못했기에 미숙하고 죄악 되다며 꾸짖은 후에 상황을 바로잡기 위해 성령을 구하라고 권면하지 않았다. 오히려 바울은 이들 각자가 이미 성령을 소유했음을 일깨웠다. 편지 앞부분에서 바울은 이들에게 간곡히 권면했다. "음행을 피하라. 사람이 범하는 죄마다 몸 밖에 있거니와 음행하는 자는 자기 몸에 죄를 범하느니라. 너희 몸은 너희가 하나님께로부터 받은 바 너희 가운데 계신 성령의 전인 줄을 알지 못하느냐? 너희는 너희 자신의 것이 아니라"(고전 6:18~19). 이들은 자신 속에 성령이 없어서 죄를 짓고 있었던 게 아니라 자신 속에 성령이 계시는데도 불구하고 죄를 짓고 있었다. 그리스도인이 죄를 지을 때라도 성령께서 그 안에 거하시며, 바로 이 사실 때문에 그의 죄는 훨씬 나쁘다. 그리스도인은 성령을 근심하게(슬프게) 하거나(엡 4:30) 성령을 소멸할 때(살전 5:19), 자신 속에 거하시는 성령을 근심하게 하거나 소멸하는 것이다.

마지막으로, 성령 충만은 성령으로 인치심을 받거나 보증을 받는 것과 다르다. 이것은 성취된 사실이다(1:13에 대한 설명을 보라). 성경은 그 어디서도 신자들에게 성령의 내주(內住)하심을 받거나 성령으로 세례를 받거나 성령으로 인치심을 받으라고 명하거나 권하지 않는다. 유일한 명령은 성령으로 **충만함**

을 받으라(be filled)는 것이다.

충만함을 받으라는 '플레로오'(*pleroō*)의 현재 수동태 명령형을 번역한 것이며, 좀 더 문자적으로 옮기면 "계속 충만함을 받으라"(be being kept filled)이다. 이것은 의식적인 지속 개념을 포함하는 명령이다. 성령 충만은 신자들에게 선택이 아니라 명령이다. 그 어느 그리스도인도 성령 충만 없이는 자신의 삶을 향한 하나님의 뜻을 성취할 수 없다. 이 명령에 순종하지 않으면 어느 명령도 순종할 수 없다. 이유는 간단하다. 하나님의 성령이 없이는 하나님의 뜻을 조금이라도 행할 수 없기 때문이다. 성경에서 불신자들은 구원받기 위해 그리스도를 믿으라는 명령 외에, 신자들은 **성령으로 충만함을 받으라**는 것보다 실제적이고 필수적인 명령은 없다.

이 같은 명령들이 우리에게 일깨우는 사실이 있다. 신자들은 하나님의 권위 아래 있으며, 그리스도인의 삶에서 가장 기본적인 요소인 순종을 실천해야 한다는 것이다. 어떤 기독교 진영들의 경우, 정말로 중요한 것은 하나님 나라 안에 있음(being in the kingdom)뿐이라는 생각이 살아가는 방식과 심지어 실제 가르침에서 나타난다. 그 후에 하나님께 순종하며 하는 일은 무엇이라도 일종의 영적 "추가 공로"(extra credit)일 뿐이라고 여긴다. 어떤 사람들은 그리스도 안에 있으면 지옥으로부터 안전하며, 설령 모든 공로가 불타고 아무 상급을 받지 못하더라도 여전히 천국에 간다고 말할 것이다. 천국의 가장 후미진 구석도 여전히 천국일 테고, 모든 신자는 천국에서 영원한 지복을 누릴 것이라고 주장한다.

이런 생각은 신약성경의 가르침과 전혀 맞지 않는다. 이런 생각은 영적으로 굳어진 마음에서 나오며, 부주의하고 무관심한 삶, 흔히 부도덕하고 우상을 숭배하는 삶을 낳는 경향이 있다. 하나님의 것들에 이런 비성경적 태도를 취하는 사람은 성령과 정반대 방향으로 걷고 있거나 성령을 전혀 소유하지 못했다. 성령을 소유하지 못했다면, 그리스도인이 아니다. 하나님의 뜻에 복종하고, 그리스도의 주권에 복종하며, 성령의 인도에 복종하는 것은 구원하는 믿음(saving faith, 구원에 이르는 믿음)에서 선택 사항이 아니라 필수 항목이다. 아직 가르침을 받지 못한 새 신자는 이런 순종의 깊은 의미를 거의 이해하지 못할 것이다. 그러나 그가 그리스도 안에서 얻은 새로운 본성의 영적 성향은 하나님의 말씀과 하나님의 성령에 복종하려는 바람(desire, 갈망)을 일으킬 것이다. 이런 바람이 없는 사람은 자신이 구원받았다고 주장할 수 없다.

성령 충만과 성령의 다스림을 거부하는 것은 극악한 불순종이며, 이것의 중요성을 부정하거나 깎아내리는 것은 하나님의 말씀이 주는 분명한 가르침에 완고하게 맞서는 것이다. 모든 그리스도인은 하나님의 기준에 미치지 못하며, 때로 죄와 무관심에 빠진다. 그러나 그리스도인은 이런 상태에 계속 만족할 수 없다. 죄와 무관심의 경험은 그리스도인의 새로운 본성과 계속 충돌하기 때문이다(롬 7:14~25을 보라). 그는 죄와 무관심이 정당화되거나 어떤 식으로든 하나님의 뜻과 화해될 수 없다는 것을 안다.

바울이 고린도의 그리스도인들을 대하는 모습에서 알 수 있듯이, 신자가 잠시 어느 정도 육적 또는 육신적이 되거나 심지어 그 상태에 머무는 것이 가능하지만(고전 3:1), 결코 이것이 참 신자의 기본 성향은 아닐 것이다. '육적'(carnal, 육의) 또는 '육신적'(fleshly, 육신의)이라는 용어는 신약성경에서 불신자들에게 가장 자주 사용된다. 바울은 이렇게 말했다. "육신의 생각은 사망이요 영의 생각은 생명과 평안이니라. 육신의 생각은 하나님과 원수가 되나니, 이는 하나님의 법에 굴복하지 아니할 뿐 아니라 할 수도 없음이라"(롬 8:6~7). 생각이 늘 육신의 것들에 고정된 사람은 그리스도인일 수 없다. 그리스도인은 그 "속에 하나님의 영이 거하시면…육신에 있지 아니하고 영에 있기" 때문이다(9절). 스스로 그리스도인이라고 고백하면서도 계속해서 세상과 육신의 것들을 갈망하는 사람은 자신의 육욕(肉慾, carnality)이 고린도전서 3장 1~3절이나 로마서 8장 6~8절에 기술된 것이 아닌지 자신의 마음을 세밀하게 점검해야 한다(참조. 요일 2:15~17; 약 4:4).

모든 그리스도인은 성령께서 그 안에 거하시고, 성령으로 세례를 받았으며, 성령으로 인치심을 받았다. 그렇더라도 **성령으로 충만하지** 않으면 그의 삶은 영적으로 연약하고, 방해를 받으며, 좌절하고, 패배할 것이다.

'충만함을 받음'(being filled)의 지속적 측면은("계속 충만함을 받으라") 날마다, 순간마다 성령의 다스림에 복종함을 포함한다. 수동적 측면은 이것이 우리가 하는 일이 아니라 우리 안에서 일어나도록 우리가 허락하는 일이라는 것을 보여준다. 충만은 전적으로 성령께서 친히 하시는 일이지만, 성령께서는 오직 우리의 자발적 순종을 통해 일하신다. 이 명령의 현재적 측면은 우리가 과거의 충만을 의지할 수 없고 미래의 충만을 기대하며 살 수도 없음을 보여준다. 우리는 과거의 충만을 기뻐하고 미래의 충만을 소망할 수 있지만, 오로지 현재의 충만 가운데 살 수 있다.

좋은 결혼 관계의 표식은 남편과 아내가 과거에 했던 사랑과 헌신이 아니며—아무리 의미 깊고 아름다웠더라도—미래에 하게 될 사랑과 헌신도 아니다. 결혼생활의 힘은 현재 부부가 서로를 향해 실천하는 사랑과 헌신에 있다.

'플레로오'(pleroō)는 물을 유리잔 맨 위까지 따를 때처럼 가득 채운다는 의미 그 이상을 내포한다. 이 용어는 이 외에도 세 의미로 사용되었으며, 이것들은 바울이 여기서 이 단어를 사용한 것에 큰 의미를 더한다. 첫째, 이 단어는 흔히 바람이 돛을 채우고 이로써 배가 움직이게 하는 것을 묘사하는 데 사용되었다. 성령으로 충만하다는 것은 그리스도인의 삶을 살면서 하나님 바로 그분에 의해 움직여진다(moved, 감동된다)는 것이며, 이것은 성경 저자들이 "성령의 감동하심을 받은"(moved by the Holy Spirit, 성령에 의해 움직여졌다는, 새 번역은 "성령에 이끌려서") 것과 같은 이치다(벧후 1:21).

둘째, '플레로오'(pleroō)는 스며든다는 의미를 내포하며, 소금이 고기에 스며들어 맛을 내고 고기를 보존한다고 할 때 사용되었다. 하나님은 자신의 성령이 자녀들의 삶에 깊이 스며들어 이들이 생각하고 말하며 행하는 모든 것에 그분의 임재가 투영되길 원하신다.

셋째, '플레로오'(pleroō)는 전적 통제(total control)라는 의미를 내포한다. 슬픔이 가득한 사람은(요 16:6을 보라) 더 이상 자신의 통제 아래 있지 않고 완전히 감정의 통제 아래 있다. 마찬가지로, 두려움(눅 5:26), 분노(눅 6:11), 믿음(행 6:5), 심지어 사탄이 가득한 사람은(행 5:3) 더 이상 자신의 통제 아래 있지 않고 자신을 지배하는 것의 전적인 통제 아래 있다. 이런 의미에서 충만하다(가득하다)는 것은 전적으로 지배를 받고 통제를 받는다는 것이며, 이것이 신자들에게 가장 중요한 의미다. 이미 보았듯이, **성령으로 충만함을 받는다**는 것은 우리가 성령으로 충만해질 때까지 성령을 점진적으로 우리의 삶에 더한다는 게 아니다. 성령의 전적 지배와 통제 아래 놓인다는 것이다. 이것은 5장 18a절에 암시되어 있듯이 디오니소스 예배에서 나타났던 통제되지 않은 술 취함 및 방탕과 극명하게 대비된다.

성령의 통제(다스림) 사역은 예수님이 육신을 입고 세상에 계실 때 그분의 삶에서도 나타난다. 예수님이 "성령에게 이끌리어 마귀에게 시험을 받으러 광야로 가셨다"(마 4:1). 누가복음 평행구절을 보면, 예수님은 "성령의 충만함을 입으"셨고, 이로써 "광야에서 사십일 동안 성령에게 이끌리실" 준비가 되셨다(4:1). 마가복음 기사는 훨씬 강한 용어를 사용해 "성령이 곧 예수를 광야로 몰아내신지라"라고 썼다(1:12). 예수님은 저항하지 않으셨고 강요받으실 필요도 없었다. 예수님의 가장 큰 기쁨은 아버지의 뜻을 행하는 것이었기 때문이다(요 4:34). 오히려 예수님은 성령의 통제에 완전히 순복하셨다. 예수님은 성령이 충만하셨기에, 성령의 통제를 받으셨다.

성령이 충만한 그리스도인을 장갑에 비유할 수 있다. 손을 넣을 때까지 장갑은 힘도 없고 쓸모도 없다. 장갑은 일을 하도록 디자인되었으나 혼자서는 아무 일도 하지 못한다. 장갑은 손이 통제하고 사용할 때만 일한다. 장갑의 유일한 일은 손의 일이다. 장갑은 손을 향해 자신에게 임무를 맡기라고 요구한 후 손 없이 그 임무를 완수하려 애쓰지 않는다. 그뿐 아니라 장갑은 자신이 사용되어 이루어진 일에 대해 뻐기거나 자랑하지 않는다. 모든 공이 손에게 돌아가야 마땅하다는 것을 알기 때문이다. 장갑이 손으로 가득(충만)하지 않고는 아무것도 할 수 없듯이, 그리스도인도 성령으로 충만하지 않고는 아무것도 할 수 없다. 그가 어떻게든 하는 일은 아무것도 아니며 결국 불타버릴 나무나 풀이나 짚이다(고전 3:12~15). 육신의 일은 영적 가치가 있는 것을 전혀 낳지 못한다.

예루살렘 교회는 사도들이 기도하고 말씀을 전하는 더 중요한 일에 전념할 수 있게 해주고 싶었다. 그래서 스데반 같은 "성령이 충만한" 사람들을 세웠다(행 6:4~5). 스데반은 계속 성령이 충만했다. 그래서 이제 곧 돌에 맞아 죽을 터인데도, "하늘을 우러러 주목하여 하나님의 영광과 및 예수께서 하나님

우편에 서신 것을 보았다"(행 7:55). 성령이 충만하면 이 세상의 바람, 기준, 목표, 두려움, 체제 자체와 분리되며 오직 성령 충만을 통해 얻는 하나님의 시각을 갖게 된다. 성령이 충만하면 다른 것은 모두 덜 중요해지고, 많은 경우 전혀 중요하지 않게 된다.

베드로를 비롯한 모든 제자가 오순절에 처음으로 성령이 충만했다. 그런데도 한참 뒤, 베드로가 한자리에 모인 예루살렘 유대인 지도자들에게 말할 때, "베드로가 성령이 충만하여"라는 말이 다시 나온다(행 4:8).

하나님은 나중에 바울이 된 사울을 이방인의 사도로 사용하시기 전에, 아나니아가 그의 머리에 안수하고 그에게 이렇게 말하게 하셨다. "형제 사울아, 주 곧 네가 오는 길에서 나타나셨던 예수께서 나를 보내어 너로 다시 보게 하시고 성령으로 충만하게 하신다"(행 9:17). 성령 충만을 허락하는 복종이 없었다면, 바울은 나중에 자신이 섬긴 고린도교회의 세상적인 구성원들처럼 주님께 아무 쓸모가 없었을 것이다.

안디옥의 이방인 사역을 도울 사람이 필요했을 때, 예루살렘 교회가 "바나바를 안디옥까지 보내니…바나바는 착한 사람이요 성령과 믿음이 충만한 사람이기" 때문이었다(행 11:22, 24). 바울은 속임수를 쓰는 마술사 엘루마와 마주했을 때 "성령이 충만했고"(행 13:9), 조롱과 박해를 받으면서도 "제자들은 기쁨과 성령이 충만했다"(13:52).

초기 교회의 헌신과 열정과 사랑과 능력을 회복하려는 논의가 자주 들린다. 칭찬할만한 일이다. 그러나 단순히 초기 교회의 작동 방식을 베끼려 애쓴다고 그들의 영적 능력을 갖출 수 있는 게 아니다. 초기 교회 신자들처럼 성령의 통제에 복종할 때에야 그들의 영적 능력을 경험할 수 있다. 1세기 신자들에게 세상을 뒤집는 능력을 준 것은 그들의 방법론이 아니라 성령 충만한 삶이었다(행 17:6).[38]

---

38 개역개정의 "천하를 어지럽게 하던"에 해당하는 부분을 NASB는 "have upset the world"(세상을 뒤집었다)로 옮겼다.

충만을 받는 방법

하나님은 명령하실 때 그 명령에 순종할 방법도 늘 함께 주신다. 하나님이 우리에게 무엇을 명령하신다면, 그것을 놓고 기도할 필요가 없다. 우리가 그것을 하는 것이 그분의 뜻이고 의도인 게 분명하기 때문이다. 하나님의 가장 깊은 바람은 그분의 자녀 하나하나가 그분의 성령으로 충만함을 받는 것이다. 우리는 이에 순종할 수 있도록 그분이 공급하신 자원을 찾아내기만 하면 된다.

성령으로 충만함을 받기에는 죄 고백이 포함되고, 의지와 지성과 몸과 시간과 달란트와 소유와 욕망 내려놓기가 포함된다. 성령으로 충만하려면, 이기심이 죽어야 하고 자기 의지를 죽여야 한다. 우리가 자신에 대해 죽을 때, 하나님이 그분의 영으로 우리를 채우신다. 세례 요한이 말한 원리는 그리스도뿐 아니라 성령에도 적용된다. "그는 흥하여야 하겠고 나는 쇠하여야 하리라"(요 3:30).

바울은 골로새 신자들에게 "그리스도의 말씀이 너희 속에 풍성히 거하게" 하라고 명령한 후 일련의 후속 명령을 하는데(골 3:16~25), 이 명령들은 그가 에베소서 5장 19~33절에서 성령 충만의 결과로 제시한 것들과 정확히 평행을 이룬다. 두 곳 모두에서, 성령이 충만하고 그리스도의 말씀이 우리 안에 거할 때 찬송과 감사와 복종이 뒤따른다. 그러므로 쉽게 결론 내릴 수 있다. 성령 충만은 어떤 비밀 공식이나 수단을 통해 영적 엘리트에게 주어지는 심오한 신비 체험이 아니다. 성령 충만은 그리스도의 말씀(성경)을 받아들이고 그 말씀이 우리 안에 거하며 우리 존재의 모든 부분에 스며들게 하는 것이다. 하나님의 성령으로 충만하다는 것은 그분의 말씀으로 충만하다는 것이다. 우리가 하나님의 말씀으로 충만할 때, 그 말씀이 우리의 생각과 행동을 통제하며(다스리며), 이로써 우리는 점점 더 성령의 통제(다스림)를 받는다. 찰스 스펄전이 말했듯이, 그리스도인의 피는 성맥(聖脈, bibline)[39]이어야 하며, 그가 어디

---

39 bibline은 bible과 pipeline의 합성어이며, 그리스도인의 피에 성경이 흘러야 한다는 의미다.

를 찔리거나 베이든 간에 성경이 흘러나와야 한다.

베드로의 힘은 그가 언제나 예수님 곁에 있으려 한 데 있었다. 예수님이 길을 가실 때, 베드로는 그분과 함께 있었다. 예수님이 산에 올라가시거나 배에 오르실 때, 베드로는 그분과 함께 갔다. 베드로가 어려움에 빠진 것은 주님에게서 멀어질 때뿐이었다. 주님 곁에 붙어 있을 때, 베드로는 기적을 행했고 기적을 말했으며 기적 같은 용기가 있었다.

배를 타고 있던 베드로는 예수님이 상당히 떨어진 거리에서 물 위에 서 계신 것을 보았다. 예수님은 그에게 "오라" 하셨고, 베드로는 배에서 내려 주님처럼 물 위를 걸었다. 그러나 시선을 예수님에게서 돌려 자신과 환경을 바라본 순간, 물에 빠지고 말았다(마 14:27~31). 또 다른 상황에서, 예수님이 제자들에게 "너희는 나를 누구라 하느냐?"고 물으셨다. 베드로가 곧바로 대답했다. "주는 그리스도시요 살아 계신 하나님의 아들이시니이다." 그러자 예수님은 이렇게 답하셨다. "바요나 시몬아, 네가 복이 있도다. 이를 네게 알게 한 이는 혈육이 아니요 하늘에 계신 내 아버지시니라"(마 16:15~17). 베드로의 마음과 영이 그리스도께 집중되었기에, 하나님은 예수님이 메시아이며 자신의 아들이라는 사실을 크게 증언하는 일에 그를 사용하셨다. 그러나 얼마 후, 베드로는 주님의 이해를 거슬러 자신의 이해를 내세웠고, 결국 자신이 하나님이 아니라 사탄을 대변했다는 것을 알았다(16:22~23).

군병들이 겟세마네 동산으로 예수님을 체포하러 왔다. 예수님은 그들이 찾는 사람이 바로 자신이라고 밝히셨다. 그러자 이들은 뒤로 물러나더니 땅에 엎드러졌다. 베드로는 이 반응에 용기를 얻었을 것이다. 그래서 그는 검을 빼 대제사장의 종 말고의 귀를 잘랐다. 예수님이 제지하지 않으셨다면 베드로는 죽을 때까지 싸웠을 것이다(요 18:3~11; 참조. 눅 22:47~51). 주님 곁에 있을 때, 베드로는 아무도 두렵지 않았다. 그러나 잠시 후, 주님에게서 멀어졌을 때, 베드로는 예수님을 안다고 인정할 용기조차 없었다(요 18:15~27).

예수님은 승천하신 후 약속대로 자신의 성령을 보내어 제자들 안에 거하고 이들을 채우게 하셨다. 그 후, 베드로는 다시 기적을 말하고 기적을 행하며 기적 같은 용기를 가질 수 있었다. 몇 달 전 주님이 잡혀 채찍에 맞고 십자가에 달리셨던 그곳에서, 베드로는 부활하신 주님을 두려움 없이 용감하게 선포했다. 그의 메시지는 기적처럼 능력과 복이 넘쳤고, 설교 한 번에 약 삼천 명이 구원에 이르렀다(행 2:14~41). 걷지 못하는 사람이 성전 곁에서 베드로와 요한에게 구걸했다. 베드로가 "은과 금은 내게 없거니와 내게 있는 이것을 네게 주노니, 나사렛 예수 그리스도의 이름으로 일어나 걸으라 하고 오른손을 잡아 일으키니, 발과 발목이 곧 힘을 얻었다"(행 3:1~7). 체포되어 산헤드린 앞에서 치유와 관련해 심문받을 때, 베드로는 "성령이 충만하여" 이들이 십자가에 못 박은 예수 그리스도의 능력으로 걷지 못하는 사람을 고쳤다고 했다. 유대 지도자들은 이 기적을 부정할 수 없었고, 이 기적 때문에 하나님께 영광을 돌리는 많은 사람이 두려웠다. 그래서 베드로와 요한에게, 더는 예수의 이름으로 전파하지 말라고 명했다. 베드로는 이렇게 답했다. "하나님 앞에서 너희의 말을 듣는 것이 하나님의 말씀을 듣는 것보다 옳은가 판단하라. 우리는 보고 들은 것을 말하지 아니할 수 없다"(행 4:1~22).

성령으로 충만함을 받는다는 것은 마치 우리가 그분 곁에 서 있는 것처럼, 주 예수 그리스도의 인격적 임재를 의식하며 살고, 그분의 마음이 우리의 삶을 지배하게 한다는 것이다. 이것은 우리 자신을 하나님의 말씀으로 채워 그분의 생각이 우리의 생각이 되고, 그분의 기준이 우리의 기준이 되며, 그분의 일이 우리의 일이 되고, 그분의 뜻이 우리의 뜻이 되게 하는 것이다. 우리가 그리스도의 진리를 따를 때, 성령은 하나님이 우리로 하여금 말하고, 행하고, 되기를 원하시는 대로 우리가 말하고, 행하고, 되게 하신다. "우리가 다 수건을 벗은 얼굴로 거울을 보는 것 같이 주의 영광을 보매, 그와 같은 형상으로 변화하여 영광에서 영광에 이르니, 곧 주의 영으로 말미암음이니라"(고후 3:18). 그리스도를 의식하면 그리스도를 닮는다.

순간순간 성령의 통제에 복종한다는 게 무엇인지 보여주는 아주 좋은 비유가 있다. 행함(walking, 걷기)의 비유, 곧 바울이 에베소서 4장 1절에서 소개하는 비유다. 행함(걷기)은 한 번에 한 걸음씩만 가능하다. 다른 방법은 없다. **성령으로 충만함을 받는다**는 것은 생각마다, 결정마다, 행동마다 성령의 통제(다스림) 아래 행한다(walking)는 것이다. 성령이 충만한 삶은 걸음마다 하나님의 성령께 복종한다. "너희는 성령을 따라 행하라. 그리하면 육체의 욕심을 이루지 아니하리라. 육체의 소욕은 성령을 거스르고 성령은 육체를 거스르나니, 이 둘이 서로 대적함으로 너희가 원하는 것을 하지 못하게 하려 함이니라"(갈 5:16~17). 우리의 육체는 죄의 상륙 거점이며, 우리의 인성(humanness)에서 아직 구속(속량)되지 않은 부분으로, 죄에 노출되어 있으며 죄를 향해 기우는 성향이 있다. 우리는 그리스도인, 곧 그리스도 안에 있는 새로운 피조물이다. 그렇더라도 우리의 도덕적·영적 아킬레스건은 육체, 곧 옛 사람의 남은 부분으로, 이것이 우리를 우리의 천국 시민권에 걸맞은 행동에서 끌어내리려 한다. 바울은 이것에 대해 이렇게 말했다. "내 지체 속에서 한 다른 법이 내 마음의 법과 싸워 내 지체 속에 있는 죄의 법으로 나를 사로잡는 것을 보는도다"(롬 7:23). 남은 죄성을, 우리의 악한 욕망을, 사탄의 유혹을 이기는 유일한 길은 성령으로 행하는 것이다.

성령으로 충만하지 않다는 것은 "육체의 일…곧 음행과 더러운 것과 호색과 우상숭배와 주술과 원수 맺는 것과 분쟁과 시기와 분냄과 당 짓는 것과 분열함과 이단과 투기와 술 취함과 방탕함과 또 그와 같은 것들"로 되돌아가는 것이다(갈 5:19~21). 우리는 육체의 일을 하겠다고 의식적으로 선택할 필요가 없다. 하나님의 말씀과 성령의 다스림을 받으며 살지 않는다면, 육체의 일이 우리가 '할 수 있는' 유일한 일이다. 육체는 우리가 우리 안에 가진 유일한 자원이기 때문이다.

유혹과 죄와 사탄의 부정적 힘을 막는 유일한 방어책은 성령의 긍정적 능력이다. 우리는 이러한 여러 악을 이길 능력이 없으며, 우리의 힘으로 이것들과 싸우려는 것은 우리 자신의 능력으로 물 위를 걸으려는 것이다. 하나님의 성령께서 우리를 위해 싸우실 때만 우리는 영적 승리를 쟁취한다.

그러나 우리가 성령의 통제(다스림)에 복종할 때, 성령께서 우리 안에서 놀라운 일들을 행하시며, 이 일들은 전적으로 그분이 행하신다. 바울은 이 놀라운 복을 성령의 열매라 부른다. 성령의 열매는 "사랑과 희락과 화평과 오래 참음과 자비와 양선과 충성과 온유와 절제"이다(갈 5:22~23). 성령의 통제(다스림)를 받으며 성령의 열매를 맺는 사람은 그리스도께 속하고 "육체와 함께 그 정욕과 탐심을 십자가에 못 박은" 사람이다. 바울은 뒤이어 "우리가…성령으로 행할지니"라고 했다(갈 5:24~25). 성령으로 행한다(walk in the Spirit)는 말은 하나님의 자녀로서 이 땅에 살면서 우리의 궁극적 잠재력과 능력을 발휘한다는 것이다.

20

성령 충만 —2부
(5:18b~21)

> 오직 성령으로 충만함을 받으라. 시와 찬송과 신령한 노래들로 서로 화답하며,
> 너희의 마음으로 주께 노래하며 찬송하며, 범사에 우리 주 예수 그리스도의 이
> 름으로 항상 아버지 하나님께 감사하며, 그리스도를 경외함으로 피차 복종하라.
>
> (5:18b~21)

바울은 **성령으로 충만함을 받으라**고 명령한 후, 이 명령에 순종할 때 일어나는 결과를 간략하게 제시한다.

결과

> 시와 찬송과 신령한 노래들로 서로 화답하며, 너희의 마음으로 주께 노래하며
> 찬송하며, 범사에 우리 주 예수 그리스도의 이름으로 항상 아버지 하나님께 감
> 사하며, 그리스도를 경외함으로 피차 복종하라. (5:19~21)

바울은 성령이 충만한 삶의 결과들을(이것들은 성령이 충만한 삶에 대한 이해를 크게 풍성하게 한다) 이 편지 나머지 부분에서 두루 언급하며, 이 세 절에서 가장 의미 깊은 결과 세 가지를 제시한다. 그것은 노래, 감사, 복종이다. 하나님의 영은 우리를 다스릴 때 우리 마음과 입술에 노래를 두고, 우리로 하나님께 감사하게

하며, 다른 사람들에게 복종하게 하신다. 첫째는 처음에 안을 향하고, 둘째는 위를 향하며, 셋째는 밖을 향한다. 성령이 충만하면 우리 자신, 하나님, 타인들과 바른 관계를 갖는다.

우리 자신에게 나타나는 결과: 노래

시와 찬송과 신령한 노래들로 서로 화답하며, 너희의 마음으로 주께 노래하며 찬송하며, (5:19)

성령이 충만한 삶은 음악을 낳는다. 목소리가 좋든 음치든 간에 성령이 충만한 그리스도인은 노래하는 그리스도인이다. 충만한 삶, 만족한 영혼, 행복한 마음을 노래만큼 잘 표현하는 것은 없다.

바울이 말하는 성령이 충만한 삶의 첫째 결과는 산을 옮기는 믿음이나, 황홀한 영적 체험이나, 힘이 넘치는 언변 같은 것이 아니었다. 노래하는 마음이었다. 신자는 성령으로 행할 때(walk in the Spirit) 내면에 기쁨이 있고, 이 기쁨은 음악으로 표현된다. 하나님은 순종하며 행하는 자녀들의 영혼과 입술에 음악을 두신다.

내가 에콰도르의 안데스 고산지대를 방문했을 때였다. 선교사들이 어느 인디언 부족에게 복음을 전했으나 여러 해 결과물이 없어 좌절했다. 그런데 갑자기 하나님의 영이 역사하기 시작하셨고, 수많은 인디언이 짧은 기간에 회심했다. 하나님의 말씀에 대한 갈망 외에, 이들이 그리스도 안에서 새 생명을 얻었다는 첫 증거 중 하나는 그분을 찬양하려는 큰 열망이었다. 나는 이들이 나뭇잎 등으로 얼키설키 지붕을 얹은 교회에서 몇 시간씩 서서 찬양하는 모습을 보았다. 이들의 마음에서 우러나오는 노래는 이들이 사는 이교도 마을의 신자들과 나머지 주민들을 구분하는 가장 두드러진 특징이었다.

단조로운 음이 성령의 음악을 방해하지 않으며, 음악 수준이나 빼어난 목소리가 성령의 음악에 힘을 더하지도 않는다. 주님을 기뻐하는 한 성도의 탁하고 음정이 맞지 않는 음성으로 부르는 노래를 통해 영적 기쁨이 빛난다. 반면에, 기교가 뛰어나고 음정이 정확하더라도 자신만을 기뻐하는 목소리로 부르는 노래에는 영적 기쁨이 없다.

기독교의 가장 두드러진 특징 중 하나는 음악이어야 한다. 하나님이 주시는 음악은 세상이 주는 음악이 아니기 때문이다. 성경에서, '새로운'이라는 단어는 구원의 그 어느 특징보다 노래와 관련해 빈번하게 사용된다. 하나님은 자신의 새로운 피조물에게 새 노래, 다른 노래, 독특한 노래, 세상이 낼 수 있는 그 무엇보다 순전한 노래, 아름다운 노래를 주신다.

시편 기자는 이렇게 말한다. "너희 의인들아, 여호와를 즐거워하라. 찬송은 정직한 자들이 마땅히 할 바로다"(시 33:1). 우리가 노래하는 것은 우리가 의롭게 되었고, 죄로부터 깨끗해졌으며, 하나님 자신의 거룩함에 참여하는 자가 되었기 때문이다. 오직 그리스도인만 노래할 합당한 이유가 있다. 하나님이 친히 노래를, "우리 하나님께 올릴 찬송"을 우리의 입술에 두신다(시 40:3). 우리는 구원 받았기 때문에, 구원의 노래를 부른다. "새 노래로 여호와께 노래하라. 온 땅이여, 여호와께 노래할지어다. 여호와께 노래하여 그의 이름을 송축하며, 그의 구원을 날마다 전파할지어다"(시 96:1~2; 참조, 149:1).

어느 날, 네 생물과 이십사 장로가 어린양 예수 그리스도 앞에 엎드려 이렇게 "새 노래를 부를" 것이다. "두루마리를 가지시고 그 인봉을 떼기에 합당하시도다. 일찍이 죽임을 당하사 각 족속과 방언과 백성과 나라 가운데에서 사람들을 피로 사서 하나님께 드리시고"(계 5:8~9). 하나님의 새 노래는 구속의 노래다.

하나님이 이스라엘을 애굽에서 건져내실 때, 모든 사람이 함께 와서 하나님께 노래했다(출 15:1~18). 이들의 노래가 끝난 후, 모세의 누이 미리암이 여인들을 이끌고 한층 더 노래하고 춤을 추었다(20~21절). 드보라와 발락은 이스라엘을 가나안 족속들에게서 건져낸 후, "이 날에…노래했다"(삿 5:1). 예루살렘 성전에서 섬겼던 38,000명 가운데 4,000명은 음악가였다. 느헤미야서에는 교창(交唱)하는 찬양대가 나온다(느 12:31, 38). 구약성경 전체, 특히 시편에, 하나님의 백성이 그분을 찬양할 때 사용하는 다양한 악기가 나온다.

예수님과 그분의 제자들이 최후의 만찬 후 마지막으로 한 행동은 찬송이었다. 그 후, 이들은 겟세마네 동산으로 이동했고, 그곳에서 예수님이 체포되었다(마 26:30). 빌립보 감옥에 있을 때, "한밤중에 바울과 실라가 기도하고 하나님을 찬송하매 죄수들이 들었다"(행 16:25). 하늘의 시온산에서, 땅으로부터 구속을 받은 144,000명이 그리스도의 "보좌 앞"에서 "새 노래를 부를" 것이다(계 14:3).

에베소서 5장 19절에서, 바울은 성령이 충만한 신자들에게 어떤 이들 가운데서, 어디로부터, 무엇으로, 누구에게, 어떻게 노래할지 설명한다.

'신자들은 어떤 이들 가운데서 노래하는가?' 우리가 부르는 노래의 주된 관객은 동료 신자들, 곧 **서로(one another)**이다. 성경 전체에서, 하나님의 백성은 신자들의 교제 안에서 노래한다. 성경의 그 어떤 음악도 전도가 특징이거나 전도를 목적으로 하지 않는다. 하나님은 음악에 맞춘 복음의 내용을 사용해 잃은 자들에게 진리를 전하고 이로써 이들을 자신에게 인도하실 수도 있다. 메시지가 아주 강력하기에, 설령 멜로디에 얹혀 전달되더라도 열린 마음은 받아들일 것이다. 그러나 이것이 음악의 의도는 아니다. 하나님의 진리가 마음에 분명히 또는 온전히 제시되지 않은 채 감정이 연주될 때, 이런 음악은 하나님이 주시는 평안의 모조품이자 불신자를 구원의 복음에서 한층 더 멀어지게 하는 행복감과 만족감을 낳음으로써 오히려 역효과를 낼 수도 있다.

여기서 지적해야 할 게 있다. 우리 시대에 자신들은 록 음악을 사용해 잃은 자들에게 복음을 전한다고 생각하는 연예인이 많은데, 이들이 오히려 교회를 약화하기 일쑤라는 것이다. 현대 음악을 이용하는 복음 전파는 심각한 결점이 많다. 이 방법은 음악가의 겸손이 아니라 오히려 교만을 조장하는 경향이 있다. 복음에는 연예적 요소가 전혀 없다. 그런데도 이 방법은 복음을 연예(entertainment) 문제로 만든다. 이 방법은 공적인 기독교 선포자들을 경건하고 하나님의 진리를 전하는 은사를 받은 선생이 아니라 세상이 보기에 인기 있고 재능 있는 자로 만들어버린다. 세상의 음악 장르를 사용하는 방법은 세상적이고 사탄적인 가치와 하나님의 가치 간의 간극을 흐린다. 이 방법은 단순한 복음의 능력과 성령의 주권적 구원 사역을 부정하는 경향이 있다. 이 방법은 교회 안에 폭넓은 간극을 만들고, 이로써 모든 신자의 교제에서 불일치를 부추기고 친밀함이 줄어들게 한다. 이 방법은 나쁘고 약한 신학을 증식시키고, 주님의 이름을 세상 수준으로 끌어내린다. 복음의 음악은 돈을 벌거나 명성을 구하는 적절한 방법이 아닌 것이 분명하다. 따라서 절대로 더없이 값진 것을 싸구려로 만들거나 심오한 것을 하찮게 만들도록 허용해서는 안 된다.

믿음의 노래는 세상이 부르거나 심지어 실제로 세상이 듣기 위한 것이 아니다. 구원받지 못한 사람은 우리의 찬양을 이해하지 못한다. 그 안에 하나님의 영이 없기 때문이다. 그는 구속의 노래를 부르지 못한다. 그 자신이 구속받지 못했기 때문이다. 그리스도인의 노래는 개인과 집단이 드리는 예배의 표현이며, 예수 그리스도 안에서 함께 누리는 생명을 찬양하는 표현이다.

교회는 그 역사에서 천 년이 넘는 암흑기에(500-1500년경) 대체로 노래하지 않았다. 신약성경 시대가 끝나고 얼마 지나지 않았을 때부터 종교개혁까지 교회 음악은 대체로 전문 음악인들이 맡았다. 평범한 교인들은 이들의 음악을 이해할 수 없었다. 어떤 경우든, 이들은 가만히 앉아 들어야 할 뿐 참여할 수 없었다. 그러나 종교개혁 시대에 성경이 교회로 돌아왔을 때 노래도 함께 돌아왔다. 마르틴 루터를 비롯한 종교개혁 지도자들은 교회사에서 가장 훌륭한 찬송 저자에 속한다. 참 복음을 알고 믿는 곳에서 음악을 사랑하고 노래를 불렀다. 마음에 계신 하나님의 영은 그 마음에 음악을 두신다.

'신자들은 어떻게 노래하는가?' 성령이 충만할 때, 신자들은 **시와 찬송과 신령한 노래들로 서로 화답하며⋯노래하며 찬송해야** 한다. **화답하며(speaking)**는 '단순한 소리'(Idled), 즉 처음 말을 배우면서 "라, 라, 라" 같은 소리를 내는 어린아이의 재잘댐이나 옹알이에서 비롯된 의성어에서 왔다. 이것은 새가 짹짹거리는 소리나 꿀꿀대는 소리를 비롯해 동물들이 내는 소리를 표현할 때도 사용되었다.

나팔(계 4:1), 그리고 우레까지 말을 한다고 표현된다(10:4). 시편 기자는 하나님의 백성에게 온 땅과 함께 "하나님께 즐거운 소리를 낼지어다"라고 했다(시 66:1). 여기서 **화답하며(speaking)**는 성령이 충만한 마음에서 나와서 하나님을 향하는 모든 소리를 포함한다. 하나님이 오르간이나 찬양대의 음악을 기타나 집에서 만든 피리 소리보다 더 기쁘게 받으시는 게 아니다. 하나님을 기쁘게 하는 소리는 그분의 영에 복종하고 그분의 영광을 노래하거나 연주하는 마음에서 나오는 소리다.

시(psalms)는 주로 음악에 맞춘 구약 시편들을 가리키지만, 독창과 성가 같은 모든 종류의 성악을 가리키는 데도 사용되었다. 초기 교회는 대다수 노래를 시편에서 직접 가져왔으며, 회중에게 친숙한 다양한 곡조를 사용했다. 이 패턴을 수백 년간 많은 유럽과 미국 교회가 따랐으며, 지금도 여러 교회가 사용한다. **시**는 주로 하나님의 본성과 그분의 일, 특히 그분이 신자들의 삶에서 하시는 일을 노래한다. 그 무엇보다 시는 하나님을 높이고 영화롭게 한다.

찬송(hymns)은 주로 찬양의 노래를 말하는데, 초기 교회에서 이것은 특히 주 예수 그리스도를 찬양한다는 점에서 하나님을 높이는 **시**와 구분되었을 것이다. 많은 성경학자가 다양한 신약성경 구절이(이를테면, 골 1:12~16) 초기 교회에서 찬송으로 사용되었다고 믿는다. **신령한 노래들(spiritual songs)**은 범주가 넓어 영적 진리를 표현하는 음악이면 무엇이든 포함하는 증언의 노래였을 것이다.

오늘의 교회에서, 시편 23편과 84편 찬양을 **시**로, "내 주는 강한 성이요"와 "갈보리산 위에 십자가 섰으니"를 **찬송**으로, "그가 당신과 나를 얼마나 사랑하시는지"(O How He Loves You and Me)와 "주 예수보다 더 귀한 것은 없네"를 **신령한 노래**로 분류할 수 있겠다. 그러나 여기서 저자의 의도는 모든 종류의 음악 표현으로 하나님을 높이라고 말하는 것이다.

노래하며(singing)는 '아도'(adō)에서 왔으며 목소리로 노래한다는 뜻이다. 그러나 신약성경에서는 늘 하나님 찬양하기와 연결되어 사용된다(다음도 보라. 골 3:16; 계 5:9; 14:3; 15:3).

사람의 목소리가 모든 악기 중에 가장 아름답다. 다양한 음색, 굴절, 감성은 거의 무한해 보인다. 사람의 목소리는 그 자체가 인간적이기 때문에, 어떤 음악 형식과도 다르게 우리에게 말할 수 있다.

그러나 하나님이 자신의 자녀들에게서 찾으시는 소리는 성령이 충만한 마음에서 나오는 소리다. 그 소리를 내는 음성이 거칠고 세련되지 못하든, 부드럽고 고도로 훈련되었든 간에 상관없다. 이런 까닭에, 모든 신자는 여느 신자와 마찬가지로 하나님이 자신의 마음에 두시는 찬양을 **노래할** 수 있다.

목소리가 좋거나 음악적 달란트가 있다고 해서, 많은 사람이 주장하듯이, 꼭 교회에서 특별한 음악에 사용되어야 하는 것은 아니다. 목공이나 요리나 의술이나 그 어떤 것에 은사가 있을 때와 마찬가지로 음악에 은사가 있다고 꼭 사람들 앞에서 그 은사를 펼쳐야 하는 것은 아니다. 하나님을 영화롭게 하려고 한 일은 오로지 그 목적에서 한 것이며, 다른 사람들이 보느냐 보지 않느냐는 이차적이고 부수적일 뿐이다. 혼자 집이나 자동차에서 노래하든, 몇몇 친구들과 피아노 앞에 둘러서거나 기타에 맞춰 노래하든, 수백 명으로 구성된 찬양대에 속해 예배 중에 노래하든 간에 성령이 충만하며 오로지 하나님의 영광만 구하는 마음으로 노래해야 한다.

'프살로'(*psallō*, **making melody**, **찬송하며**)는 '시'(psalm)의 어원인 단어와 관련이 있으며, 문자적으로 현악기, 특히 하프를 손가락으로 뜯는다는 뜻이다. 그러나 이 단어는 무엇이든 악기가 사용되는 음악 만들기를 나타내게 되었다. 성령이 충만한 마음은 어떤 종류의 목소리나 악기로든, **노래하며 찬송하며** **(sing and making melody)** 자신을 표현한다.

오늘날 많은 교회 음악이 참으로 하나님을 높이며 듣는 사람들에게 복이 된다. 하나님의 위대하심을 노래하는 **시(psalms)**로 나타나든, 그리스도의 구속을 노래하는 **찬송(hymns)**으로 나타나든, 하나님의 능력이나 도움이나 위로를 증언하는 **신령한 노래(spiritual songs)**로 나타나든 간에 이런 음악은 성령이 충만한 교회의 표현이어야 한다. **노래하기**에서 목소리를 통해 표현되든, **찬송하기(making melody)**에서 악기를 통해 표현되든 간에 이것은 하나님을 높이고 영화롭게 하며 기쁘게 하는 음악이다.

어느 날, 우리 주님이 친히 우리 가운데서 노래하실 것이다. 그분은 아버지께 이렇게 말씀하셨다. "내가 주의 이름을 내 형제들에게 선포하고 내가 주를 교회 중에서 찬송하리라"(히 2:12). 그러나 지금이라도 우리 마음이 성령으로 충만하면 예수님이 우리를 통해 아버지께 찬송하신다. 그러므로 성령을 소멸한다면, 그리스도께서 우리의 삶에서 아버지께 부르시는 노래를 소멸하는 것이다.

'신자들은 어디로부터 노래하는가?' 구원의 노래는 **너희의 마음으로(with your heart)** 시작된다. 이 어구는 헬라어 구문의 형태 때문에 여러 의미로 해석될 수 있다. 헬라어 본문에는 전치사가 없다. 이런 경우, 명사의 격(格)이 전치사를 결정한다. 여러 가능성이 있으며 모두 문맥에 적합해 보인다. **마음**의 격을 원인을 나타내는 조격(調格)으로 본다면, 우리의 마음이 우리로 하나님께 노래하며 찬송하게 한다는 의미다. 수단을 나타내는 조격으로 본다면, 우리의 마음이 찬양의 통로라는 의미다. 위치를 가리키는 조격으로 본다면, 우리의 마음이 노래의 중심이란 의미다.

마음에 노래가 없는 사람은 마음으로부터, 또는 마음으로 노래할 수 없다. 그는 입술로 노래할 수 있을 뿐이며, 그의 음악이나 메시지는 그리스도의 이름으로 다른 사람들을 축복하는 성령의 능력이 없을 것이다.

그리스도인이더라도, 성령의 다스림을 받지 않으면 그 마음에 진정한 노래가 없을 것이다. 자랑하려 노래하고, 갈채를 받거나 유명해지려 노래하며, 돈을 벌려 노래하는 게 가능하다. 그러나 이런 노래는 성령이 없는 노래다. 하나님을 향해 안 좋은 감정을 품은 채, 사랑하는 사람이나 친구에게 화가 난 채, 또는 다른 어떤 형태로 하나님의 성령과 조화를 이루지 못한 채 예배 자리에 나왔다면, 노래하며 하나님을 찬양하지 말아야 한다. 위선은 하나님을 찬양할 수도 없고 그분을 기쁘게 할 수도 없다. 사람들의 마음이 하나님 앞에 바르지 못할 때, 하나님은 이들의 "절기를 애통으로" 바꾸고 이들의 "노래를 애곡으로" 바꾸신다(암 8:10). 같은 선지자를 통해 하나님은 이렇게 말씀하셨다. "네 노랫소리를 내 앞에서 그칠지어다. 네 비파 소리도 내가 듣지 아니하리라. 오직 정의를 물 같이, 공의를 마르지 않는 강 같이 흐르게 할지어다"(5:23~24). 그분은 이렇게 말씀하고 계셨다. "너희 마음이 바르게 될 때까지, 너희 노래를 멈춰라."

우리의 음악이 세상의 음악과 같을 수 없다. 우리의 하나님은 세상의 신들과 같지 않기 때문이다. 대다수 세상 음악은 세상의 방식, 세상의 기준, 세상의 태도, 세상의 신들을 투영한다. 이런 음악을 사용해 세상에 다가가려는 것은 복음을 전하려고 복음을 낮추는 것이다. 세상이 듣기에 우리의 음악이 자신들의 음악과 크게 다르지 않다면, 세상은 그리스도인이 사는 방식도 자신들이 사는 방식과 크게 다르지 않다고 믿을 것이다. 그리스도인들은 세상의 철학을 진정으로 노래할 수 없으며, 세상도 그리스도인의 메시지를 진정으로 노래할 수 없다. 양쪽은 전혀 다른 마음으로 노래하기 때문이다. 그리스도인의 마음과 음악은 하나님과 그분의 의에 속한다. 반면, 세상의 마음과 음악은 사탄과 그의 불의에 속한다.

그리스도인의 음악은 하나님의 음악이기 때문에 천국에서 영원토록 불릴 것이다. 세상의 음악은 사탄의 음악이기 때문에 어느 날 그치고 절대로 다시 듣지 못할 것이다. 세상의 "거문고 타는 자와 풍류하는 자와 퉁소 부는 자와 나팔 부는 자들의 소리가 결코 다시…들리지 아니할" 것이다(계 18:22). 하나님의 것이 아닌 음악을 만드는 자들에게, 하나님은 이렇게 선언하신다. "내가 네 노래 소리를 그치게 하며 네 수금 소리를 다시 들리지 않게 하고"(겔 26:13). 지옥에서 하나님 없는 자들은 자신들의 음악을 갖지도 못할 것이다.

아프리카 토착 음악의 강렬한 리듬은 이들의 문화와 종교에 담긴 요란하고 미신적인 격정을 모방한다. 동양의 음악은 귀에 거슬리고 모호하며, 어디서 와서 어디로 가는지도 모르고, 시작도 없고 끝도 없다. 동양 종교들이 돌고 또 돌면서 무의미한 존재를 한없이 되풀이하는 것처럼 말이다. 이들의 운명처럼, 이들의 음악도 맺고 끊음이 없다. 서구 세계의 많은 음악이 유혹과 외설의 음악이며, 이것을 생산하고 노래하며 즐기는 부도덕하고 음탕한 사회에 상응하는 음악이다.

무조성(atonality)[40]과 불협화음이 넘쳐나는 록 음악은 희망도 없고 기준도 없으며 목적도 없는 철학, 하나님과 이성을 거부한 채 상대성과 무절제한 자기표현의 바다를 정처 없이 표류하는 철학이 투영된 음악이다. 이 음악은 논리 전개가 없다. 논리를 포기하는 철학이 이 음악의 출처이기 때문이다. 이 음악은 뇌를 무시한다. 이 음악의 철학이 이성을 무시하기 때문이다. 이 음악은

---

40 무조성(無調性)이란 현대 음악에서 정해진 조성이 없이 연주되는 곡의 형태다. 오선의 앞부분에 X라고 표시하거나 아무 조표도 표시하지 않는다.

영을 무시한다. 이 음악의 철학이 진리와 선을 무시하기 때문이다. 이 음악은 하나님을 무시한다. 이 음악의 철학이 자신 외에 모든 권위를 무시하기 때문이다.

많은 록 음악의 제목과 가사뿐 아니라 많은 록 그룹의 이름이 하나님이 없고, 부도덕하며, 흔히 악마적 성향을 대놓고 드러낸다. 하드 록이 폭력, 신성 모독, 가피학증(sadomasochism),[41] 성적 부도덕(음란), 성도착, 알코올과 마약, 동양의 신비주의, 밀교(occult)와 연결되는 것은 우연이 아니다. 이것들은 하나님 없는 동일한 세류를 먹고 산다. 어느 유명한 록 가수가 이렇게 말했다. "록은 언제나 악마의 음악이었다. 록은 더 저급한 요소들이 들어오게 한다." 또 다른 록 가수는 이렇게 증언했다. "나 자신이 악하다는 것을 알았다. 나는 하나님만큼이나 악마를 믿는다. 당신은 어느 쪽이든 이용해서 일을 이룰 수 있다." 기독교 메시지를 이런 음악 양식에 싣는다면, 이 양식의 수준이 올라가는 게 아니라 기독교 메시지가 이 양식에 의해 고착된 문화의 수준으로 떨어진다.

현대 서구 사회 젊은이들 가운데 절대다수가 그들의 몸을 망가뜨리는 동시에 그들의 생각을 짧게 만들고 그들의 영을 비뚤게 하는 철학에 끊임없이 공격당한다. 한때 여기에 관여했다가 벗어난 젊은이가 내게 말했다. "저는 록 음악을 들을 때마다, 술에 취하거나 다시 마약을 해야겠다는 엄청난 충동을 느낍니다." 이런 연관성이 너무 강해, 록 음악을 듣는 것만으로도 그의 옛 중독이 다시 고개를 쳐들었다.

록 음악이 신체와 정서에 미치는 많은 영향을 과학적으로 증명할 수 있다. 이스트먼 음악 학교(Eastman School of Music)의 하워드 핸슨(Howard Hansen)은 이렇게 썼다 "첫째, 나머지 것들이 모두 같다면, 심박 속도부터 실제 템포의 상한선까지 음악 템포가 빨라질수록 정서적 긴장도 커진다." 그는 더 나아가 이렇게 말한다. "세부 리듬이 규칙적이고 악센트가 기본 패턴과 정확히 일

---

41 흔히 SM으로 표현되며, 가학을 뜻하는 sadism과 피학을 뜻하는 masochism의 합성어로, 타인을 학대하거나 자신이 학대를 당하는 데서 쾌감을 느끼는 행위를 말한다.

치하면, 영향은 커지겠지만 혼란스럽지는 않을 것이다. 다이내믹 파워를 올리면 리듬의 긴장도 올라간다."

여러 해 전, 콜로라도의 어느 대학에서 음악이 식물이 미치는 영향을 연구했다. 아름답고 편안한 음악을 들려준 식물들은 잘 자랐으며 스피커를 향했다. 동일한 환경에서 동일한 품종의 식물들에게 애시드 록(acid rock)을 들려주었다. 그러자 이 식물들은 스피커 반대쪽을 향했고 사흘 만에 말라 죽었다. 여기서 한 걸음 더 나간 실험은 록 음악의 음파가 실제로 식물의 세포를 파괴한다는 것을 증명했다.

록 음악은 인간의 세포를 파괴하든 그러지 않든 간에, 훨씬 가치 있는 것을 파괴한다. 빠른 템포, 불규칙한 박자, 높은 볼륨, 불협화음이 괴성, 신성모독적이고 선정적인 가사, 외설적 몸동작과 결합되면, 뇌가 이상해지고, 감정이 망가지며, 양심이 무뎌지고, 사탄에게 문이 열린다. 고대 이교도 아리스토텔레스까지도 지혜롭게 말했다. "음악은 영혼의 열정을 대변하며, 따라서 잘못된 음악을 들으면 잘못된 사람이 된다."

"모든 것을 품위 있게 하고 질서 있게 하라"는 성경의 권면은(고전 14:40) 다른 모든 것뿐 아니라 음악에도 적용된다. 하나님은 질서 있는 우주를 창조하셨다. 따라서 혼란스럽고 무질서한 것은 무엇이든 우주 및 그 창조자와 조화를 이루지 못한다. "모든 지킬 만한 것 중에 더욱 네 마음을 지키라. 생명의 근원이 이에서 남이니라"(잠 4:23). 바울은 신자들에게 이렇게 명했다. "무엇에든지 참되며, 무엇에든지 경건하며, 무엇에든지 옳으며, 무엇에든지 정결하며, 무엇에든지 사랑받을 만하며, 무엇에든지 칭찬받을 만하며, 무슨 덕이 있든지 무슨 기림이 있든지 이것들을 생각하라"(빌 4:8).

성령이 충만한 그리스도인은 환경에 상관없이 행복하고, 평안하며, 확신하고, 생산적이다. 그는 주일 아침에 동료 신자들과 더불어 자유롭게 예배하고 있든 아니면 바울과 실라처럼 한밤중에 차꼬를 찬 채 지하 감옥에 갇혀 있든 간에(행 16:24~25), 언제나 **노래하며 찬송할**(sing and making melody) 것이다.

존 번연은 훌륭한 우화 『천로 역정』에서 순례자, 곧 그리스도인이 낙담의 진창에 빠지고, 의심의 성에 들어가며, 숱한 고난과 좌절과 실패를 견디는 모습을 그렸다. "성령으로 충만하다"는 표현은 이 이야기에 사용되지 않는다. 그렇더라도 그리스도인은 구조될 때마다 노래하며 자신의 길을 간다. 그가 성령의 다스림을 다시 받을 때마다 그의 마음에 노래가 있었다.

'신자들은 누구에게 노래하는가?' 신자들은 서로 노래하지만 그들의 노래는 **주께**(to the Lord) 향해야 한다. 우리의 노래와 찬송(making melody)은 우리 자신에게 주의를 집중시키거나 다른 사람들을 즐겁게 하기 위한 게 아니라 하나님을 기뻐하고 찬양하기 위한 것이다. 혼자 노래하든, 찬양대와 함께 노래하든, 회중과 더불어 노래하든 간에 초점을 우리 자신이나 다른 사람들이 아니라 주님께 맞춰야 한다. 그분이 우리가 부르는 노래의 관객이다.

첫 성전을 봉헌할 때 이러했다. "노래하는 레위 사람 아삽과 헤만과 여두둔과 그의 아들들과 형제들이 다 세마포를 입고 제단 동쪽에 서서 제금과 비파와 수금을 잡고 또 나팔 부는 제사장 백이십 명이 함께 서 있다가 나팔 부는 자와 노래하는 자들이 일제히 소리를 내어 여호와를 찬송하며 감사하는데 나팔 불고 제금 치고 모든 악기를 울리며 소리를 높여 여호와를 찬송하여"(대하 5:12~13). 이들이 드리는 진심이 담기고 조화로운 예배를 하나님이 기뻐하셨고, 그 결과는 이러했다. "여호와의 전에 구름이 가득한지라. 제사장들이 그 구름으로 말미암아 능히 서서 섬기지 못하였으니, 이는 여호와의 영광이 하나님의 전에 가득함이었더라"(13~14절). 자신들이 음악을 비롯한 모든 방법으로 하나님께 드리는 찬양이 "일제히"(in unison, 한 마음으로) 드리는 찬양이 되며, 자신들이 "소리를 높여(with one voice, 한 목소리로) 여호와를 찬송하는" 것이 모든 그리스도인의 진심 어린 바람이어야 한다. 이것이 하나님의 백성이 하나님이 받으실만하게 그분을 찬양하고 영화롭게 '할 수 있는' 유일한 방법이기 때문이다.

시대를 초월해 가장 위대한 음악가로 꼽힐 법한 요한 제바스티안 바흐(Johann Sebastian Bach, 1685-1750)는 "모든 음악의 목적은 하나님의 영광이다"라고 했다. 자신의 삶과 일에서, 이 위대한 작곡가이자 오르간 연주자는 이 목적을 살아내려 노력했으며, 그가 순전히 하나님께 바친 음악을 통해 무수한 세대의 신자들이 복을 받았다.

모든 기독교 음악의 노랫말은 성경적이어야 한다. 하나님 말씀의 가르침을 명확하게, 분명하게, 정확히 드러내야 한다. 안타깝게도, 기독교 음악이란 이름으로 통용되는 많은 음악이 신학적으로 뒤죽박죽이고, 많은 경우 하나님의 진리만큼이나 세상 철학을 많이 반영한다. 이런 음악은 기독교 용어로 채색된 개인의 감상에 지나지 않는다.

하나님을 높이는 음악은 그분의 백성에게도 복이 된다. 아름답고 부드러운 음악은 신경을 안정시키고, 두려움과 불안을 제거하며, 비통과 분노를 가라앉히고, 더 나아가 우리의 주의를 우리 자신과 세상의 염려와 문제에서 하나님께로 옮기도록 돕는다.

다윗은 하나님의 사람이었을 뿐 아니라 빼어난 음악가였다. "하나님께서 부리시는 악령이 사울에게 이를 때에 다윗이 수금을 들고 와서 손으로 탄즉 사울이 상쾌하여 낫고 악령이 그에게서 떠나더라"(삼상 16:23). 다윗의 음악은 사울에게 정서적으로("상쾌하여"), 육체적으로("낫고"), 영적으로 복이 되었다("악령이 그에게서 떠나더라").

17~18세기 의사들은 정신 불안 환자들에게 흔히 음악을 처방했다. 이들은 특정 형태의 불안을 치료하기 위해 특정 형태의 음악을 추천하기까지 했다. 음악은 "야만인의 가슴을 쓰다듬는다." 좀 더 과학적인 근거를 토대로 한 연구에서, 현대 행동주의자들은 이런 생각이 옳다는 것을 증명했다. 이들은 어떤 종류의 음악이 치과 환자의 긴장을 늦춰주고, 어떤 종류의 음악이 사무실이나 조립 공장에서 생산성을 높여주며, 어떤 종류의 음악이 엘리베이터에서 조급함을 줄여주는지 등을 밝혀냈다. 음악은 근육과 신경에 영향을 미치고, 피, 타액, 림프를 비롯해 체액의 흐름에도 영향을 미치는 것으로 드러났다. 음악은 신진대사, 심박동수, 맥박에 좋은 쪽으로나 나쁜 쪽으로 영향을 미칠 수 있다.

음악의 영적 영향을 과학적 검증 아래 둘 수는 없다. 그러나 하나님을 찬양하는 데 마음의 초점을 맞추게 하는 음악이 하나님 백성의 영적 질병을 치료하는 데 도움이 된다는 것은 의심할 여지가 없다.

하나님을 향한 결과: 감사

범사에 우리 주 예수 그리스도의 이름으로 항상 아버지 하나님께 감사하며,

(5:20)

사람들은 감사와 관련해 세 가지 태도 중 하나를 취할 수 있겠다. 첫째는 감사할 필요가 없다는 것이다. 어떤 사람들은 감사하지 않는다. 이유는 단순하다. 자신들은 자신이 가진 모든 좋은 것, 그 이상의 것을 가질 자격이 있다고 생각하기 때문이다. 예수님의 비유에 부자 농부가 등장한다. 그는 자신의 미래 번영을 자신만만하게 생각했으며, 자신의 과거 번영에 감사하지도 않았다. 그가 주위를 둘러보니 자신의 땅에서 소출이 너무 많이 나서 다 저장하지도 못할 지경이었다. 그는 곳간들을 더 크고 더 좋게 짓기로 결정했다. 그 후, 자신의 영혼에게 이렇게 말하려 했다. "영혼아, 여러 해 쓸 물건을 많이 쌓아 두었으니, 평안히 쉬고 먹고 마시고 즐거워하자"(눅 12:19). 그는 하나님을 고려하지 않았다. 자신이 누리는 복을 하나님 덕으로 돌리지 않았기 때문에, 그분께 감사할 이유가 없었다. 그가 감사를 모르고 자신만만했기 때문에, 하나님은 그에게 이렇게 말씀하셨다. "어리석은 자여, 오늘 밤에 네 영혼을 도로 찾으리니, 그러면 네 준비한 것이 누구의 것이 되겠느냐?"(20절). 이 판결은 진리를 담고 있다. 농부는 자신의 소유를 자신의 힘으로 만들어 낼 수 없었듯이, 자신의 소유를 자신의 힘으로 지킬 수도 없었다. 하나님이 주셨고, 하나님이 도로 찾아가셨다. 하나님께 감사할 필요를 느끼지 못하는 것이 배은망덕보다 훨씬 나쁘다. 이것은 불신앙이다. 이 태도는 하나님을 인정하지 않는 실천적 무신론의 한 형태다.

감사와 관련된 둘째 태도는 위선이다. 예수님이 들려주신 다른 비유에, 자기를 의롭다고 믿는 바리새인이 등장한다. 그는 성전에 서서 "따로 기도했다." "하나님이여, 나는 다른 사람들 곧 토색, 불의, 간음을 하는 자들과 같지 아니하고 이 세리와도 같지 아니함을 감사하나이다. 나는 이레에 두 번씩 금식하고 또 소득의 십일조를 드리나이다"(눅 18:11~12). 예수님이 "따로 기도했다"(praying thus to himself, 자신에게 이렇게 기도했다)는 표현에서 분명하게 하셨듯이, 이 사람이 하나님의 이름을 사용했더라도 그의 감사는 자신을 향했고 자신을 위한 것이었다. 바리새인은 하나님의 이름을 사용해 자신의 거짓 경건을 한층 더 주목하게 했을 뿐이다. 이 기도에 하나님의 자리는 없었다. 그러므로 이 기도는 완전히 무가치했다. 겸손하며 회개하는 세리는 "의롭다 하심을 받고 그의 집으로 내려갔다." 반면에, 교만하고 자기를 의롭다고 믿는 바리새인은 그러지 못했다(14절). 그의 나머지 삶처럼, 바리새인의 감사기도 또한 위선이고 가식이었다.

감사와 관련된 셋째 태도는 참된 감사다. 예수님은 예루살렘에 가는 길에 나병 환자 열 명을 고쳐주셨다. 그중에 한 사람만 돌아와 그분께 감사했는데, 사마리아인이었다. 그러나 그의 감사는 진짜였고, 예수님은 그에게 이렇게 말씀하셨다. "일어나 가라. 네 믿음이 너를 구원하였느니라"(눅 17:19). 나머지 나병 환자 아홉은 오로지 자신의 유익을 위해 예수님께 치유를 구했다. 사마리아인도 치유를 구했으나 하나님의 영광을 위해 구했다(18절). 그의 감사는 예수님을 신뢰한다는 표현이었고, 자신은 아무 힘이 없으며 자신이 받은 치유는 과분하고 순전히 주님의 은혜임을 인정한다는 표현이었다. 그 결과, 그는 구원받았다. 이러한 감사가, 이러한 감사만이 하나님을 기쁘게 하는 감사이고, 성령이 충만한 성도가 하는 감사이다.

중세부터 전해오는 전설이 있다. 하나님이 두 천사를 땅에 보내면서 성도들의 기도를 모아오라고 하셨다. 한 천사는 간구를 모아야 했고, 한 천사는 감사를 모아야 했다. 간구를 모은 천사는 기도 보따리를 한 번에 천국으로 가져갈 수 없었다. 반면, 감사를 모은 천사는 한 손으로 기도 보따리를 들고 돌아갈 수 있었다.

이 전설은 하나님의 자녀들이 감사하기보다 구하길 잘 한다는 슬픈 사실에서 비롯되었다. 시편은 이와 관련해 가르침을 준다. 시편에는 간구보다 감사가 많다. 신자들은 감사를 통해 자신의 아버지 앞에 나온다. 우리는 "감사함으로 그의 문에 들어가며 찬송함으로 그의 궁정에 들어간다"(시 100:4). 윌리엄 헨드릭슨(William Hendriksen, 1900-1982)은 생생하게 주석했다. "감사가 없는 기도를 한다면, 기도의 날개를 부러뜨려 날 수 없게 하는 것이다." 에베소서 5장 20절에서 바울은 성령이 충만한 신자가 언제, 무엇을, 어떻게, 누구에게 감사해야 하는지 말한다.

'우리는 언제 감사해야 하는가?—늘 감사해야 한다.' 늘 감사한다는 것은 하나님이 우리가 그분의 아들의 형상을 닮도록 세세한 모든 부분에서 우리의 삶을 다스리심을 인정한다는 것이다. 감사하지 않는다는 것은 하나님의 다스림을, 그리스도의 주되심을, 성령의 채우심을 무시한다는 것이다. 감사하지 않는 신자만큼 성령을 슬프게 하는 것은 없다. 「리어왕」에서, 셰익스피어는 이렇게 썼다. "배은망덕한 놈, 마음이 돌 같은 악마로구나!…감사할 줄 모르는 자식은 독사의 이빨보다 날카롭도다!"(I. iv. 283, 312). 하나님이 우리의 삶에 시련과 어려움을 허락하셨다고 불평하며 투덜댈 때, 우리는 그분의 주권뿐 아니라 그분의 지혜와 사랑까지 의심한다.

감사에 관해 세 가지 태도가 있는 것처럼 감사의 수준도 세 가지이다. 첫째는 복 받을 때 감사하는 것이다. 일이 잘 풀리거나 하나님이 특별한 유익을 허락하실 때, 우리는 행복해하며 감사한다. 직장을 얻었을 때, 병에서 해방되었을 때, 배우자와 화해했을 때, 이와 같은 유쾌한 일을 경험할 때 주님께 감사하기란 어렵지 않다.

성경이 우리에게 그렇게 하라고 계속 명하듯이, 축복에 감사하는 것은 옳다. 모세와 이스라엘 자녀들이 애굽에서 해방된 후 부른 노래는(출 15:1~21) 하나님을 기쁘시게 한 아름답고 진정한 감사의 표현이었다. 이 노래는 어린 양 예수 그리스도께서 자신의 백성을 짐승에게서 구원하심에 대해 어느 날 천국에서 그분께 드리는 감사의 증언으로서 부분적으로 되풀이될 것이다(계 15:1~4). 그러나 축복에 대한 감사는 어렵지 않으며, 별다른 성숙을 요구하지도 않는다.

둘째 수준의 감사는 장차 복을 받고 승리하리라는 소망 때문에 감사하는 것이다. 첫째 수준의 감사가 사실에 근거한다면, 둘째 수준의 감사는 일어날 사실을 향한 기대에 근거한다. 복을 받기 전에 하나님께 감사하는 것이 복을 받은 후 그분께 감사하기보다 어렵고, 더 큰 믿음과 영적 성숙을 요구한다. 둘째 수준의 감사에서 믿음과 소망이 시작된다. 이 감사는 보이지 않는 것과 아직 경험하지 못한 것을 포함하기 때문이다. 예수님은 나사로의 무덤 앞에 서서 이렇게 기도하셨다. "아버지여, 내 말을 들으신 것을 감사하나이다. 항상 내 말을 들으시는 줄을 내가 알았나이다. 그러나 이 말씀 하옵는 것은 둘러선 무리를 위함이니 곧 아버지께서 나를 보내신 것을 그들로 믿게 하려 함이니이다"(요 11:41~42). 예수님은 하늘 아버지께서 자신의 기도를 늘 듣고 응답하신다는 것을 아셨기에, 전적으로 확신하며 이제 일어날 것을 아는 일에 대해 그분께 미리 감사하셨다.

이 수준의 감사를 하는 신자는 승리를 얻기 전에 승리를 내다본다. "우리를 사랑하시는 이로 말미암아 우리가[자신이] 넉넉히 이길" 것을 알기 때문이다(롬 8:37). 그는 자신의 죽음이나 사랑하는 사람의 죽음을 내다보면서도 하나님께 감사한다. 모든 슬픔과 시련 가운데서도 그분의 은혜가 넘치며(고후 12:9), 영광스러운 부활이 주님 안에서 죽은 자들을 기다린다는 것을 알기 때문이다. 그는 소망 가운데 산다.

유다가 자신보다 강한 모압 족속과 암몬 족속에게 공격받기 직전, 여호사밧 왕은 모든 백성 앞에서 금식을 선포하고 기도했으며, 하나님의 능력과 선하심을 진정으로 선포했다. 그는 유다가 약하며, 하나님이 도우시지 않으면 틀림없이 패하리라는 것을 인정했다. "우리 하나님이여, 그들을 징벌하지 아니하시나이까? 우리를 치러 오는 이 큰 무리를 우리가 대적할 능력이 없고 어떻게 할 줄도 알지 못하옵고 오직 주만 바라보나이다"(대하 20:1~12). 그런 후, 왕은 백성을 이끌고 드고아 들로 나가 이들에게 하나님과 그분의 선지자들을 신뢰하라고 외쳤다. 그 순간, 그가 레위지파의 노래하는 자들에게 군대 앞에서 행진하며 "여호와를 찬송하여 이르기를, 여호와께 감사하세 그의 인자하심이 영원하도다 하게 하였더니, 그 노래와 찬송이 시작될 때에 여호와께서 복병을 두어 유다를 치러 온 암몬 자손과 모압과 세일 산 주민들을 치게 하시므로 그들이 패하였다"(20~22절). 유다는 전투가 시작되기도 전에 승리에 대해 하나님께 감사했다.

셋째 수준의 감사는 전투 중에, 우리가 여전히 어려움과 시련을 겪고 있을 때, 우리가 실패하거나 압도당하는 것처럼 보일 때라도 하나님께 감사하는 것이다.

다니엘은 다리오 왕이 자신 외에 그 어느 신이나 인간에게도 예배하는 것을 금하는 칙령에 도장을 찍었다는 말을 들었을 때, 즉시 "자기 집에 돌아가서는 윗방에 올라가 예루살렘으로 향한 창문을 열고 전에 하던 대로 하루 세 번씩 무릎을 꿇고 기도하며 그의 하나님께 감사하였다"(단 6:10). 다니엘은 자신의 생명이 위험한데도 하나님께 감사했다. 그가 위협받은 환경에 상관없이, 하나님은 그의 감사를 받기에 합당하시기 때문이었다.

편견이 가득하고 불순종한 요나까지도 물고기 배 속에서 기도하면서 이렇게 마무리했다. "나는 감사하는 목소리로 주께 제사를 드리며 나의 서원을 주께 갚겠나이다. 구원은 여호와께 속하였나이다"(욘 2:9). 기도 어디에서도, 선지자는 구원을 구하지 않았다. 그 대신, 과거에 자신을 구원하신 하나님을 찬양하고, 자신의 죄악과 불성실을 인정하며, 선하신 하나님을 향한 감사를 선언하며 마무리한다.

베드로를 비롯한 예루살렘 사도들은 채찍질을 당하고 다시는 예수의 이름으로 말하지 말라는 명령을 받은 후, "그 이름을 위하여 능욕 받는 일에 합당한 자로 여기심을 기뻐하면서 공회 앞을 떠났다"(행 5:41). 감옥, 아마도 로마 감옥에서, 바울은 재판을 기다렸으며, 처형을 기다렸을 수 있다. 그곳에서 바울은 빌립보교회에 편지를 썼으며, 그 편지에서 이들의 신실함에 대해, 하나님이 이들 가운데서 계속 하시는 일에 대해 감사한다(1:3~6).

일이 잘 풀릴 때만 하나님께 감사할 수 있다면, 우리의 감사는 신실함의 밑바닥에 자리한다. 하나님이 미래에 하실 일을 기대하며 감사할 수 있다면, 영적으로 좀 더 성숙한 것이다. 그러나 아픔이나 시련이나 박해 가운데서 하나님께 감사한다면, 알아보는 그리스도인이 거의 없지만 하늘에 계신 우리 아버지께서 그분의 모든 자녀가 이르길 원하시는 수준까지 성숙한 것이다.

감사는 그리스도인에게 선택이 아니다. 감사는 우리가 자유롭게 선택하거나 무시하는 고귀한 삶의 명령이다. 사지가 마비된 작가 조니 에릭슨 타다 (Joni Eareckson Tada)가 말했듯이, "감사는 느낌의 문제가 아니라 순종의 문제다."

　'우리는 무엇을 감사해야 하는가?—모든 것을 감사해야 한다.' 우리가 하나님께 드릴 수 있는 가장 큰 선물은 감사하는 마음이다. 우리가 그분께 드릴 수 있는 것이라곤 우리가 가진 모든 것이 그분에게서 왔음을 그저 감사하며 인정하는 것뿐이기 때문이다. 우리가 그분께 **범사에…감사하는** 것은 그분이 우리에 모든 것을 '주셨기' 때문이며, 모든 일에 감사하는 것이 "그리스도 예수 안에서…하나님의 뜻"이기 때문이다(살전 5:18). "주의 뜻이 무엇인가"를 이해하는 데는(엡 5:18) 그분은 자신의 자녀들이 감사하길 원하심을 이해하는 것도 포함된다. 성령이 충만한 마음은 모든 환경에서 하나님의 은혜로운 손을 보며, "하나님을 사랑하는 자 곧 그의 뜻대로 부르심을 입은 자들에게는 모든 것이 합력하여 선을 이룬다"는 것을 안다(롬 8:28). 영적 신자는 하나님이 축복과 번영뿐 아니라 어려움과 시련 속에서도 그분의 지혜와 사랑으로 우리를 돌보시는 것을 본다. 그는 설령 자신의 직업이 힘들고 성취감을 주지 못하더라도 그 직업에 대해 하나님께 감사한다. 그는 가장 사랑하는 사람이 죽을 때라도 욥처럼 "주신 이도 여호와시요 거두신 이도 여호와시오니 여호와의 이름이 찬송을 받으실지니이다"라고 고백하며 하나님께 감사한다(욥 1:21).

　그리스도 안에서 모든 것이 우리를 위한다. "많은 사람의 감사로 말미암아 은혜가 더하여 넘쳐서 하나님께 영광을 돌리게 하려 함이다"(고후 4:15). 궁극적 목표는 하나님의 영광이며, 그분께 영광을 돌리는 수단은 감사이고, 감사하는 이유는 그분이 신자의 삶에서 행하신 모든 일이다. 하나님을 영화롭게 한다는 것은 우리가 아무리 상처를 입거나 실망하거나 이해하지 못하더라도 그분께 감사한다는 것이다. 성령이 충만한 그리스도인은 "하나님께 드리는 많은 감사로 말미암아 넘치며," "말할 수 없는 그의 은사로 말미암아" 그분께 계속 감사한다(고후 9:12, 15).

　우리는 하나님의 자녀로서 무엇보다도 하나님 자신에 대해, 그분의 선하심과 사랑과 은혜와 구원을 비롯해 그분이 주시는 모든 복에 대해 감사해야 한다. 모든 사람에 대해, 복과 어려움에 대해, 승리와 실패에 대해 감사해야 한다.

진정으로 **범사에…감사할** 수 있는 유일한 사람은 겸손한 사람, 자신은 아무 자격이 없음을 알고, 따라서 가장 작은 것에도 감사하는 사람이다. 감사하지 않는 것은 교만하기 때문이며, 지금 자신이 가진 것보다 더 좋은 것을 가질 자격이 있다고 확신하기 때문이다. 교만은 우리를 확신시키려 한다. 우리의 직장, 우리의 건강, 우리의 배우자, 우리가 가진 것들 대부분이 우리가 가질 자격이 있는 것에 미치지 못한다고 말이다. 교만은 첫 번째 죄의 뿌리였으며, 모든 죄의 뿌리다. 사탄은 교만해서 하나님께 반역해 그분의 보좌를 탈취하려 했다. 아담과 하와는 교만해서 사탄의 거짓말, 곧 자신들이 더 나은 것을 가질 자격이 있으며 심지어 하나님처럼 될 자격이 있다는 거짓말을 믿었다.

신자들은 여전히 교만의 유혹을 받는다. 유일한 해결책은 겸손이며, 겸손은 성령 충만과 함께 온다. 성령 충만이란 자신에 대해 죽는 것이기 때문이다. 이 기적이길 그칠 때, 그 결과는 그리스도와 그분의 뜻을 다른 무엇보다 위에 두는 것이다. 겸손은 자신을 폐위시키고 그리스도를 왕좌에 앉히고, 그러면서 당시에는 좋아 보이지 않는 많은 것을 비롯한 모든 좋은 것이 그분의 은혜로운 손에서 온다는 것을 인정한다.

'우리는 어떻게 감사해야 하는가?―예수 그리스도의 이름으로 감사해야 한다.' **우리 주 예수 그리스도의 이름으로** 감사한다는 것은 그분이 누구이며 무엇을 하셨느냐와 일치한다. 우리가 언제나 감사하고 모든 일에 감사할 수 있는 것은 우리에게 무슨 일이 일어나든 궁극적으로 우리에게 복이 될 뿐 아니라 더 중요하게도 궁극적으로 그분께 영광이 되기 때문이다. 우리가 노래할 때, 그리스도께서 우리를 통해 노래하신다. 우리가 감사할 때, 그리스도께서 우리를 통해 아버지께 감사하신다.

그리스도가 빠지면, 모든 것에 감사하는 게 어리석을 것이다. 그리스도가 없으면, 모든 것이 선을 이루지 '않기' 때문이다. 우리가 그리스도 안에 있기 때문에, 좋은 것과 나쁜 것 모두 하나님이 우리로 그분 아들의 형상을 본받게 하시는 데 역할을 한다. 그리스도인이 아닌 사람은 하나님 오른편에서 자신을 위해 중보하거나 자신의 삶에 내주하시는 그리스도가 없다. 그는 하나님 가정의 상속권과 하나님 나라의 시민권에 대한 약속도 없다. 또는 그리스도께서 주시는 어떤 놀라운 약속도 없다. 그는 내주하시는 성령이 없으며, 성령 충만도 받을 수 없다. 그는 모든 것에 감사할 수 없다. 그에게는 모든 것에 감사할 이유가 없기 때문이다. 그는 현재만 볼 뿐 영원한 영광을 보지 못한다.

그러나 하나님의 자녀는 그리스도께서 그 속에 거하고 '계시며', 그분과 함께한 상속자'이고', 아들이 아버지 오른편에서 그를 위해 중보하고 '계신다'. 그는 자신 속에 거하시는 성령을 통해 확실해진 그리스도의 모든 약속이 있다. 성령께서 그를 채우실 때, 그는 죄로부터 깨끗해지고 그리스도를 점점 더 닮는다.

성숙한 그리스도인, 성령이 충만한 그리스도인은 그리스도께서 감사하셨듯이 감사한다. 예수님은 자신의 아버지께 계속 감사하셨다. 떡 일곱 개와 물고기 두 마리로 사천 명을 먹이기 전, 예수님은 "축사하시고(gave thanks) 떼어 제자들에게 주어 나누어 주게 하시니 제자들이 무리에게 나누어 주었다"(막 8:6; 참조. 마 15:36). 앞서 언급했듯이, 예수님은 나사로를 무덤에서 불러내시기 전 감사하셨다(요 11:41). 자신이 곧 십자가에 달려 죽을 것을 내다보며 주의 만찬을 제정하실 때도, 예수님은 희생되는 자신의 몸을 기념하게 될 떡에 대해 아버지께 감사하셨다(눅 22:19).

예수님은 조롱을 당하셨고, 멸시를 당하셨으며, 배척을 당하셨고, 침 뱉음을 당하셨으며, 신성모독을 당하셨고, 채찍질을 당하셨으며, 마침내 십자가에 못 박히셨다. 그러나 크게 겸손하셨기에 언제나 모든 일에 감사하셨다. 그분은 영광을 받아 마땅했으나 수치를 당하셨으며, 사랑을 받아 마땅했으나 미움을 받으셨고, 존귀를 받아 마땅하나 치욕을 당하셨다. 그분은 찬양을 받아 마땅했으나 비방을 받으셨고, 부해야 마땅했으나 가난하셨고, 거룩해야 마땅했으나 우리를 위해 죄가 되셨다. 그러나 그분은 결코 하늘에 계신 아버지를 향한 감사를 잃지 않으셨다. 성경은 그 이유를 이렇게 말한다. "오히려 자기를 비워 종의 형체를 가지사 사람들과 같이 되셨고, 사람의 모양으로 나타나사 자기를 낮추시고 죽기까지 복종하셨으니, 곧 십자가에 죽으심이라"(빌 2:7~8).

예수님은 자신의 생명을 내어주기까지 자신을 비우셨기 때문에, 생명을 비롯해 자신이 비우신 모든 것으로 우리를 채우실 수 있다. 우리는 굴욕을 받아야 마땅하지만 그리스도 안에서 영광을 받는다. 우리는 미움을 받아야 마땅하지만 사랑을 받으며, 치욕을 당해야 마땅하지만 존귀를 받는다. 우리는 비방을 받아야 마땅하지만 찬양을 받으며, 가난해야 마땅하지만 부하고, 죄의 저주, 곧 죽음을 받아야 마땅하지만 의와 영생을 받는다. 우리가 무엇에 대해 감사하지 않을 수 있겠는가?

'우리는 누구에게 감사해야 하는가? — 하나님 아버지께 감사해야 한다.' 우리가 늘 해야 하고, 모든 것에 대해 해야 하며, 주 예수 그리스도의 이름으로 해야 하는 감사는 아버지 하나님을 향한다. 우리의 주님이 땅에서 그렇게 하셨듯이, 우리는 하늘에 계신 우리 아버지께 감사한다. "온갖 좋은 은사와 온전한 선물"을 주시는 분이(약 1:17) 가슴에서 우러나는 진정한 모든 감사를 받으시는 분이다. 은혜를 베푸시는 아버지께서 모든 것에 대해 감사를 받으셔야 한다. 그분이 모든 것을 주셨기 때문이다(1:3을 보라).

다른 사람들을 통해 우리에게 오는 것이라도 하나님에게서 온다. 우리는 누군가가 우리를 위해 하는 일에 감사해야 하며, 그것에 대해 그들에게 감사해야 한다. 그러나 선물의 진정한 근원을 인정하지 않는다면, 다른 사람들을 향한 감사는 아첨에 지나지 않을 것이다.

구원받지 못한 사람의 표식 중 하나는 하나님께 감사하지 않는 것이다(롬 1:21). 반면에, 성령이 충만한 신자의 표식은 **범사에 우리 주 예수 그리스도의 이름으로 항상 아버지 하나님께 감사하는** 것이다. 그는 "아무것도 염려하지 말고 다만 모든 일에 기도와 간구로, 너희[자신이] 구할 것을 감사함으로 하나님께 아뢴다"(빌 4:6). 그는 "감사함을 넘치게 하고"(골 2:7) "항상 찬송의 제사를 하나님께 드리"는데 "이는 그 이름을 증언하는 입술의 열매이다"(히 13:15).

런던의 도시 선교사가 어느 공동주택을 방문해달라는 요청을 받았다. 그곳에는 무서운 질병의 말기에 처한 여인이 누워 있었다. 방은 추웠고 여인은 맨바닥 외에 누울 곳이 없었다. 선교사가 자신이 해줄 수 있는 게 있느냐고 물었을 때, 여인은 이렇게 대답했다. "제게 정말로 필요한 것은 다 있습니다. 제게는 예수 그리스도가 계시거든요." 깊이 감동한 선교사는 집에 돌아가 이런 글을 썼다.

> 런던의 중심, 가난한 자들의 거처 한 가운데서,
> 이 빛나는 황금 같은 고백이 나왔다.
> "제게는 예수 그리스도가 계시거든요. 제가 뭘 더 원하겠어요?"
> 다락방 바닥에서 외롭게 죽어가며, 땅에서 위로받지 못한 한 여인이 고백했다.
> "제게는 그리스도가 계시거든요. 제가 뭘 더 원하겠어요?"

동료 신자들을 향한 결과: 복종

그리스도를 경외함으로 피차 복종하라. (5:21)

성령이 충만하고 성령의 다스림을 받으면 마음이 겸손해지고, 자신의 안녕보다 타인들의 안녕을 먼저 구하고 서로 복종하려 한다. 이 구절의 풍성하고 세세한 부분은 다음 장에서 살펴보겠다. 이 구절이 다음 단락으로 이어지는 전환점이 되기 때문이다.

5장 나머지 부분에서 6장 9절까지, 바울은 신자들의 복종과 관련된 원리를 확대해 이것이 남편과 아내의 관계, 자녀와 부모의 관계, 노예와 주인의 관계에 어떻게 적용되어야 하는지 설명한다.

21

필수 기초
(5:21)

그리스도를 경외함으로 피차 복종하라. (5:21)

이 구절은 전환점이다. 바울은 여기서부터 6장 9절까지 여러 관계를 폭넓게 논한다. 상호 복종의 일반 원리, 곧 **피차 복종하라**는 성령 충만의 산물일 뿐 아니라(앞장에서 말했듯이), 더 큰 단락이 다루는 남편과 아내, 부모와 자녀, 주인과 종의 관계에서의 권위 및 복종과 관련된 더 구체적인 원리들의 기초이기도 하다.

우리 시대가 겪는 최악의 비극 중 하나는 전통적 가족이 점차 붕괴하고 있다는 것이다. 배우자의 부정(不貞), 성적인 죄, 동성애, 낙태, 여성 해방, 비행, 전체적인 성 혁명 등이 모두 가족 붕괴에 한몫했다. 각각은 결혼생활과 가족의 목을 급속히 조이는 끈이다.

이제 게이들과 레즈비언들이 자신들끼리 합법적으로 결혼할 수 있으며, 점점 더 많은 교회가 이들의 결합이 옳다고 인정한다. 레즈비언 커플들, 심지어 게이 커플들까지 다양한 이성(異性) 연인들이 낳은 아이들을 함께 양육하며, 그 결과로 생긴 그룹을 가족이라 부른다. 많은 비혼 여성이 자신이 낳은 아이를 키우겠다고 선택한다. 이런 상황에서, 한 부모 가정이 필요의 문제만큼이나 선택의 문제가 되고 있다.

결혼에 관한 새로운 생각이 몇몇 사회학자와 심리학자들의 신념에 나타난다. 결혼이 철저히 달라져야 하거나 완전히 없어져야 한다는 것이다. 그 근거로 결혼은 자신과 사회에 대한 남성의 원시적 이해의 잔재일 뿐이라고 주장한다.

관계를 위한 권위를 떠받치는 적절한 기초가 없으면, 사람들은 자신이 찾거나 고안할 수 있는 그 어떤 수단이나 방법을 동원해서라도 의미 있고 조화로우며 성취감을 주는 관계를 찾아 나선다. 실험이 이들의 유일한 자원이며, 가족 해체—궁극적으로 사회 전체의 해체—가 피할 수 없는 결과라는 게 드러나고 있다.

성경이 늘 선포해온 것, 교회가 최근까지 늘 가르쳐온 것을 그리스도인들이 선포하고 살아내야 할 때다: "결혼과 가족에 관한 하나님의 기준은 의미, 행복, 복, 상급, 성취를 낳는다. 이것이 이러한 결과를 낳을 수 있는 '유일한' 기준이다."

그러나 결혼과 가족에 관한 하나님의 기준에 혼란이 생겼고, 이 혼란이 교회까지 밀어닥쳤다. 한 세대 전만 해도, 교회에서 오백 쌍 중에 단 한 쌍만 이혼했다. 지금은 교회에서 이혼율이 몇 배로 늘었고 점점 더 늘고 있다. 따라서 교회는 이 문제가 세상에 실질적 조언으로 작용하기 전에 교회 안에서 이 문제를 다루지 않으면 안 된다.

교회 내 이혼은 아주 흔해졌다. 그래서 어느 버지니아 목사는 특별한 예배를 고안했다. 이 예배에서 남편과 아내는 상호 존중 서약을 하고, 목사는 이들의 파경에 하나님의 복이 임하길 기원한다. 부분적으로는 결혼생활에서, 특히 부모들의 결혼생활에서 목격한 비극 때문에 많은 젊은이가 동거를 선택한다. 둘 중 한쪽이 싫증 나면 둘은 갈라서고 다른 사람을 찾는다.

설령 최소한의 헌신이 개입되더라도 피상적이고 일시적이다. 정욕이 사랑을 대신하고, 희생 대신 이기심이 지배한다.

많은 부부가 간신히 이혼을 피하고 있지만, 이들의 관계는 불성실, 속임, 무례, 불신, 자기중심, 물질주의를 비롯해 조화를 깨고 행복을 가로막으며 자녀를 황폐화하는 숱한 죄가 특징이다.

이혼이 늘면서 자녀를 갖겠다는 생각도 줄어든다. 몇몇 권위 있는 연구에 따르면, 가임 연령대 부부 중 약 3분의 1에서 양쪽 모두나 한쪽이 불임시술을 받았다. 부부 사이에서 잉태된 아이들이 단지 부모가 원치 않는다는 이유로 낙태 당하는 비율이 점점 높아지고 있다. 태어나더라도 부모가 방치하고 원 망하며 학대하는 아이들이 많다. 자녀를 갖는 부부도 즐거움과 성취를 위한 자신들의 계획에 방해되지 않도록 늦은 나이에 갖는다.

어느 큰 복음주의 교회의 목사는 주례를 위해 찾아오는 대다수 커플이 스스로 그리스도인이라고 했지만 적어도 70퍼센트가 이미 동거하고 있다고 했다. 이들 가운데 많은 수가 자신들이 결혼하는 게 하나님의 뜻이라고 했다. 그러나 하나님의 도덕 기준에 대놓고 불순종하며 살기에, 이들은 자신들의 결혼에 대한 하나님의 뜻을 알 수 있는 근거가 없었다. 그런가하면, 스스로 그리스도인이라면서 두 번째, 세 번째, 네 번째 결혼을 주례해 달라며 찾아오는 사람들도 있었다. 이들은 주님이 매번 자신을 인도하셨다고 하기 일쑤였다.

하나님은 회개하는 신자를 용서하고 깨끗케 하며 회복하신다. 그러나 의와 정결에 대한 자신의 기준을 바꾸지 않으시며, 흔히 비극적 불순종의 결과를 제거하겠다고 약속하지도 않으신다. 교회가 이러한 하나님의 기준을 교인들의 어리석음과 죄악에 순응시키려 든다면, 하나님을 슬프게 할 뿐 아니라 세상을 향한 자신의 증언을 약화하는 것이다. 어떤 결혼이 교회에 옳을 수 없다면 세상에서도 옳을 수 없다. 바울 당시나 지금이나 마찬가지다.

신약성경 시대에 여성을 종과 다름없이 여겼다. 많은 유대인 남자가 아침마다 이렇게 기도했다. "하나님, 제가 이방인이나 노예나 여자가 아닌 것에 감사합니다." 신명기 24장에 나오는 이혼 및 재혼과 관련된 말씀이 왜곡되어 남편의 눈에 거슬리는 사실상 모든 어긋남이나 불만을 포함하게 되었다. 헬라 사회에서 여성의 처지는 훨씬 안 좋았다. 첩이 일반적이었고 아내의 역할은 단순히 합법적 자녀를 낳아 가문을 유지하는 것이었다. 따라서 헬라 남자들은 아내와 이혼할 이유가 거의 없었고, 아내들은 남편에게 맞서 호소할 데가 없었다. 이혼이 아주 드물었으며, 따라서 법적인 이혼 절차조차 없었다. 데모스테네스(Demosthenes)는 이렇게 썼다. "우리에게는 쾌락을 위한 창녀들이 있고, 동거를 위한 첩들이 있으며, 합법적 자녀를 낳고 집안일을 충실하게 수행할 아내들이 있다." 남창(男娼)과 창녀 둘 다 믿을 수 없을 만큼 흔했고, 매춘과 일반적 음란을 가리키는 헬라어 단어(porneia)에서 '포르노그래피'(pornography)라는 단어가 나왔다. 남편들은 전형적으로 첩과 창녀에게서 성적 만족을 찾았다. 반면에, 아내들은 흔히 남편의 독려로 남녀 노예들에게서 성적 만족을 찾았다. 매춘과 동성애를 비롯한 여러 형태의 성적 난잡과 변태 성욕은 필연적으로 광범위한 아동 성 학대를 낳았다. 이는 우리 시대도 다르지 않다.

로마 사회는 상황이 훨씬 안 좋았다. 결혼은 합법적 매춘보다 나을 게 없었으며, 이혼은 원하면 몇 번이고 가능한 손쉬운 법적 형식에 지나지 않았다. 많은 여성이 출산하면 몸매가 망가진다는 이유로 아이를 갖길 원치 않았으며, 페미니즘이 일반화되었다. 남자들이 하는 것이면 무엇이든 하길 원했기에, 어떤 여자들은 레슬링과 검투를 비롯해 전통적으로 남성 전유물로 여겼던 영역에 뛰어 들었다. 어떤 여자들은 가슴을 드러낸 채 멧돼지를 사냥하길 좋아했다. 여자들이 남자들을 주도하기 시작했고, 이혼에서도 점차 주도권을 쥐었다.

바울은 에베소 신자들에게 부패하고 악하며 자기중심적이고 부도덕한 주변 세상의 기준에 전적으로 맞서며 살라고 권면했다. 그리스도와 교회의 관계가 남편과 아내 관계의 모델이어야 한다. "이는 남편이 아내의 머리 됨이 그리스도께서 교회의 머리 됨과 같음이니, 그가 바로 몸의 구주시니라. 그러므로 교회가 그리스도에게 하듯, 아내들도 범사에 자기 남편에게 복종할지니라. 남편들아, 아내 사랑하기를 그리스도께서 교회를 사랑하시고 그 교회를 위하여 자신을 주심 같이 하라"(5:22~25). 그리스도와 교회의 관계가 거룩하고 깨질 수 없듯이, 그리스도인 남편과 그리스도인 아내의 관계도 거룩하고 깨질 수 없어야 한다. 그리스도인의 결혼생활 및 가정은 세상의 결혼생활 및 가정과 철저히 달라야 한다. 남편과 아내, 부모와 자녀의 관계는 겸손, 사랑, 상호 복종에 깊이 잠겨 남편과 부모의 권위가 필요할 때는 행사되더라도 거의 보이지 않게 되고, 아내와 자녀의 복종은 아름다운 사랑의 마음에서 우러나오는 것이어야 한다.

솔로몬의 아가에 아름다운 결혼생활의 모델이 나온다. 남편은 왕이었지만, 그와 아내의 주된 관계는 권위의 관계가 아니라 사랑의 관계였다. 아내는 남편의 머리 됨을 분명하게 인정했으나, 그것은 사랑과 상호 존중의 옷을 입은 머리 됨이었다. "남자들 중에 나의 사랑하는 자는 수풀 가운데 사과나무 같구나! 내가 그 그늘에 앉아서 심히 기뻐하였고 그 열매는 내 입에 달았도다. 그가 나를 인도하여 잔칫집에 들어갔으니, 그 사랑은 내 위에 깃발이로구나!"(2:3~4). 깃발은 공개 선언이었으며, 이 경우는 아내를 향한 왕의 사랑 선언으로, 왕은 이 사랑을 세상에 선포하고 싶었다. 아내는 남편이 자신에게 그의 사랑을 말하는 것을 들었을 뿐 아니라 남편이 세상에 그 사랑을 말하는 것도 들었다. 그녀는 뒤이어 이렇게 말했다. "너희는 건포도로 내 힘을 돕고 사과로 나를 시원하게 하라. 내가 사랑하므로 병이 생겼음이라. 그가 왼팔로 내 머리를 고이고, 오른팔로 나를 안는구나!"(5~6절). 남편은 그녀의 자발적이고 열정적인 보호자요 공급자이며 사랑이었다.

솔로몬은 그녀에게 이렇게 답했다. "나의 사랑, 내 어여쁜 자야, 일어나서 함께 가자. 겨울도 지나고 비도 그쳤고"(10~11절). 봄이 왔고, 그의 생각에는 사랑하는 여인뿐이었다. 권위주의나 우월의식은 기미조차 없었다. 오로지 아내를 사랑하고 존중하는 마음, 아내의 안녕과 기쁨과 성취에 대한 관심뿐이었다. 그녀는 둘의 관계가 매우 상호적임을 "내 사랑하는 자는 내게 속하였고 나는 그에게 속하였도다"라고 표현했으며(16절), 나중에 "이는 내 사랑하는 자요 나의 친구로다"라고 표현했다(5:16).

가정은 인간 사회의 벽돌이다. 따라서 사회가 가정을 보호하지 않으면, 자신의 존재 기반을 허무는 것이다. 가정이 사라지면, 가치 있는 모든 것이 함께 사라진다. 가정의 화합, 의미, 훈육이 무너질 때, 무정부 상태가 판칠 것이다. 무정부 상태가 판치는 곳에는 법률과 정의와 안전이 번성할 수 없다. 가정은 사회에 자양분을 공급하고 사회를 하나로 묶는다. 반면에, 가정의 부재에서 비롯된 무정부 상태는 사회를 황폐하게 하고 붕괴시키며 무너뜨릴 뿐이다.

구속받지 못한 자들이 가정을 위한 하나님의 기본 원리들을 따름으로써 큰 유익을 얻을 수는 있다. 그러나 이 원리들의 온전한 능력과 잠재력은 하나님의 아들을 믿음으로써 그분께 속한 자들만 이해하고 행사할 수 있다. 바울은 동료 그리스도인, 곧 에베소 신자들에게 말한다. 오직 그리스도인만 갖는 하나님의 생명과 자원이 없으면, 그가 이 편지에서 제시하는 결혼생활과 가정을 위한 원리들은 맥락을 벗어나며, 따라서 제한된 유익을 줄 뿐이다. **피차 복종**의 기본 원리가 갖는 힘과 효능의 유일한 출처는 **그리스도를 경외함**이다. 구성원들이 하나님이 계획하신 모습인 "아들의 형상을 본받게"(롬 8:29) 될 때, 가정은 하나님이 계획하신 모습이 될 수 있다. 개인이 오직 하나님과의 바른 관계에서만 충만에 이를 수 있듯이, 가정도 믿는 부모와 자녀가 성령의 다스림과 능력 안에서 가정을 향한 하나님의 계획을 따를 때 완전한 충만에 이를 수 있다(엡 5:18b).

하나님의 존재와 권위를 알지 못하거나 인정하지 않는 사람들은 결혼생활과 가정 또는 다른 어떤 것을 위한 하나님의 기준을 받아들일 동기가 없다. 이들은 설령 그러고 싶어도 이러한 기준을 온전히 따르려는 새로운 본성이나 내적 자원이 없다.

몇 해 전, 어느 큰 일반 대학의 철학 수업에서 기독교 성 윤리를 강의해달라는 요청을 받았다. 성경의 권위를 의심하거나 대놓고 거부하는 사람들에게 성에 관한 성경의 기준을 설명해봐야 헛수고라는 것을 알기에, 이런 말로 강의를 시작했다. "그리스도를 구주와 주님으로 알지 못하는 사람은 그 누구도 그리스도의 윤리 기준을 이해하거나 인정할 수 없습니다. 저는 여러분 대다수가 성경이 말하는 성 윤리에 동의하리라고 기대하지 않습니다. 여러분 대다수는 성경이 예수 그리스도에 관해 말하는 내용에 동의하지 않기 때문입니다. '그 어떤 것'에 관해서든, 성경이 제시하는 기준의 전제는 사람은 성경이 그 말씀이신 분과 바른 관계를 가져야 한다는 것입니다. 여러분은 주 예수 그리스도를 알고 사랑할 때에야 성에 관한 그분의 기준을 이해할 수 있으며 따르고 싶은 마음이 생깁니다." 한 학생이 손을 들고 말했다. "그렇다면, 저희에게 어떻게 예수 그리스도를 알고 사랑하는지 말씀해 주시는 게 나을 것 같습니다." 나는 그 제안을 흔쾌히 받아들여, 강의 시간 대부분을 그리스도를 왜 믿어야 하고 어떻게 믿어야 하는지 알려주었으며, 마지막 몇 분을 할애해 그분께 헌신한다는 게 성적 기준과 관련해 구체적으로 무엇을 의미하는지 설명했다.

죄에 대해 죽은 자들만 하나님에 대해 살아 있으며(롬 6:4~6), 의의 종들(롬 6:16~22), 영의 일을 생각하는 자들(롬 8:5~8), 성령의 능력을 받는 자들은(롬 8:13) 주님의 기준을 따라 사는 특권을 기뻐할 것이다. 그리스도를 공경하고 사모하는 것이 이러한 복종하는 마음의 기초다.

안타깝게도, 예수 그리스도를 구주와 주님으로 아는 많은 사람이 도덕과 결혼과 가정에 관한 그분의 법을 지키며 살지 못한다. 이들은 늘 성령이 충만하지 못해 주변 사회의 수준으로 떨어지기 때문에, 모든 일에서 자신의 주님에게 순종할 충분한 동기를 부여받지 못하거나 그럴 능력을 얻지 못한다. 이들은 성령을 소유했으나 성령께서 이들을 소유하지 못하셨다. 그 결과, 많은 그리스도인 커플이 많은 불신자보다 심하게 다투고 싸운다. 예를 들면, 거짓 종교를 믿는 많은 가정과 종교가 없는 어떤 가정들까지도 어떤 그리스도인 가정들보다 겉보기에 더 훈련되어 있고 더 조화롭다. 육적인 신자는 자신의 마음에서, 그리고 자신과 하나님의 관계에서 불협화음을 내듯이 자신의 가정에서도 불협화음을 낼 것이다.

우리는 결혼과 관련해 정보의 바다에 빠져들고 있다. 성과 결혼에 관한 책은, 세상의 관점에서 쓴 것이든 기독교의 관점에서 쓴 것이든 간에, 틀림없이 잘 팔릴 것이다. 기독교 책이라고 알려진 많은 책이 세상의 책들 못지않게 성에 관해 적극적이다. 결혼과 관련된 컨퍼런스, 세미나, 상담이 넘쳐난다. 그중에 어떤 것들은 매우 성경적이고 훌륭하다. 그러나 신자가 성령이 충만하지 못하고 늘 충만한 하나님의 말씀을 적용하지 못하면, 최고의 조언이라도 피상적이고 일시적 유익을 줄 뿐이다. 마음이 바르게 동기를 부여받거나 힘을 얻지 못하기 때문이다. 다른 한편으로, 우리는 성령이 충만하고, 하나님의 진리가 우리를 다스릴 때, 하나님의 인도를 받아 하나님을 기쁘게 하는 일을 한다. 그분의 성령께서 우리의 태도와 관계를 다스리시기 때문이다.

야고보는 이렇게 말했다. "너희 중에 싸움이 어디로부터 다툼이 어디로부터 나느냐? 너희 지체 중에서 싸우는 정욕으로부터 나는 것이 아니냐?"(약

4:1). 교회, 가정, 결혼생활에서 일어나는 갈등은 언제나 하나님의 영이 아니라 자아의 다스림을 받는 마음에서 비롯되는 결과다. 자아가 자신의 권리와 견해와 목표를 고집할 때 조화와 평화가 차단된다. 자신을 중심에 둔 삶은 언제나 꼭대기에 오르려는 싸움이며, 교만하여 다른 사람들을 밀어 내리고 자신만 어떻게든 기어오른다. 반대로, 성령을 중심에 둔 삶은 낮은 곳을 향하고, 복종하려 하며, 자신은 겸손하게 내려가면서 다른 사람들을 밀어 올린다. 성령이 충만한 신자는 "각각 자기 일을 돌볼 뿐더러 또한 각각 다른 사람들의 일을 돌본다"(빌 2:4).

복종하라(be subject)는 '후포타쏘'(*hupotassō*)에서 왔으며, 이것은 본래 군사 용어로 정렬하다(arrange) 또는 ~아래 두다(rank under)라는 뜻이다. 성령이 충만한 그리스도인들은 자신을 **피차** 아래(under **one another**, 서로의 아래) 둔다. 주된 개념은 자신의 권리를 상대방에게 양도한다는 것이다. 바울은 고린도 신자들을 향해, 신실한 사역자들에게 순종하고 "함께 일하며 수고하는 모든 사람에게 순종하라"고 권면했다(고전 16:16). 베드로는 우리에게 이렇게 명한다. "인간의 모든 제도를 주를 위하여 순종하되, 혹은 위에 있는 왕이나, 혹은 그가 악행하는 자를 징벌하고 선행하는 자를 포상하기 위하여 보낸 총독에게 하라. 곧 선행으로 어리석은 사람들의 무식한 말을 막으시는 것이라"(벧전 2:13~15; 참조. 롬 13:1~7). 통치자들과 군인들과 경찰들과 판사들 등이 권위가 없으면 한 나라가 제대로 돌아갈 수 없다. 이런 사람들이 권위를 갖는 것은 이들이 본래 다른 모든 사람보다 낫기 때문이 아니라 질서 있는 권위를 부여하고 행사하지 않으면 나라가 무정부 상태로 붕괴되기 때문이다.

마찬가지로, 교회 안에서 우리를 "인도하는 자들에게 순종하고 복종해야" 한다. "그들은 너희[우리의] 영혼을 위하여 경성하기를 자신들이 청산할 자인 것 같이 하기" 때문이다(히 13:17). 하나님은 교회의 목사와 장로를 남자로 정하신다. 바울은 이렇게 말했다. "여자는 일체 순종함으로 조용히 배우라. 여자가 가르치는 것과 남자를 주관하는 것을 허락하지 아니하노니, 오직 조용할지니라"(딤전 2:11~12). 어떤 사람들의 주장과 달리, 바울은 우월주의(chauvinism)라는 개인적 편견에 기초해 가르치고 있었던 게 아니라, 남자의 머리 됨이라는 하나님의 본래 계획을 강화하고 있었다. 그는 이렇게 설명했다. "이는 아담이 먼저 지음을 받고 하와가 그 후며, 아담이 속은 것이 아니고 여자가 속아 죄에 빠졌음이라. 그러나 여자들이 만일 정숙함으로써 믿음과 사랑과 거룩함에 거하면 그의 해산함으로 구원을 얻으리라"(13~15절).

여자의 복종하는 역할은 창조 때 하나님이 계획하셨으며, 타락(the Fall)에 대한 그분의 재판 행위에 의해 확인되었다. 그러나 책임과 축복의 균형이 여자가 아기를 갖는 데서 나타난다. 여자는 자녀를 낳고 자녀에게 매임으로써, 또한 자녀의 초기 훈련과 발달에 주된 영향을 끼침으로써, 남자 역할 추구와 이류 인간으로 규정되는 것에서 구원받는다. 자녀를 낳고 믿음과 사랑과 거룩과 절제의 삶을 추구하는 여자는 자신의 가장 좋은 것을 가족에게, 따라서 사회에게 준다. 하나님은 여자들이 자녀를 낳고, 자녀의 인격이 형성되는 시기 대부분에서 자녀를 양육하며, 돌보고, 가르치며, 위로하고, 격려하도록 계획하셨고, 그렇게 하도록 ― 남자들이 절대 할 수 없는 방법으로 ― 여자들을 부르셨다. 이것이 여자들의 시간과 에너지를 차지해야 하며, 여자들이 교회에서 지도자 자리를 구하는 것을 막아야 한다.

교회가 하나님의 권위 체계에서 벗어나 작동하려 할 때, 혼란이 일어나고 빈번하게 이단이 생긴다. 매리 베이커 에디(Mary Baker Eddy, 1821-1910)가 교회 지도자와 설교자 역할을 맡았을 때, 크리스천 사이언스(Christian Science)가 태어났다. 헬레나 페트로브나 블라바츠키(Madam Elena Petrovna Blavatsky, 1831-1891)가 신학자와 영적 교사의 역할을 맡았을 때, 신지학(神智學, Theosophy)이 태어났다. 찰스 필모어 부인(Mrs. Charles Fillmore, 1854-1948)이 동일한 특권들을 취했을 때, 단일파(Unity)가 태어났다. 에이미 셈플 맥퍼슨(Aimee Semple McPherson, 1890-1944)이 설교하기 시작했을 때, 포스퀘어(Foursquare) 오순절교회가 태어났다.

정부 지도자들의 경우처럼, 교회 지도자들도 본래 다른 그리스도인들보다 우월하지 않으며, 남자가 여자보다 우월하지도 않다. 그러나 교회를 비롯해 그 어떤 제도라도 권위와 복종의 체계가 없으면 기능할 수 없다.

인간 사회의 가장 작은 단위인 가정에도 동일한 원리가 적용된다. 구성원하나하나가 자신의 뜻을 완전히 드러내고 관철하려 하며 자신의 길을 고집한다면, 작은 가정이라도 제대로 기능하지 못한다. 하나님이 가정을 위해 세우신 권위 체계는 남편이 아내의 머리가 되고, 부모가 자녀의 머리가 되는 것이다.

그러나 하나님은 사회가 제 기능을 하는 데 필요한 이와 같은 권위와 복종의 관계를 세우셨을 뿐 아니라, 모든 그리스도인에게—따르는 자들뿐 아니라 지도자들에게도, 아내뿐 아니라 남편에게도, 자녀뿐 아니라 부모에게도—이렇게 명하셨다. "너희 안에 이 마음을 품으라. 곧 그리스도 예수의 마음이니, 그는 근본 하나님의 본체시나 하나님과 동등됨을 취할 것으로 여기지 아니하시고, 오히려 자기를 비워 종의 형체를 가지사…자기를 낮추시고 죽기까지 복종하셨으니, 곧 십자가에 죽으심이라"(빌 2:5~8).

바울이 계속 설명했듯이(엡 5:22~6:9), 교회와 정부의 구조적 기능처럼, 가정의 구조적 기능은 권위와 복종을 요구한다. 그러나 모든 대인 관계에서는 상호 복종만 있어야 한다. 복종은 모든 관계에서 모든 신자가 가져야 하는 일반적인 영적 태도다.

교회와 가정에서 형성되는 권위와 복종의 관계라도, 사랑의 다스림을 받고 상호 복종을 통해 변화되어야 한다. 에베소서 5장 22~33절의 더 많은 부분이 아내를 향한 남편의 태도와 책임을 다루는데도, 전통적으로 이 구절은 아내를 몰아붙이는 데 사용되었다. 바울은 아내의 의무보다 남편의 의무를 두 배 길게 말했다. 남편이 "아내의 머리 됨이 그리스도께서 교회의 머리 됨과 같을" 뿐 아니라(23절), 남편들은 "아내 사랑하기를 그리스도께서 교회를 사랑하시고 그 교회를 위하여 자신을 주심 같이 하라"는 명령을 받는다(25절). "남편들도 자기 아내 사랑하기를 자기 자신과 같이" 해야 한다(28, 33절). 그리스도께서 교회를 위해 자신의 생명을 내어주신 것은 자신의 신부를 향한 주님의 신적 복종(divine submission) 행위였으며, 이것은 그 신부를 깨끗케 하고, 영화롭게 하며, 정결하게 하여 "거룩하고 흠이 없게" 하시기 위해서였다(27절).

마찬가지로 가정에서, 자녀들은 "주 안에서 너희[그들의] 부모에게 순종"해야 할 뿐 아니라, 아버지들은 "너희[그들의] 자녀를 노엽게 하지 말고 오직 주의 교훈과 훈계로 양육"해야 한다(6:1,4). 부모는 자녀에게 권위를 행사할 때라도 자녀의 도덕적, 영적 안녕에 복종해야 한다. 남편은 아내의 필요를 채우는 일에 사랑으로 자신을 복종시켜야 하며, 남편과 아내는 사랑으로 자신을 자녀에게 내어주어야 한다.

신약성경 시대에 노예는 한 집안에 없어서는 안 될 존재였다. 그래서 바울은 주인들과 노예들을 향한 권면에서 본질적으로 가족 관계를 다루었다. 남편과 아내는 집안의 주인이었고, 노예들과 고용된 종들은 집안에 없어서는 안 될 사람이었다. 여기서도 바울은 그리스도인 노예들이 "육체의 상전에게 순종"해야 하고 이들을 위해 선을 행해야 한다는 것을 분명히 했다(6:5, 8). 그뿐 아니라, 바울은 주인들도 마찬가지로 노예들에게 선을 행하고 "위협을 그쳐야" 하는데, "이는 그들[노예들]과 너희의[그들 자신의] 상전이 하늘에 계시고 그에게는 사람을 외모로 취하는 일이 없는 줄 너희가 알기" 때문이라는 것도 분명히 했다(9절).

순종하고 성령이 충만한 '모든' 그리스도인은 복종하는 그리스도인이다. 남편이 아내를 향해 자신에게 복종하라고 요구하면서도 정작 자신도 아내에게 복종해야 할 의무가 있음을 인정하지 않는다면, 결혼 관계를 위한 하나님의 기준을 왜곡하는 것이며, 경건한 남편의 역할을 제대로 할 수 없다. 부모가 자녀들을 향해 자신에게 순종하라고 요구하면서도 정작 자신도 사랑과 희생으로 자녀의 필요를 채우는 일에 복종해야 할 의무가 있음을 인정하지 않는다면, 그 자신이 하늘에 계신 자신의 아버지께 불순종하는 것이며, 경건한 부모의 역할을 제대로 할 수 없다.

고린도전서 7장에서, 바울은 부부간의 육체적 관계와 의무가 일방적이지 않음을 분명히 했다. 그는 이렇게 말한다. "남편은 그 아내에 대한 의무를 다하고 아내도 그 남편에게 그렇게 할지라. 아내는 자기 몸을 주장하지 못하고 오직 그 남편이 하며, 남편도 그와 같이 자기 몸을 주장하지 못하고 오직 그 아내가 하나니"(3~4절). 하나님은 남편을 아내의 머리로 정하시고, 부모를 자녀의 머리로 정하신다. 그렇더라도, 하나님은 '모든' 가족 구성원들 간의 상호 복종과 책임도 정하신다.

그리스도는 태초에 하나님과 함께 계셨고 하나님이셨으며(요 1:1), 아버지와 하나셨고(10:30), 아버지 안에 계셨고 아버지도 그분 안에 계셨다(14:11). 그런데도 그리스도께서는 아버지께 복종하셨다. 어린 시절부터 예수님은 아버지의 일에 전념하셨고(눅 2:49), 아버지의 뜻에 복종하셨으며(요 5:30; 15:10; 20:21), 아버지 없이는 아무것도 하실 수 없었다(요 5:19). 바울은 관계에 대한 하나님의 질서를 설명하면서 이렇게 말한다. "각 남자의 머리는 그리스도요, 여자의 머리는 남자요, 그리스도의 머리는 하나님이시라"(고전 11:3). 아들이 역할에서 아버지께 복종하지만 본성과 본질에서 아버지와 동등하시듯이, 아내는 남편에게 복종해야 하지만 도덕적·영적 본성에서 남편과 완전히 동등하다.

모든 신자는 모든 의미에서 영적으로 동등하다. "너희는 유대인이나 헬라인이나 종이나 자유인이나 남자나 여자나 다 그리스도 예수 안에서 하나이니라"(갈 3:28). 성령께서 그렇게 하게 하실 때, 우리는 서로에게 복종한다.

22

아내의 역할과 우선순위
(5:22~24)

아내들이여 자기 남편에게 복종하기를 주께 하듯 하라. 이는 남편이 아내의 머
리 됨이 그리스도께서 교회의 머리 됨과 같음이니, 그가 바로 몸의 구주시니라.
그러므로 교회가 그리스도에게 하듯, 아내들도 범사에 자기 남편에게 복종할지
니라. (5:22~24)

교회는 오랫동안 너무나 많은 부분에서 온전한 성경의 가르침을 무시했다. 그
래서 많은 신자에게 성경의 어떤 진리는 낯설고 심지어 어떤 진리는 받아들이
기 어렵다. 교회는 세상의 기준에 단단히 갇히고 동화되며 희생되었다. 그래서
하나님의 기준이 케케묵고 현대의 사고방식에 맞지 않으며 거슬리기까지 하
는 것 같다. 하나님의 길이 너무 높고 세상의 길과 너무 상반되어 교회 안팎에
서 많은 사람이 도무지 이해할 수 없다.

신약성경은 존재의 다른 측면, 즉 생각하고 행동하며 살아가는 새로운 방
식을 거듭거듭 제시한다. "부르심을 받은 일에 합당하게 행한다"는 것과 "하나
님을 따라 의와 진리의 거룩함으로 지으심을 받은 새 사람을 입는다" 것은(엡
4:1, 24) 우리가 받은 고귀한 소명을 전혀 새로운 삶에서, 전혀 새롭고 성령이
충만한 방식으로 성취한다는 것이다.

앞 장에서 언급했듯이, 현대인의 삶에서 결혼생활과 가정만큼 마귀와 세상
이 심하게 왜곡하고 더럽혔으며 교회를 크게 혼란스럽게 한 부분도 없다. 에

베소서 5장 22절 ~ 6장 9절에서 바울은 바로 이 문제와 마주한다. 바울은 남편과 아내의 관계에서 시작해 가정과 관련된 여러 예를 제시함으로써 상호 복종의 일반적 원리를("그리스도를 경외함으로 피차 복종하라," 21절) 확대하고 분명히 한다. 21절을 설명하면서 마지막에 지적했듯이, 성경은 그리스도인들 사이에 그 어떤 영적 · 도덕적 구분도 없음을 분명히 한다. "너희는 유대인이나 헬라인이나 종이나 자유인이나 남자나 여자나 다 그리스도 예수 안에서 하나이니라"(갈 3:28). 그리스도인들에게 분류란 없다. 모든 신자는 예수 그리스도 안에서 정확히 동일한 구원을 받았으며, 하나님 앞에 동일한 상태로 서 있고, 동일한 하나님의 본성과 자원을 가지며, 동일한 하나님의 약속과 기업을 갖는다(참조. 행 10:34; 롬 2:11; 약 1:1~9).

그러나 역할과 기능 면에서 하나님은 구분을 두셨다. 하나님의 백성 사이에, 타고난 가치나 기본적인 영적 특권과 권리에는 그 어떤 차이도 없다. 그렇더라도 하나님은 정부 통치자들에게 그들이 다스리는 백성에 대한 특정한 권위(권세)를 주셨고, 교회 지도자들에게 그들의 회중에 대한 권위를 위임하셨으며, 남편에게 아내에 대한 권위를 주셨고, 부모에게 자녀에 대한 권위를 주셨으며, 고용주에게 피고용인에 대한 권위를 주셨다.

에베소서 5장 22~24절에서 바울은 이 목록을 시작하면서 남편의 권위와 연결되는 아내의 역할, 의무, 우선순위를 개괄적으로 제시한다. 첫째, 바울은 복종이라는 기본 문제를 다루고, 뒤이어 그 방법과 동기와 모델을 다룬다.

복종이라는 문제

아내들이여, 자기 남편에게 복종하기를 (5:22a)

아내들을 한정하는 수식어가 없다. 그러므로 이 구절은 사회적 지위, 교육, 지성, 영적 성숙이나 은사, 나이, 경험을 비롯해 그 무엇과도 상관없이 모든 그리스도인 아내에게 적용된다. 그뿐 아니라, 남편의 지성, 인격, 태도, 영적 상태를 비롯해 남편과 관련되어 아내를 한정하는 수식어도(이를테면, "~한 남편의 아내들이여') 없다. 바울은 믿는 아내 '모두'에게 단호하게 말한다. **자기 남편에게 복종하라.**

대다수 번역에서 이탤릭체가 암시하듯이, **복종하라(be subject)**는 원문에 없지만, 그 의미는 21절에서 이어진다. 여기에 담긴 의미는 이것이다. "그리스도를 경외함으로 피차 복종하라. [그 첫 예로] **아내들이여, 자기 남편에게 …**" 앞장에서 설명했듯이, '후포타쏘'(hupotassō)는 자신의 권리를 양도하다는 뜻이며, 헬라어 중간태는(21절에서 사용되었으며, 암시적으로 22절까지 전달된다) '자신의 자발적 복종을 강조한다. 하나님의 명령은 복종해야 하는 자들을 향한다. 다시 말해, 복종은 자신의 독립된 권리를 일반적 권위나 특히 위임된 권위를 가진 다른 신자들에게―이 경우 **자기 남편에게**―넘겨줌으로써 하나님의 뜻에 보이는 자발적 반응이어야 한다.

자녀는 부모에게, 노예는 주인에게 순종하라는 명령을 받지만(6:1, 5), 아내는 남편에게 순종하라(hupakouō)는 명령을 받지 않는다. 남편은 아내를 종이나 자녀처럼 대해서는 안 되고 동등한 존재로, 하나님이 그에게 맡기셨기에 사랑으로 보살피고 공급하며 보호할 책임이 있는 존재로 대해야 한다. 아내는 남편이 자신의 모든 바람이나 명령에 따라 이래라저래라 지시할 대상이 아니다. 바울이 상당히 자세히 설명하듯이(25~33절), 한 가정의 머리로서 남편의 주된 책임은 아내와 가족을 사랑하고 공급하며 보호하고 섬기는 것이다. 자신의 개인적 변덕이나 바람에 따라 아내와 가족 위에 군림하는 게 아니다.

자기 남편(your own husband)은 아내의 복종이 친밀하고 상호적이라는 것을 암시한다. 아내는 **자기 남편**으로 소유한 사람에게 자발적으로 **복종한다**(참조. 고전 7:3~4). 남편과 아내는 서로 복종해야 할 뿐 아니라 서로를 소유해야 한다. 남편과 아내는 절대적으로 동등하게 서로에게 속한다. 남편이 아내를 소유하는 게 아니다. 아내가 남편을 소유하는 게 아닌 것과 같다. 남편이 아내보다 우월하지 않으며, 아내가 남편보다 우월하지도 않다. 가르치는 은사를 가진 사람이 돕는 은사를 가진 사람보다 우월하지 않은 것과 같다. 고린도전서 12장 12~31절을 세밀하게 읽어보면 알 수 있듯이, 하나님은 모든 사람이 그리스도의 몸에서 각자 특별한 역할을 하도록 계획하셨으며, 이 모든 역할을 주관하고 혼합하는 훌륭한 방식은 사랑이라는 "가장 좋은 길"이다(13장).

영적 선물(은사)들이 그렇듯이, 머리 됨과 복종의 구분은 순전히 기능적이며 하나님이 정하셨다. 하와는 하나님의 명령에 불순종했고 뱀의 유혹에 대해 아담과 상의하지 못했으며, 그래서 하나님은 하와에게 이렇게 말씀하셨다. "너는 남편을 원하고 남편은 너를 다스릴 것이니라"(창 3:16). 여기서 말하는 원함(desire)은 성적이거나 심리적인 게 아니다. 하와는 특별하게 창조된 아담의 배필(helper)로서 타락 전에도 아담을 향해 이 둘을 모두 가졌기 때문이다. 이것은 바로 다음 장이 말하는 바람과 같은데, 4장에서 동일한 히브리어 단어(*teshûqâ*)가 사용된다. 이 단어는 강요하다(compel), 재촉하다(impel), 촉구하다(urge), 통제하려 하다(seek control over)라는 뜻을 가진 아랍어 어근에서 왔다. 하나님은 가인에게 이렇게 경고하셨다. "죄가 문에 엎드려 있느니라. 죄가 너를 **원하나(desires)** [즉, 통제하려 하지만] 너는 죄를 다스릴지니라"(4:7, 강조는 덧붙인 것이다). 죄가 가인을 다스리려 했으나, 하나님은 가인에게 죄를 다스리라고 명하셨다. 그러므로 인접 문맥에 사용된 '테슈카'(*teshûqâ*)의 의미에 비춰볼 때, 하와가 받은 저주는 여자의 원함이 이제부터 남자의 머리 됨이라는 자리를 빼앗으리라는 것이며, 남자가 이 원함에 항거하고 여자를 다스리라는 것이었다. 여기서 "다스리다"로 번역된 히브리어 단어는 1장 28절에 사용된 단어와 다르다. 오히려 이것은 남자의 머리 됨에 대한 하나님의 원래 계획에 없었던 새롭고 전제적인 종류의 권위주의를 대변한다.

인간이 타락했고 그 때문에 저주를 받았으며, 이로써 여자의 합당한 복종과 남자의 합당한 권위가 왜곡되었다. 바로 이 부분에서 남녀 간에 전쟁이 시작되었고, 여성 해방과 남성 우월주의가 생겨났다. 여자는 남자의 권위를 빼앗으려는 죄악 된 성향이 있고, 남자는 여자를 자신의 발아래 두려는 죄악 된 성향이 있다. 남자가 이런 방식으로 여자를 다스리리라는 하나님의 선언은 하나님이 인간에게 내리신 저주의 일부였으며, 죄로 인해 더럽혀지고 무질서해진 관계에서 적절한 복종이라는 창조 질서와 조화가 회복되려면 성령 충만을 통해 그리스도 안에서 은혜가 나타나야 한다.

하나님은 하와를 아담의 갈비뼈로 지으셨고, 아담 자신이 아름답게 증언 했듯이 "내 뼈 중의 뼈요 살 중의 살"이 되도록 그의 동반자로 정하셨다(창 2:22~23). 하나님의 저주가 결혼 관계에서 상호성을 위한, 또는 아내에 대한 남편의 기능적 권위를 위한 그분의 기본 계획을 바꾸지는 않았다. 남자가 먼 저 창조되었고, 일반적으로 "더 연약한 그릇"인 여자보다(벧전 3:7) 육체적으 로, 구조적으로, 정서적으로 강하게 창조되었다. 타락 이전과 이후, 그리고 타 락에 뒤이은 저주 이후, 남자는 가족의 공급자, 보호자, 인도자, 목자가 되어야 했고, 여자는 남자를 지원하고 남자에게 복종해야 했다.

바울은 에베소서 5장 22절의 평행구절에서 이렇게 말했다. "아내들아, 남 편에게 복종하라. 이는 주 안에서 마땅하니라"(골 3:18). '아네코'(anēkō, 마땅하 니라)는 때로 법적 구속력이 있는 것을 가리키는 데 사용되었다. 예를 들면, 빌 레몬서 8절에서 바울은 이 단어를 사용해 적법성을 말한다. 이 단어는 인간 사회의 용인된 기준을 가리킨다.

사회가 여성의 분명한 본성이나 하나님의 말씀을 고려했다면, 하나님의 법 에 맞춰 최고의 법을 제정한 것이다. 살인을 금하는 법의 근원이 십계명에 있 다. 도둑질, 간음, 위증 등을 금하는 법의 근원이 십계명에 있듯이 말이다. 아 내가 남편에게 복종하는 것은 하나님의 원리이며, 대다수 사회의 법률에 어 느 정도 반영되었다.

지난 수백 년 동안, 서구 사회는 프랑스 혁명 배후에 자리한 지배적 힘이었 던 인본주의적이고, 평등주의적이며, 남녀를 구분하지 않고(sexless), 계층도 구분하지 않는(classless) 철학의 포화를 받았다. 인간과 관련된 모든 구분을 모호하게 하거나 심지어 완전히 없애는 작업을 사탄이 계속 주도했으며, 이 작업의 목적은 인간 행위의 모든 영역—정부, 가정, 학교, 심지어 교회—에서 정당하고 하나님이 정하신 권위를 무너뜨리는 것이다. 우리는 경건하지 못하 고 무신론적인 개념, 인간은 외부의 모든 법과 권위로부터 완전히 독립된 존 재라는 개념에 희생된다. 이런 철학은 인간을 자멸로 이끈다. 각 사람이 자기 뜻을 고집하면, 그 어떤 인간 집단이라도 질서 있고 생산적인 삶을 살지 못하 기 때문이다.

안타깝게도 많은 교회가 이러한 인본주의 철학의 먹이가 되었으며, 이제 동성애자와 여성을 비롯해 하나님의 말씀이 교회 지도자가 될 수 없다고 구체적으로 명시하는 사람들의 장립(ordination, 서품, 서임)을 자발적으로 인정하고 있다. 성경에서 평등주의에 반하는 가르침은 편견을 가진 편집자들이나 서기관들이나 선지자들이나 사도들이 끼워 넣었다는 게 일반적인 주장이다. 교회는 하나님 말씀을 이렇게 제한할 때면 늘 생기는 혼란과 무질서와 부도덕과 배교의 소용돌이를 마주하고 있다. 많은 성경 해석자가 성경이 하나님의 무오한 말씀으로서 갖는 절대 권위가 아니라 현대의 인본주의 철학이 이끄는 어느 해석학의 편견을 토대로 성경을 해석한다.

바울이 남편과 아내의 관계에 관해 가르친 진리와 정확히 동일한 진리를 베드로도 가르쳤다. "아내들아, 이와 같이 자기 남편에게 순종하라[이것도 *hupotassō*에서 왔다]"(벧전 3:1a). 이것은 종속이나 굴종이 아니라 남편의 머리 됨 아래서 자발적으로 기능함을 말한다. 베드로도 남편과 아내의 상호 소유를 강조하면서 바울과 동일한 단어인 "자기 남편"(your own husbands)을 사용했다. 남편이 "혹 말씀을 순종하지 않는 자라도," 아내는 남편에게 복종해야 한다. 남편이 "말로 말미암지 않고 그 아내의 행실로 말미암아 구원을 받게 하기" 위해서다(1b~2절). 아내는 남편에게 잔소리하거나 남편을 비판하거나 남편에게 설교하는 대신, 그저 남편에게 경건한 본을 보여야 한다. 복음이 자신의 삶에 끼친 영향을 통해 복음의 능력과 아름다움을 남편에게 보여줌으로써 그렇게 해야 한다. 겸손, 사랑, 도덕적 정결, 친절, 존중은 남편을 주님께 인도하는 가장 강력한 수단이다.

이러한 내면의 덕목들이 주된 관심일 때, 아내는 "머리를 꾸미고 금을 차고 아름다운 옷을 입어" 외모를 단장하는 데 정신이 팔리지 않을 것이다. 오히려 아내는 "오직 마음에 숨은 사람을 온유하고 안정한 심령의 썩지 아니할 것으로" 단장하는 데 집중할 것인데, "이는 하나님 앞에 값진 것이다"(벧전 3:3~4; 참조. 딤전 2:9~10).

현대 사회는 패션을 거의 우상숭배 수준까지 올려놓았다. 의류 매장, 신문과 잡지 광고, 텔레비전 광고는 "우리는 옷을 탐한다"라고 끊임없이 외치는 거대한 광고판 같다. 비싼 데다 허세용이기 일쑤인 남녀 모두를 위한 보석이 물질적 번영을 과시하고 자신을 영화롭게 하는 수단으로 갈수록 인기가 더한다. 사회는 몸과 옷을 내세우라며 끊임없이 우리를 자극한다.

성경은 세심한 몸단장과 매력적인 옷차림을 금하지 않는다. 엉성하고 단정치 못한 차림새는 덕이 아니다. 잠언 31장은 부지런히 일하며 "세마포와 자색 옷을 입는" "현숙한 아내"(excellent wife)를 칭찬한다(10, 22절). 그러나 부를 과시하거나 주의를 끌기 위한 과도한 옷차림은 교만의 표현이며, 교만은 모든 죄의 뿌리다. 이것은 모든 그리스도인의 특징이어야 하는 겸손하고 자신을 내어주는 복종에 반하며, 이러한 복종을 무너뜨린다.

신자들은 겉을 육체적으로 꾸미는 데 집중하지 말고 내면 곧 "마음에 숨은 사람"을 영적으로 꾸미는 데 집중해야 한다. 아내가 성령의 다스림에 순종할 때 얻는 "온유하고 안정한 심령"은 "썩지 아니하고," "하나님 앞에 값진 것"이다(벧전 3:4). "값지다"로 번역된 헬라어 '폴루텔레스'(polutelēs)는 엄청나게 값진 것을 가리킨다. 이 단어는 베다니에서 한 여인이 예수님의 발에 부은 "매우 값진 향유 곧 순전한 나드 한 옥합"을 말할 때 사용되었다(막 14:3). 하나님은 황금이나 비싼 보석이나 멋진 옷차림에 감동하지 않고, 진정으로 겸손하고 복종하며 온유하고 안정한(quiet) 여성에게 감동하신다.

덜 극단적인 그룹들 뿐 아니라 페미니즘 운동에서, 여성이 사실상 모든 문제에 관해 자신의 생각과 의견과 권리를, 많은 경우 기독교의 이름으로, 소리 높여 선언한다. 이들의 기본 입장이 성경적일 때라도, 자신들의 입장을 내세우는 방식이 성격적이지 못하기 일쑤다. 하나님은 교회와 가정에서 남자들을 이끄는 지배적 위치에서 여자들을 구체적으로 제외하신다. 따라서 여자들이 어떤 직접적 영향력—매우 중요하고 강력할 수 있다.—을 가졌든 간에, 격려하고 지원하는 방식으로 사용해야 한다.

거룩은 언제나 경건한 여자들의 최우선 관심사다. 베드로는 뒤이어 이렇게 설명한다. "전에 하나님께 소망을 두었던 거룩한 부녀들도 이와 같이 자기 남편에게 순종함으로 자기를 단장하였나니, 사라가 아브라함을 주라 칭하여 순종한 것 같이 너희는 선을 행하고 아무 두려운 일에도 놀라지 아니하면 그의 딸이 된 것이니라"(벧전 3:5~6). 아브라함이 믿는 자들의 상징적 아버지였듯이(롬 4:11, 16), 그의 아내 사라는 복종하는 자들의 상징적 어머니였다. 사라는 하나님께 순종하길 두려워하지 않았기에, 자신의 남편이나 다른 어떤 사람이나 환경이 자신에게 할지도 모를 일을 두려워하지 않았다. 하나님의 자녀들이 그분께 순종할 때 하나님이 그 결과를 책임지실 것이다.

미쉬나는 유대교 율법과 전승을 집대성한 문서이며, 예수님 당시에 받아들여졌던 유대교의 주요 신념과 기준을 담고 있다. 미쉬나는 곡식 빻기, 빵 굽기, 요리하기, 자녀 돌보기, 양모로 실 잣기, 빨래하기를 비롯해 전형적인 집안 허드렛일을 아내의 의무로 규정한다. 남편의 책임은 양식과 의복과 신발 같은 것을 공급하는 것이었다. 남편은 흔히 아내에게 매주 일정 금액을 개인 경비로 주었다. 아굴라와 브리스길라처럼(행 18:2~3) 많은 여자가 남편과 함께 들에서 일하거나 생업에 종사했다. 아내는 집에서 공예품을 만들거나 원예 작물을 길러 노동의 열매를 내다 팔 수 있었다. 여기서 얻은 이익은 가계 수입을 보충하거나 아내 자신의 용돈으로 사용되었다. 그러나 아내가 남편과 별도로 시장에서 일하거나 다른 생업을 꾸리는 것은 수치로 여겨졌다. 아내는 집안 허드렛일을 하고 가능하게는 남편과 함께 일하는 외에, 아들의 등교를 준비하고(무단결석을 막기 위해 직접 데려다줄 때가 많았다), 손님들을 돌보며, 자선을 베풀 책임도 있었다.

괜찮은 외모뿐 아니라 단정함을 위해 아내는 늘 자신을 적절히 단장해야 했다. 자신의 책임을 성실하게 수행하는 아내는 가정에서, 회당에서, 지역사회에서 크게 존경받았다.

바울을 통해 알 수 있듯이, 고린도교회에 그 도시의 목소리 크고 영향력 있는 페미니스트들에게 미혹되어 너울을 쓰지 않은 채 나다니는 여자들이 있었다. 신약성경은 모든 여자가 너울을 써야 한다고 규정하지 않는다. 여자가 너울을 쓰는 게 고린도에서 일반적이었다고 보인다(참조. 고전 11:4~6). 그렇지만 모든 초기 교회에서 그리스도인 여성이 너울을 썼다고 추정할 이유는 없다. 고린도에서 전통적으로 너울을 쓰지 않는 여자는 창녀나 페미니스트뿐이었던 게 분명하며, 두 그룹 모두에게 하나님이나 가정은 안중에도 없었다. 이 문화에서 너울은 도덕적 예절과 복종의 표시였으며, 너울을 쓰지 않는다는 것은 부도덕과 반항의 표시였다. 이런 문화 환경에서 바울은 여자들에게 "기도나 예언을 할" 때 머리를 가리라고 조언했다(고전 11:5). 하나님이 정하신 복종의 원리에 이들이 맞선다고 생각되지 않게 하기 위해서였다. 바울은 여기서 그리스도인 여성들을 위한 영구적이거나 보편적인 차림새를 정한 게 아니라 이들이 절대로 반항이나 부도덕의 암시조차도 그들의 사회에 주어서는 안 된다는 원칙을 강화했다. (이 중요한 단락에 관한 더 자세한 논의는 필자의 고린도전서 주석 *1 Corinthians*[Chicago: Moody, 1984], pp. 251~263을 보라.)

디도에게 쓴 편지에서, 바울은 이렇게 가르친다. "늙은 여자로는 이와 같이 행실이 거룩하며 모함하지 말며 많은 술의 종이 되지 아니하며 선한 것을 가르치는 자들이 되고 그들로 젊은 여자들을 교훈하되, 그 남편과 자녀를 사랑하며 신중하며 순전하며 집안일을 하며 선하며 자기 남편에게 복종하게(*hupotassō*) 하라. 이는 하나님의 말씀이 비방을 받지 않게 하려 함이라"(2:3~5). 늙은 그리스도인 여자들은 공경받아야 하고 험담이나 과도한 음주를 피해야 할 뿐 아니라 젊은 여자들을 가르치는 일에 참여해야 한다. 늙은 여자들은 젊은 여자들에게 그리스도인 여성에게 요구되는 것들과 이들의 우선순위를 가르쳐야 한다. 특히, 이들의 남편 및 자녀와 관련해. 남편들과 아내들이 서로 사랑하며 자녀를 사랑하라고 똑같이 명령을 받는다. 이 분명한 명령에 순종하지 않는 것은 하나님의 말씀을 모욕하는 것이다.

젊은 아내들이 "집안일을 하는" 것은 특히 우리 시대에 크게 필요하다. 현대 가정의 비극 중 하나는 집에 아무도 없을 때가 많다는 것이다. 미국만 하더라도 일하는 어머니가 오천만이 넘으며(이 숫자는 계속 늘고 있다), 이들 중 적어도 3분의 2는 취학 연령의 자녀가 있다.

디도서 2장 5절의 "집안일을 하며"라는 표현은 '오이코스'(*oikos*, 집)와 '에르곤'(*ergon*, 일)의 한 형태를 합성한 헬라어 단어 '오이쿠르고스'(*oikourgos*)에서 왔다. 그러나 '에르곤'은 단순히 일반적 노동을 가리키지 않으며, 흔히 특별한 직업이나 고용이란 개념을 내포한다. 이것은 예수님이 다음과 같이 말씀하실 때 사용하신 단어다. "나의 양식은 나를 보내신 이의 뜻을 행하며 그의 **일**을 온전히 이루는 이것이니라"(요 4:34, 강조는 덧붙인 것이다). "아버지께서 내게 하라고 주신 **일**을 내가 이루어 아버지를 이 세상에서 영화롭게 하였사오니"(17:4, 강조는 덧붙인 것이다). 이것은 성령께서 안디옥교회에게 명하실 때 사용하신 단어다. "내가 불러 시키는 **일**을 위하여 바나바와 사울을 따로 세우라"(행 13:2, 강조는 덧붙인 것이다). 바울은 에바브로디도를 말하면서 이 단어를 사용했는데, "그가 그리스도의 **일**을 위하여 죽기에 이르렀다"고 했다(빌 2:30, 강조는 덧붙인 것이다). 그뿐 아니라, 데살로니가의 신실한 그리스도인 지도자들의 일을 말하면서도 이 단어를 사용했다(살전 5:13). 바꾸어 말하면, 여자가 단지 가정에서 바빠야 하는 게 아니다. 가정이 그녀가 고용된 기본 자리, 곧 하나님이 그녀를 배정하신 직장이어야 한다.

바울은 디모데에게 보낸 첫째 편지에서 이렇게 명한다. "젊은이(young widows; 젊은 과부들은, 새번역)는 시집가서, 아이를 낳고, 집을 다스리고, 대적에게 비방할 기회를 조금도 주지 말기를 원하노라"(5:14). 여자는 가정을 지키는 사람(homekeeper)이어야 하며, 하나님이 그녀에게 맡기신 일은 남편과 자녀를 돌보는 것이다. 아내와 어머니를 위한 하나님의 기준은 가정 밖이 아니라 안에서 일하는 것이다. 어머니가 자녀를 기독교 학교에 보내려고 가정 밖에서 일한다면, 가정에 대한 자기 의무뿐 아니라 남편의 공급자(부양자) 역할도 오해하는 것이다. 자녀가 기독교 학교에서 받는 좋은 훈련이 그녀가 어머니를 위한 성경의 기준에 온전히 충실하지 못하는 것으로 상쇄될 것이다.

아내가 밖에서 일하면, 가정에서 일하고 자녀를 가르치며 돌볼 시간이 줄 뿐 아니라, 흔히 옷차림을 비롯해 여러 부분에서 고용주를 기쁘게 해야 하고 이로써 남편의 머리 됨이 혼란스러워진다. 밖에서 일하는 아내는 남편 외에 다른 남자들에게 복종하지 않을 수 없을 뿐 아니라 경제적인 부분을 비롯해 많은 부분에서 점점 더 독립적으로 되고 이로써 가족의 하나됨이 깨질 수도 있다. 그녀는 비즈니스 세계에 매혹되어 자신이 가정에서 해야 하는 책임에 점점 덜 만족하게 될 위험도 있다.

젊은이들이 끌리는 숱한 사교(邪教, cults)의 큰 매력 중 하나는 가정에서 전혀 받아보지 못한—흔히 어머니의 빈자리 때문에—환대와 사랑을 느끼는 가족적인 분위기다. 많은 연구가 보여주듯이, 어머니가 밖에서 일하는 가정에서 자란 대다수 아이들이 어머니가 늘 집에 있는 가정에서 자란 아이들보다 덜 안전하다. 어머니가 집에 있다는 것은, 아이가 학교에 있을 때라도, 든든한 정서적 닻이다. 일하는 어머니들이 비행을 비롯해 가정과 다음 세대의 쇠퇴로 이어지는 많은 문제의 한 원인이기도 하다. 집에 있는 어머니들이 자동적으로 또는 절대적으로 일하는 어머니들보다 책임감이 강하거나 영적인 것은 아니다. 밖에서 일을 전혀 해보지 않은 많은 어머니가 가정을 견고히 하거나 복되게 하는 일을 거의 하지 못했다. 험담하기, 경건하지 못하고 부도덕한 연속극 보기, 그 외에 숱한 행동이 밖에서 일하는 것만큼이나 파괴적일 수 있다. 그러나 여성이 아내와 어머니로서 자신의 역할을 향한 하나님의 계획을 성취할 기회는 오직 가정에 있다.

과부들이나 남편이 떠나버린 여자들이라도 자신의 자리와 자녀를 두고 밖에서 일해야 하는 것은 아니다. 바울은 이렇게 선언했다. "누구든지 자기 친족 특히 자기 가족을 돌보지 아니하면 믿음을 배반한 자요 불신자보다 더 악한 자니라"(딤전 5:8). 이것은 그리스도인 남성의 직계 가족뿐 아니라 확대 가족에도 적용되며, 특히 과부들과 관련된 맥락에서 그러하다. 한 여자가 남편이 없고 자신만의 경제적 자원도 없다면, 자녀나 손자들이 그녀를 돌봐야 한다(4절). 그 여자를 부양할만한 나이에 이른 자녀가 없다면, 집안의 다른 남자들에게 그 의무가 있다(8절). 그 여자를 부양할 남자 친척이 없다면, 형편이 되는 여자 친척이 돌봐야 한다(16a절). 그 여자에게 이런 여자 친척이 없거나, 그 친척이 그 여자를 부양할 수 없거나 부양하지 않으려 한다면, 교회가 그 여자를 돌봐야 한다(16b절). 기본 원리는 그 여자가 다른 신자들에게 보살핌을 받고, 밖에서 일해 스스로를 부양해야만 하지 않게 하는 것이다. 십자가에 달리셨을 때, 삶의 마지막 순간에 예수님은 과부 어머니를 요한의 보살핌에 맡김으로써 어머니를 부양하기 위해 고뇌의 시간을 가지셨다(요 19:26~27).

예순이 넘었고, 아내와 어머니로서 충실함을 증명했으며, 선을 행하고 나그네와 동료 그리스도인들을 섬겼다고 인정받는 과부들은 공식적인 과부 명부에 올랐다(딤전 5:9~10). 성경 밖 자료들에서 보듯이, 이 명부에 오른 과부들은 온전히 지역 회중의 부양을 받았으며, 공식 사역에서 이를테면 과부 직원으로 교회를 섬겼다.

그러나 젊은 과부들은 명부에 올리지 말아야 했다. 이들은 다시 사랑에 빠져 결혼하고 싶어 하고, 이로써 사역에 대한 헌신을 저버릴 것 같았다(11~12절). 이들은 게을러지고 "쓸데없는 말을 하며 일을 만들" 가능성도 더 컸다(13절). 결과적으로, "시집가서, 아이를 낳고, 집을 다스리고, 대적에게 비방할 기회를 조금도 주지 말도록" 이들을 독려해야 했다. 이들 중에 이미 돌아서서, 아마도 성적인 죄를 짓거나 이교도와 결혼함으로써, 사탄을 따르는 자들이 있었기 때문이다(14~15절).

태동부터, 초기 교회는 과부 부양이 우선순위가 높은 자신들의 의무라는 것을 인정했다. 과부들을 더 세밀하고 공정하게 돌보려고 사도들은 최초의 집사들을 세워 "이 일을 그들에게 맡겼다"(행 6:3). 스데반과 빌립을 비롯해 집사로 선택된 자들은 예루살렘 교회에서 가장 경건하고 유능한 남자들이었다.

가정에 자녀가 있다면, 여자의 주된 의무는 자녀에 관한 것이다. 자녀가 없거나 다 자랐다면, 그녀는 젊은 여자들을 가르치고 자신이 주님과 동행하며 얻은 통찰과 지혜를 나눌 책임이 있다. 그녀는 자신의 자녀를 가르치는 데 시간을 투자했던 만큼이나 젊은 여자들을 가르치는 데 시간을 투자해야 한다. 집 안팎에서 경건한 영향력을 끼칠 때, 그녀는 자신의 가족에게 영향을 미칠 뿐 아니라 이를 훌쩍 뛰어넘어 다음 세대들에게 영적 유산을 물려준다.

어떤 그리스도인 여자들은 집안에 부양자가 없고 교회도 도와주려 하지 않기 때문에 일을 할 수밖에 없을 것이다. 그러나 밖에서 일하는 대다수 여자는 가족의 필요를 채우려고 일하는 게 아니라 자신이 상상하는 개인적 성취를 위해 또는 추가 수입을 올려 생활 수준을 높이려고 일한다. 많은 젊은 어머니가 더 많은 돈을 벌거나 때로 단지 가정에서 맡아 해야 하는 책임에서 벗어나려고 3~4개월밖에 안 된 아기를 보모에게 맡기고 일터로 돌아간다. 어떤 교회들과 학교들과 기관들은 일하는 어머니들을 위해 아이 돌봄 센터나 유아원을 운영함으로써 이러한 행위를 조장한다.

한 가정이 아내가 밖에서 일하지 않고는 유지될 수 없는 수준으로 생활하고 있다면, 과연 자신들이 고집하는 생활 수준이 자신들을 향한 하나님의 뜻인지 진지하게 생각해보아야 하며, 자신들이 생각하는 경제적 유익과 하나님이 주시는 복을 절대 혼동하지 말아야 한다. 일하는 여성들의 많은 수가 인플레이션에 한몫하고 남자들이 채웠을 일자리들이 사라지게 함으로써 경제에도 해를 끼친다.

음주의 경우와 마찬가지로, 성경은 아내가 밖에서 일하는 것을 구체적으로 금하지 않는다. 그러나 성경의 우선순위는 너무나 분명해서 공개적으로 순종하거나 거부할 수 있을 뿐이며, 여자들은 각자 이러한 우선순위를 어떻게 존중할지 선택해야 한다.

사무엘이 여전히 어릴 때였다. 아버지 엘가나는 사무엘의 어머니도 사무엘을 비롯한 모든 가족과 함께 예루살렘에 올라가 제사하길 원했다. 그러나 사무엘의 어머니 한나는 이렇게 대답했다. "아이를 젖 떼거든 내가 그를 데리고 가서"(삼상 1:21~22). 매년 제사하는 게 중요한데도, 한나는 그 시점에서 자신의 주된 책임은 아기를 돌보는 일이라는 것을 알았다. 엘가나는 아내의 우선순위가 옳음을 깨닫고 이렇게 답했다. "그대의 소견에 좋은 대로 하여 그를 젖 떼기까지 기다리라. 오직 여호와께서 그의 말씀대로 이루시기를 원하노라"(23절).

집안에서 맡은 책임을 완수한 후에도 시간과 에너지가 남아도는 부지런하고 유능한 여자라면, 온종일 집을 비우지는 않아도 가능한 여러 섬김에 그 시간과 에너지를 쓸 수 있다. 잠언 31장의 경건한 아내는 남편과 자녀를 돌보았고, 물품을 주의 깊게 구매했으며, 다양한 비즈니스와 거래를 감독했고, 가난한 자들을 도왔으며, 격려와 지혜로운 조언을 아끼지 않았고, 자상한 선생이었으며, 남편과 자녀와 지역사회로부터 크게 존경받았다(10~31절). 그러나 그녀는 주로 집에서 활동하면서 이 모두를 했다. 잠언의 여인에게는 없었던 현대적인 통신수단과 운송수단을 비롯해 무수한 자원이 있기에, 오늘의 그리스도인 여성은 자기 가정의 우선순위를 희생하지 않으면서, 생산적이고 유익하며 보람 있는 섬김을 할 기회가 셀 수도 없을 만큼 더 많다.

복종의 방식

주께 하듯 하라. (5:22b)

주께 하듯이 하는 것이 복종의 방식과 태도여야 한다. 우리가 주님께 순종해서 하는 모든 일은 무엇보다 그분의 영광을 위해, 그분을 기쁘게 하기 위해 해야 한다. 서로 복종하든 아니면 그들의 기능적 권위에 복종하든 간에, 우리가 복종하는 대상이 존경심을 자아내지 못하기 일쑤일 것이다. 때로 이들은 생각이 없고, 사려 깊지 못하며, 학대하고, 감사할 줄 모를 것이다. 그러나 성령이 충만한 신자 — 이 경우, 아내 — 는 어쨌든 복종한다. 이것이 주님의 뜻이며, 그녀의 복종은 그분을 향한 것이기 때문이다. 남편에게 올바르게 복종하는 아내는 또한 **주께** 복종한다. 남편에게 복종하지 않는 아내는 주님께도 복종하지 않는다.

복종의 동기

이는 남편이 아내의 머리 됨이 그리스도께서 교회의 머리 됨과 같음이니, (5:23a)

아내가 남편에게 복종하는 최고의 동기는 가정에서 남편이 아내의 기능적 머리라는 사실이다. **이는 그리스도께서 교회의 머리 됨과 같다**(참조. 고전 11:3; 골 1:18; 그리고 엡 1:22~23도 보라). 머리는 지시하고 몸은 반응한다. 머리의 지시에 반응하지 않는 몸은 절거나, 마비되거나, 장애를 겪는다. 마찬가지로, 남편의 지시에 적절히 반응하지 않는 아내는 심각한 영적 장애를 드러낸다. 다른 한편으로, 주님께 반응하듯 남편의 리더십에 자진해서 사랑으로 반응하는 아내는 자신의 주님에게, 자신의 남편에게, 자신의 가족에게, 자신의 자녀들에게, 자신의 교회에게, 자기 자신에게 존귀하다. 그녀는 주변 세상 앞에서 주님의 아름다운 증인이기도 하다.

복종의 모델

그가 바로 몸의 구주시니라. 그러므로 교회가 그리스도에게 하듯, 아내들도 범사에 자기 남편에게 복종할지니라. (5:23b~24)

최고이자 궁극적인 복종의 모델은 **바로(Himself)** 예수 그리스도이다. 그분은 죄악 된 세상을 구원하려고 죄 없는 자신의 생명을 내어줌으로써 최고의 복종을 실천하셨다. 그리스도는 **몸의 구주**, 곧 그분의 교회의 구주이다. 그분은 자신의 교회를 위해 십자가에서 돌아가셨다. 그분은 자신의 몸인 교회의 완전한 공급자요 보호자이며 머리이다.

예수 그리스도는 남편들의 신적 역할 모델(divine role model)이며, 그리스도께서 자신의 교회를 돌보시듯 남편들은 아내와 가족에게 필요한 것을 공급하고 이들을 보호하며 지키고 사랑하며 이끌어야 한다. 아내들은 남편과 더불어 공동 공급자나 공동 보호자나 공동 지도자가 아니다. 이것은 교회가 예수 그리스도와 더불어 공동으로 이런 역할을 하지 않는 것과 같다. **교회가 그리스도에게 하듯, 아내들도 범사에 자기 남편에게 복종해야** 한다.

가정을 위한 하나님의 계획을 따르는 것은 그분을 기쁘게 하는 일일 뿐 아니라 가정이 더 경건하고, 더 행복하며, 더 안전해지는 유일한 길이다. 하나님의 계획은 남자를 높이고 여자를 억압하는 것이 아니며, 여자를 높이고 남자를 억압하는 것도 아니다. 하나님의 계획은 그분이 남자와 여자로 그렇게 되도록 정하셨듯이, 남자와 여자 양쪽 모두의 온전함과 성취다. 이러한 온전함과 성취는 성령 충만으로 가능하다.

23

남편의 역할과 우선순위
(5:25~33)

> 남편들아, 아내 사랑하기를 그리스도께서 교회를 사랑하시고 그 교회를 위하여 자신을 주심 같이 하라. 이는 곧 물로 씻어 말씀으로 깨끗하게 하사, 거룩하게 하시고 자기 앞에 영광스러운 교회로 세우사 티나 주름 잡힌 것이나 이런 것들이 없이 거룩하고 흠이 없게 하려 하심이라. 이와 같이 남편들도 자기 아내 사랑하기를 자기 자신과 같이 할지니, 자기 아내를 사랑하는 자는 자기를 사랑하는 것이라. 누구든지 언제나 자기 육체를 미워하지 않고 오직 양육하여 보호하기를 그리스도께서 교회에게 함과 같이 하나니, 우리는 그 몸의 지체임이라. 그러므로 사람이 부모를 떠나 그의 아내와 합하여 그 둘이 한 육체가 될지니, 이 비밀이 크도다! 나는 그리스도와 교회에 대하여 말하노라. 그러나 너희도 각각 자기의 아내 사랑하기를 자신 같이 하고, 아내도 자기 남편을 존경하라. (5:25~33)

관계가 삶을 의미 있게 한다. 삶에서 가장 의미 있는 관계는 결혼으로 맺어지는 한 남자와 한 여자의 관계다. 베드로는 이것을 "생명의 은혜"라 불렀다(벧전 3:7). 그러나 이 관계의 성취는 쉽지 않다. 우리 시대에 끊임없이 더 좋아지고, 더 부요해지며, 더 만족스러운 결혼 관계를 찾기란 쉽지 않다.

많은 사람이 결혼제도 자체가 사람들의 필요를 채워주지 못했다고 주장한다. 그러나 사실 이것은 결혼이 실패했느냐의 문제가 아니다. 갈수록 결혼을 기피하기 때문이다. 원활한 결혼생활을 위해 서약을 이행하려고 지속적으로 결단하며 노력하는 대신, 탈출을 해결책으로 삼는다.

칼 로저스(Carl Rogers, 1902-1987)는 『배우자 되기: 결혼과 그 대안들』(*Becoming Partners: Marriage and Its Alternatives*)에서 인본주의 불신자의 시각에서 다음과 같이 썼다.

> 내가 보기에 우리는 중요하고 불확실한 시대를 사는 것 같고, 결혼제도는 의심할 여지 없이 가장 불확실한 상태다. 포드나 제너럴 모터스가 생산한 자동차의 50~75퍼센트가 출시 이후 초기에 완전히 분해된다면, 극단적 조치가 취해질 것이다. 우리는 사회 제도를 다루는 아주 잘 정비된 방법이 없다. 그래서 사람들은 다소 맹목적으로 결혼의 대안을 찾아 헤맨다(결혼생활이 성공하는 경우는 분명히 50퍼센트가 안 된다). 결혼하지 않고 함께 살기, 공동체로 살기, 널리 보급된 보육시설, 연속적인 일부일처(이혼에 이혼을 거듭하며), 여성을 권리를 가진 인간으로 세우려는 여성해방운동, 죄책감을 제거하는 새로운 이혼법 등, 이것들은 모두 미래를 위한 새로운 형태의 남녀 관계를 모색한다. 앞으로 어떻게 될지 예측하려면, 나보다 대담한 사람이 필요하겠다. (New York: Dell, 1973, p. 11)

대담하지 않아도 무슨 일이 일어날지 예측할 수 있다. 하나님의 말씀을 들여다보기만 하면 된다. 바울은 이렇게 말한다. "너는 이것을 알라. 말세에 고통하는 때가 이르러, 사람들이 자기를 사랑하며, 돈을 사랑하며, 자랑하며, 교만하며, 비방하며, 부모를 거역하며, 감사하지 아니하며, 거룩하지 아니하며, 무정하며(unloving, *astorgos*), 원통함을 풀지 아니하며, 모함하며, 절제하지 못하며, 사나우며, 선한 것을 좋아하지 아니하며, 배신하며, 조급하며, 자만하며, 쾌락을 사랑하기를 하나님 사랑하는 것보다 더하며, 경건의 모양은 있으나 경건의 능력은 부인하니…악한 사람들과 속이는 자들은 더욱 악하여져서 속이기도 하고 속기도 하나니"(딤후 3:1~5, 13).

이 무시무시한 죄 목록에 오늘의 가정을 직접 무너뜨리는 것 여럿이 있다. 부모에게 불순종하는 것, 사랑하지 않는 것(헬라어 *astorgos*는 가족에 대한 자연스러운 애정이 없음을 가리킨다), 사나움(brutality, 잔혹함)이 이에 속한다. 그러나 개인을 약화하는 '모든' 죄는 가정도 어느 정도 약화한다. 불경건의 '모든' 측면은 남편과 아내의 관계, 부모와 자녀의 관계, 형제자매의 관계를 약화한다. 사탄이 사회의 기초석인 가정을 크게 공격하면서, 가정은 모든 사기꾼과 모든 변태 성욕자와 모든 착취자의 놀이터가 되었다.

인간이 타락했을 때 결혼 관계에 내려진 저주, 타락한 인간 본성, 하나님의 길을 반대하는 세상의 성향 때문에 가정에 늘 어려움이 있다. 그러나 현대 서구 문화에서 가정은 이 사회의 역사에서 그 어떤 것과도 비교할 수 없는 맹공격을 받고 있다. 가족이 그리스도 안에서 이뤄지는 하나님의 공급 없이 서로 존중하고 사랑하며 조화롭게 살아갈 기회가 이전보다 적다. 새로운 부패가 나타날 때마다 새로운 철학이 일어나 그것을 정당화한다. 하나님의 길을 고집스레 무시하는 자들은 바울의 예언처럼 상황이 더 나빠질 뿐이다. 사람들이 성 도착과 이기심에 깊이 빠질수록, 하나님이 세우신 모든 제도와 계획처럼 결혼도 점점 타락하게 될 것이다.

타락 이전, 아담과 하와는 완벽한 결혼생활의 아름다운 조화와 만족을 누리며 살았다. 아담은 처음 하와를 보았을 때 자신의 완벽한 배필임을 곧바로 알아챘다. 그는 하와를 가리켜 "이는 내 뼈 중의 뼈요 살 중의 살이라"고 했다 (창 2:23). 아담은 하와에게서 그 어떤 흠이나 단점도 보지 못했다. 하와의 성품과 태도 모두 순전했기 때문이다. 하와는 비판받을 게 없었고, 아담은 비판하는 마음이 없었다. 둘 다 벌거벗었지만 부끄럽지 않았다(25절). 악하거나 순전하지 못하거나 뒤틀린 생각이 아예 없었기 때문이다.

남자가 먼저 창조되었고, 여자와 피조물에 대한 머리 역할(headship, 머리 됨)을 부여받았다. 그러나 본래 이들의 관계는 아주 순수하고 완전했기에, 여자에 대한 남자의 머리 됨은 여자를 향한 남자의 강렬한 사랑의 표현이었다. 이들의 관계를 망가뜨릴 그 어떤 이기심이나 자기 고집(self-will)도 없었다. 각자는 자신이 창조된 목적을 완벽하게 성취하고 하나님의 완벽한 공급과 보살핌 아래 서로를 위해 살았다.

남자와 여자가 너무나 긴밀하게 하나였기에 하나님은 이들에게 이렇게 말씀하셨다. "그들로 바다의 물고기와 하늘의 새와 가축과 온 땅과 땅에 기는 모든 것을 다스리게 하자…하나님이 **그들에게** 복을 주시며 하나님이 **그들에게** 이르시되, 생육하고 번성하여 땅에 충만하라, 땅을 정복하라, 바다의 물고기와 하늘의 새와 땅에 움직이는 모든 생물을 다스리라 하시니라"(창 1:26~28, 강조는 덧붙인 것이다).

하나님이 결혼제도를 제정하신 것은 인류가 번성하고, 자녀를 길러 땅을 채우게 하기 위해서다(창 1:28). 결혼은 남자가 혼자 살지 않도록 반려자를 얻기 위한 것이기도 하며(2:18), 성적인 성취와 즐거움을 위한 것이기도 하다(고전 7:4~5; 참조. 히 13:4).

앞장에서, 왜 아담과 하와의 완벽한 결혼 관계가 방해받았는지 살펴보았다. 인간의 타락으로 부부 역할이 왜곡되었다. 이 타락이 결혼 관계에도 영향을 미쳤기 때문에, 하나님의 저주를 초래했다. 하와는 하나님의 구체적 명령에 불순종함으로써 죄를 지었을 뿐 아니라 남편과는 독립적으로 행동하고 뱀의 유혹에 대해 아담과 상의하지 않음으로써 죄를 지었다. 아담은 하나님의 명령에 불순종함으로써 죄를 지었을 뿐 아니라 하와의 리더십에 굴복하고 이로써 하나님에게 받은 권위를 행하시지 않음으로써 죄를 지었다. 하와의 불순종 때문에, 하나님은 여자를 저주해 해산의 고통을 겪고 남자를 다스리려는 뒤틀린 욕망을 갖게 하셨다. 남자도 저주를 받아 힘들게 일하고, 어려움을 겪으며, 땅의 소산물을 얻기 위해 씨름하고, 아내의 복종을 두고 아내와 갈등하게 되었다. 둘 다 자신들의 죄에 대한 벌로 저주를 받아 죽어야 했다(창 3:16~19; 롬 5:15~19).

결혼 관계가 타락한 것은 남자와 여자 양쪽 모두 자신들의 관계를 위한 하나님의 계획을 왜곡했기 때문이었다. 이들은 자신들의 역할을 뒤바꾸었고, 그때부터 결혼생활은 싸움이었다. 여성 해방은 여성의 뒤틀린 욕망을 반영하며, 남성 우월주의는 남성의 뒤틀린 욕망을 반영한다. 남자와 여자 양쪽 모두의 구속받지 못한 본성은 자신으로 가득하며 자신을 섬겨야 한다. 이런 특성은 조화로운 관계의 기초일 수 없다. 성공적인 결혼을 위한 하나님의 방법은 남편과 아내가 결혼생활에서 얻어내는 것이 아니라 결혼생활에 투입하는 것에 초점을 맞춘다.

역사 내내 관계를 가장 심하게 왜곡한 것은 남성이었다. 대다수 고대 문화에서 여성은 노예보다 나을 게 없는 취급을 받았고, 이런 관습은 지금도 세계 곳곳에 남아 있다. 기원전 2세기의 유명한 로마 정치가 마르시우스 카토(Marcius Cato)는 이렇게 썼다. "부정(不貞)을 저지르는 아내를 현장에서 잡았다면, 재판 없이 죽여도 좋다. 그러나 당신이 현장에서 아내에게 잡혔다면, 그녀는 당신에게 손가락 하나 대지 못할 것이다. 그녀에게는 아무 권리도 없다." 이것은 인간의 타락이 초래한 저주에서 비롯된 남성 우월주의의 극단을 반영하며, 하나님이 남편과 아내에게 뜻하시는 역할과 책임의 왜곡을 반영한다.

이른바 해방된 사회들에서도 흔히 여성을 주로 성적 대상으로, 남성의 감각적 쾌락을 위한 존재로 본다. 현대 남성은 자신을 단순히 고등동물—신적 기원이나 목적이나 책임이 없는 존재—로 보는 경향이 있기에, 다른 사람들을 단순히 사물로, 자신의 쾌락과 이익을 위해 이용할 대상으로 보려는 마음이 훨씬 강하다.

이미 지적했듯이, 사탄이 하나님의 최고 피조물을 처음 공격했을 때 가정이 타락했다. 죄는 결혼생활과 가정에 분열을 일으켰다. 첫 살인은 형제 살인이었다(창 4:8). 몇 세대 후, 라멕은 일부다처주의자였고(창 4:23), 일부일처제라는 하나님의 결혼 계획을(2:24) 무시했다. 함이 아버지 노아가 술에 취해 벌거벗은 모습을 그의 천막에서 보았을 때, 정확히 무슨 일이 일어났는지는 알 수 없다. 그러나 함이 뒤틀린 성적 제안이나 시도를 했던 게 분명하다. 노아가 이 때문에 그를 저주했기 때문이다(창 9:25). 사라는 아이를 가질 수 없을 때, 아브라함을 설득해 자신의 여종 하갈을 통해 아이를 갖게 했고, 이로써 남편이 간음하게 했다(16:4). 소돔과 고모라가 걷잡을 수 없이 특히 변태 성욕에서 악했기 때문에, 하나님은 두 도시를 멸하셨다(19:24~25). 그 날 이후, 소돔은 동성애를 가리키는 일반 명사가 되었다(sodomy). 창세기 34장에서 세겜은 야곱의 딸 디나와 사통(私通)했다(3절). 강제로 이렇게 했기 때문에 강간이기도 했다. 몇 장 뒤에서 이중적인 성적 죄가 등장한다. 유다가 과부로 지내는 며느리와 동침했다. 다말은 아들이 없었고, 그래서 신전 창녀처럼 차려입고(너울도 썼다) 지나가는 유다를 유혹했다.─유다는 다말에게 바라는 아들을 안겨주었으나, 그 대가는 매춘과 근친상간이었다(38:13~18). 다음 장에서, 보디발의 아내는 요셉을 유혹했다(39:7~12).

성경의 첫 책에서, 우리는 남편과 아내의 뒤바뀐 역할, 형제 살인, 일부다처제, 왜곡된 성적 제안, 간음, 동성애, 사통, 강간, 매춘, 근친상간, 유혹을 본다. 각각은 결혼 관계와 가정의 존엄과 조화를 직접 공격한다.

그러나 많은 현대 사회에서 이러한 여러 죄를 칭찬한다. 순결을 지키는 젊은 여자와 아내에게 충실한 남편을 이상한 눈으로 쳐다보며 비웃는다. 성적 순결과 결혼생활에 충실함이 코미디와 토크쇼에서 흔히 풍자와 익살의 소재로 사용된다. 대다수 사람이 도덕과 결혼생활에 대한 하나님의 기준을 인정하고 따르려 해도, 저주 아래서 결혼생활을 제대로 하기란 아주 어렵다. 대다수 사람이 이 기준을 조롱할 때는 말할 수 없이 더 어렵다. 이처럼 악하고 뒤틀린 세대에서 살아남을 수 있는 사람들은 성령이 충만한 그리스도인뿐이다. 성령의 자원이 없으면 부부가 하나님이 뜻하시는 결혼생활을 할 가능성이 없다. 폰세 데 레온(Ponce de Leon, 1740-1521 스페인 탐험가)이 젊음의 샘을 찾을 가능성이 없었던 것과 같다.

사탄은 가정이 약해지면 모든 사회가 약해진다는 것을 경험으로 안다. 모든 인간관계의 중심에 가정이 있기 때문이다. 저주가 인류에게 가장 필요한 인간관계를 강타한다. 다시 말해, 남자와 여자는 땅에서 생산적이고 의미 있으며 행복한 삶을 살기 위해 서로에게 적합한 조력자가 되어야 하는데, 저주가 바로 이 부분을 강타한다. 세상은 사탄에게 영향을 받고 그에게 이끌려 우리에게 말한다. 의미와 행복은 우리 자신을 섬기고 우리 자신에 빠지며, 우리의 성적 욕망이 무엇이든─난잡함, 결혼생활에 충실하지 않음, 파트너 교환, 동성애, 수간(獸姦)을 비롯해 그 어떤 방식으로든─그것을 자유롭게 표현하는 데 있다는 것이다. 남자와 여자는 이 미끼를 물 때, 자신들의 삶에서 의미 있고 진정한 만족을 주는 모든 관계─성적인 관계뿐 아니라 모든 관계─를 사탄과 함께 무너뜨리고 파괴한다. 이들은 하나님이 이러한 죄의 결과로 정하신 파멸과 질병을 자초한다.

Ephesians ──

대중적 오락은 모든 사람이 참되고 영구적인 관계에 대해 갖는 평범하고 현실적인 내면의 갈망을 반영하는 데서 그치지 않는다. 참 만족은 오직 정결과 이타심에 대한 하나님의 기준에서 온다. 그러나 이러한 참 만족 대신 부도덕이 주는 거짓 만족을 선택하면서, 완벽한 여자, 완벽한 남자, 완벽한 연인 관계에 대한 환상이 점점 사라져간다. 자신을 섬기고 자신을 기쁘게 하는 것이 삶에서 최우선순위를 차지할 때, 아름다운 얼굴, 멋진 몸매, 마음을 끄는 성격을 비롯한 피상적 매력은 두 사람을 하나로 묶지 못한다. 그 어떤 얼굴도 충분히 아름답지 못하고, 그 어떤 몸매도 충분히 매력적이지 못하며, 그 어떤 옷차림도 충분히 화려하지 못하고, 그 어떤 육체적 즐거움도 충분히 채워주지 못한다는 거짓말이 사람들을 자멸과 공허의 길로 내몬다.

　사람들은 관계가 꼬리를 물고 실망을 안길 때라도, 다음 사람에게서, 다음 경험에서, 다음 흥분된 일에서 자신이 환상(幻想)하는 만족을 찾으리라는 기대를 버리지 못한다. 이기심은 자신이 갖지 못한 것을 원하며, 따라서 늘 더 많은 것을 원한다. 그러나 이기심은 더 많이 가질수록 더 많이 원하고 더 적게 만족한다. 자기 자신이 사랑보다 높아지고 부도덕이 정결보다 높아지면서, 환상이 필연적으로 현실보다 높아진다. 마주하기에 현실이 너무나 실망스럽기 때문이다. 하나님은 경건하지 못하고 부도덕한 삶이 환멸과 실망에 이르게 하신다.

　에베소서 5장 25~33절에서 바울은 성령이 충만하며 "그리스도를 경외함으로" 피차 복종하는(21절) 신자의 경건하고 도덕적인 삶을 계속해서 기술한다. 그가 이미 분명히 했듯이(22~24절), 하나님은 남편을 아내의 머리로 세우셨다. 그러나 에베소서 5장 나머지 부분이 강조하는 것은 남편의 권위가 아니라 아내를 향한 사랑을 통해 아내에게 복종해야 하는 남편의 의무다. 25~31절은 이 사랑의 방식을 설명하고, 32~33절은 이 사랑의 동기를 드러낸다.

사랑의 방식

> 남편들아, 아내 사랑하기를 그리스도께서 교회를 사랑하시고 그 교회를 위하여 자신을 주심 같이 하라. 이는 곧 물로 씻어 말씀으로 깨끗하게 하사, 거룩하게 하시고 자기 앞에 영광스러운 교회로 세우사 티나 주름 잡힌 것이나 이런 것들이 없이 거룩하고 흠이 없게 하려 하심이라. 이와 같이 남편들도 자기 아내 사랑하기를 자기 자신과 같이 할지니, 자기 아내를 사랑하는 자는 자기를 사랑하는 것이라. 누구든지 언제나 자기 육체를 미워하지 않고 오직 양육하여 보호하기를 그리스도께서 교회에게 함과 같이 하나니, 우리는 그 몸의 지체임이라. 그러므로 사람이 부모를 떠나 그의 아내와 합하여 그 둘이 한 육체가 될지니, (5:25~31)

남편들아, 아내를 사랑하라("아내 사랑하기를")라고 명함으로써, 바울은 21절에서 말한 상호 복종을 계속 설명한다. 남편은 무엇보다도 아내를 향한 사랑을 통해 아내에게 복종하는데, 바울은 이것이 한없는 사랑임을 분명히 한다. 그리스도께서 교회를 사랑하셨듯이, 남편은 그렇게 아내를 사랑해야 한다. 예수 그리스도께서는 교회를 세우기도 전에 교회를 사랑하셨다. 그분은 "창세 전에" 자신의 백성을 택하고 사랑하셨다(1:4). 하나님의 사랑은 영원한 현재일 뿐 과거도 없고 미래도 없기 때문이다.

  그리스도께서는 신적 충만과 완전함으로 교회를 사랑하셨고, 영원히 사랑하실 것이다. 그러나 그 어떤 죄악 된 인간도 이러한 충만과 완전함으로 사랑할 수 없는 게 분명하다. 그렇더라도 그리스도인은 자신 속에 그리스도의 본성과 성령이 있기 때문에, 이로써 하나님은 남편이 아내를 어느 정도 그리스도의 사랑으로 사랑하게 하신다. 성령 충만으로 주님께 복종하는 남편은(18절) 예수님이 자신의 신부, 곧 교회를 사랑하신 그런 사랑으로 아내를 사랑할 수 있다. 주님이 자신의 교회를 사랑하시는 방식으로 남편은 아내를 사랑해야 한다.

  이 단락에서 바울은 남편이 아내에게 본을 보여야 하는 이러한 신적 사랑의 네 가지 특성을 언급한다. 주님의 사랑처럼 남편의 사랑은 희생하는 사랑이어야 하고, 정결하게 하는 사랑이어야 하며, 돌보는 사랑이어야 하고, 갈라 놓을 수 없는 사랑이어야 한다.

희생하는 사랑

그 교회를 위하여 자신을 주심 같이 하라. (5:25b)

그리스도께서는 인간의 모습으로 이 땅에 오셨을 때, 자신이 조롱받고, 멸시받으며, 비방당하고, 배척당하며, 채찍질당하고, 십자가에 달려 죽으러 왔다는 것을 아셨다. 그분은 인류에게 구원의 길을 제시하려면 자신의 영원한 사랑이 어떻게 해야 하는지 영원한 과거부터 알고 계셨다. 그분은 자신이 하나님의 아들로서 갖는 특권을 내려놓으셨고, "하나님과 동등됨을 취할 것으로 여기지 아니하시고, 오히려 자기를 비워 종의 형체를 가지사…자기를 낮추시고 죽기까지 복종하셨으니 곧 십자가에 죽으심이다"(빌 2:6~8).

그분의 희생은 단 하나의 영혼이 창조되기 전에 하늘에서 결정되었고, 창조된 모든 영혼이 아담의 타락으로 인해 죄악으로 가득해졌고 그에게 마땅한 것은 죽음뿐이었다(롬 1:32; 3:10~11, 23; 6:21). 그러므로 예수님의 희생은 순전히 은혜였다. 예수님이 사랑하고 구원하시는 것은 은혜가 그분의 성품이기 때문이다. "의인을 위하여 죽는 자가 쉽지 않고 선인을 위하여 용감히 죽는 자가 혹 있거니와 우리가 아직 죄인 되었을 때에 그리스도께서 우리를 위하여 죽으심으로 하나님께서 우리에 대한 자기의 사랑을 확증하셨느니라"(롬 5:7~8). 자신의 교회를 향한 예수님의 사랑은 희생적이었을 뿐 아니라 '은혜롭게'(graciously) 희생적이었다. 그 어느 인간도 구원받고, 용서받으며, 씻음받고(cleansed), 하나님의 자녀로서 그분의 나라에 들어갈 자격이 없다. 예수님은 사랑스럽거나 자격 있는 자들이 아니라 사랑스럽지 못하고 자격 없는 자들을 위해 희생하셨다.

세상의 사랑은 언제나 대상에 매인다. 한 사람이 사랑받는 것은 육체적 매력, 성격, 재치, 특권, 또는 이 외에 이와 같은 긍정적 특징들 때문이다. 바꾸어 말하면, 세상은 사랑할만한 사람들을 사랑한다. 이런 사랑은 변덕스러울 수밖에 없다. 한 사람이 긍정적 특징을 잃어버리거나 그 특징이 더는 매력적이지 않으면, 그 특징에 기초한 사랑도 사라진다. 결혼생활이 무너지는 것은 남편과 아내가 오로지 이런 변덕스러운 사랑으로 서로를 사랑하기 때문이다. 파트너가 매력을 잃으면 사랑이 사라진다. 사랑의 기반이 사라지기 때문이다.

하나님의 사랑은 이런 사랑이 아니다. 하나님이 사랑하시는 이유는 그분의 피조물을 사랑하는 것이 그분의 본성이기 때문이고, 그분이 사랑하는 대상이 사랑을 받아야 할 '필요가 있기' 때문이다. 그 대상이 매력적이거나 그분의 사랑을 받을 자격이 있기 때문이 아니다. 세상이 사랑하듯 하나님이 사랑하신다면, 단 한 인간도 사랑하실 수 없을 것이다. 그러나 놀랍도록 인애하신 하나님은 사랑하지 않을 수 없기 때문에 사랑하신다.

하나님이 자신에게 속한 자들에게 자신처럼 사랑하라고 명하실 수 있는 것은 자신처럼 사랑할 수 있는 능력을 이들에게 주셨기 때문이며(참조. 롬 5:5; 살전 4:9), 그러므로 그분이 명하신 사랑이 선택의 문제여야 하기 때문이다(참조. 약 2:8; 요일 3:7, 16~18, 23; 4:7, 11). 이것은 마음의 행위일 뿐 아니라 의지의 행위다. 이것이 하나의 원리 같다: 우리가 무엇을 사랑하기로 선택하고 실제로 사랑하든, 그것이 금세 우리에게 매력적인 것이 된다. 그러나 그리스도인이 그리스도의 사랑으로 사랑하는 것은 사랑받는 사람의 매력 때문이 아니라 사랑하라는 하나님의 명령 때문이다. 그리스도처럼 사랑하는 사랑은 조금도 다른 사람들이 누구냐에 달려 있지 않고 전적으로 우리가 그리스도 안에서 누구냐에 달렸다.

남편이 아내를 사랑하라는 명령을 받는 것은 아내가 어떤 사람이거나 어떤 사람이 아니기 때문이 아니다. 남편이 이 명령을 받는 것은 아내를 사랑하는 것이 그를 향한 하나님의 뜻이기 때문이다. 남편이 아내의 아름다움이나 애교나 친절이나 부드러움이나 그 외에 어떤 긍정적 품성이나 덕목을 칭찬하고 거기에 끌리는 것은 하나님이 의도하신 게 분명하다. 그러나 이런 것들이 큰 복과 즐거움을 주더라도 부부를 하나로 매는 띠는 아니다. 아내의 모든 매력적 특징과 모든 덕목이 사라지더라도, 남편이 아내를 사랑해야 할 의무는 조금도 줄지 않는다. 오히려 남편은 아내를 사랑해야 할 더 큰 의무를 갖는다. 남편의 이타적 사랑이 갖는 치유하고 회복시키는 능력이 아내에게 여느 때보다 더 필요하기 때문이다. 바로 이런 사랑으로 그리스도께서 그분의 교회를 사랑하신다. 그러므로 모든 그리스도인 남편은 바로 이런 사랑으로 아내를 사랑해야 한다.

강도 만나 폭행당한 사람에게 선한 사마리아인이 표현한 사랑은 그 자신의 인자한 성품과 강도 만난 사람의 절실한 필요에서 비롯되었다. 강도 만난 사람이 그의 보살핌을 받을 자격이 있었느냐 없었느냐는 이 그림에 나타나지 않는다. 예수님이 제자들의 발을 씻기신 것은 이들을 사랑하셨고 이들을 섬기려 하셨기 때문이지, 제자들이 가장 비천한 종들이나 하는 이러한 섬김이라도 받을 자격이 있었기 때문이 아니다. 제자들의 이기심과 교만과 야망과 방종과 질투와 변덕에도 불구하고, 예수님은 이들을 사랑하셨다. 의심할 여지 없이, 제자들이 3년을 그분과 함께 지내며 친밀하게 교제했는데도 여전히 이기심을 버리지 못했기 때문에, 예수님은 큰 슬픔과 아픔을 느끼셨다. 그러나 예수님은 이러한 느낌이 아니라 사랑이라는 자신의 본성을 토대로 제자들을 섬기셨다. 그분은 또한 자신의 모든 제자가 해야 하는 일에 관한 하나의 본보기로 이들의 발을 씻어주셨다. "내가 주와 또는 선생이 되어 너희 발을 씻었으니, 너희도 서로 발을 씻어 주는 것이 옳으니라"(요 13:14). 잠시 후, 예수님은 이렇게 말씀하셨다. "새 계명을 너희에게 주노니, 서로 사랑하라. 내가 너희를 사랑한 것 같이 너희도 서로 사랑하라"(34절).

필요가 있는 곳에 사랑이 행동한다. 자격이나 가치를 따지지 않는다(참조. 요일 3:16). 하나님의 사랑은 그 자체로 정당하다. 우리가 그분처럼 사랑할 때, 우리의 사랑도 그 자체로 정당하다. 우리의 사랑이 그분의 사랑을 닮았기 때문이다. 하나님이 세상을 사랑하사 세상을 구속하려고 아들을 보내신 것은 세상이 이 사랑을 받을 자격이 있기 때문이 아니었다. 세상은 그분의 사랑을 받을 자격이 전혀 없었다. 하나님의 사랑이 인간의 육체로 세상에 왔을 때 세상은 그 사랑을 경멸했고, 거부했으며, 하나님의 면전에 내던져버렸다. 그러나 성육한 하나님의 사랑으로서, 예수님은 움찔하거나 돌아서거나 분노하지 않으셨다. 그분은 전파하고 가르치며 피 흘리고 돌아가셨다. 하나님의 사랑이 이것을 요구했기 때문이다.

사랑은 해야 하는 일은 무엇이든 하며, 비용이나 가치를 따지지 않는다. 사랑은 손을 내밀어 돕거나, 이끌거나, 가르치거나, 경고하거나, 격려한다. 필요하면 무엇이든 준다. 사랑의 도움을 받아들이든 거부하든 간에, 고마워하든 화를 내든 간에, 필요가 계속되는 한 사랑도 계속된다.

그러므로 그리스도인이 다른 사람들을 사랑할 때, 그들이 자신에게 해줄 법한 일 때문에, 또는 그들이 매력적이기 때문에 사랑한다면, 하나님이 사랑하시듯이 사랑하는 게 아니다. 남편이 오로지 아내의 육체적 매력이나 유쾌한 성격 때문에 아내를 사랑한다면, **그리스도께서 교회를 사랑하심…같이** 아내를 사랑하는 게 아니다. 아내가 자신에게 줄 수 있는 것 때문에 남편이 아내를 사랑한다면, 세상이 사랑하는 것 같이 사랑하는 것일 뿐 그리스도께서 사랑하시는 것 같이 사랑하는 것은 아니다. 그리스도께서 자신의 교회를 사랑하시듯이 아내를 사랑하는 남편은 필요한 경우 자신의 생명을 비롯한 자신의 모든 것을 아내를 위해 내어놓는다.

남편이 아내를 사랑해 아내를 위해 자신의 생명이라도 기꺼이 희생하려 한다면, 아내를 위해 더 작은 희생도 기꺼이 하려 할 게 분명하다. 그는 아내를 기쁘게 하고 아내의 필요를 채우기 위해 그렇게 해야 한다면, 자신이 좋아하는 것, 자신의 바람, 자신의 의견, 자신의 선호(選好), 자신의 안녕을 내려놓는다. 그는 아내를 위해 살기 위해 자신에 대해 죽는다. 그리스도께서 사랑하시듯이 사랑하려면 이렇게 해야 하기 때문이다. 이것이 그의 복종이다.

교회 지도자의 참 영성을 가장 잘 측정하는 방법은 그가 집사 모임이나 장로 모임을 얼마나 잘 이끄는지 보거나 그가 교회학교에 어떤 식으로 참여하는지 보거나 그가 강단에서 어떤 식으로 말하는지 보는 게 아니다. 그가 주위에 아무도 없을 때 가정에서 아내와 자녀를 어떻게 대하는지 보면 된다. 우리와 하나님의 관계는 우리와 가족의 관계에서 가장 잘 가늠된다. 교회에서 영적 목자 역할을 하지만 가정에서 사랑하고 보살피지 않는 사람은 영적 사기꾼이다.

세상은 계속해서 남자들에게 마초가 되고, 자신을 변호하며, 자기주장을 내세우고, 자신에게 관심을 집중시키며, 순전히 자신을 위해 살라고 말한다. 그러나 하나님은 그리스도인 남자들에게, 그리스도께서 교회를 위하여 **자신을 주심** 같이, 타인들을 위해, 특히 아내를 위해 자신을 내어주라고 말씀하신다.

나는 이처럼 자신을 희생하는 사랑의 본질을 정기적으로 상기시키기 위해, 출처를 알 수 없는 다음과 같은 글을 책상에 비치해 둔다.

당신이 잊히거나 외면당하거나 고의로 무시당하고, 당신이 모욕당하거나 간과되어 상처를 받지만, 그리스도를 위해 고난받을 자격이 있다고 여겨져 마음이 행복할 때—이것이 자신에 대해 죽는 것이다. 사람들이 당신의 선을 나쁘게 말하고, 당신의 희망이 빗나가고, 당신의 조언이 무시당하고, 당신의 견해가 비웃음을 사는데도 당신이 분노하거나 심지어 자신을 변호하길 거부하고 모든 것을 인내하며 사랑으로 침묵할 때—이것이 자신에 대해 죽는 것이다. 당신이 사랑과 인내로 그 어떤 무질서나 그 어떤 반칙이나 그 어떤 곤혹이라도 견딜 때, 당신이 낭비와 어리석음과 사치와 영적 무감각을 마주하고도 예수님처럼 견뎌낼 수 있을 때—이것이 자신에 대해 죽는 것이다. 당신이 하나님의 뜻으로 접하는 그 어떤 음식, 그 어떤 대접, 그 어떤 의복, 그 어떤 기후, 그 어떤 사회, 그 어떤 태도, 그 어떤 방해에도 만족할 때—이것이 자신에 대해 죽는 것이다. 당신이 대화에서 조금도 자신을 내세우거나, 자신의 선행을 기록하거나, 칭찬 바라기를 하지 않을 때, 자신이 알려지지 않는 것을 진심으로 사랑할 때—이것이 자신에 대해 죽는 것이다. 당신의 필요가 훨씬 크고 당신이 절실한 상황에 처했음에도 당신의 형제가 번성하고 그의 필요가 채워지는 것을 보고 그와 함께 영으로 기뻐하며 질투를 느끼지 않고 하나님께 질문하지도 않을 때—이것이 자신에 대해 죽는 것이다. 당신보다 낮은 사람이 당신을 바로잡고 질책해도 이것을 받아들일 수 있고, 안팎으로 겸손하게 복종할 수 있으며, 당신의 마음에 반항이나 분개심이 일어나지 않을 때—이것이 자신에 대해 죽는 것이다.

정결하게 하는 사랑

이는 곧 물로 씻어 말씀으로 깨끗하게 하사, 거룩하게 하시고 자기 앞에 영광스러운 교회로 세우사 티나 주름 잡힌 것이나 이런 것들이 없이 거룩하고 흠이 없게 하려 하심이라. (5:26~27)

그리스도께서 그분의 교회를 사랑하시듯이 남편들이 아내를 사랑한다는 것은 정결하게 하는 사랑으로 아내를 사랑한다는 것이다. 하나님의 사랑은 사랑하는 사람들의 잘못을 단순히 정죄하지 않고 이들을 그 잘못으로부터 깨끗하게 한다. 그리스도께서는 자신의 교회를 너무나 사랑하시기에, 교회의 그 어떤 죄나 도덕적 · 영적 더러움도 용납하지 않으신다. 하나님은 그분의 백성에게 이렇게 말씀하신다. "오라, 우리가 서로 변론하자. 너희의 죄가 주홍 같을지라도 눈과 같이 희어질 것이요, 진홍같이 붉을지라도 양털같이 희게 되리라"(사 1:18). 하나님은 용서받은 자녀들의 죄를 "깊은 바다에 던지실" 것이며(미 7:19), 이들의 악행을 용서하고 이들의 죄를 더는 기억하지 않으신다(렘 31:34).

신자는 예수 그리스도를 주님과 구주로 믿는 순간 모든 죄를 용서받는다. 이렇게 처음에 죄로부터 완전히 깨끗게 된 후에도, 예수님이 베드로의 발을 씻으면서 그에게 설명하셨듯이, 이따금 씻음을 받아야 한다. "이미 목욕한 자는 발밖에 씻을 필요가 없느니라. 온몸이 깨끗하니라. 너희가 깨끗하나 다는 아니니라"(요 13:10). 우리가 우리의 죄를 계속 고백할 때, 그리스도는 "미쁘시고 의로우사 우리 죄를 사하시며 우리를 모든 불의에서 깨끗하게 하실 것이다"(요일 1:9). 이 성화의 동인(agent)은 **말씀**이며(참조. 딛 3:5), 이 성화의 목적은 우리를 흠 없고 거룩하게 함으로써 우리가 그리스도께서 사랑하는 영원한 신부로 그분께 드리기에 합당하고, 그분의 영광스러운 임재 가운데 영원히 살기에 합당하게 하는 것이다(참조. 계 21:1 이하).

사랑은 사랑받는 사람에게 가장 좋은 것만 원하며, 사랑받는 사람이 그 어떤 악이나 해로운 것에 더럽혀지거나 미혹되는 것을 참지 못한다. 아내를 향한 남편의 사랑이 자신의 교회를 향한 그리스도의 사랑과 같을 때, 남편은 아내가 그 어떤 종류의 더러움으로부터라도 정결하게 되도록 계속해서 도우려 할 것이다. 그는 아내를 세상의 오염으로부터 보호하려 하고, 아내의 거룩과 덕과 정결을 어떻게든 지키려 할 것이다. 그는 절대로 아내가 잘못되거나 지혜롭지 못한 일을 하도록 유혹하지 않을 것이며, 절대로 아내를 좋지 못한 것에 노출하지 않을 것이다.

몇 년 전 어느 인기 있는 토크쇼에서, 진행자가 목사 둘을 인터뷰했다. 「플레이보이」 잡지를 어떻게 생각하느냐는 질문에, 한 목사가 이렇게 답했다. "저는 그 잡지가 천박하다고 생각합니다. 저라면 그 잡지를 읽지도 않을뿐더러 집에 두지도 않겠습니다. 그 잡지는 하나님을 더럽히고, 남자와 여자를 더럽히며, 모든 좋은 것을 거의 모두 더럽힙니다." 또 한 목사는 이렇게 답했다. "저는 복음주의 그리스도인인데, 아내와 저 둘 다 「플레이보이」를 봅니다. 사실, 아내는 제게 정기구독권을 끊어주었습니다. 결혼한 지 18년이 지났을 때, 저희의 관계를 자극할 조그마한 무엇인가 필요하다고 생각했습니다." 그 사람은 자신을 더럽히고 있었을 뿐 아니라 아내가 더러움에 빠지도록 부추겼다. 이 부부가 어떤 감각적 욕망이 동기가 되어 이 잡지를 읽었든 간에, 그것은 서로를 향한 경건한 사랑이 아니었다.

한 청년이 한 아가씨에게 사랑한다고 말하지만 결혼 전에 그녀가 순결을 포기하길 원한다면, 그의 사랑은 하나님의 사랑이 아니라 세상의 정욕이다. 이것은 섬기는 사랑이 아니라 이기적 사랑이다. 이런 사랑은 정결하게 하기보다 더럽히는 것이다. 남편이 비서나 동네 여자와 바람을 피운다면, 아내는 자신이 거부당했거나 외롭다고 느낀다. 그래서 자신도 바람을 피우기 시작할는지 모른다. 이런 남편은 자신의 도덕적 정결뿐 아니라 아내의 도덕적 정결까지 위험에 빠뜨린다. 만약 아내가 유혹을 받아 그 어떤 무분별하거나 부도덕한 행동에 빠지기라도 한다면, 남편에게도 책임이 있다.

고대 헬라에서, 예비 신부를 강에 데려가 목욕을 시킴으로써 과거의 모든 더러움을 씻는 의식이 있었다. 그녀의 삶은 이전에 어떠했든 간에, 이제 상징적으로 깨끗해졌고, 그녀는 그 어떤 도덕적·사회적 흠도 없이 결혼하게 된다. 과거가 씻겨나간 것이다.

이와 비교도 할 수 없이 더 놀라운 방식으로, 그리스도께서 교회를 위해 자신을 내어주셨다. 교회를 **거룩하게 하시고 자기 앞에 영광스러운 교회로 세우사 티나 주름 잡힌 것이나 이런 것들이 없이 거룩하고 흠이 없게 하려 하심**이었다. 그리스도께서 신자들을 씻으심은 의식적이고 상징적인 씻음이 아니라 실제적이고 완전한 씻음이다.

이 유비(analogy)에 담긴 구원론적 진리는 이것이다: 하나님의 말씀이 신자들을 씻음으로써 구원하는 은혜가 신자들을 거룩하게 하며, 이로써 신자들은 그리스도의 순결한 신부로서 그분께 드려지고 영원히 그분의 사랑 안에 거할 수 있게 된다. 이와 동일한 목적과 동일한 사랑으로, 남편은 아내의 정결과 의로움과 존엄을 북돋워야 한다.

돌보는 사랑

이와 같이 남편들도 자기 아내 사랑하기를 자기 자신과 같이 할지니, 자기 아내를 사랑하는 자는 자기를 사랑하는 것이라. 누구든지 언제나 자기 육체를 미워하지 않고 오직 양육하여 보호하기를 그리스도께서 교회에게 함과 같이 하나니, 우리는 그 몸의 지체임이라. (5:28~30)

아내를 향한 남편의 사랑이 자신의 몸인 교회를 향한 그리스도의 사랑 같아야 한다면, 남편의 사랑은 애정 어린 돌봄이기도 해야 한다. 자기 몸의 안녕을 돌보는 만큼이나 아내의 안녕을 돌봐야 한다.

사람들은 늘 자기 몸에 신경 쓴다. 그렇더라도 현대사에서 우리 시대만큼 몸을 애지중지하고, 보호하며, 먹이며, 탐닉한 적이 없다. 사람들은 몸을 꾸미고, 보호하며, 강화하고, 편하게 하며, 과시하는 데 셀 수도 없을 만큼 엄청난 돈을 쏟아붓는다.

그리스도인으로서 우리의 몸은 성령의 전(殿)이다. 그러므로 우리는 올바른 음식을 섭취하고, 적절한 근력를 유지하고, 충분한 휴식을 취하는 등 몸을 잘 돌봐야 한다. 우리는 몸이 건강할 때 행복을 느낀다. 남편은 자기 몸의 필요를 채워줄 때와 동일한 보살핌과 관심으로 아내의 필요를 채워줄 때, 자기 사랑의 부산물로 행복과 즐거움을 느낄 것이다.

그리스도께서 교회를 사랑하시듯이 아내를 사랑하는 남편이라면, **자기 육체**를 해치는 그 어떤 것도 하지 않듯이 아내를 해치는 그 어떤 것도 않을 것이다. 그의 바람은 자신의 몸을 **양육하며 보호하듯이(nourishes and cherishes)** 아내를 양육하며 보호하는 것이다. 이것이 **그리스도께서 교회에게 함과 같이 하는** 것이기 때문이다.

아내에게 힘이 필요할 때, 남편이 아내에게 힘을 준다. 아내가 격려가 필요할 때, 남편이 아내를 격려한다. 아내가 무엇이 필요하든, 남편이 그 필요를 채운다. 하나님이 "그리스도 예수 안에서 영광 가운데 그 풍성한 대로 너희 [우리의] 모든 쓸 것을 채우시"듯이(빌 4:19), 사랑하는 남편은 아내의 모든 필요를 채우려 한다. 복 있는 결혼생활은 남편이 무한한 보살핌으로 아내를 사랑하는 생활이다. 남편이 아내를 단지 요리사로, 가정부로, 이따금 동료로, 성관계 대상으로 본다면, 뭔가 근본적으로 잘못된 것이다. 아내는 사랑하고, 보살피며, 양육하고, 보호하도록 하나님이 주신 보화다.

아내를 양육한다(nourish)는 것은 아내의 필요를 채워주고, 아내가 하나님과 사람의 마음에 들도록 성장하며 성숙하도록 돕는다는 것이다. 아내를 보호한다(cherish)는 것은 부드러운 사랑과 신체적 애정으로 아내에게 따뜻함과 위로와 안전을 준다는 것이다. 이러한 책임은 주로 남편의 몫이지 아내의 몫이 아니다. 그리스도께서 자신의 교회를 부양하시듯이, 남편은 아내와 가족을 부양한다(provide).

그리스도께서 자신의 교회인 우리를 부양하심은 **우리는 그 몸의 지체**이기 때문이다. 그리스도께서 그분의 교회를 부양하지 않으신다면, 자신을 부양하지 않으시는 것이다. 그리스도께서는 자신의 교회와 생명을 공유하시며, 우리는 **그 몸의 지체**, 곧 그분의 살과 뼈이고, 이 땅에 현존하는 그분의 성육신이다. 바울은 "주와 합하는 자는 한 영이니라"고 했으며(고전 6:17), 또한 이렇게 말했다. "내가 그리스도와 함께 십자가에 못 박혔나니, 그런즉 이제는 내가 사는 것이 아니요 오직 내 안에 그리스도께서 사시는 것이라. 이제 내가 육체 가운데 사는 것은 나를 사랑하사 나를 위하여 자기 자신을 버리신 하나님의 아들을 믿는 믿음 안에서 사는 것이라"(갈 2:20).

갈라놓을 수 없는 사랑

그러므로 사람이 부모를 떠나 그의 아내와 합하여 그 둘이 한 육체가 될지니,
(5:31)

그리스도께서 그분의 교회를 사랑하시듯이 남편이 아내를 사랑하려면, 갈라놓을 수 없는 사랑(unbreakable love)으로 아내를 사랑해야 한다. 바울은 여기서 창세기 2장 24절을 직접 인용해, 두 사람이 결혼으로 하나 될 뿐 아니라 결혼 관계가 영구적이라는 것을 강조한다. 결혼에 대한 하나님의 기준은 아담 때부터 바울 때까지 달라지지 않았으며, 오늘까지도 달라지지 않았다.

결혼생활의 성공을 가로막는 가장 큰 방해물 중 하나는 배우자 중에 한쪽이나 둘 다 **부모를 떠나**지 못하는 것이다. 결혼하면 새 가정이 시작되며, 따라서 권위와 책임에서 이전 가족들의 관계가 끊어져야 한다. 부모를 늘 사랑하고 돌봐야 하지만, 자녀들이 결혼하면 더는 부모가 이들의 삶을 통제해서는 안 된다.

'프로스콜라오'(proskollaō, **cleave**, 합하여)는 문자적으로 한 데 들러붙거나 접합되다(to be glued or cemented together)라는 뜻이다. 남편과 아내는 각자 부모를 **떠나** 서로 **합하여** 서로에게 접합되어야 한다. 이들은 한 유대를 형성하면서 이전 유대를 끊는데, 전자가 후자보다 더 단단하고 영구적이다.

"이스라엘의 하나님 여호와가 이르노니, 나는 이혼하는 것과 옷으로 학대를 가리는 자를 미워하노라"(말 2:16). 하나님은 언제나 이혼을 미워하셨고, 앞으로도 줄곧 미워하실 것이다. 이혼은 하나님이 끊을 수 없다고 정하신 것을 끊어버리기 때문이다. 하나님은 형태와 이유를 불문하고 이혼을 미워하신다. 하나님은 다른 모든 죄를 용서하시듯이, 어떤 경우에는 이혼을 용납하고 용서하실 것이다. 그러나 이혼을 미워하는 하나님의 마음은 절대 바뀌지 않을 것이다. 다른 모든 죄를 미워하는 하나님의 마음이 절대 바뀌지 않을 터이듯이 말이다.

남편과 아내는 배우자의 잘못 때문에, 심지어 부정(不貞) 때문에, 쉽게 이혼해서는 안 된다. 그리스도께서 자신에게 죄를 짓는 신자들에게서 자신을 분리하지 않으시듯이, 남편과 아내는 자신에게 죄를 짓는 배우자에게서 자신을 분리해서는 안 된다. 그리스도께서 신자들을 늘 용서하시듯이, 남편과 아내는 늘 서로를 용서해야 한다.

이스라엘은 거듭거듭 하나님께 불성실했으며, 구약성경에서 이런 불성실은 흔히 영적 우상숭배를 가리킨다. 하나님은 이스라엘을 자신의 백성으로 선택했을 때, "영원한 사랑으로" 이들을 사랑하기로 결정하셨다(렘 31:3). 이스라엘이 끊임없이 영적 간음을 행하고 하나님을 거부한 후에야, 하나님은 마침내 이들과 이혼하셨다(렘 3:8). 그러나 이것은 하나님이 이스라엘 내부의 참 신자들을 버리시리라는 게 아니었다. 이들은 구원하는 하나님의 은혜 안에서 안전했다(말 3:16~18을 보라).

바로 이런 종류의 결속을 하나님은 결혼 관계에 대해 정하셨다. 이 결속이 영원하지는 않지만, 남편과 아내가 이 땅에 살아 있는 한 지속한다. 회개하지 않고 간음을 되풀이하는 경우(마 5:31~32; 19:4~10), 믿지 않는 배우자를 떠나는 경우에 대비해 하나님은 이혼 규정을 두셨다(고전 7:15). 그렇더라도, 결혼과 관련해 하나님의 유일한 바람은 결혼 관계가 죽음이 갈라놓을 때까지 지속하는 것이다.

그리스도의 몸이 나뉠 수 없듯이, 결혼 관계를 위한 하나님의 이상적 계획은 부부가 나뉠 수 없는 것이다. 그리스도와 그분의 교회가 하나이듯이, 남편과 아내도 하나다. 그러므로 남편이 아내에게 해를 끼친다면 자신에게 해를 끼치는 것이다. 남편이 결혼 관계를 범한다면 자신을 범하는 것이다. 남편이 결혼 관계를 파괴한다면 자신의 한 부분을 파괴하는 것이다.

한 남자와 한 여자가 결혼으로 연합할 때, 예수님은 이들이 "이제 둘이 아니요 한 몸이니, 그러므로 하나님이 짝지어 주신 것을 사람이 나누지 못할지니라"라고 하셨다(마 19:6). 바리새인들이 "어찌하여 모세는 이혼증서를 주어서 버리라 명하였나이까?"라고 묻자, 예수님은 이렇게 답하셨다. "모세가 너희 마음의 완악함 때문에 아내 버림을 허락하였거니와 본래는 그렇지 아니하니라. 내가 너희에게 말하노니, 누구든지 음행한 이유 외에 아내를 버리고 다른 데 장가드는 자는 간음함이니라"(7~9절).

예수님은 하나님이 모세를 통해 이혼을 "허락하였"을 뿐이라는 것을 분명히 하셨다. 유대 지도자들이 수백 년간 해 온 주장과 달리, 하나님은 결코 이혼을 "명하지" 않으셨다. 이혼증서는 당하는 아내를 보호하기 위한 것이었다. 이혼증서가 있으면 그녀는 재혼해도 간음하는 게 아니었다. 이것이 모세나 예수님이 이혼과 관련해 제시한 유일한 규정이다.

그러나 간음이라도 결혼 관계를 깨는 것은 하나님의 뜻이 아니며, 이것이 호세아서의 메시지다. 호세아의 아내 고멜은 지극히 불성실했고, 간음했을 뿐 아니라 창녀가 되었다. 그러나 하나님은 호세아에게 그녀를 계속 사랑하며 용서하라고 하셨다. 고멜이 죄를 지을수록 호세아는 그녀를 더 사랑해야 했다. 하나님이 죄를 짓는 자신의 백성을 어떻게 용서하시는지를 보여주어야 했다. 마침내, 하나님은 호세아와 고멜의 결혼생활을 회복시키셨고, 이스라엘에게 이렇게 약속하셨다. "내가 그들의 반역을 고치고 기쁘게 그들을 사랑하리니, 나의 진노가 그에게서 떠났음이니라. 내가 이스라엘에게 이슬과 같으리니, 그가 백합화같이 피겠고"(호 14:4~5). 하나님은 자신의 백성을 늘 이렇게 사랑해 오셨고, 예수 그리스도께서도 자신의 교회를 늘 이렇게 사랑해 오셨으며, 그리스도인 남편은 자신의 아내를 늘 이렇게 사랑해야 한다. 주님은 절대로 우리를 버리지 않으신다. "만일 우리가 우리 죄를 자백하면 그는 미쁘시고 의로우사 우리 죄를 사하시며 우리를 모든 불의에서 깨끗하게 하실 것이요"(요일 1:9).

남편은 아내의 잘못이나 실패를 볼 때, 설령 아내가 고멜처럼 불성실하고 음란하더라도, 자신이 하나님께 죄를 지은 만큼 아내가 자신에게 죄를 짓지는 않았다는 것을 깨달아야 한다. 우리가 다른 사람들을 용서할 수 있는 정도와는 전혀 비교할 수 없을 만큼 하나님은 우리를 용서하실 게 많다. (이혼에 관한 더 자세한 것은 필자의 다음 주석과 저서에서 이혼을 다룬 부분을 보라. *Matthew 1~7*[Moody, 1985], *First Corinthians*[Moody, 1984], *The Family*[Moody, 1982].)

초대 교회 교부 요한 크리소스토무스(John Chrysostom, 349년경-407년)는 이렇게 썼다.

> 순종의 잣대를 보았는가? 여기에 사랑의 잣대도 있다. 교회가 그리스도를 사랑하듯이 아내가 그대에게 순종해야 한다고 생각하는가? 그렇다면, 그리스도께서 교회를 돌보시듯이 그대의 아내를 돌보고, 필요하다면 아내를 위해 그대의 생명을 바치거나 수천 번 난도질당하거나 무엇이든 견디며 거부하지 말아야 한다. 그리스도께서는 위협이나 그 비슷한 것이 아니라 자신의 큰 사랑으로 교회가 자신에게 복종하게 하셨다. 당신도 아내에게 그렇게 하라.

어떤 사람이 아내를 너무 많이 사랑하는 게 아닌지 두려웠다. 누군가 그에게 그리스도께서 교회를 사랑하시는 만큼 그도 아내를 사랑하느냐고 물었다. 그가 아니라고 답하자, 이런 말이 돌아왔다. "그러면 아내를 더 사랑하셔야 합니다."

베드로는 이렇게 권면했다. "남편들아, 이와 같이 지식을 따라 너희 아내와 동거하고, 그를 더 연약한 그릇이요 또 생명의 은혜를 함께 이어받을 자로 알아 귀히 여기라. 이는 너희 기도가 막히지 아니하게 하려 함이라"(벧전 3:7). 여기서 적어도 세 가지 명령이 있다. 첫째, 남편은 아내를 배려해야 한다. 아내를 지식을 따라(이해할 수 있는 방식으로) 대한다는 것은 아내를 세심하게 배려한다는 것이다. 남편이 자신을 이해하지 못하고, 자신의 감정과 필요에 세심하지 못하며, 자신과 소통하지 않는다는 아내들의 하소연이 갈수록 늘어나는데 이들의 하소연은 대개 정당하다. 남편 자신이 압박과 걱정이 많더라도, 이것이 아내를 무심하게 대하는 핑계일 수는 없다. 하나님은 그리스도께서 교회를 사랑하고 돌보시듯이 아내를 사랑하고 돌보라고 남편에게 명하시기 때문이다.

둘째, 베드로는 남편이 아내를 "더 연약한 그릇"으로 알고 아내에게 기사도를 발휘해야 한다고 가르친다. 진정한 기사도는 단순히 예의 바른 사회의 공식이 아니다. 이것은 남자가 모든 여자, 특히 아내를 향해 취해야 할 태도를 반영한다. 남편이 아내에게 예의를 지키면, 아내뿐 아니라 하나님을 기쁘게 한다.

셋째, 베드로는 남편들에게 아내를 "생명의 은혜를 함께 이어받을 자로 알아 귀히 여기라(honor)"고 말한다. 남편과 아내는 가정사와 일상에서뿐 아니라 영적인 부분에서도 가장 좋은 친구여야 한다. 남편이 아내를 배려하지 않으며 귀히 여기고 존중하지도 않는다면, 그의 영적 생활은 문제가 있고 그의 기도는 "막힐" 것이다.

남편이 아내를 배려하고 아내에게 예의를 지키며 아내를 귀히 여기면(존중하면), 결혼생활이 더 아름답고 견고해지고, 자녀들은 더없이 값진 모범과 유산을 얻게 된다.

아내를 사랑하는 동기

이 비밀이 크도다! 나는 그리스도와 교회에 대하여 말하노라. 그러나 너희도
각각 자기의 아내 사랑하기를 자신같이 하고, 아내도 자기 남편을 존경하라.

(5:32~33)

바울이 23~29절에서 지적했듯이, 결혼은 교회를 보여주고 교회와 그리스도의 관계를 보여주는 그림이다. **이 비밀이,** 즉 사람들이 절대 발견할 수 없었으며 옛 언약의 성도들에게는 알려지지 않았으나 이제 계시된 이 아름다운 그림이, 크도다! 하나님의 새 백성, 곧 **교회가 그리스도**를 믿음으로써 하나님 나라에 들어가고 그분의 가족이 된다. 그리스도는 신랑이며, 이들은 그분의 신부다(계 21:9). 남편이 아내를 사랑하고, 정결하게 하며, 보호하고, 돌보는 가장 큰 동기는 그리스도께서 자신의 신부, 곧 교회를 사랑하고, 정결하게 하며, 보호하고, 돌보신다는 것이다. 그리스도인의 결혼생활은 사랑하고, 거룩하며, 순결하고, 자신을 희생하며, 서로 복종하는 것이어야 한다. 이러한 덕목들이 **그리스도**

와 교회의 관계를 특징짓기 때문이다.

그리스도인 남편과 아내의 거룩한 관계는 그리스도와 그분의 교회 간의 거룩한 관계와 불가분의 관계에 있다. 이 크나큰 거룩 때문에, 바울은 이렇게 말했다. **그러나 너희도 각각 자기의 아내 사랑하기를 자신같이 하고, 아내도 자기 남편을 존경하라. 그러나**(nevertheless, *plēn*)를 사용한 것은 이 논의를 끝내고, 기억해야 할 가장 근본적인 것을 강조하기 위해서다.

그리스도인 남편과 아내가 성령의 능력으로 행하고(walk) 하나님의 말씀과 다스림에 순종하며 서로 복종할 때, 이들이 크게 행복해지고 자녀들이 큰 복을 얻으며 하나님이 크게 높임을 받으신다.

24

자녀와 부모의 책임

(6:1~4)

자녀들아, 주 안에서 너희 부모에게 순종하라. 이것이 옳으니라. 네 아버지와 어머니를 공경하라. 이것은 약속이 있는 첫 계명이니, 이로써 네가 잘되고 땅에서 장수하리라. 또 아비들아, 너희 자녀를 노엽게 하지 말고, 오직 주의 교훈과 훈계로 양육하라. (6:1~4)

자주 입에 오르내리는 실험이 있다. 개구리를 찬물이 담긴 팬에 넣고 아주 천천히 가열하는 것이다. 온도를 개구리가 감지 못할 만큼 아주 천천히 올린다. 그러면 물이 끓기 시작하는데도 개구리는 그대로 팬 속에 남아 있다. 개구리는 서서히 올라가는 온도에 적응하며 마침내 죽는다. 이 과정은 많은 그리스도인 가정을 비롯해 미국 가정에 일어나는 일을 설명해 준다. 사회의 가치관이 아주 천천히 변했다. 그래서 대다수 사람은 이 변화를 거의 감지하지 못했다. 기준과 가치관의 작은 변화 하나하나는 그 자체로 대수롭지 않아 보인다. 사람들이 이렇게 낮아진 기준에 점차 적응하기 때문에, 가정과 사회가 해체되고 무너지기 시작하는데도 위험을 감지하지 못한다. 도덕적 · 영적 기준이 점차 쇠퇴했고 마침내 무수한 가정이 말 그대로 무너졌다.

그리스도인들의 이혼율이 사회의 이혼율에 육박한다면, 많은 신자가 오래 전에 팬에서 뛰쳐나왔어야 했다. 우리를 옥죄고 무너뜨리는 악한 체계를 떠나 하나님이 계시하신 충실과 도덕적 정결의 기준에 맞춰 자신을 다시 세워야 할 때다. 우리는 교회와 기독교 가치관을 그래도 얼마간 지지하는 사회에서 사는 사치를 잃어버린 지 오래다.

결혼과 가정에 관한 기독교 세미나와 책과 글이 쉼 없이 쏟아져 나오고, 가정을 견고하게 하려는 계획과 원리도 엄청나게 제시된다. 아동심리학 책이 거의 무한대로 저술된다. 그러나 하나님의 말씀은 단 네 절에서 바른 부모-자녀 관계의 기초를 제시한다. 이 네 절을 뒷받침하는 성경의 가르침들을 연구하고 적용할 때, 모든 부모와 모든 자녀가 경건하고 조화로운 가정생활에 필요한 기본 정보를 모두 얻는다.

하나님은 히브리인들을 자신의 선민(選民)으로 부르실 때, "땅의 모든 족속이 너로[이 민족으로] 말미암아 복을 얻을 것이라"라고 하셨다(창 12:3). 시내산에서, 하나님은 이들이 "제사장 나라가 되며 거룩한 백성이 되리라"라고 약속하셨다(출 19:6). 이스라엘은 하나님을 증언하는 나라, 증언하는 백성이 되어야 했다. 이들은 단순히 하나님의 진리와 복의 저장소가 아니라 온 세상이 그분의 진리와 복을 공유하게 하는 통로가 되어야 했다.

하나님의 진리의 핵심은 하나님 자신에 관한 것이다. 구약 계시의 중심에 자리한 진리는 "우리 하나님 여호와는 오직 유일한 여호와이시니"이다(신 6:4). 이에 수반되는 필연적 진리는 하나님을 향한 인간의 반응에 관한 것이다. "너는 마음을 다하고 뜻을 다하고 힘을 다하여 네 하나님 여호와를 사랑하라. 오늘 내가 네게 명하는 이 말씀을 너는 마음에 새기고"(5~6절). 이스라엘은 이 메시지를 마음에 새기고 세상에 전해야 했다.

하나님의 진리를 널리 알리는 첫 단계는 이 진리를 자녀에게 물려주는 것이었다. "네 자녀에게 부지런히 가르치며 집에 앉았을 때에든지 길을 갈 때에든지 누워 있을 때에든지 일어날 때에든지 이 말씀을 강론할 것이며"(7절). 부모들은 하나님에 관한 것을 계속 말해야 했다. 그러면 하나님을 아는 지식과 그분을 향한 사랑이 가족에게 생명과 호흡의 문제가 될 터였다. 부모들이 이것을 말하지 않을 때라도 증언은 계속될 터였다. "너는 또 그것을 네 손목에 매어 기호를 삼으며 네 미간에 붙여 표로 삼고"(8절). 부모들이 죽더라도, 이 증언은 남을 터였다. 이 증언을 "네 집 문설주와 바깥문에 기록"해야 했기 때문이다(9절). 바꾸어 말하면, 가정에서 하나님의 말씀을 향해 늘 귀에 들리고 눈에 보이는 헌신을 해야 했다. 하나님의 말씀이 한 세대에서 다음 세대로 전해지는 게 하나님의 계획이었다. 이러한 하나님의 계획을 수행하는 주역은 가정이다.

그러나 인간의 타락(the Fall) 때부터, 가정은 자신을 약화하고 뒤흔들며 무너뜨리려는 온갖 문제에 시달렸다. 인간의 모든 문제와 마찬가지로, 이 문제들의 첫째 원인도 모든 사람이 갖고 태어나는 죄악 된 본성이다. 타락의 저주가 가정에 들이닥친다. 바로 이 저주가 남자들이 남성우월주의자가 되게 하고, 여자들이 남자들의 자리를 빼앗게 하며, 자녀들이 부모에게 불순종하게 하고, 부모들이 자녀들을 학대하게 한다. 오직 그리스도께서 구주와 주님으로 다스리는 곳에서만, 가정이 하나님이 명하시는 기준을 따라 살고 그분이 명하시는 사역을 성취할 수 있다.

미네소타 범죄위원회(Minnesota Crime Commission)는 성경적 시각의 진실성을 보여주는 보고서를 냈다. 다음은 그중 일부다.

모든 아기는 어린 미개인으로 삶을 시작한다. 완전히 이기적이고 자기중심적이다. 자신이 원하는 때 자신이 원하는 것을 원한다. 자신의 젖병, 엄마의 관심, 친구의 장난감, 삼촌의 시계 등. 이것들을 주길 거부하면 그의 분노와 공격성이 끓어오른다. 만약 그가 힘없는 아기가 아니라면, 그의 분노와 공격성은 살인을 부를지도 모른다. 그는 더럽고, 도덕성이 없으며, 지식도 없고, 발전된 기술도 없다. 이것은 특정 아이들이 아니라 모든 아이가 범죄 성향을 타고 태어난다는 뜻이다. 유아기의 자기중심적인 세상에서 살도록 계속 내버려 두고, 욕구마다 충족시키는 충동적 행동을 자유롭게 하도록 내버려 두면, 모든 아이는 범죄자, 도둑, 살인자, 강간범으로 자랄 것이다.

가정 문제의 둘째 원인은 우리가 살고 있는 사탄 세계의 체계다. 하나님의 계획은 가정을 세우고 견고하게 하며 보호하는 것이다. 사탄의 계획은 가정을 흔들고 약화하며 무너뜨리는 것이다. 가능한 모든 수단을 동원해 사탄은 가정을 자신이 세운 가치 체계의 틀에 욱여넣고, 하나님이 뜻하시는 대로 기능하지 못하게 하려 한다.

세상의 틀은 그리스도인에게 걸맞은 것이 아니다. 전혀 적합하지 않은 것이다. 하나님은 모세에게 다음과 같이 이스라엘에게 이르라고 명하셨다. "너희는 너희가 거주하던 애굽 땅의 풍속을 따르지 말며, 내가 너희를 인도할 가나안 땅의 풍속과 규례도 행하지 말고, 너희는 내 법도를 따르며 내 규례를 지켜 그대로 행하라. 나는 너희의 하나님 여호와이니라"(레 18:3~4). 하나님은 나중에 여러 부도덕한 성행위를 구체적으로 언급하며 이렇게 말씀하신다. "너희는 이 모든 일로 스스로 더럽히지 말라. 내가 너희 앞에서 쫓아내는 족속들이 이 모든 일로 말미암아 더러워졌고"(24절). 처음부터 하나님의 뜻은 자신의 백성이 세상과 뚜렷이 다르며, 세상의 방식과 구별되는 것이었다.

가정이 무너지는 중요한 셋째 이유는 인본주의 철학의 뒤틀린 영향이다. 오늘날 거의 모든 일반 대학에서 교수들과 초청 연사들과 캠퍼스 단체들이 조장하는 이른바 미래 개념을 들을 수 있다. 어느 인기 있는 연사는 자신은 학교도 없고, 가정도 없으며, 부모-자녀 관계도 없는 미래를 내다본다고 말한다. 그는 이렇게 말한다. "자녀를 자유롭게 하려면 부모의 신분과 결혼 제도를 없애야 하며, 가정의 완전한 해체에 미치지 못하는 그 무엇에도 안주하지 말아야 합니다."

국제 어린이의 해(International Year of the Child, IYC)를 준비하면서 1977년에 처음 열린 국제 세미나에서, 체코슬로바키아 여성동맹(Czechoslovak Women's Union) 의장이 이렇게 말했다. "세상 모든 민족의 대표들과 유엔이 아동의 권리 선언과 그 열 개 조항을 채택하기로 결정하기 오래 전에, 사회주의 국가들은 이 선언에 담긴 생각을 일상에 적용하는데 있어 엄청난 경험을 쌓았습니다." 마르크스 사회주의의 주요 목표 중 하나는 아이들을 가정에서 해방해서 국가의 피보호자로 만드는 것이다. 가정 밖의 아이는 국가가 원하는 것에 반하는 그 어떤 도덕적, 종교적, 사회적, 애국적, 정치적 기준이나 태도도 배우지 못할 것이다.

내가 섬기는 교회에 체코슬로바키아에서 이민 온 가정이 있다. 나는 그 가정의 남자에게 편지를 받았다. 다음은 그 편지의 일부다.

체코슬로바키아에서는 대다수 여성이 일하며 아이들은 생후 몇 달만 지나면 유치원에 다닙니다. 가족 간의 유대에 미치는 영향은 끔찍합니다. 저희 부부는 이것을 경험으로 압니다. 어린아이들의 영혼에 주입된 하나님 없는 가르침이 상상할 수 있는 가장 냉소적인 세대를 낳았습니다. 대다수 젊은이는 아무것도 믿지 않으며, 하나님조차 믿지 않습니다. 제 아내가 최근에 모국을 방문했다가 가슴에 슬픔을 안고 돌아왔습니다. 하나님 없는 체계가 사람들의 의지를 상당 부분 파괴해 버렸고, 냉소적이고 무관심하며 복종하는 일회용 로봇들을 생산했습니다. 저를 가장 소름 돋게 하는 것은 제가 25~30년 전에 들었던 바로 그 해방운동의 과정과 허튼소리가 바로 지금 이 나라에서 일어나고 있으며, 저희가 그것을 또다시 겪어야 한다는 것입니다. 이 무너지는 도덕성과 커가는 무관심이 저희가 몇 달 전에 예수 그리스도를 저희의 구주로 영접한 이유 중 일부입니다. 변증법적 유물론(공산주의의 다른 이름입니다)이라는 우리의 배경이 거대하고, 보통의 미국인에게는 상상할 수 없는 것인데도 말입니다.

인본주의 집단들은 자녀들을 다음과 같은 것에서 해방해야 한다고 믿는다: 전통적 도덕과 가치관, 부모의 권위, 체벌, 종교, 민족주의, 애국심, 자본주의. 그리고 이들은 자녀들에게 동성 "결혼", 낙태, 피임을 위한 무료 정보와 도구를 사용할 권리를 포함한 완전한 성적 자유를 허용해야 한다고 믿는다. 자녀들이 교회에 가라고 강요하는 부모를 고발하고, 집안의 허드렛일을 하는 대가로 최저 임금을 받으며, 자신만의 가정을 선택할 권리를 가져야 한다는 진지한 제안들이 나왔다.

성경은 처음부터 자녀가 하나님이 주신 복이라는 것을 분명히 한다. 하와는 가인이 태어났을 때 "내가 여호와로 말미암아 득남하였다"고 환호했으며(창 4:1), 셋이 태어났을 때 "하나님이 내게…아벨 대신에 다른 씨를 주셨다"고 했다(25절). 레아가 야곱에게 사랑받지 못했기 때문에 하나님이 그녀에게 복을 주어 여러 아들을 낳게 하셨을 때, 레아는 자신의 출산에 하나님의 은혜로운 손이 함께했음을 인정하며 르우벤에 대해 "여호와께서 나의 괴로움을 돌보셨으니"라고 했고, 시므온에 대해 "여호와께서 내가 사랑받지 못함을 들으셨으므로 내게 이 아들도 주셨도다"라고 했다(창 29:32~33). 구약과 신약 전체에서, 자녀는 하나님의 선물로 여겨진다. 자녀는 감사와 성실로 소중히 여기고, 사랑하며, 돌봐야 하는 축복이다. "보라, 자식들은 여호와의 기업이요 태의 열매는 그의 상급이로다. 젊은 자의 자식은 장사의 수중의 화살 같으니, 이것이 그의 화살통에 가득한 자는 복되도다"(시 127:3~5). 부모 됨의 진정한 복을 누리는 조건은 하나님을 사랑하고 그분의 길을 따르도록 자녀를 양육하는 것이다. 의롭고 경건한 자녀가 부모에게 복과 행복을 안긴다. "의인의 아비는 크게 즐거울 것이요 지혜로운 자식을 낳은 자는 그로 말미암아 즐거울 것이니라"(잠 23:24). 여자는 가정에서 자녀를 양육하고 참여하며 활동함으로써 자신의 가장 높은 성취를 찾을 뿐 아니라 교회에 가장 특별하게 기여하며, 따라서 교회에서 남성의 역할을 추구해서는 안 된다(딤전 2:15을 보라).

자녀를 경건하게 가르치고 훈련하는 데 지칠 줄 모르고 온전히 헌신하지 않는 부모라면, 어느 날 깨어나 자녀가 경건하지 못하고 부도덕한 세상의 철학과 행실에 필연적으로 물든 모습을 발견할 것이다. 세상이 하는 말에도 불구하고 자녀는 부모에게 순종하고 부모를 공경해야 한다. 자녀가 부모에게서 해방되어 무엇이든 자신이 하고 싶은 것을 자신이 원하는 방식으로 할 수 있게 해서는 안 된다.

부모가 자녀를 의롭고 경건하게 양육하는 데 필요한 모든 진리와 지침이 하나님의 말씀에 있다. 자녀가 부모와 관계를 맺고 반응하는 방법에 대해 알아야 할 사항도 하나님의 말씀에 있다. 성경은 이천 년 전에 완성되었으나, 그 이후로 사람은 변하지 않았으며 하나님도 변하지 않으셨다. 성경이 하는 말은 시간을 초월하며 늘 최신이다. 그 어떤 인간의 발견이나 철학이나 태도도 하나님께 새롭거나 놀랍거나 그분의 계시된 말씀의 범위와 판단을 벗어나지 않는다.

바울은 에베소서 6장 1~4절에서 가정으로 옮겨감으로써 신자들의 상호 복종에 관한 가르침을(5:21) 계속한다. 1~3절은 자녀들의 복종에, 4절은 부모의 복종에 초점을 맞춘다.

자녀의 복종

자녀들아, 주 안에서 너희 부모에게 순종하라. 이것이 옳으니라. 네 아버지와 어머니를 공경하라. 이것은 약속이 있는 첫 계명이니, 이로써 네가 잘되고 땅에서 장수하리라. (6:1~3)

'테크나'(*tekna*, **자녀들**)는 구체적으로 어린 자녀들이 아니라 모든 자손을 가리킨다. 여전히 부모의 지붕 아래 있는 아들과 딸은 부모에게 **순종하고** 부모를 **공경해야** 한다. **순종하라**는 행동과 관련이 있고, **공경하라**는 태도와 관련이 있다. 바울이 방금 말했듯이, 남자와 여자는 결혼하면 더는 부모의 권위 아래 있지 않지만(5:31), 그렇더라도 부모가 살아 있는 한 부모를 향한 특별한 존경과 관심은 계속되어야 한다. 부모에게 **순종하고** 부모를 **공경하도록** 양육 받는 자녀는 늘 부모의 지혜와 조언과 안녕에 민감할 것이다.

'후파쿠오'(*hupakouō*, **순종하다**)는 문자적으로 "~아래서 듣다"(to hear under), 즉 집중해 듣고 들은 것에 긍정적으로 반응한다는 뜻이다. **자녀들**은 자신을 **부모**의 말과 권위 아래 두어야 한다.

주 안에서는 주님을 기쁘게 하는 영역, 주님을 위해 **부모에게** 순종함을 가리킨다. 자녀들은 주님을 향한 순종의 한 모습으로 부모에게 **순종한다**. 문맥상, **주 안에서**는 **순종하라** 뿐 아니라 **공경하라**에도 적용되는 게 분명하다. **부모**에게 순종하고 부모를 공경해야 하는 것은 이것이 **주**께 순종하고 **주**를 공경하는 것이기 때문이다.

자녀가 너무 어려 직접 하나님과 온전하고 성숙한 관계를 맺을 수 없는 동안, 부모는 말하자면 자녀와 하나님 사이에 서 있는 것이다. 부모는 자녀에게 하나님의 청지기, 곧 하나님을 대리하는 권위다. 하늘에 계신 이들의 아버지께서 이들에게 자녀를 믿고 맡기셨기 때문이다. 그래서 자녀들은 이런 명령을 받는다. "자녀들아, 모든 일에 부모에게 순종하라. 이는 주 안에서 기쁘게 하는 것이니라"("주님을 기쁘게 해드리는 일입니다," 새번역, 골 3:20). 이 순종에 유일한 예외가 있다. 부모가 자녀에게 잘못된 일을 하라고 할 때다. 모든 신자는 성경이 가르치는 하나님의 뜻에 명백하게 어긋나는 일이라면 무엇이든 거부해야 한다. 베드로와 요한처럼 말해야 한다. "하나님 앞에서 너희의 말을 듣는 것이 하나님의 말씀을 듣는 것보다 옳은가 판단하라. 우리는 보고 들은 것을 말하지 아니할 수 없다"(행 4:19~20). 이런 경우가 아니라면, 자녀는 "모든 일에" 부모에게 순종해야 한다.

자녀들이 부모에게 **순종하고** 부모를 **공경해야** 하는 기본 이유는 단순하다. **이것이 옳으니라**. 옳음은 심리학적 사례 연구나 인간의 증거나 이론에 근거하지 않고, 옳음에 대한 하나님의 기준에 근거한다. 하나님이 옳다고 선언하면 **옳은** 것이다.

'디카이오스'(*dikaios*, **right**, 옳다)는 맞고(correct), 정의로우며(just), 의로운(righteous) 것을 가리킨다. 즉 정확히 어떠해야 하는 그대로인 것을 가리킨다. 자녀들이 부모에게 순종하는 것이 '디카이오스', 정확히 어떠해야 하는 그대로이다. 하나님이 명하시는 모든 것이 '디카이오스'이기 때문이다. 에스라는 하나님에 관해 이렇게 선언했다. "또 시내산에 강림하시고 하늘에서부터 그들과 말씀하사 정직한(just) 규례와 진정한 율법과 선한 율례와 계명을 그들에게 주시고"(느 9:13). 다윗은 이렇게 말했다. "여호와의 교훈은 정직하여(right) 마음을 기쁘게 하고, 여호와의 계명은 순결하여 눈을 밝게 하시도다"(시 19:8). 또 다른 시편 기자는 이렇게 썼다. "여호와여, 내가 알거니와 주의 심판은 의로우시고(right)…내가 범사에 모든 주의 법도들을 바르게 여기고(esteem right)"(119:75, 128). 호세아는 아름다운 말로 자신의 메시지를 마무리했다. "누가 지혜가 있어 이런 일을 깨달으며, 누가 총명이 있어 이런 일을 알겠느냐? 여호와의 도는 정직하니(right) 의인은 그 길로 다니거니와 그러나 죄인은 그 길에 걸려 넘어지리라"(호 14:9).

순종이라는 옳은 '행위' 뒤에 자리한 **옳은 '태도'는 공경하다**(*timaō*)이며, 이것은 높이 평가하다, 최고로 존경하고 존중한다는 뜻을 갖는다. 이 단어의 동사형과 명사형 둘 다 아버지 하나님과 그리스도를 향한 존귀, 공경, 존대를 가리키는 데 자주 사용된다(딤전 1:17; 벧전 2:17; 계 4:9, 11; 5:12~13 등). 이 단어는 아버지께서 아들에게 사용하시기도 했다(히 2:9; 벧후 1:17).

자녀들은 **아버지와 어머니** 양쪽 다 **공경해야**, 최대한 존중해야 한다. 하나님이 기록된 자신의 율법을 십계명 형태로 주셨을 때, 인간관계에 관한 첫 계명은 이것이었다. "네 부모를 공경하라. 그리하면 네 하나님 여호와가 네게 준 땅에서 네 생명이 길리라"(출 20:12). 바울은 이 본문에서 이 율법을 되풀이한다. 이것은 십계명 중에서 가족과 관련된 유일한 계명이다. 이에 순종할 때, 이 원리 하나만으로도 자녀가 부모와 옳은 관계를 형성하는 데 충분하기 때문이다. 그뿐 아니라, 이것은 사회에서 모든 올바른 인간관계 배후에 자리한 핵심 원리이기도 하다. 자라면서 부모를 공경하고 부모에게 순종하는 태도를 갖춘 사람은 다른 지도자들의 권위와 다른 사람들의 권리를 전반적으로 존중하는 토대를 갖출 것이다.

부모 공경은 하나님에게 너무나 중요하다. 그래서 모세는 이렇게 명했다. "자기 아버지나 어머니를 치는 자는 반드시 죽일지니라…자기의 아버지나 어머니를 저주하는 자는 반드시 죽일지니라"(출 21:15, 17; 참조. 20:9). 고대 이스라엘에서 신체적으로나 말로 부모를 학대하는 것은 사형에 해당하는 죄였다.

미국에서 자녀가 부모를 심하게 폭행하는 사건이 매년 적어도 팔백만 건에 이른다. 최근 몇 년간 많은 자녀가 부모를 살해했거나 부모를 살해하도록 청부한 혐의로 기소되었다. 대개 그 이유라는 게 고작 부모의 통제나 징벌에 화가 났다는 것이다. 자신이 원하면 무엇이든, 그것도 자신의 방식으로 할 수 있다는 말을 점점 많이 듣는 자녀들은 머지않아 부모, 선생, 도덕 기준, 법, 사회전체를 조롱하는 사람들이 된다. 모든 인간관계는 분명히 자녀-부모 관계에서 비롯된다. 부모를 공경하고 부모에게 순종하는 자녀들은 질서 있고 조화로우며 생산적인 사회를 만들 것이다. 훈련받지 않고 순종하지 않는 자녀들의 세대는 혼란스럽고 파괴적인 사회를 낳을 것이다.

부모 **공경**은 더 이상 자신을 부양할 수 없는 부모를 부양하는 것을 포함한다. 부모가 20년이나 그 이상 자녀를 돌보고 부양하듯이, 부모가 더는 스스로 그럴 수 없을 때 자녀는 부모를 돌보고 부양하는 데 필요한 시간과 물질을 써야 한다.

어떤 바리새인들과 서기관들이 예수님의 제자들이 의식적으로 손을 씻지 않은 채 먹도록 둔다며 그분을 비난했다. 예수님은 이렇게 맞받아치셨다. "너희는 어찌하여 너희의 전통으로 하나님의 계명을 범하느냐? 하나님이 이르셨으되, 네 부모를 공경하라 하시고, 또 아버지나 어머니를 비방하는 자는 반드시 죽임을 당하리라 하셨거늘, 너희는 이르되 누구든지 아버지에게나 어머니에게 말하기를 내가 드려 유익하게 할 것이 하나님께 드림이 되었다고 하기만 하면 그 부모를 공경할 것이 없다 하여 너희의 전통으로 하나님의 말씀을 폐하는도다"(마 15:3~6). 예수님은 부모 **공경**이 필요한 경제적 지원까지 포함한다는 것을 분명히 하셨다.

늙은 부모를 경제적으로 지원할 뿐 이것이 사랑에서 우러나는 직접적인 참여로 이루어지지 않는다면 **공경**에 한참 못 미친다. 돈은 사랑의 표현일 수 있지만, 절대로 사랑의 대체물일 수는 없다. 자녀가 단순히 부모의 생활비를 부담하는 것으로 부모를 공경할 수는 없다. 이것은 그 부모가 단순히 자녀의 음식, 옷, 교육을 비롯해 여러 필요를 채울 비용을 지불할 뿐 자녀를 사랑으로 돌보고 직접 참여하지 않았다면 자녀를 책임 있게 양육할 수 없었으리라는 것과 같다.

부모는 자녀가 부모에게 **순종하고** 부모를 **공경하도록** 훈련해야 한다. 잠언에는 부모가 자녀를 훈련하고, 자녀가 부모에게 순종하는 데 지침이 되는 진리로 가득하다. 잠언은 본질적으로 부모가 자녀에게 가르쳐야 하는 일련의 교훈이며, 그 주제는 이것이다. "내 아들아, 네 아비의 훈계를 들으며, 네 어미의 법을 떠나지 말라"(1:8). 부모라고 늘 옳은 것은 아니다. 그러나 부모는 하나님이 자녀에게 주신 주된 권위이며 훈련의 근원이다. 잠언 저자는 이렇게 말한다. "내 아들아, 나의 법을 잊어버리지 말고 네 마음으로 나의 명령을 지키라"(3:1). "아들들아, 아비의 훈계를 들으며 명철을 얻기에 주의하라. 내가 선한 도리를 너희에게 전하노니, 내 법을 떠나지 말라. 나도 내 아버지에게 아들이었으며, 내 어머니 보기에 유약한 외아들이었노라. 아버지가 내게 가르쳐 이르기를, 내 말을 네 마음에 두라 내 명령을 지키라 그리하면 살리라"(4:1~4). 아버지가 자신의 아버지에게 배운 것을 아들에게 가르쳤다. 하나님의 계획은 신자들이 그분의 가르침을 다음 세대에게 전하는 것이다.

이런 중국 속담이 있다. "한 세대가 나무를 심고 다음 세대가 그늘 아래 쉰다"(前人栽樹後人乘凉 전인재수후인승량). 우리의 믿음을 살아내고 실천할 기회와 자유는 수백 년 전 우리의 선조들이 쟁취해 대대로 물려준 것이다. 기독교 가정에서 자라는 자녀들은 오래전 부모와 조부모가 심은 영적 나무의 열매를 누린다. 거꾸로, 한 그룹의 악한 아버지들이 미치는 영향을 상쇄하려면 3~4세대가 걸린다(참조. 출 20:5; 34:7; 민 14:18; 신 5:9). 우리가 지역 교회의 설교와 가르침과 교제에서 얻는 복은 이전 세대 신자들의 헌신과 희생이 맺은 열매다.

자녀에게 부모의 경건한 가르침과 본보기보다 큰 유산은 없다. "내 아들아, 내 말을 지키며 내 계명을 간직하라. 내 계명을 지켜 살며 내 법을 네 눈동자처럼 지키라. 이것을 네 손가락에 매며 이것을 네 마음판에 새기라"(잠 7:1~3). "눈동자"는 더없이 예민하고 자극에 노출되어 있으며 시력이 아주 중요하기 때문에 무의식적으로 보호된다. 순종하는 자녀는 부모의 경건한 가르침을 자신의 눈보다 더 소중히 여기고 더 주의 깊게 보호해야 한다.

순종하는 자녀가 가정에 행복과 평온을 안기듯이, 불순종하는 자녀는 정반대 결과를 초래한다. 불순종하는 자녀는 "어미의 근심"이며(잠 10:1), 아버지에게 불행과 재앙을 안기고(17:21; 19:13), 둘 모두에게 수치를 안긴다(19:26). 그는 부끄러운 줄 모르고 부모를 자신의 이기적 목적에 이용한다(28:24).

오늘의 세상은 이른바 자녀의 권리에 관해 할 말이 많다. 그러나 자녀의 책임을 강조해야 한다. 아이들이든 어른들이든 권리를 강조하면 모든 수준의 관계가 약화되고 파괴된다. 바른 성품뿐 아니라 바른 관계를 세우는 것은 책임감이다.

예수님은 완전히 하나님이며 죄로부터 자유로웠는데도 자녀로서 부모에게 온전히 순종하셨다. 어른으로 성장하면서, 예수님은 "지혜와 키가 자라가며 하나님과 사람에게 더욱 사랑스러워 가셨다"(눅 2:51~52). 예수님은 지적으로, 신체적으로, 영적으로, 사회적으로 자라셨다.

모든 아이(자녀)는 이런 면에서 자라야 한다. 지적으로 자라야 한다. 아기가 세상에 태어날 때, 그의 마음은 텅 비어 있다. 어린 시절은 배움의 시간이다. 아이들이 아는 것은 무엇이든 배운 것이다. 이들은 지적 지식이나 판단력이 전혀 없는 상태로 세상에 온다. 이들은 영양이 풍부한 음식보다 정크푸드를 선택하고, 안전한 곳보다 위험한 곳에서 노는 성향이 있다. 이들은 사물들의 이름을 모르거나 그것들이 어디에 쓰이는지 모른다. 이들은 말하는 법을 모른다. 그러므로 부모는 자녀가 알아야 하는 것을 가르칠 책임이 있다.

모든 아이(자녀)는 신체적으로 자라야 한다. 태어날 때 신체적으로 더없이 약하고 미숙하다. 스스로 아무것도 할 수 없다. 먹여주고, 갈아입히고, 추위나 더위로부터 지켜주어야 한다. 조금씩 스스로 하는 법을 배우지만, 그동안 부모가 부양해야 한다.

예수님처럼, 모든 아이(자녀)는 사회적으로 자라며 "사람에게 더욱 사랑스러워 가야" 한다. 아이의 가장 두드러진 태도는 이기심이다. 아이의 관심은 전적으로 자기중심적이다. 아이는 자신이 원하고 필요로 하는 것만 알고 거기에만 관심을 둔다. 물론, 이것이 언제나 어린 시절의 특징으로 남지는 않는다. 아이에게 나누는 법을 가르쳐야 하고, 다른 사람들을 배려하도록 '가르쳐야' 하며, 자신의 관심사를 다른 모든 사람의 관심사 위에 두지 않도록 '가르쳐야' 하고, 자신의 뜻을 관철할 수 없을 때 실망하거나 화내지 않도록 '가르쳐야' 한다.

모든 아이(자녀)는 영적으로 자라 "하나님…에게 더욱 사랑스러워 가야" 한다. 아이들은 천성적으로 하나님을 사랑하고 그분께 순종하는 것은 고사하고 천성적으로 하나님을 알지도 못한다. 아이에게 하나님을, 그분의 본성을, 그분의 보살핌을, 그분의 사랑을, 그분의 뜻을 가르쳐야 한다. 그럴 나이가 되면, 그의 필요를 그의 구주요 주님이신 예수 그리스도께 맡기도록 가르쳐야 한다.

바울은 이렇게 말했다. "내가 어렸을 때에는 말하는 것이 어린 아이와 같고 깨닫는 것이 어린 아이와 같고 생각하는 것이 어린 아이와 같다가…"(고전 13:11). 아이들은 삶의 모든 부분에서 부족하며, 주님의 진리 안에서의 성장을 포함한 성장의 필요 요소를 채워주는 것이 부모의 책임이다.

네 아버지와 어머니를 공경하라는 명령은 양면적이다. **네가 잘되고**는 삶의 질과 관련이 있고, **땅에서 장수하리라**는 약속된 삶의 길이와 관련이 있다. 원 약속은 이스라엘에게 주어졌고 가시적이고 물리적이며 이 땅에서 받는 수많은 복을 포함했다. 그러나 바울이 여기서 이 약속을 언급했다는 사실은 이것이 오늘의 신자들에게도 적용된다는 것을 보여준다. 이 약속의 복이 언제나 가시적이지는 않더라도, 자녀와 부모가 서로 사랑하고 복종하며 사는 가정은 다른 가정들이 결코 알 수 없으며 하나님이 주신 풍성한 조화와 만족을 누릴 것이다. **땅에서 장수하리라**는 약속과 관련해, 부모를 공경하는 신자는 자신의 수명이 아나니아와 삽비라의 수명처럼(행 5:5~10), 고린도교회 어느 신자들의 수명처럼(고전 11:30) 단축되는 게 아니라 하나님이 뜻하시는 연한을 다 채우리라는 것을 알 수 있다.

자녀보다 나이와 경험이 훨씬 많은 부모가 구원받지 못하고 성령이 충만하지 않은 상태로 자신의 책임을 수행할 수 없다면, 이러한 영적 조건이 충족되지 않은 자녀들이 자신의 책임을 수행하리라고는 더더욱 기대할 수 없지 않겠는가? "성령으로 충만함을 받으라"(5:18)와 "그리스도를 경외함으로 피차 복종하라"는 명령은(5:21) 5장 22~33절의 남편들과 아내들 및 6장 4절의 부모들과 마찬가지로 바울이 에베소서 6장 1절에서 말하는 자녀들에게도 적용된다.

사무엘과 하나님의 가까운 관계는 그가 매우 어릴 때 시작되었고, 요시야 왕은 아직 십 대일 때 유다의 영적 부흥에 불을 댕겼다. 하나님이 다윗을 처음 사용하기 시작하셨을 때 그는 소년이었고, 하나님이 에스더 왕후를 사용해 이스라엘 민족을 몰살에서 구해내셨을 때 그녀는 어린 여자였다. 세례 요한은 어머니 태중에 있을 때부터 성령이 충만했다(눅 1:15).

부모의 복종

또 아비들아, 너희 자녀를 노엽게 하지 말고, 오직 주의 교훈과 훈계로 양육하라.

(6:4)

부정 명령

바울이 부모들에게 하는 첫 명령은 부정 명령이다. **아비들아, 너희 자녀를 노엽게 하지 말라.** 이것은 바울 당시에는 전혀 새로운 개념이었으며, 에베소와 같은 이교도 요새에서는 특히 그러했다. 대다수 가정은 삐걱댔고, 가족 구성원들 간의 사랑은 거의 들리지 않았다. 자녀를 향한 아버지의 사랑은 상상하기조차 어려웠을 것이다. '파트리아 포테스타스'(*patria potestas*)라는 로마법에 따라, 아버지는 자신의 노예들 뿐 아니라 가솔(家率) 전체를 사실상 죽이고 살리는 힘이 있었다. 그는 가솔 중 누구라도 집에서 쫓아내거나, 노예로 팔거나, 심지어 죽일 수 있었다. 그리고 아무에게도 책임지지 않을 수 있었다. 신생아는 아버지 발치에 두었고, 아버지가 그 아이의 운명을 결정했다. 아버지가 아이를 들어 올리면, 그 아이는 그 가정에 남을 수 있었다. 아버지가 아이를 두고 돌아서면, 그 아이는 버려졌다. 우리 시대에 낙태되는 아기들과 아주 비슷하다. 버려졌으나 건강한 아기들은 모아서 밤마다 광장에 내다 놓았고, 누군가 이들을 데려가 노예나 창녀로 길렀다.

주전 1세기에 힐라리온(Hilarion)이라는 남자가 아내 알리스에게 쓴 어느 편지에 이런 부분이 나온다. "마음을 담아 안부를 전하오. 우리 일행은 여전히 알렉산드리아에 있소. 다른 사람들이 다 돌아갈 때 나만 알렉산드리아에 남더라도 걱정하지 마시오. 부탁하건대, 어린아이를 잘 돌보시오. 임금을 받는 즉시 당신께 보내겠소. 당신이 아이를 낳고 그 아이가 아들이라면 살려두시오. 딸이라면 버리시오."(Papyri Oxyrhynchus 4.744). 바울 당시의 유명한 로마 정치가 세네카(Seneca)는 에베소에 보낸 서신에서 이렇게 말했다. "우리는 사나운 황소를 도살한다. 미친개를 목 졸라 죽인다. 병든 암소에 칼을 꽂는다. 약하거나 기형으로 태어난 신생아들을 익사시킨다."

이런 냉혹함은 등골이 오싹하다. 그러나 최근 보고서에 따르면, 우리 시대에 아이들이 다른 가정에 위탁되는 주된 원인은 이혼이나 경제적 궁핍이나 부모의 죽음이 아니라 단순히 부모의 무관심이다. 아이가 경험할 수 있는 가장 충격적인 학대는 마치 자신이 존재하지 않는 것처럼 방치된다는 것이다.

'파테레스'(*patēres*, **아비들**)는 대개 남성 부모(male parents)를 가리켰지만, 이따금 일반적으로 부모를 가리키는 데도 사용되었다. 바울은 앞 세 절에서 부모 양쪽 모두에게 말했으며, 4절의 이 용어를 쓰면서도 여전히 양쪽 모두를 염두에 두는 것으로 보인다. 같은 단어가 히브리서 11장 23절에서는 모세의 부모를 가리키는 데 사용된다.

당시에 아버지는 집안에서 단연코 지배적인 인물이었다. 따라서 대부분의 경우, **자녀를 노엽게 하는** 것은 아버지였다. 그러나 어머니도 똑같이 할 수 있는 게 분명하며, 아버지와 마찬가지로 어머니도 이렇게 하는 게 정당하지 않다.

하버드 대학의 두 사회학자 쉘던 글루엑(Sheldon Glueck)과 엘리너 글루엑(Eleanor Glueck) 부부는 5세와 6세 아동이 비행 청소년이 될 것인지 알아보는 테스트 방법을 개발했다(정확도가 90퍼센트로 증명되었다). 이들은 비행(非行)을 막는 중요한 네 가지 요소를 발견했다. 첫째, 아버지가 자녀를 확고하고 공정하며 일관되게 훈육하는(discipline, 징계) 것이다. 둘째, 낮 동안 어머니가 자녀를 감독하고 자녀의 친구가 되어주는 것이다. 셋째, 부모가 서로에게, 자녀들에게 애정을 보이는 것이다. 넷째, 가족 모두가 참여하는 활동을 하며 함께 시간을 보내는 것이다(*Unraveling Juvenile Delinquency* [Cambridge, Mass.: Harvard Univ. Press, 1950], pp. 257-271).

기독교 심리학자 폴 마이어(Paul Meier)도 올바른 부모-자녀 관계를 낳는 요소들의 비슷한 목록을 제시한다. 첫째, 부모가 서로를, 자녀를 진정으로 사랑하는 것이다. 둘째, 자녀를 확고하고 일관되게 훈육하는 것이다. 셋째, 부모와 자녀 모두에게 일관된 기준을 적용하는 것이다. 넷째, 부모가 바른 본을 보이는 것이다. 다섯째, 아버지가 가정의 진정한 머리 역할을 하는 것이다. 그는 또한 신경증 환자의 절대다수가 아버지가 없는 가정이나 있더라도 어머니에게 지배당하는 가정에서 자랐다고도 말한다(*Christian Child-Rearing and Personality Development* [Grand Rapids: Baker, 1980], pp. 81~82).

노엽게 하다(provoke … to anger)는 자녀를 대하는 어떤 패턴이 계속 반복되어 서서히 자녀 속에 쌓인 뿌리 깊은 분노가 끓어 넘쳐 적대감으로 표출되는 것을 암시한다. 흔히 좋은 의도의 과잉보호가 자녀의 분노를 유발한다. 자녀를 숨 막히게 하고, 자녀가 갈 수 있는 곳과 할 수 있는 것을 지나치게 제한하며,

절대로 자녀 스스로 하도록 믿고 맡기지 못하고, 자녀의 판단에 계속 의문을 제기하는 부모는 자신과 자녀 사이에 장벽을 쌓는다. 대개 자신과 자녀의 관계가 더 가까워지게 하고 있다고 착각하면서 말이다. 자녀들은 섬세한 지도와 확실한 제한이 필요하지만, 자신만의 권리를 가진 개별 인간이며, 따라서 자신의 나이와 성숙에 비례해 스스로 결정하는 법을 배워야 한다. 자녀들의 의지를 지도할 수는 있으나 통제해서는 안 된다.

흔히 자녀를 노엽게 하는 또 하나는 편애다. 이삭은 야곱보다 에서를 더 좋아했고, 리브가는 에서보다 야곱을 더 좋아했다. 이러한 이중적이고 갈등을 유발하는 편애는 직계 가족에 큰 문제를 야기했을 뿐 아니라 지금까지도 야곱의 후손과 에서의 후손 사이에서 충돌을 일으킨다.

부모가 특히 자녀들이 보는 앞에서 자녀와 자녀를 비교하면, 재능이 덜 하거나 덜 사랑받는 자녀에게 심각한 영향을 미칠 수 있다. 그 자녀는 낙담하고, 분을 품으며, 위축되고, 모질어지는 경향이 있다. 부모가 자녀를 편애하면, 자녀도 부모를 따라 자기들끼리 서서히 편애하게 된다. 자녀가 어느 형제나 자매를 다른 형제나 자매보다 더 좋아하게 되고, 많은 경우 부모 중 한쪽을 더 좋아하게 된다.

부모가 자녀를 노엽게 하는 셋째 형태는 합리적 범위 이상으로 성취를 강요하는 것이다. 자녀는 성취해야 한다는 압박을 심하게 받아 사실상 무너질 수 있다. 그는 무엇을 하더라도 부모를 기쁘게 하기에는 부족하다는 것을 빨리 깨우친다. 목표 하나를 성취하기가 무섭게 더 나은 목표를 성취해야 한다는 압박을 받는다. 아버지가 아들의 운동 재능을 통해 자신의 성취를 마음에 그리거나, 어머니가 딸의 삶을 통해 자신의 화려한 이력을 마음에 그린다면, 부모로서 자신의 책임을 (창녀가 몸을 팔듯) 파는 것이다.

정신 병원에 입원 중인 젊은 여성을 찾아간 적이 있다. 그녀는 긴장성 쇼크 증세로, 벽에 완충재를 댄(환자의 자해를 막기 위해서) 병실에 격리되어 있었다. 그녀는 그리스도인이었고 기독교 가정에서 자랐다. 그러나 어머니는 학교에서 가장 인기 있고, 아름다우며, 뛰어난 학생이 되라며 딸을 끊임없이 몰아붙였다. 그녀는 치어리더 대표가 되었고, 동창회의 여왕(homecoming queen)이 되었고, 나중에 모델이 되었다. 그러나 뛰어나야 한다는 압박이 너무 커졌고, 그녀는 정신적으로 완전히 무너졌다. 퇴원한 후에도 똑같이 인위적이고 부담스러운 환경으로 돌아갔다. 이번에도 자신이 해낼 수 없음을 알았을 때, 그녀는 극단적 선택을 했다. 그 이전 어느 날, 그녀는 자신의 좌절을 요약하며 내게 이렇게 말했었다. "난 내가 무엇을 하건 신경 쓰지 않아요. 어차피 절대로 어머니를 만족시키지 못하니까요."

자녀를 노엽게 하는 넷째 형태는 낙담이다. 부모에게 칭찬이나 격려라곤 받아본 적이 없는 자녀는 곤경에 처하게 된다. 부모에게서 늘 무엇을 잘못했다는 지적만 받을 뿐 무엇을 잘했다는 칭찬을 전혀 받지 못한다면, 자녀는 곧 희망을 잃고, 자신은 아무것도 제대로 할 수 없다고 단단히 믿게 된다. 이 시점에 이르면, 그는 시도라도 해볼 아무 이유가 없다. 부모는 자녀가 정말 잘하는 것을 언제든 찾을 수 있으며, 그 부분에서 자녀를 인정해 주어야 한다. 자녀(아이)는 어떤 일을 했을 때 좋지 못한 부분에서 교정이 필요한 만큼이나 좋은 부분에서 세세한 인정과 격려가 필요하다.

자녀를 노엽게 하는 다섯째 형태는 부모가 자녀를 위해 희생하지 않고, 자녀 자신을 부모가 원하지 않은 아이라고 느끼게 만드는 것이다. 부모가 자녀로 자신은 침입자이며 늘 부모의 계획과 행복을 방해한다고 느끼게 한다면, 이런 자녀는 분을 품지 않을 수 없다. 이런 자녀에게 부모 자신이 마침내 원하지 않는 존재가 되고, 자녀의 계획과 행복을 가로막는 방해물이 될 것이다.

자녀를 노엽게 하는 여섯째 형태는 자녀가 정상 속도로 자라도록 두지 않는 것이다. 자녀의 행동이 지극히 정상이고 해가 없을 때조차 자녀(아이)가 늘 아이처럼 행동한다며 혼낸다면, 자녀의 성숙에 도움이 되기는커녕 자녀가 어린아이로 남게 만든다.

자녀를 노엽게 하는 일곱째 형태는 사랑을 상이나 벌을 주는 도구로 사용하는 것이다. 자녀가 착할 때는 사랑을 주고 그러지 못할 때는 사랑을 거두는 것이다. 이러한 부모의 행위는 흔히 무의식적이다. 그러나 자녀는 자신이 순종할 때보다 그러지 않을 때 부모가 자신을 덜 좋아하는 것을 감지할 수 있다. 하나님은 이렇게 사랑하지 않으시며, 인간 부모가 이렇게 사랑하길 원치도 않으신다. 하나님은 자신의 자녀들에게 복을 주실 때만큼이나 이들을 징계하실 때도 사랑으로 하신다. "주께서 그 사랑하시는 자를 징계하시고"(히 12:6). 홧김에 벌을 주기가 너무 쉽다. 그러므로 부모는 자녀를 징계할 때도 자신이 자녀를 사랑한다는 것을 자녀가 알도록 특별히 신경 써야 한다.

자녀를 노엽게 하는 여덟째 형태는 신체적, 언어적 학대다. 아동 학대는 우리 시대에 커지는 비극이다. 그리스도인 부모들까지, 특히 아버지들이 자녀에게 필요보다 훨씬 심하게 반응하고 손찌검을 한다. 적절한 체벌은 우월한 권위와 힘을 행사하는 것이 아니라 사랑과 합리성으로 바로잡는 것이다. 자녀는 말로도 학대받는다. 부모는 물리적 힘만큼이나 말로 자녀를 쉽게 제압할 수 있다. 우월한 논증이나 비꼬는 말로 자녀를 내리누른다면 심각한 해를 끼칠 수 있고 자녀를 노엽게 한다. 놀랍게도 우리는 다른 누구에게도 하지 않을 법한 말을 이따금 자녀에게 한다. 우리의 평판이 무너질까 두려워서다! 어느 그리스도인 아버지가 이렇게 고백한다.

저희 가정은 아이들이 다 떠났습니다. 그러나 다시 시작할 수 있다면, 이렇게 하겠습니다. 자녀들 앞에서 아내를 사랑하겠습니다. 자녀들과 함께 우리의 실수와 기쁨에 대해 더 많이 웃겠습니다. 막내의 말이라도 더 귀담아듣겠습니다. 저자신의 약점에 대해 더 솔직하고, 절대로 완벽한 체하지 않겠습니다. 가족을 위해 다르게 기도하겠습니다. 가족에게 초점을 맞추기보다 저 자신에게 초점을 맞춰 기도하겠습니다. 자녀들과 더 많은 일을 함께 하겠습니다. 자녀들을 더 격려하고 더 칭찬하겠습니다. 사려 깊은 행동과 말처럼 작은 것들에 더 주목하겠습니다. 마지막으로, 제가 다시 시작할 수 있다면, 하나님을 가족에게 더 친밀하게 전하겠습니다. 모든 평범한 날에 일어난 모든 평범한 일을 이용해 가족이 하나님을 향하게 하겠습니다.

긍정 명령

바울이 부모에게 주는 긍정 명령은 자녀들을 **오직 주의 교훈과 훈계로 양육하라**는 것이다. '파이데이아'(*paideia*, **discipline**, 교훈)는 '파이스'(*pais*, 아이)라는 단어에서 왔으며, 아이들을 대상으로 하는 체계적 훈련을 가리킨다. 유명한 잠언 "매를 아끼는 자는 그의 자식을 미워함이라. 자식을 사랑하는 자는 근실히 징계하느니라"에서 보듯이(잠 13:24), 이 훈련은 잘못된 행동을 바로잡는 일을 포함한다. 이 단어는 히브리서 12장 5~11절에서 여러 차례 사용되는데, 흠정역은 이 단어를 "징벌"(chastening)로 옮겼으며, 이것이 그 문맥의 강조점인 게 분명하다. 그러나 바울이 여기서 제시하는 의미는 "마땅히 행할 길을 아이에게 가르치라. 그리하면 늙어도 그것을 떠나지 아니하리라"라는 잠언에서 훨씬 완전하게 표현된다(잠 22:6). **교훈(discipline)**은 자녀(아이)를 위한 전반적 훈련과 관련이 있으며, 여기에는 징벌도 포함된다.

존 웨슬리와 찰스 웨슬리의 어머니 수잔나 웨슬리(Susannah Wesley, 1669-1732)는 열일곱 자녀를 양육했으며, 자녀 양육에 관해 이런 말을 했다. "자녀의 [고집을] 꺾으려 연구하는 부모는 한 영혼을 새롭게 하고 구원하는 일에 하나님과 동역한다. 자녀가 제멋대로 하도록 두는 부모는 마귀의 일을 하고, 종교를 쓸모없게 하며, 구원 얻지 못하게 하는 것이며, 자녀의 영혼과 몸을 영원히 파멸시킬 모든 것을 하는 셈이다. (*The Journal of John Wesley*[Chicago: Moody, n. d.], p. 106에서 인용).

'누떼시아'(*nouthesia*, **instruction**, 훈계)는 문자적으로 "마음에 집어넣기"(putting in mind)라는 뜻이며, 바로잡음이란 의미도 내포한다. 이것은 잠언에 나오는 형태의 훈계를 가리키는데, 잠언은 자녀를 훈련하고 가르치는 데 주된 초점을 맞춘다. 이것은 사실적 정보보다 바른 태도와 행동 원리와 관련이 있다.

자녀를 바른 **교훈**과 **훈계**로 양육하는 비결은 **오직 주의 교훈과 훈계로** 양육하는 것이다. 부모가 자녀를 위해 하는 모든 일은 하나님과 연결되어야 한다. 그분의 말씀에 따라, 그분의 성령의 인도와 능력을 힘입어, 그분의 아들 예수 그리스도의 이름으로, 그분의 영광과 존귀를 위해 해야 한다.

25

성령이 충만한 노동관계
(6:5~9)

종들아, 두려워하고 떨며 성실한 마음으로 육체의 상전에게 순종하기를 그리스
도께 하듯 하라. 눈가림만 하여 사람을 기쁘게 하는 자처럼 하지 말고 그리스도
의 종들처럼 마음으로 하나님의 뜻을 행하고, 기쁜 마음으로 섬기기를 주께 하
듯 하고 사람들에게 하듯 하지 말라. 이는 각 사람이 무슨 선을 행하든지 종이나
자유인이나 주께로부터 그대로 받을 줄을 앎이라. 상전들아, 너희도 그들에게
이와 같이 하고 위협을 그치라. 이는 그들과 너희의 상전이 하늘에 계시고, 그에
게는 사람을 외모로 취하는 일이 없는 줄 너희가 앎이라. (6:5~9)

이 단락에서 바울은 성령이 낳은 상호 복종 원리―"그리스도를 경외함으로 피
차 복종하라"(5:21)―에 관한 마지막 실례를 제시하고, 이 원리를 종과 주인의
관계에 적용하며, 폭을 넓혀서 모든 고용주와 피고용인의 관계(노사 관계)에 적
용한다.

우리 시대에 고용주와 피고용인 간의 다툼이 극에 달했다. 노동자와 경영
자 사이에 갈등이 끊이지 않으며, 이기적이고 비합리적이라며 서로를 비난한
다. 피고용인들은 업무량과 업무 시간을 줄이고 대신에 휴가와 임금과 혜택
을 늘이고 싶어 한다. 고용주들은 생산성과 이윤을 높이고 경영 정책과 그 실
행에서 더 큰 권한을 갖고 싶어 한다. 양쪽 다 세금은 덜 내길 바라면서 정부
로부터 더 큰 보호와 때로 보조금을 기대한다.

어렵지 않게 알 수 있듯이, 양쪽 모두 문제의 핵심은 탐욕이다. 탐욕의 죄는 세계 대다수 지역에서 현대 생활의 공통이 되어버린 인플레이션의 소용돌이를 부추기는 주된 연료다. 모두가 더 많은 것을 원할 때 더 높은 임금과 더 많은 이윤을 위해 가격을 올릴 수밖에 없다. 가격이 올라가 같은 돈으로 구매할 수 있는 상품이 줄어들 때, 사람들은 그 차이를 메꾸려고 한층 더 높은 임금이나 이윤을 원한다. 정부가 각종 보조금을 비롯해 여러 형태로 지원할 때, 세금과 국가채무 둘 다 늘어날 수밖에 없다. 정부가 대책 없이 돈을 찍어내면 화폐가치가 떨어지고, 사람들은 그 차이를 메꾸려고 또다시 더 많은 수입을 원한다.

이 모든 것에 한 원리가 추가된다. 소유가 커질수록 탐욕도 커진다는 것이다. 탐욕은 본래 만족을 모르기 때문이다. 현대 서구사회는 역사상 가장 탐욕스러운 것 같다. 모두 덜 주고 더 받으려 하며, 인플레이션과 채무와 세금의 소용돌이가 점점 거세질 뿐 그칠 줄 모른다.

타협이 불가능할 것 같은 이런 문제들을 어떻게 풀어야 하는가? 많은 사람이 정부가 경제를 완전히 통제하는 사회주의 체제의 한 형태를 주장한다. 탐욕이 커지고 사리 추구가 심해질수록, 무정부 상태를 막기 위해 정부의 통제가 더 필요할 것이다. 요한계시록 18장은 마지막 적그리스도가 사실상 모든 권력이 소수 엘리트 지도자에게 집중되는 거대한 세계 경제 체제를 통해 권력을 장악할 것임을 시사한다.

그러나 하나님은 인간의 자유가 인간을 거슬러 작동하도록 계획하지 않으셨다. 하나님은 우리가 이 자유로 생계를 꾸리고 가족을 부양하며 타인을 섬기도록 계획하셨다. 그러나 삶의 모든 부분에서 그러하듯, 인간은 본성이 뒤틀려 하나님이 공급하시는 것을 이기적으로 사용한다. 남편과 아내의 관계 및 부모와 자녀의 관계에서 생기는 문제의 경우와 마찬가지로(엡 5:22~6:4), 노동관계 문제를 해결할 때도 하나님의 해결책에서 시작해야 한다. 즉 예수 그리스도를 통한 구원과 그분의 성령께서 주시는 능력에서 시작해야 한다.

인간 생활의 모든 부분에서 하나님의 계획은 권위와 복종이며, 이 두 기둥이 성경적 노동관계의 기초다. 혼란과 무정부 상태를 피하려면, 누군가는 이끌고 나머지 사람들은 따라야 한다. 바울이 남편과 아내의 관계 및 부모와 자녀의 관계에서 가르쳤듯이, 주인과 종의 관계에서 가르치는 상호 복종은 하나님이 정하신 권위—아내에 대한 남편의 권위, 자녀에 대한 부모의 권위, 종에 대한 주인의 권위—의 역할이란 맥락에 자리한다. 그러나 이 권위는 남편이나 부모나 주인이 타고난 우월성에 기초하지 않는다. 이들은 하나님이 세우신 청지기로서 권위를 가지며 그 권위를 하나님의 목적을 위해, 그분의 원칙에 따라 사용해야 한다. 이들의 권위는 전적 권위나 제한받지 않는 권위가 아니며, 오직 하나님을 섬기고 자신이 권세를 부여받은 대상을 섬기는 데 사용되어야 한다. 그러므로 한 쪽이 복종하는 게 아니라 서로 복종해야 한다.

바울이 주인들과 노예들에게 주는 가르침은 집안(household)이란 정황에서 계속된다. 신약성경 시대에 비즈니스의 절대다수는 가업(家業)이었고, 따라서 대다수 종은 확대 집안의 일부였다. 농업 사회에서 종이나 노예는 경작하거나 가축을 돌보았다. 주인에게 배가 있는 경우, 종들이 기술자나 조력자로 일했다. 주인이 상인인 경우, 종들은 주인의 비즈니스에 필요한 일이라면 무엇이든 했을 것이다. 어느 경우든, 집안의 머리가 비즈니스의 머리이기도 했다. 그는 대개 고용주였고 종들은 피고용인이었다.

이 단락에서 바울은 성령이 충만한 삶의 실제 결과를(5:18) 계속 다룬다. 성령이 충만한 삶이 없으면 노동관계를 규정하는 기준을 비롯해 하나님의 의로운 기준들 가운데 어느 하나도 충족될 수 없다. 5~8절은 노예, 곧 노동자들의 복종을 가르치고, 9절은 주인, 곧 고용주들의 복종을 가르친다.

피고용인들의 복종

종들아, 두려워하고 떨며 성실한 마음으로 육체의 상전에게 순종하기를 그리스도께 하듯 하라. 눈가림만 하여 사람을 기쁘게 하는 자처럼 하지 말고 그리스도의 종들처럼 마음으로 하나님의 뜻을 행하고, 기쁜 마음으로 섬기기를 주께 하듯 하고 사람들에게 하듯 하지 말라. 이는 각 사람이 무슨 선을 행하든지 종이나 자유인이나 주께로부터 그대로 받을 줄을 앎이라. (6:5~8)

종들(slaves, 노예들)은 헬라어 '둘로이'(douloi)의 번역이며, 종속과 대개 속박을 암시한다. 성경 시대에 노예는 흔했고 많은 학대를 받았다. 헬라 문화와 로마 문화에서 대다수 노예는 법적 권리가 전혀 없었고 상품으로 취급되었다. 로마 시민들은 노동이 자신의 품위에 어긋난다고 보게 되었으며, 점차 제국 전체가 주로 노예 노동으로 기능하게 되었다. 마치 짐승이나 도구인 것처럼 노예들을 냉담하게 사고, 팔며, 거래하고, 사용하며, 버렸다. 대 플리니우스(Pliny the Elder)는 자신의 노예들이 죽자 크게 슬퍼했는데, 이런 인정 많은 주인은 예외였다.

어느 로마 저자는 농기구를 세 부류로 나누었다. 첫째는 말하는 기구, 즉 노예다. 둘째는 말 못 하는 기구, 즉 가축이다. 셋째는 아무 소리도 못 내는 기구, 즉 연장이나 수레다. 노예가 가축이나 연장보다 나은 점은 말을 할 수 있다는 것뿐이다. 로마 정치가 카토(Cato)는 이렇게 말했다. "늙은 노예는 쓰레기더미에 내다 버리고, 노예가 아플 때는 아무것도 먹이지 말라. 그놈은 그대의 돈을 축낼 가치가 없다. 병든 노예는 내다 버려라. 그놈은 쓸모없는 연장일 뿐이기 때문이다." 아우구스투스(Augustus)는 자신의 애완 메추라기를 실수로 죽인 노예를 십자가에 달아 죽였고, 폴리오라는 사람은 크리스털 술잔을 깼다는 이유로 노예를 치명적인 칠성장어가 우글대는 연못에 던졌다. 유베날리스(Juvenal)는 어느 노예 주인에 관해 썼는데, 그의 가장 큰 즐거움은 "매질당하는 자기 노예들의 달콤한 노래를 듣는 것"이었다. (이 자료는 다음에 실린 것을 재인용했다. William Barclay, *The Daily Bible Study Series: The Letters to the Galatians and Ephesians* [Philadelphia: Westminster, 1958], pp. 212~214.)

성경은 노예제 자체를 반대하지는 않는다. 그렇더라도 노예로 삼을 목적으로 누구라도 납치하는 것은 분명하게 반대한다(출 21:16). 그러므로 19세기 중반이 지나도록 계속된 유럽과 아프리카의 노예무역은, 관련된 많은 그리스도인의 합리화에도 불구하고, 성경을 거스른 것이 분명하다.

학대를 수반하지 않고 유익을 주는 특정 형태의 노예제는 구약성경에서 허용되었으며, 옹호되기까지 했다. 예를 들면, 배상할 수 없는 도둑은 배상을 완료할 때까지 유효한 노예 계약을 할 수 있었다. 이는 피해자에게 재산이나 돈을 배상하지 않거나 도둑의 존엄을 회복해주지 않는 현대의 징역형보다 훨씬 좋은 제도였다. 이스라엘은 주변 이방인들을 노예로 살 수 있었으나(레 25:44), 동료 이스라엘 사람을 사거나 팔 수 없었다. 그렇더라도 이들은 희년까지 자발적으로 노예 계약을 할 수 있었다(39~40절). 이들이 이렇게 봉사하는 동안, 주인은 이들을 노예가 아니라 고용된 일꾼으로 대해야 했다(40~41, 46절). 이 방인 노예라도 학대해서는 안 되었고, 주인이 중상을 입힌 경우 노예에게 자유를 주어야 했다(출 21:26~27). 학대하는 주인을 피해 도망친 노예에게 도피처를 제공하고 그를 보호해야 했다(신 23:15~16). 동료 이스라엘 사람은 6년 이상 노예로 쓸 수 없었으며, 이 기간이 끝나면 일종의 퇴직금을 한몫 챙겨주어 내보내야 했다(출 21:2; 신 15:13~14). 50년째 해, 곧 희년마다, 모든 노예에게 자유를 주어 가정으로 돌려보내야 했다(레 25:10). 노예가 주인을 사랑해 주인 곁에 남고 싶으면, 주인이 그의 귀를 뚫게 함으로써 자발적으로 평생 유효한 노예 계약을 할 수 있었다(출 21:5~6). 성경의 가르침을 따르는 노예제는 고용주와 피고용인 양쪽 모두에게 축복이었으며, 둘 사이에 보상과 성취가 있는 관계였다.

구약성경이나 신약성경은 노예제를 한결같이 정죄하지는 않는다. 그렇더라도, 신약성경의 진리들이 진지하게 거듭 적용되면서 노예제의 학대 성향들이 사라졌다. 그리스도의 사랑을 성령의 능력으로 살아내는 곳에서는 불의한 방해물과 관계가 무너질 수밖에 없다. 로마제국이 해체되고 마침내 붕괴하면서, 잔혹하고 학대하는 노예제도 함께 붕괴하였다. 기독교의 영향이 상당히 컸다. 더 최근에, 유럽과 미국에서 흑인 노예무역의 척추가 부러졌다. 주로 웨슬리(Wesley)와 조지 휫필드(Whitefield) 같은 사람들이 했던 강력하며 성령의 인도를 받은 설교, 그리고 윌리엄 윌버포스(William Wilberforce)와 윌리엄 피트(William Pitt) 같은 경건한 정치인 덕분이었다.

신약성경의 가르침은 인간의 제도를 개혁하고 다시 세우는 데 초점을 맞추지 않는다. 결단코 인간의 제도가 인간이 겪는 문제의 근본 원인이 아니기 때문이다. 문제는 언제나 인간의 마음이다. 인간은 마음이 악할 때 가장 좋은 제도라도 타락시키고, 마음이 의로울 때 가장 나쁜 제도라도 개선할 것이다. 인간의 죄악 된 마음이 변하지 않으면, 노예제가 실제로 있든 없든 간에 타인을 억압할 방법을 찾아낼 것이다. 반대로 어떤 제도 아래 살든 간에, 성령이 충만한 신자들은 서로 정의롭고 조화로운 관계를 형성할 것이다. 인간의 기본 문제와 필요는 정치적, 사회적, 경제적인 것이 아니라 영적이며, 바울은 여기서이 부분에 집중한다.

우리 시대를 포함해 역사 내내 노동자들은 특정한 경제, 사회, 정치 체제와관계없이 실질적 노예제에 해당하는 경제적 위협에 짓눌리고 학대를 당했다. 그러므로 바울의 가르침은 모든 사업주와 모든 노동자에게 적용된다.

피차 복종하라는 명령은 성령이 충만한 신자들만 따를 수 있다. 그래서 바울은 나중에 그리스도인 주인들에게 말하듯이(9절), 그리스도인 **종들**(slaves, 노예들)에게 말한다. 이들이 예수 그리스도를 통해 하나님과 갖는 바른 관계를반영하는 바른 행동, 바른 시각, 바른 태도, 바른 헌신을 취하라고 말한다.

바른 행동

종들(노예들)은 [그들의] **상전에게 순종하라**는 명령을 받는다. **순종하라(be obedient)**는 헬라어 본문에서 현재 시제로, 중단 없는 순종을 암시한다. 신자들은 그저 순종하고 싶을 때만 순종하거나 주인이 공정하고 합리적일 때만순종해서는 안 된다. 신자들은 모든 일에, 언제나 순종해야 한다. 유일한 예외라면, 부도덕하거나 우상을 숭배하거나 하나님을 모독하는 일 따위를 하라는 명령을 받을 때다. 베드로는 집안 일꾼들에 대해 이렇게 말했다. "사환들아 (servants), 범사에 두려워함으로 주인들에게 순종하되, 선하고 관용하는 자들에게만 아니라 또한 까다로운(unreasonable) 자들에게도 그리하라. 부당하게고난을 받아도 하나님을 생각함으로 슬픔을 참으면 이는 아름다우나, 죄가있어 매를 맞고 참으면 무슨 칭찬이 있으리요? 그러나 선을 행함으로 고난을받고 참으면, 이는 하나님 앞에 아름다우니라"(벧전 2:18~20).

신약성경 시대에 많은 노예가 그리스도인이 되었고, 바울이 독자들에게 이미 일깨웠듯이, 이로써 하나님의 자녀가 되고 예수 그리스도와 함께한 상속자(공동 상속자)가 되었다(1:5~14). 그러므로 많은 그리스도인 노예의 자연스러운 반응은 자신의 속박이 자신이 하나님 앞에서 갖는 새로운 지위(standing)와 전혀 어울리지 않는다고 보는 것이었다. 이들은 그분과 함께 영원히 왕 노릇할 하나님의 자녀라면 무자비한 이교도는 물론이고 그 어떤 인간에게도 굴종해서는 안 된다고 추론했다. 영적 귀족으로서 이들은 평범한 노예보다 나은 대우를 받을 자격이 있었다.

그러나 바울은 이들에게 **순종하라**고 분명하고 단순하게 말한다. 그리스도인의 첫째 의무는 자신의 주님을 기쁘게 하고 그분의 충실한 증인이 되는 것이다. 바울은 이렇게 하는 한 가지 방법은 상전이 어떤 사람이거나 성품이 어떠하든 간에 상전에게 기꺼이 순종하는 것이라고 말한다. 그리스도인이라면 언제나 더 낫고, 더 생산적이며, 더 좋은 일꾼이 되어야 한다. 그리스도인이 일하는 시늉만 하거나 대충 일하거나 늘 불평을 늘어놓는다면, 사람들이 그의 증언에 귀 기울이지 않을 것이다. 그리스도인이 참을 수 없는 고용 상태에 처한다면, 그만두고 다른 일자리를 찾아야 한다. 그러나 고용된 동안에는 능력을 최대한 발휘해 일해야 한다.

어떤 그리스도인들은 동료 신자를 위해 일할 때 자신들이 살아가는 영적 삶의 방식에 신중하거나 책임감을 가질 필요가 없다고 생각할 수도 있다. 왜냐하면, 그는 이미 신자이므로 그 앞에서 자신들의 증언이 중요하지 않기 때문이다. 어떤 그리스도인들은 자신이 동료 그리스도인이므로 고용주가 자신을 특별 대우할 의무가 있다고 느낄지 모른다. 그러나 이런 생각은 뻔뻔하고 육적이며 비성경적이다. 바울은 이렇게 썼다. "믿는 상전이 있는 자들은 그 상전을 형제라고 가볍게 여기지 말고 더 잘 섬기게 하라. 이는 유익을 받는 자들이 믿는 자요 사랑을 받는 자임이라"(딤전 6:2). 우리가 믿지 않는 주인들을 존중하고 그들에게 순종해야 한다면, 그리스도 안에서 형제인 주인들에게 더더욱 그러해야 하지 않겠는가?

그가 어떤 사람이든 고용주는 고용주다. 그러므로 피고용인이 그를 위해 무슨 일을 하든 최선의 노력을 다하는 게 마땅하다. 성도들은 그게 누구든 자신의 보고를 받는 자의 권위에 복종해야 한다. 목회자를 비롯한 기독교 사역자도 예외가 아니다. 이들은 교회에, 당회에, 다른 직원에게, 또는 누구든 자신을 감독하는 자에게 복종할 책임이 있다.

신자가 자신의 고용주와 나란히 앉아 예배하거나 기독교 사역을 함께 할 때, 그리스도 안에서 완전히 동등한 형제로 예배하고 일한다. 그러나 직장에서는 고용주의 권위에 복종해야 한다. 이것이 그가 하나님의 말씀, 곧 더 높은 권위에 복종한다는 것을 증언하기 때문이다.

그러므로 고용주가 친절하든 무자비하든, 신자든 불신자든 간에, 그리스도인은 그에게 **순종해야** 한다. 이것이 하나님의 뜻이기 때문이다. 바울은 디도에게 이렇게 말했다. "종들은(bondslaves) 자기 상전들에게 범사에 순종하여 기쁘게 하고 거슬러 말하지 말며 훔치지 말고, 오히려 모든 참된 신실성을 나타내게 하라. 이는 범사에 우리 구주 하나님의 교훈을 빛나게 하려 함이라"(딛 2:9~10). 그의 인간 주인이나 고용주가 어떤 사람이든 간에, 신자가 직장에서 일하는 방식은 그의 주님이 어떤 분인지 드러낸다.

바른 시각

그리스도인 노동자가 고용주에게 복종하는 것은 **육체의**(according to the **flesh**, 육체를 따라) 상전이 갖는 권위에 복종하는 것이다. 이 전치사 어구(NASB에서 according이란 전치사가 이끄는 어구)의 의도는 권위-복종 관계가 중요하며 존중되어야 하지만 일시적일 뿐이라는 점을 강조하려는 것이다. 이 관계는 이생에서만 계속될 뿐이며, 언제 어느 환경에서도 도덕적, 영적 문제에는 적용되지 않는다.

바른 태도

신자는 고용주에게 순종할 때 **두려워하고 떠는** 태도로 해야 한다. 이것은 겁을 먹고 움츠리는 태도가 아니라 상대를 기쁘게 하려고 공경하고 존중하는 태도를 말한다. 신자는 고용주를 위해 고용주를 공경하고 존중하지 못하더라도, 주님을 위해 자신이 복종해야 하는 사람으로서 고용주를 공경하고 존중한다. 사람들이 지독하게 오용하더라도, 권위와 복종의 원리는 하나님이 주신 것이며 늘 존중해야 한다. 하나님이 고용주를 고용주의 자리에 있게 하셨고,

피고용인을 피고용인의 자리에 있게 하셨다. 그러므로 신실한 신자는 하나님이 자신을 그 권위 아래 두신 사람들에게 기꺼이, 정중하게 복종한다.

신자가 일하는 곳은 그가 주님을 섬기는 현장이며, 많은 경우 선교 현장이다. 그가 자신의 일을 주의 깊고 공손하게 할 때, 이것은 불신자들에게는 증언이며, 신자들에게는 격려이고, 하나님에게는 섬김의 행위다.

바른 헌신

주인 또는 고용주에게 적절히 복종하는 넷째 조건은 **성실한 마음(sincerity of heart)**이다. 이것은 위선적이거나 피상적인 복종이 아니라 참되고 철저한 복종이다.

바울은 데살로니가 신자들에게 이렇게 말했다. "너희에게 명한 것 같이, 조용히 자기 일을 하고 너희 손으로 일하기를 힘쓰라. 이는 외인에 대하여 단정히 행하고, 또한 아무 궁핍함이 없게 하려 함이라"(살전 4:11~12). 각자 맡은 일을 잘하고, 불평하거나 자랑하거나 다른 사람들의 일을 비판하거나 어떤 식으로든 분열을 일으키지 말라는 것이다.

바른 동기

그리스도인이 자신의 직업에 관해 갖는 주된 관심은 하나님의 영광을 위해 그 일을 **그리스도께 하듯** 잘하는 것이어야 한다. 성령이 충만하면 실제 결과들이 나타나며, 여기에 믿을 수 있고 생산적이며 협력하는 일꾼이 되는 것도 포함된다. 그리스도인이 성령께 복종할 때마다, 그의 성취는 그리스도를 향한 것이다. 그리스도가 그가 하는 순종의 기원이자 목표이기 때문이다. 그는 모든 일을 그리스도를 향한 사랑에서, 그리스도의 능력으로, 그리스도의 영광을 위해 한다. "그런즉 너희가 먹든지 마시든지 무엇을 하든지 다 하나님의 영광을 위하여 하라"(고전 10:31).

하나님의 계획은 모든 신자를 목사나 기독교 교육자나 선교사를 비롯해 교회와 관련된 사역에 부르시는 것이 아니다. 이런 사역들이라고 해서 하나님이 신자를 불러 맡기신 그 어느 일보다 더 영적인 게 아니다. 그러나 이런 사역들이 하나님의 일을 더 직접적으로, 더 분명하게 대변한다. 그러므로 하나님은 그게 무엇이든 자신이 하는 다른 일에 충성하지 않는 사람을 불러 이런 사역을 맡기지는 않으실 것이다. 세일즈맨이나 비서나 점원이나 목수로서 하나님께 충성하지 않는 사람은 하나님이 자신을 불러 더 영향력 있는 사역을 맡기시리라 기대할 수 없다. 하나님은 작은 일에 충성하는 자들에게만 큰일을 맡기신다(마 25:21).

바른 부지런함

성령 충만한 그리스도인들이 그리스도께 하듯 고용주에게 진정으로 복종할 때, 일하면서 **눈가림만 하여 사람을 기쁘게 하는 자처럼 하지 않고 그리스도의 종들처럼 마음으로 하나님의 뜻을 행한다.**

신실한 신자는 자신의 자리가 요구하는 최소한의 일만 하지는 않는다. 감독이나 다른 일꾼들이 보고 있을 때만 일하는, 다시 말해 **눈가림만 하는** 것은 더더욱 아니다. 그는 확인받을 필요가 없다. 옆에 누가 있든 없든 간에, 언제나 능력을 다해 자신의 일을 하기 때문이다. 그는 급여 인상이나 승진 후보일 때와 마찬가지로 급여 인상과 승진에서 탈락했을 때도 열심히 일한다. 그가 열심히 일하는 것은 다른 사람들에게 좋은 인상을 주거나(*사람을 기쁘게 하는 자처럼*) 자신의 안녕을 증진하기 위해서가 아니다. 그가 이것들을 얻는다면, 그의 주된 동기와 의도에 부수적으로 따라왔을 뿐이다. 그가 부지런히 일하는 이유는 이것이 **하나님의 뜻**이며 그의 마음이 진정으로 바라는 것이기 때문이다.

기쁜 마음으로 섬기기를 주께 하듯 하고 사람들에게 하듯 하지 말라는 바울이 방금 한 말을 되풀이하고 강화한다. **기쁜 마음으로(with good will)**는 자극이나 강제가 필요 없는 일꾼의 태도를 표현한다. 그리스도인이 그가 있길 하나님이 원하시는 자리에 있으면서 **섬기기를 주께 하듯 할** 때, 그 자리는 그가 있어야 할 가장 도전적이고 생산적이며 보람 있는 자리다.

모든 날이 주님을 섬기는 날이어야 한다. 솔로몬은 이렇게 말한다. "네 손이 일을 얻는 대로 힘을 다하여 할지어다"(전 9:10). 로마에 보낸 편지에서 바울은 부지런함에서 뒤처지지 말고 "열심을 품고 주를 섬기라"고 말하며(12:11), 골로새서에서는 "무슨 일을 하든지 마음을 다하여 주께 하듯 하고 사람에게 하듯 하지 말라"고 말한다(3:23). 이것이 성령이 충만한 그리스도인이 일하는 태도다.

신자는 주님을 위해 부지런히 자신의 일을 하면서 **각 사람이 무슨 선을 행하든지 종이나 자유인이나 주께로부터 그대로 받을 줄** 확신한다. 하나님의 인정과 상급은 언제나 믿을 수 있으며 언제나 적절하다. 고용주는 피고용인이 한 선한 일을 인정하지 않거나 알지도 못할 수 있다. 고용주가 무관심해서일 수도 있고, 피고용인이 한 일의 공을 다른 사람이 가로챘기 때문일 수도 있다. 그러나 하나님은 아시고 상을 주신다. 하나님의 이름으로 하나님의 영광을 위해 선한 일을 했다면, 하나님의 눈에 띄지 않을 수 없으며 반드시 그분의 복으로 되돌아온다.

선교사 부부가 아프리카에서 오랜 세월을 희생하며 섬기다가 연로하여 배를 타고 고향으로 돌아가고 있었다. 같은 배에 테오도어 루즈벨트(Theodore Roosevelt)가 타고 있었다. 그는 맹수 사냥을 아주 성공적으로 마치고 돌아가는 중이었다. 배가 뉴욕항에 이르렀을 때, 지지자 수천 명과 기자 수십 명이 루즈벨트의 귀국을 환영하려고 부두에 줄지어 서 있었다. 그러나 선교사 부부를 환영하러 나온 사람은 하나도 없었다. 선교사 부부가 택시를 타고 호텔로 가는 길에 남편이 아내에게 불평했다. "옳지 않은 것 같아요. 우리는 아프리카의 영혼들을 구원하려고 40년을 예수 그리스도께 바쳤어요. 그런데도 우리가 고향에 돌아오는데 알아주거나 관심을 보여준 사람이 하나도 없잖아요. 그러나 대통령은 겨우 몇 주 휴가를 보내며 동물 몇 마리 사냥했는데 온 세계가 알아주잖아요." 그러나 그날 밤에 부부가 함께 기도할 때, 주님이 이들에게 이렇게 말씀하시는 것 같았다. "왜 너희가 아직 상을 못 받았는지 아느냐? 너희가 아직 본향에 이르지 않았기 때문이다."

고용주들의 복종

상전들아, 너희도 그들에게 이와 같이 하고 위협을 그치라. 이는 그들과 너희의

상전이 하늘에 계시고, 그에게는 사람을 외모로 취하는 일이 없는 줄 너희가 앎이라. (6:9)

바울은 성령이 충만한 신자들의 상호 복종에 관한 언급을 마무리하면서 **상전들(masters)**에게, 확대하면 모든 종류의 그리스도인 고용주들에게 말한다. 이들이 일꾼들을 대하는 태도는 기본적으로 일꾼들이 상전을 대하는 마땅한 태도와 같아야 한다. **너희도 그들에게 이와 같이 하고. 이와 같이**란 필시 6절 끝에 나오는 "마음으로 하나님의 뜻을 행하고"라는 명령이고, 7~8절은 이에 대한 설명일 것이다. 그리스도인 고용주와 피고용인 관계의 동기와 목적은 그리스도인 노동자와 고용주 관계의 동기와 목적과 같아야 한다: 주님께 순종하고 그분을 기쁘게 하는 것이어야 한다. 고용주는 "주께 하듯" 자신의 권위를 사용해야 한다. 일꾼들이 "주께 하듯" 권위에 복종해야 하듯이 말이다. 이것은 이들이 "그리스도를 경외함으로 피차 복종"한다는 한 표현이다(5:21).

그리스도인 고용주의 첫째 일은, 그리스도인 피고용인의 첫째 일과 마찬가지로, 자신이 하는 모든 일에서 하나님의 뜻을 행하고 그리스도를 닮은 모습을 보여주는 것이다. 그는 사업과 관련된 결정을 내릴 때 무엇보다도 의와 진리와 정직에 관한 하나님의 기준을 토대로 삼는다. 그러면서 자신이 하는 모든 일에서 하늘에 계신 아버지의 본성과 뜻을 드러내려 한다. 그는 피고용인들을 대할 때 자기 사업의 안녕과 최선의 이익뿐 아니라 그들의 안녕과 최선의 이익을 토대로 삼는다. 그가 피고용인들을 공정하게 대하는 까닭은 이것이 그가 섬기는 주님의 뜻이기 때문이다. 그가 피고용인들을 존중하는 까닭은 이것이 주님을 존중하고 공경하는 것이기 때문이다.

성령이 충만한 고용주는 **위협을 그치려(give up threatening)** 세심한 주의를 기울인다. 사용된 용어는 풀어줌(loosening up) 또는 놓아줌(releasing)을 암시한다. 그는 자신의 권위와 힘을 되도록 적게 사용하고, 자신의 짐을 아랫사람들에게 지우지 않는다. 그는 절대로 학대하지 않으며 야멸차게 말하거나 행동하지도 않는다. 그는 자신의 권위가 하나님이 주신 것이지만 엄격히 기능적이고 일시적이라는 것을 깨닫는다. 그는 자신과 일꾼들이 똑같이 하나님의 최고 권위 아래 있으며, **그들과 너희의**[자신의] **상전이** 땅이 아니라 **하늘에 계신다**는 것을 안다. 신실한 그리스도인 고용주는 자신과 피고용인들이 똑같이 예수 그리스도의 종으로서 동료이며 동일한 **상전(Master)**에 대해 책임이 있다는 것을 안다.

그[하나님]**에게는 사람을 외모로 취하는 일이 없기** 때문에, 그리스도인 고용주는 자신이 하나님 앞에서 피고용인 중 지극히 작은 자보다 중요하거나 가치 있지 않다는 것도 안다(참조. 행 10:34; 롬 2:11; 약 2:9). 하나님이 편애하지 않으시기 때문에 그도 편애하지 않는다.

바울은 하나님의 공평무사(公平無私)를 말하면서 "그리스도를 경외함으로 피차 복종하라"에(5:21) 관한 담론을 마무리한다. 남편이든 아내든, 부모든 자녀든, 고용주든 피고용인이든, 성령이 충만한 신자들은 피차 복종한다. 자신들이 똑같이 사랑을 받고, 똑같이 보살핌을 받으며, 동일한 **상전(Master)**, 곧 자신들의 구주요 주님이신 예수 그리스도께 똑같이 복종하기 때문이다.

26

신자의 싸움
(6:10~13)

끝으로, 너희가 주 안에서와 그 힘의 능력으로 강건하여지고, 마귀의 간계를 능히 대적하기 위하여, 하나님의 전신 갑주를 입으라. 우리의 씨름은 혈과 육을 상대하는 것이 아니요 통치자들과 권세들과 이 어둠의 세상 주관자들과 하늘에 있는 악의 영들을 상대함이라. 그러므로 하나님의 전신 갑주를 취하라. 이는 악한 날에 너희가 능히 대적하고, 모든 일을 행한 후에 서기 위함이라. (6:10~13)

에베소서 1~3장이 말하는 참 그리스도인이 4장 1절~6장 9절에 기술된 신실한 삶을 산다면, 6장 10~20절에 기술된 영적 전쟁에 참여하게 되리라고 확신해도 좋다. 신실한 그리스도인의 삶은 전투다. 거대한 전쟁이다. 하나님이 복을 주시기 시작할 때 사탄이 공격을 시작하기 때문이다.

우리가 소명에 합당하게 행한다면(walking), 교만이 아니라 겸손으로, 분열이 아니라 하나됨으로, 옛 사람이 아니라 새 사람으로, 정욕이 아니라 사랑으로, 어둠이 아니라 빛으로, 어리석음이 아니라 지혜로, 술 취함이 아니라 성령 충만으로, 자신을 섬기는 독립이 아니라 상호 복종으로 행한다면, 반대와 충돌을 피하지 못하리라고 절대적으로 확신해도 좋다.

예수님의 사역은 40일간 사탄과 치른 큰 전투로 시작되었다(눅 4:2). 예수님의 사역이 끝날 무렵, 사탄은 겟세마네 동산에서 또다시 강력한 힘으로 그분을 에워쌌기에 그분은 핏방울 같은 땀을 흘리셨다(22:44). 다른 많은 교훈적 진리도 가르치지만, 두 기사는 우리가 하나님께 순종할수록 전투가 더 쉬워지지는 않으리라는 것을 가르친다. 도리어 사탄은 주님을 계속해서 잘 섬기는 자들에게 맞서려는 노력을 한층 강화할 것이다. 신자들이 강해질수록 사탄의 공격도 강해진다.

그리스도인이 말씀을 아는 지식과 말씀에 대한 순종에서 자라고 주님을 더 신실하게 섬기려고 계속 노력한다고 그의 사역이 더 쉬워지지는 않을 것이다. 주님이 우리로 어떤 유혹과 약점을 이기게 하실 때, 사탄은 다른 곳을 공격할 것이다. 신실한 증언, 설교, 가르침, 심방을 비롯해 주님을 위한 모든 섬김은 승리뿐 아니라 특별한 어려움과 반대도 안겨줄 것이다. 그리스도인이 세상, 육신, 마귀와 더는 맞서 싸우지 않는다면, 죄에 빠졌거나 무사안일에 빠진 것이다. 그리스도인에게 더는 충돌이 없다면, 섬김의 최전선에서 후퇴한 것이다.

바울은 처음 에베소에 갔을 때 곧바로 복음을 전하기 시작했다. 그는 세례 요한의 제자 몇몇을 예수 그리스도를 믿는 구원하는 믿음으로 인도했고, 석 달 동안 지역 회당에서 가르쳤으며 뒤이어 두란노 서원에서 가르쳤다. "두 해 동안 이같이 하니, 아시아에 사는 자는 유대인이나 헬라인이나 다 주의 말씀을 듣더라. 하나님이 바울의 손으로 놀라운 능력을 행하게 하시니"(행 19:10~11). 그는 많은 유대인과 이방인을 그리스도를 아는 지식으로 인도했다. 마술하던 자들이 자신들의 책을 불살랐으며, "주의 말씀이 힘이 있어 흥왕하여 세력을 얻었다"(17~20절). 그러나 처음부터 바울은 반대에 부딪혔다. 믿지 않는 유대인 지도자들이 그를 회당에서 쫓아냈고(8~9절), 배교한 유대인 퇴마사들이 그를 조롱했으며(13~16절), 바울의 사역 때문에 자신들의 우상 제조업이 타격을 입은 데메드리오와 동료 은장색들이 그를 위협했다(23~40절).

바울은 가장 큰 영적 도전이 있는 곳에 가장 큰 위험과 반대도 있으리라는 것을 알았다. 그는 고린도 신자들에게 설명했듯이, "내게 광대하고 유효한 문이 열렸으나 대적하는 자가 많기" 때문에 에베소에 한동안 더 머물기로 결심했다(고전 16:8~9). 많은 목회자가 교회를 비롯해 섬김의 현장을 떠나고 싶은 유혹을 받는다. 주님의 일이 진정으로 이루어지는 곳이라면, 사탄이 공격하지 않을 리 없기 때문이다. 예수 그리스도를 믿는 자로서 우리는 하나님의 자녀요 종일뿐 아니라 그분의 군사이기도 하다. 군사의 일은 적과 싸우는 것이다.

하나님의 거룩한 천사도 하나님을 섬길 때 반대에 부딪힌다. 하나님이 다니엘에게 보내신 천사가 21일 동안 귀신[42]에게 막혀 천사장 미가엘의 도움을 받아야 했으며(단 10:13), 미가엘은 모세의 시체를 두고 사탄과 싸우기까지 했다(유 9).

바울은 데살로니가 교회에 쓴 편지에서 자신의 싸움을 회상했다. "나 바울은 한 번 두 번 너희에게 가고자 하였으나 사탄이 우리를 막았도다"(살전 2:18). 신자들은 개인적으로, 집단으로 공격을 받는다.

바울은 에베소 장로들에게 이렇게 경고했다. "내가 떠난 후에 사나운 이리가 여러분에게 들어와서 그 양 떼를 아끼지 아니하며, 또한 여러분 중에서도 제자들을 끌어 자기를 따르게 하려고 어그러진 말을 하는 사람들이 일어날 줄을 내가 아노라"(행 20:29~30). 이들은 안팎으로 공격받을 터였다. 사탄은 언제나 먹잇감을 찾아 돌아다니며, 성경을 배운 그리스도인은 "그 계책을 알지 못하는 바가 아니다"(고후 2:11).

현재 단락에서 벗어나긴 하지만, 주님이 소아시아 일곱 교회에 보내신 편지—그 중 첫 번째가 에베소교회에 보내신 편지였다.—를 보면 사탄이 교회를 어떻게 공격하는지 이해하는 데 도움이 된다. 이 역사적 일곱 교회는 그 이후 모든 교회의 전형이었다. 요한이 밧모섬에서 본 환상에서, 예수 그리스도께서 왕과 제사장과 선지자의 옷을 입고 나타나 일곱 교회를 평가하셨으며, 편지를 써서 각 교회에 보내라고 명하셨다. 이 편지 중 경고와 책망이 없는 것은 서머나교회와 빌라델비아교회에 보내는 편지 둘 뿐이다. 서머나교회는 복음을 고수했기에 큰 박해를 받았으며, 다름 아닌 박해 때문에 믿음을 굳게 지킬 수 있었을 것이다. 빌라델비아교회도 사탄의 공격을 알았으나 공격적이고 복음적인 교회였다. 두 교회 모두 우리 주님이 말씀하신 "사탄의 회당"(계 2:9:

---

42 개역개정은 "바사 왕국의 군주"로, 새번역은 "페르시아 왕국의 천사장"으로, 공동번역개정판은 "페르시아 호국신"으로 옮겼다.

3:9), 곧 교회를 박해하며 하나님을 모독하는 유대인 집단의 공격을 알았다. 박해와 복음이 교회를 정결하게 했다. 이 둘이 신자들의 관심을 자신에게서 하나님의 뜻과 능력으로 옮겼기 때문이다.

주님이 나머지 다섯 교회에 보내신 편지에는 진지한 경고가 이어진다. 에베소 그리스도인들은 적극적으로 선을 행하고, 인내하며, 죄를 용납하지 않고, 거짓 가르침을 배격하며, 그리스도를 위해 인내하며 견뎠다. 그런데도 이들은 처음 사랑을 버렸다. 주님께 일편단심으로 헌신했던 본래 사랑을 버렸다(계 2:2~4). 이들은 로마제국의 가장 타락한 도시 중 한 곳, 우상숭배와 만연한 부도덕의 중심지에 살았지만, 바른 가르침과 순전한 도덕 기준을 충실하게 유지했다. 그러나 이들의 치명적 결점—이들이 크게 충실했던 부분들에 비하면 작아 보이는 결점—은 사랑을 잃어버린 것이었다. 설렘이 사라졌고, 열정이 식어 정통적 습관과 전통으로 굳어졌다.

정통적이고 근본적인 신자들은 자신들이 하나님의 말씀을 매우 귀하게 여기고 그 말씀에 순종하기 때문에 하나님을 사랑한다고 믿는 경향이 있다. 예수님이 베드로에게 진정으로 자신을 사랑하느냐고 세 번이나 물으셨을 때, 베드로는 충격을 받았으며 마음이 좋지 않았다(요 21:15~17). 베드로의 신학과 도덕은 견고했다. 그러나 그의 마음은 아직 그리스도께 온전히 헌신되지 않았다. 바른 교리와 바른 삶이 중요하다. 그렇더라도 바른 교리와 바른 삶이 사랑을 대신하지 못하며, 사실 사랑이 빠지면 냉랭하고 무익해진다. 신자가 사랑하지 않으면, 주님이 슬퍼하실 뿐 아니라 사탄이 그의 삶에서 교두보를 확보한다. 신자나 신자들의 몸이 주님을 향한 깊은 사랑의 감각을 잃으면, 영적 재난이 그 신자나 교회의 코앞에 닥친 것이다. 영적 퇴보는 구원받은 후 첫 경험들에서 맛본 기쁨을 잊는 데서 시작된다. 여기에는 성경 공부와 기도와 예배에서 느꼈던 전율과 주 예수께 속했다는 의식이 포함된다. 그래서 그리스도께서 에베소교회에 이렇게 말씀하셨다. "어디서 떨어졌는지를 생각하라"(계 2:5a). 그분은 "네 사랑이 식기 전에 네가 어떠했는지 기억하라"고 말씀하신 것이다. 둘째, 영적 퇴보는 늘 죄를 포함하며, 그래서 주님은 뒤이어 이들에게 회개하라고 하셨다(5b절). 사랑하지 않는 죄를 포함해 죄를 짓는 신자들은 다시 주님께 쓰임을 받으려면 먼저 주님께 씻음을 받아야 한다. 셋째, 영적 퇴보는 늘 그리스도인의 섬김이 양적으로는 아니더라도 질적으로 저하되는 것과 관련이 있다. 그래서 주님은 에베소교회에게 "처음 행위를 가지라"고 하셨다 (5c절).

정통적이지만 사랑이 없는 행위는 육신의 행위이며, 경건해 보이지만 경건하지 않다. 사랑의 섬김만이 참된 영적 섬김이다. 주님은 사실 이렇게 말씀하고 계셨다. "불로, 네 능력과 도움의 근원으로 돌아가라. 말씀과 기도와 친밀한 그리스도인의 교제로 돌아가라. 주님을 향한 찬양으로 돌아가라." 그러나 에베소교회는 그러지 않았고, 주님은 경고하신 대로 이 교회의 촛대를 옮기셨다. 이 교회는 정통적이고 복음적이며 선한 일에 열심이었으나 곧 사라졌다.

버가모교회도 장점이 많았고, 주님은 이것을 칭찬하셨다. 맹렬한 이교도 도시에 살면서 박해를 견뎠고 교회를 이끄는 신자 중 하나가 순교했는데도 버가모교회는 믿음을 저버리지 않았다(계 2:13). 버가모는 황제 숭배와 로마신화의 최고 신 제우스 숭배의 중심지였다. "사탄의 권좌"는 그의 제단을 가리킬 것이다. 버가모는 치료의 신 아스클레피오스와도 깊은 관련이 있었으며, 아스클레피오스의 뱀은 지금도 의학 휘장의 상징이다. 그의 신전 바닥은 독이 없는 뱀들이 득시글댔고, 치료를 위해 온 병자들과 장애인들의 몸 위로 기어 다녔다. 의심할 여지 없이, 사탄은 사람들을 이 거짓 종교에 가둬두기에 충분한 초자연적 치료를 했다.

버가모에서 그리스도인으로 산다는 것은 쉽지 않았으며, 이곳에 사는 주님의 백성은 기본적으로 신실했다. 그러나 이들은 몇몇 중요한 부분에서 타협했다. 그들 중 일부가 지킨 "발람의 교훈"은 불신자들과 통혼하는 행위, 곧 발락과 발람이 이스라엘 백성을 어긋난 길로 이끌었던 바로 그 죄였을 것이다(계 2:14; 참조. 민 24:10~25:3). 이들은 또한 우상에게 바쳤던 제물을 먹었으며, 거듭나지 못한 이교도들의 난잡한 우상숭배 의식에 참여함으로써 행음했다(계 2:14). 간단히 말해, 이들은 세상을 흉내 냈으며, 교회를 유지하려 하면서 하나님의 기준에 어긋나는 죄악 된 습관과 행위에 빠졌다(참조. 고전 10:20~22).

이것이 오늘의 교회가 직면한 가장 큰 위험 중 하나다. 많은 신자가 거의 모든 세상 풍습을 수용하는 경향이 있다. 이들은 세상에 다가간다는 평계로 세상의 물질주의적이고 부도덕한 방식을 모방한다. 세상이 물질적인 것에 사로잡히게 될 때, 교회도 그렇게 된다. 세상이 성적 기준을 낮출 때, 교회도 그렇게 한다. 세상이 미친 오락장이 될 때, 교회도 그렇게 된다. 세상이 자기 가치와 자기 성취를 자랑할 때, 교회도 그렇게 한다.

주님이 경고 편지를 보내신 셋째 교회는 두아디라교회였고, 이 교회의 문제는 죄를 용납한 것이었다. 주님은 두아디라교회에게 이렇게 말씀하셨다. "내가 네 사업과 사랑과 믿음과 섬김과 인내를 아노니, 네 나중 행위가 처음 것보다 많도다. 그러나 네게 책망할 일이 있노라. 자칭 선지자라 하는 여자 이세벨을 네가 용납함이니, 그가 내 종들을 가르쳐 꾀어 행음하게 하고 우상의 제물을 먹게 하는도다"(계 2:19~20). 이 교회는 칭찬받을 장점이 많았으나 하나님의 선지자라는 가면을 쓴 거짓 선지자의 먹이가 되었다. 이 여자는 많은 신자를 우상숭배뿐 아니라 이와 관련된 성적 부도덕(음란)에 몰아넣었고, 교회와 그 지도자들은 이 여자와 이 여자의 가르침을 용납했다.

그리스도인들은 지금도 비슷한 방식으로 굴복한다. 심지어 신자들까지 빈번하게 그렇듯이 세상 것이 우상화될 때, 이런 우상숭배가 요구하는 도덕적·영적 타협에 빠져들지 않기란 불가능하다. 세상처럼 되길 갈망하고 세상을 모방하길 고집하면 머지않아 세상처럼 생각하고 행동하게 된다.

주님은 자신의 교회에서 죄를 용납하지 않으신다. 그리고 의는 좋은 것과 나쁜 것 간에 균형을 유지하는 문제가 아니다. 두아디라교회는 좋은 점이 나쁜 점보다 많았으나, 이 사실 덕분에 심판을 면할 수는 없었다. 주님은 두아디라교회에 회개할 시간을 충분히 주셨으며, 이 교회가 회개길 거부했을 때 이렇게 말씀하셨다. "볼지어다. 내가 그를 침상에 던질 터이요, 또 그와 더불어 간음하는 자들도 만일 그의 행위를 회개하지 아니하면 큰 환난 가운데에 던지고, 또 내가 사망으로 그의 자녀를 죽이리니, 모든 교회가 나는 사람의 뜻과 마음을 살피는 자인 줄 알지라. 내가 너희 각 사람의 행위대로 갚아 주리라"(계 2:22~23). 죄를 떠나지 않는 모든 자에게 악의 침상이 죽음의 침상이 될 터였고, 이 신자들에게 내린 심판이 다른 교회들에게 경고가 될 터였다.

많은 교회가 자신들 사이에 알려진 죄를 해결하길 두려워한다. 이들은 구성원들의 부도덕이나 비성경적 생각을 마주하고 싶어 하지 않는다. 이들을 잃거나 건방지고 고리타분하고 사랑이 없다는 소리를 들을까 봐 두렵기 때문이다. 그러나 사랑은 죄를 못 본 체하지 않으며, 절대로 악이나 불의를 용납하지 않는다(고전 13:6).

주님의 심판은 우상숭배와 부도덕에 가담한 교인들에게만 해당했다. 예수님은 신실한 자들에게 이렇게 말씀하셨다. "다른 짐으로 너희에게 지울 것은 없노라. 다만 너희에게 있는 것을 내가 올 때까지 굳게 잡으라"(계 2:24~25). 바꾸어 말하면, 예수님은 더없이 신실한 신자들이라도 언젠가 주님과 함께할 때까지 결코 위험에서 자유롭지 않다고 경고하셨다. 주님의 권면은 그 날까지—그 날을 죽어서 맞든 주님이 다시 오심으로 맞든 간에—그리스도와 그분의 말씀의 기준을 "굳게 잡으라"는 것이다.

사데교회는 더 안 좋았다. 사데교회는 교인이 많았고 활동도 많았으므로 살아 있다는 평판을 얻었다. 그러나 주님은 사데교회가 죽었다고 선언하셨다(계 3:1). 콜리지(Coleridge)의 시 "노수부의 노래"(Rhyme of the Ancient Mariner)에서 시체들이 노를 저어 배를 움직인다. 이 배처럼 사데교회는 영적으로 죽은 교인들이 조종하고 있었다. 사데라는 도시는 부와 동의어였다. "크로이소스처럼 부유한"(rich as Croesus)라는 표현은 고대 리디아 왕국을 다스린 크로이소스 왕의 엄청난 부에서 유래했는데, 사데는 바로 이 왕국의 수도였다. 그러나 사데의 엄청난 부와 평판이 이 도시를 정치적으로 살아 있게 할 수 없었듯이, 피상적 활동이 이 교회를 지켜줄 수 없었다. 신약성경 시대가 끝나고 얼마 후, 사데라는 도시와 사데교회 둘 다 사라졌다.

교회가 주님과 그분의 일을 다양한 프로그램, 활동, 의식, 인간적 이슈들로 대체하면 활력 있어 보이더라도 영적 시체가 된다. 이런 교회는 하나님이 거기 계시지 않기 때문에 영적 생명이 없다. 이런 교회는 이가봇이 된다. 하나님의 영광이 떠났기 때문이다(삼상 4:21을 보라). 사랑은 없고 부도덕과 공허한 의식과 자기만족이 교회를 장악할 때, 교회는 영적 생명을 잃는다. 주님은 사데

교회의 "그 옷을 더럽히지 아니한" 소수의 신자가 언젠가 흰옷을 입은 채 그분과 함께 영광스런 천국을 거닐 것이라는 약속으로 그들을 격려하셨다(계 3:4~5). 이 신실한 남은 자들이 교회 전체가 촛대를 잃고 잊히는 것을 막았다.

주님이 경고하신 다섯째 교회는 라오디게아교회였다. 라오디게아교회는 칭찬할 게 전혀 없었고, 삶의 겉모습조차 형편없었다. 라오디게아교회의 구성원들은 주님의 일에 완전히 무관심했다(계 3:15~16). 무관심은 해가 없어 보이지만, 그 무엇보다 더 많은 신자와 교회가 제 기능을 못 하게 만들었을 영적 질병이다. 라오디게아 그리스도인들은 자신들을 교회로 정의했으나, 주님의 일에 전혀 참여하지 않았다. 이들은 "나는 부자라. 부요하여 부족한 것이 없다"고 했다. 그러나 주님은 이렇게 말씀하셨다. "네 곤고한 것과 가련한 것과 가난한 것과 눈 먼 것과 벌거벗은 것을 알지 못하는도다"(계 3:17). 하나님은 무관심하고 위선적이며 종교적인 자기만족을 노골적인 부도덕보다 역겨워하신다(16절).

라오디게아교회는 완전히 위선적이고 껍데기뿐인 교회였으며, 교회라고 할 수도 없었다. 이 교회는 스스로를 그리스도의 교회라 부르지만 정작 그리스도의 신성과 대속적 희생을 부인하고 그분의 말씀을 거부하며 그분의 기준을 무시하는 오늘날의 자유주의 교회다. 이 교회는 인본주의적이다. 인간이 중심이며 인간을 예배한다. 이 교회는 교회라는 껍데기와 큰 부와 세계적 영향력을 가졌을는지 모른다. 그러나 이 교회는 주님의 것들을 향한 사랑이 없으며, 주님이 필요하다는 의식도 없고, 자신이 원하는 모든 것을 자기 속에 가지고 있다. 이 교회 구성원들은 배교자이다. 이들이 주님을 거부하기 때문에, 주님도 이들을 토해냄으로써 이들을 거부하실 것이다.

다섯 교회의 퇴보 패턴은 분명하다. 먼저 그리스도를 향한 처음 사랑을 잃고, 뒤이어 세상과 타협하며, 죄를 용납하고, 프로그램과 활동에 빠져들고, 소유와 자신에 만족한다. 대적은 교회의 개개인을 유혹해 이런 죄에 빠지게 하고 이런 방식으로 교회 전체를 공격한다. 교회 구성원 개개인을 공격하지 않은 채 교회의 정결과 거룩만 공격하는 경우는 없다. 이런 공격을 베드로의 경험에서(눅 22:31~32; 벧전 5:8), 바울의 경험에서 볼 수 있다(고후 12:7; 살전 2:18).

그 어느 신자도 예외가 아니다.

사탄의 계략들을 인지한 바울은 에베소의 형제자매들을 격려하고 이들에게 경고하는 것으로 에베소서를 마무리한다. 마치 예수님이 30여 년 후에 소아시아 일곱 교회에 보내는 편지들을 마무리하시는 것처럼 말이다. 6장 10~13절에서, 바울은 신자가 어떻게 싸움을 준비하고, 무슨 갑주를 입으며, 어느 대적과 싸우고, 어떻게 승리할지에 관해 필요한 정보를 개괄적으로 제시한다.

준비: 주님 안에 있는 능력

끝으로, 너희가 주 안에서와 그 힘의 능력으로 강건하여지고, (6:10)

그리스도인의 삶을 잘 살려면 준비는 필수다. 준비되지 않은 신자는 자신의 지혜와 힘으로 주님을 섬기려다가 실패한다. 그리스도인의 삶을 사는 힘은 하나님을 의지하는 것이며, **주 안에서와 그 힘의 능력으로 강건하여지는** 것이다. 다른 어떤 능력도 소용없다.

에베소서에 제시된 엄연한 사실은 신자로서 우리가 그리스도 안에 있으며 우리와 그리스도는 하나라는 것이다. 그분의 생명이 우리의 생명이고, 그분의 능력이 우리의 능력이며, 그분의 진리가 우리의 진리이고, 그분의 길이 우리의 길이며, 바울이 여기서 말하듯이 그분의 **강건**(strength, 힘)이 우리의 강건이다.

주님의 **강건**은 언제나 싸움을 이기고도 남는다. 예수님은 빌라델비아교회에게 "볼지어다. 내가 네 앞에 열린 문을 두었으되 능히 닫을 사람이 없으리라. 내가 네 행위를 아노니 네가 작은 능력을 가지고서도 내 말을 지키며 내이름을 배반하지 아니하였도다"라고(계 3:8), 작은 능력이라도 이것이 주님의 초자연적 능력이기에 이들을 보존하기에 충분하다고 단언하고 계셨다. 우리자신의 힘(strength)은 결코 사탄을 막을 만큼 강하지 못하다. 그러나 우리가 **주 안에서…강건하여질** 때, 그분의 힘이 우리에게 조금만 있어도 어느 전투든 승리하기에 충분하다. 바울은 "내게 능력(strength) 주시는 자 안에서 내가 모든 것을 할 수 있느니라"고 했다(빌 4:13). 중요한 것은 우리가 가진 힘(능력)의 양이 아니다. 그 근원이 어디냐가 중요하다.

궁극적 의미에서 교회와 사탄의 싸움에서 교회가 이미 승리했다. 예수님이 십자가에 못 박혀 죽은 후 부활하심으로써, 사탄과 그가 휘두르는 죄와 죽음의 권세를 멸하셨다(롬 5:18~21; 고전 15:56~57; 히 2:14). 예수 그리스도를 믿는 자는 이러한 승리를 얻는다. 그리스도인이 **주 안에서…강건한** 만큼, 사탄이 개시할 최악의 공격에 대한 승리가 보장된다. 우리는 전쟁 중이며, 이 전쟁은 치열하고 끔찍하다. 그러나 우리가 주님의 편이라면 두려워할 이유가 없다. **강건**(strength, 능력)은 은혜의 수단들—기도, 말씀을 아는 지식과 그 말씀에 대한 순종, 하나님의 약속을 믿는 믿음—을 통해 우리에게 온다.

목회를 여러 해 동안 하고 나서 디모데는 두려워서 소심해졌다. 그는 예상보다 강한 유혹과 상당히 거센 반대에 부딪혔다. 바울은 그에게 이렇게 편지했다. "내가 나의 안수함으로 네 속에 있는 하나님의 은사를 다시 불 일듯 하게 하기 위하여 너로 생각하게 하노니, 하나님이 우리에게 주신 것은 두려워하는 마음이 아니요 오직 능력과 사랑과 절제하는 마음이니, 그러므로 너는 내가 우리 주를 증언함과 또는 주를 위하여 갇힌 자 된 나를 부끄러워하지 말고…그러므로 너는 그리스도 예수 안에 있는 은혜 가운데서 강하고"(딤후 1:6~8; 2:1).

원수: 사탄[43]

마귀의 간계를 능히 대적하기 위하여, (6:11a)[44]

우리가 하나님의 능력과 갑주로 맞서야 할 원수는 사탄, 곧 **마귀**다. 그는 하나

---

43 개역개정의 위치에 맞춰, 뒤의 "공급: 하나님의 갑주"와 순서를 바꿨다.

44 NASB에서는 6:11b이지만, 개역개정에 맞춰 6:11a로 고쳤다.

님의 원수이기 때문에 우리의 원수이며, 우리를 통해서만 하나님을 공격할 수 있다. 그러므로 그가 우리를 찾아내 자신의 **간계**로 우리를 공격하리라고 확신할 수 있다.

'메또디아'(*methodia*, **간계**)는 'method'(방법)의 어원이며, 간사함, 교활함, 속임수라는 의미를 내포한다(4:14도 보라). 이 용어는 교활하게 몰래 접근해 갑자기 먹잇감을 덮치는 맹수에게 흔히 사용되었다. 사탄의 악한 **간계**는 잠행과 속임수에 근거한다.

우리 시대에 이상한 현상이 있다. 한편으로 **마귀**의 존재를 믿지 않는 사람들이 늘어나고, 다른 한편으로 마귀/밀교에 관여하는 사람들이 늘어난다. 둘 다 사탄의 손아귀에 놀아나는 것이다.

성경은 사탄이 매우 실제적이고 인격적인 존재라고 분명하게 말한다. 사탄은 천사장이었고, 기름 부음을 받은 그룹(cherub)이었으며, 계명성이었고, 창조된 모든 아름다운 보석으로 빛나는 존재였다. 그가 자신의 창조자에게 반역해 그분의 능력과 영광을 찬탈하려 하기 전까지는 그랬다(사 14:12~17, 겔 28:1~10, 계 12:7~9을 보라). 그는 성경에서 뱀의 형태로 처음 나타나 아담과 하와를 유혹했다(창 3:1). 예수님은 사탄에 관해 말씀하셨을 뿐 아니라(눅 10:18; 요 8:44; 12:31) 사탄과 얘기하셨다(마 4:3~10). 바울, 베드로, 야고보, 요한, 히브리서 저자는 모두 사탄이 인격적 존재라고 말한다(롬 16:20; 고후 2:11; 살전 2:18; 히 2:14; 약 4:7; 벧전 5:8; 계 12:9). 사탄은 하나님의 일을 대적하며(슥 3:1), 하나님의 말씀을 왜곡하고(마 4:6), 하나님의 종을 방해하며(살전 2:18), 복음을 방해하고(고후 4:4), 악인들을 옭아매며(딤전 3:7), 광명의 천사로 가장하고(고후 11:14), 천사장 미가엘과 싸운다(유 9). 사탄이 죄를 세상에 들여왔고, 이제 온 세상이 그의 세력 아래 놓였다(요일 5:19).

성경은 **마귀**를 다음을 비롯해 무수한 인격적 이름으로 언급한다: "기름 부음을 받고 지키는 그룹"(cherub, 겔 28:14), "귀신의 왕"(눅 11:15), "이 세상 임금"(요 16:11), "이 세상의 신"(고후 4:4), "공중의 권세 잡은 자"(엡 2:2). 사탄은 큰 용, 우는 사자, 악한 자, 유혹하는 자, 참소하는 자, 불순종의 아들들 가운데서 역사하는 영으로 표현된다. 그는 52회에 걸쳐 사탄이라 불리는데 "대적"(adversary)이란 뜻이며, 32회 마귀라 불리는데 "비방하는 자"(slander)라는 뜻이다. 이 타락한 천사장과 귀신이 된 그의 타락한 천사들이 인간의 타락(the Fall) 이후 지금껏 인류를 유혹하고 부패시켰다. 이들은 그 어떤 인간도 자신의 힘과 자원으로 맞설 수 없는 악하고, 엄청나고, 교활하고, 강력하고, 보이지 않는 적이다.

사탄의 큰 능력과 속임수를 보여주는 증거가 있다. 하나님은 이스라엘을 애굽에서 기적적으로 구해내셨고, 광야와 가나안에서 이들에게 헤아릴 수 없는 복을 주셨으며, 이들을 보호하고, 이들의 필요를 채워주셨다. 그런데도 그분의 선민(選民)은 사탄의 유혹에 거듭 넘어가 이교도의 가증한 귀신 우상들을 섬겼다. 구약성경에 나오는 모든 메시아 예언뿐 아니라 예수님의 설교와 가르침과 기적적 치유 후에도, 사탄은 이스라엘을 유혹해 자신들의 메시아를 거부하고 십자가에 못 박게 만들었다! 말세에, 사탄이 이스라엘을 속이는 마지막 방법은 적그리스도를 그리스도로 믿게 하는 것이다(단 9:26~27을 보라).

우리 시대에 세상은 가정을 향한 하나님의 질서를 부정하는 여성해방운동, 도덕성이라곤 없는 새로운 도덕, 성을 완전히 왜곡하는 동성애 같은 귀신의 속임수를 서둘러 받아들이고 있다. 역사상 그 어느 시대보다 왕성한 이교도와 변절한 기독교 사교(邪敎, cults)와 종교/철학 사상들은 "미혹하는 영"과 "귀신의 가르침"을 반영한다(딤전 4:1). 심지어 기독교라는 이름으로, 예수님의 신성과 이적과 부활과 대속적 희생과 재림과 심판을 부정한다. 교회가 자유주의 신학과 심리학과 신비주의와 심지어 밀교(occult)에 유혹되어 성경에서 멀어지고 있다.

이 모두는 인류를 대적하는 **마귀의 간계**가 드러난 것일 뿐이다. 온갖 혼란스러운 속임수로, 마귀는 "가서 그들이 믿어 구원을 얻지 못하게 하려고 말씀을 그 마음에서 빼앗을" 수 있다(눅 8:12). 또 다른 상황에서 주님은 이렇게 경고하셨다. "거짓 그리스도들과 거짓 선지자들이 일어나 큰 표적과 기사를 보여 할 수만 있으면 택하신 자들도 미혹하리라"(마 24:24).

마귀의 간계는 부패와 파멸을 부르는 개인적 신념과 생활방식의 확산을 포함한다. 한 국가에서나 국제적으로 시행되는 속이고 파괴하는 악한 정책과 관습을 포함한다. 신자들의 마음에 도사렸다가 이들로 거룩한 사랑의 아버지에 대한 신뢰를 버리게 만드는 의심을 포함한다. 하나님의 자녀들을 부도덕과 세속과 교만과 자기 의존과 자기만족으로 이끄는 유혹을 포함한다. 하나님의 성도들에 대한 비방과 조롱과 박해를 포함한다. 사도 요한은 첫 편지에서 마귀의 공격 지점을 요약하며 이렇게 권면한다. "이 세상이나 세상에 있는 것들을 사랑하지 말라. 누구든지 세상을 사랑하면 아버지의 사랑이 그 안에 있지 아니하니, 이는 세상[사탄의 현재 영역]에 있는 모든 것이 육신의 정욕과 안목의 정욕과 이생의 자랑이니, 다 아버지께로부터 온 것이 아니요 세상으로부터 온 것이라"(요일 2:15~16).

공급: 하나님의 갑주

능히 대적하기 위하여, 하나님의 전신 갑주를 입으라. (6:11b)[45]

신자가 하나님의 능력을 사용하려면, 그분이 주시는 영적 **전신 갑주(full armor)를 입어야** 한다(참조. 고후 10:3~5). '엔두오'(enduō, **입다**)는 한 번으로 늘(once and for all), 즉 영구성의 개념을 내포한다. **하나님의 전신 갑주**는 그리스도인의 평생 동반자여야 한다. 이 갑주는 신자에게 "능히 너희를 보호하사 거침이 없게 하시고 너희로 그 영광 앞에 흠이 없이 기쁨으로 서게 하실 이"로부터 하나님의 능력을 준다(유 24).

에베소서를 쓸 때 바울은 로마 병사에게 사슬로 매여 있었고, 병사의 갑옷을 보다가 성령의 감동으로 우리가 사탄 및 그의 사자들과 벌일 싸움을 위한 하나님의 영적 공급이란 유비를 떠올렸을 것이다(14~17절). 바울이 이 구절들에서 설명하듯이, 신자의 **갑주**는 복음의 기본 사실 이상의 것으로 그를 무장시킨다. 이것은 우리가 대적할 수 있도록 순종하고, 성령의 지배를 받으며, 성령의 능력을 받는 삶을 '사는' 것이다.

---

45 NASB에서는 6:11a이지만, 개역개정에 맞춰 6:11b로 고쳤다.

대적하다(to stand firm, *histēmi*에서 유래했다)는 군사적 의미로 사용될 때, 공격받는 동안 중요한 위치를 사수한다는 의미를 내포한다. 여기서 권면의 의도는 우리 주님이 전투 중인 두아디라교회에 하신 권면과 다르지 않다. 주님은 두아디라교회에 "내가 올 때까지 굳게 잡으라"고 명하셨다(계 2:25).

전투: 귀신들을 상대한다

우리의 씨름은 혈과 육을 상대하는 것이 아니요 통치자들과 권세들과 이 어둠의
세상 주관자들과 하늘에 있는 악의 영들을 상대함이라. (6:12)

사탄이 사용하는 가장 효과적인 전략 중 하나이며, 따라서 신자들에게 가장 큰 위험 중 하나는 망상, 곧 보이지 않는 초자연적 영역에서 선과 악의 치열하고 위협적인 싸움이 벌어지고 있지 않다는 망상이다. 어쨌든, 사람들은 오늘의 세상에 좋은 것이 많다고 주장한다. 옛날의 무수한 악, 이를 테면 노예제와 인종증오 같은 것이 사라지거나 극적으로 개선되었다. 사람들은 개인의 삶과 사회 전체를 개선하기 위해 함께 잘 지내고, 서로 이해하며, 함께 일하는 데 어느 때보다 깊은 관심을 보인다. 그뿐 아니라, 복음주의도 한 세기 넘게 알지 못했던 인기와 성장과 영향력을 누리고 있다.

그러나 이런 생각은 순진할 뿐 아니라 필연적으로 무기력과 무관심과 나태와 영적 정체로 이어진다. 상황을 보는 성경적 시각이 있고 세상이 실제로 어느 방향으로 움직이는지—특히 말세에 관한 성경의 가르침에 비추어—파악하는 분명한 지각이 있다면, 어느 신자의 마음에도 이런 망상이 자리하지 못한다. 하나님과 사탄의 전쟁은 수그러든 게 아니라 더 치열해졌으며, 이 땅의 전선에서도 다르지 않다.

'팔레'(*palē*, **struggle**, 씨름)는 백병전, 특히 레슬링을 가리키는 데 사용되었다. 우리 시대에도 그렇듯이, 레슬링은 기만과 속임수가 특징이었다. 다른 점이라면, 고대 로마의 싸움에서는 충돌이 실제였고 흔히 승자는 살아남지만 패자는 죽는다는 것이었다. 사탄과 그의 졸개들은 자신들이 받을 판결을 안다. 다시 말해, 그 판결은 이들이 자신들을 위해 준비된 무저갱(bottomless pit)에 영원히 던져지리라는 것이다. 그런데도 이들은 할 수만 있다면 이 운명을 바꾸려고 필사적으로 애쓴다. 하나님의 능력을 깨고 하나님의 것을, 특히 교회를 무너뜨리려고 끊임없이 전쟁을 벌인다.

바울은 여기서 독자들에게 일깨운다. 그리스도인의 씨름은 사탄을 상대할 뿐 아니라 사탄의 수많은 졸개 귀신들, 곧 마귀처럼 **혈과 육**이 아닌 거대한 대적 무리를 상대한다는 것이다. 눈에 보이는 세상이 부패하고 악하지만, 우리의 가장 큰 원수는 눈에 보이는 세상이 아니라 눈에 보이지 않는 세상이다.

통치자들과 권세들과 이 어둠의 세상 주관자들과 하늘에 있는 악의 영들은 귀신들과 마귀의 다양한 계층과 이들이 활동하는 악한 초자연적 제국을 가리킨다. 이교도 신앙과 밀교(occult)를 비롯해 하나님이 없고 부도덕한 여러 운동과 프로그램을 조장하는 자들은 사탄과 그의 귀신들에게 속고 있을 뿐이다. 죄의 덫에 빠져 자신도 모르게 사탄의 간계가 이루어지도록 돕고 있는 것이다.

이 초자연적 권세들을 하나씩 언급할 때마다 그 앞에 전치사 **against**(상대하는)가 붙는데, 각각은 귀신의 행동 및 권세의 정도와 관련된 특정 범주를 대표하는 것으로 보인다. 사탄이 지휘하는 어둠의 세력은 가능한 가장 파괴적인 전쟁을 위해 고도로 체계화되고 조직화되어 있다. 타락하지 않은 거룩한 천사들처럼, 귀신들도 번식하지 않으며 수가 고정되어 있다. 그러나 이들은 오래된 큰 무리이며, 강력하고 고도로 숙련된 초자연적 원수다.

바울은 귀신의 범주를 설명하지 않는다. 그러나 **통치자들(rulers)**은 의심할 여지 없이 고위급 마귀들을 가리키며(골 2:15의 "권세들 authorities"과 연결된다), **권세들(powers)**은 또 다른 계층이고(벧전 3:22에서 언급된다), **이 어둠의 세상 주관자들**은 세상의 다양한 정치 체계에 침투해 사탄이 주관하는 어둠의 영역을 모방하게 하려는 귀신들을 가리킬 것이다(단 10:13, 골 1:13을 보라). 고대 이집트 문헌에 언급된 것들부터 이른바 현대의 도당들에 이르기까지, 전 세계적으로 음모에 관한 많은 이야기가 전해지고 있다. 우리는 사탄의 다양한 **간계** 네트워크를 완전히 밝혀낼 방법이 없으며, 밝혀낼 수 있다고 주장하는 자들을 경계해야 한다. 그러나 사탄이 그리스도 없는 인간의 노력, 곧 인간의 명백하게 악한 일의 배후뿐 아니라 은밀하고 무고하며 선해 보이는 많은 인본주의적 노력 배후에 활동하고 있음을 확신할 수 있다.

악의 영들은 가장 지독하고 악한 부도덕―극단적인 변태 성행위, 밀교, 사탄 숭배 같은―에 관여하는 귀신들일 것이다.

그러나 바울의 목적은 귀신의 계층을 세세히 설명하는 게 아니라 그 세밀함과 힘을 우리에게 어느 정도 알리는 것이다. 우리는 믿을 수 없을 만큼 악하고 강력한 원수를 상대하고 있다. 그러나 우리가 해야 할 일은 대적의 모든 특징을 인지하는 게 아니라 하나님, 곧 우리의 보호와 승리의 강력하고 믿을 수 있는 근원이신 분께 눈을 향하는 것이다.

오늘날 기독교의 축귀(逐鬼)에 관해 말이 많다. 그러나 성경은 축귀 행위를 가르치지 않는다. 축귀 의식은 성경에 낯설며, 성경에는 신자가 귀신을 쫓아내는 사건이 하나도 없다. 그뿐 아니라, 성경은 축귀에 관해 그 어떤 공식이나 방법도 제시하지 않는다. 그리스도인이 사탄을 마주할 때마다, 그를 대적하는 방법은 주님의 능력과 그분이 이미 모든 신자를 위해 준비해 두신 무기다. 모든 신자는 "그의[하나님의] 힘의 위력으로 역사하심을 따라 믿는 우리에게 베푸신 능력의 지극히 크심이 어떠한 것을" 이미 경험했는데, "그의 능력이 그리스도 안에서 역사하사 죽은 자들 가운데서 다시 살리시고 하늘에서 자기의 오른편에 앉히셨다"(엡 1:19~20). 예수님을 죽은 자 가운데서 다시 살리고 하늘에 올린 그 능력이 '우리의' 능력, 곧 그분의 공동 상속자인 우리가 물려받은 능력이다.

한 그리스도인의 삶에서 귀신들을 처리하는 일은 이들을 쫓아내는 기술을 찾는 문제가 아니라 영혼을 정결하게 하는 은혜의 영적 방편에 집중해 귀신이 장악하거나 이익을 얻을 더러운 곳이 없게 하는 것이다. 야고보는 귀신들과 마귀에게서 벗어나는 유일한 공식을 제시한다. "마귀를 대적하라. 그리하면 너희를 피하리라"(약 4:7).

신자는 그리스도인으로서 예수 그리스도의 부활의 능력에 참여하며, 이 부활의 능력으로 사탄을 대적할 수 없는 신자는 없다. 바울은 골로새 신자들을 위해 기도했다. "그의 영광의 힘을 따라 모든 능력으로 능하게 하시며, 기쁨으로 모든 견딤과 오래 참음에 이르게 하시고, 우리로 하여금 빛 가운데서 성도의 기업의 부분을 얻기에 합당하게 하신 아버지께 감사하게 하시기를 원하노라. 그가 우리를 흑암의 권세에서 건져내사 그의 사랑의 아들의 나라로 옮기셨으니"(골 1:11~13). 그 어느 그리스도인도 더는 사탄의 지배 아래 있지 않으며, 모든 그리스도인은 그 안에 하나님의 성령이 있어 귀신의 결박이 아무리 강하더라도 거기서 벗어날 수 있다. 죄를 고백하고 버리는 곳마다 사탄과 그의 귀신들이 쫓겨난다.

다른 한편으로, 우리는 모든 위험으로부터 자유하다고 생각하며 건방지게 되는 것은 위험하다. 바울은 이렇게 경고했다. "그런즉 선 줄로 생각하는 자는 넘어질까 조심하라"(고전 10:12). 자신이 성경 전체나 성경의 어느 부분이라도 통달했다고 생각하거나 자신의 능력으로 살 수 있을 만큼 강해졌다고 생각하면, 가장 약하고 취약한 사람이 된다. 주님의 능력을 전적으로 신뢰하는 곳에만 안전이 있다. 그래서 바울은 뒤이어 이렇게 말한다. "그러므로 하나님의 전신 갑주를 취하라. 이는 악한 날에 너희가 능히 대적하고 모든 일을 행한후에 서기 위함이라"(13절).

우리는 자신의 연약함을 인정할 때 가장 강해진다. 바울은 이렇게 선언했다. "그러므로 도리어 크게 기뻐함으로 나의 여러 약한 것들에 대하여 자랑하리니, 이는 그리스도의 능력이 내게 머물게 하려 함이라…내가 약한 그 때에 강함이라"(고후 12:9~10).

파수꾼은 몰려오는 적군을 발견했을 때 나가 싸우지 않는다. 그는 적의 공격을 사령관에게 보고하고, 사령관은 방어망을 구축한다. 사탄이 공격해 올 때 혼자 맞서 싸우려는 것은 어리석은 짓이다. 파수꾼처럼 사령관께 보고하고 방어를 그분 손에 맡겨야 한다. 여호사밧 왕이 자신의 군대보다 훨씬 강한 모압과 암몬의 군대를 마주했을 때, 하나님께서 그에게 확신을 주셨다. "너희는 이 큰 무리로 말미암아 두려워하거나 놀라지 말라. 이 전쟁은 너희에게 속한 것이 아니요 하나님께 속한 것이니라"(대하 20:15).

밀교와 거짓 종교 연구에 오랜 세월을 바친 나의 친구 존 웰던(John Weldon)은 신자들에게 이렇게 경고한다.

하나님은 우리를 귀신의 환경에서 안전하게 또는 효과적으로 기능할 수 있도록 만들지 않으셨다. 그렇지 않은 게 분명하지만, 설령 그 환경이 중립적이더라도, 귀신들이 자신들의 환경에서 무엇을 할 수 있는지, 이들의 세계와 우리의 세계 사이에 어떤 상호 관계가 존재하거나 조성될 수 있는지 누가 알겠는가? 우리는 영의 영역들(astral realms)을 날아다니도록 지음 받지 않았다. 귀신의 영역을 인정하면 악과 적대감으로 가득한 영의 돼지우리에서 노는 것이다. 우리는 밀교의 영역에서 선과 악을, 참과 거짓을 분리하는 지적 능력을 갖춘 존재로 지음 받지 않았다. 예를 들면, 다니엘 선지자는 똑똑하고 경건한 청년이었다. 그러나 그런 다니엘도 밀교 문제에서 분별력을 갖기 위해서는 특별한 방식으로 하나님께 추가로 지혜를 받아야 했다. 따라서 이런 것들에 관여하면 늘 잘못된 결론들에 이른다. 타락한 피조물인 인간은 귀신의 문제를 분별하는 데 필요한 자질과 능력이 없기 때문이다.

우리는 하나님의 지혜로, 사탄과 보이지 않는 그의 귀신들이 세상과 우리 주변에서 계속 일하고 있음을 안다. 그러나 우리는 이들이 언제 있는지, 얼마나 많은지, 어떤 종류인지, 무엇을 하고 있는지 정확히 분별할 지혜가 없다. 성도들은 성경이 가르침이나 지침을 주지 않는 것을 다루려 할 때 위험한 땅을 밟는 것이다. 우리는 하나님의 갑주를 입고 그분에게 보고하며, "너희 안에 계신 이가 세상에 있는 자보다 크심이라"는 것을 알고 전적 확신을 가져야 한다(요일 4:4). 그리스도의 교회를 "음부의 권세가 이기지 못하리라"(마 16:18).

승리: 능히 대적함

그러므로 하나님의 전신 갑주를 취하라. 이는 악한 날에 너희가 능히 대적하고, 모든 일을 행한 후에 서기 위함이라. (6:13)

신자들은, 특히 교회가 일반적으로 번성하고 존중받는 서구 세계에서, 현실에 안주하고 주변에서 일어나는 전투의 심각성을 못 알아차리기 쉽다. 이들은 전투 없는 "승리"를 기뻐하고, 그저 갈등 없는 평화를 기뻐한다. 이들의 승리와 평화는 싸우길 거부하는 병역 기피자나 탈영자의 승리와 평화다. 이들은 전쟁에 참여하지 않기에 **갑주(armor)**에 관심이 없다.

하나님은 유예나 면제를 허용하지 않으신다. 하나님의 백성은 전쟁 중이며, 그분이 다시 와서 이 땅을 다스리실 때까지 전쟁은 계속될 것이다. 그러나 가장 자발적이고 열정적인 그리스도의 군사라도 하나님의 공급이 없으면 무력하다. 이것이 바울이 여기서 제시하는 핵심이다: **하나님의 전신 갑주를 취하라.** 우리에게는 그분의 공급이 있다. 그분의 자녀라는 점에서, 그분의 말씀을 가졌다는 점에서, 내주하시는 그분의 성령을 가졌다는 점에서, 하늘에 계신 우리 아버지의 모든 자원을 가졌다는 점에서 그렇다. 하나님은 우리의 능력이다. 그러나 그분의 능력은 순종을 통해서만 우리의 것이 된다. 다시 말해, 그분의 튼튼한 갑주를 입고(11절), 취해야 한다(13절).

인간의 타락 후 인류에게 **악한 날**이 매일 이어졌고, 찬탈자와 그의 세력이 영원히 무저갱에 던져질 때까지 매일 악한 날이 계속될 것이다. 그동안, 우리가 하나님이 공급하시는 **갑주**를 활용할 때, 하나님은 **악한 날에 너희가**[우리가] **능히 대적하게** 하신다.

우리의 책임은 **대적하고…굳게 서는(resist and stand firm)** 것이다. 마르틴 루터는 보름스 제국회의(Diet of Worms, 1521) 앞에 섰을 때 이단으로 피소되었다. 사람은 오직 그리스도를 믿는 오직 믿음으로 구원받는다고 선언했다는 이유로 정죄 받은 후, 그는 이렇게 외쳤다. "나의 양심은 하나님의 말씀에 사로잡혀 있습니다.…내가 여기 서 있으며, 나는 달리 어찌할 수 없습니다." 하나님의 말씀에 충실한 신자라면 누구라도 굳게 **서는** 외에 달리 어찌할 수 없다.

약 30년 전, 세 사람이 아일랜드에서 함께 전도 집회를 열어 많은 결실을 보았다. 세월이 흐른 후, 이 집회에서 회심해 목사가 된 어느 아일랜드 사람이 세 사람에 관해 물었다. 돌아온 대답은 셋 중 한 사람만 여전히 주님께 충실할 뿐 한 명은 배교했고 한 명은 알코올 중독으로 죽었다는 것이었다. 주님을 위해 **모든 일을 잘 행한 후에** 계속해서 굳게 **서야** 하는데, 어떤 신자들은 그러지 못한다. 문제는 신자가 무엇을 했느냐가 아니라 전투가 끝나고 연기가 걷힌 후, 그가 여전히 구주께 충실한가이다.

요한은 이렇게 경고했다. "너희는 스스로 삼가 우리가 일한 것을 잃지 말고 오직 온전한 상을 받으라"(요이 8). 바울의 큰 두려움은 "내가 남에게 전파한 후에 자신이 도리어 버림을 당할까"하는 것이었다(고전 9:27). 그는 자신의 구원을 잃을까 두려웠던 게 아니라 자신의 상을 잃을까, 더 중요하게는 자신이 주님께 더는 쓸모가 없어질까 두려웠다. 무수한 사람들이 오랜 세월 교회 학교에서 성실하게 가르쳤고, 많은 사람을 예수 그리스도께 인도했으며, 목회하고, 성경 공부를 인도하며, 병자들을 돌보고, 주님의 이름으로 온갖 섬김을 실천했다. 그런데 어느 날 포기하고, 그분의 말씀에 등을 돌리며, 세상 속으로 사라진다. 상황은 저마다 다르다. 그러나 근본 이유는 늘 같다. 이들은 하나님의 갑주를 벗었고, 이로써 굳게 서는 용기와 능력과 갈망을 잃었다.

큰 영적 전쟁을 하는 우리에게 요구되는 것은 **대적하고** 굳게 **서라**는 것뿐이다. 앞서 언급했듯이, 야고보는 "마귀를 대적하라(resist). 그리하면 너희를 피하리라"고 했다(약 4:7). 베드로는 이렇게 조언한다. "근신하라. 깨어라. 너희 대적 마귀가 우는 사자 같이 두루 다니며 삼킬 자를 찾나니, 너희는 믿음을 굳건하게 하여 그를 대적하라"(벧전 5:8~9).

가장 큰 기쁨은 가장 큰 승리에서 오며, 가장 큰 승리는 가장 큰 전투에서 온다. 이는 신자들이 하나님의 능력으로, 하나님의 갑주를 입고 싸울 때 가능하다.

27

신자의 갑주 1
(6:14~15)

그런즉 서서, 진리로 너희 허리띠를 띠고, 의의 호심경을 붙이고, 평안의 복음이

준비한 것으로 신을 신고, (6:14~15)

바울은 6장 11~12절에서 전 우주에서 벌어지는 거대한 초자연적 전쟁을 기술한다. 이것은 하나님과 그분의 천사들이 사탄의 세력과 벌이는 전쟁이다. 그리스도인들은 하나님께 속하기 때문에, 다양한 "마귀의 간계"로 공격받을 때 이 영적 싸움에 빨려든다. 하나님의 원수가 이들의 원수가 된다.

이 원수는 하나님의 하늘에서 하나님께 반역했고, 에덴동산에서 무죄한 사람을 꾀어 죄를 짓게 했으며, 하나님의 선민 이스라엘을 거듭 멸하려 했다. 이 원수는 하나님의 아들 예수 그리스도의 탄생과 사역과 부활을 막으려 했다. 이 원수는 더없이 악하며, 그리스도의 재림을 저지하려 하고, 그분이 다시 오실 때 필사적으로, 전례 없이 강하게 그분을 대적할 것이다.

"우리의 씨름은 혈과 육을 상대하는 것이 아니다"(12절). 그러므로 그리스도인은 자신의 혈과 육의 힘으로 싸울 수 없다(고후 10:3~5). 이것은 무엇보다도 하나님의 싸움이며, 오직 하나님의 능력과 갑주로만 싸울 수 있다.

사탄은 숱한 방법으로 신자를 대적한다. 어떤 방법은 직접적이고 분명하고 어떤 방법은 간접적이고 교묘하다. 첫째, 아담과 하와에게 했듯이 사탄은 하나님의 성품과 신뢰성에 의문을 품게 하려 한다. 인간의 가장 큰 힘은 하나님을 신뢰하는 것이다. 따라서 사탄의 목적은 인간이 하나님을 불신하게 하는 것이다. 온갖 방식으로 사탄은 하나님의 뜻을 의심하고("하나님이 참으로…하시더냐?") 그분의 동기를 의심하라며("너희가 그것을 먹는 날에는 너희 눈이 밝아져 하나님과 같이 되어 선악을 알 줄 하나님이 아심이니라") 사람들을 끊임없이 유혹한다(창 3:1, 5). 마귀의 가장 큰 바람은 사람들에게 하나님은 믿을 수 없는 분이라고 확신시키고, 사람들이 하나님의 말씀을 부정하고 하나님을 거짓말하는 자로 만들게 하는 것이다(요일 5:10을 보라). 사탄은 진리의 아버지를 자신이 왜곡한 이미지, 곧 "거짓의 아비" 이미지로 그린다(요 8:44).

신자가 하나님의 선하심과 사랑과 능력과 은혜와 자비와 충만을 의심할 때, 사탄과 손잡고 하나님의 진실성에 의문을 제기하는 것이다. 신자가 불안해하고 실의에 빠지며 낙담하고 희망을 잃을 때, 사탄과 손잡고 하나님의 신뢰성에 의문을 제기하는 것이다. 사탄은 심지어 몇몇 신자를 유혹해 자살을 통해 살인하게 한다. 이들이 하늘에 계신 자신들의 아버지께서 계속 값없이 제의하시는 용서를 알지 못하거나 받아들이지 않기 때문이다(요일 1:9). 어린 자녀가 죽거나 영구 장애를 입을 때, 남편이나 아내가 떠나갈 때, 자녀가 주님을 떠날 때, 사업이 망하거나 건강을 잃을 때 사탄이나 그의 귀신들은 하나님을 탓하는 생각을 불러일으키려 할 것이다. 사탄은 이러한 전략을 성경의 진실성과 충족성을 공격할 때도 사용한다.

둘째, 사탄은 삶을 힘들게 만드는 어려움을 일으켜 현재의 승리를 허물려하고, 하나님의 기준과 부르심에 순종하길 포기하라고 우리를 유혹한다. 사탄의 가장 극단적인 전략은 박해다. 교회사 내내 신자들은 믿음을 지키기 위해 명성, 자유, 직장, 가정, 심지어 목숨을 내려놓아야 했다. 마귀가 그리스도인을 박해하는 가장 일반적이고 효과적인 방법은 또래를 통한 압박일 것이다. 친구들이 자신을 비난할까 두려운 마음과 친구들이 자신을 받아주길 바라는 마음에 이끌려, 신자들이 하나님의 말씀에서 타협한다. 그런가 하면, 사탄은 전략을 뒤집어 신실한 그리스도인의 삶을 쉽게 만듦으로써 그 삶을 약화하려 하기도 한다. 어려움이 없으면 하나님을 의지하는 감각을 잃는 경향이 있다. 가장 편안한 환경이 믿음을 지키기 가장 어려운 환경일 때가 많다. 많은 신자가 어려울 때는 믿음이 강해지지만, 전장이 조용할 때는 믿음이 약해진다. 흔히 기독교는 받아들여질 때 무력해진다.

셋째, 사탄은 혼란스럽거나 거짓된 교리로 신자들을 공격한다. 그리스도인들이 하나님의 말씀을 제대로 배우지 못하면, 하나님과 관련된 부분 즉 구원, 성화, 도덕, 천국과 지옥, 재림을 비롯한 성경의 모든 진리에서 잘못된 생각의 먹이가 되기 쉽다. 하나님의 말씀에 관해 혼란스러운 신자는 하나님의 일을 제대로 할 수 없다. 그는 "온갖 교훈의 풍조에 밀려 요동한다"(엡 4:14). 원수는 계속해서 그리스도인들이 이렇게 믿게 하려 한다: 성경은 이해하기 어렵고, 복잡한 문제를 해결하기에 부족하며, 따라서 보통 사람은 성경을 이해하고 적용하리라 기대할 수 없고, 이런 시도를 포기하는 게 낫다는 것이다. 신자들이 설교자들과 선생들에게서 서로 충돌하거나 심지어 모순되는 교리 해석을 들을 때, 성경은 이해하기 어려울 거라는 이들의 두려움이 깊어진다. 많은 신자가 하나님의 말씀을 스스로 연구하는 대신 스스로 거짓 목자의 양이 되어 그릇된 길로 인도된다. 이 과정에서 이들은 주님의 돈 수십억 원을 가치 없는 일에 쓴다.

넷째, 사탄은 하나님의 백성이 하나님을 섬기지 못하게 방해함으로써 이들을 공격한다. 사탄은 모든 신실한 삶과 효과적인 사역에 맞선다. 사탄은 많은 대적을 통해 바울의 에베소 사역에 맞섰고("대적하는 자가 많으니라." 고전 16:9), 그의 "육체에 가시 곧 사탄의 사자"를 주었으며(고후 12:7), 데살로니가에 가려는 그의 계획을 방해했다(살전 2:18). 하나님은 바울이 줄곧 그분을 의지하고 겸손하게 함으로써 이 가시를 사용해 그의 사역에 힘을 더하셨고, 이 방해를 사용해 다른 곳에서 해야 하는 그분의 우선적인 일을 성취하셨다. 그러나 사탄의 목적은 이 일을 흔들고 약화하는 것이었다.

다섯째, 사탄은 분열을 일으킴으로써 신자들을 공격한다. 이런 까닭에 예수님은 자신을 따르는 자들이 하나 되도록 그렇게 진심으로 거듭 기도하셨고(요 17:11, 21~23), 이들에게 신속하고 기꺼이 서로 화해하라고 명하셨다(마 5:24). 분열만큼 교회의 세속화를 분명하게 보여주는 것도 없다(고전 1~3장을 보라). 바울이 에베소 신자들에게 가졌던 큰 관심 중 하나는 이들이 "평안의 매는 줄로 성령이 하나 되게 하신 것을 힘써 지키는" 것이었다(엡 4:3). 신자들의 공동체가 서로 사랑하며 일하지 않으면, 하나님이 이 공동체에서 이 공동체를 통해 효과적으로(유효하게) 일하실 수 없다. 원수는 이것을 안다.

여섯째, 사탄은 그들 자신의 자원을 의지하라고 설득함으로써 신자들을 공격한다. 우리의 힘으로 하나님의 일을 하려 한다면, 결코 하나님의 일을 하는 게 아니다. 다윗이 여러 해 이스라엘을 성공적으로 통치하고 대적들을 물리친 후, "사탄이 일어나 이스라엘을 대적하고 다윗을 충동하여 이스라엘을 계수하게 했다." 다윗은 과거처럼 하나님을 의지하는 대신 자신의 자원, 곧 군사가 얼마나 되는지 세어보기로 했다. "하나님이 이 일을 악하게 여기사 이스라엘을 치시매, 다윗이 하나님께 아뢰되, 내가 이 일을 행함으로 큰 죄를 범하였나이다 이제 간구하옵나니 종의 죄를 용서하여 주옵소서 내가 심히 미련하게 행하였나이다 하니라"(대상 21:1~8).

신자들은 말씀을 주시며 말씀이 유효하게 하시는 하나님을 의지하는 대신 하나님의 말씀에 대한 자신의 지식을 의지하기 쉽다. 우리의 신학이 아무리 정통적이고 포괄적이더라도, 우리의 이해가 아무리 견고하게 성경에 기초하더라도, 날마다 하나님의 인도와 공급을 의지하고 변함없는 믿음과 의지하는 기도로 살지 않는다면, 우리는 그리스도의 군사로 준비되어 있지 못하고 영적 대적들에게 취약하다. 많은 신자가 하나님의 말씀으로 충만했으나 그분의 성령에 순종하지 않았기 때문에 몰락했다. 바른 헌신이 빠진 바른 교리는 많은 그리스도인에게 아주 위험하다. 하나님 대신 자신의 명철을 의지하는 자는(잠 3:5) 사탄의 손아귀에 놀아난다. 에베소교회와 관련해 말했듯이, 이 교회는 불과 몇 년 만에 차가워졌고 자신의 정통 신앙을 기계적으로 표현했다. 그리스도를 향한 깊은 헌신이 없는 바른 신학은 교회의 죽음을 막지 못한다.

일곱째, 사탄은 위선에 빠지게 함으로써 신자들을 공격한다. 사탄이 교회사 내내 가장 성공한 일 중 하나는 종교적 불신자들과 불순종하며 사는 실제 신자들로 교회를 채우는 것이다. 자신의 내적 영성보다 외적 평판에 더 신경 쓰는 신자는 주님의 일이 아니라 마귀의 일을 한다. 우리의 죄와 영적 약점을 주님 앞에 내어놓고 씻음을 받아 강해지기보다 이것들을 덮는 데 만족한다면,

사탄의 게임을 하는 것이다.

여덟째, 사탄은 신자들을 세상에 빠지게 하고 그들을 "세상의 틀에 억지로 맞추게" 함으로써 공격한다(필립스 성경 롬 12:2[46]을 보라). 번영의 시대에 사탄은 하나님의 백성을 물질주의, 자기만족, 방종, 쾌락주의(hedonism), 세상 것들에 대한 만족에 아주 손쉽게 빠뜨린다. 이번에도 요한의 경고가 떠오른다. "이 세상이나 세상에 있는 것들을 사랑하지 말라. 누구든지 세상을 사랑하면 아버지의 사랑이 그 안에 있지 아니하니, 이는 세상에 있는 모든 것이 육신의 정욕과 안목의 정욕과 이생의 자랑이니, 다 아버지께로부터 온 것이 아니요 세상으로부터 온 것이라"(요일 2:15~16).

아홉째, 사탄은 다른 모든 것을 아우르는 방식으로 신자들을 하나님의 말씀에 불순종하게 하며 공격한다. 하나님은 우리가 신실하게 행동하길 원하신다. 그래서 원수는 불신실하게 행동하라며 우리를 부추긴다. 하나님은 우리가 진리(진실)를 말하길 원하신다. 그래서 원수는 거짓을 말하라며 우리를 유혹한다. 하나님은 우리가 사랑하길 원하신다. 그래서 원수는 미워하라며 우리를 유혹한다. 하나님은 우리가 가진 바에 만족하길 원하신다. 그래서 사탄은 탐내라며 우리를 유혹한다. 하나님은 우리가 믿음으로 살길 원하신다. 그래서 원수는 보는 것으로 살라며 우리를 유혹한다. 성경의 모든 명령과 기준에서도 이와 같다.

이러한 사탄의 전략들을 알아야 한다. 그렇더라도 단지 이것들을 안다고 막을 수 있는 것은 아니다. 하나님의 공급이 있어야 한다. 바울은 이렇게 말한다. "그러므로 하나님의 전신 갑주를 취하라. 이는 악한 날에 너희가 능히 대적하고 모든 일을 행한 후에 서기 위함이라"(엡 6:13). 부분 갑주로는 부족하다. 예수님은 이렇게 물으셨다. "어떤 임금이 다른 임금과 싸우러 갈 때에 먼저 앉아 일만 명으로써 저 이만 명을 거느리고 오는 자를 대적할 수 있을까

---

46 "여러분을 둘러싸고 있는 세상의 틀에 억지로 맞추지 말고 하나님이 새로 만드시는 사람이 되어 마음의 태도를 전부 바꾸십시오. 그러면 하나님이 인정하는 선하고 완전한 뜻을 여러분은 실제로 입증할 것입니다."(아바서원)

헤아리지 아니하겠느냐?"(눅 14:31). 원수가 정확히 언제, 어디서, 어떻게 공격할지 알 수 없다. 그러므로 늘 하나님의 '전신' 갑주를 갖춰 입고 있어야 한다. 신자가 하나님의 전신 갑주를 갖춰 입고 있을 때, 마귀의 간계들을 온전히 알거나 구체적으로 이해해야 할 필요는 없다. 사실, 그리스도인 군사가 인지하지도 못하는 순간에 하나님의 갑주가 그를 보호할 때가 많다.

에베소서 6장 14~17절에서 바울은 자신의 자녀들이 사탄과 그 군대의 공격에 맞서도록 하나님이 공급하시는 갑주의 일곱 부분을 제시한다. 완료시제(having girded, "띠고")가 암시하듯이(헬라어 부정과거 시제를 번역한 것이다) 갑주의 첫 세 부분은 영구적이며, 신자는 한순간도 이것들을 벗어서는 안 된다.

진리의 허리띠

그런즉 서서, 진리로 너희 허리띠를 띠고, (6:14a)

로마 병사는 늘 튜닉을 입었다. 튜닉은 겉옷으로 로마 병사의 주된 복장이었다. 튜닉은 대개 큰 정사각형 천으로 만들었고, 머리와 두 팔을 넣는 부분에 구멍을 뚫었다. 일반적으로 튜닉은 병사의 몸 대부분을 느슨하게 감쌌다. 고대 전투에서 가장 큰 부분은 백병전이었다. 따라서 느슨한 튜닉은 방해되거나 심지어 위험할 수 있었다. 그래서 병사는 전투에 나서기 전에 튜닉을 여며 **허리**에 **띠고** 있는 무거운 가죽 벨트 안으로 밀어 넣었다.

근동의 보통 시민도 길고 느슨한 겉옷(robe) 때문에 비슷한 문제가 있었다. 그래서 서두르거나 힘든 일을 할 때면, 겉옷을 벗거나 허리 주변에 감았다. 하나님은 이스라엘 자녀들이 애굽을 떠나기 전에 유월절 식사를 하도록 준비시킬 때, 모세를 통해 이렇게 명하셨다. "너희는 그것을 이렇게 먹을지니, 허리에 띠를 띠고, 발에 신을 신고, 손에 지팡이를 잡고, 급히 먹으라"(출 12:11). 자신의 재림과 관련해 예수님은 우리에게 "허리에 띠를 띠라"고 말씀하신다(눅 12:35). 베드로도 동일한 표현을 사용했다. "그러므로 너희 마음의 허리를 동이고[문자적으로, 너희 마음에 허리띠를 매고] 근신하여 예수 그리스도께서 나타나실 때에 너희에게 가져다주실 은혜를 온전히 바랄지어다"(벧전 1:13). 허리띠를 맨다는 것은 준비의 표시이며, 전투를 준비하는 군사는 튜닉을 허리띠로 단단히 고정해야 했다.

모든 것을 안전하게 한 곳에 **띠고(girded**, 묶고) 신자가 전투에 참여할 준비가 되었음을 보여주는 띠는 **진리**였다. '알레떼이아'(*alētheia*, **진리**)는 기본적으로 참된 것의 내용을 가리킨다. 하나님의 **진리**의 내용은 신자가 사탄의 간계에 맞서 싸우는 데 절대 필수다. 바울이 이미 지적했듯이, 성경의 가르침을 알지 못하면 "사람의 속임수와 간사한 유혹에 빠져 온갖 교훈의 풍조에 밀려 요동한다"(4:14). 바울은 디모데에게 보낸 첫째 편지에서 이렇게 경고한다. "성령이 밝히 말씀하시기를, 후일에 어떤 사람들이 믿음에서 떠나 미혹하는 영과 귀신의 가르침을 따르리라 하셨으니"(딤전 4:1). 사교(邪敎, cults)와 거짓 종교가 가르치는 "귀신의 가르침"의 기원은 바울이 에베소서에서 "통치자들과 권세들과 이 어둠의 세상 주관자들과 하늘에 있는 악의 영들"이라 부르는(6:12) "미혹하는 영"(deceitful spirits)이다. 이러한 사탄의 간계는 오직 하나님의 **말씀**의 진리로만 맞서 이길 수 있다.

그러나 '알레떼이아'(*alētheia*, **진리**)는 또한 진실한 태도를 가리킬 수 있다. 이것은 구체적 진리의 정확성뿐 아니라 진실함의 질을 의미한다. 이것이 바울이 여기서 염두에 두는 주된 의미로 보인다. 그리스도인은 전적으로 진실한 태도로 자신을 동여매야 한다. 그러므로 **진리로 너희 허리띠를 띠고**는 준비하고 진정으로 헌신하는 태도를 말한다. 이것이 위선과 거짓을 버리는 진실한 신자의 표식이다. 그는 주님을 위해 일하는 데 방해될 법한 모든 짐을 모아 진실함의 허리띠 안으로 밀어 넣어 방해되지 않게 한다. 진지한 주자가 경주를 시작하기 전에 불필요한 옷을 모두 벗듯이(히 12:1), 진지한 군사는 전투 전에 느슨한 옷을 허리띠로 단단히 고정한다.

그리스도인이 준비된 상태에서 사탄의 세력과 마주하는 게 훨씬 중요하다. 바울은 이렇게 말한다. "병사로 복무하는 자는 자기 생활에 얽매이는 자가 하나도 없나니, 이는 병사로 모집한 자를 기쁘게 하려 함이라"(딤후 2:4). 안타깝게도, 너무나 많은 그리스도인이 일상의 일과 관심사라는 "튜닉"이 바람에 날려 몸 주변에 펄럭이도록 내버려둔다. 이로써 자신은 주님께 충성하는 데 계속 방해받을 뿐 아니라, 자신의 미숙한 습관과 관심사로 자신을 옭아매고 패배시키도록 마귀에게 온갖 기회를 안겨준다.

내가 믿기로 **진리로…허리띠를 띠는** 것은 무엇보다도 자신을 전적으로 헌신하는 훈련과 관련이 있다. 헌신된 병사와 헌신된 선수처럼, 헌신된 그리스도인이 준비된 사람이다. 전쟁과 운동 경기에서 거두는 승리는 흔히 갈망, 곧 세밀한 준비와 더없는 노력으로 이어지는 갈망의 직접적인 결과물이다. 승리를 가장 갈망하는 군대나 팀이 가장 낮은 확률을 뚫고 승리할 가능성이 가장 높다.

몇 해 전, 젊은 유대인 미국 청년의 이야기를 들었다. 그는 이스라엘로 돌아가 살기로 결정했다. 그는 이스라엘에서 2년을 일한 후 이제 일정 기간 군 복무를 하거나 미국으로 돌아가야 했다. 그는 군 복무를 선택했다. 아버지의 가까운 친구 중에 이스라엘군 장성이 있었다. 아버지는 아들이 자신의 우정을 이용해 편안하고 안전한 부대에 배치받으려 하지 않을까 걱정이었다. 대신에 청년은 그 장군을 찾아가 이렇게 말했다. "제가 맡고 있는 임무는 너무 쉽습니다. 이스라엘군에서 가장 뛰어나고 가장 전략적이며 가장 부지런하고 가장 힘든 부대에 가고 싶습니다." 장군은 청년의 헌신을 칭찬하며 말했다. "사람들은 이스라엘이 전쟁을 아주 잘하는 것은 우리에게 대단한 병력이나 대단한 정보망이나 대단한 무기가 있기 때문이라고 생각하지. 그러나 우리의 승리는 이런 것들 때문이 아니라네. 헌신, 주저하지 않고 희생하는 헌신 때문이라네."

선수들은 경주에서 '가능한' 승리를 거두고 세상의 "썩을" 관(冠)을 얻기 위해 자신을 그렇게 헌신하고 훈련한다. 그렇다면 예수 그리스도를 믿는 자들은 사탄과 맞선 싸움에서 '절대적' 승리를 거두고 "썩지 아니할" 관을 하나님에게 받기 위해 더더욱 헌신하고 훈련해야 하지 않겠는가?(고전 9:25)

진리로…허리띠를 띤다는 것은 "하나님의 선하시고 기뻐하시고 온전하신 뜻이 무엇인지 분별하도록" 마음이 새로워진다는 것이다(롬 12:2). 하나님의 **진리**를 향한 헌신에서 마음이 새로워질 때, 그리스도의 군사는 능력을 받아 하나님을 기쁘게 하는 "거룩한 산 제물"이 되며, 이것이 신자의 "영적 예배"

다(1절). 여러 면에서 죽는 제물보다 산 제물이 되는 게 더 어렵고 힘들다. 믿음 때문에 장작더미에서 불살라지는 것은 고통스럽겠지만 오래지 않아 끝난다. 평생 신실하게 순종하며 사는 것도 때때로 고통스러울 수 있으며 늘 힘들다. 이렇게 살려면 주님을 향한 변함없는 전적 헌신을 통해서만 얻을 수 있는 지구력이 필요하다. 이렇게 살려면 "지식과 모든 총명으로 점점 더 풍성하게" 되어 "지극히 선한 것을 분별하며 또 진실하여 허물없이 그리스도의 날까지 이르고 예수 그리스도로 말미암아 의의 열매가 가득하여 하나님의 영광과 찬송이 되는" 사랑이 필요하다(빌 1:9~11). 하나님에 대한 사랑과 지식과 총명(understanding), 세 가지 모두 우리 안에서 자라야 한다. 이것들이 자랄 때 주님을 향한 우리의 헌신, 곧 지극히 선한 것들을 위한 헌신도 자란다. 이 헌신의 궁극적 목적은 "하나님의 영광과 찬송"이다.

평범함, 무기력, 무관심, 미지근함에 만족하는 것은 하나님의 진리의 허리띠로 무장하지 못하고 자신을 사탄의 간계에 노출하는 것이다.

존 몬셀(John Monsell, 1811~1875)의 찬송(Fight the Good Fight)은 참된 헌신의 덕에 초점을 맞춘다.

네 힘을 다해 선한 싸움을 싸우라.
그리스도가 네 힘이요 권리라.
생명을 붙잡으라. 그것이 영원히
네 기쁨과 면류관 되리라.

하나님의 선한 은혜로 반듯이 달려가고,
네 눈을 들어 그분의 얼굴을 구하라.
네 앞에 펼쳐진 길에 생명 있으니
그리스도가 길이요 상이로다.

염려를 버리고, 네 인도자를 의지하라.
그분의 무한한 자비가 공급하리라.

신뢰하라. 신뢰하는 네 영혼이 증명하리라.

그리스도가 네 영혼의 생명이요 사랑이심을.

의의 호심경

의의 호심경을 붙이고, (6:14b)

호심경(breastplate. 흉갑)은 몸통 전체를 보호하는 질긴 민소매 갑옷이다. 그 어떤 로마 병사도 이것을 착용하지 않은 채 전투에 나가려 하지 않았을 것이다. 호심경은 흔히 가죽이나 두꺼운 리넨으로 만들었고, 그 위에 동물의 발굽이나 뿔이나 금속 조각을 꿰매어 덧댔다. 어떤 호심경은 커다란 금속을 몸통에 맞게 형틀로 찍거나 망치로 두드려 만들었다. 이 갑옷의 목적은 분명하다. 심장, 폐, 내장을 비롯한 중요 장기를 보호하는 것이다.

고대 유대인의 사고에서 심장은 마음(mind)과 의지를 대변했고, 창자는 감정과 느낌의 자리로 여겨졌다. 마음과 감정은 사탄이 신자들을 가장 맹렬하게 공격하는 부분이다. 사탄은 세상 체계와 죄악 된 환경을 만든다. 그리고 이것으로 우리를 유혹해 잘못된 생각을 하고 잘못된 감정을 느끼게 하려 한다. 사탄은 거짓 가르침과 거짓 원리와 거짓 정보로 우리의 마음을 흐려 잘못된 길로 인도하고 혼란에 빠뜨리려 한다. 사탄은 또한 우리의 감정을 혼란스럽게 하고, 이로써 우리의 정서와 도덕과 충성과 목표와 헌신을 왜곡하려 한다. 사탄은 하나님의 말씀을 우리의 마음에서 낚아채고, 자신의 뒤틀린 사상으로 대신하려 한다. 사탄은 순전한 삶을 무너뜨리고, 부도덕과 탐욕과 미움을 비롯한 온갖 악으로 대신하려 한다. 사탄은 우리가 죄를 슬퍼하기보다 죄를 비웃길 바라며, 하나님께 죄를 고백하고 용서를 구하기보다 죄를 합리화하길 바란다. 사탄은 우리를 유혹해 우리의 안과 주변의 죄에 아주 익숙해져 더는 양심에 거리낌이 없게 하려 한다.

이러한 사탄의 공격을 막아내는 도구가 **의의 호심경**이다. **의**(righteousness)로 우리의 전부를 둘러야 한다. 이를테면, 고대 병사들이 호심경(흉갑)으로 자기 몸을 덮었듯이 말이다.

바울은 여기서 자기 의(self-righteousness)를 말하고 있지 않은 게 분명하다. 자기 의는 전혀 의가 아니며 가장 나쁜 형태의 죄다. 그러나 많은 그리스도인이 이런 종류의 의로 옷을 입고, 자신의 성품과 율법주의적 행위와 성취가 하나님을 기쁘게 하며 그분이 주시는 상을 가져다주리라 생각한다. 그러나 자기 의라는 망토는 신자를 보호하기는커녕, 우리의 영적 삶과 섬김을 억압하고 무디게 하기에 적합한 무기를 사탄에게 쥐어준다. 자기 의는 불신자를 하나님 나라로부터 차단하는 만큼이나 확실하게 신자를 하나님과 교제하는 능력으로부터 차단할 것이다(마 5:20). 신자라고 해도 우리의 의는 더러운 옷에 지나지 않는다(사 64:6). 이것은 우리에게 하나님의 총애(favor)를 안겨주지 못하며, 우리를 사탄으로부터 보호해 주지도 못한다.

바울은 여기서 전가된 의(imputed righteousness)를 말하고 있지도 않다. 전가된 의란, 한 사람이 그리스도를 믿는 순간 하나님이 그에게 적용하시는 완전한 의다(롬 4:6, 11, 22~24). "하나님이 죄를 알지도 못하신 이[그리스도]를 우리를 대신하여 죄로 삼으신 것은 우리로 하여금 그 안에서 하나님의 의가 되게 하려 하심이라"(고후 5:21). 하나님이 이미 우리에게 입혀놓으신 것을 우리가 **붙일**(put on, 입을) 수는 없다. 우리는 이 의를 영구적으로, 이 땅에 사는 동안만이 아니라 영원히 입는다.

전가된 하나님의 의가 우리 그리스도인의 생명과 삶의 기초다. 이 의가 우리를 지옥으로부터 지켜준다. 그러나 이 의 자체가 현세에서 우리를 사탄으로부터 지켜주지는 않는다. 우리가 대적에 맞서는 영적 갑주로 **붙이는**(입는) **의의 호심경**은 하나님의 말씀에 순종하는 삶의 '실천적' 의(practical righteousness)다. (참조. 4:24~27에서 "새 사람"에 맞추어 의로운 행위를 입는다. 이렇게 할 때, "마귀에게 틈을 주지" 않는다. 골 3:9~14에서 의로운 행위를 옷 입는 것도 보라.)

빌립보서 3장에서 바울은 이 두 형태의 참된 의가 서로 어떤 관계인지 보여준다. 그는 자신의 구원이 순전히 전가된 하나님의 의에 기초하며, "내가 가진 의는 율법에서 난 것이 아니요 오직 그리스도를 믿음으로 말미암은 것이니, 곧 믿음으로 하나님께로부터 난 의"라고 말한다(9절). 그러나 그가 살아가는 그리스도인의 삶은 또 다른 종류의 의를 포함했다. 자신에게 전가된 의를 실천하는 것이었다. "내가 이미 얻었다 함도 아니요 온전히 이루었다 함도 아니라. 오직 내가 그리스도 예수께 잡힌 바 된 그것을 잡으려고 달려가노라. 형제들아, 나는 아직 내가 잡은 줄로 여기지 아니하고 오직 한 일 즉 뒤에 있는 것은 잊어버리고 앞에 있는 것을 잡으려고 푯대를 향하여 그리스도 예수 안에서 하나님이 위에서 부르신 부름의 상을 위하여 달려가노라"(12~14절). 전가된 의가 실천적 의를 가능하게 하지만, 오직 하나님을 향한 순종만이 실천적 의를 실현한다.

바울은 자신에게 전가된 의를 기뻐했다. 이 의는 오직 구원하는 하나님의 은혜만 줄 수 있기 때문이다. 그러나 바울은 이 의를 교회사를 통틀어 많은 신자가 생각했던 것처럼 생각하지는 않았다. 그리스도의 피가 과거, 현재, 미래의 모든 죄를 덮기 때문에 생각하고 말하고 행동하는 것은 중요하지 않다고 말하는 그리스도인들이 있다. 이들은 이런 생각과 원수에 대한 취약성을 반영한다. 바울은 로마서 6장에서 이러한 비이성적이고 비성경적인 주장을 논박한다. "은혜를 더하게 하려고 죄에 거하겠느냐? 그럴 수 없느니라. 죄에 대하여 죽은 우리가 어찌 그 가운데 더 살리요?…이와 같이 너희도 너희 자신을 죄에 대하여는 죽은 자요 그리스도 예수 안에서 하나님께 대하여는 살아 있는 자로 여길지어다. 그러므로 너희는 죄가 너희 죽을 몸을 지배하지 못하게 하여 몸의 사욕에 순종하지 말고, 또한 너희 지체를 불의의 무기로 죄에게 내주지 말고, 오직 너희 자신을 죽은 자 가운데서 다시 살아난 자 같이 하나님께 드리며, 너희 지체를 의의 무기로 하나님께 드리라"(1~2, 11~13절). 예수님은 우리를 죄의 모든 면에서, 죄의 권세와 형벌뿐 아니라 존재로부터도 구원하려고 십자가에서 돌아가셨다.

의의 호심경을 붙인다는 것은 하늘에 계신 우리 아버지께 날마다 순간마다 순종하며 산다는 것이다. 하나님의 갑주 중 이 부분은 거룩한 삶이다. 거룩한 삶을 위해 하나님이 기준과 능력을 공급하시지만 우리는 자발적 실천(willingness)을 공급해야 한다. 하나님이 친히 우리에게 전가된 의를 입히시지만, 우리는 우리의 실천적 의를 입어야 한다.

그리스도인이 **의의 호심경**을 착용하지 않으면 무엇보다도 기쁨을 잃게 될 것이다. 요한일서는 신자들에게 여러 진리와 더불어 많은 경고와 명령을 준다. 그 목적은 "우리의 기쁨이 충만하게 하려 함이다"(요일 1:4). 바꾸어 말하면 순종하지 않으면 기쁨도 없다. 기쁨이 충만한 그리스도인은 순종하는 그리스도인뿐이다.

대다수는 아니더라도 그리스도인들이 경험하는 많은 감정적, 관계적 문제의 원인은 자신이 거룩하지 못하다는 것이다. 우리가 경험하는 많은 실망과 낙담의 원인은 환경이나 다른 사람들이 아니라 고백하지 않아 사함 받지 못한 자신의 죄다. 환경과 사람들이 우리의 행복을 빼앗는다면, 거룩한 삶이라는 갑주의 보호를 받지 못하기 때문이다. 어느 쪽이든, 우리 자신의 죄가 불행의 원인이다. 밧세바와 간음하고 그녀의 남편 우리아를 죽음으로 내몬 후, 다윗은 평안하지 않았다. 이런 까닭에, 다윗이 이 죄를 회개하며 지은 훌륭한 시편에 "주의 구원의 즐거움을 내게 회복시켜 주시고"라는 간구가 나온다(시 51:12). 거룩하지 못한 삶은 우리에게서 구원을 빼앗지 않지만, 구원의 기쁨을 빼앗는다.

오늘의 교회가 흔히 범하는 죄가 있다. 신자들에게 거룩한 삶이라는 경건한 갑주가 필요할 때, 이들에게 좋은 조언, 좋은 프로그램, 좋은 활동, 좋은 기술, 좋은 방법 같은 종이 갑주를 주는 것이다. 그 어떤 프로그램이나 방법이나 기술도 자신의 죄를 마주하고 버리려 하지 않는 신자에게 온전함과 행복을 안겨줄 수 없다.

둘째, 실천적 의로 무장하지 않으면 열매 맺지 못한다. 불순종하는 그리스도인은 주님의 일에 비생산적이다. 그가 어떤 성취를 하는 듯 보이더라도, 내면에 영적 열매가 없는 수치스러운 껍데기에 지나지 않을 것이다.

셋째, 거룩하지 못한 삶은 상을 잃는다. 세상적이고 육적인 신자가 하는 일은 무엇이라도 결코 하늘의 찬사를 받을만하지 못할 것이다. 그것은 하나님의 눈에 나무나 건초나 지푸라기에 지나지 않으며, 그가 주님을 마주할 때 무가치한 그의 행위는 불타고 그는 상을 잃을 것이다(고전 3:12~15).

넷째, 거룩하지 못한 삶은 하나님의 영광을 가린다. 그리스도인의 죄에서 가장 큰 악은 하늘에 계신 그의 아버지가 그 죄에 투영된다는 것이다. 거룩하지 못한 삶은 "우리 구주 하나님의 교훈을 빛나게 하지" 못한다(딛 2:10).

베드로는 이렇게 촉구한다. "거류민과 나그네 같은 너희를 권하노니, 영혼을 거슬러 싸우는 육체의 정욕을 제어하라"(벧전 2:11). 육체의 정욕을 비롯한 모든 형태의 죄는 사탄이 우리의 영혼을 거슬러 싸울 때 사용하는 무기다. 그러므로 우리의 갑주는 **의의 호심경**, 곧 진정한 그리스도인의 진정한 거룩을 포함해야 하는데, 진정한 그리스도인은 "모든 생각을 사로잡아 그리스도에게 복종하게 하며"(고후 10:5) "위의 것을 생각하고 땅의 것을 생각하지" 않는다(골 3:2). 바울은 이렇게 말한다. "밤이 깊고 낮이 가까웠으니, 그러므로 우리가 어둠의 일을 벗고 빛의 갑옷을 입자…오직 주 예수 그리스도로 옷 입고, 정욕을 위하여 육신의 일을 도모하지 말라"(롬 13:12, 14).

복음의 신

평안의 복음이 준비한 것으로 신을 신고, (6:15)[47]

우리는 생각할 수 있는 모든 활동마다 거기에 맞는 신이 있다. 정장에 맞는 신이 있고, 일하기에 적합한 신이 있으며, 레저 활동에 적합한 신이 있다. 운동 종목마다 특별한 신이 있으며, 한 종목 내에서도 여러 형태의 신이 있기도 하다. 테니스 선수라도 아스팔트 코트에서 신는 신이 다르고, 클레이 코트에서 신는 신이 다르며, 잔디 코트에서 신는 신이 다르다. 마찬가지로, 축구 선수나 야구 선수도 구장 표면에 따라 신는 신이 다르다.

군인의 신은 운동선수의 신보다 중요하다. 군인의 생명 자체가 그의 신에 좌우될 수도 있기 때문이다. 그가 거칠고 뜨거운 길을 행진할 때, 험한 바위를 오를 때, 가시를 밟을 때, 돌부리가 삐죽삐죽한 강바닥을 밟을 때 발이 잘 보호되어야 한다. 군인이 발에 물집이 잡히거나 상처가 나거나 발이 부으면, 잘

---

47 새번역은 이 구절을 이렇게 옮겼다. "발에는 평화의 복음을 전할 차비를 하십시오."

싸울 수 없고 굳게 서지 못하기에 십상이다. 이는 전투에서 위험한 상황이다. 검이나 방패를 잘 다루지 못하며, 빠르게 전진하거나 심지어 후퇴조차 할 수 없다.

로마 군인의 신이나 부츠는 발을 보호하도록 질기고 오래 가는 소재로 만들었을 뿐 아니라 미끄러운 벼랑을 오를 때 마찰력을 높이고 싸울 때 더 안정감 있게 대개 바닥에 금속 조각이나 못을 박았다.

마찬가지로, 그리스도인의 영적 신은 그가 마귀의 간계에 맞서는 싸움에서 중요하다. 그가 진리로 꼼꼼하게 허리를 동이고 의의 호심경을 착용했으나 **평안의 복음이 준비한 것을** 제대로 **신지** 않으면, 비틀거리고 넘어지며 많은 패배를 당하게 된다.

'헤토이마시아'(betoimasia, **preparation**, 준비한 것)의 일반적 의미는 준비(readiness)이다. 디도서 3장 1절에서, 바울은 이 용어를 사용해 "모든 선한 일 행하기를 **준비하라**"며 신자들을 권면한다(강조는 덧붙인 것이다). 좋은 신을 신으면, 군사는 행진하거나, 오르거나, 싸우거나, 필요한 무엇이든 할 준비를 갖춘 것이다. 그리스도께서도 자신의 백성에게 동일한 준비를 요구하신다.

바울은 복음을 전파하는 맥락에서 이사야 52장 7절을 인용했다("좋은 소식을 전하…는 자의…발이 어찌 그리 아름다운가!"). 그래서 많은 주석가가 에베소서 6장 15절도 전파(preaching)를 가리킨다고 해석한다. 그러나 에베소서 본문에서 바울은 전파나 가르치기가 아니라 영적 싸움을 말하고 있다. 그는 돌아다니는 것이 아니라 굳게 서는 것을 말하고 있다(11, 13, 14절). 그의 주제는 잃은 자들에게 복음을 전하는 것이 아니라 마귀와 싸우는 것이다.

이 단락에서 **평안의 복음**은 신자들이 하나님과 평화를 누린다는 좋은 소식을 가리킨다. 구원받지 못한 자들은 도움이 없고, 경건하지 못하며, 죄악 되고, 하나님의 원수다(롬 5:6-10). 반대로, 구원받은 사람은 하나님의 아들을 믿음으로써 하나님과 화목하게 되었다(10-11절). 바울이 몇 절 앞에서 선포했듯이, 우리는 "우리 주 예수 그리스도로 말미암아 하나님과 화평을" 누린다(5:1). 바울은 골로새 신자들에게 이렇게 설명했다. "전에 악한 행실로 멀리 떠나 마음으로 원수가 되었던 너희를 이제는 그의 육체의 죽음으로 말미암아 화목하게 하사 너희를 거룩하고 흠 없고 책망할 것이 없는 자로 그 앞에 세우고자 하셨으니"(골 1:21~22).

평안의 복음(the gospel of peace)은 그리스도 안에서 우리가 이제 하나님과 평안을 누리고 그분과 하나 되었다는 놀라운 진리다. 그러므로 우리는 발에 **평안의 복음이 준비한 것**을 신고 있을 때, 우리를 향한 하나님의 사랑, 그분과 우리의 연합, 우리를 위해 싸우겠다는 그분의 약속(commitment, 헌신)을 확신하게 된다.

병사들이 예수님을 체포하러 겟세마네 동산에 왔을 때, 베드로가 검을 뽑았다. 이때 베드로는 자신이 천하무적이라 생각했다. 방금 "내가 그니라"라는 예수님의 한 마디에 모든 병사가 땅에 엎드러지는 것을 보았기 때문이다(요 18:6). 이스라엘 자녀들이 약 삼만 이천에 이르는 미디안 대군을 마주했을 때, 하나님이 기드온에게 이렇게 말씀하셨다. "너를 따르는 백성이 너무 많은즉 내가 그들의 손에 미디안 사람을 넘겨주지 아니하리니, 이는 이스라엘이 나를 거슬러 스스로 자랑하기를 내 손이 나를 구원하였다 할까 함이니라"(삿 7:2). 기드온이 자신의 군사를 삼백 명까지 줄였을 때, 하나님은 이스라엘의 무기를 하나도 사용하지 않고 이들에게 놀라운 승리를 안기셨다(22절). 강력한 암몬과 모압 연합군이 유다를 쳐들어오려 했을 때, 하나님은 여호사밧 왕에게 이렇게 약속하셨다. "너희는 이 큰 무리로 말미암아 두려워하거나 놀라지 말라. 이 전쟁은 너희에게 속한 것이 아니요 하나님께 속한 것이니라"(대하 20:15). "그 노래와 찬송이 시작될 때에, 여호와께서 복병을 두어 유다를 치러온 암몬 자손과 모압과 세일산 주민들을 치게 하시므로 그들이 패하였으니, 곧 암몬과 모압 자손이 일어나 세일산 주민들을 쳐서 진멸하고 세일 주민들을 멸한 후에는 그들이 서로 쳐죽였더라. 유다 사람이 들 망대에 이르러 그 무리를 본즉 땅에 엎드러진 시체들뿐이요 한 사람도 피한 자가 없는지라"(22~24절). 기드온의 용사들이 미디안 군대를 이겼을 때처럼, 하나님은 자신의 백성이 무기를 들지도 않고 승리하게 하셨다.

하나님의 능력을 굳게 의지하는 신자는 그 어떤 원수도, 사탄도 두려워할 필요가 없다. 그가 우리를 공격할 때, 우리의 발은 **평안의 복음**이라는 견고한

터에 깊이 뿌리 박혀 있으며, 이 복음을 통해 하나님은 우리의 원수에서 우리의 보호자로 바뀌신다. 우리가 전에는 그분의 원수였으나 이제 그분의 자녀이며, 하늘에 계신 우리 아버지께서 우리에게 그분의 자원을 주어 "주 안에서와 그 힘의 능력으로 강건하여지게" 하신다(엡 6:10). 바울은 이렇게 묻고 답한다. "그런즉 이 일에 대하여 우리가 무슨 말 하리요? 만일 하나님이 우리를 위하시면 누가 우리를 대적하리요?…그러나 이 모든 일에 우리를 사랑하시는 이로 말미암아 우리가 넉넉히 이기느니라. 내가 확신하노니, 사망이나 생명이나 천사들이나 권세자들이나 현재 일이나 장래 일이나 능력이나 높음이나 깊음이나 다른 어떤 피조물이라도 우리를 우리 주 그리스도 예수 안에 있는 하나님의 사랑에서 끊을 수 없으리라"(롬 8:31, 37~39).

성령이 충만한 신자, 하나님의 전신 갑주를 입은 신자는 존 뉴튼(John Newton, 1725-1807)처럼 확신에 차 노래할 수 있다.

수많은 적 너를 에워싸고,
네 팔 심히 연약해도,
네 생명 그리스도와 함께 하나님 안에 숨겨졌으니
절대 해를 입지 않으리라

너 심히 연약해도 스러지지 않으며,
넘어져도 결코 죽지 않으리라
예수 모든 성도의 힘 되시니
높은 곳에서 널 도우시리라

죽을 육신은 알지 못하나
믿음은 늘 가까이 계시는 분을 보네
그분은 네 인도자, 네 영광, 널 지키시는 분
네가 무엇을 두려워할까?

그분이 확실하게 이기셨고,
널 위해 단번에 승리하셨네
그분의 이름을 사랑하는 너도
그분 안에서 확실히 승리하리라

28

신자의 갑주 2
(6:16~17)

모든 것 위에 믿음의 방패를 가지고, 이로써 능히 악한 자의 모든 불화살을 소멸하고, 구원의 투구와 성령의 검, 곧 하나님의 말씀을 가지라. (6:16~17)

바울은 **모든 것 위에(in addition to all)**라는 말로 시작해 갑주의 나머지 세 부분을 제시한다. 첫 세 부분인 띠, 호심경, 신(14~15절)은 장기적 대비와 보호를 위한 것이며 싸움터에서 절대 벗지 말아야 했다. 반면에, **방패, 투구, 검**은 실제 전투가 시작될 때 사용할 수 있게 준비되었고, 따라서 **가지다(take, 취하다)**라는 동사가 사용된다.

믿음의 방패

모든 것 위에 믿음의 방패를 가지고, 이로써 능히 악한 자의 모든 불화살을 소멸하고, (6:16)

로마 병사들은 여러 종류의 방패를 사용했으나 두 종류가 가장 일반적이었다. 첫째는 지름이 60cm 정도로 다소 작고 둥근 방패였는데, 가죽끈 두 가닥으로 팔에 고정했다. 이 방패는 비교적 가벼웠고, 백병전에서 적이 휘두르는 검을 막는 데 사용되었다.

둘째는 '뚜레오스'(thureos)였으며, 바울이 여기서 가리키는 방패도 이것이다. 이 **방패**는 너비가 75cm에 높이가 135cm 정도였으며, 병사의 몸 전체를 방어하도록 고안되었다. 당시 병사들은 지금의 평균 남성보다 상당히 작았다. 이 **방패**는 단단한 나무로 만들어 그 위에 금속이나 기름을 먹인 가죽을 덧댔다.

이 방패를 든 병사들은 전투에서 맨 앞에 배치되었고, 대개 나란히 서서 방패를 밀착시켜 거대한 팔랑크스 대형(밀집 대형)을 형성했는데, 이 대형이 1.5km킬로미터 또는 그 이상 길게 이어졌다. 방패로 구축한 방어벽 뒤에 배치된 궁수들이 적진을 향해 전진하면서 화살을 쏘았다. 누구라도 이런 방패 뒤에 서 있거나 웅크린 사람은 적이 쏘거나 던지는 화살과 창으로부터 보호받았다.

바울이 여기서 말하는 **믿음**은 일련의 기독교 신앙(Christian beliefs, 4:13에서는 이 용어로 이것을 가리켰다)이 아니라 하나님에 대한 기본 신뢰다. 그리스도를 믿는 믿음, 즉 구원에 합당하며 하루하루 공급과 도움에 대해 그분을 신뢰할 때 계속해서 복과 힘을 가져다주는 믿음이다. 기독교의 본질은 하나님이 계시고 자신을 찾는 자들에게 상을 주심을 믿는 것이며(히 11:6), 그분의 아들을 십자가에서 죽어 장사되고 부활해 승천하신 구주로서 전적으로 신뢰하는 것이고, 무오하고 권위 있는 그분의 말씀인 성경에 순종하는 것이며, 주님의 재림을 고대하는 것이다. "의인은 그의 믿음으로 말미암아 살리라"는 하박국의 선언을(합 2:4) 바울이 두 차례(롬 1:17; 갈 3:11), 히브리서 저자가 한 차례 인용하고 재확인한다(히 10:38).

모든 사람은 이런저런 형태의 믿음으로 산다. 우리는 무너지지 않으리라 믿으며 다리를 건넌다. 우리는 독이 들어있지 않으리라 믿으며 음식을 먹는다. 우리는 비행기, 기차, 배, 버스, 자동차가 안전하다고 확신하며 우리의 목숨을 맡긴다. 이런 것들에 대한 믿음이 대체로 견고하기 때문에 우리가 아는 삶과 사회가 가능하다. 올리버 웬들 홈스 (Oliver Wendell Holmes, 1841-1935)는 이 사실을 좀 더 철학적으로 고찰하면서 이렇게 말했다. "삶을 살 가치 있게 하는 것은 무엇인가를 믿는 믿음이다."

그러나 하나님을 믿는 **믿음**은 우리가 매일 품고 살아가는 실제적 믿음과는 비교할 수 없을 만큼 더 신뢰할 수 있고 중요하다. 이것은 단순히 "무엇인가를 믿는 믿음"을 훨씬 초월한다. 믿음은 그 대상의 신뢰성만큼만 의지할만하고 도움이 된다. 그리스도인의 **믿음**이 강력하고 유효한 것은 믿음의 대상, 곧 예수 그리스도가 능력이 무한하고 절대적으로 의지할 수 있는 분이기 때문이다. 그리스도인의 믿음은 절대 실패하지 않는다. 믿음의 대상이 절대 실패하지 않으시기 때문이다.

존 페이튼(John Paton, 1824-1907)이 사우스씨(South Sea)의 어느 부족을 위해 성경을 번역하다가 이 부족에게 신뢰나 믿음에 해당하는 단어가 없다는 것을 알았다. 어느 날, 원주민 하나가 선교사의 집에 급히 달려와 큰 의자에 털썩 앉으며 말했다. "제 온 몸무게를 이 의자에 맡기니 좋습니다." "바로 이거야!" 페이튼이 말했다. "믿음을 '자신의 온 무게를 하나님께 맡김'으로 번역해야겠어."

신약성경 시대에는 화살촉을 흔히 천으로 감싸 끈적끈적한 기름에 담갔다. 화살촉에 불을 붙여 **불화살(flaming missiles)**을 적군에게 쏘았다. 기름이 맹렬히 탔고, 화살이 타격하는 순간 불똥이 사방으로 튀어 인화성 물질에 불이 붙었다. 불화살은 적군의 몸에 박힐 뿐 아니라 심한 화상을 입혔고 옷과 장비를 태워버렸다. 이러한 불화살을 막는 가장 믿을만한 장비가 '두레오스' **방패**였으며, 이 방패를 덮은 금속이나 물에 젖은 가죽이 불화살을 튕겨 내거나 **소멸시켰다.**

신자들을 공격하는 영적 **불화살**은 무엇보다 유혹으로 보인다. 사탄은 부도덕, 미움, 시기, 분노, 탐심, 교만, 의심, 두려움, 절망, 불신을 비롯한 온갖 죄를 지으라는 유혹으로 하나님의 자녀들을 끊임없이 폭격한다.

사탄의 첫 유혹, 곧 아담과 하와를 향한 유혹은 이들을 꾀어 하나님을 의심하고 자신의 거짓말을 믿도록 하는 것이었다. 이것이 사탄의 첫째 **불화살**이었으며, 나머지 모든 불화살은 여기에서 불을 붙였다. 직접적이든 간접적이든 간에 모든 유혹은 하나님을 의심하고 신뢰하지 말라는 것이다. 그러므로 사탄이 쏘아대는 모든 **불화살**의 목적은 신자가 하나님을 향한 신뢰를 버리게 만들고, 구원자와 구원받은 자 사이가 틀어지게 하는 것이다. 광야에서 사탄은 하나님을 불신하라며—먼저 아버지의 공급을 불신하고, 뒤이어 그분의 보호와 계획을 불신하라며—하나님의 아들까지 유혹했다(마 4:3~9).

어떤 사람들처럼, 성은 하나님이 창조하셨고 하나님이 창조하신 모든 것이 선하다고 주장하면서 하나님의 은혜라는 이름으로 간통이나 간음을 정당화하려는 노력은 뒤틀린 논리이며, 하나님의 말씀과 모순되고, 하나님의 완전하심(integrity)을 의심하는 것이다. 그 관계가 너무나 아름답기에 하나님에게서 온 것이 틀림없다고 주장하면서 불신자와의 결혼을 정당화하려는 노력은 하나님의 뜻 대신 사탄의 뜻을 따르는 것이다. 하나님을 의심하는 것은 그분을 믿지 않는 것이며, 사도 요한이 말하듯이, 거짓말하실 수 없는 분을 거짓말쟁이로 만드는 것이다(요일 5:10; 참조. 딛 1:2). 그 어느 죄라도 정당화하려 할 때마다, 또한 아무리 정당화하려 하더라도, 하나님의 성품을 낮추고 사탄의 성품을 높이는 것이다. 죄를 짓는 것은 사탄을 믿는 것이며, 의를 따르는 것은 하나님을 믿는 것이다. 그러므로 모든 죄는 하나님이 누구이며 어떤 분인지를 믿고 행동하지 못하는 결과다. **믿음**이 **방패**다.

죄는 하나님의 약속, 곧 그분께 귀 기울이는 사람은 복이 있다는 약속(잠 8:34), 하나님은 자신의 자녀들이 물고기를 구할 때 절대로 돌을 주지 않으신다는 약속(마 7:9), 그분은 하늘의 문을 열고 측량할 수 없는 복을 신실한 자신의 자녀들에게 쏟아부으신다는 약속(말 3:10), 그분은 "온갖 좋은 은사와 온전한 선물"을 다 주셨다는 약속(약 1:17), 그분은 "그 풍성한 대로 너희[우리의] 모든 쓸 것을 채우시리라"는 약속(빌 4:19), 그분은 이미 "그리스도 안에서 하늘에 속한 모든 신령한 복을 우리에게 주셨다"는 약속(엡 1:3), 그 외에 숱한 약속을 버렸으며 이 약속들과 모순된다.

사탄의 **불화살**, 곧 하나님을 의심하라는 유혹을 **소멸하는** 유일한 방법은 하나님을 '믿는' 것, **믿음의 방패를 가지는** 것이다. 잠언 저자는 이렇게 말한다. "하나님의 말씀은 다 순전하며(is tested) 하나님은 그를 의지하는 자의 방패시니라. 너는 그의 말씀에 더하지 말라. 그가 너를 책망하시겠고, 너는 거짓말 하는 자가 될까 두려우니라"(잠 30:5~6). 다윗은 우리에게 일깨운다. "하나님의 도는 완전하고 여호와의 말씀은 순수하니, 그는 자기에게 피하는 모든 자의 방패시로다"(시 18:30). "세상을 이기는 승리는 이것이니 우리의 믿음이니라"(요일 5:4).

악한 자(ponēros)는 마귀를 가리킨다. 우리는 그의 초자연적 간계에 굳게 맞서며, 하나님이 주시는 갑주로 "악한 날에…대적해야" 한다(11~13절). 바울은 여기서 우리의 싸움이 '인격적인'(personal, 추상적이지 않고 실체가 있는) 악의 세력에 맞서는 것임을, 자유주의 신학자들과 설교자들이 오랫동안 고수해온 주장과 달리 단순히 나쁜 철학들이나 나쁜 사상들에 맞서는 것이 아님을 다시 한번 강조한다. 우리의 싸움은 추상적인 악한 영향력에 맞서는 게 아니라 인격적인 악한 자와 그의 인격적인 귀신 무리에 맞서는 것이다.

구원의 투구

구원의 투구와(6:17a)

하나님의 갑주에서 다섯째 부분은 로마 병사의 투구로 상징된다. 그는 투구를 쓰지 않고는 절대로 전투에 나가려 하지 않았을 것이다. 어떤 투구는 두꺼운 가죽에 금속판을 덧대어 만들었고, 어떤 투구는 무거운 금형으로 찍어내거나 금속을 두드려 만들었다. 투구는 대개 뺨을 덮어 얼굴을 보호하는 부분이 있었다.

물론 투구의 목적은 머리를 부상으로부터, 특히 당시 전쟁에서 흔히 사용했던 위험한 광폭검으로부터 보호하는 것이었다. 이 검은 이 구절 후반부에 언급된 검보다 작지 않았으며, 오히려 두 손으로 휘두르는 큰 양날 검(rhomphaia, 계 1:16, 2:12, 6:8을 보라)으로 길이가 90~120센티 정도였다. 흔히 기병들이 이 칼을 사용했으며, 적군 병사들의 머리에 휘둘러 두개골을 쪼개거나 목을 베었다.

투구가 구원과 연결된다는 사실은 사탄의 타격이 그리스도 안에서 갖는 신자의 안전과 확신을 겨냥한다는 것을 말한다. 사탄이 휘두르는 영적 광폭검의 위험한 양날은 낙심과 의심이다. 사탄은 우리를 낙심시키려고 우리의 실패, 우리의 죄, 우리의 해결되지 않은 문제, 우리의 형편없는 건강, 또는 우리의 삶에 부정적으로 보이는 그 무엇이든 지적한다. 우리가 하늘에 계신 우리 아버지의 사랑과 보살핌에 대한 확신을 잃게 하기 위해서다.

엘리야가 발견했듯이, 때때로 우리는 성공을 경험한 후 가장 낙심하기 쉽다. 엘리야는 갈멜산에서 불이 내려와 물에 흠뻑 젖은 제단을 불사르게 했고, 이로써 이스라엘의 하나님이 참 하나님이심을 보여주었다. 뒤이어 그는 바알을 섬기는 거짓 선지자 450명을 죽였고, 아합 왕에게 마침내 이스라엘에 비가 다시 내릴 거라고 통보했다. 그러나 거짓 선지자들을 이스라엘에 데려온 이세벨 왕후는 이들이 죽었다는 소식을 들었을 때, 엘리야에게 이렇게 통보했다. "내가 내일 이맘때에는 반드시 네 생명을 저 사람들 중 한 사람의 생명과 같게 하리라. 그렇게 하지 아니하면 신들이 내게 벌 위에 벌을 내림이 마땅하니라." 그러자 거짓 선지자 수백 명 앞에 두려움 없이 섰던 엘리야 선지자는 한 여자의 협박에 생명의 위협을 느꼈다. 엘리야는 당시 85세 정도였는데도, "일어나 자기의 생명을 위해 도망하여 유다에 속한 브엘세바"로 가서 광야로 들어갔다. 거기서 엘리야는 "한 로뎀 나무 아래에 앉아서 자기가 죽기를 원하여 이르되, 여호와여 넉넉하오니 지금 내 생명을 거두시옵소서. 나는 내 조상들보다 낫지 못하니이다" 했다. 그러나 하나님은 자신의 선지자를 죽게 두지 않고, 두 차례 천사를 보내 음식과 물을 공급하셨다. 엘리야는 이 음식에 힘을 얻어 40일 밤낮을 이동해 호렙산에 이르렀고, 거기서 하나님은 그에게 두 차례 물으셨다. "엘리야야, 네가 어찌하여 여기 있느냐?" 엘리야는 사실 아무 희망도 없고 이스라엘의 신실한 자 중에 살아남은 자는 자신밖에 없다고 두 차례 대답했다. 그러자 하나님은 부드러운 목소리로 자신이 여전히 다스린다는 것을 확인해 주셨다. 뒤이어, 하나님은 자신의 선지자에게 그다음 임무를 부여했으며, 그의 동족 중에 바알에게 무릎 꿇지 않은 자가 칠천 명이나 있다고 하셨다(왕상 18:27~19:18).

엘리야의 경험에서 배우듯이, 우리는 전투 중에 뿐 아니라 승리한 후에도 하나님의 능력과 공급이 필요하다. 사탄에게 이 전투는 절대로 끝나지 않는다. 우리가 안전하다고 생각하는 순간, 사탄은 낙심으로 우리를 공격하길 좋아한다. 주님은 "항상 기도하고 낙심하지 말아야 할 것을" 보여주려고, 제자들에게 끈질긴 과부의 비유를 들려주셨다(눅 18:1).

석탄 배달 트럭이 런던의 어느 집 앞에 석탄을 잔뜩 내려놓았다. 어린 소녀가 작은 삽으로 석탄을 지하실로 옮기기 시작했다. 이웃집 아저씨가 소녀를 보며 말했다. "그렇게 해서 언제 다 옮기겠니?" 소녀가 답했다. "하다 보면 끝날 거예요."

한 사람의 성품을 테스트하는 방법이 있다. 무엇이 그 사람을 멈추게 하는지 보는 것이다. 어떤 사람들은 첫 발을 쏘자마자 후퇴한다. 어떤 사람들은 싸우고 또 싸우며 포기(항복)는 아예 생각조차 않는다. 사탄은 모든 수단을 동원해 우리를 낙심시키고 단념시키려 하며, 우리에게 지난날의 패배와 위험을 상기시키고, 그리스도께 대한 우리의 확신을 무너뜨리려 가능한 모든 방해물을 우리 앞에 둔다. 하나님은 사탄이 욥에게서 그의 생명 외에 그가 소유한 모든 좋은 것을 가져가도록 허락하셨다. 그러나 하나님의 사람은 "그분이 나를 죽이시더라도, 나는 그분에게 희망을 두리라"고 했다(욥 13:15, NASB).[48] 욥기는 구원하는 참 믿음의 특징을 보여준다. 이 믿음은 한 사람이 소유하거나 잃는 유익이나 복과 무관하다. 욥의 투구는 그를 향하는 모든 타격을 막아냈으며, 그는 하나님의 사랑과 보살핌을 향한 믿음을 잃지 않았다. 하나님은 처음 예레미야를 부르실 때, 아무도 그의 말에 귀 기울이지 않고 그가 배척과 괴롭힘을 당하리라고 하셨다. 그러나 예레미야는 이렇게 증언했다. "만군의 하나님 여호와시여, 나는 주의 이름으로 일컬음을 받는 자라. 내가 주의 말씀을 얻어먹었사오니, 주의 말씀은 내게 기쁨과 내 마음의 즐거움이오나"(렘 15:16).

사탄은 또한 다른 신자들이 겪는 시련을 볼 때 낙심하라고 우리를 유혹한다. 바울은 에베소 신자들이 자신이 갇혀 있음을 깊이 걱정한다는 것을 알았

---

48 "Though He slay me, I will hope in Him"(NASB). 개역개정은 "그가 나를 죽이시리니 내가 희망이 없노라"라고 옮겼고, 새번역은 "하나님이 나를 죽이려고 하셔도, 나로서는 잃을 것이 없다"라고 옮겼다.

다. 그래서 이렇게 말했다. "너희를 위한 나의 여러 환난에 대하여 낙심하지 말라. 이는 너희의 영광이니라"(엡 3:13). 사탄은 하나님을 섬기고도 결과가 없을 때 포기하라며 우리를 유혹한다. 갈라디아 신자들이 문제에 부딪혔을 때, 바울은 이들에게 이렇게 말했다. "우리가 선을 행하되 낙심하지 말지니 포기하지 아니하면 때가 이르매 거두리라"(갈 6:9).

우리가 이 땅에 사는 한, 대적은 우리를 겨눈 칼을 절대 내려놓지 않을 것이다. 그러므로 우리는 이 땅을 영원히 떠날 때까지 하나님의 갑주가 늘 필요하다. 이 땅에서 우리의 일이 끝날 때 비로소 우리는 바울처럼 말할 수 있다. "나는 선한 싸움을 싸우고 나의 달려갈 길을 마치고 믿음을 지켰으니"(딤후 4:7). 요한계시록에 기록된 에베소교회에 보낸 짧은 편지에서 주님은 이런 격려의 말씀을 하셨다. "네가 참고 내 이름을 위하여 견디고 게으르지 아니한 것을 아노라"(계 2:3).

복음을 계속 거부하며 구원받지 못한 남편을 위해 기도하거나 자신이 배운 주님의 길을 따르길 거부하는 자녀를 위해 기도하다가 낙심하는 게 일반적이다. 우리는 바울처럼 아픈 육체를 고쳐달라고 거듭 기도하지만 응답받지 못할 때 낙심하고픈 유혹을 받는다. 하나님은 모든 환경에서 모든 신자에게 적용되는 말씀으로 바울의 기도에 답하셨다. "내 은혜가 네게 족하도다. 이는 내능력이 약한 데서 온전하여짐이라." 우리는 바울처럼 반응해야 한다. "그러므로 도리어 크게 기뻐함으로 나의 여러 약한 것들에 대하여 자랑하리니, 이는 그리스도의 능력이 내게 머물게 하려 함이라"(고후 12:9). 바울과 더불어 "이제 우리의 구원이 처음 믿을 때보다 가까웠음"을 기억하는 것도 도움이 된다(롬 13:11).

헌신 된 나의 할아버지는 목회 내내 복음을 충실하게 전하다 암으로 돌아가셨다. 그 할아버지가 나의 아버지에게 말씀하셨다. "내가 준비한 이 마지막 설교를 할 수 있다면 좋겠구나!" 할아버지는 그 설교를 강단에서 직접 할 수는 없었다. 그러나 나의 아버지는 그 설교 원고를 인쇄해 장례식 때 교인들에게 나눠주었다. 임종을 앞둔 순간에도 할아버지는 섬기길 갈망했고, 절대 낙심하거나 포기하지 않았다. 이사야가 말하듯이, 하나님은 이렇게 하신다. "피곤한 자에게는 능력을 주시며 무능한 자에게는 힘을 더하시나니, 소년이라도 피곤하며 곤비하며 장정이라도 넘어지며 쓰러지되, 오직 여호와를 앙망하는 자는 새 힘을 얻으리니, 독수리가 날개 치며 올라감 같을 것이요, 달음박질하여도 곤비하지 아니하겠고, 걸어가도 피곤하지 아니하리로다"(사 40:29~31).

은혜라는 이름으로, 어떤 그리스도인들은 "내려놓고 하나님께 맡기는 것"(let go and let God)이 신자의 유일한 책임이라고 주장한다. 하나님이 여호사밧 왕에게 하신 말씀, 곧 "전쟁은 너희에게 속한 것이 아니요 하나님께 속한 것이니라"라는 말씀을 신자들은 가만히 앉아 하나님이 일하시는 것을 지켜보기만 하라는 뜻으로 해석했다. 상존하는 이 철학을 지난 몇 세기의 퀘이커교도들(Quakers)과 정적주의자들(Quietists)이 견지했다. 이들은 헌신과 자기 훈련보다 내어 맡김(surrender)과 수동성을 강조했다. 예수님 안에 거한다는 것은 우리 자신이 아무것도 하지 말아야 한다는 뜻이 아니다. 예수님은 그분 안에 거하라고 하신 그 단락에서 이 거함에 그분의 계명을 지키는 것이 포함된다고 설명하신다(요 15:4~10; 참조. 요일 3:24). 진정으로 내어 맡기는 삶은 하나님의 모든 명령에 적극적으로, 거리낌 없는 순종하려는 헌신 된 삶이다.

어떤 사람들은 내어 맡기는 삶을 이렇게 단편적으로 보는 시각을 옹호하면서, 우리를 유혹하는 사탄의 모든 노력을 그리스도께서 차단하시기 때문에 온전히 내어 맡기는 사람은 절대로 유혹받지 않는다고 가르쳤다. 이 철학이 가장 분명하고 대중적으로 제시된 곳은 한나 스미스(Hannah Whitall Smith, 1832-1901)의 『그리스도인이 체험하는 삶의 비밀』(*The Christian's Secret of a Happy Life*)(두란노)일 것이다. 이 책에서 저자는 이렇게 말한다.

이 위대한 일에서 계속 자신을 내어 맡기고 계속 신뢰해야 한다는 것 외에 사람의 역할에 관해 말할 수 있는 게 무엇이겠는가? 그러나 이 문제를 하나님의 편에서 보면, 하나님이 그분께 맡겨진 일을 성취하시는 다양하고 놀라운 방식에 관해 말할 수 없는 게 무엇이겠는가? 여기에서 성장이 시작된다. 진흙 덩이는 진흙 구덩이에 수천 년을 있어도 절대로 아름다운 그릇으로 성장할 수 없다. 그러나 능숙한 토기장이의 손에 잡히면, 그의 계획을 따라, 그가 의도한 그릇으로 빠르게 성장한다. 같은 방식으로, 하늘에 계신 토기장이에게 맡겨진 영혼은 존귀하고 거룩하며 주인의 쓸모에 적합한 그릇이 된다. ([Westwood, N. J.: Revell, 1952], p. 32)

이 시각은 여러 문제가 있다. 그중 하나는 죄가 들어설 여지를 두지 않는다는 것이다. 요한은 분명하게 말한다. "만일 우리가 죄가 없다고 말하면, 스스로 속이고 또 진리가 우리 속에 있지 아니할 것이요"(요일 1:8). 이렇게 내어 맡기는 신자가 이따금 토기장이 하나님의 손에서 뛰쳐나와 죄에 빠지는가? 그렇다면 이 시각에 따르면, 이것은 토기장이 즉, 진흙을 완전히 제어하시는 분에 관해 무엇을 말하는가?

더 중요한 것은 이 시각이 성경의 지지를 받지 못한다는 것이다. 하나님께 내어 맡김과 복종은 신약성경에서 자주 반복되는 더없이 중요한 진리지만, 하나님의 일에 적극적으로 참여하기를 독려하는 그리스도인을 향한 신약성경의 많은 명령과 별개일 수 없다. 그 명령들을 거스를 수 없는 것은 말할 필요도 없다. "모든 것을 하나님께 의지할" 뿐 그분이 명하신 다른 일을 하기 위해 그분의 공급을 활용하지 않는다면, 의지하는 게 아니라 주제넘은 것이다.

바울이 에베소 신자들에게 쓴 편지는 하나님께 복종만 하는 게 아니라 다른 일을 하라는 그리스도인을 향한 명령으로 가득하다. 바울은 이렇게 말한다. "너희는 그 은혜에 의하여 믿음으로 말미암아 구원을 받았으니, 이것은 너희에게서 난 것이 아니요 하나님의 선물이라. 행위에서 난 것이 아니니 이는 누구든지 자랑하지 못하게 함이라." 그러나 이 말이 끝나기가 무섭게 이렇게 말한다. "우리는 그가 만드신 바라. 그리스도 예수 안에서 선한 일을 위하여 (for good works) 지으심을 받은 자니, 이 일은 하나님이 전에 예비하사 우리로 그 가운데서 행하게 하려 하심이니라"(2:8~10). 나중에, 바울은 이렇게 권면한다. "너희가 부르심을 받은 일에 합당하게 행하여"(4:1). "이제부터 너희는 이방인이 그 마음의 허망한 것으로 행함 같이 행하지 말라"(4:17). "사랑을 받는 자녀같이 너희는 하나님을 본받는 자가 되고, 그리스도께서 너희를 사랑하신 것 같이 너희도 사랑 가운데서 행하라"(5:1~2). "오직 성령으로 충만함을 받으라"(5:18), "그리스도를 경외함으로 피차 복종하라"(5:21). 그는 아내들을 향해 남편에게 복종하라고 명하고, 남편들을 향해 아내를 사랑하라고 명하며, 자녀들을 향해 부모를 공경하라고 명하고, 종들을 향해 주인에게 순종하라고 명한다(5:22, 25; 6:1, 5). 그리스도인의 갑주를 논하는 이 단락에서(6:10~17), 바울은 신자들에게 "강건하여라," "하나님의 전신 갑주를 입어라," "[굳게] 서라"(3회), 그리고 이들이 마귀와 그 세력에 맞서 싸울 때 "하나님의 전신 갑주를 취하라," "악한 날에…대적하라," "진리로 허리띠를 띠라," "의의 호심경을 붙여라," "믿음의 방패를 가지라," "구원의 투구와 성령의 검 곧 하나님의 말씀을 가지라"고 명한다. 바울은 여기서 내어 맡김(surrender, 항복)을 전혀 말하지 않지만, 싸움, 헌신, 훈련된 삶을 많이 말한다. 신실한 신자라면 언제나 하나님께 복종해야 하지만, 하나님을 향한 복종은 수동성과 거리가 멀다.

그리스도인들은 하나님의 일에 구경꾼이 되어서는 안 된다. 그리스도인들은 달음질하는 자(runners, 고전 9:24; 히 12:1), 투사(fighters, 고전 9:26), 병사(soldiers, 딤후 2:3), 선한 일을 하는 자(doers of good deeds, 딛 3:8), 사탄을 대적하는 자(opponents of Satan, 벧전 5:8~9), 거룩을 추구하는 자(seekers after holiness, 고후 7:1), 그 외에 적극적 순종을 내포하는 다양한 이름으로 불린다.

하나님은 그분의 자녀들에게 영적 자원을 주신다. 그저 간직하라고 주시는 게 아니라 활용하라고 주신다. 베드로는 이렇게 선언했다. "그의 신기한 능력(divine power)으로 생명과 경건에 속한 모든 것을 우리에게 주셨으니, 이는 자기의 영광과 덕으로써 우리를 부르신 이를 앎으로 말미암음이라." 그러나 그는 이렇게 권면했다. "그러므로 너희가 더욱 힘써 너희 믿음에 덕을, 덕에 지식을, 지식에 절제를, 절제에 인내를, 인내에 경건을, 경건에 형제 우애를, 형제 우애에 사랑을 더하라. 이런 것이 너희에게 있어 흡족한즉, 너희로 우리 주 예수 그리스도를 알기에 게으르지 않고 열매 없는 자가 되지 않게 하려니와…이것을 행한즉 언제든지 실족하지 아니하리라"(벧후 1:3, 5~8, 10). 하나님은 우리에게 '순종하라'고 명하시며, 순종하기 위해 활용할 도구를 주신다.

빌립보서 2장에서 바울은 하나님의 공급과 인간의 순종과 관련해 양면을 제시한다. "그러므로 나의 사랑하는 자들아, 너희가 나 있을 때뿐 아니라 더욱 지금 나 없을 때에도 항상 복종하여 두렵고 떨림으로 너희 구원을 이루라. 너희 안에서 행하시는 이는 하나님이시니, 자기의 기쁘신 뜻을 위하여 너희에게 소원을 두고 행하게 하시나니"(12~13절). 그는 골로새서에서 균형을 제시한다. "이를 위하여 나도 내 속에서 능력으로 역사하시는 이의 역사를 따라 힘을 다하여 수고하노라"(1:29).

예수 그리스도의 신실한 종은 주인이 일하실 때 그저 구경만 하는 게 아니라 주인의 일을 주인의 능력으로 하는 수고를 계속한다. 이렇게 할 때, 그는 하나님의 능력과 복을 받을 뿐 아니라, 바울처럼 환난, 궁핍, 고난, 매 맞음, 갇힘, 난동, 수고로움, 자지 못함, 먹지 못함, 영광과 욕됨, 악한 이름과 아름다운 이름, 징계, 근심, 가난 같은 것들을 겪는다(고후 6:4~10; 참조. 4:8~18; 11:23~28). 이것들은 바울이 주님을 위해 부지런히 일한 직접적인 결과였으며, 그는 이것들을 충성의 표식으로 기쁘게 받아들였다. 그리스도인들은, 아무 노력 없이는 말할 것도 없고, 최소의 노력이 아니라 최대의 노력으로 성장하고 상을 받는다. 사탄이 낙심의 검으로 가장 강하게 유혹하는 대상은 적극적으로 일하고 노력하는 신자다. 아무 시도도 하지 않는 사람은 낙심할 게 거의 없다.

사탄의 양날 검은 서로 밀접하게 연결된다. 한쪽 날이 낙심이라면, 한쪽 날은 의심이다. 의심은 흔히 낙심을 부른다. 자신의 구원에 대한 의심을 포함해 하나님의 진리에 대한 의심은 가장 나쁜 낙심을 신자에게 안긴다. 신자가 하나님의 선하심이나 신뢰성을 의심하거나, 그와 하나님의 관계가 불확실해 보인다면, 그는 소망의 근거가 없으며, 따라서 낙심으로부터 보호받지 못한다. 자신에게는 기대할만한 가치 있는 게 전혀 없다고 생각한다면, 책임감을 갖고 싸우거나 일하거나 살 이유가 없다. 우리는 이 땅의 삶에 불만을 품거나 실망하기 일쑤다. 그런데 이 땅의 삶이 우리가 확신할 수 있는 전부라면, 그리스도인들은 실제로 "모든 사람 가운데⋯더욱 불쌍한 자"이다(고전 15:19).

사탄이 신자들에게 가하는 더없이 혼란스러운 공격이 있다. 자신의 구원을 잃었거나 잃을 수도 있다고 믿도록 신자들을 유혹하는 것이다. 불안만큼 마비시키거나 비생산적이거나 비극적인 것도 없다. 예수님은 이렇게 말씀하셨다. "평안을 너희에게 끼치노니, 곧 나의 평안을 너희에게 주노라. 내가 너에게 주는 것은 세상이 주는 것과 같지 아니하니라. 너희는 마음에 근심하지도 말고 두려워하지도 말라"(요 14:27). "이것을 너희에게 이르는 것은 너희로 내 안에서 평안을 누리게 하려 함이라"(16:33). 그러나 의심하는 마음에 어떻게 평안이 있겠는가? 자신의 구원에 대해 계속 불안해하는 사람이 어떻게 이 약속들에서 위로를 얻을 수 있겠는가? 이 약속들이 자신에게 적용되거나 언제나 자신에게 적용되리라고 확신하지 못하는데 말이다. 그가 구원을 잃는다면, 이 약속들도 잃는 게 분명하다. 어떻게 이런 사람의 마음이 불안하고 두렵지 않겠는가? 이 약속들은 그에게 헛말일 것이다.

요한일서의 핵심 진리 중 하나는 신자의 영적 지식이 확실하다는 것이다. "이로써 우리가 그를 아는 줄로 알 것이요"(2:3). "아비들아, 내가 너희에게 쓰는 것은 너희가 태초부터 계신 이를 알았음이요, 청년들아, 내가 너희에게 쓰는 것은 너희가 악한 자를 이기었음이라…아이들아, 내가 너희에게 쓴 것은 너희가 아버지를 알았음이요"(2:13~14). "그가 나타나시면 우리가 그와 같을 줄을 아는 것은 그의 참모습 그대로 볼 것이기 때문이니"(3:2). "이로써 우리가 진리에 속한 줄을 알고, 또 우리 마음을 주 앞에서 굳세게 하리니"(3:19). 요한이 이 편지를 쓴 구체적인 목적은 "우리의 기쁨이 충만하게 하려 함이며"(1:4) "너희에게 영생이 있음을 알게 하려 함이다"(5:13).

신자들을 향한 사탄의 목적은 정반대다. 그의 계획은 신자들이 하나님의 약속과 능력과 선하심과 진리를, 무엇보다도 신자들의 구원을 유지하려는 하나님의 의지와 능력을 의심하게 만드는 것이다. 사탄이 이런 것들에 성공하면, 신자들에게서 기쁨을 빼앗는 일에도 성공하는 것이다. 예수님은 사탄의 전략을 알기 때문에 우리에게 이렇게 확신시키신다. "아버지께서 내게 주시는 자는 다 내게로 올 것이요, 내게 오는 자는 내가 결코 내쫓지 아니하리라… 나를 보내신 이의 뜻은 내게 주신 자 중에 내가 하나도 잃어버리지 아니하고 마지막 날에 다시 살리는 이것이니라"(요 6:37, 39). 절대적으로 그 어떤 환경이라도—실패, 단점, 죄가 아무리 심각해도—예수님이나 그분의 아버지가 구원받은 자 하나라도 버리시게 하지 못한다. 그뿐 아니라, 그 어떤 사람이나 일이라도 신자들을 아들과 아버지의 손에서 낚아채지 못한다(요 10:28~29).

이런 까닭에, 바울은 아주 확실하게 선언할 수 있었다. "내가 확신하노니, 사망이나 생명이나 천사들이나 권세자들이나 현재 일이나 장래 일이나 능력이나 높음이나 깊음이나 다른 어떤 피조물이라도 우리를 우리 주 그리스도 예수 안에 있는 하나님의 사랑에서 끊을 수 없으리라"(롬 8:38~39). "너희 안에서 착한 일을 시작하신 이가 그리스도 예수의 날까지 이루실 줄을 우리는 확신하노라"(빌 1:6).

바울은 신자들에게 말하고 있으므로 **구원의 투구**를 쓴다는 것은 그리스도를 구주로 영접하는 것을 가리킬 수 없다. 하나님의 갑주 가운데 어느 한 부분이라도 입을 수 있는 사람, 사탄과 그의 귀신들에게 맞서는 이 초자연적 싸움에 참여하는 사람은 이미 구원받은 자들뿐이다.

예수 그리스도를 믿으면 즉시 죄의 형벌로부터 구원받는다. 신자들에게 이러한 구원의 첫째 측면인 칭의(稱義)는 과거다. 칭의는 우리가 그리스도를 믿는 순간 성취되었으며, 이 구체적 믿음의 행위는 결코 반복될 필요가 없다. 우리는 아버지의 손안에서 안전하기 때문이다. 앞서 보았듯이, 그 누구나 그 무엇도 우리를 그분에게서 빼앗지 못한다(요 10:28~29). 우리는 정죄로부터 영원히 구원받았다(롬 8:1).

구원의 둘째 측면, 곧 성화(聖化)는 우리가 이 땅에서 사는 삶을 포함한다. 우리는 이 땅에 사는 동안 죄의 지배에서 벗어나는 자유를 어느 정도 경험한다. 이제 우리는 하나님의 은혜 아래 있기에 죄가 더는 우리의 주인 노릇을 하거나 우리를 지배하지 못한다. 우리는 더는 죄의 종이 아니라 하나님의 종이다(롬 6:14, 18~22). 바울은 이러한 구원의 첫째 측면과 둘째 측면을 로마서 5장에서 나란히 보여준다. "우리가 원수되었을 때에 그의 아들의 죽으심으로 말미암아 하나님과 화목하게 되었은즉, 화목하게 된 자로서는 더욱 그의 살아나심으로 말미암아 구원을 받을 것이니라"(5:10). 그리스도의 죽음이 우리를 죄의 형벌로부터 단번에 영원히(once and for all) 구원했으며, 이제 우리 안에 있는 그분의 생명이 우리를 날마다 죄의 능력과 지배(mastery, 주인 노릇)로부터 구원한다.

구원의 셋째 측면, 곧 영화(榮化)는 미래이며 우리가 어느 날 죄의 존재로부터 완전히, 영원히 구원받을 때 이루어진다. 요한은 이렇게 말한다. "사랑하는 자들아, 우리가 지금은 하나님의 자녀라. 장래에 어떻게 될지는 아직 나타나지 아니하였으나 그가 나타나시면 우리가 그와 같을 줄을 아는 것은 그의 참모습 그대로(just as He is) 볼 것이기 때문이니"(요일 3:2). 하나님과 같다는 것은 죄가 없다는 것이다. 우리는 우리가 받은 구원의 이러한 측면이 "처음 믿을 때보다 가까워서" 기쁘다(롬 13:11).

이러한 **구원**의 최종 측면이 신자의 **투구**가 갖는 진정한 힘이다. 구원과 관련된 미래의 약속을 향한 소망을 잃으면, 현재의 안전도 있을 수 없다. 이것이 의심할 여지 없이 바울이 이 갑주를 "구원의 소망의 투구"라고도 부르는 이유다(살전 5:8). 바울은 로마서에서 이렇게 설명한다. "성령의 처음 익은 열매를 받은 우리까지도 속으로 탄식하여 양자 될 것, 곧 우리 몸의 속량을 기다리느니라. 우리가 소망으로 구원을 얻었으매"(8:23~24). **구원의 투구**는 최종 구원을 향한 큰 소망이며, 이 최종 구원이 지금 우리가 사탄과 하는 싸움이 영원히 지속되지 않고 우리가 마지막에 승리하리라는 확신을 주고 보증이 된다. 우리는 이 싸움이 이생에서 계속될 뿐이고, 이생의 긴 삶도 하늘에서 우리 주님과 함께하는 영원에 비하면 눈 깜짝할 사이에 지나지 않음을 안다. 우리는 패배할 수 없는 경주를 하고 있다. 우리에게는 마주할 연옥이 없으며, 우리 자신이나 사랑하는 사람들이나 친구들의 계속된 노력이 어느 날 마침내 우리를 하나님께 받아들여질 수 있게 하리라는 확실한 소망도 없다. 우리가 아는 것은 하나님이 "미리 정하신 그들을 또한 부르시고, 부르신 그들을 또한 의롭다 하시고, 의롭다 하신 그들을 또한 영화롭게 하셨다"는 것이다(롬 8:30). 예정된 영혼은 하나도 잃지 않고 칭의와 성화를 거쳐 영화에 이른다. 이것이 끊어지지 않으며 끊어질 수 없는 하나님의 구원 사슬이다(참조. 요 6:39~40; 10:27~30).

우리에게는 확실한 소망, 베드로가 그렇게 부르듯이 "산 소망"이 있다. 베드로는 첫째 편지에서 기뻐 어쩔 줄 모른다. "우리 주 예수 그리스도의 아버지 하나님을 찬송하리로다. 그의 많으신 긍휼대로 예수 그리스도를 죽은 자 가운데서 부활하게 하심으로 말미암아 우리를 거듭나게 하사 산 소망이 있게 하시며, 썩지 않고 더럽지 않고 쇠하지 아니하는 유업을 잇게 하시나니, 곧 너희를 위하여 하늘에 간직하신 것이라. 너희는 말세에 나타내기로 예비하신 구원을 얻기 위하여 믿음으로 말미암아 하나님의 능력으로 보호하심을 받았느니라"(벧전 1:3~5). 이 소망의 **투구**가 제 자리에 있을 때, 우리는 크게 기뻐할 수 있다. "그러므로 너희가 이제 여러 가지 시험으로 말미암아 잠깐 근심하게 되지 않을 수 없으나 오히려 크게 기뻐하는도다. 너희 믿음의 확실함은 불로 연단하여도 없어질 금보다 더 귀하여 예수 그리스도께서 나타나실 때에 칭찬과 영광과 존귀를 얻게 할 것이니라. 예수를 너희가 보지 못하였으나 사랑하는도다. 이제도 보지 못하나 믿고 말할 수 없는 영광스러운 즐거움으로 기뻐하니, 믿음의 결국 곧 영혼의 구원을 받음이라"(6~9절). 이것이 우리의 **투구**, 곧 **구원**이다. 우리의 **투구**는 천국, 곧 우리의 궁극적 구원을 내다보는 확실한 시각이며, 이 구원은 우리가 가진 "영혼의 닻"이다(히 6:19).

주자(走者)가 결승선을 향해 달리다가 갑자기, 흔히 쓰는 표현처럼 "벽에 부딪히는" 경우가 적지 않다. 두 다리가 흔들리고 더는 움직이려 않는다. 그에게 유일한 희망은 결승선에, 자신과 팀이 거둘 승리에 마음을 집중하는 것이다. 그의 나머지 모든 부분이 포기하길 원할 때, 바로 이 희망(소망)이 그를 계속 달리게 한다.

박해받고 낙심한 데살로니가 신자들에게 바울은 이곳 에베소서 하는 말과 비슷한 말을 한다. "우리는 낮에 속하였으니, 정신을 차리고, 믿음과 사랑의 호심경을 붙이고, 구원의 소망의 투구를 쓰자. 하나님이 우리를 세우심은 노하심에 이르게 하심이 아니요 오직 우리 주 예수 그리스도로 말미암아 구원을 받게 하심이라. 예수께서 우리를 위하여 죽으사 우리로 하여금 깨어 있든지 자든지 자기와 함께 살게 하려 하셨느니라. 그러므로 피차 권면하고 서로 덕을 세우기를 너희가 하는 것같이 하라"(살전 5:8~11).

고린도 신자들은 자기중심적이고 분열하며 부활에 관해 혼란스러워했다. 이런 고린도 신자들에게, 바울은 이렇게 말했다. "내가 사람의 방법으로 에베소에서 맹수와 더불어 싸웠다면 내게 무슨 유익이 있으리요? 죽은 자가 다시 살아나지 못한다면 내일 죽을 터이니 먹고 마시자 하리라"(고전 15:32). 그리스도인에게 고대할 구원의 미래적 요소가 없다면, 바울이 몇 절 앞에서 말한 그대로다. "만일 그리스도 안에서 우리가 바라는 것이 다만 이 세상의 삶뿐이면, 모든 사람 가운데 우리가 더욱 불쌍한 자이리라"(19절). 바울의 영적 **투구**는 자신의 **구원**이 완성되리라는 확고한 소망이었다. "우리가 잠시 받는 환난의 경한 것이 지극히 크고 영원한 영광의 중한 것을 우리에게 이루게 함이니, 우리가 주목하는 것은 보이는 것이 아니요 보이지 않는 것이니, 보이는 것은 잠깐이요 보이지 않는 것은 영원함이라"(고후 4:17~18). 신실한 신자는 "선을 행하되 낙심하지 않는다." "포기하지 아니하면 때가 이르매 거두리라"는 것을 알기 때문이다(갈 6:9).

유다는 박해받고 사방으로 에워싸인 그리스도인들에게 쓴 편지에서, 거짓 선지자들에 관해 정신이 번쩍 드는 경고를 했다. 이들은 "하나님의 은혜를 도리어 방탕한 것으로 바꾸고 홀로 하나이신 주재, 곧 우리 주 예수 그리스도를 부인하는 자"다(4절). 그러나 유다는 편지를 시작하면서 신자들을 "하나님 아버지 안에서 사랑을 얻고 예수 그리스도를 위하여 지키심을 받은 자들"이라 부른다(1절). '테레오'(*tēreō*, "지키심을 받은 kept"로 번역된 동사의 원형)는 호위하다(guard), 지켜보다(keep watch over), 보호하다(protect)라는 뜻이다. 하나님은 자신에게 속한 모든 자를 친히 호위하고, 지켜보며, 보호하신다. 유다는 신자들에게 그분은 "능히 너희를 보호하사(keep) 거침이 없게 하시고 너희로 그 영광 앞에 흠이 없이 기쁨으로 서게 하실 이"라고 확신시키며 편지를 맺는다(24절; 참조. 살전 5:23). 이 구절에서 "보호하사"(keep)로 번역된 동사의 원형은 1절과 달리 '테레오'가 아니라 '풀라쏘'(*phulassō*)인데, 기본 개념은 공격받는 중에 안전하게 지킨다는 것이다. 영적 원수들이 우리에게 어떤 공격을 가하든 간에, 하나님의 능력이 우리를 안전하게 한다.

우리는 새뮤얼 스톤(Samuel Stone, 160-1663)이 지은 사랑받는 찬송 "교회의 참된 터는"(The Church's One Foundation)에서 이 확신을 노래한다.

수고와 환난, 전쟁의 혼란 속에서
교회는 영원한 평화의 완성을 기다리네.
그 때까지, 갈망하는 교회 영광스런 환상을 보네.

큰 승리 얻으며 안식하리라.[49]

성령의 검

성령의 검, 곧 하나님의 말씀을 가지라. (6:17b)

바울이 여기서 말하는 **검**은 '마카이라'(*machaira*)이다. 이 검은 길이가 40cm 에서 45cm까지 다양했다. 로마 보병들이 착용하는 일반적인 검이었으며, 백 병전에 사용하는 주요 무기였다. 허리띠에 부착된 칼집에 넣은 채 휴대했으며, 언제든 사용할 수 있게 손닿는 곳에 두었다. 겟세마네 동산으로 예수님을 체포 하러 왔던 병사들이 휴대한 검이었고(마 26:47), 베드로가 휘둘러 대제사장의 종의 귀를 벴던 검이었으며(51절), 헤롯의 병사들이 야고보를 죽일 때 사용한 검이었다(행 12:2).

성령의(of the Spirit)는 "성령에 의한"(by the Spirit) 또는 "영적"(spiritual)으 로도 번역될 수 있으며, 검의 재료가 아니라 성격을 가리킨다. 문맥에서 알 수 있듯이 이것은 영적 무기이며, 우리가 영적 대적들과 싸울 때 사용하는 무기 다. 동일한 헬라어 어구(*tou pneumatos*)가 에베소서 1장 3절과 5장 19절에서 는 "신령한"(spiritual)으로 번역되었다. 이 의미가 6장 10~17절의 문맥과 완벽 하게 일치한다. 그렇더라도 선호하는 번역은 기원의 소유격, 곧 **성령의**(of the Spirit)이며, 이것은 이 **검**의 기원이 성령이라는 것을 말한다. 진리의 영으로 서(요 14:17) 성령은 신자들 속에 거하는 진리 선생이며, 우리에게 모든 것을 가르치고 하나님의 말씀을 기억나게 하신다(26절).

이 구절은 신자가 **성령의 검**을 어떻게 사용해야 하는지를 강조한다. 이것은 인간의 지성이 고안하거나 인간의 손이 벼린 육체적(물리적) 무기가 아니라(고 후 10:3~5에서 언급되듯이) 신적 기원과 능력을 지닌 완벽한 영적 무기다. 믿음

---

49 이 찬송은 21세기 찬송가 600장에 "교회의 참된 터는"이란 제목으로 번역되어 실렸으나 여기서 인용한 부분은(4절) 번역되지 않았다.

의 방패와 구원의 투구처럼, **성령의 검**도 싸움이 시작되면 언제라도 들 수 있게 늘 곁에 두어야 한다(16a, 17a절).

바울은 **성령의 검**이 성경, 곧 **하나님의 말씀**이라고 분명하게 말한다. 스코틀랜드 목사이자 작가 토마스 거스리(Thomas Guthrie, 1803-1873)는 이렇게 말했다. "성경은 하늘의 무기고이며, 오류 없는 약품의 실험실이며, 고갈되지 않는 부의 광산이다. 성경은 모든 길을 위한 안내서이며, 모든 바다를 위한 해도이고, 모든 질병을 위한 치료제이며, 모든 상처를 위한 연고다. 우리에게서 성경을 빼앗으면, 우리의 하늘은 태양을 잃는다."

출처를 알 수 없지만, 성경에 관한 이런 찬사가 있다.

> 왕들이, 황제들이, 방백들이, 시인들이, 현자들이, 철학자들이, 어부들이, 정치인들이, 이집트의 지혜를 배운 사람들이, 바벨론의 학교에서 교육받은 사람들이, 예루살렘에서 랍비들에게 훈련받은 사람들이 쓴 글이 있다. 포로 생활 중에, 광야에서, 목자의 천막에서, 목초지에서, 잔잔한 물가에서 쓴 것이다. 저자 중에 세리도 있고, 목동도 있으며, 뽕나무 열매를 모으는 자도 있다. 가난한 자들, 부자들, 정치인들, 전파자들, 우두머리들, 입법자들, 재판관들, 포로들이 있다. 성경은 역사, 족보, 인종학, 법률, 윤리, 예언, 시, 웅변, 의학, 위생학, 정치 경제학, 개인 생활과 사회생활을 위한 완벽한 규범으로 가득한 도서관이다. 그리고 모든 단어 뒤에 신적 저자, 곧 하나님 자신이 계신다.

하나님이 성경의 저자라는 것에 관해 존 웨슬리는 이렇게 말했다. "성경은 하나님이 썼거나, 선한 사람들이 썼거나, 나쁜 사람들이 썼거나, 선한 천사들이 썼거나, 나쁜 천사들이 쓴 게 틀림없다. 그러나 나쁜 사람들과 나쁜 천사들이 쓰지는 않았을 것이다. 성경은 나쁜 사람들과 나쁜 천사들을 정죄하기 때문이다. 선한 사람들과 선한 천사들은 성경의 권위에 관해 거짓말하고 하나님이 기록하셨다고 주장함으로써 속이지 않았을 것이다. 그러므로 성경은 스스로 주장처럼 기록된 게 틀림없다. 하나님이 자신의 성령으로 사람들을 감동시켜 자신의 진리를 전달하도록 인간의 도구를 사용해 자신의 말씀을 기록하게 하셨다."

성경은 자신에 관해 많은 진리를 가르친다. 첫째, 가장 중요한 주장은 성경의 저자가 하나님이라는 것이다. 바울은 "모든 성경은 하나님의 감동으로 된 것"이라고 선언했다(딤후 3:16). 베드로는 이렇게 말했다. "먼저 알 것은 성경의 모든 예언은 사사로이 풀 것이 아니니, 예언은 언제든지 사람의 뜻으로 낸 것이 아니요 오직 성령의 감동하심을 받은 사람들이 하나님께 받아 말한 것임이라"(벧후 1:20~21).

성경은 또한 오류가 없으며 실수도 없다고 주장한다. 성경은 흠도 없고 결점도 없다. 하나님 자신의 말씀으로서 성경은 이럴 수밖에 없다. 다윗은 이렇게 노래한다. "여호와의 율법은 완전하여…여호와의 증거는 확실하여…여호와의 교훈은 정직하여(right)…여호와의 계명은 순결하여"(시 19:7~8). 잠언 저자는 이렇게 말한다. "하나님의 말씀은 다 순전하며(tested)…너는 그의 말씀에 더하지 말라. 그가 너를 책망하시겠고 너는 거짓말하는 자가 될까 두려우니라"(잠 30:5~6).

성경은 자신이 완전하다고 주장한다. 요한은 신명기 4장 2절과 12장 32절뿐 아니라 방금 인용한 잠언의 구절을 되울리면서, 성경의 마지막 책을 마무리하며 이렇게 썼다. "내가 이 두루마리의 예언의 말씀을 듣는 모든 사람에게 증언하노니, 만일 누구든지 이것들 외에 더하면 하나님이 이 두루마리에 기록된 재앙들을 그에게 더하실 것이요, 만일 누구든지 이 두루마리의 예언의 말씀에서 제하여 버리면 하나님이 이 두루마리에 기록된 생명나무와 및 거룩한 성에 참여함을 제하여 버리시리라"(계 22:18~19).

성경은 자신이 권위 있다고 주장한다. 이사야는 이렇게 선언했다. "하늘이여 들으라. 땅이여 귀를 기울이라. 여호와께서 말씀하시기를"(사 1:2). 성경은 자신이 우리의 필요를 채우기에 충분하다고 주장한다. "모든 성경은 하나님의 감동으로 된 것으로, 교훈과 책망과 바르게 함과 의로 교육하기에 유익하니, 이는 하나님의 사람으로 온전하게 하며 모든 선한 일을 행할 능력을 갖추게 하려 함이라"(딤후 3:16~17).

성경은 자신이 유효하다(effective)고 주장한다. 성경의 진리가 선포되고 적용될 때 일이 일어난다. "내 입에서 나가는 말도 이와 같이 헛되이 내게로 되돌아오지 아니하고 나의 기뻐하는 뜻을 이루며 내가 보낸 일에 형통함이니라"(사 55:11).

성경은 자신이 판단한다고 주장한다. 어떤 사람이 하나님의 말씀을 대하는 방식은 그와 하나님의 관계가 어떠한지 보여주는 증거다. 예수님은 "하나님께 속한 자는 하나님의 말씀을 듣나니"라고 하셨다(요 8:47). 하나님의 말씀을 듣고 거기에 주목하는 자들은 자신이 하나님께 속했다는 증거를 제시하는 것이며, 하나님의 말씀을 부정하고 거슬러 행동하는 자들은 자신이 하나님께 속하지 않았다는 증거를 제시하는 것이다.

성령의 검으로서 성경은 신자에게 무한한 자원과 복을 제시한다. 첫째, 성경은 진리의 근원이다. 예수님은 아버지께 "아버지의 말씀은 진리니이다"라고 하셨다(요 17:17). 오늘날, 사람들은 모든 곳에서 삶의 해답을 구하며, 믿을 가치가 있는 것과 없는 것을 분별하려 애쓴다. 하나님과 인간, 삶과 죽음, 시간과 영원, 남자와 여자, 바름과 그름, 천국과 지옥, 심판과 구원에 관한 모든 진리의 근원은 하나님 자신의 **말씀**이다.

성경은 또한 행복의 근원이다. 잠언 저자는 하나님의 지혜에 관해 "누구든지 내게 들으며…자는 복이 있나니[행복하나니]"라고 했다(잠 8:34). 예수님은 이렇게 말씀하셨다. "하나님의 말씀을 듣고 지키는 자가 복이 있느니라"(눅 11:28). 하나님의 말씀을 발견하고, 받아들이며, 그 말씀에 순종하는 사람보다 행복한 사람은 없다.

성경은 영적 성장의 근원이다. 베드로는 이렇게 권면했다. "갓난아기들같이 순전하고 신령한 젖을 사모하라. 이는 그로 말미암아 너희로 구원에 이르도록 자라게 하려 함이라"(벧전 2:2).

성경은 능력의 근원이다. "하나님의 말씀은 살아 있고 활력이 있어 좌우에 날 선 어떤 검보다도 예리하여 혼과 영과 및 관절과 골수를 찔러 쪼개기까지 하며"(히 4:12). 성경은 인도의 근원이다. "주의 말씀은 내 발에 등이요 내 길에 빛이니이다"(시 119:105). 성경은 위로의 근원이다(롬 15:4). 성경은 완전함의 근원이다(딤후 3:16). 그리고 **성령의 검**은 우리의 큰 영적 원수를 이기는 승리의 근원이며, 사탄에 맞서는 우리의 가장 강력한 무기다.

성령의 검은 무엇보다도 방어 무기이며, 대적의 타격을 막을 수 있다. 이것은 신자가 사탄의 공격에 맞서는 최고의 방어 무기다. 그러나 넓고 일반적인 방어를 위한 방패와 달리, 검은 정확하고 능숙하게 사용해야만 공격을 막을 수 있다. 적이 무기로 공격하는 곳을 정확히 받아쳐야 한다. 예수님이 광야에서 사탄에게 시험을 받으실 때, 각 시험에 맞서 사용하신 무기는 사탄의 말을 정확히 반박하는 성경 구절이었다(마 4:4, 7, 10). 하나님의 말씀을 잘 알지 못하는 그리스도인은 그 말씀을 잘 사용할 수 없다. 사탄은 우리가 모르거나 혼란스러워하는 곳을 어김없이 찾아내 공격할 것이다. 성경은 무분별하게 휘두르는 광날검(*rhomphaia*)이 아니라 아주 정확하게 사용해야 하는 단검이다.

그리스도인들이 단지 자신의 구원 경험과 그 느낌을 의지한다면 온갖 영적 위험에 취약할 수 있다. 이들은 무수한 상황에서 타협하고 무수한 거짓 사상과 관행의 먹이가 된다. 이유는 간단하다. 구체적인 성경의 가르침을 알지 못해서다.

바울이 여기서 **말씀**에 사용하는 단어는 일반적 진술이나 메시지를 가리키는 '로고스'(*logos*)가 아니라 개별적인 말이나 특별한 진술을 가리키는 '레마(*rhēma*)이다. 그러므로 바울은 여기서 성경을 아는 일반적 지식을 말하는 것이 아니라 구체적 진리를 알고 이해하는 데서 오는 적확함(precision)을 다시 강조하고 있다. 예수님이 광야에서 하셨듯이, 우리는 구체적인 성경 진리를 사용해 구체적인 사탄의 거짓말을 반박해야 한다. 이런 까닭에, 바울은 디모데에게 이렇게 조언했다. "너는 진리의 말씀을 옳게 분별하며 부끄러울 것이 없는 일꾼으로 인정된 자로 자신을 하나님 앞에 드리기를 힘쓰라"(딤후 2:15). 요한계시록 12장에 나오는 신실한 신자들은 "어린 양의 피와 자기들이 증언하는 말씀으로써 그[참소하던 자]를 이겼다"(11절).

성령의 검은 또한 공격 무기이며, 대적의 타격을 막을 뿐 아니라 대적에게 타격을 입힐 수 있다. 성경, 곧 "하나님의 말씀은 살아 있고 활력이 있어 좌우에 날선 어떤 검보다도 예리하여 혼과 영과 및 관절과 골수를 찔러 쪼개기까지 하며 또 마음의 생각과 뜻을 판단하나니, 지으신 것이 하나도 그 앞에 나타나지 않음이 없고 우리의 결산을 받으실 이의 눈앞에 만물이 벌거벗은 것 같이 드러나느니라"(히 4:12~13). **하나님의 말씀**은 전파될 때 죄의 증거를 분명하게 살피면서 삶과 관련된 하나님의 심판을 부른다.

하나님의 말씀은 너무나 강력하기에 사람을 변화시켜 거짓의 영역에서 진리의 영역으로, 어둠의 영역에서 빛의 영역으로, 죄와 죽음의 영역에서 의와 생명의 영역으로 옮긴다. 하나님의 말씀은 슬픔을 기쁨으로, 절망을 소망으로, 정체를 성장으로, 미성숙을 성숙으로, 실패를 성공으로 바꾼다.

하나님의 말씀은 한 사람을 구원으로 인도하는 데 사용될 때마다, 사탄의 캄캄한 영역을 돌파하고 잃은 영혼에 빛을 비추는 자신의 능력을 증언한다.

그분의 말씀을 가정에서, 친구들 사이에서, 일터에서, 학교에서, 교실에서, 강단에서, 여행 중에 증언한다면, 우주에서 가장 강력하며 사탄의 그 어떤 능력도 맞설 수 없는 영적 무기를 사용하는 것이다.

하나님의 말씀은 너무나 강력하고 유효하며(effective), 바로 이 때문에 사탄은 가장 큰 공격을 여기에 집중한다. 사탄은 하나님의 말씀과 이것을 전하고 가르치는 자들을 무너뜨리려고 무슨 짓이든 할 것이다. 예수님이 씨뿌리는 자의 비유에서 분명히 하셨듯이, 사탄은 하나님의 말씀이 그것을 들은 자의 마음에 뿌리내리기 전에 재빨리 낚아챈다(마 13:19). 많은 사람이 복음을 기쁘게 듣는다. 그러나 이들이 결정하기 전에 침입자가 나타나 이들의 주의를 흐트러뜨려 증언이 효과를 잃게 하며, 이로써 들은 자의 영혼도 잃게 된다. 또 어떤 사람은 하나님의 말씀을 기쁘게 받지만, "말씀으로 말미암아 환난이나 박해가 일어날 때에는 곧 넘어진다"(20~21절). 많은 사람이 고난이나 비난이나 박해가 찾아오기 전까지는 참되고 신실한 신자로 보인다. 신실함의 대가가 너무 높아지면 이들은 자신에게 참 믿음이 애초에 없었음을 드러낸다. 그런가 하면, 하나님의 말씀을 들은 사람 중에 이런 사람도 있다. 그는 하나님의 말씀을 잠시 피상적으로 받아들인다. 그러나 자신의 재물을 의지하기 때문에 하나님의 말씀이 막혀 "결실하지 못한다"(22절). 그는 세상을 원하기 때문에 하나님의 말씀을 버린다.

반대로, 하나님의 말씀이 "좋은 땅에 뿌려질" 때, 듣는 사람은 그 말씀을 깨닫고 "결실하여 어떤 것은 백 배, 어떤 것은 육십 배, 어떤 것은 삼십 배가 된다"(23절). 바로 이 부분에서, 한 영혼을 죄에서 구원으로 돌이키는 **성령의 검**의 강력한 공격력을 볼 수 있다.

방어뿐 아니라 공격에서도 하나님의 말씀이 효과를 내려면 구체적으로 사용되어야 한다. 로마서 10장 17절은 "믿음은 들음에서 나며 들음은 하나님의 **한 말씀**(a word, *rhēma*, 구체적인 한 말씀)으로 말미암았느니라"로 더 정확히 번역될 수 있다(강조는 덧붙인 것이다). 믿음은 성경의 어느 부분에서나 나오는 게 아니라 복음을 선언하는 부분에서 나온다. 구원하는 믿음은 단지 성경의 어느 진리나 믿는 데서 나오는 게 아니라 예수 그리스도께서 세상 죄를 위해 돌아가셨음을 믿고 그분의 죽음이 우리 자신의 죄를 씻는다는 것을 믿는 데서 나온다.

그리스도인이 성경 진리를 잘못 인용하고 혼란스러워하면 성공적인 증인이 되지 못한다. 효과적인 교사, 설교자, 증인은 "때를 얻든지 못 얻든지 항상 힘써야"(be ready, 준비되어 있어야) 한다(딤후 4:2). 성경을 알고 이해할수록 사탄의 요새를 돌파하고 사람들을 사탄의 나라에서 하나님의 나라로 더 잘 이끌 수 있을 것이다.

신자가 하나님의 말씀을 알지 못하고 이해하지도 못한다면 변명의 여지가 없다. 모든 신자 안에 하나님의 성령에 계셔서 이들에게 하나님의 말씀을 가르치신다. 우리의 유일한 과제는 성실과 헌신으로 하나님의 말씀을 공부함으로써 그분의 가르침에 복종하는 것이다. 우리는 무지하거나 무능한 게 아니라 무관심하거나 태만한 것이다.

바커(H. P. Barker, 1869-1952)는 성경 진리를 알 뿐 아니라 적용해야 한다는 것을 보여주는 생생한 예화를 제시한다.

어느 날 정원을 살피는데 세 장면이 눈앞에 펼쳐졌다. 가장 먼저 본 것은 나비였다. 나비는 아름다웠고, 이따금 꽃에 사뿐히 내려앉더니 1~2초만 앉았다가 다른 꽃으로 옮겨갔고, 또 다른 꽃으로 옮겨갔다. 나비는 아름다운 꽃을 최대한 많이 옮겨 다녔으나 꽃으로부터 아무 유익도 얻어내지 못했다. 다음으로, 창밖을 좀 더 오래 내다보고 있는데 식물학자가 나타났다. 식물학자는 큰 노트와 큰 돋보기를 겨드랑이에 끼고 있었다. 식물학자는 이따금 고개를 숙여 꽃 하나를 한참 관찰하며 노트에 메모했다. 그는 여러 시간 메모한 후, 노트를 덮어 다시 팔 사이에 끼고 돋보기를 주머니에 넣은 채 사라졌다. 마지막으로 본 것은 벌이었다. 그저 작은 벌 한 마리였다. 그러나 그 벌은 꽃에 가볍게 내려앉아 꽃으로 깊이 들어가더니 꿀과 꽃가루를 최대한 추출했다. 언제나 빈 채 들어갔다가 채워서 나왔다.

(A. Naismith, *1200 Notes, Quotes and Anecdotes* [Chicago: Moody, 1962], p. 15)

어떤 그리스도인들은 나비처럼 성경 공부에서 성경 공부로, 설교에서 설교로, 주석에서 주석으로 옮겨 다니지만, 어떤 좋은 느낌이나 좋은 생각 외에는 거의 아무것도 얻지 못한다. 어떤 그리스도인들은 식물학자처럼 성경을 세밀하게 연구하고 숱하게 메모한다. 이들은 정보를 많이 얻지만 진리는 거의 얻지 못한다. 어떤 그리스도인들은 벌처럼 하나님께 배우고 그분을 아는 지식을 자라게 하려고 성경을 공부한다. 역시 벌처럼 이들은 절대 빈손으로 떠나지 않는다.

마틴 로이드 존스(Martyn Lloyd-Jones, 1899-1981)는 마르틴 루터에 관해 이렇게 썼다.

루터는 수도사였는데도 마귀에 의해 어둠에 갇혔습니다. 그는 행위로 자신을 구원하려 애썼습니다. 그는 금식하고, 땀 흘려 일하며, 기도했습니다. 그러나 그는 비참했고 불행했으며, 속박되어 있었습니다. 미신적인 로마가톨릭의 가르침이 그를 사로잡았습니다. 그러나 그는 "의인은 믿음으로 살리라"라는 성경 말씀으로 해방되었습니다. 그 순간부터 그는 이 말씀을 이전에 전혀 이해하지 못했던 방식으로 이해하기 시작했으며, 그가 이 말씀을 이해할수록 로마가톨릭이 가르친 오류를 더 많이 보았습니다. 그는 로마가톨릭의 관습에서 오류를 보았고, 그래서 교회 개혁에 더 집중했습니다. 그는 모든 것을 성경 해석의 견지에서 진행했습니다. 로마교회의 대 박사들이 그에게 맞섰습니다. 그는 때로 홀로 서서 이들과 근접 전투를 벌여야 했고, 성경에 대한 자신의 입장을 조금도 바꾸지 않았습니다.

그는 교회가 성경 위에 있지 않다고 주장했습니다. 그는 성경이 교회를 판단하는 기준이라고 했습니다. 그는 한 사람이었지만, 처음에는 혼자였지만, 교황 제도와 천이백 년간 계속된 전통에 맞서 싸울 수 있었습니다. 그는 "성령의 검, 곧 하나님의 말씀을" 가짐으로써 이렇게 했습니다. (*The Christian Soldier*[50] [Grand Rapids: Baker, 1977], p. 331)

윌리암 틴델(William Tyndale, 1494-1536)은 쟁기를 끄는 모든 영국 농부와 소년이 어느 날 성경을 읽고 이해할 수 있게 하겠다고 다짐했다. 이를 위해 성경을 영어로 번역하는 일에 평생을 바쳤다. 사탄과 맞서는 전투에서 승리하려면 하나님의 말씀을 알고, 사랑하며, 실천하는 것은 필수다.

---

[50] 『에베소서 강해 8-영적군사』(CLC).

29

항상 기도하라
(6:18~24)

모든 기도와 간구를 하되, 항상 성령 안에서 기도하고, 이를 위하여 깨어 구하기를 항상 힘쓰며, 여러 성도를 위하여 구하라. 또 나를 위하여 구할 것은 내게 말씀을 주사 나로 입을 열어 복음의 비밀을 담대히 알리게 하옵소서 할 것이니, 이 일을 위하여 내가 쇠사슬에 매인 사신이 된 것은 나로 이 일에 당연히 할 말을 담대히 하게 하려 하심이라. 나의 사정 곧 내가 무엇을 하는지 너희에게도 알리려 하노니, 사랑을 받은 형제요 주 안에서 진실한 일꾼인 두기고가 모든 일을 너희에게 알리리라. 우리 사정을 알리고 또 너희 마음을 위로하기 위하여 내가 특별히 그를 너희에게 보내었노라. 아버지 하나님과 주 예수 그리스도께로부터 평안과 믿음을 겸한 사랑이 형제들에게 있을지어다. 우리 주 예수 그리스도를 변함없이 사랑하는 모든 자에게 은혜가 있을지어다. (6:18~24)

17세기에 요한 부르하르트 프레이스타인(Johann Burchard Freystein)은 다음 찬송을 지었다.

> 내 영혼아, 잠에서 깨어
> 경계하며 기도할지어다.
> 악한 날에게 느닷없이
> 엄습 당하지 말지어다.

우리는 대적을 잘 아나니,
그는 흔히
그리스도인이 잠든 사이
자신의 수확물을 거두도다.
마귀의 덫을 경계하고,
네 잠자는 모습을
그에게 보이지 말라.
그는 너를 속이고 네 눈을 가리려
그 어떤 수고라도 아끼지 않는다.
사탄의 먹이는 흔히
안심하고 잠을 자며
깨어 경계하지 않는 자들이로다.
그러나 깨어 경계하는 동안에도
주님께 쉬지 말고 기도하라.
주님, 절망 가운데 복을 주시며,
그 무엇도 당신을 섬기려는 내 뜻을
꺾지 못하게 하소서.

백여 년 전, 샬롯 엘리엇(Charlotte Elliot, 1789-1871)은 이런 찬송을 썼다.

그리스도인이여, 네 휴식을 구하지 말고,
네 편안한 꿈을 버려라.
너는 적에게 에워싸였으니,
깨어 기도하라.

정사와 권세들이
보이지 않는 그들의 군대를 모으며
네가 방비를 늦출 때를 기다리니,

깨어 기도하라.

하루의 일이
오직 여기에 달린 듯,
도움을 내려주시길
깨어 기도하라.

두 찬송 모두 우리가 사탄 및 그의 군대와 벌이는 큰 영적 전쟁에서 승리하려면 쉬지 말고 부지런히 기도에 힘써야 한다는 사실을 지적한다. 사도 바울이 그리스도인들에게 하나님의 전신 갑주를 취하라는 호소를 마무리하며 하는 말이 바로 이것이다. 이 단락이 또 다른 찬송가 작가로 이렇게 쓰게 하지 않았을까? "복음의 갑주 입고, 각 부분을 기도와 함께 입어라."[51]

존 번연은 『천로 역정』에서 기도라는 그리스도인의 무기를 말한다. 다른 모든 것이 실패했을 때, 이 무기가 그로 음침한 골짜기에서 악령들을 물리칠 수 있게 해 줄 터였다. 기도는 에베소서를 마무리하는 주제이며 하나님의 갑주와 밀접하게 연결되지만, 이 갑주의 한 부분으로 언급되지는 않는다. 기도는 이보다 훨씬 더한 것이기 때문이다. 그 무기들이 중요하지만, 기도는 단순히 또 하나의 경건한 무기가 아니다. 우리는 진리의 띠, 의의 호심경, 평안의 복음, 믿음의 방패, 구원의 투구, 성령의 검으로 무장하고 싸우는 동안 기도해야 한다. 기도는 그리스도의 군사가 호흡하는 영적 공기다. 기도는 모든 영적 전쟁에 적용되는 전략이다.

예수님은 제자들에게 항상 기도하며 낙심하지 말라고 촉구하셨다(눅 18:1). 그분은 전투가 치열해질 때 군사들이 쉽게 지치고 약해지며 낙심하리라는 것을 아신다. 사탄과 싸우는 전투에서 기도하지 않으면 힘을 잃는다. 바울이 신

---

51 G. Duffield가 가사를 쓰고 G. J. Webb이 곡을 붙인 이 찬송(Stand up, Stand up)은 우리말로는 "십자가 군병들아"(새찬송가 352장)로 번역되었으며, 이 부분 "Put on the gospel armor, each piece put on with prayer"은 "복음의 갑주 입고 늘 기도하면서"로 번역되었다.

자들에게 "항상 기도하라"로 권고를 끝맺는 것은 우연이 아니다. 이것은 신자의 전쟁에 관한 최종 지시일 뿐 아니라 에베소서 전체의 절정을 이루는 진리다. 기도는 그리스도인의 삶 전체를 채우기 때문이다. 기도는 바울의 노래인 에베소서 끝에 나오는 절정(crescendo)이다.

신약성경에서 에베소서만큼 신자의 자원과 복을 세밀하게 기술하는 책이 없다. 에베소서 전체에서 바울은 자신이 골로새서에서 간략하게 언급했고("너희도 그 안에서 충만하여졌으니," 2:10) 베드로가 두 번째 서신에서 다룬 진리를("그의 신기한 능력으로 생명과 경건에 속한 모든 것을 우리에게 주셨으니," 1:3) 확대해 설명한다. 여기에 예수 그리스도 안에서 우리가 소유한 모든 것들의 엄청난 목록이 있다.

바울은 에베소서를 시작하면서 포괄적 선언을 한다. "하나님 곧 우리 주 예수 그리스도의 아버지께서 그리스도 안에서 하늘에 속한 모든 신령한 복을 우리에게 주시되"(1:3). 뒤이어 바울은 이렇게 말한다. 우리는 하나님의 자녀로 선택되었고, 예정되었으며, 입양되었다(1:4~5). 그분의 은혜를 풍성히 받았다(1:6, 8; 2:7). 속량(구속)받고 용서받았다(1:7; 4:32). 그분의 뜻의 비밀을 받았다(1:9; 3:4~6). 기업의 상속자가 되었다(1:11). 성령으로 인치심을 받았다(1:13~14; 4:30). 하나님에게 큰 사랑을 받았다(2:4; 5:25). 새 생명으로 살리심을 받았다(2:5~6). 그리스도의 만드신 바(workmanship)이며, 선한 일을 위하여 지음을 받았다(2:10). 하나님의 평안을 받았다(2:14). 그리스도의 몸으로서 그분과 하나 되고 모든 신자와 하나 되었다(2:13~19; 3:4~6). 하나님 나라의 시민이 되었고 그분의 가족 구성원이 되었다(2:19). 하나님의 성전이자 성령의 거처로 지어져 간다(2:20~22). 담대함과 확신을 가지고 하나님께 나아갈 수 있게 되었다(3:12). 우리가 상상하지 못할 만큼 강력해졌다(3:20). 평안의 매는 줄로 성령이 하나 되게 하신 것을 받았다(4:3). 각자 자신만의 특별한 그리스도의 선물을 받았다(4:7). 사역을 위해 우리를 준비시키는 특별한 선물(은사)을 가진 지도자들을 받았다(4:11~12). 예수 그리스도에게 친히 가르침을 받았다(4:20~21). 하나님의 거룩한 형상을 따라 지음을 받은 새 사람을 얻었다(4:24). 빛이 되었다(5:8). 성령 충만을 제시받았다(5:18). 다른 사람들과의 모든 관계가 하나님의 의도처럼 되게 하는 모든 가르침과 자원을 받았다(5:21~6:9). 사탄과 그가 이끄는 귀신의 세력에 무적의 용사로 맞설 수 있게 하는 하나님의 전신 갑주를 받았다(6:10~17).

바울은 신자가 고귀한 하나님의 자녀로서 받은 숨 막히는 엄청난 복의 목록을 숙고한 후, 뒤따를 범한 큰 위험을 깨닫는다. 신자를 자기만족과 영적 오만에 빠뜨리려는 유혹이다. 에베소서를 공부하는 사람은 바울이 고린도 신자들에게 했던 핵심 경고에 주목해야 한다. "선 줄로 생각하는 자는 넘어질까 조심하라"(고전 10:12). 에베소서에 기술된 놀랍고 무한한 온갖 복이 너무나 풍성하다. 그래서 사탄은 이것들을 사용해 우리의 생각을 우리에게 복을 주시는 분이 아니라 복을 받은 우리 자신에게 돌리려 할 것이다. 우리는 측량할 수 없고 놀라운 온갖 특권 때문에 자신이 풍족하다고 생각하고 이로써 하나님을 의지하는 필수 감각을 잃어버리기 쉽다.

유명한 프로 풋볼 감독이 있다. 그는 자신의 팀이 질 때마다 경기가 끝난 후 라커룸에서 선수들에게 이렇게 말한다. "제군들, 난 너희에게 이기는 법을 말했다. 너희는 내가 말한 대로 하지 않았고, 경기에 졌다." 운동선수처럼 그리스도인도 놀라운 기술이 있고, 최고의 훈련을 받으며, 최고의 장비를 갖추고, 무엇을 해야 하는지 잘 알지만, 정작 지시를 따르지 않아 실패할 위험이 있다. 풋볼 선수가 감독의 지시를 따르지 않을 때 형편없는 플레이를 한다면, 그리스도인이 주님의 지시를 따르지 않을 때 얼마나 더 형편없는 플레이를 하겠는가?

특히 자유롭고 번영하는 사회에 사는 그리스도인들은 하나님의 은혜를 의지하는 대신 자신들이 현재 그대로 안전하다고 느끼기 쉽다. 물리적 복에 너무나 만족한 나머지 영적 복을 거의 갈망하지 않게 되기 쉽고, 우리의 물리적 자원에 너무나 의존한 나머지 영적 자원의 필요성을 거의 느끼지 못하게 되기 쉽다. 각종 프로그램과 방법과 돈이 아주 분명하고 인상적인 결과를 낳을 때, 인간의 성공과 하나님의 복을 혼동하는 경향이 있다. 자녀들이 바르게 행동하고 모두가 성장하는 교회를 누리는 행복한 결혼 생활은 사람들을 우쭐하게 만들고 자기만족에 빠지게 하는 경향이 있다. 이들은 심지어 하나님이 필요 없는 듯이 살면서 실천적 인본주의자가 될 수 있다. 그럴 때, 하나님을 향한 뜨거운 갈망과 그분의 도움을 향한 열망이 사라질 것이다. 하나님의 힘 주심도 함께 사라질 것이다. 이러한 크고 일반적인 위험 때문에, 바울은 기도하라고 긴급하게 요구하며 이 서신을 마무리한다.

에베소서는 우리를 천상에 올려놓으면서 시작하고, 우리를 무릎 꿇리면서 끝맺는다. 바울은 사실 이렇게 끝맺는다. "여러분이 이 모든 복과 자원을 가졌다고 해서 이제 더는 하나님의 도움 없이 그리스도인의 삶을 살 수 있다고 생각하지 마십시오." 하나님의 갑주는 우리를 자동으로 보호해주는 마법이 아니다. 우리는 하나님의 갑주를 갖추었다고 해서 자동적으로 초자연적 능력이 생길 거라 기대해서는 안 된다. 제임스 러셀 로웰(James Russell Lowell, 1819-1891)이 했던 "주는 자가 빠진 선물은 껍데기다"라는 말이 사람과 사람의 관계에서 사실이라면, 우리와 하나님의 관계에서는 헤아릴 수 없이 더 진실하다. 우리가 받은 하나님의 선물은 그 자체로 놀랍지만, 그것을 주시는 하나님이 빠지면 껍데기일 뿐이다.

이 편지를 마무리하는 단락에서, 바울은 신자들에게 먼저 기도에 관한 일반적 지시를 한 후에 구체적인 예를 제시하고 축언으로 끝을 맺는다.

일반적 지시

모든 기도와 간구를 하되, 항상 성령 안에서 기도하고, 이를 위하여 깨어 구하기를 항상 힘쓰며, 여러 성도를 위하여 구하라. (6:18)

바울은 네 개의 **all**로[52] 시작해 신자의 기도 생활이 갖는 일반적 성격에 관

---

[52] With all prayer and petition pray at all times in the Spirit, and with this in view, be on the alert with all perseverance and petition for all the saints(NASB). 저자가 사용하는 NASB에는 18절에 all이 네 번 나오며, 개역개정은 각 부분을 "모든 기도"(all prayers), "항상"(all times), "항상 힘쓰며"(all perseverance), "여러 성도"(all saints)로 옮겼다.

해 다섯 가지를 강조한다. 그 다섯은 기도의 다양성, 빈도, 능력, 방법, 대상이다.

기도의 다양성

'프로슈케'(*proseuchē*, **기도**)는 일반적 요청을 가리키며, 반면에 '데에시스'(*deēsis*, **간구**)는 구체적 요청을 가리킨다. 바울은 여기서 두 단어 모두 사용한다. 이 사실에서 우리가 적절한 모든 종류의 기도에 참여하고, 모든 형태의 기도를 해야 한다는 것을 알 수 있다. 성경이 이렇게 가르치고 허용한다는 사실은 공적으로 기도할 수도 있고 사적으로 기도할 수도 있음을 암시한다. 우리는 소리 내어 울며 기도할 수도 있고, 부드럽게 속삭이며 기도할 수도 있으며, 침묵하며 기도할 수도 있다. 신중하게 계획된 기도를 할 수도 있고, 즉석에서 기도할 수도 있다. 앉아서 기도할 수도 있고, 서서 기도할 수도 있으며, 무릎 꿇고 기도할 수도 있고, 심지어 누워서 기도할 수도 있다. 집에서 기도할 수도 있고, 교회에서 기도할 수도 있다. 일하면서 기도할 수도 있고, 여행하며 기도할 수도 있다. 손을 모으고 기도할 수도 있고, 손을 들고 기도할 수도 있다. 눈을 뜨고 기도할 수도 있고, 눈을 감고 기도할 수도 있다. 머리를 숙이고 기도할 수도 있고, 머리를 들고 기도할 수도 있다. 구약성경처럼 신약성경도 기도와 관련해 여러 형태와 환경과 자세를 언급하지만, 어느 하나도 규정하지 않는다. 예수님은 서서 기도하셨고, 앉아서 기도하셨으며, 무릎 꿇고 기도하셨는데, 이 외에도 여러 자세로 기도하셨을 것이다. 우리는 어디에서든 어느 상황에서든 기도할 수 있다. 바울은 이렇게 말했다. "각처에서(in every place) 남자들이 … 기도하기를 원하노라"(딤전 2:8). 신실하고 성령이 충만한 그리스도인에게는 모든 곳이 기도처가 된다.

기도의 빈도

바울 당시의 유대인들은 매일 정해진 기도 시간이 있었다. 그러나 새 언약이 도래하고 교회가 생겨나면서 다른 부분처럼 기도도 새로운 국면을 맞았다. 예수님은 이렇게 말씀하셨다. "너희는 장차 올 이 모든 일을 능히 피하고 인자 앞에 서도록 항상 기도하며 깨어 있으라"(눅 21:36). 초기 예루살렘 그리스도인들은, 물론 다른 것들도 하면서 "오로지 기도하기를 힘썼다"(행 2:42). 하나님을 경외했으며 주님이 보내신 베드로를 통해 구원 메시지를 받은 고넬료는 "하나님께 항상 기도했다"(행 10:2). 바울은 많은 편지에서 독자들에게 자주 기도하라고 촉구했다(롬 12:12; 빌 4:6; 골 4:2; 살전 5:17). 바울은 주님 안에서 사랑하는 아들 디모데에게, 자신이 그를 위해 "밤낮" 기도한다고 했다(딤후 1:3). 초기 교회는 기도의 중요성을 알았으며, 이들의 믿음이 약할 때라도 하나님은 이들의 기도를 중히 여기셨다.—신자들이 베드로가 감옥에서 풀려나길 기도하고 있었으나 로데라는 여자아이가 지금 베드로가 문을 두드린다고 했을 때 그 말을 믿지 않았던 경우처럼(행 12:12~15).

다윗은 이렇게 노래했다. "저녁과 아침과 정오에 내가 근심하여 탄식하리니, 여호와께서 내 소리를 들으시리로다…하나님이 들으시고"(시 55:17, 19). 우리가 기도할 필요가 없을 때는 없으며, 하나님이 우리의 기도를 듣지 않으실 때도 없다. 많은 부분에서 기도는 하나님을 아는 지식보다 훨씬 중요하다. 사실, 오직 규칙적이고 진실한 기도 생활을 통해서만, 하나님의 성령께서 우리의 지식에 영적 지혜를 더하실 수 있다. 마틴 로이드 존스는 이렇게 썼다. "그리스도인으로서 우리의 궁극적 자세를 테스트하는 것은 우리의 기도 생활이다." 성경 학교에 다니거나 신학교를 졸업했거나 목사이거나 선교사이더라도, 하나님을 아는 그의 깊은 지식과 그와 하나님의 깊은 관계를 가늠하는 척도는 그의 기도 생활이다. 하나님과 그분의 것들에 대한 지식이 그분을 더 인격적으로 알도록 우리를 이끌지 못한다면, 우리의 진정한 동기와 헌신의 중심에 그분이 아니라 우리 자신이 있는 게 분명하다. 예수님이 제자들을 위해 하신 가장 깊은 기도는 이들이 단지 하나님에 관한 진리를 알게 해 달라는 게 아니라 "유일하신 참 하나님과 그가 보내신 자 예수 그리스도를 알게" 해 달라는 것이었다(요 17:3). 신자는 하나님의 말씀을 바른 마음으로 연구하고 배우는 데 그치지 말고, 이를 계기로 기도를 통해 그분을 더 친밀하게 알고 그분과 더 신실하게 소통하는 자리로 늘 나아가야 한다.

항상…기도하고는 깨어 있을 때마다 정형적이거나 눈에 보이는 방식으로 기도해야 한다는 뜻이 아님이 분명하다. 예수님도 이렇게 하지 않으셨고, 사도들도 이렇게 하지 않았다. 이것은 기도서를 기계적으로 암송하거나 묵주를 세면서 의식적 패턴과 형식을 따라야 한다는 뜻이 아닌 것도 분명하다. 이렇게 하는 것은 이교도 예배의 특징인 "중언부언"(의미 없는 반복)에 지나지 않는다(마 6:7).

항상…기도하고는 계속 하나님을 의식하며 산다는 것이며, 이럴 때 우리가 보고 경험하는 모든 것이 하늘에 계신 우리 아버지를 깊이 의식하고 그분께 내어 맡기는 일종의 기도가 된다. 이 권면에 순종한다는 것은 유혹을 받을 때 그 유혹을 하나님 앞에 내어놓고 그분의 도움을 구한다는 뜻이다. 우리는 좋고 아름다운 것을 경험할 때, 곧바로 하나님께 감사한다. 우리는 주변에서 악을 볼 때, 이것을 바로잡아 주시고 이를 위해 자신을 사용해 주시길 하나님께 기도한다. 우리는 어려움을 만날 때, 우리의 구원자이신 하나님을 향한다. 바꾸어 말하면, 우리의 삶은 계속 올려드리는 기도가 되고, 하늘에 계신 우리 아버지와 나누는 끊임없는 소통이 된다. **항상…기도하고**는 계속 "위의 것을 생각하고 땅의 것을 생각하지" 않는다는 것이다(골 3:2).

우리 구원의 궁극적 목적은 하나님을 영화롭게 하고 그분과 친밀하고 풍성한 교제를 나누는 것이다. 기도로 하나님께 나오지 않는다면, 이 목적을 거부하는 것이다. 요한은 이렇게 말했다. "우리가 보고 들은 바를 너희에게도 전함은 너희로 우리와 사귐이 있게 하려 함이니, 우리의 사귐은 아버지와 그의 아들 예수 그리스도와 더불어 누림이라"(요일 1:3). 우리와 하나님의 사귐은 천국에 가서야 하는 게 아니다. 하나님의 가장 큰 바람이자 우리의 가장 큰 필요는 지금 그분과 나누는 지속적 사귐이며, 기도야말로 사귐의 가장 큰 표현이자 경험이다.

기도의 능력

바울이 기도에 관해 제시하는 가장 중요하고 널리 퍼져 있는 생각은 **성령 안에서** 기도해야 한다는 것이다. 이것은 기도와 관련된 최고의 조건이며, 방언이나 그 어떤 황홀하거나 극적인 방식으로 기도하는 것과 무관하다. **성령**

안에서 기도한다는 것은 그리스도의 이름으로 기도하고, 그분의 본성과 뜻에 맞게 기도한다는 것이다. 성령 안에서 기도한다는 것은 성령과 연합해 기도한다는 것이다. "성령도 우리의 연약함을 도우시나니, 우리는 마땅히 기도할 바를 알지 못하나 오직 성령이 말할 수 없는 탄식으로 우리를 위하여 친히 간구하시느니라. 마음을 살피시는 이가 성령의 생각을 아시나니, 이는 성령이 하나님의 뜻대로 성도를 위하여 간구하심이니라"(롬 8:26~27). 성령은 "은혜와 간구의 영"으로서(슥 12:10, NASB, 개역개정은 "은총과 간구하는 심령") 우리를 위해 계속 기도하신다. 우리가 바르게 기도한다는 것은 성령께서 기도하시듯이 기도한다는 것이며, 우리의 간구를 그분의 간구에 맞추고 우리의 뜻을 그분의 뜻에 맞춘다는 것이다. 이것은 우리의 마음과 바람을 성령의 마음과 바람에 맞춘다는 것인데, 성령의 마음과 바람은 아버지와 아들의 뜻과 일치한다.

"성령으로 충만"하고(엡 5:18) **성령 안에서** 기도할 수 있게 된다는 것은 성령의 인도를 따라 성령의 능력으로 행한다(walk)는 것이다. 그러면 우리의 기도가 성령의 기도와 조화를 이루기 때문이다. 우리는 성령께 복종하고 그분의 말씀에 순종하며 그분의 인도와 능력을 의지할 때, 아버지 및 아들과 긴밀하고 깊게 사귀게 된다.

기도의 방법

신자는 기도할 때마다 **깨어 구하기를 항상 힘써야** 한다. 예수님은 제자들에게 깨어 기도하라고 하셨다(마 26:41; 막 13:33; 참조. 눅 18:1). 바울은 골로새 신자들에게 "기도를 계속하라"(devote to prayer, 기도에 헌신하라)고 했다(골 4:2). "계속하라"(devote, 헌신하라)로 번역된 헬라어 동사의 원형(*proskartereō*)은 꾸준하다(steadfast), 변함없다(constant), 끈질기다(persevering)라는 뜻이다. 이 단어는 이스라엘 자녀들을 애굽에서 인도해내는 모세의 성실한 인내를 말할 때 사용된다(히 11:27). 기도에 헌신한다는 것은 우리 삶의 모든 것을 하나님 앞에 진심으로, 용감하게, 끈질기게 내어놓는다는 것이다.

끈질긴 이웃의 비유와 성가시게 조르는 과부의 비유는 둘 다 예수님이 자신을 따르는 자들이 어떻게 기도해야 하는지 보여주기 위해 들려주신 것이다. 예수님은 첫째 비유의 끝에서 이렇게 말씀하셨다. "내가 또 너희에게 이르노니, 구하라 그러면 너희에게 주실 것이요 찾으라 그러면 찾아낼 것이요 문을 두드리라 그러면 너희에게 열릴 것이니"(눅 11:9). 둘째 비유의 끝에서는 이렇게 설명하셨다. "하물며 하나님께서 그 밤낮 부르짖는 택하신 자들의 원한을 풀어 주지 아니하시겠느냐? 그들에게 오래 참으시겠느냐? 내가 너희에게 이르노니, 속히 그 원한을 풀어 주시리라"(눅 18:7~8).

베드로는 흩어지고 박해받는 초기 교회 그리스도인들에게 쓴 편지에서 이렇게 말했다. "너희는 정신을 차리고 근신하여 기도하라"(벧전 4:7). 바른 방법으로 기도한다는 것은 우리의 가슴과 영뿐 아니라 마음(mind)과 이해를 동원해 분별 있게(sensibly) 기도한다는 것이다. 바울은 이렇게 말했다. "내가 영으로 기도하고 또 마음(mind)으로 기도하며"(고전 14:15).

바른 방법으로 기도한다는 것은 구체적으로 기도한다는 것이기도 하다. 예수님은 이렇게 약속하셨다. "너희가 내 이름으로 무엇을 구하든지 내가 행하리니, 이는 아버지로 하여금 아들로 말미암아 영광을 받으시게 하려 함이라"(요 14:13). 하나님은 자신의 능력을 드러내기 위해 기도에 응답하신다. 그러므로 우리가 구체적으로 기도하지 않을 때 하나님은 구체적으로 응답하실 수 없으며, 따라서 자녀들을 향한 자신의 능력과 사랑을 분명하게 드러내실 수 없다. 어린아이들이 흔히 하듯, "하나님, 온 세상에 복을 주세요"라고 기도하는 것은 실제로 기도하는 게 아니다. 우리는 구체적인 사람들, 구체적인 문제, 구체적인 필요를 생각하고, 이것들에 관해 구체적으로 진정으로 기도해야 한다. 그래야 하나님의 응답을 받고 그분께 감사의 찬양을 드릴 수 있다.

대다수 그리스도인은 자신의 삶이나 사랑하는 사람의 삶에 문제가 생기기 전에는 절대로 기도에 관해 진지해지지 않는다. 이런 상황에 처해서야 비로소 집중해서, 구체적으로, 끈질기게 기도하는 경향이 있다. 그러나 그리스도인은 '언제나' 이렇게 기도해야 한다. 다른 사람들, 특히 시련과 어려움을 겪는 신자들의 문제와 필요에 민감하면, 바울이 디모데를 위해 했듯이 이들을 위해 "밤낮" 기도할 것이다(딤후 1:3).

가장 큰 문제들은 언제나 영적이다. 그러므로 자신을 위해서든 타인들을 위해서든 우리가 기도와 관련해 가장 관심을 기울이고 집중해야 할 부분은 영적 보호와 힘과 치유여야 한다. 육체적 필요를 하늘에 계신 우리 아버지 앞에 내어놓는 것은 틀림없이 적절하다. 그러나 우리의 가장 큰 초점은 영적 필요들—유혹을 이기는 승리, 이미 범한 죄를 용서받고 씻음 받는 것, 불신자들이 그리스도를 믿어 구원받는 것, 신자들이 그분을 더 의지하는 것—이어야 한다. 바울은 영적 전쟁의 맥락에서 기도를 요구하며, 따라서 그리스도인의 기도는 무엇보다도 이 전쟁에 관한 것이어야 한다. 우리가 자신을 위해 그리고 다른 신자들을 위해 가장 크게 관심을 쏟아야 할 점은 우리 영혼의 원수와 맞서는 전투에서 승리하는 것이다. 우리가 배우자, 자녀, 형제자매, 동료 교인들, 목회자, 선교사 등을 위해 가장 깊이 기도해야 할 것은 이들이 사탄과 벌이는 영적 전쟁에서 승리하는 것이다. 바울 서신 전체에서 바울의 여러 기도를 살펴보면, 그가 하나님 백성의 영적 안녕을 위해 기도했다는 것을 알 수 있다(예를 들면, 다음을 보라. 고전 1:4~7; 빌 1:9~11; 골 1:9~11; 살후 1:11~12).

오래전, 하나님의 성도가 이렇게 기도했다.

주님! 기도할 때, 영원한 세계 깊이 들어가며, 그 넓은 대양에서 내 영혼이 필멸의 해안에 늘어선 모든 악에게 승리합니다. 즐거움도 안겨주었고 잔혹한 실망도 안겨준 시간들이 결코 그때처럼 매정해 보이지 않습니다. 하나님! 기도할 때, 내가 아무것도 아님을 봅니다. 나의 마음이 맹렬히 당신을 향해 달려가며, 당신과 함께 살길 간절히 갈망합니다. 새 예루살렘을 향하는 나의 걸음을 재촉하는 강렬한 성령의 바람을 노래합니다. 기도할 때, 이 땅의 모든 것이 연기처럼 사라지고, 거룩한 마음과 다른 사람들의 구원 외에 아무것도 중요해 보이지 않습니다. 기도할 때, 세상 염려와 두려움과 불안이 사라지고, 바람 한 점만큼도 중요하지 않습니다. 기도할 때, 나의 영혼이 당신께서 당신의 교회를 위해 하시는 일을 생각하며 더없이 기뻐하고, 당신께서 당신께 돌아오는 죄인들에게서 놀라운 이름을 얻으시길 갈망합니다. 기도할 때, 나는 삶의 찌푸림과 아첨을 넘어 하늘의 기쁨을 맛봅니다. 영원한 세계에 들어가면서, 온 마음을 다해 나를 영원히 당신께 드릴 수 있습니다. 기도할 때, 나의 모든 염려를 당신 손에 전적으로 맡기고 나의 뜻이나 이익을 생각하지 않을 수 있습니다. 기도할 때, 친구들과 사역자들과 죄인들과 교회와 당신의 나라를 위해, 아버지의 아들로서, 사랑받는 연인으로서 가장 큰 자유와 가장 밝은 소망으로 중보할 수 있습니다. 그러니 하나님, 늘 기도하며 절대 기도를 그치지 않도록 도와주소서.

기도의 대상들

다른 곳에서 바울은 불신자들을 위해, 정부 지도자들을 위해, 다른 사람들을 위해 기도하라고 명한다. 그러나 여기서는 **여러 성도**(all the saints, 모든 성도)에게 초점을 맞춘다. 오직 **성도**, 곧 그리스도인들만이 바울이 방금 기술한 갑주를 하나님께 받아 갖추고 영적 전쟁에 참여하며 성령 안에서 기도할 수 있다.

육체적 필요를 위해 기도하는 게 부적절하지 않듯이, 우리 자신을 위해 기도하는 것도 부적절하지 않다. 그러나 성경은 육체적 필요보다 영적 필요를 위해 먼저 기도하라고 요구하듯이, 우리 자신보다 다른 사람들을 위해 먼저 기도하라고 요구한다. 바울은 자신의 필요를 생각할 때라도 자신이 자신을 위해 기도한다고 말하지 않으며, 다음 두 절에서 하듯이(엡 6:19~20), 다른 신자들에게 자신을 위해 기도해 달라고 부탁한다. 우리가 다른 신자를 위해, 또는 그가 우리를 위해 할 수 있는 가장 큰 일은 기도다. 이것이 그리스도의 몸이 사랑에서뿐 아니라 영적으로 성장하는 방식이다. 몸의 한 지체가 약하거나 상처를 입거나 제 기능을 하지 못할 때, 나머지 지체들이 그 지체를 뒷받침하고 그에게 힘을 줌으로써 보완한다. 사무엘은 이스라엘 백성에게 이렇게 말했다. "나는 너희를 위하여 기도하기를 쉬는 죄를 여호와 앞에 결단코 범하지 아니하고"(삼상 12:23). 우리가 어떻게 기도할지 알지 못할 때라도 하나님의 성령께서 우리 안에 거하시고 우리를 도우신다(롬 8:26). 그러니 우리가 동료 **성도**를 위해 기도하지 않는다면 그리스도인으로서 더더욱 하나님을 거슬러 죄를 짓는 게 아니겠는가?

영적으로 건강한 사람은 다른 사람들, 특히 동료 신자들의 영적 전쟁에 헌신한다. 반대로, 심리적 질병과 영적 질병 둘 모두의 뿌리는 자신에 대한 집

착이다. 역설적이게도, 자신의 문제—그것이 자신의 영적 문제이더라도—에 사로잡혀 다른 신자들에게 관심을 두지 못하는 신자는 파괴적인 자기중심주의로 고통받고 있으며, 이것이 자신이 겪는 문제의 원인일 뿐 아니라 그 문제의 해결을 가로막는 가장 큰 방해물이기도 하다. 대개 이런 이기심은 신자 자신을 다른 신자들로부터 고립시킨다. 만일 이들이 그와 친밀하게 교제한다면 그의 영적 전쟁을 위해 자주 기도할 것이다.

다른 사람들을 위해 진심과 인내로 기도하는 것은 헤아릴 수 없는 하나님의 은혜 가운데 우리 자신의 영혼에게 큰 복이요 힘이 된다. 마틴 로이드 존스는 스페인 내전이 일어나기 전 그 나라에 정신과 의사들이 거의 손쓸 수 없을 만큼 신경증(neuroses)이 만연했다고 했다. 그러나 대다수 측면에서 끔찍하고 파괴적이었던 전쟁이 스페인의 수많은 신경증 환자의 "치료"라는 예상치 못한 결과를 낳았다. 이들이 자신의 안녕 대신 가족과 친구와 나라의 안녕을 생각하게 되었을 때, 이들의 신경증이 사라졌고 병원에는 신경증 환자가 거의 없었다. "더 큰 불안이 신경증 환자들을 갑자기 고쳤다." 그것은 이들의 이기적 안녕을 넘어서는 불안이었다(*The Christian Soldier* [Grand Rapids: Baker, 1977], pp. 357~358).

구체적 예

또 나를 위하여 구할 것은 내게 말씀을 주사 나로 입을 열어 복음의 비밀을 담대히 알리게 하옵소서 할 것이니, 이 일을 위하여 내가 쇠사슬에 매인 사신이 된 것은 나로 이 일에 당연히 할 말을 담대히 하게 하려 하심이라. (6:19~20)

바울은 **나를 위하여 구하라**면서 차꼬 때문에 시리고 아픈 발목이 낫기를 기도하거나 자신이 감옥과 고난에서 벗어나길 기도하라고 하지 않았다. 그의 깊은 관심은 **내게 말씀을 주사 나로 입을 열어 복음의 비밀을 담대히 알리게 하는** 것이었다. 사탄이 그리스도에 관해 입을 다물라며 그를 유혹했을 때, 바울은 **복음**을 담대하고 성실하게 선포하도록 하나님이 도와주시길 구했다. 그는 사탄과 맞서는 싸움에서 도움을 받길 원했으며, 에베소의 형제자매들에게 이를 위해 기도해 달라고 부탁했다.

그가 **쇠사슬에 매인** 것은 중요하지 않았다. 바울의 큰 관심사는 **복음의 비밀**이었다. 바울은 **이 일을 위하여**, 그리고 자신이 이것을 선포하도록 보냄을 받은 사람들에게 **사신(ambassador)**이 되었다. 그는 이 사역이 야기한 사탄과의 영적 전쟁에서 자신이 승리하도록 동료 신자들이 기도해주길 원했다. 바울은 원수와 마주 섰고, 자신의 자원으로는 이길 수 없다는 것을 알았다.

대다수 신자와 비교할 때, 바울은 측량할 수 없을 만큼 은사를 받았고, 용감했으며, 도덕적으로 올곧았고, 영적으로 강했다. 그러나 그는 하나님의 도움과 동료 그리스도인들의 도움이 절실했다. 그는 자신이 가진 능력과 복이 자신의 행위에서 온 것이 아님을 알았으며, 그의 영적 성숙과 능력은 이러한 인식에 근거했다. 하나님은 스스로 부족함이 없다고 믿는 사람을 사용하실 수 없다. 이런 사람은 하나님이 필요하다고 느끼지 않기 때문이다. 하나님이 쓰고 복 주실 수 있는 사람은 자신의 필요를 알고 심령이 진정으로 가난한 겸손한 신자다.

바울이 동료 신자들의 기도가 필요했던 것은 그가 지도자였기 때문이기도 하다. 우리의 원수는 목자를 치면 양 떼가 흩어진다는 것을 안다(마 26:31). 그렇기에 교회 지도자들은—심지어 주님 자신처럼—사탄의 특별한 목표물이다. 목회자가 신실하고 열매가 많을수록 그의 사람들은 그가 힘을 얻고 보호를 받도록 더 기도해야 한다. 그는 자신을 낙심시키거나 자기만족에 빠지게 하고, 희망을 잃거나 겉으로만 낙관적인 척하게 하며, 겁쟁이가 되거나 자신을 과신하게 하려는 마귀의 간계에 더 노출된다. 사탄은 좋든 나쁘든 성공적이든 그러지 못하든 모든 상황을 이용해, 하나님의 은사를 받은 사람들이 "성도를 온전하게 하여 봉사의 일을 하게 하는"(엡 4:12) 사역에서 약해지고 다른 데 신경 쓰며 신임을 잃게 하려 한다.

에베소서를 쓰고 얼마 지나지 않아 쓴 편지에서 바울은 이렇게 증언했다. "형제들아, 내가 당한 일이 도리어 복음 전파에 진전이 된 줄을 너희가 알기를 원하노라. 이러므로 나의 매임이 그리스도 안에서 모든 시위대 안과 그 밖의 모든 사람에게 나타났으니, 형제 중 다수가 나의 매임으로 말미암아 주 안에서 신뢰함으로 겁 없이 하나님의 말씀을 더욱 담대히 전하게 되었느니라"(빌 1:12~14). 감옥에서까지 바울에게는 **복음의 비밀을 담대히 알리는** 일이 중요했다. 그의 담대함이 시위대를 복음으로 이끌었고, 증언하는 다른 그리스도인들에게 담대함을 불어넣었기 때문이다. 자신을 위해 기도해 달라고 했을 때라도, 바울의 목적과 동기는 이타적이었다. 즉 복음을 더 진전시키고, 다른 신자들을 격려하며, 자신의 주님께 영광을 돌리는 것이었다.

바울은 에베소 그리스도인들이 자신을 위해 구체적으로 또는 현명하게 기도하려면 정보가 더 필요하다는 것을 알고 이렇게 덧붙였다. **나의 사정 곧 내가 무엇을 하는지 너희에게도 알리려 하노니, 사랑을 받은 형제요 주 안에서 진실한 일꾼인 두기고가 모든 일을 너희에게 알리리라. 우리 사정을 알리고 또 너희 마음을 위로하기 위하여 내가 특별히 그를 너희에게 보내었노라**(6:21~22). 두기고는 아시아 사람이며, 바울을 비롯해 여러 사람과 함께 구제헌금을 예루살렘에 전달하도록 선택되었으며(행 20:4~6), 바울이 로마에서 처음 구금되었을 때 그와 함께 있었고, 바울의 심부름을 자주 했다(딤후 4:12, 딛 3:12을 보라). 그는 바울을 대신해 이 편지뿐 아니라 골로새서도 전달했으며, 두 경우 모두 수신자들에게 바울의 상황에 관해 추가 정보를 전해주라는 지시를 받았다(골 4:7~9). 두 본문 모두에서, 두기고는 **사랑을 받는 형제**라 불린다. 그가 바울에게 특별히 소중했기 때문이다.

주 안에서 진실한 일꾼이라고 칭찬을 받은 **두기고**는 에베소 신자들에게 정보를 전달하는 외에 이들을 격려해야 했다: **너희 마음을 위로하기 위하여.** 편지 자체가 충분한 위로였을 것 같다. 그러나 바울은 최근에 자신과 함께 지낸 사람이 직접 들려주는 말이 이들의 **마음**에 **위로**를 더하리라는 것을 알았다.

축언

아버지 하나님과 주 예수 그리스도께로부터 평안과 믿음을 겸한 사랑이 형제들에게 있을지어다. 우리 주 예수 그리스도를 변함없이 사랑하는 모든 자에게 은

혜가 있을지어다. (6:23~24)

서신을 끝맺는 바울의 축언은 아름다운 명료함과 단순한 위엄을 갖추었으며 분석을 거부한다. 이것은 바울의 여느 축언과 다르지 않지만, 이 풍성한 서신의 여러 가지 주제를 특별하게 반영하는 것으로 보인다. **평안**(참조 1:2; 2:14~15, 17; 4:3; 6:15), **사랑**(참조. 1:15; 4:2, 15~16; 5:5, 28, 33), **믿음**(참조 1:15; 2:8; 3:12, 17; 4:5, 13; 6:16), 이 셋이 이 훌륭한 편지의 사상에 거듭 나타나는 시금석이 분명하다. 바울이 이 셋을 한데 모으고 모든 신자가 이것들을 경험하고 이것들에 헌신하길 기도하는 것은 전혀 놀랍지 않다.

은혜, 즉 하나님의 총애(divine favor)는 바울이 **우리 주 예수 그리스도를 변함 없이 사랑하는 모든 자**가 받길 바라는 선물이다. 이것이 참 신자들에게 속한 사랑이다. 그래서 바울은 실제로 은혜를 받을 자들의 사랑만이 일시적이지 않고 따라서 거짓되지 않으며, 영구적이고 따라서 참되다고 규정하고 있다.

이 편지가 가르치는 **평안**과 **사랑**과 **믿음**을 성령의 능력으로 순종하며 적용한다면, 모든 신자에게 하나님의 복과 총애가 있을 것이다.

참고문헌

Eadie, John. *Commentary on the Epistle to the Ephesians*. Minneapolis: James and Klock, 1977.

Foulkes, Francis. *The Epistle of Paul to the Ephesians: An Introduction and Commentary*. Grand Rapids: Eerdmans, 1963.

Harrison, Norman B. *His Very Own: Pauls Epistle to the Ephesians*. Chicago: Moody, 1930.

Hendriksen, William. *New Testament Commentary: Exposition of Ephesians*. Grand Rapids: Baker, 1967. 『에베소서』(아가페, 1983)

Keil, D. F, and Delitzsch, F. *Commentary on the Old Testament in Ten Volumes*. Grand Rapids: Zondervan, 1973. 『카일 델리취 성경 구약 주석 전집』(25권)(로고스, 1997)

Kent, Homer A., Jr. *Ephesians: The Glory of the Church*. Chicago: Moody, 1971.

Lightfoot, J. B. *Notes on the Epistles of St.Paul*. Grand Rapids: Zondervan, 1957.

Lloyd-Jones, D. Martyn. *The Christian Soldier: An Exposition of Ephesians 6:10~20*. Grand Rapids: Baker, 1977. 『에베소서 강해 8-영적 군사』(기독교 문서선교회, 2007).

_____. *The Christian Warfare: An Exposition of Ephesians 6:10~13*. Grand Rapids: Baker, 1976. 『에베소서 강해 7-영적 투쟁』(기독교 문서선교회, 2007)

MacDonald, William. *Ephesians: The Mystery of the Church*. Wheaton, Ill.: Harold Shaw, 1968.

Meyer, F. B. *Bible Commentary*. Wheaton, Ill.: Tyndale, 1979. 『마이어 주석』(엠마오, 1995)

Moule, Handley C. G. *Ephesian Studies: Lessons in Faith and Walk*. London: Pickering and Inglis, n.d.

Packer, James I. *Evangelism and the Sovereignty of God*. Chicago: InterVarsity, 1961. 『복음 전도란 무엇인가』(생명의 말씀사, 2012)

Simpson, E. K. *Commentary on the Epistles to the Ephesians and Colossians*. Grand Rapids: Eerdmans, 1970.

Vincent, Marvin B. *Word Studies in the New Testament, Vol. III: The Epistles of Paul*. New York: Scribner's, 1904.

Wiersbe, Warren. *Be Rich: An Expository Study of the Epistle to the Ephesians*. Wheaton, Ill.: Victor, 1977.

헬라어 색인

후파쿠오 *hupakouō*, 428, 470

후포타쏘 *hupotassō*, 421, 428, 431, 434

이스쿠스 *ischus*, 88

카이 *kai*, 19, 232

카이노스 *kainos*, 134, 281

카이로스 *kairos*, 343

카키아 *kakia*, 299

칼로스 *kalos*, 325

카르디아 *kardia*, 85

카타 *kata*, 136, 177

카탈라쏘 *katallassō*, 41

카타르게오 *katargeō*, 135

카타르티스모스 *katartismos*, 243

카타르티조 *katartizō*, 243

카토이케테리온 *katoikētērion*, 143

카토이케오 *katoikeō*, 177

케루쏘 *kērussō*, 226

클레프토 *kleptō*, 292

클레시스 *klēsis*, 197

코스모스 *kosmos*, 101

크라토스 *kratos*, 88

크라우게 *kraugē*, 299

쿠비아 *kubia*, 252

쿠리오테스 *kuriotēs*, 91

레고 *legō*, 315

로고스 *logos*, 555

루트로오 *lutroō*, 41

마크로뚜미아 *makrothumia*, 207

만따노 *manthanō*, 273

마타이오테스 *mataiotēs*, 266

메또디아 *methodia*, 252, 506

미메테스 *mimētēs*, 303

모로로기아 *mōrologia*, 314

모로스 *mōros*, 315

무스테리아 *mustēria*, 11

네피오스 *nēpios*, 252

누떼시아 *nouthesia*, 482

오이케오 *oikeō*, 177

오이코도메 *oikodomē*, 248

오이코노미아 *oikonomia*, 149, 160

오이코스 *oikos*, 434

오이쿠르고스 *oikourgos*, 434

오이노스 *oinos*, 362, 363, 364, 365, 368

오르게 *orgē*, 298

오르기조 *orgizo*, 290

파이데이아 *paideia*, 481

파이스 *pais*, 481

팔레 *palē*, 509

파누르기아 *panourgia*, 252

파라클레오 *parakaleō*, 194, 239

파라프토마 *paraptōma*, 98

파로이노스 *paroinos*, 364, 369

파로르기스모스 *parorgismos*, 290

히브리어/아람어 색인

15:4	260	7:22	531	20:7	235
25:1-9	318	13:3-5	367	20:16-34	355
		13:4	368	20:42	345
신명기		13:25	379	21:6-16	69
1:9-18	234	16:20	379		
1:13-17	236	21:16	235	**열왕기하**	
4:2	553			23:1	235
4:35	215	**사무엘상**			
6:4	214, 465	1:11	367	**역대상**	
6:5-6	465	1:15	368	21:1-8	519
6:7	465	1:21-22,23	438		
6:8	465	4:3	235	**역대하**	
6:9	466	4:21	502	5:12-13	402
12:32	553	11:3	234	20:1-12	407
15:13-14	487	12:23	572	20:15	512, 531
16:18	235	16:4	235	20:20-22	407
19:12	235	16:14	379	20:22-24	531
23:15-16	487	16:23	403		
24	416	17:26	124	**에스라**	
27:1	234	24:1-7	205	10:14	235
31:9	234	26:21	340		
31:28	235	30:26	235	**느헤미야**	
32:9-14	125			9:13	471
32:22	226	**사무엘하**		12:31,38	393
32:39	214	16:5-14	205		
33:27-29	125	22:2-3	186	**욥기**	
		24:10	340	1:21	409
사사기				7:6	127
5:1	393	**열왕기상**		13:15	540
7:2	531	18:27-19:18	539	23:12	183

30:5-6	537,553	14:12-17	506	15:16	183,540
31:4-5	367	14:12-23	200	17:13	127
31:6	360	28:7-8	356	23:21,32	158
31:6-7	367	28:16	142	31:3	459
31:10,22	432	40:29-31	542	31:33	126
31:10-31	438	42:6	121	31:34	454
		44:23	225	35:1-19	368
전도서		45:14	215	50:31-32	200
2:26	266	46:9	215		
3:4	354	48:22	211	**예레미야 애가**	
9:1	335	49:6	121,152,	4:7	368
9:10	492		319		
12:10-11	295	50:4	296	**에스겔**	
		52:7	530	16:4-14	126
아가		54:1-3	154	26:13	399
2:3-4	4184	55:1	360	28:1-10	506
2:10-11,16	418	55:6-7	278,232	28:11-19	200
5:16	418	55:11	554	28:14	506
		60:1	554		
이사야		60:1-3	154	**다니엘**	
1:2	553	60:3	121	5	355
1:18	454	60:19	319	6:10	408
2:11	200	62:1-2	121	9:26-27	507
5:1	361	63:7-9	125	10:13	498,510
5:11	356	64:6	526		
5:20	320			**호세아**	
6:1,3,5	204	**예레미야**		1:10	154
6:9-12	208	1:5-19	208	4:6	246
9:6	131	3:8	459	14:4-5	460
11:10	154	14:8	127	14:9	471

16:11	506	2:33	224	8:4-40	230
16:13	297	2:38	274	8:23	298
16:13-14	251	2:38-40	278	9:1-8	15
16:14	297	2:39	276	9:15	15, 148
16:33	137, 546	2:40	275	9:17	385
17:3	567	2:42	230, 567	10	122, 153
17:4	435	3:1-7	388	10:2	567
17:11,21-23	211, 518	3:16	109	10:9-16	120
17:17	288, 554	3:19	274	10:28	120
17:20-23	117	4:1-22	388	10:36	138
18:3-11	387	4:8	236,385	11:21-28	229
18:6	531	4:11	142	11:22,24	385
18:15-27	387	4:12	59, 213	11:28	228
18:38	277	4:19-20	471	11:29-30	237
19:26-27	436	5:3	297, 383	12:2	551
20:21	425	5:3-4	215	12:12-15	567
20:28	215	5:5-10	476	12:23	98
21:15-17	499	5:9	297	13:1	15, 229,
		5:31	274		237
사도행전		5:41	408	13:2	297, 435
1:8	89, 120,	6:2,4	246	13:9	15, 385
	175, 221	6:3	339, 437	13:38-39	48
1:18	85	6:4	17, 244,	13:46-47	153
1:26	18, 228		384	13:48	32
2:1-13	13	6:4-5	384	13:52	385
2:2-4	377	6:5	383	14:22	239
2:13	362, 377	7:51	297	14:23	17, 237
2:14	239	7:55	385	15	122
2:14-41	388	7:58	288	15:2,4,6,	237
2:17	23, 235	8:4	230	15:22,23	237

15:7	148	21:13	208	3:4	41
15:14-18	224	21:27-32	133	3:10	42
15:22	240	21:27-28:16	147	3:10-11,23	449
16:4	237	22:3	15	3:21-22	18
16:6-7	297	22:4-5	15	3:23	98
16:24-25	401	22:21	148	3:24-25	47
16:25	294	24:24-25	313	4:5	326
17:6	385	26:3	195	4:6,11,22-24	526
17:22-23	128	26:16	158	4:9-12	124
18:2-3	433	26:20	274	4:11	30
18:10	224	28:2,6	100	4:11, 16	433
19:8-9	497	28:20	127	4:20	207
19:10-11	497			4:21	58
19:13-16	497	**로마서**		4:25	41
19:17-20	497	1:1	18	5:1	530
19:23-40	497	1:5	30, 76	5:2	219
19:23-41	143	1:7	44	5:5	26, 82
19:24-28	263	1:14	116		183, 303
20:4-6	575	1:16	88	5:6-10	530
20:17	232, 237	1:17	535	5:7-8	449
20:20-24	148	1:19-20	11, 129	5:8	197
20:21	274, 278	1:21-22,24	266, 267	5:8-10	136
20:24	346	1:21	151, 267	5:8, 10	299
20:28	234, 240		320, 421	5:10	41, 547
20:29-30	239, 498	1:29	272	5:18	41
20:30-31	252	1:32	449	5:18-21	505
20:32	248	2:4	160, 299	5:20	52
20:33-35	294	2:11	129	6	279
21:8	230	2:15	129, 134	6:1-2,11-13	527
21:10-11	228	2:28-29	124	6:2-8	279

6:3	59	8:6-8	382	9:6-7	30
6:4	106, 260	8:9	38, 75, 83,	10:9	75
	261		177, 210	10:10-11	66
6:4-5	59	8:8-9	175	10:12	213
6:4-6	420	8:9, 11	177	10:12-13	135
6:8	107	8:13	174, 420	10:13	311
6:11-13	106	8:15	37, 139	10:14	157
6:12	279	8:15-17	138	10:16	157
6:13	283, 326	8:16	378	10:17	557
6:14,18-22	547	8:16-17	29, 68	11:13	15, 148
6:16, 17	103	8:17	10, 141	11:25	14
6:16-22	420	8:18	164	11:29	197
6:18	42	8:21	42	11:32	104
6:21	449	8:22-24	260	11:33	160
6:23	42, 96	8:23	67, 283	11:36	105
7:14	42	8:23-24	548	12	220
7:14-25	260, 382	8:26	251, 297,	12:1	190, 370
7:15-25	289		378, 572	12:2	520, 523
7:17-18	260	8:27	297	12:3	220
7:17,18,	282	8:28	25, 409	12:5	222
7:20,23	283	8:28,29	34	12:6-8	219, 221
7:22-23	174	8:29	31, 59, 87,	12:8	238
7:23	389		113, 155,	12:11	492
7:14;8:23	251		213, 303	12:12	172, 567
8:1	547	8:30	196, 548	12:17-21	291
8:1-2	50	8:31,37-39	532	13:8-10	134, 182,
8:5-6	175	8:37	265		303
8:5-8	420	8:38-39	547	13:11	541, 548
8:7	197	9:1-3	195	13:12	111, 320
8:6-7	382	9:4	126	13:12,14	529

12:28	228, 231		506	9:12, 15	409
13	429	3:5	203	10:3-5	508, 516
13:1	77	3:18	251, 255,	10:5	529
13:5-6	329		388	10:12	203
13:6	502	4:4	268, 282,	11:3-4	252
13:11	475		506	11:10	277
13:12	187	4:7	89	11:14	506
14:15	570	4:8-9	28	11:30	159
14:20	252	4:8-12,16	176	12:7	503, 518
14:33	138	4:8-15	149	12:7-10	159
14:37	229	4:15	409	12:9	407, 541
14:40	401	4:16	174	12:9-10	512
15:8	18	4:17-18	550	12:12	17, 229
15:10	29, 157	5:5	378	12:16	252
15:19	545, 550	5:14	311	13:5	177
15:32	549	5:15	275	13:11	243
15:33	325	5:17	260, 279,		
15:51-52	14		285	**갈라디아서**	
15:56-57	505	5:18-20	41	1:1	229
16:8-9	497	5:21	311, 526	1:6-7	252
16:9	518	6:3-7	188	1:8	123, 213
16:14	304	6:4-10	545	1:15-17	228
16:16	421	6:10	28	2:11	122
		6:11-13	85	2:20	107, 132,
고린도후서		6:17	369		155, 256,
1:3	79	7:1	369, 544		259, 275
1:4-5	245	8:9	219		458
1:20	61	8:17	239	3:1	252
2:8	195	8:23	229	3:1,3	341
2:11	291, 498,	9:8	112	3:3	243

2:13	305	2:5	272	**디모데전서**	
2:15	224, 510	2:7-12	255	1:12-13	150
2:19	257	2:11	239	1:13,15	18
3:1-17	300	2:18	498, 503,	1:15	159, 204
3:2	105, 529		506, 518	1:17	472
	568	4:1	192, 239	2:3-4	350
3:5	192, 272	4:3	350	2:4,6	311
3:8	294, 314	4:5	262	2:8	566
3:9-14	526	4:10-12	491	2:11-12	421
3:11	116	4:13	129	2:13-15	422
3:12	85, 205	5:6-8	357	2:15	469
3:14	211	5:8	548	3:1	233, 238
3:16	85, 281	5:8-11	549	3:2	233, 369
	396	5:10	276	3:2-7	239
3:16-25	386	5:12	238	3:3	364
3:18	430	5:13	435	3:3-7	158
3:20	471	5:14	209	3:4,5,12	238
3:23	493	5:15	325	3:7	506
4:2	172, 567,	5:17	567	3:16	41
	569	5:18	315, 351	4:1	252, 507,
4:3	155	5:19	297, 380		522
4:6	296			4:2	269, 375
4:7-9	575	**데살로니가후서**		4:4	325
4:12	245	1:11	326	4:6,11,13	245
4:12-13	244	1:11-12	38	4:14	240
		2:7	14	5:2	235
데살로니가전서		2:13	33	5:4	436
1:2-7	243	3:5	183	5:6	97
1:5	88	3:10-11	293	5:8	293, 436
1:9	278			5:9-10	436

13:7	238	1:3-5	549	3:18-19	226
13:15	412	1:4	10, 108	3:22	226, 510
13:17	240, 351,	1:12	163	4:1-2	352
	421	1:13	522	4:3	357
13:20-21	234, 243	1:14-16	303	4:3-4	264
13:20	138	1:17	243	4:7	570
		1:18-19	47	4:8	290, 306
야고보서		1:19	36	4:10	150, 220,
1:2-4	148, 244	1:20	35		222
1:3	412	1:22	179	5:1-2	232, 238
1:5	339	2:2	248, 554	5:1-3	240
1:17	412, 537	2:5	143	5:2	240
1:21	207	2:5,9	236	5:3	243
2:8	134	2:6	32	5:5	235
2:19	215	2:7,9	142	5:8	503
3:1	369	2:9	324, 369	5:8-9	515, 544
3:6-8	294	2:11	529	5:10	245
4:1	420	2:13-15	351, 421		
4:1-3	132	2:17	472	**베드로후서**	
4:4	274	2:18-20	488	1:1	109
4:6	200	2:20	351	1:3,5-8,10	544
4:7	506, 510	2:23	206	1:3	27, 80,
4:13-14	346	2:25	233, 234		160, 563
5:10	208	3:1-2	431	1:3-4	61
5:14	239	3:3-4	431	1:4	280
		3:4	207, 432	1:5-11	327
베드로전서		3:5-6	433	1:12-13,15	247
1:1	229, 238	3:7	430, 441,	1:17	472
1:3	79		461	1:20-21	154, 553
1:3-4	60, 67	3:15	207	1:21	383

신약 성경의 경이로운 세계와
성경 연구의 새로운 차원을 열어드립니다!

이 시리즈의 특장점

본 시리즈는 오늘날 가장 신뢰받는 성경학자 존 맥아더의 50여 년 목회 경험과 지혜, 성경 연구의 산물이다. 불필요하게 기술적이지 않으면서 모든 핵심 구절과 구문의 분석, 신학적인 통찰 그리고 적용을 제공한다. 신학자와 목회자, 신학생, 교사와 리더들에게 하나님의 말씀을 분명하게 드러내어 영원히 목마르지 아니하는 하나님의 진리로 인도할 것이다.

The Macarthur

New Testament

Commentary

MNTC 맥아더 신약주석 시리즈(전 33권) 목록

본 시리즈는 아바서원에서 계속 출간 예정입니다.   아바서원

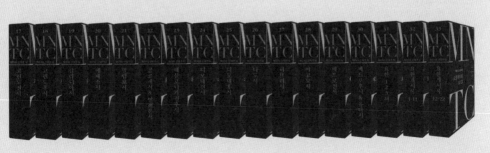

MNTC 맥아더 신약주석 _에베소서

초판 1쇄 인쇄 2021년 11월 5일
초판 1쇄 발행 2021년 11월 12일

지은이 존 맥아더
펴낸이 정선숙

펴낸곳 협동조합 아바서원
등록 제 274251-0007344
주소 경기도 고양시 덕양구 삼원로51 원흥줌하이필드 606호
전화 02-388-7944 **팩스** 02-389-7944
이메일 abbabooks@hanmail.net

ISBN 979-11-90376-44-0
        979-11-90376-30-3 (세트)

잘못 만들어진 책은 구입한 곳에서 교환해 드립니다.